Handwörterbuch
des
Bayerischen Staatskirchenrechts.

Herausgegeben von

E. Girisch, Dr. jur. et rer. pol. H. Hellmuth
und H. Pachelbel.

Zweite, vollständig durchgearbeitete und vermehrte Auflage.

1914.
München, Berlin und Leipzig.
J. Schweitzer Verlag (Arthur Sellier).

Vorwort

zur zweiten Auflage.

Die vorliegende zweite Auflage des Handwörterbuches erfuhr gegenüber der ersten Auflage wesentliche Änderungen und Ergänzungen, die durch das Inkrafttreten der bayerischen Kirchengemeindeordnung vom 24. September 1912 veranlaßt wurden. Die durch dieses Gesetzeswerk geschaffene Klarheit nnd Vereinfachung in den Begriffen und Rechtsgrundsätzen des Bayerischen Staatskirchenrechtes kam auch der gegenwärtigen Arbeit zugute.

Zweck und Art des Buches legten möglichste Beschränkung in der Behandlung der einzelnen Begriffe auf. Doch ist, wo irgendwie möglich, die Handhabe zu tieferem Eingehen durch Quellenangaben geboten. Die Entscheidungen des Bayerischen Verwaltungsgerichtshofes wurden sorgfältig verarbeitet.

In letzter Stunde, bereits nach Drucklegung der Arbeit, erging die Kgl. VO. vom 26. Oktober 1913, die Inkraftsetzung der KGO. für die protestantische Kirche der Pfalz betreffend (GVBl. 1913 S. 753 ff.). Der Kürze halber sei hierauf verwiesen, da sich alle Neuerungen für die Pfalz aus dieser Verordnung ergeben.

Speyer am Rhein, im Oktober 1913.

Dr. Hellmuth
im Namen der Verfasser.

Verzeichnis der wichtigsten Abkürzungen.

1. Im Allgemeinen.

a. A. = am Anfang, anderer Ansicht.
a. E. = am Ende.
AE. = Allerhöchste Entschließung.
AG. = Ausführungsgesetz.
Art. = Artikel.
AVO. = Allerhöchste Verordnung.
BGB. = Bürgerliches Gesetzbuch.
BlAdmPr. = Blätter für administrative Praxis.
BlfRA. = Blätter für Rechtsanwendung.
Conc. Trid. = Concilium Tridentinum.
EG. = Einführungsgesetz.
FMBl. = Finanzministerialblatt.
FormVO. = Formationsverordnung.
g. E. = gegen Ende.
GemO. = Gemeindeordnung.
GVBl. = Gesetz- und Verordnungsblatt.
h. M. = herrschende Meinung.
JE. = Judenedikt von 1813.
IndE. = Indigenatsedikt (I. Verfassungsbeilage).
KGO. = Bayerische Kirchengemeindeordnung vom 24. September 1912 (GVBl. 911 ff.).
KMBl. = Kultusministerialblatt.
KO. = Konkursordnung.
Konk. = Konkordat (1. Anh. z. II. VerfBeil.).
KonsO. = Konsistorialordnung von 1809.
KStG. = Kirchensteuergesetz.
KWO. = Kirchenwahlordnung vom 20. Oktober 1912 (GVBl. 999 ff.).
MBek. = Ministerialbekanntmachung.
ME. = Ministerialentschließung.
n. = Note.
NotG. = Notariatsgesetz.
OKE. = Oberkonsistorialentschließung.
PE. = Protestantenedikt (2. Anh. z. II. VerfBeil.).
PStGB. = Polizeistrafgesetzbuch.
RBl. = Regierungsblatt.
RE. = Religionsedikt (II. Verfassungsbeilage).
RErbschStG. = Reichserbschaftssteuergesetz.
RGBl. = Reichsgesetzblatt.
RevGE. = Revidiertes Gemeindeedikt.
RGewO. = Reichsgewerbeordnung.

RStAG. = Reichs- und Staatsangehörigkeitsgesetz vom 22. Juli 1913.
RVerf. = Reichsverfassung.
s. = sieh
sess. = sessio.
StGB. = Strafgesetzbuch.
Tit. = Titel.
UmlG. = Umlagengesetz.
VerfU. = Verfassungsurkunde.
VGG. = Verwaltungsgerichtsgesetz.
VGH. = Verwaltungsgerichtshof, Entscheidungen des Verwaltungsgerichtshofes.
VO. = Verordnung.
VV. = Vollzugsvorschrift.
Z. = Ziffer.
ZPO. = Zivilprozeßordnung.

2. In der Literatur.

D. = Reger-Dyroff, Handausgabe des bayer. Verwaltungsgerichtsgesetzes, 4. Aufl.
Döll. = Döllinger, Verordnungensammlung.
Fr. = Frank, Die bayer. KGO. mit Erläuterungen; angeführt bei den Bestimmungen der KGO.
Fri. = Friedberg, Lehrbuch des kath. und evang. Kirchenrechts, 5. Aufl.
G. = Günther, Amtshandbuch für die prot. Geistlichen, 2. Aufl.
H. = Hinschius, das Kirchenrecht der Katholiken und Protestanten.
H.-Schn. = Henle-Schneider, Ausführungsgesetze zum BGB., 2. Aufl.
K. = Kahr, Kommentar zur bayer. Gemeindeordnung.
Kr. = Krick, Handbibliothek für die pfarramtliche Geschäftsführung, Bd. I 2. Aufl., Bd. II und III 4. Aufl.
L. = Langheinrich, Die KGO. für das Königreich Bayern, Handausgabe mit Erläuterungen.
M. = Meurer, Bayer. Kirchenvermögensrecht, I u. II.
P. = Piloty-Sutner, Die Verfassungsurkunde des Königreichs Bayern, 2. Aufl.
R.-St. = Reger-Stöhsel, Handausgabe der Reichsgewerbeordnung, 5. Aufl.
S. = Seydel, Das Staatsrecht des Königreichs Bayern, 2. Aufl.
Seeb. = Seeberger, Handbuch der Amtsführung für die prot. Geistlichen.
Silb. = Silbernagl, Verfassung und Verwaltung der Religionsgenossenschaften in Bayern.
St. = Stingl, Bestimmungen des bayer. Staates über die Verwaltung des kath. Pfarramts, 2. Aufl.
Staud. = Staudinger, Kommentar zum BGB., 5./6. Aufl.
W. = Weber, Gesetz- und Verordnungensammlung.

Berichtigung.

Die Ausführungen auf Seite 514 („Weltliche Kirchendiener") Ziffer III Buchstabe A sind durch nachstehende Entschließung des Kultusministeriums (KMBl. 1913 Nr. 27 S. 333) zu ergänzen und zu berichtigen:

Nr. 25359.

K. Staatsministerium des Innern für Kirchen- und Schulangelegenheiten.

An die K. Regierungen, Kammern des Innern, die K. Bezirksämter, die katholischen Kirchenverwaltungen und Kirchenvorstände der Landesteile rechts des Rheins.

Betreff: Die Besetzung der katholischen weltlichen Kirchendienste im rechtsrheinischen Bayern.

Mit Allerhöchster Ermächtigung wird in Ansehung der Besetzung der katholischen weltlichen Kirchendienste in den Landesteilen rechts des Rheins folgendes verfügt:

1. Die bisher den K. Regierungen, Kammern des Innern, gemäß § 3 der K. Verordnung vom 30. Dezember 1810 und § 35 Abs. I der Formationsverordnung vom 17. Dezember 1825 zugewiesene Befugnis zur Besetzung von katholischen weltlichen Kirchendiensten wird vorbehaltlich der Bestimmung in den nachfolgenden Ziffern 4 und 5 den Kirchenverwaltungen und Kirchenvorständen (rectores ecclesiae) zur gemeinsamen Ausübung übertragen.

2. Die Besetzung hat in widerruflicher Weise und auf Grund schriftlicher Dienstverträge zu erfolgen.

3. Bis zur Besetzung haben Kirchenverwaltungen und Kirchenvorstand veranlaßtenfalls für geeignete Verwesung Sorge zu tragen.

4. Kommt die Besetzung durch Kirchenverwaltung und Kirchenvorstand nicht zustande, so kann sie durch die vorgesetzte Staatsaufsichtsbehörde (Artikel 73 Abs. II Kirchengemeindeordnung) verfügt werden.

5. Die Entlassung eines katholischen weltlichen Kirchendieners wird gleichfalls der Kirchenverwaltung und dem Kirchenvorstande zur gemeinsamen Ausübung — vorbehaltlich nachfolgender Ausnahmen — übertragen.

Die Entlassung kommt der vorgesetzten Staatsaufsichtsbehörde zu,

a) sofern der Stelleninhaber noch nach dem bisherigen Rechte von einer Kreisregierung, Kammer des Innern, oder nach vorstehender Ziffer 4 von der vorgesetzten Staatsaufsichtsbehörde selbst angestellt wurde,

b) mangels Einigung zwischen Kirchenverwaltung und Kirchenvorstand auf Antrag eines dieser beiden Teile beim Vorliegen eines wichtigen Grundes.

6. Die Beteiligten können in Streitfällen über den Vollzug vorstehender Bestimmungen die vorgesetzte Staatsaufsichtsbehörde anrufen und gegen ihre Entscheidung das Rechtsmittel der Beschwerde ergreifen.

7. Vorstehende Bestimmungen treten am 1. Dezember lfd. Js. in Kraft.

München, den 5. November 1913.

Dr. von Knilling.

A.

Abberufung

des Inhabers eines bepfründeten Kirchenamts s. „Pfründe" VI 5.

Ablösung

der Reichnisse s. „Reichnisse" V.
der Stolgebühren s. „Stolgebühren" Buchst. A IX.
der Zehntbaupflicht s. M. II 453 zu n. 4; Kr. III 155 § 27—165; St. 863 § 990ff.; Seeb. 896 Z. 9.

Absente (Absentvorbehalt)

s. „Pfründe" VI 3 b.

Absentgelder

s. „Fassion" IV 2 c.

Absetzung

eines Pfründeinhabers s. „Pfründe" VI 5; s. auch „Kirchenstrafen" V A u. B.

Absitzkapitalien.

I. Begriff.

Unter Absitzkapitalien versteht man die bei einem Privaten, einer Stiftung oder einer Kreditanstalt ad onus successorum aufgenommenen Darlehen zur Deckung von Ausgaben der Pfründe, welche nicht dem Pfründebesitzer, sondern dem Pfründevermögen zur Last fallen (Kr. II 278 zu n. 1) mit der Pflicht der Heimzahlung in jährlichen Raten; St. 22 § 18. Zu den Ausgaben, welche dem Pfründevermögen zur Last fallen, gehören die Herstellung von notwendigen Bauten und Hauptreparaturen (Kr. II 370 nach n. 3, III 38 zu n. 51; St. 23 zu n. 1; Seeb. 884 n. 48 und 49), Verbesserungen der Widdumsgrundstücke (St. 23 zu n. 3), Baupflichtablösungen, Zehntbaupflichtbeiträge, im Interesse der Pfründe geführte Rechtsstreite (St. 23 nach n. 3; Kr. II 277; Seeb. 673 zu n. 18), die Verpflichtung der Pfründebesitzer zur Bestreitung von Kursaufzahlungen, deren Aufbringung sie über Gebühr beschweren müßte (Kr. II 251 zu n. 6; St. 23 nach n. 3), der Baukanon oder die Ablösungssumme bei Umwandlung der kirchlichen Zehntbaupflicht in einen Baukanon oder deren Ablösung im Wege eines Absitzkapitals (Kr. II 373 n. 20, 374 zu n. 24; St. 23 § 19 a. E.), dann auch die Anschaffung von Pfarrstiftungskassen, wenn disponible Kirchenstiftungsmittel hiefür nicht vorliegen (Seeb. 683 n. 15).

II. Quellen.

1. Rechtsquellen: Mandat v. 10. XII. 1766, VO. v. 15. I. 1779 (W. III 227), § 64c RE., VO. v. 1. III. 1842, ME. v. 4. IV. 1843, VO. v. 24. II. 1878 (St. 24, 25, 26).

2. Literatur: M. I 165 zu n. 2, II 518 nach n. 4, 522 zu n. 3; Kr. II 277—282, 194, 373, 496, III 38 zu n. 51, 261 zu n. 5; St. 22 § 18 — 28, 225 nach n. 1, 260 zu n. 5; Seeb. 738 zu n. 187, 701 zu n. 60.

III. Aufnahme.

Zur Aufnahme eines Absitzkapitals ist die Genehmigung der Kreisregierung erforderlich, zu deren Wirkungskreis die Überweisung pfarrlicher Baulasten ad onus successorum und die Regulierung der Absitzfristen gehört, § 74 FormVO. v. 17. XII. 1825 (W. II 279); Kr. II 279 zu n. 5, 192 zu n. 17, III 261 zu n. 5; St. 23 § 20; Seeb. 701 zu n. 60. Hiebei hat die Kreisregierung dort, wo ein kirchliches Pfründegebäude ad onus successorum repariert oder neu hergestellt werden soll, die Regulierung der Aussitzfristen jederzeit nur im Einverständnis mit der betr. oberhirtlichen Stelle zu verfügen, ME. v. 26. VI. 1829 (W. II 478), v. 4. IV. 1843 (W. III 488); M. I 165 zu n. 2 (a. A. bei M. I 162 n. 4); Kr. II 279 zu n. 8, 194 zu n. 29; St. 23 § 20. Bei Erteilung der Genehmigung zur Aufnahme von Absitzkapitalien hat die Kreisregierung die Notwendigkeit streng zu prüfen und die Belastung von Pfründen da nicht zuzulassen, wo die Bestreitung des Bauaufwandes einem Dritten obliegt. Ferner hat sie ihre besondere Beachtung der Feststellung der Tilgungs- bzw. Refundierungspläne zuzuwenden und ihre Einhaltung genau zu überwachen. Endlich hat sie zu berücksichtigen, daß dem Pfründebesitzer die Kongrua (s. „Kongrua") frei zu belassen ist, ME. v. 24. II. 1878 (W. XII 235); Kr. II 279 zu n. 6; St. 26 § 22.

IV. Verzinsung und Tilgung.

Über die Verzinsung und Rückzahlung der Absitzkapitalien ist ein Tilgungsplan zu fertigen; Kr. II 278 zu n. 1. Die Fristenzahlungen sind nach ihrem besonderen Termin (dem Tag der Aufnahme des Kapitals) zu berechnen und zu verteilen; Kr. II 390 unten, 496 Z. 4. Die Regulierung der jährlichen Tilgungsquoten ist mit Rücksicht auf das fassionsmäßige Einkommen der Pfründe zu bemessen. Es darf hierdurch in keinem Falle die gesetzliche Kongrua geschmälert werden. Deshalb ist die Belastung einer Pfründe mit den Tilgungsquoten der Absitzkapitalien nur zulässig innerhalb der Differenz zwischen der Kongrua und dem fassionsmäßigen Einkommen der Pfründe; Kr. II 278 zu n. 2; St. 26 § 22, 225 nach n. 1. Bei unzureichend dotierten Pfründen wird das durch die Absitzkapitalien und Zinsen von Passivkapitalien geschmälerte Einkommen wieder dadurch ergänzt, daß diese Lasten bei Bemessung des staatlichen Aufbesserungszuschusses in Abzug gebracht werden dürfen, insoweit und insolange sie den Absatz für den freien Wohnungsgenuß zu 90 ℳ überschreiten, ME. v. 24. II. 1878 (W. XII 235), v. 29. XI. 1908 Z. II b (W. XXXVI 486); Kr. II 278 zu n. 4, 88 zu n. 10, 93 nach n. 28, 94 nach n. 31, III 38 nach n. 51; St. 27 nach Buchst. e; Seeb. 236 n. 29; s. auch „Einkommensaufbesserung".

V. Einfluß auf Fassion und Steuer.

Die Aussitzfristen für ad onus successorum aufgenommene Kapitalien dürfen bei der Herstellung der Fassion nicht unter die Lasten aufgenommen werden; Kr. II 165 zu n. 74; St. 260 zu n. 5. Jedoch darf die jährliche Bauabsitzfrist bis zum Tilgungsjahr vom Reinertrag abgezogen werden, was auf dem Abschluß der Fassion zu bemerken ist; M. II 518 nach n. 4, 522 zu n. 3; Seeb. 361 zu n. 60; s. „Fassion Z. IV 2 c". Hieraus folgt, daß tatsächlich um den Betrag der Absitzfristen das fassionsmäßige Einkommen gekürzt wird mit der Verpflichtung der Staatskasse, diesen Betrag bis zur Aufbesserungskongrua zu ergänzen. Deshalb muß stets die Vertretung der Staatskasse (das Regierungsfiskalat) einvernommen werden. Der Staat hat ein Widerspruchsrecht. — Die Bauabsitzfristen können bei Berechnung des steuerbaren Einkommens abgezogen werden, ohne daß die Provenienz des Onuskapitals einen Unterschied bildet; Kr. II 135 zu n. 14 u. 15; Seeb. 246 n. 55; v. Breunig, EinkStG. Art. 12 n. 26 a. E.

VI. Haftung.

Zunächst haften für die richtige Einhaltung der Zahlungsfristen der jeweilige Pfründenutznießer sowie die Stiftungsverwaltung, wenn letztere die rechtzeitige Beitreibung von Zahlungsrückständen unterlassen hat; Kr. II 280 nach n. 1, 281 n. 10; St. 23 zu n. 1, 27 Z. 6, 28 zu n. 1. Es können deshalb zahlungspflichtige Geistliche zur Entrichtung rückständiger Fristen mittels Temporaliensperre angehalten werden, zu deren Verhängung die Kreisregierung befugt ist, sobald die Verzinsung fällig, liquid und nicht erstattet ist; VO. v. 15. I. 1779 (W. III 227), vgl. auch St. 27 § 23. Fehlt dagegen die Liquidität, so ist ein Einschreiten der Verwaltungsbehörden unzulässig; diese haben sich darauf zu beschränken, die Stiftungsverwaltungen zur ordentlichen Klagestellung gegen die säumigen Pfarrer bei dem Gericht anzuweisen, ME. v. 16. I. 1838 (W. III 227); Kr. II 281 zu n. 12. Gegen Pfründebesitzer, welche aus Staatskassen keinen fixen Gehalt beziehen, bleibt nur der Weg der gerichtlichen Klage; Kr. II 281 n. 12. Für die richtige Heimzahlung des Darlehens samt Zinsen haftet aber außerdem die Pfarrpfründe mit ihrem gesamten

Einkommen als Schuldnerin, so daß jeder nachfolgende Pfründebesitzer die Pfründe mit der gesamten, ihr noch anhaftenden Belastung zu übernehmen hat; Kr. II 280 zu n. 10; St. 28 zu n. 1. Deshalb sind auch in den Erledigungsberichten das Bauabsitzkapital, dessen Zinsen und Fristen jedesmal richtig anzugeben; AVO. v. 23. IX. 1810 (W. I 337); Kr. II 40 zu n. 9.

VII. Streitigkeiten.

Handelt es sich um die Frage, ob eine Last überhaupt ad onus successorum zu überweisen und auf welchen Zeitraum sie zu verteilen ist, so hat die Verwaltungsbehörde zu entscheiden; St. 25 nach n. 1. Dagegen fällt ein Streit darüber, ob ein bestimmter Pfründebesitzer eine gewisse Leistung quantitativ, d. h. mit Rücksicht auf Grund und Zweck derselben ganz oder teilweise zu übernehmen und sich an der Tilgung eines hiefür aufzunehmenden oder aufgenommenen Onuskapitals zu beteiligen hat, als eine Rechtsfrage unter Art. 10 Z. 15 VGG.; VGH. VI 78; Kr. II 280 zu n. 9; St. 25 zu n. 1; D. Art. 10 Z. 15 n. 2; Seeb. 738 zu n. 187. Erste Instanz ist die Kreisregierung als Pfründekuratelstelle, § 74 FormVO. v. 17. XII. 1825 (W. II 279); D. Art. 10 Z. 15 n. 1; zweite Instanz ist der VGH., Art. 10 Abs. I VGG.

Achtung, gegenseitige der Glaubensgesellschaften

s. „Glaubensgesellschaften" VII.

Adoption

ihr Einfluß auf die rel. Kindererziehung s. „Kindererziehung religiöse" VIII.

Aemterwesen kirchliches

s. „Kirchenamt".

Aenderung des Stiftungszweckes

s. „Stiftungen ortskirchliche" III 2.

Allgemeine Umlagengemeinschaft

s. „Ortskirchenbedürfnisse und Mittel zu ihrer Befriedigung" III 3 b.

Allgemeine Witwenkasse

s. „Pensionsrecht".

Amortisationsgesetzgebung.

I. Begriff und rechtliche Natur der Erwerbsbeschränkungen.

1. Amortisation ist die im Interesse des Staates und der Gemeinschaft angeordnete Beschränkung des Erwerbs von beweglichem oder unbeweglichem Vermögen durch die geistlichen Gesellschaften (s. Z. III); s. auch unten Z. IV 1, b β IV.

2. Die amortisationsgesetzlichen Bestimmungen dienen dem öffentlichen Interesse und sind ihrer rechtlichen Natur nach privatrechtliche Erwerbsbeschränkungen, d. h. die hier einschlägigen Vorschriften gehören dem bürgerlichen Rechte an.

3. Über das sog. Gebührenäquivalent s. Art. 258 BayGebG. i. d. F. vom 13. Juli 1910 (GVBl. 384).

II. Quellen.

1. Rechtsquellen: Art. 86, 88 EG. BGB., besonders Art. 7—10 AG. BGB., Titel IV § 9 Abs. 4 VerfU.; §§ 44, 46, 47 RE.; Art. VIII Konk.; § 34 III FormVO. v. 17. XII. 1825 (W. II 279).

Außer den in den Artikeln 7—10 AG. BGB. enthaltenen Beschränkungen des Vermögenserwerbs durch geistliche Gesellschaften und durch die in Art. 10 a. a. O. genannten ausländischen juristischen Personen gibt es in Bayern keine landesrechtlichen Beschränkungen der juristischen Personen des öffentlichen und des Privatrechts in Ansehung des Vermögenserwerbs.

Die Art. 7—10 a. a. O. gelten für ganz Bayern und haben alle in den Landesteilen r. d. Rh. und in der Pfalz in Kraft gestandenen sog. Amortisationsgesetze ersetzt; über letztere vgl. St. 753ff.

Die Vorschriften des Art. 86 EG. BGB. mit Art. 7—9 AG. BGB. haben keine rückwirkende Kraft. Daher ist die Rechtsgültigkeit von Erwerbungen der juristischen Personen, hier der geistlichen Gesellschaften, welche in die Zeit vor dem 1. Januar 1900 fallen, nach den früheren amortisationsgesetzlichen Bestimmungen (vgl. St. 753ff.) zu beurteilen.

2. Literatur: H.-Schn., Anmerkungen zu Art. 7—10 AG. BGB.

III. Subjekt (erwerbsbeschränkte Personen).

1. Den amortisationsgesetzlichen Erwerbsbeschränkungen (s. unten Z. IV) unterliegen alle deutschen geistlichen Gesellschaften mit juristischer Persönlichkeit. Die nichtbayerischen deutschen geistlichen Gesellschaften stehen den bayerischen gleich.

Geistliche Gesellschaften sind i. S. des RE. § 76c zu verstehen. Hierher gehören namentlich (nicht ausschließlich) die Orden (Klöster) und ordensähnlichen Kongregationen mit Ausnahme der Englischen Fräulein in Bayern; Art. 9 AG. BGB. Ferner zählen hierunter die selbständigen Bruderschaften, welche die Rechtspersönlichkeit besitzen. Dabei bleibt aber das Bruderschaftsvermögen, das als örtliches Stiftungsvermögen erscheint oder seither ihm gleichgeachtet worden ist (Art. 5 KGO.), von den amortisationsrechtlichen Erwerbsbeschränkungen frei; vgl. „Ortskirchenvermögen" und „Geistliche Gesellschaften".

Während die Orden und ordensähnlichen Kongregationen der katholischen Kirche mit Ausnahme der gen. Englischen Fräulein sämtlich unter die amortisationsgesetzlichen Erwerbsbeschränkungen fallen, insbesondere auch die Mendikantenklöster, gehören die evangelischen Diakonissinnen nicht zu den geistlichen Gesellschaften im gegenwärtigen Sinne.

Nicht hierher gehören auch die sog. religiösen Vereine (s. „Geistliche Gesellschaften"), die nichtkonfessionellen charitativen Genossenschaften sowie die geistlichen Institute und Körperschaften z. B. die bischöflichen Seminarien, die Domkapitel, die bischöflichen mensae (s. „Pfründe"), die Kirchen- und Pfründestiftungen; vgl. H.-Schn. Art. 7 n. 3.

2. Der amortisationsgesetzlichen Beschränkung unterliegen auch die ausländischen (d. s. nichtdeutschen) juristischen Personen, die religiöse oder wohltätige Zwecke oder Zwecke des Unterrichts oder der Erziehung verfolgen; Art. 10 AG. BGB.

Ob eine juristische Person nichtdeutsch ist, hängt von ihrem Sitze ab. — Art. 10 bezieht sich auf nichtdeutsche juristische Personen jeder Art, soweit sie die in Art. 10 bezeichneten Zwecke verfolgen, z. B. Vereine, Gesellschaften, Klöster, Anstalten, Stiftungen, Waisenhäuser, Kranken-, Armenhäuser, fromme Stiftungen (piae causae) und ähnliche Anstalten; H.-Schn. Art. 10 n. 2 u. 2a.

IV. Gegenstand und Art der Erwerbsbeschränkungen.

1. Hinsichtlich der deutschen geistlichen Gesellschaften:

a) Schenkungen oder Zuwendungen von Todes wegen an (deutsche) geistliche Gesellschaften bedürfen zu ihrer Wirksamkeit dem vollen Betrage nach der landesherrlichen Genehmigung, wenn sie Gegenstände (d. i. bewegliches und unbewegliches Vermögen jeder Art) im Werte von mehr als 10000 ℳ betreffen.

Der Berechnung des Wertes wiederkehrender Leistungen wird ein Zinssatz von 4 % zugrunde gelegt; Art. 7 AG. BGB.

Die Zuwendungen können unentgeltlich oder belastet sein.

b) Erwerb von Gegenständen des unbeweglichen Vermögens, deren Wert den Betrag von 10000 ℳ übersteigt; Art. 8 a. a. O. Abs. 1.

Zum unbeweglichen Vermögen i. S. dieser Vorschrift gehören auch Rechte an einem Grundstücke mit Ausnahme der Hypotheken, Grundschulden und Rentenschulden; a. a. O. Abs. 2.

Bei Art. 8 handelt es sich nicht um einen Erwerb durch Schenkung oder Zuwendung von Todes wegen, sondern um einen entgeltlichen Erwerb aus irgendwelchem Grunde; vgl. H.-Schn. Art. 8 n. 2—5.

Zu a und b: α) Bei der Feststellung, ob es sich um einen Gegenstand im bezeichneten Werte handelt, ist nur der Wert des Gegenstandes selbst (Bruttowert) in Betracht zu ziehen. Dagegen ist es ohne Belang, ob die Zuwendung belastet ist oder nicht, H.-Schn. Art. 7 n. 7a, wie auch stets der volle Betrag, nicht nur der die Summe von 10000 ℳ (bzw. 5000 ℳ) übersteigende Teil genehmigungspflichtig ist. — Demgemäß ist bei Versagung der Genehmigung die ganze Zuwendung unwirksam, nicht bloß der die sog. pragmatische Summe übersteigende Betrag. — Es kann aber in einem solchen Falle die Genehmigung eines Teiles der Zuwendung selbst dann erfolgen, wenn es dem Betrage der genehmigten Summe nach an sich nicht erforderlich wäre.

Anderseits kann aber auch der Zuwendende bestimmen, daß die Zuwendung bis zur gesetzlichen Summe gelten solle, sofern die höhere Zuwendung nicht genehmigt werden sollte. Bei einer Zuwendung, die zugleich bewegliches und unbewegliches Vermögen zum Gegenstand hat, findet Zusammenrechnung beider Werte statt. Auch werden, um eine Umgehung des Gesetzes zu verhindern, wiederkehrende Leistungen zusammengerechnet; vgl. H.-Schn. Art. 7 n. 5, 7, 7a, 8.

β) Die Genehmigung des Erwerbs durch geistliche Gesellschaften ist in Bayern eine landesherrliche, doch hat sie der Landesherr dem K ltusministerium übertragen, welches sie im Namen des Königs erteilt; vgl. AVO. v. 27. II. 1847 § 5 (W. III 659) mit AVO. v. 16. III. 1849 § 1 (W. IV 27), § 34 Abs. 3 FormVO. v. 17. XII. 1825 (W. II 279).

I Ihrer rechtlichen Natur nach ist die Genehmigung ganz wie die Genehmigung einer Stiftung ein öffentlich-rechtlicher Akt mit privatrechtlichen Wirkungen. — Die Erteilung der Genehmigung ist Sache des freien Ermessens der Genehmigungsstelle, wobei der Zweck der Zuwendung für die Erteilung der Genehmigung Bedeutung haben kann. — Die Genehmigung, die auch mit Bedingungen, Auflagen oder Vorbehalten beschwert werden kann, dient überall und in jedem Falle dem öffentlichen Interesse, weshalb eine allgemeine Vorausgenehmigung unzulässig wäre.

II Als Genehmigung erscheint sowohl die vorherige Zustimmung (Einwilligung) als auch die nachträgliche Zustimmung.

Wird die Genehmigung im voraus erteilt, so ist die Schenkung oder Zuwendung von Todes wegen sofort, wenn sie erfolgt oder anfällt, rechtswirksam. Die nachträgliche Genehmigung wirkt auf den Zeitpunkt der Vornahme der Schenkung und auf den Anfall der Zuwendung zurück, soweit nicht etwa bei der Schenkung oder Zuwendung ein anderes bestimmt worden ist. — Wird die Genehmigung zu einer Zuwendung von Todes wegen erteilt, so gilt sie als vor dem Erbfall erteilt; bis zur Entscheidung über die Genehmigung ist die Auseinandersetzung des Nachlasses ausgeschlossen; Art. 86 Satz 2 EG. BGB. mit § 2043 BGB.

III Die Beurkundung eines unter die Art. 7, 8 AG. BGB. fallenden Rechtsgeschäftes (Schenkung, Kauf-, Tausch-, Verpfründungsvertrag usw.) hat der Notar, sofern ihm die landesherrliche Genehmigung nicht schon nachgewiesen werden kann, nur mit dem Vorbehalte der erforderlichen Genehmigung vorzunehmen; H.-Schn. Art. 7 a. a. O. n. 4, 6.

Wo die landesherrliche Genehmigung fehlt, ist jeder genehmigungspflichtige Erwerbsakt nichtig; § 134 BGB.

IV Die Genehmigung auf Grund der Amortisationsgesetze wird nicht durch die Kuratelgenehmigung ersetzt, denn Amortisationsgesetzgebung und Staatskuratel schließen einander nicht aus. Vielmehr bezweckt erstere lediglich die polizeiliche Wahrnehmung der staatlichen und sonstigen Gemeinschaftsinteressen gegen die Kirchenverwaltung (M. I 145 zu n. 1), um eine allzu große Anhäufung nationalen Vermögens in der toten Hand zu verhindern, während letztere ausschließlich als Schutzgewalt im Interesse des kirchlichen Subjektes betätigt wird, um dieses vor Schädigungen zu bewahren (M. I 205 nach n. 3). Es ist daher gegebenenfalls außer der Amortisationsgenehmigung noch gesondert die Kuratelgenehmigung zu erholen.

2. Hinsichtlich der ausländischen juristischen Personen.

a) Schenkungen oder Zuwendungen von Todes wegen an ausländische juristische Personen, die religiöse oder politische Zwecke oder Zwecke des Unterrichts oder der Erziehung verfolgen, wenn der Wert 5000 ℳ übersteigt, ferner der Erwerb von Grundstücken und grundstücksgleichen Rechten durch solche ausländische juristische Personen bedürfen ohne Rücksicht auf den Wert gleichfalls der landesherrlichen Genehmigung; Art. 10 AG. BGB.

b) Für die landesherrliche Genehmigung gilt das oben unter Z. 1 Gesagte.

Amtsentsetzung

von Geistlichen s. „Pfründe" VI 5 und 6, „Kirchenstrafen" V A und B; von Kirchenverwaltungsmitgliedern s. „Kirchenverwaltung" VI 2.

Anlegung von Geldern

der Kultusstiftungen und Kirchengemeinden s. „Kapitalienanlage", ferner Fr. n. 4 zu Art. 56, n. 7 zu Art. 75 Z. 6 KGO.

Anlehen

A. Anlehen zu Lasten des ortskirchlichen Stiftungsvermögens oder der Kirchengemeinde.

(Über Ausleihen von ortskirchlichem Stiftungsvermögen oder von Kirchengemeindevermögen s. „Kapitalienanlage").

I. Quellen.

1. Rechtsquellen: Art. 32—35 KGO.

2. Literatur: L. und Fr., n. zu Art. 32 mit 35 KGO.

II. Zulässigkeit der Aufnahme.

Die Aufnahme eines Anlehens kann nur zur Tilgung bestehender Anlehensschulden, dann zur Bestreitung unvermeidlicher oder zum dauernden Vorteile des ortskirchlichen Stiftungsvermögens oder der Kirchengemeinde gereichender Ausgaben stattfinden, wenn die Deckung dieser Ausgaben aus anderen Hilfsquellen nicht ohne Überbürdung der Pflichtigen geschehen kann; Art. 32 KGO.

Hinsichtlich der Übernahme einer Haftung s. Art. 9 Abs. VI KGO.; L., n. zu Art. 9 Abs. VI, n. 2 zu Art. 32; Fr. Art. 32 n. 3.

III. Verfahren.

Über die Aufnahme eines Anlehens beschließt die Kirchenverwaltung selbständig, wenn die Schuldenlast weder vermehrt noch erschwert wird, oder wenn das Anlehen innerhalb desselben Rechnungsjahres aus laufenden Einnahmen wieder getilgt werden soll und kann. In anderen Fällen steht die Aufnahme von Anlehen zu Lasten der Kirchengemeinde der Kirchengemeindeversammlung oder der Kirchenverwaltung mit Zustimmung der Kirchengemeindebevollmächtigten zu; Art. 34 Abs. I KGO.; L. n. 1 zu Art. 34 Abs. I, n. 1 zu Abs. II; Fr. Art. 34 n. 1.

In der Pfalz ist ausschließlich die Kirchenverwaltung zur Beschlußfassung zuständig; Art. 101 Abs. III KGO.

Die Beschlußfassung hat sich sowohl auf die Zwecke des Anlehens als auch auf den Zinsfuß und die wesentlichen Tilgungsbestimmungen zu erstrecken; L. n. 4 zu Art. 34 Abs. I.

Hat die Aufnahme eines Anlehens zu Lasten des ortskirchlichen Stiftungsvermögens in absehbarer Zeit die Inanspruchnahme der Kirchengemeinde mit Kirchenumlagen zur sicheren Folge, so ist nach Art. 23 Abs. II Z. 3 KGO. die Beschlußfassung der Kirchengemeindeversammlung zur Anlehensaufnahme der Stiftung erforderlich; Art. 34 Abs. V KGO.; L. n. 1 zu Art. 34 Abs. II; Fr. Art. 34 n. 7.

IV. Staatsaufsichtliche Genehmigung.

Eine Anlehensaufnahme zu Lasten der Kirchengemeinde bedarf staatsaufsichtlicher Genehmigung, wenn der Betrag, um welchen die Schuldenlast in demselben Rechnungsjahre vermehrt wird, bei Kirchengemeinden in unmittelbaren Städten mindestens 3500 ℳ, im übrigen mindestens 1000 ℳ ausmacht; Art. 34 Abs. I KGO.

Unter der letztgenannten Voraussetzung unterliegen auch die Beschlüsse der Kirchenverwaltungen über Anlehensaufnahmen zu Lasten des ortskirchlichen Stiftungsvermögens staatsaufsichtlicher Genehmigung; Art. 34 Abs. II KGO.; L. n. 1 zu Art. 34 Abs. II; Fr. Art. 34 n. 3 u. 4.

V. **Zustimmung der kirchlichen Oberbehörden.**

Diese ist im Falle des Art. 34 Abs. II KGO. unter den gleichen Voraussetzungen wie die staatsaufsichtliche Genehmigung einzuholen; L. n. 3 zu Art. 34 Abs. II.

VI. **Der Tilgungsplan.**

Für alle Anlehen müssen Tilgungspläne angefertigt und der Staatsaufsichtsbehörde vorgelegt werden. Im einzelnen s. Art. 33 u. 34 Abs. III u. IV KGO.; L. n. zu Art. 33 und zu Art. 34 Abs. III u. IV; Fr. Art. 33 n. 1—4, 34 n. 5 u. 6.

VII. Über die Gewährung von Vorschüssen s. Art. 35 KGO.

B. **Anlehen zu Lasten des Pfründevermögens,**
s. „Absitzkapitalien".

(Über Ausleihen von Pfründestiftungskapitalien sieh „Kapitalienanlage".)

Annaten

(primi fructus d. s. die Früchte des ersten Jahres von vakant gewordenen Pfründen) sind in der katholischen Kirche Abgaben, welche die Pfründen einer Diözese an die bischöfliche Stelle zur Bestreitung gewisser Verwaltungsbedürfnisse zu entrichten haben. Ihre gesetzliche Regelung enthält die AE. v. 5. VII. 1841 (W. III 379); M. II 513 nach n. 1 und zu n. 14.

In der protestantischen Kirche besteht die gleiche Einrichtung in der sog. Sextabgabe; s. dort.

Anniversarienstiftung

s. „Fundationen" III 2 b.

Anschluß charitativer

s. „Diaspora und charitativer Anschluß".

Anordnung von Gottesdiensten

s. „Glaubensgesellschaften" VI 3 a, b.

Anstaltsgeistliche

s. „Hilfsgeistliche".

Anstellungsvoraussetzungen allgemeine für ein bepfründetes Kirchenamt

I. **Zuständigkeit.**

Zuständig zum Erlaß von Bestimmungen über die Zulassung zu Kirchenpfründen ist in der katholischen Kirche der Staat, da es sich hiebei um eine weltliche Angelegenheit handelt; § 64 g RE.; M. II 107 zu n. 1; S. III 523 zu n. 63.

In der protestantischen Kirche sind die Anstellungen dem landesherrlichen Kirchenregiment (s. dort) als Reservatrecht vorbehalten, dessen Ausübung durch die Konsistorialstellen vorbereitet wird; §§ 19e, 11 PE.; M. II 111 zu n. 3.

II. Quellen.

1. Rechtsquellen: a) in der katholischen Kirche: AVO. v. 28. IX. 1854, betr. die Konkursprüfung der katholischen Pfarr- und Predigtamtskandidaten, (W. IV 648) mit Z. 8 der ME. v. 8. IV. 1852 betr. den Vollzug des Konkordats (W. IV 379), aufrecht erhalten durch ME. v. 20. XI. 1873 Z. II 1 (W. X 156);

b) in der protestantischen Kirche: §§ 11, 19e PE.; VO. v. 23. I. 1809 (G. III 64ff., 124ff.), aufrecht erhalten durch § 8 II PE.; BesO. v. 27. X. 1820 § 5 (G. III 262).

2. Literatur: M. II 107 Z. I — 112; Kr. II 31—39; St. 33 §§ 30—39; Seeb. 126 § 11 — 160.

III. Die einzelnen Vorbedingungen.

A. In der katholischen Kirche.

1. Allgemeine Bedingungen. Die allgemeinen Bedingungen zu Kirchen- und namentlich Pfarrpfründen sind: Indigenat, das zur Erlangung einer Pfarrei notwendige Alter, bürgerlich und politisch tadelloser Wandel, die vom Bischof zu erprobende theologische und seelsorgerliche Befähigung, Priestereigenschaft mit mindestens 4jähriger priesterlicher Tätigkeit in der Seelsorge, sodann Kenntnisse im bayer. Verfassungs- und Verwaltungsrecht, im Schul-, Stiftungs- und Armenwesen; angef. ME. v. 8. IV. 1852 Z. 8; M. II 108 zu n. 6; Kr. II 31 zu n. 1; St. 33 § 30.

Was das bayerische Indigenat anlangt, so wurde die Bestimmung der VerfU. Tit. IV § 4: „Kirchenämter oder Pfründen können nur Eingeborenen oder verfassungsmäßig Naturalisierten erteilt werden" und die Bestimmung des § 7 IndE., wonach das Indigenat als „die wesentliche Bedingung" zur Erlangung von „Kirchenämtern und Pfründen" bezeichnet wird, zwar nicht durch Art. 3 RVerf. geändert, da die Kirchenämter nicht zu den „öffentlichen Ämtern" im Sinn des Art. 3 a. a. O. gehören, wohl aber durch §§ 3 mit 14 RStAG., wonach die Anstellung eines Ausländers im bayerischen Kirchendienst die bayerische Staatsangehörigkeit eo ipso begründet, so daß der Zulassung eines Ausländers, selbst eines Nichtdeutschen, zum bayerischen Kirchendienst kein gesetzliches Hindernis im Wege steht; Kr. II 31 n. 1; M. II 110 zu n. 2ff.; P. Tit. IV § 4 n. 1; § 7 IndE. n. 1.

2. Bestehen des Pfarrkonkurses. Weiter ist die Übertragung aller katholischen Pfarr- und selbständigen Predigerstellen, dann aller selbständigen, mit pfarrlichen Rechten bekleideten katholischen Seelsorgestellen bedingt durch das befriedigende Bestehen des sog. Pfarrkonkurses, der zur Erprobung der theologischen und seelsorgerlichen Befähigung, sowie der Kenntnisse im bayerischen Verfassungs- und Verwaltungsrecht, im Schul-, Stiftungs- und Armenwesen abgehalten wird; § 1 ABO. v. 28. IX. 1854 (W. IV 648; auch abgedr. bei Kr. II 32 § 7; St. 34 § 31); M. II 107 zu n. 6; Kr. II 31 zu n. 2 u. 3; St. 34 § 31; S. III 563 zu n. 111. Zur Zeit der Bewerbung um eine Anstellung für ein bepfründetes Kirchenamt muß die Konkursnote bereits feststehen. Über die von dieser Konkursprüfung befreiten Geistlichen vgl. § 2 der angef. ME.

3. Keine Anstellungsvoraussetzung ist die Pfarrkonkursprüfung für die Bewerbung um einfache Benefizien, Inkuratbenefizien, Kaplaneibenefizien und ähnliche Stellen, bei welchen die Anstellung nicht als selbständig und stabil zu erachten ist, insbesondere um alle Stellen der Hilfspriester im eigentlichen Sinne (über diese s. „Hilfsgeistliche"), gleichviel ob sie sich am Sitz der Pfarrei befinden oder in dem Pfarrsprengel exponiert sind und ob sie von dem Pfarrer unterhalten werden oder aus eigenen Stiftungen und einem abgesonderten Benefiziatvermögen subsistieren, folglich aller Kapläne, sog. Kaplaneibenefiziaten, Kuratexpositi, Kooperatoren, Pfarrhelfer und dergl., welche in der pfarrlichen Seelsorge mit Subordination unter einem Pfarrer dienen, also als nicht stabile Stellen angesehen werden müssen. Nicht stabil ist auch der Pfarrverweser (hierüber s. „Pfarrverweser"), wohl aber der ständige Vikar (hierüber s. „Hilfsgeistliche"); ME. v. 1. II. 1812 (W. I 383); ME. v. 21. VIII 1874 (W. X 447); M. II 108 nach n. 3—5 und n. 4; s. auch „Benefizien".

Die Abhaltung des Pfarrkonkurses, welche früher als weltliche Angelegenheit nach § 64g RE. durch die Kreisregierung geschah, erfolgt seit der ME. v. 8. IV. 1852 (W. IV 380) bzw. der VO. v. 28. IX. 1854 durch eine sich aus Staats- und Kirchendienern zusammensetzende gemeinschaftliche Kommission; Z. 8 der ME. v. 8. IV. 1852 mit § 5 der VO. v. 28. IX. 1854; M. II 108 zu n. 7ff.; Kr. II 31 n. 2. — Vgl. auch MBek. v. 3. VI. 1909 betr. Bewerbung um katholische Pfarreien und Benefizien landesherrlicher Besetzung (W. XXXVII 299).

B. In der protestantischen Kirche.

Hier gibt es zwei Prüfungen als Voraussetzung der Anstellung als Pfarrer: eine Aufnahms- und eine Anstellungsprüfung (letztere entspricht dem katholischen Pfarrkonkurs); Prüfungsinstruktion v. 23. I. 1809 (G. III 63), genehmigt durch AE. v. 4. II. 1809 (G. a.

a. O.) und aufrecht erhalten durch § 8 II PE.; Seeb. 129 n. 15; M. II 107 zu n. 3—5. Näheres über die Aufnahmsprüfung s. Seeb. 129 Z. 3ff., über die Anstellungsprüfung Seeb. 145 Z. 4.

Approbation

s. „Pfründe" V 2 A b.

Aufbesserungszuschüsse staatliche

s. „Einkommensaufbesserung".

Aufnahme in die Kirche

s. „Glaubensbekenntnis".

Aufsichts- und Mitwirkungsrecht der kirchlichen Oberbehörden bei Verwaltung des Ortskirchen- und des Pfründevermögens.

I. Begriff.

Unter dem kirchlichen Aufsichts- und Mitwirkungsrechte versteht man die von den kirchlichen Oberbehörden neben der Staatsaufsicht und Staatskuratel geübte Mitaufsicht und Mitwirkung bei der Verwaltung des Kirchen- und Pfründevermögens. Dieses kirchliche Aufsichtsrecht entspricht seinem Wesen nach der staatlichen Aufsicht und Kuratel und ist wohl zu unterscheiden von dem den kirchlichen Oberen, Vorstehern oder ihren Repräsentanten durch § 39 RE. eingeräumten allgemeinen Recht der Aufsicht über die innerkirchlichen Angelegenheiten. Über das letztgenannte Aufsichtsrecht s. „Glaubensgesellschaften" VI 1.

II. Quellen.

1. Rechtsquellen: Tit. IV § 10 VerfU.; §§ 47, 48, 49, 76ff. RE.; G. v. 28. V. 1852, betr. die Fixierung, Sicherung und Ablösung der auf dem Zehentrecht beruhenden kirchlichen Baulast, § 13 Abs. II (W. IV 467); ME. v. 11. IX. 1857 (W. V 67); besonders Art. 11 KGO.

Speziell für die katholische Kirche: ME. v. 21. VI. 1841 (W. III 379), speziell für die protestantische Kirche: KonsO. v. 8. IX. 1809 Nr. I § 81, Nr. II § 16 (W. I 306, 309), aufrecht erhalten durch § 11 PE.

2. Literatur: M. I 162—166, 264—266, II 389—392; Kr. II 193 nach n. 26—195 zu n. 36, III 12—14; St. 813—816; Seeb. 806—807, 668 zu n. 3—669 zu n. 5; L. u. Fr., n. zu Art. 11 KGO.

III. Aufsichtsorgane.

Für die katholische Kirche ist das Aufsichtsorgan das bischöfliche Ordinariat, für die protestantische Kirche das Oberkonsistorium und unter diesem das Konsistorium; M. I 163 zu n. 4 und 6; Seeb. 668 zu n. 3, 669 zu n. 5.

IV. **Gegenstand und Inhalt.**

1. Hinsichtlich des Ortskirchenvermögens. Durch die KGO. wurden die Mitwirkungsrechte der kirchlichen Oberbehörden innerhalb der durch die Verfassung, insbesondere § 75 RE., gezogenen Grenzen erheblich erweitert und durch Einräumung des Beschwerderechts (Art. 11 Abs. III KGO.) in ihrer Bedeutung erhöht.

a) Die KGO. unterscheidet eine dreifache Art der Mitwirkung der kirchlichen Oberbehörden:

α) Die Einvernahme, welche in der KGO. für die einzelnen Fälle ausdrücklich vorgeschrieben ist. Wo dies der Fall ist, sollen die Staatsbehörden, soweit sie nicht richterliche Gewalt ausüben (s. unten Buchst. β), das Einverständnis anstreben, etwaige Erinnerungen sorgfältig würdigen und nach Möglichkeit berücksichtigen; Art. 11 Abs. I KGO.

Die Einvernahme in sonstigen Angelegenheiten (d. h. in Fällen, wo die Einvernahme der kirchlichen Oberbehörden von der KGO. nicht ausdrücklich vorgeschrieben wurde) ist nicht ausgeschlossen; a. a. O. Abs. II.

I Die Einvernahme ist nur im staatsaufsichtlichen Verfahren durchzuführen. In Verwaltungsrechtsstreitigkeiten kann die kirchliche Oberbehörde nur gehört werden; L. n. zu Art. 11 Abs. I; s. unten Buchst. β.

Betätigt die Staatsaufsichtsbehörde die freiwillige Einvernahme der kirchlichen Oberbehörde, so ist Abs. I a. a. O. ebenfalls als instruktionelle Anweisung maßgebend; Fr. Art. 11 n. 7.

II Werden die Erinnerungen nicht oder nur teilweise berücksichtigt, so ist die kirchliche Oberbehörde binnen vierzehn Tagen ausschließender Frist zur Beschwerdeführung berechtigt; Art. 11 Abs. III.

Aus diesem Grunde sind die nach Einvernahme der kirchlichen Oberbehörden ergehenden Entschließungen (Bescheide) diesen in Abschrift zuzustellen. Das Beschwerderecht steht der kirchlichen Oberbehörde nur zu, wenn die Einvernahme vorgeschrieben war, d. i. in den Fällen des Art. 11 Abs. I, nicht des Abs. II.

Die Beschwerde ist Bestandteil des staatsaufsichtlichen Verfahrens, für Fristberechnung und Instanzenzug gilt Art. 81 u. 106 Abs. VI KGO.; s. „Staatsaufsicht". — Die nächsthöhere Behörde entscheidet daher in letzter Instanz. Der VGH. ist nicht zuständig; vgl. L. n. 3 zu Art. 11 Abs. III.

β) Die Anhörung. I Im Verwaltungsstreitverfahren können die kirchlichen Oberbehörden gehört werden, wenn ihre Einvernahme nicht ohnehin vorgeschrieben ist; Art. 11 Abs. IV. — Diese Anhörung ist ausschließlich für die Fälle vorgesehen, in denen richterliche Entscheidung zu treffen ist; vgl. z. B. Art. 10 Abs. VI und Art. 11 Abs. IV. — Auch wo dem Streitgegenstande nach die Einvernahme vorgeschrieben wäre, hat diese nur die Bedeutung der Anhörung; denn die Mitwirkung einer außerhalb des Verwaltungsgerichts stehenden Organisation oder Stelle ist bei der Rechtsprechung ausgeschlossen. Die Staatsbehörde, welche entscheidet, ist daher an den geäußerten Standpunkt der kirchlichen Oberbehörde bei der Entscheidung nicht gebunden; vgl. Fr. n. 10 zu Art. 10 mit n. 9 zu Art. 11 KGO.

II Ein gesetzliches Recht auf Erholung ihrer Erinnerungen vor der Beschlußfassung in allen Instanzen haben die kirchlichen Oberbehörden bei den Verhandlungen über Fixierung, Sicherung und Ablösung der auf dem Zehentrecht beruhenden kirchlichen Baulast gemäß § 13 Abs. II des G. v. 28. V. 1852 (W. IV 467); vgl. über das Verfahren D., n. zu Art. 8 Z. 11 BGG. i. d. F. des Art. 96 Buchst. a KGO.

γ) Die Zustimmung. I Das Recht der Zustimmung und des Einspruchs mit der Folge, daß ohne ihre Genehmigung ein gültiger Verwaltungsakt nicht zustande kommen konnte, besaßen die kirchlichen Oberbehörden schon vor dem Inkrafttreten der KGO. in drei Fällen:

aa) bei Verwendung von Kirchenstiftungsvermögen zu anderen als Stiftungszwecken; Tit. IV § 10 VerfU., § 47 RE.;

bb) bei Verwendung von Rentenüberschüssen des Kirchenvermögens (s. „Rentenüberschüsse") für Schul- und Armenzwecke; § 49 RE.;

cc) bei der Festsetzung fixierter Aversalbeiträge des Staates an unzureichend dotierte ehemalige Stifts- und Klosterkirchen; ME. v. 11. IX. 1857 (W. V 67); s. auch „Dotation".

II Dazu schuf die KGO. eine Reihe weiterer Zustimmungsfälle; vgl. Art. 9 Abs. III, 10 Abs. I, 13 Abs. IV, 34 Abs. II, 75 Abs. I Z. 5, Abs. III, 77 Abs. I, 78 Abs. I, 87 Abs. III, 89 Abs. I KGO.

III Wo nach der KGO. die Zustimmung der kirchlichen Oberbehörde vorgeschrieben ist, bildet sie eine Voraussetzung der Rechtswirksamkeit des Kirchenverwaltungsbeschlusses. Sie ist vor dessen Vorlage an die Staatsaufsichtsbehörde vom Kirchenverwaltungsvorstand einzuholen. Mindestens gleichzeitig ist der Staatsaufsichtsbehörde von dem Beschlusse vorläufige Kenntnis zu geben; Art. 11 Abs. V KGO.

Wird die Zustimmung von der kirchlichen Oberbehörde verweigert, so ist der betr. Kirchenverwaltungsbeschluß wirkungslos, daher auch kein Gegenstand der staatsaufsichtlichen Würdigung. — Die Mitwirkung der kirchlichen Oberbehörde hat nicht den Charakter der Mitaufsicht, da für die von der kirchlichen Oberbehörde gebilligten Kirchenverwaltungsbeschlüsse noch staatsaufsichtliche Genehmigung erforderlich ist, sondern bedeutet lediglich die Ausübung einer Mitverwaltung.

Über die staatsaufsichtliche Genehmigung s. „Staatsaufsicht"; vgl. auch § 5 der allg. VB. z. KGO.

b) über weitere Rechte der kirchlichen Oberbehörden nach der KGO. vgl. Art. 10, 23 Abs. IV, 54 Abs. IV, 62 Abs. I, 44 Abs. II, 103 Abs. III, IV, 104 Abs. II KGO.

2. Hinsichtlich des Pfründevermögens.

a) Hier besteht das kirchliche Aufsichts- und Mitwirkungsrecht nur bei wichtigeren Angelegenheiten der Pfründeverwaltung und zwar als ein Recht der Kenntnisnahme und Äußerungsabgabe; vgl. ME. v. 23. I. 1826 (W. II 338). Die Kreisregierung als Kuratelbehörde muß vor ihrer Entschließung die kirchlichen Oberbehörden zur Erklärung auffordern, ohne daß letzteren dadurch ein Recht förmlicher Einwilligung oder Zustimmung gewährt wird; vgl. ME. v. 29. XII. 1846 (W. III 654); M. II 389 nach n. 8.

b) Daneben besteht sowohl in der katholischen wie protestantischen Kirche ein von der staatlichen Kuratel unabhängiges, selbständiges Recht der Kirchenbehörden zur fortlaufenden Aufsichtsführung über den Pfarrer; M. II 390 Z. II. Zu diesem Zweck sind die Kirchenbehörden berechtigt, Visitationen vorzunehmen und anzuordnen; M. II 390 zu n. 8. — Über diese Visitationen und ihren Gegenstand und zwar bezüglich der katholischen Kirche s. M. II 390 Z. II; Kr. II 194 zu n. 31 ff., bezüglich der protestantischen Kirche s. M. II 391 Z. 2; Seeb. 667 § 23.

3. Soweit schon nach bisherigem Rechte in den von der KGO. nicht einbezogenen Gebieten Mitwirkungsrechte der kirchlichen Oberbehörden bestanden, bleiben sie weiter in Geltung; vgl. ME. v. 21. VI. 1841 (W. III 379) und § 11 PE. mit KonsO. v. 8. IX. 1809; M. I 162 ff.; Kr. III 12 ff. Insbesondere bleibt das in den §§ 38, 39, 71 RE. den kirchlichen Oberbehörden eingeräumte Anweisungsrecht an die Mitglieder der ortskirchlichen Vertretungskörper innerhalb der verfassungsmäßigen Schranken und ihres eigentlichen Wirkungskreises unberührt. Gleiches gilt vom Mitwirkungsrecht der kirchlichen Oberbehörden bei den sog. Gegenständen gemischter Natur, §§ 76—79 RE.

Aushilfsseelsorge

I. In der katholischen Kirche.

Hier ist eine Aushilfsseelsorge in zweifacher Weise möglich:

1. Durch Aufstellung eines Hilfspriesters, der dem Pfarrer wegen Alters, Krankheit, Schwächlichkeit u. dergl. entweder auf eigenen Wunsch des Pfarrers oder nötigenfalls ex officio beigegeben wird und zwar nur auf die Dauer der die Beigebung eines Hilfspriesters veranlassenden Ursachen; St. 341 zu n. 2; im näheren s. „Hilfsgeistliche".

Der Aushilfspriester wird lediglich vom Bischof genehmigt (approbiert; über Approbation s. „Pfründe" V 2) und erhält dadurch die Befugnisse zur sog. Cura (d. h. Wahrnehmung der Seelsorgegeschäfte, nicht aber der eigentlichen Pfarrgeschäfte, welche dem Pfarrer verbleiben). Zur Erteilung der Cura bedarf es der Einwilligung des Pfarrers wegen des sog. Pfarrzwangs (s. „Pfarrzwang"); dagegen ist eine staatliche Genehmigung nicht erforderlich, da es sich dabei um einen widerruflichen Geistlichen handelt, die Besetzung der Stellen der widerruflichen Geistlichen aber dem Bischofe überlassen bleibt; s. „Hilfsgeistliche".

Über die Verrechnung und Deckung der Kosten für diese Aushilfsseelsorge s. „Fassion".

2. In der Weise, daß ein benachbarter Priester (ohne daß dabei der Bischof eine Approbation vornimmt) oder eine sonst dazu befähigte geistliche Person auf Grund privater Vereinbarung mit dem zuständigen Pfarrer als Aushilfe in der Seelsorge zu gewissen Zeiten (z. B. zur österlichen Zeit) wegen Häufung der Seelsorgegeschäfte gewonnen wird. Hier handelt es sich nicht um Aufstellung eines eigentlichen Aushilfsgeistlichen, sondern nur um eine private Übereinkunft, zu der weder bischöfliche noch staatliche Genehmigung erforderlich ist.

Über die Heranziehung eines nichtbayerischen Ordensgeistlichen zur Aushilfsseelsorge s. „Außerordentliche kirchliche Feierlichkeiten" und „Gottesdienst".

II. **In der protestantischen Kirche**; s. Seeb. 282 Z. XV.

Auspfarrung

s. „Pfarrpurifikation".

Außerordentliche kirchliche Feierlichkeiten.

I. Begriff.

Außerordentliche kirchliche Feierlichkeiten sind solche, welche der Kultus einer bestimmten Konfession nicht gewöhnlich mit sich bringt, die also anläßlich eines außergewöhnlichen Ereignisses abgehalten werden.

Nicht jede Abweichung von dem täglichen oder sonntäglichen Gottesdienst gilt schon als außerordentliche kirchliche Feier, ebensowenig die nur einmal oder einigemale im Jahre oder selbst in größeren Zwischenräumen sich wiederholenden kirchlichen Feierlichkeiten, wenn solche nur zu dem hergebrachten Diözesangottesdienst gehören; vgl. Seeb. 52 n. 12.

Maßgebend für die Unterscheidung zwischen ordentlichen und außerordentlichen kirchlichen Feierlichkeiten ist vielmehr stets, ob die betreffende Feierlichkeit in der Diözesanpraxis begründet ist oder nicht. — Der Diözesangottesdienst und die seitherige kirchliche Übung des betreffenden Bistums sind das vorzüglichste Kriterium für den Begriff einer außerordentlichen kirchlichen Feierlichkeit.

Deshalb sind nur solche Feierlichkeiten als außerordentliche zu betrachten, die der Diözesanpraxis fremd erscheinen. Hieran reihen sich als außerordentliche Feierlichkeiten noch solche, deren Form zwar von der seitherigen Praxis gekannt ist, die aber durch ihren speziellen Anlaß und Inhalt, durch ihre Ausdehnung auf größere Menschenmassen, durch größeren Zeitaufwand, durch Rückwirkung auf die bürgerliche Tagesbeschäftigung usw. die von selbst in die Augen springende Natur des Außergewöhnlichen an sich tragen, besonders wenn sie aus Anlaß eines politischen Ereignisses abgehalten werden sollen oder wenn die Kirchenbehörde ihre Angehörigen zur Teilnahme an ihnen unter Einstellung der Arbeitstätigkeit im Gewissen verbinden will; ME. v. 6. XI. 1851 betr. Abhaltung außerordentlicher kirchlicher Feierlichkeiten (W. IV 301); Kr. I 213 nach n. 19; St. 156 nach n. 1.

II. Quellen.

1. Rechtsquellen: § 79 RE., § 19 Buchst. b PE., § 24 des Reichsvereinsgesetzes v. 19. IV. 1908 mit Art. 4 Abs. 1 u. 2, Art. 20 des Bayerischen Vereinsgesetzes v. 26. II. 1850, BayVollzA. v. 12. V. 1908 Z. 21. — ME. v. 20. VI. 1851 (W. IV 264), ME. v. 6. XI. 1851 (W. IV 301), ME. v. 9. X. 1854 Z. III 8 (W. IV 658), ME. v. 8. IV. 1852 Z. 12 (W. IV 379) mit ME. v. 20. XI. 1873 Z. II 5 (W. X 156).

2. Literatur: Kr. I 212—218, 222—225; St. 155 Z. 3 bis 159, 178—185; Seeb. 51 nach n. 5 bis 53; S. III 51 n. 43, 525 zu n. 6; Silb. 319 § 71, 367 nach n. 2, 370 § 87.

III. Arten.

1. Die wichtigsten Arten sind die Volksmissionen (ausführlich Kr. I 216—218; St. 181—185) und die Prozessionen, soweit letztere nicht herkömmlich sind (näheres Kr. I 222—225; St. 178—181); darüber s. Abs. 2. Bezüglich der kirchlichen Prozessionen, Wallfahrten und Bittgänge bleiben gemäß § 24 des Reichsvereinsgesetzes v. 19. IV. 1908 die Vorschriften des Landesrechts unberührt. Zu diesen Vorschriften des Landesrechts gehören insbesondere die Bestimmungen des Bayerischen Vereinsgesetzes v. 26. II. 1850 bzw. 15. VI. 1898 Art. 4 Abs. 1 u. 2, wonach herkömmliche Prozessionen, Wallfahrten und Bittgänge nicht der in Art. 4 vorgeschriebenen Genehmigung unterliegen; s. BayVollzA. v. 12. V. 1908; Sartor 173 b, 176 b; Kr. I 222 zu n. 42; St. 178 zu n. 7.

Als herkömmliche Prozessionen sind nicht nur die an dem betreffenden Ort bzw. in der Diözese herkömmlichen, sondern auch alle diejenigen anzusehen, welche in der betreffenden Religionsgesellschaft herkömmlich sind. Maßgebend ist nicht die Ortsherkömmlichkeit, sondern die Kultusherkömmlichkeit. Insbesondere sind die Fronleichnamsprozessionen allgemein als herkömmliche Prozessionen der katholischen Kirche im Sinn dieses Art. 4 auch dann anzusehen, wenn an dem betreffenden Orte diese Prozession bisher nicht üblich war; ME. v. 22. II. 1882; Kr. I 223 zu n. 44, 45; St. 179 zu n. 1, 180 § 192. Sie bedürfen deshalb keiner Genehmigung.

Dagegen finden auf die nicht herkömmlichen Prozessionen (Kr. I 223 n. 45 g. E., 224; St. 179 § 191) wie überhaupt auf alle außerordentlichen kirchlichen Feierlichkeiten, also auch auf die Volksmissionen (Kr. I 216 § 3; St. 181 § 193, besonders 182 zu n. 4) die Bestimmungen der folgenden Ziffer IV Anwendung.

2. Über einzelne andere außerordentliche kirchliche Veranstaltungen s. Kr. I 214 Abs. 2 bis 216.

IV. Genehmigungspflicht der außerordentlichen Feierlichkeiten.

1. Die Genehmigung der kirchlichen Oberen. Zur Abhaltung außerordentlicher kirchlicher Feierlichkeiten und Andachten hat der Pfarrer stets die Genehmigung der oberhirtlichen Stelle einzuholen, also in der katholischen Kirche die des Bischofs, in der protestantischen die des Konsistoriums; Kr. I 212 § 2 Abs. 1.

Insbesondere hat in der katholischen Kirche der Pfarrer, der eine Volksmission abhalten will, sich rechtzeitig mit den Oberen des geistlichen Ordens, durch dessen Mitglieder sie gehalten werden soll, ins Benehmen zu setzen und sodann bei der oberhirtlichen Stelle (d. i. dem Bischof) die Genehmigung nachzusuchen; Kr. I 216 zu n. 34.

Auch zur Einführung neuer Wallfahrten und Bittgänge sowie zu wesentlichen Änderungen in den bereits bestehenden hat der Pfarrer die Zustimmung der oberhirtlichen Stelle einzuholen; Kr. I 222 vor n. 41.

2. Kirchenpolizeiliche Genehmigung des Staates.

a) Die geistlichen Behörden haben zu außerordentlichen kirchlichen Feierlichkeiten, insbesondere wenn sie an Werktagen abgehalten werden wollen, allezeit die spezielle königliche Genehmigung zu erholen, § 79 RE.; Kr. I 212 § 2 Abs. 2, 217 oben; St. 155 Z. 3, welche aber teilweise auf die Distriktsverwaltungsbehörden übertragen ist; VO. v. 20. VI. 1851 (W. IV 264); Kr. I 212 § 2 Abs. 2; S. III 526 zu n. 9.

b) Handelt es sich um die Abhaltung einer Volksmission, so hat die staatliche Behörde vor Erteilung der Genehmigung bei der Gemeindebehörde Erkundigungen einzuziehen, ob keine Bedenken gegen die Mission bestehen; Kr. I 217 zu n. 38; St. 183 § 194.

Gleiches gilt für nichtherkömmliche Prozessionen, Bittgänge und Wallfahrten, zu denen die Zustimmung der Gemeindeverwaltung zu erholen ist, in deren Ortsbezirk die Veranstaltung stattfinden soll; Kr. I 224.

c) Im einzelnen ist die Zuständigkeit für die Erteilung der staatlichen Genehmigung nach der ME. v. 20. VI. 1851 (W. IV 284, bei St. 158), aufrecht erhalten durch ME. v. 20. XI. 1873 Z. II 5 (W. X 156), verschieden geregelt (Kr. I 212 § 2; St. 157 § 164):

α) Die geistlichen Behörden (Bischof bzw. Konsistorium) haben bei Anordnung aller nicht gewöhnlichen (d. i. in der Diözesanpraxis nicht begründeten; ME. v. 6. XI. 1851 [W. IV 301]) kirchlichen Feierlichkeiten und Andachten vorgängige Anzeige bei der weltlichen Behörde (Distriktsverwaltungsbehörde) zu machen; Z. 1 der ME. v. 1851.

β) Wenn diese Feierlichkeiten aus Anlaß eines politischen Ereignisses abgehalten werden wollen, oder wenn die Kirchenbehörde ihre Angehörigen zur Teilnahme an diesen Feierlichkeiten unter Einstellung der Arbeitstätigkeit im Gewissen verbinden will, so ist vor deren Gestattung jederzeit die Allerhöchste Genehmigung des Königs einzuholen; Z. 2 der angef. ME.

γ) Sollen außerordentliche Feierlichkeiten, die nicht unter Buchst. β fallen, unter freiem Himmel abgehalten werden, so hat die Distriktspolizeibehörde deren Statthaftigkeit zu würdigen und ist ermächtigt, die Genehmigung zu deren Vornahme zu erteilen oder zu versagen; Z. 3 der angef. ME.

δ) Wenn die kirchliche Behörde zur Vornahme außerordentlicher kirchlicher Feierlichkeiten Geistliche herbeirufen und ermächtigen will, welche einem nichtbayerischen Orden (z. B. Jesuiten) angehören oder das bayerische Indigenat nicht besitzen, so haben sie hievon bei der Regierung vorher Anzeige zu machen, ME. v. 8. IV. 1852 Z. 12 (W. IV 379), aufrecht erhalten durch ME. v. 20. XI. 1873 (W. X 156), und bleibt die allerhöchste Genehmigung vorbehalten, ME. v. 9. X. 1854 Z. III 8 (W. IV 658), welche seitens des Landesherrn für die protestantische Kirche nicht in seiner Eigenschaft als summus episcopus erteilt wird, sondern nur ein Ausfluß der kirchenhoheitlichen Gewalt ist (was sich schon daraus ergibt, daß die außerordentlichen kirchlichen Feierlichkeiten unter den Gegenständen gemischter Natur angeführt sind; Z. 4 der angef. ME.; Kr. I 213 zu n. 19; s. auch „Kirchenregiment landesherrliches" III 1 u. 2.

In der Zuziehung eines ausländischen Ordensgeistlichen zu einer den Rahmen des sonntägigen Gottesdienstes nicht übersteigenden kirchlichen Feier kann keine außergewöhnliche Gestaltung des Gottesdienstes erblickt werden. — Auf die Person dessen, der den Gottesdienst abhält, kommt es als Unterscheidungsmerkmal für außergewöhnliche kirchliche Feierlichkeiten nicht an. Daher ist die Abhaltung von Gottesdiensten durch ausländische Ordenspriester nur dann als eine der staatlichen Genehmigung bedürfende außerordentliche kirchliche Feier zu erachten, wenn diese Feier an sich schon als außerordentliche i. S. der Ziff. I, III u. IV 2 erscheint. — Die Sprache des Geistlichen ist hiebei ebenfalls belanglos.

Über die Zulassung von Jesuiten und Redemptoristen zu solchen kirchlichen Feiern s. „Gottesdienst" IV 4 und „Geistliche Gesellschaften" III 1 b.

Aussitzfristen

s. „Absitzkapitalien" III.

Ausspielungen

zu milden Zwecken s. „Lotterien".

Austritt aus der Kirche

s. „Glaubensbekenntnis" IV.

B.

Baufälle

s. „Baupflicht kirchliche" V.

Baufallschätzung und Baufallwendung bei Veränderungen im Pfründebesitze.

I. Zweck und Gegenstand der Baufallschätzung.

Außer den periodischen Besichtigungen (s. „Bauwesen kirchliches" II) findet durch die Verwaltungsbehörde noch bei Erledigung einer Pfarrpfründe, d. i. beim Wechsel des Pfründebesitzers, eine besondere Baufallschätzung statt, welche die Ermittlung der Haftung des abziehenden Pfarrers für die allenfallsigen Mängel und Abgänge an den benutzten Pfarrgebäuden mit Rücksicht auf die etwa vorhandenen Meliorationen bezielt; VGH. XXV 318; vgl. auch „Pfründe" VII 6.

Hiemit steht im Zusammenhang die Entscheidung von Differenzen zwischen dem bisherigen Pfarrpfründebesitzer und der Pfarrpfründe über die mit dem amtlichen Verhältnisse verbundenen Rechte des Nutzgenusses an den zu der Pfründe gehörigen Objekten; St. 992 § 1133.

Die Baufallschätzung ist von der „Baupflicht" wohl zu unterscheiden; s. „Baupflicht kirchliche". Die Baufallschätzung bewegt sich auf öffentlichrechtlichem Gebiete.

II. Quellen.

1. Rechtsquellen: VO. v. 8. VII. 1811 (W. I 394) betr. die Baufälle bei den Pfarrhöfen und Benefizialhäusern, zum Teil abgedruckt bei St. 990 nach n. 2; die AVO. v. 28. II. 1851 (W. IV 218) betr. die Benützung und Unterhaltung der Staatsgebäude (abgedruckt bei St. 988 § 1128; bei Kr. II 340 nach n. 1), besonders § 97; MBek. v. 1. IX. 1907 betr. die Baufallschätzung an den katholischen Pfründegebäuden (KMBl. 565; W. XXXV 453).

2. Literatur: Kr. II 340 § 37 —350; St. 988 § 1128 —993; Seeb. 370 Z. 2 —374; besonders instruktiv auch VGH. XXV 315.

III. Regelung der Baufallschätzung.

Hier unterscheidet man:

1. Pfründegebäude, bei welchen die Baupflicht dem Staatsärar obliegt.

Bezüglich der Baufallschätzung und Baufallwendung bei Veränderungen im Besitze jener Pfründen, an deren Gebäude das Staatsärar die Baulast als Folge der Säkularisation trägt, kommen nach der AVO. v. 28. II. 1851 § 97 Buchst. c (W. IV 218) betr. die Benützung und Unterhaltung der Staatsgebäude, die Bestimmungen dieser Verordnung, besonders § 75 ff. (abgedruckt bei St. 988 § 1128; Kr. II 340 nach n. 1) in Anwendung; Kr. II 340 § 37; St. 988 § 1128 Abs. 2; Seeb. 370 Z. 2 a.

Gemäß § 97 der angef. VO. von 1851 finden bei Baufallschätzungen die genannten Bestimmungen dieser VO. Anwendung sowohl auf jene Gebäude:

a) welche im Eigentum des Staates stehen;

b) für welche der Staat die große Baulast hat; als auch:

c) auf Gebäude des Kultus und Unterrichts, wo dem Staate die Bauverbindlichkeit aus einem Privatrechtstitel ausschließlich und ohne Konkurrenz Dritter obliegt. Außerdem findet nach Ansicht des VGH. VIII. 124 die genannte AVO. Anwendung auf

d) andere Pfründegebäude, bei welchen der Pfründe selbst, unbeschadet der Kongrua, die primäre Baupflicht oder dem Pfründebesitzer wenigstens die bauliche Unterhaltung (Wendung der kleinen Baufälle) obliegt, in Ergänzung der dafür in erster Linie maßgebenden VO. vom 8. VII. 1811 (W. I 349); St. 992 § 1132; s. unten Z. 2.

Vergleiche oder Abfindungen über Entrichtung und Bestreitung der Baufälle zwischen dem bisherigen Nutznießer und dessen Nachfolger dürfen nur unter der Bedingung gestattet werden, daß der Nachfolger sich unbedingt zur vollständigen Zahlung der festgestellten Bauschuld des abtretenden Nutznießers verbindlich erklärt; ME. v. 5. XI. 1838, betr. die Wendung der kleinen Baufälle in Amtswohnungen,

Z. II 8, welche Bestimmung heute noch gilt, mit §§ 77, 78 der AVO. v. 28. II. 1851 (W. IV 218); St. 989 n. 1; Kr. II 343 n. 10.

2. Pfründegebäude, bei welchen die Baupflicht dem Pfründevermögen oder einem Dritten obliegt.

Beim Abgang der Pfarrer und Benefiziaten von ihren Pfründen durch Todesfall oder Abzug sind die vorfindlichen Baufälle genau abzuschätzen und auf Kosten des abgetretenen Pfründebesitzers oder seiner Erben zu wenden; ME. v. 8. VII. 1811 Z. 5 (W. I 349); Kr. II 343 Buchst. b; St. 990 nach n. 2.

Bezüglich der Vornahme der Baufallschätzung und Baufallwendung an Pfründegebäuden, bei welchen dem Pfründevermögen oder einem Dritten (einer Stiftung, Gemeinde usw.) die Baupflicht obliegt, kommen die Bestimmungen der ME. v. 8. VII. 1811 (W. I 349) und, soweit diese Vorschriften einer Ergänzung bedürfen, auch die §§ 75—83 der AVO. v. 28. II. 1851 (s. oben Z. 1) in geeignete analoge Anwendung; VGH. VIII. 124; ME. v. 5. XI. 1838 Z. III 2; St. 947 nach n. 1—3, 992 § 1132; Kr. II 346 zu n. 14.

Die Baufallschätzungen bei Gebäuden kirchlicher Pfründen, bei denen das Staatsärar nicht beteiligt ist, haben unter Leitung der Distriktspolizeibehörden mit Beiziehung verpflichteter Sachverständiger zu geschehen; AVO. v. 13. XI 1857 betr. die Reorganisation des öffentlichen Bauwesens, § 44 Abs. 1 (RBl. S. 1621); AVO. v. 8. VII. 1811 (W. I 349) und 21. X. 1813 (Döll. XI 1522). Die Bestimmungen hierüber der im übrigen durch die AVO. v. 23. I. 1872 ersetzten AVO. v. 13. XI. 1857 sind noch in Kraft; Kr. II 346 zu n. 15 u. n. 15; St. 991 § 1130; Seeb. 372 zu n. 25. Über das Verfahren bei Baufallschätzungen an den katholischen Pfründegebäude insbesondere vgl. noch die MBek. v. 1. IX. 1907 (KMBl. 565, W. XXXV 453).

Die bei der Baufallschätzung festgesetzten Kosten können niemals dem Nachfolger des Pfründeinhabers überbürdet werden; Kr. II 347 nach n. 20. — Über die Kosten der Baufallschätzung selbst s. ME. v. 3. VII. 1866 (KMBl. 161); St. 991 § 1131; Kr. II 347 nach n. 19.

Über den Umfang der Haftung des abgetretenen Pfründebesitzers s. Kr. II 344 nach n. 1.

Über die Abgrenzung der Unterhaltsbauten (kleine Baufälle) von den Hauptreparaturen (große Baufälle) s. Kr. II 344 zu n. 3 — 345; St. 947 n. 2.

IV. Streitigkeiten.

1. a) Streitigkeiten über die Haftung der Pfründebesitzer aus der Verwaltung und Nutznießung des kirchlichen Pfründevermögens, ferner über die Haftung aus der baulichen

Unterhaltung der Pfründegebäude (Baufallschätzungen), Streitigkeiten über die Ansprüche des abziehenden Pfründners wegen Meliorationen sind Verwaltungsstreitsachen; Art. 10 Z. 15 VGG.; St. 993 oben; Kr. II 348 zu n. 25.

b) Die Entscheidung von Streitigkeiten, welche sich aus Anlaß von Baufallschätzungen über die Haftung der Pfründner für die Wendung der kleinen Baufälle an Pfründegebäuden ergeben, steht ebenfalls den Verwaltungsbehörden zu, auch dann, wenn jene Gebäude im Eigentum des Staates stehen und dem Staate die ausschließliche primäre Baupflicht obliegt. Überhaupt ist es für die Beurteilung der Zuständigkeit völlig belanglos, wem an den Gebäuden Eigentum und Baulast zufällt; VGH. XXV 315; D. Art. 10 Z. 15 VGG. n. 2 unten.

Die Einschaltung des Wortes „Baufallschätzungen" in die Z. 10 des Art. 10 Z. 15 VGG. ist nur dahin zu verstehen, daß die bauliche Haftung des Pfründners aus Baufallschätzungen hierher gehört, nicht aber dahin, daß alle aus Anlaß von Baufallschätzungen entstehenden Differenzen unter diese Ziffer zu stellen seien; VGH. III 140; Kr. II 349 zu n. 29; St. 993 vor n. 1.

c) 1. Instanz ist die Kreisregierung als Pfründekuratelstelle; § 74 FormVO. v. 17. XII. 1825 (W. II 279); D. Art. 10 Z. 15 n. 1. — 2. Instanz ist der VGH.; VGH. XXV 318; Kr. II 349 zu n. 28. Hierher zählt auch die Frage, ob der abziehende Nutznießer die Herausgabe des Gegenstandes, in welchem die Melioration vorhanden ist, oder Vergütung desselben verlangen kann; Kr. II 349 nach n. 26.

2. a) Die Entscheidung von Fragen des kuratelamtlichen Ermessens, die gelegentlich einer Baufallschätzung auftauchen, besonders die Beurteilung der Notwendigkeit einer baulichen Vornahme an Pfründegebäuden, die Entscheidung der Frage, ob ein administratives Bauprovisorium (s. „Baupflicht kirchliche") zu erlassen sei, ist der Zuständigkeit des VGH. entrückt; VGH. III 140; Art. 13 Abs. 1 Z. 3 VGG. Beschwerden gegen Beschlüsse und Verfügungen der Kreisregierung in diesen Ermessensfragen werden vom Kultusministerium entschieden; St. 993 zu n. 1; Kr. II 349 nach n. 29.

b) Hierher zählt auch die Entscheidung von Fragen über die Art und Weise der Ausführung der Baufallwendungen und die Sicherstellung derselben durch Einhebung der eingeschätzten Baufallsumme; VGH. XVIII 264; D. Art. 10 Z. 15 n. 2 g. E.

3. Für die Entscheidung der Frage, ob und inwieweit dem jeweiligen Pfarrer eine Unterhaltsverbindlichkeit an den Pfarrgebäuden obliege, sind die Gerichte zuständig; Kr. II 349 unten; s. auch „Baupflicht kirchliche".

Baupflicht (Baulast) kirchliche.

I. Begriff.

Unter kirchlicher Baupflicht versteht man die Verpflichtung zur Erhaltung und Wiederherstellung der Kultusgebäude; Kr. III 29 zu n. 1.

II. Quellen.

1. Rechtsquellen: Die Rechtsquellen sind für die kirchliche Baupflicht im Bereiche des Kirchenstiftungs- und des Pfründestiftungsvermögens dieselben.

Das BGB. hat die bisherigen landesgesetzlichen Vorschriften über die Kirchenbaulast unberührt gelassen; EG. BGB. Art. 132; s. auch bayer. AG. BGB. Art. 1; Kr. III 30 zu n. 8; M. II 452 zu n. 6; Seeb. 874 n. 1.

Auch von der KGO. wurden — gleich den verfassungsgesetzlichen Bestimmungen — die bisherigen Rechtsnormen und Rechtsverhältnisse hinsichtlich der Kirchen- und Schulbaulast (sowohl die Verpflichtungen des ortskirchlichen Stiftungsvermögens und der Kirchengemeinde, Art. 12 Abs. I, II, Art. 15 Abs. V KGO., als die Verpflichtungen Dritter, Art. 12 Abs. V KGO.) unberührt gelassen, gelten demnach auch nach dem Inkrafttreten der KGO. noch weiter, soweit nicht die KGO. selbst ausdrückliche Bestimmungen enthält; Art. 112 Abs. III KGO.; vgl. Art. 12 Abs. I Z. 1 u. 2, Abs. V, Art. 15 Abs. V, Art. 16 Abs. II, III Z. 1, 3, 4, Abs. IV—VI, Art. 17—19, 21, 26 Abs. I, Art. 29 Abs. II, Art. 96 Buchst. a.

Infolgedessen bleibt auch nach dem Inkrafttreten der KGO. das bisherige Recht zum größten Teile in Geltung, nur für die Baupflicht des ortskirchlichen Stiftungsvermögens und der Kirchengemeinde wurden durch die oben genannten Artikel der KGO. neue Bestimmungen getroffen.

a) Seine ursprüngliche Regelung fand die kirchliche Baulast im Concilium Tridentinum sess. 21 cap. VII de reform. Die dort niedergelegten Rechtssätze (sog. gemeines Kirchenrecht) haben für die katholischen Staaten die Geltung eines allgemeinen positiven Rechtes, das allerdings nur subsidiär gilt, indem es die Partikulargesetzgebungen der einzelnen Staaten und Provinzen über die kirchliche Baulast unterstützt und ergänzt; Kr. III 29 zu n. 4; St. 837 zu n. 2.

Diese ursprüngliche Rechtsquelle (Concilium Tridentinum sess. 21 cap. VII de reform) gilt auch in den protestantischen Ländern, die erst nach Einführung des Tridentinums sich von der katholischen Kirche getrennt haben; Kr. III 30 zu n. 5 u. 6; St. 837 nach n. 2.

Die einzelnen Partikularrechte sind angeführt bei Kr. III 30 zu Buchst. a ff. bzw. Kr. II 282 f.; St. 837 § 962 —841; Seeb. 882 Z. 3 ff.; s. auch M. II 453 Z. 2 —454 zu n. 9.

In Kollisionsfällen richtet sich die Beurteilung einer bestrittenen kirchlichen Baupflicht nicht nach den Gesetzen des Ortes, der zur Konkurrenz herangezogen werden soll, sondern nach dem Rechte des Ortes, wo das baubedürftige Kultusgebäude sich befindet; VGH. XI 205; Kr. III 29 zu n. 3.

b) Das bayerische Baulastrecht gilt für die katholische und protestantische Kirche; Kr. III 30 zu n. 7.

Nach § 64 Buchst. f RE. sind allgemeine Normen über die Verbindlichkeit zur Erbauung und Erhaltung der Kirchen und geistlichen Gebäude, ohne Unterscheidung der Konfession, ausdrücklich als weltliche Gegenstände erklärt; Seeb. 873 zu n. 1; M. II 452 zu n. 6. Die Kultusbaulast stellt daher eine weltliche Materie dar, in welcher der Staat allein die Gesetzgebung und Gerichtsbarkeit hat; § 65 RE.

c) Alle nach dem Inkrafttreten der bayer. Verfassungsurkunde von 1818 neu errichteten Pfarreien unterliegen hinsichtlich der Baulast nicht den Bestimmungen des Tridentinums, sondern sind aus dem bei ihrer Errichtung vorhandenen Vermögen zu unterhalten. Daher muß bei Errichtung einer neuen Pfarrei ein Baufond vorhanden sein; Kr. II 282 n. 1; s. auch „Kirchengemeinde" IV 2 b und „Dotation".

2. Literatur:

A. Für die Baupflicht an Kirchenstiftungs- und Mesnerhäusern: Kr. III 29 § 8 —88; St. 837 § 961 —982; Seeb. 873 § 31 Z. II —900; S. III 600 nach n. 10 ff.; M. II 452 § 96; L. u. Fr. Anmerkungen zu den oben Z. 1 Abs. 2 g. E. angegebenen Artikeln der KGO.

B. Für die Baupflicht an Pfründestiftungsgebäuden neben der Literatur zu Buchst. A speziell: Kr. II 282 § 34 —330; St. 941 § 1075 —969; Seeb. 704 Buchst. d —710.

III. Gegenstand (Objekt) der Baupflicht

sind: A. im Bereiche des Kirchenstiftungsvermögens

a) Kirchengebäude (s. „Kirchengebäude"); darunter fallen:

α) Kirchen im allgemeinen.

Welche Kirchen nach den verschiedenen Partikularrechten der Baulast unterliegen s. Kr. III 64 zu n. 163 f.; St. 923—930.

So erstreckt sich nach gemeinem Kirchenrechte die Baupflicht nur auf die Pfarrkirchen und jene regelmäßig pastorierten Filialkirchen, welche zum ordentlichen Gottesdienste und zur Spendung der Sakramente bestimmt sind, dagegen nicht auf jene Filial- oder Neben-Kirchen, in welchen kein regelmäßiger Sonn- und Festtagsgottesdienst stattfindet; Kr. III 64 zu n. 164; St. 923 § 1057. — Das bayerische Landrecht erstreckt die Baupflicht ohne Unterscheidung zwischen Pfarr- und Filialkirchen auf alle Kirchen, deren Bestand in Ansehung des Stiftungszweckes oder des gottesdienstlichen Gebrauchs als schlechthin unentbehrlich erkannt werden; Kr. III 65 zu n. 165; St. 924 § 1058. — Die hier übliche Einteilung der Kirchen in notwendige und entbehrliche ist enthalten in der ABO. v. 20. I. 1812 (W. I 379); s. Kr. III 65 zu n. 166—168; St. 925 § 1059; s. ferner „Kirchengebäude" V 2.

Vgl. auch Art. 12 Abs. I Z. 1 KGO., ferner unten Z. IV 1 A.

β) Die säkularisierten Kirchen und Kapellen im besonderen.

Wem die Baupflicht an diesen Gebäuden obliegt s. unten Z. IV 1 A b. Vgl. auch St. 930 § 1064 f.

γ) Das Kirchenzubehör,

d. s. alle jene Bestandteile der Kirche, die zur Erfüllung des kirchlichen Zwecks als notwendig und daher als wesentliche Zugehörungen einer Kirche betrachtet werden; Kr. III 65 zu n. 171; St. 935 § 1070. Was als wesentliche Zugehörung der Kirche und somit als Objekt der Baupflicht gilt, s. Kr. III 66 zu n. 172 f.; St. 936 § 1071; Seeb. 880 nach n. 24, 883 zu n. 41; s. auch „Kirchengebäude" IV und Art. 12 Abs. I Z. 2 KGO.

b) Mesnerhäuser.

Nach gemeinem Kirchenrecht gelten die Mesnerhäuser als notwendige Zugehörungen der Kirche, die Baupflicht haben daher jene zu tragen, denen die bauliche Unterhaltung der dazu gehörigen Kirche obliegt; Kr. III 69 Z. 2; St. 964 § 1094 Z. 1.

Nach bayerischem Landrecht gelten für die bauliche Unterhaltung der reinen Mesnerhäuser die nämlichen Rechtsgrundsätze wie für die bauliche Unterhaltung der Kirchen, deren Pertinenzen sie bilden; Kr. III 69 Z. 2; St. 965 § 1095. Dazu gehören auch die notwendigen Ökonomiegebäude, sofern der Betrieb der Ökonomie durch die Art des Diensteinkommens bedingt ist; Kr. III a. a. O.

Über die Verteilung der Baulast, wenn Schulverhältnisse (Schulhaus, Schullehrerwohnung) mit in Frage stehen, s. Kr. III 70 zu n. 204 f.; St. 966 § 1096 f.; dazu VGH. XI 208 und XXX 102, welche die durch Art. 132 EG. BGB. aufrecht erhaltene geistliche Ratsinstruktion v. 25. IV. 1783 Z. 9 (abgedr. bei St. 967 zu n. 1) behandelt und bestimmt, daß in ihrem Geltungsbereiche bei Bauaufwendungen für Schul- und Mesnerhäuser, die nicht ausschließlich für Schulzwecke erwachsen, der Beitragsmaßstab für die (bürgerliche) Gemeinde und die Kirchenstiftung auf je die Hälfte festzusetzen ist ohne Rücksicht darauf, welchen Anteil die Schule und welchen die Kirchenstiftung an dem Gebäude oder an den in Frage stehenden Bauvornahmen hat; s. auch Seiler, Schulbed. Ges. Art. 1 Anm. 5 Abs. 4 f.; vgl. auch Art. 12 Abs. I Z. 1 KOG.

B. Im Bereiche des Pfründestiftungsvermögens.

Im Bereiche des Pfründestiftungsvermögens sind Gegenstand der der Baupflicht

nicht nur die Pfarrhäuser und die Häuser anderer an der Kirche angestellten Benefiziaten, sondern auch, — nach gemeinem Kirchenrechte wie nach bayerischem Landrechte — die bei ihnen befindlichen Ökonomiegebäude, soweit solche zum Betrieb der mit der Pfarrei verbundenen Grundstücke notwendig sind, sowie die Einfriedigungen der Hofräume und Gärten; Kr. II 315 Buchst. d; St. 941 §§ 1075 u. 1076.

Auf gleicher Stufe mit den Pfarr- und Benefizialgebäuden stehen die Gebäude der ständigen Pfarrvikare, Expositi, Verweser, Koadjutoren und Kapläne; St. 942 zu n. 1 u. 2; s. auch Art. 12 Abs. I Z. 1 KGO.

IV. Baupflichtige (Subjekt der Baulast).

Nach der rechtlichen Natur und Art ihrer Baupflicht zerfallen die Baupflichtigen im Bereiche des Kirchenstiftungs- wie des Pfründevermögens in drei Gruppen.

1. Die primäre Baupflicht.

A. Nach Kirchenstiftungsrecht obliegt die primäre Baupflicht:

a) an den Gebäuden der Kirchenstiftung (s. oben III A) der Kirchenstiftung (Kirchenfabrik) selbst aus dem eigenen Vermögen, insbesondere aus dem dafür gesammelten Baufonds, und zwar in Ansehung der Erhaltung wie der Wiederherstellung ihrer Gebäude; so das gemeine Recht und das bayerische Landrecht; Kr. III 30 zu n. 9 u. 10; St. 842 § 969 —844; Seeb. 876 Z. 2; 882 Z. 3; vgl. ferner Art. 12 Abs. I Z. 1; sodann „Ortskirchenbedürfnisse usw." I 1 a, b; über die Befriedigung dieser Kultusbedürfnisse s. „Ortskirchenbedürfnisse usw." IV; über die öffentlich-rechtliche Natur dieser Baupflicht der Kirchenstiftung s. unten Z. VII.

b) An den zu Zwecken des Kultus erhalten gebliebenen Kirchen der säkularisierten Stifter und Klöster, deren Vermögen dem Staatsfiskus anheimfiel (sog. organisierte Pfarreien; s. dort) obliegt die primäre und alleinige Baulast dem bayerischen Staatsärar; Kr. III 31 zu n. 17; Seeb. 706 n. 72, 883 zu n. 40. Jedoch wurde durch die Säkularisation, d. i. durch die Einziehung von Kirchengütern durch den Staat, auf Grund des § 35 des Reichsdeputationshauptschlusses vom 25. II. 1803 kein neuer Rechtstitel für die Baupflicht des Staates geschaffen, St. 931 § 1066, sondern das Staatsärar hat die Baupflicht an den säkularisierten Kirchen und Stiftern nur dann und in dem Umfange, wann und in welchem Umfange die Baupflicht schon vor der Säkularisation auf dem durch die Säkularisation eingezogenen Vermögen des Stiftes oder Klosters lag; St. 932 § 1067; M. II 46 Z. II. — So wenig der Anspruch auf die primäre Baupflicht des Staates sonach auf den Titel des Eigentums an einer Stifts- oder Klosterkirche gestützt werden kann, ebensowenig wird die Baupflicht des Staates durch Überlassung des Eigentumsrechtes an den Gebäuden beseitigt; Kr. III 32 zu n. 19. Auch bleibt die Baulast des bayerischen Staatsärars dadurch unberührt, daß an die Stelle des bisherigen Kultusgebäudes ein anderes tritt.

c) An den sog. Klosterpfarrkirchen, d. s. Kirchen der den Klöstern ehemals inkorporiert gewesenen Pfarr- und Filialkirchen (Kr. III 31 n. 17) obliegt dem bayer. Staatsärar ebenfalls die alleinige Baupflicht; Kr. III 32 nach n. 21.

d) Über die primäre Baupflicht nach den verschiedenen Partikularrechten s. Kr. III 30—35; St. 842 § 969 —846.

e) Ist ein Baugebrechen schuldhafterweise entstanden, so haben jene, welchen das Verschulden zur Last fällt, die Kosten der betreffenden Baufallwendung zu tragen.

B. An den Pfründestiftungsgebäuden obliegt die primäre Baupflicht:

a) nach gemeinem Rechte der Kirchenstiftung; denn die Pfarrgebäude erscheinen nach gemeinem Rechte als accessoria ecclesiae. Die Ökonomiegebäude sind dabei dem Pfarrhofe gleichgestellt, ebenso gehören die Wohngebäude der Benefiziaten, ständigen Pfarrvikare und Expositi hierher; Kr. II 282 zu n. 1—3; St. 941 § 1075; s. auch Art. 12 Abs. I Z. 1 KGO. und „Ortskirchenbedürfnisse usw." I 1 a. Über die öffentlichrechtliche Natur dieser Baupflicht s. unten Z. VII.

b) Nach bayerischem Landrechte ist die Pfründe selbst primär baupflichtig (vgl. Art. 12 Abs. V, 15 Abs. V KGO.; s. auch unten Z. VII), wenn kein besonderer Rechtstitel für die Baupflicht der Kirchenstiftung besteht. Die Kosten werden aus den Pfründeerträgnissen bestritten, soweit nicht dadurch die Kongrua des Pfründebesitzers (s. „Kongrua") geschmälert wird; Kr. II 282 zu n. 5; St. 941 § 1076. Müßte zur Bestreitung der Baulast die Kongrua des Pfründeinhabers angegriffen werden, so hat die Pfründe einzutreten, d. h. es ist ein Darlehen ad onus successorum (s. „Absitzkapitalien") auf die Pfründe aufzunehmen und allmählich zu tilgen; St. 944 zu n. 1.

Über die Bildung eines sog. „Baufonds" (bei katholischen Pfründen, wo die Wendung der großen Baufälle ganz oder teilweise der Pfründestiftung, die Wendung der kleinen Baufälle bagegen dem

Pfründebesitzer obliegt) zum Zwecke der leichteren Aufbringung des Bauaufwandes s. ME. v. 1. IX. 1907 betr. Bestimmungen über Pfründebaufonds (W. XXXV 458).

c) An den Pfarrgebäuden der organisierten ehemaligen Klosterpfarreien sowie an den Wohngebäuden der Pfarrvikare und Expositi, deren Vermögen infolge der Säkularisation dem Staate anheimfiel, hat das bayer. Staatsärar die primäre Baulast zu tragen; Kr. II 283 zu n. 9; St. 956 §§ 1086ff. Dabei ist aber die Säkularisation für sich allein noch kein besonderer Rechtstitel für die staatliche Baupflicht, letztere hat vielmehr ein ausdrückliches staatliches Anerkenntnis zur Voraussetzung; M. II 46 Z. II, 47 zu n. 3.

d) Über die anderen Partikularrechte bezüglich der primären Baupflicht an den Pfründegebäuden s. Kr. II 283 nach n. 9.

2. Die sekundäre (oder subsidiäre) Baupflicht.

Sie tritt bei den Gebäuden des Kirchenstiftungs- wie des Pfründestiftungsvermögens ein, wenn die primär baupflichtige Kirchen- oder Pfründestiftung nicht imstande ist, die Kosten des betr. Baufalles ganz oder teilweise zu tragen und auch keinem Dritten aus besonderen Rechtstiteln (s. unten Z. 3) die volle Baupflicht obliegt; bezüglich der Kirchenstiftungsgebäude s. Kr. III 35 zu n. 36; St. 846 § 976; bezüglich der Pfründegebäude s. Kr. II 285 zu n. 1; St. 944 zu n. 2.

Insbesondere tritt bei den Gebäuden der Pfarrpfründe die sekundäre Baupflicht ein, wenn die Verzinsung und allmähliche Heimzahlung eines ad onus successorum aufzunehmenden Kapitals (s. „Absitzkapitalien") die Pfründestiftung allzulange beschweren würde, oder wenn die Verzinsung und Abzahlung des Absitzkapitals gar nicht möglich ist, ohne die Kongrua des Pfarrers (s. „Kongrua") anzugreifen. Entstand jedoch das Baugebrechen durch persönliche Schuld des Pfründebesitzers, so fällt die Bestreitung der Baukosten ihm auch persönlich zur Last; BGH. XII 173.

a) Über die sekundäre Baupflicht im allgemeinen nach den verschiedenen Rechten

s. bezüglich der Kirchenstiftungsgebäude: Kr. III 35 nach n. 36;

bezüglich der Pfründestiftungsgebäude s. Kr. II 285 nach n. 3.

b) Speziell obliegt im Bereiche des Kirchenstiftungs- wie des Pfründestiftungsvermögens:

nach gemeinem Recht die sekundäre Baupflicht denjenigen, welche von der betr. Kirche irgendwelche Einkünfte und nutzbringende

Rechte und Vorteile (Zehenten, Gefälle usw.) haben, und zwar ohne Rangordnung und Reihenfolge unter sich, lediglich nach dem Verhältnis der Größe ihrer Bezüge. Hierunter fallen: Pfründebesitzer, Patrone, Dezimatoren (1. Klasse der sekundär Baupflichtigen). — In Ermangelung solcher haben die Pfarreiangehörigen (2. Klasse der sekundär Baupflichtigen) subsidiäre Baukonkurrenz zu leisten; Kr. III 35 zu n. 37 u. St. 846 zu n. 3 (bezüglich der Kirchenstiftungsgebäude); Kr. II 285 zu n. 4 (bezüglich der Pfründestiftungsgebäude).

Nach bayerischem Landrecht sind sekundär baupflichtig die Patrone, Dezimatoren und die Pfarrer, letztere unbeschadet des vollen Bezuges ihrer Kongrua (1. Klasse der sekundär Baupflichtigen), und in Ermangelung dieser die Pfarrgemeinde (2. Klasse der sekundär Baupflichtigen) sowie die Rentenüberschüsse (s. dort!) vermöglicher Kirchenstiftungen. Dabei geht nach bayerischem Landrechte die Konkurrenzpflicht der Patrone, Dezimatoren und Pfarrer jener der Pfarrgemeinde, die Konkurrenzpflicht der Pfarrgemeinde wiederum jener der vermöglichen Kirchenstiftungen aus ihren Rentenüberschüssen vor; Kr. III 35 nach n. 37; M. II 452 nach n. 6 (bezüglich der Kirchenstiftungsgebäude); Kr. II 285 zu n. 5 (bezüglich der Pfründestiftungsgebäude).

c) Im einzelnen gilt folgendes innerhalb der zwei Klassen der sekundär Baupflichtigen.

1. Klasse.

α) Baupflicht des Pfarrers.

A. Bezüglich der Kirchenstiftungsgebäude tritt die sekundäre Baupflicht des Pfarrers ein, wenn und soweit letzterer über seine Kongrua hinaus aus dem Vermögen der Kirchenstiftung Einkünfte bezieht, also regelmäßig nur soweit er Zehentbesitzer ist; s. unten Buchst. γ; ferner St. 883 § 1011 —884. — Das gilt nach gemeinem Recht wie nach bayerischem Landrecht. Über die Zehentbaupflicht des Pfarrers als Zehentbezüger zu den Kirchengebäuden der Pfarrei s. Kr. II 369 f. § 40.

B. Bezüglich der Pfründestiftungsgebäude kommt die sekundäre Baupflicht des Pfarrers nur im Gebiet des gemeinen Kirchenrechts in Frage, da hiernach die primäre Baupflicht der Kirchenstiftung zufällt, während nach bayerischem Landrechte dem Pfarrer bzw. der Pfründe die primäre Baupflicht an den Pfründegebäuden obliegt; s. oben Z. IV 1 B b. — Über die Errichtung eines sog. „Pfründebaufonds" s. oben Z. IV 1 B b.

Die sekundäre Baupflicht des Pfarrers nach gemeinem Kirchenrechte, aufrechterhalten durch Art. 12 Abs. V KGO., setzt voraus, daß der Pfarrer aus dem Vermögen der primärbaupflichtigen Kirche Einkünfte bezieht, also Zehentbesitzer ist, s. unten Buchst. γ. Sie ist eingeschränkt auf den Betrag des Pfründeeinkommens, der die Kongrua des Pfarrers (s. „Kongrua") übersteigt. Kann dem Pfarrer die Bezahlung der auf ihn treffenden Baukonkurrenzquote aus dem Einkommen des laufenden Jahres billigerweise nicht auferlegt werden, so ist sie ad onus successorum zu überweisen und durch Aufnahme eines Absitzkapitals (s. dort!) aufzubringen; Kr. II 287 zu n. 15.

β) Baupflicht des Patrons.

Über die Baupflicht des Patrons an den Kirchenstiftungsgebäuden nach den verschiedenen Rechten s. Kr. III 38 Z. 3; St. 847 § 977 ff. — Die zivilrechtliche Baukonkurrenz eines Patronatsherrn für Kirchenstiftungsgebäude schließt seine gleichzeitige Konkurrenzpflicht als Kirchengemeindemitglied zu den Umlagen für die der Kirchengemeinde an diesen obliegende Baulast nicht aus; VGH. VI 163; Kr. III 40 zu n. 63; Seeb. 860 zu n. 9; s. auch „Patronatsrecht".

Über die sekundäre Baupflicht des Patrons an den Pfründestiftungsgebäuden nach den verschiedenen Rechten, s. Kr. II 287 Z. 3; St. 847 § 977 ff.

γ) Baupflicht der Dezimatoren (Zehentbaupflicht).

A. Im Bereich des Kirchenstiftungsvermögens.

Über die Zehentbaupflicht im allgemeinen, d. i. die Baupflicht aller ihrem Ursprunge nach kirchlichen Zehenten und aller jener, die auf privatrechtlichem Wege durch Kauf, Tausch, Schenkung, Vermächtnis in das kirchliche Eigentum übergegangen sind, nach den verschiedenen Partikularrechten s. Kr. III 40 Z. 4; St. 851 § 981 ff.

Für die subsidiäre Baupflicht an den Kirchenstiftungsgebäuden haben nach gemeinem Kirchenrecht nur jene Dezimatoren einzustehen, welche einen auf irgend eine Weise zum Vermögen der baubedürftigen Kirche gehörigen Zehent besitzen; Kr. III 40 nach n. 65. Dagegen können Zehenten, welche überhaupt nicht kirchlichen Ursprungs sind oder der Kirche, in deren Sprengel sie bezogen werden, niemals angehört haben, mit der sekundären Baupflicht nicht in Anspruch genommen werden; BlfRA. XLVIII 185.

Die kirchliche Baupflicht obliegt dem Zehent. Dieser, nicht der Zehentbesitzer, ist belastet. Daher hört die Belastung mit dem Untergang der Sache auf.

Über die Begriffe: Klerikalzehent, Laikalzehent s. Kr. III 41 zu n. 68. Ist es zweifelhaft, ob ein Zehent ein weltlicher oder ein geistlicher ist, so spricht die Rechtsvermutung für die kirchliche Eigenschaft des Zehents und zwar laut Gewohnheitsrecht; Kr. III 41 n. 68; St. 853 § 982.

b) Für die Zehentbaupflicht nach bayerischem Landrecht ist maßgebend das Generalmandat vom 4. X. 1770 (Döll. XI 1389); s. Kr. III 41 nach n. 67; St. 857 § 986, 856 § 985.

c) Über das Maß der Konkurrenzleistung s. Kr. III 41 unten, 42 zu n. 70; über den Unterschied zwischen Groß- und Kleinzehent s. Kr. III 43 oben. — Über den Einfluß eines Religionswechsels der Zehentpflichtigen und über deren Auspfarrung s. Kr. III 43 zu n. 77 u. 78; St. 856 § 984 u. 855 § 983. — Die Auspfarrung des Zehentherrn ändert an dem Umfange der Zehentbaulast nichts; M. II 67 zu n. 1.

d) Über die Baupflicht der Nutznießer des Vermögens sog. inkorporierten Pfarreien, s. St. 879 § 1007 f.

Über Fixierung und Ablösung der Zehentbaupflicht s. Kr. III 155 § 27 —165; St. 863 § 990 f.; Seeb. 896 Z. 9; M. II 453 zu n. 4.

B. Im Bereich des Pfründestiftungsvermögens.

Über die einzelnen, in derselben Weise wie oben Buchst. A bezüglich des Kirchenstiftungsvermögens angeordneten Gesichtspunkte zur Zehentbaupflicht an den Pfründegebäuden s. Kr. II 289 Z. 4 f.

Wenn ein Klerikal-Zehent zum Staatsärar eingezogen worden ist und dafür dem Pfründebesitzer eine Entschädigung gegeben wird, bleibt der Zehent doch konkurrenzpflichtig; Kr. II 290 n. 33 a. E.

2. Klasse (Baupflicht der Pfarrgemeinden).

a) Im allgemeinen.

A. Baulast an den Kirchenstiftungsgebäuden.

α) Nach Erschöpfung der (erstsubsidiären) Baupflicht der Nutznießer des Kirchenstiftungsvermögens (s. oben 1. Klasse), deren Baupflicht in der Größe der bezogenen Renten oder Zehenten oder in der durch das Gesetz geregelten Baukonkurrenzquote ihre Beschränkung findet, ist die Pfarrkirchengemeinde konkurrenzpflichtig, sowohl nach gemeinem Kirchenrecht wie nach bayerischem Landrecht; Kr. III 44 zu n. 79, 45 zu n. 86; St. 885 § 1014, 888 § 1016. Vgl. auch „Ortskirchenbedürfnisse usw." I 1 u. IV; über die öffentlich-rechtliche Natur dieser Baupflicht s. unten Z. VII.

Für die bürgerliche Gemeinde besteht prinzipiell keine Baupflicht gegenüber der Kirche, M. I 114 § 32 Abs. 1, vielmehr stehen die gemeindlichen Zuschüsse zu Kirchenbauten im rechtsrheinischen Bayern mangels eines besonderen Baulasttitels im Zeichen der Freiwilligkeit.

Über die Voraussetzungen der Konkurrenzpflicht der Parochianen s. „Ortskirchenbedürfnisse usw." IV 2 b, A β.

Die auf die Pfarrgemeinde treffenden Baukonkurrenzbeiträge werden regelmäßig durch Kirchengemeindeumlagen aufgebracht; Kr. III 45 zu n. 89; St. 893 § 1019; M. I 113 zu n. 2; s. auch „Ortskirchenbedürfnisse usw." a. a. O.

β) Für die Konkurrenzpflicht der Filialisten gelten seit dem Inkrafttreten der KGO., soweit nicht besondere Baupflichttitel nach Art. 16 Abs. I KGO. bestehen, ausschließlich die Regeln des Art. 16 Abs. II—VI; s. „Ortskirchenbedürfnisse usw." III 1.

γ) Über den Einfluß der Auspfarrung auf die Baukonkurrenzpflicht der Parochianen s. Kr. III 46 nach n. 93. — In gemischten Ehen muß nach gemeinem Kirchenrecht wie nach bayer. Landrecht jeder Ehegatte zu den Baufällen der Kirche beitragen, bei welcher er eingepfarrt ist; St. 885 zu n. 5.

δ) Über die Baupflicht der Pfarrgemeinden nach den einzelnen Partikularrechten s. Kr. III 45 zu n. 90 f.; St. 889 §§ 1017 f.

B. Baulast an den Pfründestiftungsgebäuden.

Über die Voraussetzungen der Baupflicht der Parochianen und über die Konkurrenzpflicht der Filialisten s. „Ortskirchenbedürfnisse usw." IV 2 b, A β bzw. III 1.

Die auf die Pfarrkirchengemeinde treffenden Baukonkurrenzbeträge werden regelmäßig durch Kirchengemeindeumlagen (s. „Ortskirchenbedürfnisse usw." I 1 a u. IV) aufgebracht. — Sind mehrere Kirchengemeinden unter einem Pfarrer per unionem aequalem (s. „Pfarrveränderungen") miteinander verbunden, so haben sie für das Pfarrhaus gemeinsam beizusteuern; Kr. II 297 zu n. 71.

Über den Einfluß der Auspfarrung auf die Baukonkurrenzpflicht s. Kr. II 298 oben.

b) Leistung von Hand- und Spanndiensten. Sie setzt nach gemeinem Kirchenrecht wie nach bayer. Landrecht voraus, daß bei dem betr. Bau im Bereiche des Kirchenstiftungs- wie des Pfründestiftungsvermögens die sekundäre Baupflicht der betr. Pfarrgemeinde überhaupt besteht; s. bezüglich der Kirchenstiftungsbauten Kr. III 47 zu n. 96—101; St. 893 § 1020 —894 § 1021; Seeb. 883 zu n. 39; bezüglich der Pfründestiftungsbauten s. Kr. II 298 zu n. 75; 299 nach n. 79.

Über die rechtlichen Grundlagen zur Leistung von Hand- und Spanndiensten bei Kirchenstiftungsbauten s. Kr. III 50 nach n. 110; bei Pfründebauten s. Kr. II 302 nach n. 89.

Im übrigen s. „Hand- und Spanndienste" und Art. 26—29 KGO.

3. Baupflicht aus besonderen Rechtstiteln.

Die Baupflicht an einem Kultus- oder Pfründegebäude kann nicht nur in dem geltenden allgemeinen oder partikularen Rechte, sondern auch in besonderen privatrechtlichen Verhältnissen und Rechtstiteln begründet sein.

Durch die KGO. werden die Verpflichtungen Dritter unberührt gelassen; Art. 12 Abs. V KGO.; s. auch „Ortskirchenbedürfnisse usw." I 3 b.

Keine Rechtstitel sind: Eigentum für sich allein, Dotation, Inkorporation, Säkularisation; M. II 46 Z. II (bezüglich der Säkularisation); Seeb. 874 n. 3.

Die besonderen Rechtstitel, auf welche die Baupflicht an den Kirchenstiftungsgebäuden (über die Literatur s. d. Folgende) wie an Pfründebegebäuden (über die den Ausführungen bei Kr. III 56 Buchst. c zu den Kirchenstiftungsgebäuden analogen Bestimmungen zur Baupflicht an Pfründebegebäuden auf Grund besonderer Rechtstitel s. Kr. II 307 Buchst. c) gestützt werden können, sind folgende:

a) Freiwilliges Anerkenntnis, Vertrag, Vergleich. Hierüber, besonders über die Voraussetzungen der wirksamen Anerkennung der Verpflichtung einer Kirchengemeinde zur Leistung von Hand- und Spanndiensten, ferner über die Anerkennung einer ärarialischen Baupflicht s. Kr. III 56 Buchst. c —58; St. 903 § 1030. — Beschlüsse der Kirchenverwaltungen zum Abschluß eines Vertrags oder Vergleichs über die Übernahme der Baupflicht bedürfen zu ihrer Wirksamkeit der staatsaufsichtlichen Genehmigung, ebenso Beschlüsse zwecks Übernahme der Baupflicht an Pfründebegebäuden; Art. 75 KGO.

Bürgerliche Gemeinden können vorbehaltlich der staatsaufsichtlichen Genehmigung nach Art. 159 Z. 7 GemO. die Baupflicht an Kultusgebäuden übernehmen; Kr. III 58 zu n. 140.

b) Rechtskräftiges Herkommen (Gewohnheitsrecht).

Die Baupflicht wie auch die Befreiung davon kann entstehen durch Herkommen oder Gewohnheitsrecht, d. h. durch die fortgesetzte, im Bewußtsein rechtlicher Notwendigkeit erfolgte Übung bzw. Nichtübung in einem Kreise von Personen, welche miteinander in einem Verbande stehen, der den Ausdruck gemeinsamer rechtlicher Überzeugung ermöglicht; Kr. III 58 zu n. 141; St. 908 zu n. 6.

Das BGB. hat das Gewohnheitsrecht zwar nicht geregelt, aber auch nicht ausgeschlossen, insbesondere wurde vom BGB. die Rechtsbeständigkeit eines Herkommens aus der Zeit vor 1900 nicht berührt; Kr. III 58 Sternnote.

Über die einzelnen Erfordernisse zur Entstehung einer Baupflicht oder Baupflichtbefreiung auf Grund Gewohnheitsrechts s. Kr. III 59 oben; St. 908 f. §§ 1039—1047.

Im Hinblick auf Art. 2 EG. BGB. kann partikuläres Gewohnheitsrecht sich nur mehr auf dem in Art. 55—152 EG. BGB.

der Landesgesetzgebung vorbehaltenen Gebiete des Privatrechts bilden. Hierunter fällt nach Art. 132 EG. BGB. auch die kirchliche Baulast; s. auch Art. 1 Abs. 2 AG. BGB. Dagegen kann gemeinsames Gewohnheitsrecht auch nach dem 1. I. 1900 entstehen.

Über Einteilung und Wirkung des Gewohnheitsrechts im allgemeinen s. St. 916 f. §§ 1049—1055; über den Unterschied zwischen Gewohnheitsrecht und Verjährung s. St. 921 § 1056; K. I 227 oben: „Die Verjährung (s. unten Buchst. c) begründet Rechtsverhältnisse zwischen einzelnen Personen; das Gewohnheitsrecht dagegen hat die Bedeutung und Kraft eines Gesetzes und beherrscht innerhalb eines bestimmten Kreises alle Rechtsverhältnisse der betreffenden Art."

c) Verjährung. Die Baulast an einem Kultusgebäude kann auch auf dem Rechtstitel der unvordenklichen Verjährung beruhen, indem ein Nichtbaupflichtiger das betreffende Kultusgebäude innerhalb des zur unvordenklichen Verjährung erforderlichen Zeitraums baulich unterhalten und die eigentlich Baupflichtigen nicht in Anspruch genommen hat, obwohl er sie nach der Art der vorgekommenen Baufälle mit Erfolg hätte in Anspruch nehmen können; dabei muß aber die bauliche Leistung des Nichtverpflichteten auf Grund der Überzeugung von der rechtlichen Notwendigkeit dieser Leistungen geschehen; Kr. III 60 Z. 3, 63 nach n. 157.

Auch nach Inkrafttreten des BGB. behielt die sog. unvordenkliche Verjährung bezüglich der Kirchen- wie der Pfründebaulast ihre Geltung; Kr. III 60 Sternnote, 30 zu n. 8.

Über den Begriff der unvordenklichen Verjährung s. Kr. III 61 nach n. 150; St. 904 § 1033.

In gleicher Weise kann die Freiheit von der Baupflicht durch unvordenkliche Verjährung gewonnen werden; Kr. III 60 zu n. 148; St. 906 § 1036. Dazu ist aber neben dem Zeitablauf noch erforderlich, daß innerhalb dieser Zeit Bauführungen — ein einziger Fall genügt —, bei denen Veranlassung für Heranziehung des betr. Baupflichtigen gegeben war, vorkamen, ohne daß der Pflichtige beigezogen wurde, und daß die Nichtleistung des Baupflichtigen im guten Glauben geschah; Kr. III 64 zu n. 159. Ein kleiner Baufall bleibt dabei außer Betracht.

Die übrigen Voraussetzungen zur Begründung bzw. Befreiung von der Baupflicht auf Grund der Verjährung s. bei Kr. III 60 Z. 3 —64; St. 903 f. §§ 1031—1037.

4. Nicht zu den oben unter Ziffer 1—3 aufgeführten Arten der Baupflicht gehören die im Zeichen der Freiwilligkeit stehen-

den Konkurrenzbeiträge vermöglicher Kirchenstiftungen (s. „Rentenüberschüsse“), die Kirchenkollekten, die fakultativen d. i. freiwilligen Beiträge des Staates und der bürgerlichen Gemeinden; vgl. „Ortskirchenbedürfnisse usw.“ IV 1 a d; s. auch Kr. III 51 Z. 6 —54 Z. 9; St. 900 § 1028 f.; Seeb. 899 Z. III — bezüglich der Kirchenstiftungsbauten; Kr. II 303 Z. 6 —306 Z. 9 — bezüglich der Pfründestiftungsbauten; s. auch „Kollekten“, „Freiwillige Leistungen des Staates zu kirchlichen Zwecken“, „Freiwillige Leistungen der bürgerlichen Gemeinden zu kirchlichen Zwecken“.

V. Umfang der Baupflicht.

Die primäre wie sekundäre Baupflicht an den Kirchenstiftungs- und an den Pfründegebäuden umfaßt nicht allein die bauliche Unterhaltung, sondern auch die Wiederherstellung der zerstörten Gebäude sowie die mit Rücksicht auf den Zweck der Gebäude notwendigen Abänderungen und Erweiterungen; so bezüglich der Kirchenstiftungsbauten: Kr. III 74 zu n. 222; St. 969 § 1101 —971 § 1103; Seeb. 879 nach n. 18; bezüglich der Pfründestiftungsbauten: Kr. II 316 Buchst. e zu n. 1—3. — Nicht unter die Baupflicht fällt die Errichtung bisher noch nicht bestandener Gebäude; Kr. III 74 zu n. 223; St. 971 zu n. 6; Kr. II 316 zu n. 4.

Im allgemeinen umfaßt die Baupflicht nur den notwendigen Aufwand; Kr. III 75 zu n. 225; St. 969 § 1102; bezüglich der Pfründebauten: Kr. II 317 nach n. 7.

VI. Baupflicht in Ansehung der Arten der Baufälle.

A. Im Bereich des Kirchenstiftungsvermögens.

1. Nach ihrer Art zerfallen die Baufälle in kleine und in große Baufälle (d. s. Neubauten und Hauptreparaturen, die einem Neubau gleich zu achten sind). — Nach dieser Unterscheidung der Baufälle in kleine und große bemißt sich die Baupflicht der primär und sekundär Verpflichteten; Kr. III 75 Buchst. f.

Die Kosten der sog. kleinen Baufälle kommen nach gemeinem Recht wie nach bayerischem Landrecht ausschließlich dem primär Verpflichteten zu. Nur die sog. großen Baufälle sind von den sekundär Baupflichtigen zu tragen; Kr. III 75 zu n. 227; St. 971 zu n. 7.

2. Was zu den großen Baufällen zu rechnen ist, ist für die Kultusgebäude nicht eigens ausgesprochen, es findet vielmehr die auf die staatlichen Gebäude bezügliche VO. v. 28. II. 1851, betr. die Benützung und Erhaltung der Staatsgebäude (W. IV 218; abgedruckt bei St. 947 § 1082) analoge Anwendung; St. 971 nach n. 7, 946 § 1081 —954; s. auch VGH. VIII 130.

Die Baupflicht bleibt an einem Gebäude selbst dann für den Pflichtigen bestehen, wenn er das Eigentum daran mit oder ohne Entschädigung an einen anderen abtritt; St. 972 § 1105.

Über die Begriffe: Neubau, großer und kleiner Baufall s. auch St. 947 n. 2.

B. Im Bereich des Pfründestiftungsvermögens.

Hier unterscheidet man:

1. Pfründegebäude überhaupt.

a) Bei diesen greift die primäre und sekundäre Baupflicht nur bezüglich der Neubauten und jener Hauptreparaturen Platz, die einem Neubau gleichzuachten sind; Kr. II 317 zu n. 1 u. 2; St. 942 § 1077. — Beispiele von Hauptreparaturen s. bei Kr. II 317 n. 2.

b) Dagegen fallen die Kosten der Unterhaltungsbauten (sog. kleine Baufälle) an den Pfründegebäuden nach gemeinem Recht wie nach bayerischem Landrecht ausschließlich dem Pfründebesitzer als Nutznießer zur Last, selbst dann, wenn durch die hiebei erwachsenen Baukosten die Kongrua angegriffen würde. Diese Verpflichtung besteht nur dann nicht, wenn die Befreiung hievon auf einen besonderen Rechtstitel gestützt werden kann, vermöge dessen die Unterhaltspflicht zugleich auf einen Dritten übergegangen ist; VGH. VIII 131; vgl. ferner Kr. II 318 zu n. 6; St. 944 § 1080; Seeb. 705 Z. 2, 706 zu n. 75.

Eine Ausnahme hievon s. bei Kr. II 318 zu n. 7. Über verschiedene andere Rechte s. Kr. II 318 nach n. 7; St. 960 § 1090 —964.

2. Pfründegebäude der organisierten Pfarreien.

An den Pfründegebäuden der organisierten Stifts- und Klosterpfarreien obliegt die Wendung der großen Baufälle dem K. Staatsärar, während die kleinen Baufälle von den Nutznießern dieser Gebäude gewendet werden müssen, sofern nicht in besonderen Fällen dem Staatsärar eine rechtliche Verpflichtung zur Wendung auch der kleinen Baufälle obliegt; Kr. II 319 zu n. 15; St. 956 § 1086, 959 § 1087.

Über den Umfang der Unterhaltungspflicht s. Kr. II 320 nach n. 16.

VII. Baupflichtstreitigkeiten.

Die nachfolgenden Grundsätze gelten gleichmäßig für die Baupflichtstreitigkeiten hinsichtlich der Kirchenstiftungs- wie der Pfründestiftungsgebäude.

1. Man unterscheidet im allgemeinen (über die Streitigkeiten bei der Baupflicht des ortskirchlichen Stiftungsvermögens, der Pfründestiftung, der Kirchengemeinde s. unten Z. 2) zwei Arten von Baulaststreitigkeiten:

a) Die Baupflicht an dem in Frage stehenden Kultusgebäude wird von der in Anspruch genommenen physischen oder juristischen Person überhaupt bestritten (Streit über den Bestand einer Kultusbaupflicht), oder es besteht Streit über den Umfang der Baupflicht, z. B. über die Frage, ob sich die Baupflicht auch auf die Ökonomiegebäude erstreckt; Kr. III 78 zu n. 238; Kr. II 322 zu n. 4; vgl. auch VGH. XII 481.

Zuständig zur Entscheidung sind hier die Zivilgerichte; vgl. VO. v. 1. X. 1830, betr. die Zuständigkeit der Administrativbehörden in Streitigkeiten über die Baupflicht bei Kirchen- und Pfarrhöfen, Z. 1 (W. II 543; ebenso abgedruckt bei St. 974 § 1109 Z. 1—3). Die Baupflichtdifferenzen wurden gemäß § 64 Buchst. f RE. als weltliche Gegenstände erklärt und deren Regelung den Staatsbehörden überwiesen; Kr. III 77 n. 235; St. 979 § 1107, 980 § 1118; Seeb. 893 zu n. 94; Kr. II 321 zu n. 1.

Instanzenzug: 1. Instanz ist das Landgericht, 2. Instanz das Oberlandesgericht, 3. Instanz das Oberste Landesgericht; GVG. §§ 70, 123, 135; EG. GVG. §§ 7 u. 8; näheres s. Kr. III 77 Buchst. g; Kr. II 322 zu n. 3.

b) Die Baupflicht wird nur in dem gegebenen (konkreten) Falle bzw. es wird nur ihr Maß bestritten, während sie an sich durch ausdrückliches Gesetz, durch eigenes unbestrittenes Anerkenntnis oder durch Vertrag, Vergleich, richterliches Urteil usw. jedem Zweifel entrückt ist (Streit über die Voraussetzungen zum Eintritt einer konkreten Konkurrenzpflicht); oder es besteht Streit über Bedürfnis und Notwendigkeit eines Baufalls, über die Unentbehrlichkeit eines Kultusgebäudes, über Zeit, Art und Umfang eines Baues, über die Frage, nach welchem Maßstabe die Baukosten unter die Gemeindeangehörigen verteilt werden sollen; Kr. III 82 nach n. 251; St. 977 § 1112; Kr. II 325 nach n. 14 sowie die n. 15; Seeb. 894 zu n. 96—98.

Zuständig zur Entscheidung sind die Kreisregierungen, Kammern des Innern; s. AVO. v. 1. X. 1830 Z. 2 (W. II 534, ebenso abgedruckt bei St. 974 § 1109) u. ME. v. 23. VII. 1833 (W. II 695).

Gegen die Administrativentschließung der Kreisregierung ist einfache Beschwerde zum Kultusministerium, aber ohne Suspensivwirkung, möglich; AVO. v. 1. X. 1830 Z. 3 (bei St. 974 § 1109); Kr. III 79 zu n. 245; Kr. II 324 zu n. 11.

Über den Ausschluß der Zuständigkeit des VGH. auf Grund des Art. 13 Abs. 1 Z. 2 u. 3 VGG. sowie der Zivilbehörden in den Fällen, wo die Baupflicht an sich unbestritten ist, dagegen nur Streit besteht, ob der Konkurrenzfall in concreto gegeben ist, oder wie hoch sich der Betrag beläuft, oder ob der Bau notwendig und die Kirchenstiftung zur Erfüllung ihrer Baupflicht vermögend ist, s. Kr. III 80 n. 244 g. E.; Kr. II 324 n. 11 g. E. In diesen Fällen entscheidet die Kreisregierung, K. d. J., als erste, das Kultusministerium als zweite Instanz.

Zu a und b: Wie die bestehenden Bauverpflichtungen Dritter wurde auch die bisherige gerichtliche und administrative Zuständigkeit zur Entscheidung von Streitigkeiten über solche Verpflichtungen Dritter, besonders der Pfründebesitzer und Pfründestiftungen hinsichtlich der Pfründegebäude, und zu vorsorglichen Maßnahmen (s. unten Z. VIII) von der KGO. unberührt gelassen; Art. 12 Abs. V, 112 Abs. III KGO.; L. n. 1 Abs. 2 zu Art. 15 Abs. V.

Zuständig und berechtigt zur Geltendmachung dieser Bauverpflichtungen Dritter ist sowohl die Kirchenstiftung als die Kirchengemeinde; Art. 12 Abs. V KGO. — Diese Legitimation der Kirchenstiftung und Kirchengemeinde besteht insbesondere auch gegenüber dem Pfründevermögen oder dem Pfründebesitzer (s. unten Z. 2) hinsichtlich der primären Baupflicht bei Pfründegebäuden. — Die Führung von Zivilprozessen bedarf vorheriger Anzeige an die Staatsaufsichtsbehörden; Art. 74 Abs. X KGO. — Kirchenstiftung und Kirchengemeinde werden von der Kirchenverwaltung vertreten; Art. 53 KGO.

2. Streitigkeiten über Bestand und Umfang der Verpflichtung des ortskirchlichen Stiftungsvermögens, der Kirchengemeinde, der Pfründestiftung und des Pfründebesitzers zur Befriedigung ihrer eigenen Baubedürfnisse (Art. 12 KGO. Abs. I, II, V, Art. 15 Abs. V) fallen in die Zuständigkeit der Verwaltungsbehörden; denn diese Verpflichtungen sind öffentlich-rechtlicher Natur und der Selbstverwaltung, Staatsaufsicht und Verwaltungsrechtsprechung überwiesen; Art. 15 Abs. V KGO.

a) Ausschlaggebendes Merkmal für die Verwaltungszuständigkeit ist nicht das Eigentum an einem Kultusgebäude, sondern das öffentlich-rechtliche eigene Baubedürfnis. Öffentlich-rechtlicher Natur ist nicht nur die Baupflicht an den eigenen Baulichkeiten, sondern überhaupt die Baupflicht an solchen Gebäuden, deren Herstellung und Unterhaltung Ortskirchenbedürfnis ist.

b) Unter Art. 15 Abs. V KGO. fällt daher auch die Feststellung der Baupflicht der Kirchenstiftung und Kirchengemeinde an Pfarrgebäuden; L. n. 1 zu Art. 15 Abs. V.

Nach Art. 15 Abs. V KGO. sind künftig Zivilprozesse über Baulastsachen zwischen Kirchenstiftung und Kirchengemeinde ausgeschlossen, besonders Prozesse über die Verpflichtung zu Hand- und Spanndiensten.

c) Streitigkeiten über die Beitragspflicht der Tochtergemeinde zu Baubedürfnissen der Pfarrgemeinde, Art. 16 KGO., gehören ebenfalls hieher, d. h. sind nach Art. 15 Abs. V KGO. öffentlich-rechtlicher Natur.

d) Auch Streitigkeiten zwischen einer Kirchenstiftung und einer bürgerlichen Gemeinde über die Verbindlichkeit der ersteren zur Teilnahme an den Baukosten eines Schul- und Mesnerhauses gehören regelmäßig dem Gebiete des öffentlichen Rechts an; VGH. XXIV 227; D. n. zu Art. 10 Z. 19 VGG.

e) Zuständigkeit und Verfahren richtet sich nach Art. 80, 81 KGO. mit Art. 10 Z. 3 VGG. (i. d. F. des Art. 96c KGO.), Art. 10 Z. 13, 15, 19, Art. 45 VGG.; vgl. D. Anmerkungen hiezu.

f) Über die Vertretung der Kirchenstiftung und Kirchengemeinde (Art. 53 KGO.), besonders bei Interessenkollision (Art. 55 KGO.) s. „Kirchenverwaltung".

VIII. Anordnung von Bauprovisorien.

Hiezu sind sowohl die Verwaltungsbehörden als die Zivilgerichte je nach der Sachlage befugt; s. Kr. III 84 Z. 2; St. 975 § 1110 —977 § 1111; Kr. II 327 Z. 2.

Baupflichtfreiheit

s. „Baupflicht kirchliche" IV 3 g. E.

Bauumlagen

s. Art. 21 KGO., ferner „Ortskirchenbedürfnisse und Mittel zu ihrer Befriedigung" IV 2 b.

Bauwesen kirchliches

(hinsichtlich der Kirchenstiftungs- und Pfründegebäude).

I. Oberste Aufsicht und Leitung des kirchlichen Bauwesens.

Das kirchliche Bauwesen steht als Teil der kirchlichen Vermögensverwaltung in Bayern unter der obersten Leitung und Aufsicht des Staates, sowohl hinsichtlich der Kirchenstiftungs- wie der Pfründegebäude; § 75 RE.; Art. 73, 75—77 KGO.; s. auch „Staatsaufsicht"; ME. v. 8. IV. 1852 Z. 25 (W. IV 379); Kr. III 261 zu n. 1 und n. 1; St. 983 § 1122 — hinsichtlich der Kirchenstiftungsgebäude; Kr. II 330 zu n. 1; St. 983 § 1123; Seeb. 868 zu n. 6 und n. 6 — hinsichtlich der Pfründestiftungsgebäude.

1. Diese Leitung und Aufsicht des Staates wird durch das K. Staatsministerium des Innern für Kirchen- und Schulangelegenheiten wahrgenommen; AVO. v. 27. II. 1847, betr. die oberste Leitung der Kirchen- und Schulangelegenheiten; § 4 Z. 15, 16 (RBl. 169).

2. Vollziehende Organe des gen. Ministeriums sind in den Regierungsbezirken die Kreisregierungen, K. d. J.; FormVO. v. 17. XII. 1825 § 11 (W. II 279).

Über Inhalt und Umfang dieses Wirkungskreises s. § 73 FormVO. v. 17. XII. 1825 (W. II 279).

3. Das nach kanonischem Recht den Bischöfen zustehende Recht der Aufsicht über die bauliche Unterhaltung der kirchlichen Gebäude ist in Bayern auf ein Mitaufsichtsrecht beschränkt; Kr. III 261 nach n. 5 — hinsichtlich der Kirchenstiftungsbauten; Kr. II 330 nach n. 5 — hinsichtlich der Pfründestiftungsbauten. Vgl. auch Art. 11 KGO. sowie „Staatsaufsicht" u. „Aufsichtsrecht kirchliches".

II. Überwachung des baulichen Zustandes der Kultusgebäude. (Kirchenstiftungs- und Pfründegebäude); Wendung der Baufälle.

1. Bei Kirchenstiftungsgebäuden: Kr. III 262 § 53 —266; St. 985 § 1126; Seeb. 865 § 31.

2. Bei Pfründegebäuden: Kr. II 331 § 36 —340; St. 986 § 1127; Seeb. 705 Z. 2.

III. Neubauten; Hauptreparaturen.

1. Über das Erfordernis einer baupolizeilichen Genehmigung bei Neubauten und Hauptreparaturen (s. auch „Baulast kirchliche" über die Begriffe „Neubauten" und „Hauptreparaturen") des Kirchenstiftungsvermögens s. Kr. III 272 § 55; der Pfründegebäude s. Kr. II 355 § 39; St. 1001 § 1140 f. (veraltet).

2. Über das Erfordernis der staatsaufsichtlichen Genehmigung bei ortskirchlichen Bauführungen vgl. Art. 76 und 77 KGO.; bei Pfründebauten vgl. Kr. II 358 Buchst. b; St. 994 §§ 1135 f.

3. Über Bauprogramm, Baupläne, Kostenvoranschläge, das Verfahren bei sog. Konkurrenzbauten (d. i. in Fällen, wo die Mittel der Kirchen- bzw. Pfründestiftung zur Leistung der Baukosten nicht ausreichen und deshalb die Baukonkurrenz Dritter — s. „Baupflicht kirchliche" — in Anspruch genommen werden will), über Revision der Baupläne und Kostenvoranschläge, Bauausführung s. Kr. III 278 Buchst. c ff. — hinsichtlich der Kirchenstiftungsgebäude; Kr. II 359 Buchst. c ff. — hinsichtlich der Pfründegebäude; St. 993 § 1134 ff. (veraltet).

4. Über die Behandlung des inneren Kirchenraums und der Kircheneinrichtung s. Kr. III 292 § 56; St. 998 § 1139 ff. (zum großen Teil veraltet).

5. Über den Abbruch entbehrlicher Kirchengebäude s. Kr. III 296 § 57; Seeb. 873 oben Z. 2.

6. Über Kirchengebäude im allgemeinen vgl. auch „Kirchengebäude".

Beanstandungsrecht der kirchlichen Oberbehörde bei Wahlen
s. Art. 44 KGO. und „Kirchenverwaltungswahl" V.

Beendigung
des Pfründnerrechts s. „Beginn und Ende des Pfründnerrechtes" II.

Beerdigungsgebühr
s. „Stolgebühren".

Beerdigungsplätze
s. „Friedhöfe".

Beginn und Ende des Pfründnerrechtes.

I. **Beginn des Pfründnerrechtes** (s. auch „Pfründe" V).

A. In der katholischen Kirche.

1. Der Anspruch auf die bischöfliche und erzbischöfliche mensa entsteht mit dem Tag der landesherrlichen Ernennung, d. h. dem Tag der Ausstellung des landesherrlichen Nominationsdekrets, während das Bischofsamt erst durch die päpstliche Institution verliehen wird; Art. IX Konk. Der wirkliche Pfründebezug beginnt erst mit dem Tag der päpstlichen Institution und der Amtsübernahme, geht aber auf den Ernennungstag, d. h. den Tag der Ausstellung des landesherrlichen Nominationsdekrets, zurück; VO. v. 27. IX. 1829 Z. 2 (W. II 482); M. II 239 zu n. 3.

2. Genuß der Domkapitelspfründen.

a) Der Pfründegenuß des Domprobstes beginnt mit dem Tag der Ausstellung der päpstlichen Kollationsbulle, die sowohl Amt als Pfründe überträgt. Der tatsächliche Bezug beginnt aber erst mit dem Tag der landesfürstlichen Bestätigung; Z. 4 der VO. v. 27. IX. 1829 (W. II 482); M. II 240 zu n. 1 u. 2.

b) Pfründegenuß des Domdekans und der Kanonikate. Der Pfründegenuß des Domdekans und jener Kanonikate, welche in den päpstlichen Monaten frei werden [Januar, März, Mai, Juli, September, November; Zirkumskriptionsbulle v. 8. IX. 1821 (Döll. VIII 367)] beginnt mit dem Tag der Ausstellung des landesherrlichen Nominationsdekrets, während die Bezüge tatsächlich erst mit dem Tag der bischöflichen Institution bzw. des wirklichen Amtsantritts zu laufen beginnen; VO. v. 27. IX. 1829 Z. 5 u. 6 (W. II 482). Von den in den übrigen sechs Monaten frei werdenden Kanonikaten ernennen in drei der Bischof bzw. Erzbischof (Kollation), in den anderen drei die Kapitel (Ernennung), und der Pfründebezug beginnt hier mit dem Ausstellungstag des Kollations- bzw. Ernennungsdekrets; M. II 240 nach n. 9.

c) Pfründegenuß der Domvikare. Gleiches wie unter b gilt für die vom Bischof frei zu ernennenden Domvikare; Art. X Z. 2 Konk. Der tatsächliche Pfründegenuß beginnt aber erst mit dem Tag der landesfürstlichen Genehmigung und dem wirklichen Amtsantritt; VO. v. 27. IX. 1829 Z. 7; M. II 240 zu n. 10.

d) Aufrücken innerhalb des Kapitels. Hiefür gilt der Grundsatz: Die niederen Kanoniker rücken von dem Tag an vor, an welchem die Stelle des Vordermannes frei wird; Z. 8 der VO. v. 27. IX. 1829; M. II 240 zu n. 11.

3. Genuß der Pfarrei- und Benefizialpfründen.

a) Er beginnt:

α) bei den Pfründen des landesherrlichen Patronats mit dem Tag der Ausstellung des Notifikationsdekrets; MBek. v. 16. IV. 1812 (W. I 391); s. „Pfründe" V 2;

β) bei den Pfründen mit privatpatronatischer Besetzung mit dem Tag der Ausstellung des Präsentationsinstruments; VO. v. 21. IV. 1807 Z. 2 (W. I 136); s. „Pfründe" V 2;

γ) bei den Pfründen mit freier bischöflicher Besetzung mit dem Tag der Ausstellung der bischöflichen Kollationsurkunde; M. II 240 nach n. 11; St. 213 § 221, 384 Buchst. c; Kr. II 83 nach n. 2 —84; s. „Pfründe" V 2.

b) Dieses Genußrecht kann aber erst zum Ausdruck kommen, wenn der Betreffende in den Besitz des Amts durch Amtsantritt und Amtseinweisung gelangt. (Anders bei Beendigung der Pfründe, wo der Verlust des Amts, des Pfründegenusses und des etwaigen Staatszuschusses zusammenfällt.)

c) Die Einweisung in den Pfründebesitz erfolgt in ganz Bayern erst durch die Installation, welche von der Distriktspolizeibehörde vorgenommen wird; M. II 241 zu n. 4; s. „Pfründe" V 2.

B. In der protestantischen Kirche.

Hier beginnt das neue Pfründnerrecht mit dem Tag der Besitznahme, d. h. an dem vom Konsistorium festgesetzten Aufzugstermin; RegAusschr. v. 9. II. 1818 Z. 10 (KABl. 283); M. II 241 zu n. 10.

II. Ende des Pfründnerrechtes.

1. Vgl. über die Endigungsgründe „Pfründe" VI.

2. Beim Tode des Pfründeinhabers endet eigentlich der Bezug des Pfründeeinkommens mit dem Todestag. Die Erben haben jedoch noch den Sterbe- oder Gnadenmonat, gerechnet vom Todestag; AE. v. 21. IV. 1807 Z. 1 (W. I 136). Ausgenommen hievon sind die Erben der Erzbischöfe, Bischöfe und Domkapitulare; M. II 242 zu n. 9 u. 10; Kr. II 84 nach n. 4; St. 382 § 393a, 214 zu n. 2; s. auch „Pensionsrecht".

In der prot. Kirche im rechtsrh. Bayern haben die Hinterbliebenen des Pfarrers einen sechsmonatigen, in der Pfalz einen dreimonatigen Nachsitz; M. II 243 zu n. 1 u. 2. Das Nähere s. bei „Pensionsrecht“.

Belastung ad onus successorum

s. „Absitzkapitalien“.

Benefizialpfründe

s. „Benefizien“ I Z. 2.

Benefiziat.

I. Begriff und rechtliche Stellung.

1. Die Benefiziaten sind als solche nicht Seelsorger, sondern bloß Besitzer von gestifteten Pfründen, mit welchen nur in beschränkter Weise bestimmte kirchliche Verrichtungen (Lesen einer Messe, Aushilfe im Beichtstuhl usw.) verbunden sind (sog. beneficium simplex); ME. v. 8. VIII. 1877 (S. II 500); M. II 161 nach n. 1.

Zur Beschaffenheit eines Benefiziums i. e. S. gehört es wesentlich, daß das Recht auf das Amt und auf die Einkünfte ein lebenslängliches (jus perpetuum) ist.

2. Die Benefiziaten werden kanonisch eingesetzt — von einer Installation wird in der Regel abgesehen —, sind daher Inhaber stabiler Kirchenämter und können ebensowenig willkürlich amoviert werden wie die Pfarrer. Das Pfründevermögen verwalten sie selbständig und unabhängig vom Pfarrer; s. auch „Benefizien“ III 4.

Für den Pfründegenuß des Benefiziaten, für das Pfründnerrecht und die Baulast am Benefiziatenhaus gelten die gleichen Vorschriften wie für die Pfarrpfründen; s. „Pfründe“ und „Baupflicht kirchliche“.

3. In bezug auf die obligatorischen seelsorglichen Funktionen sind die Benefiziaten, wenn sie nicht selbst als Kirchenvorstände bestellt sind (s. „rector ecclesiae“), dem zuständigen Pfarrer untergeben, der nach Maßgabe der Stiftungsurkunde (vgl. St. 359 § 365), der bischöflichen Anweisung oder des Herkommens die stiftungs- oder bestimmungsmäßigen seelsorglichen Dienstleistungen des Benefiziaten, wie die jedes Hilfsgeistlichen, beaufsichtigen und im Weigerungsfalle beanspruchen kann.

Je nach dem Charakter des Benefiziums hat der Benefiziat entweder die rechtliche Stellung eines Hilfsgeistlichen mit ungemessener Arbeitsleistung oder eine relativ selbständige Stellung mit genau bestimmtem und abgegrenztem Wirkungskreise. Letzterenfalls ist der Benefiziat zu weitergehenden Dienstleistungen als den stiftungs- oder bestimmungsgemäß festgesetzten nicht verpflichtet.

II. Einkommen und Beförderung.

1. Über die Kongrua der Benefiziaten s. „Kongrua“; über ihre Aufbesserung s. „Einkommensaufbesserung“.

2. Über ihre Beförderung zum Pfarrer s. Kr. II 56 Buchst. e. Über ihre Anstellungsbedingungen s. „Anstellungsvoraussetzungen allgemeine für ein bepfründetes Kirchenamt“ III A 3.

Benefizien.

I. Begriff.

1. Die mit einem Pfarramt verbundenen Benefizien werden gemeinhin Pfarrpfründen (s. „Pfründe“), alle übrigen Benefizien aber Benefizien i. e. S. oder Benefizien schlechthin geheißen; Kr. II 1 Abs. 2.

2. Unter Benefizium schlechthin bzw. i. e. S. versteht man die Dotation einer Hilfsseelsorgestelle, die feste Ausstattung des Benefiziaten (s. dort) oder Hilfsgeistlichen (s. dort); M. II 35 zu n. 1, sog. Benefizial- oder Nebenpfründe; M. II 35 zu n. 4.

3. Im engsten Sinne bedeutet Benefizium eine Hilfsseelsorgestelle ohne eigene Kura (d. i. selbständige Seelsorgetätigkeit). Sie steht im Gegensatz zu den Pfarreien, Pfarrvikariaten, Prädikaturen, Kuratien und Exposituren. Eine hievon wiederum gesonderte Stellung nimmt der Pfarrverweser ein; s. dort; M. II 35 zu n. 5.

4. Über die einzelnen Arten der Benefizien s. unten Z. III.

II. Literatur.

M. II 28 § 5 —36; Kr. II 1—2.

III. Arten der Benefizien (im allgemeinen wie im e. S.).

Die Benefizien im allgemeinen Sinne (Pfarrpfründen usw.) wie die Benefizien i. e. S. unterliegen folgender, auch dem bayerischen Staatskirchenrecht geläufiger (M. II 30 zu n. 5) Einteilung:

1. Beneficia titulata und beneficia manualia; M. II 29 zu n. 2.

Die Manualbenefizien sind überhaupt keine Benefizien, sondern nur die vermögensrechtliche Ausstattung eines Amtes, dessen Inhaber ad nutum amovibilis oder der revocatio ad manum (d. i. jederzeitigem Widerruf) des Verleihers unterworfen sind. Die in Bayern vorkommenden Manualbenefizien sind hauptsächlich die von Laienklöstern, Hospitälern, wohlhabenden Laien usw. unter der Autorität des kirchlichen Obern errichteten Meßstiftungen für einen beliebig zu entlassenden Geistlichen. Hierher gehören besonders die Prästimonien sowie sonstige Sinekuren, die Benefizien der sog. Sukkursalpfarrer des französischen Rechts und die Kaplaneibenefizien; M. II 29 Z. 1; Kr. II 1 Abs. 5. — Die letztgenannten Kaplaneibenefizien, bei welchen keine kanonische Institution erteilt wird und die keine selbständige Anstellung bieten, können auch solchen Priestern verliehen werden, die die Pfarrkonkursprüfung noch nicht bestanden haben; Kr. II 31 nach n. 4.

Über die Errichtung einer bepfründeten Kaplaneistelle s. „Hilfsgeistliche" III A 1 a.

2. Beneficia saecularia und beneficia regularia. Erstere werden nur an weltliche, letztere nur an Ordensgeistliche vergeben. Nur die bischöfliche mensa kann von Welt- und Klostergeistlichen erworben werden; M. II 29 Z. 2. — Die Vermutung spricht für die Weltlichkeit eines Benefiziums, außer das betr. Amt ist bei einer Klosterkirche oder im Hinblick auf eine solche gegründet worden; M. II 29 Z. 2.

3. Beneficia curata und beneficia non curata. Dieser praktisch wichtigste Unterschied stellt die Seelsorge in den Vordergrund. — Hierher zählen:

a) Kuratbenefizien (zu unterscheiden von Kuratbenefiziaten; s. „Hilfsgeistliche" III A 1 e β) sind die Seelsorgeämter des Bischofs, Pfarrers und Pfarrvikars; M. II 29 Z. 3.

Die Inhaber der Kuratbenefizien sind stiftungsgemäß zur Unterstützung des Pfarrers in der eigentlichen Seelsorge (Verwaltung des Predigtamtes, des Bußsakraments) verpflichtet; Kr. II 1 Abs. 3.

b) Inkuratbenefizien, d. s. Benefizien, deren Inhaber zur Unterstützung des Pfarrers in der eigentlichen Seelsorge nicht verpflichtet, vielmehr nur zur Persolvierung der gestifteten Messen und anderer kirchlicher Andachten verbunden sind, z. B. die Kanonikate und die Emeritenbenefizien; M. II 29 Z. 3; Kr. II 1 Abs. 3. — Zur Erlangung eines Inkuratbenefiziums ist das Bestehen der Pfarrkonkursprüfung nicht notwendig; Kr. II 31 zu n. 4.

Näheres über Emeritenbenefizien, deren Einkommen zur Sustentation emeritierter Geistlichen bestimmt ist und in Bayern statutengemäß zu den Hilfsquellen der Diözesanemeritenanstalten gehört, s. M. II 626 oben Z. II; Kr. II 174 Z. 10, 63 zu und nach n. 12; St. 227 § 231; s. auch „Pensionsrecht".

4. Beneficia simplicia und beneficia duplicia. Zu ersteren gehören die Kanonikate, die fest fundierten Prästimonien, Hospitalstellen, Emeritenbenefizien, Vikariate, Kaplaneien, Frühmessereien usw., deren Inhaber vielfach Benefiziaten schlechthin genannt sind; s. „Benefiziat". — Die Tatsache, daß die Inhaber solcher beneficia simplicia den Pfarrer im Beicht-, Predigt- und mitunter auch im Schuldienst unterstützen, macht diese Stellen noch nicht zu

beneficia duplicia. Das Wesen der letzteren (beneficia duplicia) besteht darin, daß zu dem Chor- bzw. Meßdienst noch eine weitere Verpflichtung tritt. Als solche weitere Verpflichtung erscheint vor allem die Seelsorge; M. II 30 Z. 4 Abs. 2.

Zu den beneficia simplicia sind auch die Schulbenefizien (Kr. II 32 nach n. 5, 57 Buchst. f) und die Prädikaturbenefizien (s. „Hilfsgeistliche" III A 1 b) zu rechnen.

5. Mit Rücksicht auf die Besetzung zerfallen die Benefizien in

beneficia collativa, wenn sie der freien Kollation oder Besetzung des kirchlichen Obern unterstehen;

beneficia electiva, wenn die Besetzung durch Wahl erfolgt;

beneficia patronata, wenn Präsentation eines Patrons stattfindet;

beneficia consistorialia, wenn sie der Papst im Konsistorium verleiht; M. II 30 Z. 5.

Über das Verbot der Cumulatio beneficiorum s. „Kumulationsverbot".

IV. Errichtung und Besetzung.

1. Die Errichtung eines Benefiziums setzt voraus ein Stiftungsgeschäft (privatrechtlicher Natur) d. h. die Auszeigung und Einweisung eines dem Amt entsprechenden Einkommens, sodann die landesherrliche Genehmigung, die vom Kultusministerium erwirkt wird. Dazu muß noch die bischöfliche Konfirmation kommen; M. II 58 Abs. 3. Näheres über Errichtung der Benefizien s. „Pfründe" III.

2. Über die Besetzung der Benefizien s. „Pfründe" V, „Hilfsgeistliche" III und „Benefiziat".

Besetzung

der Bistümer s. „Pfründe" V 1 a;
der Hilfsgeistlichenstellen s. „Hilfsgeistliche" III;
der Kanonikate s. „Pfründe" V 1 b;
der weltlichen Kirchendienerstellen s. „Weltliche Kirchendiener";
der Seelsorgepfründen s. „Pfründe" V 2;
der unbepfründeten Regierungsstellen s. „Pfründe" V I c.

Besoldungsholz

s. „Fassion" IV 1 a.

Betstühle

s. „Kirchenstühle".

Betstunden

s. „Gottesdienst".

Bildungsanstalten geistliche.

1. Die geistlichen Bildungsanstalten fallen unter das allgemeine Recht der Unterrichtsverwaltung; S. III 565 nach n. 126. Ausgenommen hievon sind die bischöflichen Klerikalseminare, welche die Heranbildung zum geistlichen Stand bezwecken; diese sind die „bischöflichen Diözesanseminarien" im Sinne des Art. V Abs. 1 Konk.

Der Erlaß von organischen Bestimmungen über diese geistlichen Bildungsanstalten gehört zu den Gegenständen gemischter Natur; § 76c u. d RE. In diesen gemischten Gegenständen sind einseitige Anordnungen der geistlichen ohne Mitwirkung der weltlichen Gewalt verboten. Der Staatsgewalt ist das Recht eingeräumt, Einsicht von den Anordnungen der geistlichen Gewalt zu nehmen sowie durch eigene Verordnungen alles zu verhindern, was dem öffentlichen Wohl nachteilig sein könnte. Letztere Befugnis ist rein verneinender Natur, es kann also nichts geboten, sondern nur verboten werden; §§ 77, 78 RE.; S. III 522 nach n. 54, 565 nach n. 126. — Der Staat hat also ein Oberaufsichtsrecht über die geistlichen Bildungsanstalten, welches durch das Kultusministerium ausgeübt wird; ABO. v. 16. III. 1849 (W. IV 27) Z. 1e; Seeb. 67 nach n. 1; S. III 565 nach n. 126. Die Rechte, welche Art. V Abs. 2 Konk. den Bischöfen in bezug auf Leitung und Einrichtung der Seminare, Ernennung und Entlassung der Vorstände und Lehrer zuschreibt, schließen staatliche Vorschriften über die Ausübung dieser Rechte nicht aus; denn die Verfügungen des Konk. haben nur unter Vorbehalt der allgemeinen Vorschriften des Religionsedikts (besonders der §§ 76c u. d, 77 u. 78) Geltung; S. III 565 zu n. 126.

2. Zur Errichtung solcher Anstalten ist in jedem Fall die Genehmigung des Kultusministeriums erforderlich; ABO. v. 10. V. 1905 (GVBl. 451), vgl. auch S. III 565 zu n. 128. — Über die Dotation solcher Anstalten durch den Staat s. Art. V Konk.

Bistum (Bischöfliche und erzbischöfliche mensa.)

I. Begriff, Verfassung und rechtliche Stellung.

1. Bistum oder Diözese ist der geographische Amtssprengel eines Bischofs. — Ist der Bischof zugleich Erzbischof, so nennt man das Bistum: Erzbistum oder Erzdiözese.

2. Die Bistumsverfassung bildet die regelmäßige Form, in der die katholische Kirche im Deutschen Reiche organisiert ist; vgl. „Konkordat" und „Cirkumskriptionsbulle".

3. Seiner rechtlichen Natur nach ist das Bistum eine staatlich anerkannte Organisation (Sprengel) behufs Verwaltung der katholisch kirchlichen Angelegenheiten. Das Bistum ist eine Korporation bzw.

Anstalt des öffentlichen Rechtes mit juristischer Persönlichkeit; vgl. Art. IV Konk. und Cirkumskriptionsbulle v. 1. IV. 1818.

II. Errichtung, Veränderung und Aufhebung; Dotation.

1. Die Errichtung, Veränderung oder Aufhebung von Bistümern („Einteilung der Diözesen") ist Gegenstand gemischter Natur; §§ 76 ff. RE. — Daher bleibt jede einseitig kirchliche Neuerrichtung, Teilung, Union oder Suppression von Bistümern, welche die Diözesaneinteilung der bisherigen bayerischen Bistümer beeinflussen würde, ausgeschlossen. — Eine solche wäre in staatlicher wie kirchlicher Beziehung nichtig. — Die notwendige staatliche Mitwirkung müßte im Wege einer Verfassungsänderung erfolgen, da das Konkordat, um dessen Umgestaltung es sich handeln würde, integrierender Bestandteil der bayerischen Verfassungsurkunde ist; s. auch „Pfründe".

2. Bei der Neuerrichtung der Bistümer hat die bayerische Staatsregierung auch ihre Dotation übernommen, d. i. die Gewährung von Einkünften für die Bischöfe und Domherren, für die Unterhaltung der Domkirchen und der einzelnen Diözesananstalten, und zwar in bestimmt fixierten Geldbeträgen; vgl. Art. IV Konk. — Die betr. Summen werden jährlich aus den Staatsmitteln auf Grund ihrer Einstellung in das Staatsbudget gewährt. Die Bezüge sind für die Empfangsberechtigten gegenüber dem Staate im Zivilrechtswege verfolgbar; vgl. P. n. 1 zu Art. IV Konk.; s. auch „Dotation".

III. über

Beginn und Ende des Anspruchs auf die Einkünfte der bischöflichen und erzbischöflichen Pfründe (mensa) s. „Beginn und Ende des Pfründnerrechts";

Besetzung s. „Pfründe" V 1;

Errichtung s. „Pfründe" III;

Gehaltsansprüche s. „Dotation";

Perpetuitätscharakter s. „Perpetuitätscharakter der Pfründe";

Sustentationspflicht auf Grund der Priesterweihe s. „Pensionsrecht".

Blitzableiter

1. Die Anbringung und Unterhaltung der nötigen Blitzableiter auf größeren kirchlichen Gebäuden ist Ortskirchenbedürfnis; Art. 12 Abs. I Z. 1 KGO., wodurch die VO. v. 20. XI. 1815 (W. I 484), die Vermehrung der Blitzableiter betr., für das Ortskirchenvermögen ersetzt wurde.

Die Verpflichtungen Dritter, die nicht notwendig mit der Baupflicht verbunden sind, bleiben unberührt; Art. 12 Abs. V a. a. O. — Die Kostenbeteiligung der bürgerlichen Gemeinden bezüglich der Blitzableiter auf Kirchtürmen nach der VO. v. 20. XI. 1815 (W. I 484) ist weggefallen; Art. 112 Abs. I A Z. 1.

Ob ein größeres Gebäude vorliegt und demnach ein Blitzableiter notwendig ist, bleibt Ermessensfrage und ist im Zweifelsfalle von der Staatsaufsichtsbehörde zu entscheiden; Art. 74 Abs. I Z. 2 KGO. — Als größere Gebäude erscheinen im allgemeinen die Pfarr- und Filialkirchen, nicht dagegen Kapellen und kleine Nebenkirchen; vgl. ME. v. 31. VIII. 1912, Blitzableiter betr. (KMBl. 579).

Im Streitfalle entscheiden die Staatsaufsichtsbehörden, in letzter Instanz der VGH. nach Art. 10 Z. 3 VGG.; Fr. n. 6 zu Art. 12 KGO.

2. Bezüglich der Verpflichtung zur Anbringung und Unterhaltung der nötigen Blitzableiter auf größeren Gebäuden, die nicht zum ortskirchlichen Stiftungsvermögen gehören, d. i. auf Gebäuden von Pfründen, Dom- und Kollegiatstiftungen sowie allgemeinen kirchlichen Stiftungen, bleibt die VO. v. 20. XI. 1815 in Geltung; Art. 112 Abs. I A Z. 1 KGO.; Kr. II 353. — Doch besteht auch hier keine Verpflichtung der bürgerlichen Gemeinden mehr zur Mitunterhaltung von Blitzableitern auf Kirchtürmen; Fr. n. 2 zu Art. 112 KGO. — Über Streitigkeiten bezüglich der Herstellung und Unterhaltung von Blitzableitern auf den Pfründegebäuden vgl. Kr. II 324 nach n. 11; Seeb. 901 nach n. 3.

Bracchium saeculare

s. „Kirchenstrafen" V A 4 b.

Brandversicherung

I. Versicherungspflicht.

Die Gebäude der Kirchen- und sonstigen Stiftungen sowie der Pfarreien, Benefizien, ständigen Kuratien, Pfarrvikariate und Exposituren müssen der staatlichen Brandversicherungsanstalt einverleibt sein; Ges. über die Brandversicherungsanst. v. 3. IV. 1875 Art. 3 Abs. 1 Z. 3, 4 i. d. F. des Art. 64 AG. BGB.

1. Die Kirchenstiftungsgebäude.

a) Immobiliarbrandversicherung; vgl. hierüber im näheren Kr. III 266 § 54 a; St. 1016 § 1159; Seeb. 901 Z. V.

b) Mobiliarbrandversicherung; vgl. hierüber im näheren Kr. III 270 Buchst. b; St. 1019 § 1163.

2. Die Pfründegebäude (Immobiliarbrandversicherung); vgl. hierüber im näheren Kr. II 350 § 38 a; St. 1016 § 1159; Seeb. 901 Z. V.

II. Versicherungsbeiträge.

1. Beitragspflichtige

a) bezüglich der Kirchenstiftungsgebäude. Verpflichtet zur Entrichtung der Brandversicherungsbeiträge sind die primär

Baupflichtigen; s. „Baupflicht kirchliche". Bei Unvermögen der primär baupflichtigen Kirchenstiftung hat nicht der sekundär Baupflichtige, sondern die zur Ergänzung des Kirchenvermögens durch Umlagen verpflichtete Kirchengemeinde für Bezahlung der Brandversicherungsbeiträge einzustehen; Art. 73 des Ges. v. 3. IV. 1875; Kr. III 267 nach n. 7 u. 8; Seeb. 902 nach n. 3; a. A. St. 1017 nach n. 4. — Die Bestreitung der Brandversicherungsbeiträge für Kultusgebäude bildet ein Ortskirchenbedürfnis, soweit hiefür nicht ein Dritter einzutreten hat; Art. 12 Abs. I Z. 1, Abs. V KGO.

b) Bezüglich der Pfründegebäude. Bezüglich der Gebäude der Pfarreien, Benefizien, ständigen Kuratien, Pfarrkuratien und Expofituren fällt die Entrichtung der Versicherungsbeiträge dem primär Baupflichtigen zur Last, insofern bisher durch Gesetz oder Herkommen nichts anderes bestimmt war. Ist der Pfründebesitzer selbst der Baupflichtige und bietet das Reineinkommen der Pfründe ohne Schmälerung der Kongrua die Mittel zur Leistung der Beiträge nicht, so ist der Ausfall von dem zu decken, welchem die subsidiäre Baupflicht obliegt; Art. 74 des Ges. v. 3. IV. 1875; Kr. II 351 nach n. 7; St. 1017 § 1160; Seeb. 902 zu n. 4 u. 5.

Die Art. 73 u. 74 des Ges. v. 3. IV. 1875 blieben von der KGO. unberührt; Art. 12 Abs. V, Art. 95 KGO.

2. Streitigkeiten. Streitigkeiten über die Verbindlichkeit zur Leistung der Brandversicherungsbeiträge für Kultusgebäude gehören zur Kompetenz der Gerichte, wenn diese Verbindlichkeit aus der Baupflicht zu den Bauten des betr. Objekts abgeleitet werden soll; Kr. III 268 nach n. 10 (betr. die Kirchenstiftungsgebäude), II 352 nach n. 9 (betr. die Pfründegebäude); St. 1019 § 1162; Seeb. 903 nach n. 8.

Bruderschaften

s. „Geistliche Gesellschaften" III 3.

Bruderschaftsvermögen

s. „Geistliche Gesellschaften" III 3 und „Ortskirchenvermögen" III.

C.

Charitativer Anschluß

s. „Diaspora und charitativer Anschluß".

Christenlehre

s. Kr. I 247 § 3; Seeb. 516 Z. 7ff.; Silb. 318, 320.

Circumskriptionsbulle

1. Ihrer rechtlichen Natur nach ist die päpstliche Zirkumskriptionsbulle vom 1. IV. 1818 (Döll. VIII 361) eine einseitige päpstliche Verordnung (Bulle), die im Einvernehmen mit der bayerischen Staatsregierung erlassen wurde und zwar auf Grund des Konkordats, dessen Beilage sie bildet. — Sie ist daher eine vom Staate anerkannte Norm, die für diesen Rechte und Pflichten begründet.

Sie hat unter dem 15. IX. 1821 (W. II 65) die königliche Genehmigung erhalten und wurde darnach durch den päpstlichen Nuntius verkündet; S. III 552 zu n. 2. Sie besitzt nur für die katholische Kirche in Bayern Geltung.

2. Ihrem Inhalt nach grenzt sie auf Grund des Art. II Abs. 9 Konk. die bayerischen Diözesansprengel neu ab (S. III 552 zu n. 1), setzt die Organisation und Ausstattung (Dotation) der neuen Bistümer, namentlich wegen der Domkapitel, der kirchlichen Lehranstalten (Seminarien; s. „Geistliche Bildungsanstalten"), der Emeriten- und Demeritenhäuser usw. fest und trifft Anordnungen über die Besetzung der bischöflichen Stühle und Kanonikate. Außerdem ist in ihr der Bestand der Pfarreien bestimmt, und zwar sind diese einzeln mit Namen aufgeführt, so daß schon jede Änderung des Namens einer Pfarrei zugleich eine Änderung der Pfarrei selbst ist; St. 7 zu n. 2; s. auch Silb. 10 § 3, „Pfarrsprengel" II 2, „Pfarrveränderungen" und „Dismembration".

Änderungen in der Diözesaneinteilung können nur unter Mitwirkung der Staatsgewalt erfolgen. Eines Gesetzes bedarf es dazu nicht. Wohl aber bedürfte es zur Veränderung der Zahl der Bistümer und zur Verlegung der Bischofssitze eines Verfassungsgesetzes, da hierüber durch Verfassungsgesetz (Konkordat) Bestimmung getroffen ist; S. III 552 nach n. 1.

Collatio libera

s. „Pfründe" V.

Cumulatio beneficiorum

s. „Kumulationsverbot der Benefizien".

D.

Darlehen

s. „Absitzkapitalien", „Anlehen", „Kapitalienanlage"

Degradation

s. „Kirchenstrafen" V A 2

Dekan

s. „Evangelische Kirchenverfassung" IV, „Ruralkapitel" und „Pfründe" V 1 b.

Delegation

zur Trauung s. „Stolgebühren"" A VIII.

Demeriten

s. „Pensionsrecht".

Deposition

s. „Kirchenstrafen" V A 2.

Dezimatoren

deren Baulast s. „Baupflicht kirchliche" IV.

Diaspora und charitativer Anschluß

I. Quellen.

1. Rechtsquellen: §§ 84—87 RE.; Landt. Absch. v. 25. VIII. 1843 (G. II 3); AE. v. 10. IV. 1846 (G. II 7, W. III 605).

2. Literatur: K. I 415 § 1 —418; St. 435 § 426 —437; Seeb. 36 zu n. 23, 55 zu n. 8 u. 9, 333 Z. 3 —335; P. §§ 84—87 RE.; S. III 519 zu n. 33 —521.

II. Die einzelnen Rechtsverhältnisse aus der Diaspora.

1. Religionsverwandte einer öffentlich aufgenommenen Kirche, welche keine eigene Gemeinde bilden und keiner anderen Gemeinde ihres Glaubens eingepfarrt sind, daher in der sog. **Diaspora** leben, können sich zu einer entfernten Gemeinde ihres Glaubens innerhalb der Grenzen des Reiches (d. i. Bayern) halten (sog. **charitativer Anschluß**); § 84 RE.; Kr. I 415 § 1; St. 436 nach n. 1; Seeb. 36 zu n. 23; S. III 519 zu n. 33 u. 35.

a) Seiner Natur nach ist der charitative Anschluß der tatsächliche Anschluß von kirchengemeindelosen Angehörigen einer öffentlichen Glaubensgesellschaft (Mitglieder von Privatkirchengesellschaften besitzen kein Recht des charitativen Anschlusses; s. „Glaubensgesellschaften" V 3 Abs. 2) an einen auswärtigen Pfarr- oder Kirchenverband ihres Bekenntnisses, im Gegensatze zur rechtlichen Zugehörigkeit auf Grund des Pfarrverbandes; S. III 519 nach n. 33.

b) Zweck des charitativen Anschlusses ist die Teilnahme an der Seelsorge und besonders dem Gottesdienst der entfernten Kultusgemeinde, wobei dem dortigen Pfarrer oder sonstigen Geistlichen auch die in seiner Gemeinde festgesetzten Stolgebühren (s. dort) zu entrichten sind.

α) Der charitative Anschluß an den Gottesdienst der entfernten Glaubensgemeinde ist in zweifacher Art durchführbar:

aa) Die in der Diaspora lebenden gemeindelosen Angehörigen einer öffentlichen Glaubensgesellschaft besuchen den Gottesdienst in einer entfernten Gemeinde ihres Bekenntnisses.

Hiezu ist nach der Verfassung keine Genehmigung erforderlich, besonders nicht nach §§ 76 f. RE.; s. „Glaubensgesellschaften" VI 3 a α.

Die Folge dieses rein tatsächlichen Anschlusses, der keine rechtlich begründete Angehörigkeit zu dem angegangenen Kirchenverband bewirkt, ist, daß die betr. Kirchengemeindelosen nicht mehr gegen ihren Willen einer anderen Pfarrei ihres Bekenntnisses zugewiesen werden können; s. „Pfarrpurifikation". — Außerdem können sie in ihrer Eigenschaft als „Kirchengäste" einer Kirchengemeinde zu deren Lasten für beitragspflichtig erklärt werden; Art. 20 Abs. XII KGO.

bb) Die gemeindelosen Konfessionsgenossen lassen sich zur Abhaltung des Gottesdienstes einen Geistlichen aus einer entfernten Gemeinde ihres Bekenntnisses kommen.

Die Befugnis, überhaupt Gottesdienst oder öffentlichen Gottesdienst zu halten, ist bei den öffentlichen Glaubensgesellschaften nicht davon abhängig, daß sie an einem Orte eine Gemeinde bilden; S. III 525 nach n. 6. — Daher sind die gottesdienstlichen Veranstaltungen von kirchengemeindelosen Angehörigen einer öffentlichen Glaubensgesellschaft in der genannten Art keine heimlichen Zusammenkünfte i. S. der §§ 3, 4 RE. (s. „Heimliche Zusammenkünfte"), wenn und solange sie sich innerhalb des gesellschaftlichen Rahmens bewegen, d. i. Gottesdienste darstellen, wie sie innerhalb einer organisierten kirchlichen Gesellschaft erfolgen; s. „Gottesdienst" IV 1 a.

Eine Genehmigung ist sonach nicht nach §§ 3, 4 mit 26, 27 RE., sondern nur in Form einer königlichen Bewilligung nach §§ 76 Abs. 2 Buchst. a —78 RE. zu diesen gottesdienstlichen Veranstaltungen erforderlich, da hier Gottesdienste in bestimmter Zahl neu eingeführt werden sollen; § 76 Abs. 2 Buchst. a; AE. v. 10. IV. 1846 (G. II 7, W. III 605); St. 437 Abs. 1; Seeb. 37 n. 24; — s. auch „Glaubensgesellschaften" VI 3 a α.

Ist gegen die Abhaltung des geplanten Gottesdienstes eine Beanstandung nicht zu erheben, dann muß (keine Ermessenssache, wie unrichtig die AE. v. 27. IV. 1845, W. III 584, bei St. 436 zu n. 2) der Gottesdienst als öffentlicher Gottesdienst gestattet werden. Gottesdienst zu halten ist ein Recht der Glaubensgesellschaften, das vom Staate nur soweit beschränkt werden darf, als besondere Gründe der Staatspolizei es gebieten; S. III 525 nach n. 7, 526 n. 8 Abs. 2.

Ob ein Geistlicher, der den in der Diaspora lebenden Glaubensgenossen die Seelsorge verrichtet, ohne daß diese im Pfarrverband zu ihm stehen, zur Vornahme dieser geistlichen Handlungen berechtigt ist, bemißt sich ausschließlich nach dem Rechte seiner Kirche; Seeb. 330 n. 8; S. III 521 zu n. 46.

β) über die Erteilung des Religionsunterrichts an die schulpflichtigen Kinder der in der Diaspora lebenden Angehörigen einer öffentlichen Glaubensgesellschaft s. „Religionsunterricht" IV 1 a β.

2. Andererseits ist den Angehörigen einer öffentlichen Glaubensgesellschaft, welche keine eigene Kirchengemeinde bilden, anheimgestellt, von dem Pfarrer oder Prediger einer anderen Konfession an ihrem Wohnort jene Dienste und Amtsfunktionen nachzusuchen, welche sie mit ihren eigenen Religionsgrundsätzen vereinbarlich glauben und jene nach ihren Religionsgrundsätzen leisten können; § 85 RE.

Diese Dienstleistung soll jedoch eine beiderseitig freiwillige sein. Es handelt sich nicht um eine Einverleibung fremder Religionsgenossen i. S. eines Pfarrzwangs zugunsten des um seine Seelsorgetätigkeit gebetenen Geistlichen einer anderen Konfession, sondern lediglich um eine Einverleibung im Sinne einer seelsorgerlichen Aushilfeverbindung, die man (d. i. die gemeindelosen in der Diaspora lebenden Glaubensgenossen einer öffentlichen Kirchengesellschaft) ausnützen kann, aber zu der man nicht gezwungen wird; §§ 85, 87 RE.; M. II 348 nach n. 3. — Selbstredend dürfen die Religionsgrundsätze der Kirche des angegangenen fremdkirchlichen Geistlichen dieser erbetenen Aushilfetätigkeit nicht entgegenstehen; M. II 348 n. 4. — Einen Zwang gibt es gegen ihn nicht; s. § 101 RE.

Kommt aber eine Dienstleistung des fremdkirchlichen Geistlichen zustande, so sind ihm für die geleisteten Dienste die festgesetzten Stolgebühren zu entrichten; §§ 86, 102 RE.; S. III 519 zu n. 35 u. 36; M. II 348 Abs. 1 a. E.; s. auch „Stolgebühren".

a) α) Nach den Grundsätzen der katholischen Kirche können Kinder nichtkatholischer Eltern auf deren Verlangen vom katholischen Pfarrer nur dann getauft werden, wenn die Eltern versprechen, das Kind in der katholischen Religion erziehen zu lassen und die erforderliche Garantie dafür leisten; Kr. I 416 zu n. 4. — Andernfalls ist die Taufe der Kinder nichtkatholischer Eltern durch den katholischen Pfarrer unstatthaft; Kr. I 416 zu n. 5.

Ausnahmsweise dürfte ein solches Kind wohl auch ohne Garantie getauft werden, z. B. wenn bei dem Kinde eines Vaganten Gefahr bestünde, daß es im Falle der Weigerung des Pfarrers ohne Taufe bliebe; Kr. I 252 n. 14.

β) Die Trauung zweier nichtkatholischer Personen, die ihren Wohnsitz in einer kath. Pfarrei haben und einem Pfarrsprengel ihrer Konfession nicht zugewiesen sind, kann von dem katholischen Pfarrer vorgenommen werden, wenn weder nach kirchlichen Grundsätzen noch von der Zivilbehörde aus ein Hindernis entgegensteht. — Doch ist die priesterliche Einsegnung zu unterlassen; Kr. I 416 nach n. 5.

Eine gemischte Ehe (s. „Kindererziehung religiöse" IV 1 b), für deren Schließung kirchliche Dispens erteilt worden ist, darf zwar in der katholischen Kirche nach katholischem Ritus geschlossen werden, aber ohne Brautmesse und Brautsegen; Kr. I 416 nach n. 6.

γ) Einem sterbenden Andersgläubigen darf und soll der katholische Geistliche geistlichen Zuspruch tun, dagegen darf er ihm nicht kirchliche Segnungen erteilen; Kr. I 416 nach n. 8.

δ) Kein Geistlicher kann gezwungen werden, das Begräbnis eines fremden Religionsgenossen nach den Feierlichkeiten seiner Kirche zu verrichten oder auch nur dem Begräbnis einfach anzuwohnen; § 101 RE.; Kr. I 415 nach n. 1; Seeb. 55 zu n. 10, 61 zu n. 30. — Andererseits ist er aber im Rahmen der §§ 84, 85 RE. auf Verlangen der in der Diaspora lebenden fremden Konfessionsgenossen dazu berechtigt. — Für seine Dienstleistungen sind ihm die dafür hergebrachten Gebühren (s. „Stolgebühren") zu entrichten; § 102 RE.; Kr. I 415 zu n. 2.

Die Beerdigung von Kindern unter 7 Jahren kann vollständig nach katholischem Ritus mit allen Feierlichkeiten erfolgen; Kr. I 418 zu n. 11. Dagegen kann die Beerdigung eines Protestanten über 7 Jahren nicht nach katholischem Ritus vorgenommen werden, sondern der katholische Pfarrer begleitet lediglich die Leiche als Zeuge in seiner Standestracht, ohne eine Segnung vorzunehmen oder einen kirchlichen Ritus anzuwenden; Kr. I 417 nach n. 9.

b) Die protestantische Kirche übt Reziprozität; Seeb. 61 Z. 2, besonders 62 n. 34 und nach n. 32—36.

III. Über die **Beendigung des Diasporaverhältnisses durch Purifikation** s. „Pfarrpurifikation".

Diminutio beneficii

s. „Perpetuitätscharakter der Pfründe" I.

Dimissoriale

s. „Stolgebühren" A VII

Diözesanabgaben

s. „Klerikalabgaben".

Diözesanemeritenanstalt

s. „Pensionsrecht".

Diözesanlasten

der Pfründe s. „Fassion" IV 2 b und „Klerikalabgaben".

Diözesansynode

I. Begriff.

Die Diözesansynoden sind jährliche und zwar in den Monaten Juli oder August am Dekanatssitz stattfindende Versammlungen zur Handhabung der protestantischen Kirchenverfassung; Seeb. 456 zu n. 4. — Sie sind beratende Stellen des Oberkonsistoriums bzw. des Konsistoriums Speyer bei Ausübung des Kirchenregiments und Handhabung der darunter fallenden Rechte, namentlich aber auch in innerkirchlichen Angelegenheiten.

II. Quellen.

1. Rechtsquellen: §§ 7, 19 g PE.; Diözesansynodalordnung v. 30. VIII. 1851 (G. I 748); Wahlordnung v. 26. VIII. 1851 (W. IV 294); für die Pfalz: Wahlordnung v. 17. VI. 1876; Geschäftsordnung v. 25. IX. 1877 (Wand 69, 72, 140).

2. Literatur: Seeb. 99 Abs. 2 c, 454—463; S. III 577 zu n. 76; Silb. 211—219, 265—278.

III. Wirkungskreis.

S. hierüber Seeb. 456 nach n. 5. Die Synode hat ihre Wünsche und Anträge lediglich dem vorgesetzten Konsistorium zu überreichen zur zuständigen Verbescheidung bzw. weiteren Vorlage. Dagegen ist sie nicht befugt, sich mit anderen Synoden oder den Kirchenbehörden ins Benehmen zu setzen; Seeb. 457 n. 7. Anträge, welche allgemeine, die Lehre, den Kultus, die Verfassung betreffende Anordnungen bezwecken, sind zunächst bei der Generalsynode anzubringen; s. „Generalsynode". In der Pfalz hat sie auch über die Erhaltung des Kirchenvermögens zu wachen; M. I 343 zu n. 8.

IV. Anordnung.

Der Tag der Synode und die Stunde ihrer Eröffnung wird vom Dekan anberaumt, der auch hiezu sämtliche Mitglieder rechtzeitig zu laden hat; Seeb. 99 Abs. 2 c, 459 zu n. 19. Sind die Mitglieder verhindert, so haben sie ihr Nichterscheinen rechtzeitig zur Anzeige zu bringen. Über die Abhaltungsgründe entscheidet die Synode; Seeb. 459 n. 20. Über die Vorbereitung der Synode s. Seeb. 459—460. Bei Anordnung außerordentlicher Synodalversammlungen hat das Oberkonsistorium an das Ministerium Bericht zu erstatten und durch dieses die allerhöchste Genehmigung zu erholen; § 19 g PE.; Seeb. 456

zu n. 5. Die reformierten Gemeinden nehmen an den Diözesansynoden nicht teil; Seeb. 456 n. 3; S. III 576 zu n. 67, 577 zu n. 77.

Nach einem auf der Generalsynode 1909 gestellten, bisher aber noch nicht allerhöchst genehmigten Antrag soll in Diözesen, in denen nicht ein Bedürfnis nach jährlicher Abhaltung der Synode besteht, diese nur alle 2 Jahre stattfinden.

V. Zusammensetzung.

Zur Teilnahme an der Synode sind berechtigt und verpflichtet

1. mit Stimmrecht

a) geistliche Mitglieder: sämtliche im Amte stehenden Pfarrer einschließlich der wirklichen Pfarrverweser und exponierten Vikare, letztere aber nur, wenn sie eine eigene Matrikel führen, ein Amtssiegel und einen eigenen Kirchenvorstand haben (Seeb. 182 zu n. 7, 185 zu n. 28), sowie die Hauptprediger, sofern sie nicht Mitglieder der kirchlichen Stellen sind, und die Pfarradjunkten (M. II 177 zu n. 10). Dagegen gehören die Hausgeistlichen nicht zu den stimmfähigen Mitgliedern der Diözesansynode (Seeb. 189 zu n. 50, 191 zu n. 68, 458 zu n. 15), ebensowenig die Militärgeistlichen (Seeb. 194 zu n. 77) und die im Lehramte verwendeten Kandidaten (Seeb. 194 n. 78, 170 zu n. 29, 182 n. 5).

b) Weltliche Mitglieder in der gleichen Anzahl der stimmberechtigten geistlichen Mitglieder; Seeb. 457 Z. 2.

2. Ohne Stimmrecht: sämtliche im Dekanatsdistrikt sich aufhaltenden Vikare, Pfarr- und Predigeramtskandidaten einschließlich der im Lehramte verwendeten Kandidaten; Seeb. 458 zu n. 13, 170 zu n. 24.

VI. Wahl der weltlichen Mitglieder.

Sie erfolgt nach der Wahlordnung v. 26. VIII. 1851 (G. I 739). Die weltlichen Abgeordneten werden vom Kirchenvorstand jeder protestantischen Pfarrgemeinde gewählt, und zwar müssen sich an der Wahl mindestens $^2/_3$ der Kirchenvorstände beteiligen; Seeb. 446 zu n. 17, 454 zu n. 67 u. n. 67. In kombinierten Pfarreien, deren jede einen eigenen Kirchenvorstand hat, oder in solchen Pfarreien, zu welchen Filialgemeinden mit besonderen Kirchenvorständen gehören, werden die Kirchenvorstände zu einem einzigen, besonderen Gremium vereinigt; Seeb. 454 zu n. 68, 444 n. 2. Im näheren s. Seeb. 454—456. Solange in einer Pfarrgemeinde ein Kirchenvorstand nicht besteht, kann sie durch weltliche Abgeordnete in der Diözesansynode nicht vertreten werden; Seeb. 456 zu n. 81.

VII. Leitung der Synode.

Die Leitung und Ordnung der Synode obliegt dem Dekan; im näheren s. Seeb. 461 Z. 4. An den Beratungen können sämtliche Mitglieder der Synode, an den Abstimmungen aber nur die stimmberechtigten Mitglieder teilnehmen. Die Verhandlungen sind nicht öffentlich, doch können Zuhörer zugelassen werden. Das Protokoll ist von sämtlichen stimmberechtigten Mitgliedern zu unterzeichnen; Seeb. 462 zu n. 37—39.

In der Pfalz bestehen ständige Ausschüsse der Diözesansynoden; S. III 577 zu n. 79; Silb. 265.

VIII. Entschädigung der Mitglieder.

Die Synodalmitglieder haben auf Entschädigung keinen Anspruch. Nur wo eine solche bisher gebräuchlich war, soll sie auch für die Zukunft nicht versagt werden; Seeb. 458 nach n. 15.

IX. Vorlage der Verhandlungen.

Das Synodalprotokoll ist dem Konsistorium vorzulegen, welches die Verhandlungen einer Prüfung zu unterstellen, die in seiner Kompetenz liegenden Bescheide bis zum Schlusse des Jahres zu erlassen und diese sofort zur Einsichtnahme an das Oberkonsistorium einzusenden hat, welches hierauf die erforderlichen Entschließungen erläßt; Seeb. 462 Z. 5.

Diözesen

deren Einteilung s. „Circumskriptionsbulle"; s. auch „Bistum".

Dismembration (Umpfarrung, Sprengelbildung)

I. Begriff und rechtliche Natur.

1. Die Dismenbration besteht darin, daß ein Hof, eine Ortschaft oder eine geographisch abgegrenzte Familienzahl aus einer Pfarrei, der sie bis jetzt angehörte, ausgeschieden und entweder einer näher und bequemer gelegenen Pfarrei einverleibt (sog. Umpfarrung) oder zur eigenen Pfarrei, Kuratie, Expositur, Lokalkaplanei usw. erhoben wird; ME. v. 13. VII. 1811 (W. I 351) Z. 1; M. II 61 nach n. 4; Kr. II 10 nach n. 4; St. 12 nach n. 2 Z. 1; Seeb. 338 nach n. 10 Z. 1.

2. Ihrer rechtlichen Natur nach ist die Einteilung der Pfarrsprengel in Bayern eine sog. gemischte Angelegenheit, bei der von der Kirchengewalt ohne Mitwirkung der weltlichen Obrigkeit keine einseitigen Anordnungen vorgenommen werden dürfen. Es darf deshalb keine Änderung eines Pfarrsprengels durch Ab- oder Zuteilung von Parochianen ohne Mitwirkung und Zustimmung der Staatsgewalt Platz greifen; §§ 76 Buchst. e, 77, 78 RE.; Art. XII Buchst. f Konk.; § 19 Buchst. f PE.; ME. v. 13. XII. 1844 (W. III 562); VGH. IX 112; M. II 54 zu n. 4; Kr. II 10 zu n. 1; Seeb. 342; S. III 519 zu n. 29.

3. Die KGO. hielt die in bezug auf Bildung und Umbildung von Pfarreien und Tochtergemeinden sowie ihrer Bezirke jeweils bestehenden

besonderen Vorschriften (s. unten Z. II, 1) aufrecht; Art. 2 Abs. II KGO. — Nur bezüglich der Bildung von Gesamtkirchengemeinden trifft Art. 3 KGO. selbst Bestimmung; s. „Gesamtkirchengemeinde" III. — Im übrigen vollzieht sich die Bildung der Pfarreien (Pfarrsprengel) und Filialbezirke, die mit der Entstehung der Kirchengemeinden aufs engste verknüpft ist (s. „Kirchengemeinde" IV), vollkommen außerhalb der KGO.

4. Die Sprengel-, insbesondere die Pfarrsprengelbildung, ist völlig verschieden von der Bildung einer bürgerlichen Gemeinde, vor allem ist eine ganz verschiedene Zuständigkeit der Behörden gegeben. Die Bildung einer bürgerlichen Gemeinde hat auf einen bestehenden Pfarrsprengel an sich keinen abändernden Einfluß. Dazu ist vielmehr stets ein besonderer Rechtsakt, die Dismembration, erforderlich.

II. Quellen.

1. Rechtsquellen: Art. 2 Abs. II KGO., wodurch die jeweils bestehenden besonderen Vorschriften über Sprengelbildung aufrecht erhalten wurden; §§ 76e, 77, 78, 88 RE.; Art. XII Buchst. f Konk.; §§ 11, 19 Buchst. f PE.; §§ 45ff. KonsO. (W. I 295); ferner im einzelnen: Dismembrationsordnung v. 13. VII. 1811 (W. I 351, G. II 17), welche sowohl für die katholische wie die protestantische Kirche gilt, bei letzterer mit Ausnahme der Ziffer 11, an deren Stelle die §§ 11 u. 19 Buchst. f PE. und KonsO. Nr. 2 § 14 (G. I 603) treten (M. II 61 n. 2); ME. v. 13. XII. 1844 (W. III 562, G. II 25); FormVO. v. 17. XII. 1825, §§ 34, 35 (W. II 290); Circumskriptionsbulle v. 1. IV. 1818 (Döll. VIII 361).

2. Literatur: M. II 54 § 9, besonders 60—68; Kr. II 9—19; St. 10—18; Seeb. 338—344; vgl. auch L. n. 1 zu Art. 2 Abs. II KGO.; Fr. n. 3 a. a. O.

III. Antragsrecht.

1. Antragsberechtigt sind nach bayerischem Rechte nicht die beteiligten Parochianen, a. A. St. 11 unten c und Fr. n. 3 zu Art. 2 KGO., (s. aber „Diaspora" III und „Pfarrpurifikation"), sondern nur die Kirchenbehörde (Ordinariat bzw. Konsistorium; St. 11 n. 2) und die Kreisregierung, letztere wenn sie die Umpfarrung aus Rücksichten des öffentlichen Wohles für notwendig und angemessen erachtet; ME. v. 13. XII. 1844 (W. III 562, G. II 25); M. II 61 nach n. 8, 66 zu n. 6; Kr. II 10 zu n. 5, 11 zu n. 7; St. 11 Z. 2 a, b; Seeb. 342 zu n. 21—23.

2. Falls die Kirchenbehörde einen derartigen Antrag stellt, hat sie mit der Kreisregierung ins Benehmen zu treten, damit von dieser die vorschriftsmäßige Instruktion (s. unten IV 2) eingeleitet wird; ME. v. 13. XII. 1844 (W. III 562); M. II 66 zu n. 6; Kr. II 11 zu n. 7; Seeb. 343 zu n. 24.

IV. Voraussetzungen und Verfahren bei der Dismembration.

1. Voraussetzungen (vgl. DismO. v. 13. VII. 1811).

a) Allgemeine Voraussetzungen.

α) Veranlassung der Dismembration muß eine justa causa sein, d. h. eine urgens necessitas sive evidens utilitas; ME. v. 13. VII. 1811 (W. I 351) Z. 1; ME. v. 13. XII. 1844 (W. III 562); M. II 61 zu n. 11; Kr. II 11 nach n. 7; St. 12 Z. 1, 14 § 12; Seeb. 338 zu n. 11.

Als solche gerechte und ausreichende Ursache stellt sich vor allem die Rücksicht auf leichtere und sichere Befriedigung der religiösen Bedürfnisse der Pfarrangehörigen und auf die leichtere Pastoration durch den Seelsorgeklerus dar; Kr. II 11 nach n. 7.

β) Die Seelenzahl des abgezweigten Territoriums, der Stammparochie und der erweiterten Pfarrei muß genau festgestellt werden; ME. 1811 Z. 2; M. II 62 zu n. 1; Kr. II 12 zu n. 9; St. 12 Z. 2; Seeb. 338 zu n. 12.

γ) Die Distanzverhältnisse aller beteiligten Orte müssen angegeben werden; a. a. O. Z. 3; M. II 62 zu n. 2; Kr. II 12 nach n. 9; St. 12 Z. 3; Seeb. 338 zu n. 13.

Seelenzahl und Distanzverhältnisse sind der eigentliche Umpfarrungsgrund; M. II 62 zu n. 2.

δ) Die Schulverhältnisse müssen geregelt werden; a. a. O. Z. 4. Schul- und Pfarrsprengel sollen möglichst gleichgestellt werden. Die Umpfarrung wird vielfach von der Umschulung abhängig gemacht; ME. v. 26. XII. 1837 (G. II 22) und v. 4. IV. 1877 (G. II 42); M. II 62 zu n. 3 u. 4; Kr. II 12 zu n. 10; St. 12 Z. 4; Seeb. 338 zu n. 14.

ε) Zu berücksichtigen sind auch die gottesdienstlichen Verhältnisse, besonders ob die abzuzweigende Gemeinde hergebrachte Gottesdienste hat, die gehalten werden müssen, und ob die Anschlußpfarrei, insbesondere die Pfarrkirche ihrer größeren Aufgabe gewachsen ist; a. a. O. Z. 5; M. II 62 nach n. 4; Kr. II 12 nach n. 10; St. 12 Z. 5, 14 Z. 4; Seeb. 339 zu n. 15.

ζ) Die Erträgnisse und Revenüen der beiden Pfarreien müssen genau angegeben werden. In der Regel tritt hierin eine Schmälerung für den bisherigen Pfarrer und Mesner dadurch ein, daß die Revenüen und Stolgebühren aus dem abgetrennten Territorium der bisherigen Pfarrei verloren und auf die neue übergehen, da die Voraussetzung für diese Leistungen das Vorhandensein eines Pfarrverbandes ist; a. a. O. Z. 6; VGH. IV 466; M. II 62 zu n. 5; Kr. II 13 n. 11, 119 nach n. 56; St. 12 Z. 6, 16 Z. 5; vgl. auch „Stolgebühren“.

Umgekehrt hat aber die Zuteilung einer Ortschaft zu einem Pfarrsprengel nicht von selbst zur Folge, daß sich eine dort herkömmliche Verpflichtung zu einer Leistung an den Pfarrer auf die neu Eingepfarrten erstreckt.

Während für den erstgenannten Fall in der Pfalz durch § 13 der Vereinigungsurkunde v. 10. X. 1818 (W. I 736) stets eine Vergütung gewährt wurde, besteht im rechtsrheinischen Bayern kein Anspruch auf Entschädigung, vielmehr ist eine solche nur dadurch möglich, daß für die Zeit, während welcher der betr. Pfarrer und Mesner noch der Stammparochie angehört, durch ausdrücklichen landesherrlichen Vorbehalt eine Schädigung dieser Personen (Pfarrer und weltliche Kirchendiener) ausgeschlossen wird, indem entweder ein Teil der Revenüen vorbehalten wird oder doppelte Stolgebühren (an den bisherigen und an den neuen Pfarrer bzw. weltlichen Kirchendiener) zu zahlen sind; M. II 62 zu n. 7; Kr. II 13 zu n. 11 u. n. 11; St. 13 Z. 6, 16 § 13; Seeb. 339 zu n. 16 u. n. 16.

Außerdem kann der Pfarrer, falls durch die Abtrennung eines Teiles der Stolgebühren sein fassionsmäßiges Einkommen unter den Betrag der sogenannten Aufbesserungskongrua herabsinken würde, eine Aufbesserung seiner Bezüge in Form von erhöhten staatlichen Aufbesserungszulagen beanspruchen, worüber die Kreisregierung zu entscheiden hat; ME. v. 5. VII. 1894 (W. XXII 656); M. II 64 zu n. 3.

Die früher von der Seelenzahl abhängige staatliche Aufbesserungszulage sollte durch die Dismenbration für den Pfarrer, dem sie bisher gewährt wurde, keine Schmälerung erfahren, solange er auf dieser Stelle verblieb; M. II 64 zu n. 3. Nach ME. v. 29. XI. 1908 (W. XXXVI 486) wird die Aufbesserung ohne Rücksicht auf die Seelenzahl gewährt, so daß diese Bestimmung damit gegenstandslos geworden ist.

b) Besondere Voraussetzungen der Dismembration bei Errichtung einer neuen Pfarrei; vgl. Kr. II 16ff., ferner „Kirchengemeinde" IV 2 b.

α) Es muß für die Sustentation des Seelsorgers und eines etwa erforderlichen Hilfspriesters, sowie für die Herstellung und Unterhaltung der erforderlichen Wohnungsgebäude gesorgt sein (Dotationsverhältnisse); a. a. O. Z. 7; M. II 64 nach n. 3; Kr. II 13 zu n. 12; St. 13 Z. 7, 14 nach n. 3; Seeb. 340 Z. 7; im näheren vgl. „Dotation".

β) Die Stolgebühren gehen ohne weiteres als wesentliche Einkünfte auf den neuen Pfarrer über, sie können also sofort für die Fassion veranschlagt werden; M. II 64 zu n. 5 u. 8; St. 16 § 13; Kr. II 6 zu n. 6.

Außerdem erfolgt aber auch eine verhältnismäßige Überweisung der übrigen Revenüen, unter Umständen der Widdums- und Zehentgefälle; M. II 64 zu n. 7, 62 n. 5; Kr. II 13 n. 11. — Diese gehen nicht von selbst auf die neue Pfarrei über, vielmehr bedarf es hiezu einer ausdrücklichen Überweisung. Einen diesbezüglichen Rechtsanspruch besitzt aber die neue Pfarrei nicht; M. II 64 zu n. 8—10.

γ) I Eine Teilung des Kirchenvermögens der alten Pfarrei zwischen dieser und der neuen Pfarrei hat zur Voraussetzung, daß der verbleibende Rest zur Deckung der Kirchenbedürfnisse und des Unterhalts des Geistlichen der alten Pfarrei ausreicht. Dabei ist Ortskirchenvermögen und Pfründevermögen gesondert zu behandeln.

II Die Regelung der vermögensrechtlichen Verhältnisse fällt in die Organisationsgewalt des Landesherrn und wird von diesem nach freiem Ermessen vorgenommen. Schranken des Organisationsrechts sind nur durch § 47 RE. und Tit. IV §§ 9 u. 10 VerfU. insofern gegeben, als nach diesen Bestimmungen das Kirchenvermögen seinem ursprünglichen Zweck erhalten werden muß.

III Bei eintretenden Änderungen in dem Bestande von Kirchengemeinden, besonders auf Grund einer Dismembration, ist hinsichtlich einer etwa veranlaßten Teilung oder Auseinandersetzung des Ortskirchenvermögens (s. dort) zunächst gütliche Übereinkunft der Beteiligten maßgebend. Die Übereinkunft bedarf staatsaufsichtlicher Genehmigung und, soweit ortskirchliches Stiftungsvermögen in Frage kommt, der Zustimmung der kirchlichen Oberbehörde; in sonstigen Fällen wird sie einvernommen. — Soweit eine genehmigte Übereinkunft fehlt und nicht in der organisatorischen Verfügung Vorsorge getroffen ist, tritt nötigenfalls schiedsrichterliche Entscheidung ein; vgl. über das Verfahren hiebei Art. 10 KGO. — Auf die Auseinandersetzung des Pfründevermögens bezieht sich diese Vorschrift des Art. 10 nicht; vgl. Art. 5 KGO. Hier entscheidet allein der landesherrliche Organisationsakt.

Der landesherrliche Organisationsakt über die Änderungen im Bestande von Kirchengemeinden kann der Übereinkunft nach Art. 10 Abs. I oder der schiedsrichterlichen Entscheidung nach Art. 10 Abs. II KGO. vorangehen oder folgen. Aus Zweckmäßigkeitsgründen wird regelmäßig vorherige völlige Klarstellung der vermögensrechtlichen Verhältnisse geboten sein; L. n. 3 zu Art. 10 Abs. I KGO.

Abgesehen von den genannten Fällen des Art. 10 Abs. I u. II, deren Rechtswirkung davon abhängt, ob durch die staatlichen und kirchlichen Organe die organisatorische Änderung des betr. Sprengels bzw. Bestandes einer Kirchengemeinde ausgesprochen wird, und besonders in den Fällen, wo von der Möglichkeit der Regelung der Vermögensauseinanderſetzung nach Art. 10 KGO. kein Gebrauch gemacht wird, iſt der Landesherr auf Grund ſeines Organiſationsrechts (ME. v. 9. VII. 1869 [G. II 13]; M. II 55 zu n. 7 u. n. 7) berechtigt, bei Änderungen von Kirchengemeinden das Kirchenſtiftungs- und Pfründevermögen zu teilen. — Andererſeits beſteht aber für niemand ein Rechtsanſpruch auf Teilung des Kirchenvermögens.

Über die Unanfechtbarkeit des landesherrlichen Organiſationsaktes ſ. unten Z. VI.

IV Wird die neue Pfarrei aus dem Vermögen der Mutterpfarrei dotiert, ſo entſteht für letztere ein Patronatsrecht, welches deren jeweiliger Pfarrer ausübt; M. II 64 nach n. 11.

2. Verfahren.

In der Praxis iſt die Staatsgewalt Organiſator, welche im Einverſtändnis mit der kirchlichen Oberbehörde (Ordinariat bzw. Konſiſtorium) die Sprengelbildung vornimmt; VO. v. 7. V. 1804 Z. IV (W. I 90); M. II 55 zu n. 3. — Das Organiſationsrecht des Staates iſt hier frei innerhalb der geſetzlich vorgeſchriebenen Schranken des Verfahrens. Eine Zuſtimmung der Beteiligten iſt nicht erforderlich; vgl. auch Z. 11 der DismO.; Kr. II 14 nach n. 14.

A. Die Inſtruktion hat in der katholiſchen Kirche die Kreisregierung, welche ſich mit der kirchlichen Oberbehörde, dem Ordinariat, ins Benehmen ſetzt; Z. 11 der DismO.; ME. v. 13. XII. 1844 (W. III 562); M. II 55 n. 4, 66 zu n. 4; Kr. II 10 zu n. 5, 11 zu n. 6; St. 13 Z. 11.

Der Inſtruktionsbericht der Kreisregierung geht dann an das Kultusminiſterium zur Erholung der Allerhöchſten Genehmigung; M. II 55 n. 7; Kr. II 10 zu n. 2.

In der proteſtantiſchen Kirche hat das Benehmen der Kreisregierung mit dem betr. Konſiſtorium über den Gegenſtand der Dismembration einzutreten; Seeb. 342 n. 22. — Das Konſiſtorium führt die Inſtruktion und erſtattet Bericht an das Oberkonſiſtorium, das ſeinerſeits die Verhandlungen dem Kultusminiſterium zur Erholung der Allerhöchſten Genehmigung vorlegt, gleichfalls mit gutachtlichem Bericht; §§ 11, 19 Buchſt. f PE.; ME. v. 13. XII. 1844 (W. III 562); M. II 57 n. 3; Seeb. 343 zu n. 25.

a) Die Inſtruktion erfordert die Einvernahme der Zivilgemeinden, deren Pfarrverband geändert werden ſoll, wegen der etwa hereinſpielenden gemeindlichen Intereſſen, ohne daß ſie jedoch ein Zuſtimmungsrecht hätten; Z. 8 der DismO.; M. II 65 zu n. 2; Kr. II 13 Z. 8; St. 13 Z. 8; Seeb. 341 zu n. 18.

Das Gleiche gilt bezüglich des Patrons (AE. v. 26. VI. 1829 [W.

II 478); M. II 65 zu n. 4—7; St. 14 nach n. 3) und der Kirchenverwaltung der bisherigen Mutterkirche, die mit ihren Erinnerungen gehört wird, ohne ein Widerspruchsrecht zu besitzen; Kr. II 14 nach n. 14.

Dagegen werden die Parochianen und die Kirchengemeinde nicht einvernommen; M. II 65 n. 1; a. A. St. 14 vor n. 3; vgl. auch Kr. II 14 nach n. 14.

b) Die beiden Pfarrer sind ebenfalls mit ihren Erinnerungen zu vernehmen, doch haben sie kein Einspruchsrecht; Z. 9 der DismO.; M. II 63 zu n. 4, 65 Z. 9; Kr. II 14 zu n. 13 u. nach n. 14; St. 13 Z. 9, 14 zu n. 3; Seeb. 341 zu n. 19.

Ein solches Einspruchsrecht ist noch weniger den weltlichen Kirchendienern wegen Schmälerung ihrer Einkünfte eingeräumt.

Die Einvernahme des Pfarrers ist auch dann erforderlich, wenn er bei seiner Anstellung von der beabsichtigten Umpfarrung unterrichtet worden ist; ME. v. 10. VII. 1878 (G. II 43); M. II 65 zu n. 8.

Zur Erklärungsabgabe ist ausschließlich berechtigt der Inhaber des Pfarramts, niemals ein Pfarrverweser oder bloßer Hilfsgeistlicher. Ein Pfarrverweser ist nur dann hiezu berechtigt, wenn er als Vertreter des Pfarrers in temporalibus, also zur Verwaltung des Pfründevermögens aufgestellt ist. Ist aber die Erklärung von einem Nichtberechtigten abgegeben worden, so wird dadurch doch nicht die Rechtsgültigkeit des Dismembrationsaktes beeinträchtigt, da dieser als Organisationsakt des Landesherrn keiner Anfechtung unterliegt; M. II 65 n. 1 a. E.; Kr. II 11 n. 7; s. unten Z. VI 2.

c) Des weiteren sind die Pfarr- und Bezirksamtsgrenzen in Übereinstimmung zu bringen, so daß gegebenenfalls die Bezirksamtsgrenzen gleichzeitig zu ändern sind; Z. 10 DismO.; M. II 66 zu n. 1; Kr. II 14 nach n. 13; St. 13 Z. 10; Seeb. 341 zu n. 20.

Das gleiche gilt für die Kreis- und Kommunaldistrikte; M. II 66 n. 1.

B. a) In letzter Linie erfolgt die Vorlage zur Erholung der Genehmigung des Königs, welche den Abschluß des Verfahrens bildet; Z. 11 DismO.; M. II 55 n. 4 u. 7, 66 zu n. 5; Kr. II 14; Seeb. 343 zu n. 26; St. 10 zu n. 3.

Der König erteilt diese Genehmigung bei der protestantischen Dismembration zugleich als Inhaber der Kirchengewalt; §§ 11, 19 Buchst. f PE.; M. II 66 zu n. 5 u. 7.

Die königliche Genehmigung kann unter Vorbehalten (insbesondere zugunsten des Pfarrers und der weltlichen Kirchendiener der alten Pfarrei zwecks Wahrung ihrer bisherigen Einkünfte) oder Bedingungen bzw. Voraussetzungen (insbesondere Entrichtung der Stolgebühren durch die abgetrennten Parochianen an den Pfarrer der alten und den der neuen Pfarrei) erfolgen, deren Einhaltung wie eine Auflage erzwungen werden kann; M. II 63 Abs. 3. Die Vorbehalte können jedoch nur solche sein, welche sich mit dem Prinzip der Pfarrzugehörigkeit vereinbaren lassen, d. h. sie können sich nur auf kirchliche Einrichtungen beziehen und zwar lediglich auf solche, die nicht einen wesentlichen Bestandteil der neuen kirchlichen Einrichtung bilden.

b) Für gewisse Fälle ist die Zuständigkeit des Landesherrn der Kreisregierung übertragen worden, welche die Vereinigung und Teilung der Pfarrsprengel in allen jenen Fällen vornehmen kann, in denen die Gemeinden, die geistlichen Oberbehörden und die Patrone dazu willigen und das Patronatsrecht nicht der Krone selbst zusteht. Die gleiche Kompetenz hat sie bei der Umpfarrung einzelner Dorfschaften; FormVO. v. 17. XII. 1825 § 35 Abs. 5 (W. II 291); M. II 55 nach n. 5, 65 zu n. 7; Kr. II 10 zu n. 4; St. 10 zu n. 2; Seeb. 342 n. 21.

V. Rechtliche Wirkung.

Die abgezweigte Pfarrei hat mangels entgegenstehender Festsetzung alle Parochialrechte; M. II 66 zu n. 8; s. auch „Pfarrzwang".

Im übrigen entscheidet der Stiftungsbrief, insbesondere darüber, welche Verpflichtungen der Tochterpfarrei gegenüber der Mutterpfarrei (s. „Muttergemeinde" u. „Pfarrgemeinde") obliegen; M. II 66 zu n. 8 u. 9.

Bezüglich des Erlöschens der Baukonkurrenz s. Kr. II 13 n. 11, 15 zu n. 15, 298.

Über die Auspfarrung des Zehent bei Teilung einer Pfarrei s. Kr. II 292 nach n. 43, III 43 zu n. 77. — Die Auspfarrung des Zehentherrn ändert an dem Umfang seiner Zehentbaupflicht nichts; M. II 67 zu n. 1; Kr. II 292 zu n. 43; Seeb. 878 n. 14.

Ebensowenig geht der auf einem Flurbezirk liegende kirchliche Grundzehent durch Umpfarrung von selbst auf die neue Pfarrei über; Kr. II 122 nach n. 15; Seeb. 341 n. 16.

Eine in einer Pfarrei herkömmliche Verpflichtung dehnt sich nicht ohne weiteres auf die Neueingepfarrten aus; VGH. IV 465; Seeb. 735 n. 174.

VI. Streitigkeiten.

1. Streitigkeiten anläßlich der schiedsrichterlichen Entscheidung über Teilung oder Auseinandersetzung des Ortskirchenvermögens bei Vornahme einer Dismembration werden nach Art. 10 KGO. mit Art. 45 Abs. I—III VGG. behandelt; vgl. Fr. u. L. n. zu Art. 10 KGO.

Art. 11 VGG. ist nicht anwendbar, da er nur für bürgerliche Gemeinden gilt, M. II 67 nach n. 3; D. n. vor Art. 11 VGG., und auch keine entsprechende Anwendung findet; VGH. I 35, XXIV 472; M. II 67 zu n. 5.

2. Zur Entscheidung von Streitigkeiten über die Neubildung der Pfarrsprengelgrenzen sowie über die Veränderung bestehender ist der VGH. nicht zuständig; VGH. I 145; Kr. II 15 zu n. 16; St. 11 zu n. 1.

Vielmehr ist hier das Organisationsrecht der Staatsgewalt, die sich mit der kirchlichen Oberbehörde stets im Einvernehmen zu halten hat, s. o. Z. I 2, allein maßgebend und unanfechtbar; St. 11 zu n. 1.

Insbesondere ist gegen die organisatorischen Akte des Landesherrn weder eine Verwaltungsbeschwerde noch ein richterliches Anrufen zulässig. Der landesherrliche Organisationsakt bleibt vielmehr jeder nachträglichen Anfechtung entzogen, selbst wenn die Voraussetzungen einer Dismembration gar nicht beachtet und erfüllt worden sind; K. I 141 c; vgl. auch VGH. IX 112; M. II 56 n. 7, 65 n. 1 a. E., 67 nach n. 5; Kr. II 15 zu n. 17; Seeb. 343 n. 27.

Der Verwaltungsgerichtshof ist auch nicht zuständig zur Entscheidung von Streitigkeiten über die Bildung neuer Kirchengemeinden sowie über die Veränderung bestehender; VGH. I 145; Kr. II 15 zu n. 16. Über ein diesbezügliches Recht zur Antragstellung s. oben Z. III.

3. Entsteht nach bereits erfolgter Organisation, d. i. auf dem Boden dieser Organisation ein Streit über die Zugehörigkeit zu einem Pfarr- oder Kirchengemeindeverband oder über die Pfarrsprengelgrenzen oder über Ansprüche und Verbindlichkeiten aus dem Kirchen- und Pfarrverband, so ist zwar insofern eine Verwaltungsstreitsache nach Art. 10 Z. 12 u. 13 VGG. gegeben, doch kann auch in einem solchen Streit der Genehmigungsakt selbst keiner Entscheidung mehr unterstellt werden; Kr. II 15 zu n. 18; St. 11 zu n. 1.

Es hat vielmehr die Verwaltungsbehörde nur zu prüfen, ob die Dismembration von der zuständigen Stelle verfügt ist. Ist das der Fall, dann ist sie als rechtsgültig anzusehen; K. I 142 Abs. 2, 143 n. 11. Ob dagegen die Voraussetzungen für die Umpfarrung bzw. Dismembration gegeben waren, kann auch nicht als Inzidentpunkt nachgeprüft werden; K. I 143 n. 11.

Das gleiche gilt natürlich, wenn in einem Stolgebührenstreit die Rechtsgültigkeit der Pfarrbezirksänderung einen Inzidentpunkt bildet.

Disziplinargewalt

s. Art. 83, 84 KGO.

Divisio

s. „Pfarrveränderungen" IV B.

Domdekan

(Gegensatz: Ruraldekan; über diesen s. „Ruralkapitel".)

Beginn und Ende des Pfründegenusses s. „Beginn und Ende des Pfründnerrechts".

Besetzung s. „Pfründe" V b β.

Domkapitel

(Gegensatz: Ruralkapitel; über dieses s. „Ruralkapitel".)

I. Begriff.

Die katholischen Dom- und Kollegiatkapitel in Bayern sind geistliche Gesellschaften oder religiöse Körperschaften zur Abhaltung des feierlichen Gottesdienstes und besonderer Religions- resp. Gebetsübungen (Chorgebet) an einer Hauptkirche.

Derartige Vereinigungen an der Domkirche heißen Domkapitel, an anderen größeren Kirchen Kollegiatkapitel oder Stifter.

II. Aufgabe.

Der Bischof hat für eine Anzahl von Verwaltungsgeschäften den Rat des Domkapitels oder wenigstens zweier Kapitulare einzuholen, während er für andere Angelegenheiten sogar der Zustimmung des Domkapitels bedarf. Die einzelnen Kapitulare finden in der bischöflichen Regierung Verwendung.

III. Korporationsrechte.

1. Über die Zusammensetzung des Domkapitels vgl. Art. III Konk.; M. II 141 § 23.

2. Die Domkapitel sind dem Bischof gegenüber selbständige Korporationen und zwar rechtsfähige Körperschaften des öffentlichen Rechts. Mit ihrer staatskirchenrechtlichen Organisation wurden sie juristische Personen mit dem Rechte der Selbstverwaltung.

IV. Dotation.

Die Mitglieder der Domkapitel beziehen neben freier Wohnung Staatsgehalte in Höhe der normierten Jahresrenten, die später durch widerrufliche Personalzulagen erhöht wurden.

Die Mitglieder der Domkapitel beziehen diesen Gehalt als Pfründeeinkünfte; vgl. Art. IV Konk.

Dompfarrer

s. M. II 162 nach n. 6.

Domprobst

s. „Pfründe" V 1 b α.

Dotation.

I. Begriff und rechtliche Natur.

1. Dotation ist die Bepfründung eines Kirchenamts, also dessen vermögensrechtliche Ausstattung; M. II 54 § 9; St. 2 § 1 a. E. — Die Dotation setzt die Ausscheidung eines besonderen Vermögens und eine stiftungsgemäße Verbindung desselben mit dem Kirchenamt voraus, derart, daß der Amtsinhaber zur Nutznießung daran berechtigt ist und für die Zeit der Vakanz mangels besonderer Anordnung die Erträgnisse den Grundstock vermehren; M. II 33 Abs. 6.

2. Sie ist ein rein weltlicher Akt nach §§ 64b, 65 RE. Eine Mitwirkung der Kirchengewalt tritt nur insofern ein, als die Dotierung eines Kirchenamtes seine Errichtung voraussetzt. Die Errichtung ist aber eine innerkirchliche Angelegenheit; M. II 54 zu n. 2, 57 nach n. 3; — s. auch „Kirchenamt".

3. Die Dotation einer Hilfsseelsorgerstelle nennt man Benefizium i. e. S.; M. II 35 zu n. 1; über letzteres s. „Benefizien".

4. Zu unterscheiden von der Dotation ist das Einkommen der Pfründebesitzer, für das die Dotation lediglich eine Quelle bildet; über das Einkommen selbst s. „Einkommensaufbesserung", „Fassion", „Kongrua".

II. Quellen.

1. Rechtsquellen. Rechtsquelle ist das Staatsrecht (M. II 54 vor n. 2): §§ 64b, 65, 88 RE., Art. IV—VII, XII Buchst. f Konk., §§ 3, 5 PE.; ME. v. 22. II. 1867 (W. VI 759) betr. die Sicherstellung der Dotation neu errichteter katholischer Pfarreien und Benefizien. Doch gilt die ME. auch für die protestantischen Pfarreien.

Die KGO. läßt diese besonderen Bestimmungen unberührt; Art. 2 Abs. II KGO.

2. Literatur: M. I 231 § 64; M. II 42, besonders 54—60; Kr. II 6 nach n. 5—9, 20—23; St. 3 §§ 3—6.

III. Dotation der Pfarreien.

A. Organisierte Pfarreien.

1. Aufbringpflicht. Durch die Säkularisation des Jahres 1803 gingen auch die den eingezogenen Stiftern und Klöstern inkorporierten Pfarreien ein. Eine Verpflichtung, diese Pfarreien zu organisieren, hat zwar der Staat nicht ausdrücklich übernommen, jedoch solche freiwillig in größerem Umfang wieder dotiert; M. II 47 nach n. 1 (anders bei den Stifts- und Klosterkirchen selbst; s. unten VI). Die Dotation bestand in freier Wohnung auf Ärarialkosten mit Garten, einem ständigen Jahresgehalt, einem Pfarrwiddum nebst Ökonomiegebäuden und

einem Jahresgehalt für jeden statusmäßig zu haltenden Hilfspriester, dazu teilweise noch in einem jährlichen Holzbezug; Kr. II 20 § 4.

2. Höhe der Dotation. Die vom Staat gewährte Gehaltsdotation betrug für Stadtpfarreien 900 fl. (= 1542,86 ℳ), für Landpfarreien 600 fl. (= 1028,57 ℳ), die Gehaltsdotation für den Hilfspriester 300 fl. (= 514,29 ℳ). Das gewährte Pfarrwiddum betrug 20 Tagwerk, die Geldentschädigung hiefür 3 fl. (= 5,14 ℳ) für das Tagwerk; Kr. II 21 zu n. 2. Doch kam die anfänglich ausgesprochene Dotation in der angegebenen Größe nicht in allen Fällen gleichmäßig zum Vollzug; Kr. II 22 vor n. 5; s. auch Kr. II 102—105; St. 3 § 3. — Über den gegenwärtigen Gehaltsbezug s. „Einkommensaufbesserung".

3. Sicherstellung. Das den organisierten ehemaligen Stifts- und Klosterpfarreien innerhalb der landesherrlichen Bestimmungen und Verordnungen zu ihrer bleibenden Dotation zugewiesene Vermögen ist als wahres Pfarrstiftungseigentum zu betrachten, welches unter dem besonderen Schutz von Tit. IV § 9 Abs. 4 VerfU. steht. Insbesondere sind die Kirchen- und Pfarrgebäude nebst den Widdumsgründen bei den organisierten Klosterpfarreien durch die landesherrliche Organisation und Dotation dieser Pfarreien, sohin durch die definitive Bestimmung dieser Pfarreien zu ihrem dermaligen kirchlichen Zweck in das Stiftungseigentum übergegangen, weshalb sie nicht als Staats-, sondern als wahres Stiftungsgut anzusehen und zu behandeln sind; ME. v. 21. IV. 1848 u. 19. VII. 1852 (W. III 679) u. 30. XI. 1858 (W. V 122); v. 28. III 1865 (W. VI 424); M. I 198 zu n. 5; Kr. II 22 zu n. 5 u. 6; St. 4 nach n. 3; Seeb. 702 zu n. 63.

Insofern bei der Dotation keine festen Dotationsobjekte ausgeschieden, sondern Gehalte zugesagt wurden, aber nur in diesem Umfang, liegt ein Anerkenntnis des Staates und damit ein zivilrechtliches, klagbares Versprechen vor; M. II 47 vor n. 2, 407 zu n. 4; Kr. II 23 zu n. 10.

B. Neu errichtete Pfarreien.

1. Notwendigkeit der Dotierung. Die Bildung von Kirchengemeinden und Pfarreien (über diese s. „Kirchengemeinde" IV 2) erfordert zwei Handlungen: die Errichtung eines Kirchenamts (hierüber s. „Kirchenamt") — innerkirchliche Angelegenheit (§ 38c u. f RE.) — und die feste Dotierung desselben — weltliche Angelegenheit (§§ 64b, 65 RE.) —; M II 56 letzter Abs. Letztere ist hiebei von ausschlaggebender Bedeutung, weshalb auch § 88 RE. die Bildung einer Kirchengemeinde ausdrücklich von einer hinreichenden Dotierung (und zwar hier sowohl der Kirche wie der Pfründe) ab-

hängig macht; M. II 57 zu n. 4; St. 15 zu n. 1. — Über die Dotation der neuen Pfarrei bei Dismembration s. M. II 57 nach n. 3, 64 nach n. 3ff.; s. auch „Dismembration".

2. Aufbringpflicht. a) Die Sorge für die Dotierung und die Bestimmung ihrer Höhe ist in der katholischen Kirche gemeinrechtlich Sache des Bischofs; M. II 57 zu n. 5.

In Bayern vollzieht sie sich aber nach Maßgabe und unter besonderem Schutz des staatlichen Verwaltungsrechts und auf Grund der finanziellen Beihilfe des Staates; M. II 57 nach n. 5.

Auch Gemeinden, Stiftungen usw. können sich unter Beobachtung der entsprechenden Aufsichtsbestimmungen zu Dotationsleistungen verpflichten; ME. v. 22. II. 1867 (W. VI 759); M. II 48 zu n. 2. Die Staatsgewalt darf aber solche Leistungen nur insoweit anordnen, als es sich um Rentenüberschüsse reicher Kirchenstiftungen handelt; M. II 48 nach n. 2; s. „Rentenüberschüsse". Außer den örtlichen Kirchenfabriken dürfen anderen reichen Stiftungen Dotationsauflagen nicht gemacht werden; M. II 49 nach n. 4, 52 zu n. 2.

Über die Dotierung durch den Patron s. „Patronatsrecht".

b) In der protestantischen Kirche hat die allgemeine Pfarrunterstützungsanstalt Dotationsbeiträge zur Errichtung neuer Pfarrstellen zu leisten; s. Seeb. 285 zu n. 5.

3. Die wesentlichen Bestandteile und Gegenstände der Dotation sind bei Neuerrichtung von Pfarreien in der Regel Gebäude, welche zur Wohnung des künftigen Pfründeinhabers bestimmt sind, sowie dingliche Rechte und Grundstücke und endlich Stiftungskapitalien, deren Ertrag bzw. Zinsen zur Vermehrung des Pfründeeinkommens dienen sollen; ME. v. 22. II. 1867 (W. VI 759); M. II 59 nach n. 6; Kr. II 8 Z. 1.

Ein eigenes Pfarrhaus ist dabei nicht erforderlich, es muß nur für die Unterbringung des Pfarrers genügend gesorgt sein; § 88 RE; — z. B. genügt es für die Wohnungsbeschaffung, wenn ein Kirchenbauverein in einer notariellen Urkunde oder in sonst sicherer Form die ausreichende Unterbringung des Pfarrers bzw. Geistlichen und die Erbauung eines Pfarrhauses für spätere Zeit zusagt. — Auf alle Fälle muß die Baulast an den Pfründegebäuden bei der Dotation geregelt werden. — Zur Aufbringung dieser Dotation dürfen auch die Rentenüberschüsse reicher Kirchengemeinden verwendet werden gemäß § 48c RE.; M. II 57 zu n. 8; Kr. II 7 zu n. 8; St. 17 Buchst. d; Seeb. 37 n. 25; im näheren s. „Rentenüberschüsse".

Auch kann die Bewilligung von Kirchenkollekten nachgesucht werden, ohne daß jedoch von den Beteiligten ein Recht auf die Vornahme von Kollekten in Anspruch genommen werden könnte; Kr. II 7 zu n. 9; St. 17 Buchst. e; Seeb. 37 n. 25; s. auch „Kollekten". Endlich können zur Dotation Staatsbeiträge gewährt werden, welche heute die wichtigste Rolle spielen; M. II 57 nach n. 8; M. I 232 zu n. 2; Kr. II 7 nach n. 9. Über die diesbezüglichen Petitionen s. M. II 57 nach n. 8; Kr. II 7 nach n. 9; St. 18 zu n. 1; Seeb. 345 n. 2. — Jedoch werden Beiträge aus Staatsmitteln nur dann gewährt, wenn ein absolut dringendes Bedürfnis, ein seelsorgerlicher Notstand vorliegt; ME. v. 26. IV. 1887 (KMBl. 123); ME. v. 27. XI. 1888 (KMBl. 384); vgl. auch KMBl. 1896 S. 384; M. II 57 zu n. 10.

4. Höhe der Dotation. Die Dotation neu zu errichtender Stellen soll ein Reinerträgnis abwerfen, das dem durch die Aufbesserungszuschüsse ergänzten Anfangseinkommen mindestens gleichkommt; ME. v. 5. VII. 1894 Z. XI (W. XXII § 56); ME. v. 7. IX. 1902 (KMBl. 369); ME. v. 29. XI. 1908 (W. XXXVI 486).

Der bayerische Staat gewährt zwar für Neuerrichtung von Pfarreien Zuschüsse, ein Recht darauf besteht aber nicht. Der Staat verlangt, daß die Dotation neuer Stellen einen der staatlichen Aufbesserungskongrua mindestens gleichkommenden Reinertrag abwirft.

Die landesherrliche Genehmigung der Neuerrichtung einer Stelle ist daher ausnahmslos bedingt durch den Nachweis der Aufbesserungskongrua; M. II 58 nach n. 5; hierüber s. „Einkommensaufbesserung".

5. Sicherstellung. Hinsichtlich der kath. Pfarreien trifft hierüber die ME. v. 22. II. 1867 (W. VI 759) eingehende Bestimmungen, die auch auf prot. Pfarreien Anwendung finden; M. II 59 zu n. 6; Kr. II 8. Nach diesen Bestimmungen bedürfen Verträge, durch welche das Eigentum an unbeweglichen Sachen den neuen Pfründen überwiesen wird, gleichviel ob die Immobilien vorher Stiftungs-, Gemeinde- oder Privateigentum waren, der notariellen Beurkundung (gemäß §§ 873, 925 BGB.; Art. 1, 30 NotG.; Art. 81 AG. BGB. mit Art. 141 EG. BGB.; Art. 167 I AG. BGB.); vgl. M. II 59 zu n. 7.

Beschlüsse der Gemeinden und Stiftungsverwaltungen, durch welche Leistungen zur Dotation der neuen Pfründen übernommen werden, bedürfen zu ihrer Wirksamkeit der staatsaufsichtlichen Genehmigung, welche den Beteiligten eröffnet werden muß; Art. 159 Z. 7 GO.; ME. v. 22. II 1867 (W. VI 759); M. I 152 zu n. 4, II 59 letzter Abs.; St. 808 zu n. 7; Seeb. 874 n. 3.

Über das Dotationsverfahren und die Aufnahme des Dotationsgeschäftes in den über die Errichtung einer neuen Pfarrpfründe anzufertigenden Stiftungsbrief, der zur Hintanhaltung künftiger

Streitigkeiten ein vollständiges Bild aller für Errichtung und Dotation der neuen Pfründe wesentlichen Momente darbieten soll, vgl. ME. v. 22. II. 1867 (W. VI 759); M. II 58 nach n. 5 —60; Kr. II 9 Z. 4; St. 6 Z. 4.

Über die landesherrliche Genehmigung und die bischöfliche Konfirmationsurkunde s. „Kirchengemeinde" IV 2 d.

IV. Dotation der Bistümer und Domkapitel.

In Art. IV Konk. hat sich der König verpflichtet, die bischöflichen Stühle und Domkapitel, deren Vermögen bei der Säkularisation eingezogen worden war, zu dotieren und zwar mit Gütern und ständigen Fonds, welche die in der genannten Bestimmung bezeichneten Einkünfte abwerfen sollten.

Allein dem Staate fehlten die für eine feste Dotation erforderlichen Mittel, weshalb heute die Bischöfe und Kapitulare in der Höhe der in Aussicht genommenen jährlichen Einkünfte ein Gehalt aus der Staatskasse beziehen; M. II 43 nach n. 1; S. III 555 zu n. 32—35. Diese Gehalte werden gemäß Art. IV Abs. 4 Konk. auch während der Vakanzzeit ausbezahlt; M. II 44 zu n. 1 u. 2; s. auch „Interkalarien".

Der Anspruch auf diesen Gehalt ist ein Privatrechtsanspruch und vor den Gerichten verfolgbar; M. II 45 zu n. 6; S. III 556 zu n. 36.

V. Dotation der Seminarien und Emeritenanstalten.

1. Über die Dotation der Seminarien s. Art. V Abs. 1 Konk.

2. Über die Dotation der Emeritenanstalten s. Art. VI Konk.; M. II 624—626; S. III 565 zu n. 129 u. 130.

VI. Dotation der vormaligen Stifts- und Klosterkirchen.

Während der Staat eine Dotationspflicht gegenüber allen den ehemaligen Stiftern und Klöstern inkorporierten Pfarreien nicht anerkannt hat (s. oben III A 1), hat er bezüglich der normalen Stifts- und Klosterkirchen, deren Vermögen bei der Säkularisation eingezogen wurde, seine Verpflichtung zur Dotierung im allgemeinen anerkannt, die Anerkennung jedoch hinsichtlich jeder einzelnen dieser Kirchen von genanntem, rechtsgültigem Nachweis abhängig gemacht; M. II 47 zu n. 1. — Zum Zweck dieser Dotierung wurde ein jährlicher Dispositionsfonds ausgesetzt, auf den die besonderen Bedürfnisse solcher Kirchen, für welche die jährliche Aversalsumme aus dem K. Ärar nicht ausreicht, übernommen werden können; ME. v. 20. I. 1844 (W. III 531); M. I 199 nach n. 1. Die Verwaltung dieses Vermögens gebührt, obgleich es Staatszuschüsse sind, der Kirchenverwaltung; M. I 199 nach n. 2; im übrigen s. auch St. 810 § 932 —813.

VII. Dotation von Klöstern.

S. Art. VII Konk.; M. II 43 Abs. I; S. III 567 zu n. 143.

VIII. Dotation von Oberkonsistorial- und Konsistorialstellen.

S. §§ 3 u. 5 PE.; Seeb. 88 zu n. 18, 96 zu n. 33.

E.

Einkommensaufbesserung.

I. Begriff und rechtliche Natur.

Unter Einkommensaufbesserung versteht man die den Seelsorgegeistlichen vom Staat über die Kongrua hinaus (über letztere s. „Kongrua") gewährten Gehaltszuschüsse. Sie sind freiwillige, widerrufliche Personalzulagen mit dem Zweck, dem Seelsorgegeistlichen während seiner Amtsführung einen standesgemäßen Unterhalt zu gewähren, und durch die jeweilige finanzgesetzliche Neubewilligung bedingt, also nicht fundationsmäßige Dotationsergänzungen; ME. v. 29. XI. 1908 Z. XI bzw. IV (W. XXXVI 486, 490, KMBl. 503, 512); BGH. XVII 138; M. II 245 zu n. 3, 249 nach n. 4, 250 zu n. 2; Kr. II 93 zu n. 28; S. III 604 zu n. 48.

Diese Personalzulagen schließen sich an den Amtsbesitz an, gehen also auch mit dem Amt wieder verloren.

II. Quellen.

1. Rechtsquellen: ME. v. 29. XI. 1908 Nr. 26485, betr. die Einkommensaufbesserung der katholischen Seelsorgegeistlichen aus Staatsmitteln (W. XXXVI 486, KMBl. 503), ME. v. 29. XI. 1908 Nr. 27622, betr. die Einkommensaufbesserung der protestantischen Seelsorgegeistlichen aus Staatsmitteln (W. XXXVI 490, KMBl. 512) und ME. v. 18. X. 1912, die Einkommensaufbesserung der katholischen und protestantischen Seelsorgegeistlichen, hier Vollzug der Art. 86 bis 89 der KGO. betr. (KMBl. 745).

2. Literatur: Die Ausführungen bei M. II 244 B —248, 249 Z. II —251; Kr. II 87—102; St. 214 § 222 —219; Seeb. 235—238 sind, soweit sie mit dem geltenden Recht nicht in Einklang stehen, gegenstandslos geworden.

III. Einkommensaufbesserung in der katholischen Kirche.

A. Einkommensaufbesserung der Pfarrer.

1. Berechnungsgrundlage. Für die Berechnung der Aufbesserungszulagen ist das in der Pfründefassion ausgewiesene Reinerträgnis der Pfründe maßgebend; Z. II der ME. v. 29. XI. 1908; s. auch M. II 245 zu n. 2; Kr. II 88 zu n. 9; St. 215 vor n. 1. Die Grundlage ist immer die neueste Fassion.

Diese Zulagen werden von der Kreisregierung bestimmt. Gegen ihre Festsetzung ist Beschwerde an das Kultusministerium möglich.

Für die Bemessung der Zulagen sind jedoch einige Abzüge zugelassen, ME. v. 29. XI. 1908 Z. II (W. XXXVI 486, KMBl. 503), nämlich:

a) Die Bezüge aus Stiftungen und sonstigen Zuwendungen Dritter, welche seit 1. I. 1878 angefallen sind, gemäß ME. v. 30. III. 1878 (W. XII 256).

Die Absicht dieser Entschließung war die, daß der Staat in seinen bisherigen Leistungen für die Aufbesserung der Geistlichen durch neu anfallende Zuwendungen Dritter nicht entlastet werden sollte. Das traf naturgemäß nur für jene Geistlichen zu, die damals schon im Genusse der staatlichen Einkommensaufbesserung standen. Von den katholischen Seelsorgegeistlichen waren das aber nur die Pfarrer und die ihnen gleichgeachteten selbständigen Seelsorger. Für solche Kategorien, die erst später in diesen Genuß eingewiesen wurden, kann jener Grundsatz sinngemäß nur von dem Zeitpunkt ab Anwendung finden, von welchem sie der staatlichen Einkommensaufbesserung teilhaftig geworden sind. Das war bezüglich der Prediger, der Hilfsgeistlichen mit eigenem Haushalt und eigenem Seelsorgebezirk sowie der Hilfsgeistlichen mit eigenem Haushalt ohne eigenen Seelsorgebezirk gemäß ME. v. 12. VI. 1888 (KMBl. 1890 S. 249) vom 1. I. 1888 an der Fall. Es können hienach für einen unter diese Kategorie fallenden Hilfsgeistlichen die vor dem 1. I. 1888 neu angefallenen Stiftungen von dem nach der Fassion sich berechnenden Reineinkommen nicht in Abzug gebracht werden; autogr. ME. v. 24. V. 1909 Nr. 7803 u. v. 5. I. 1912 Nr. 31328.

Bezüglich der Pfarreien, welche erst nach dem 1. I. 1878 und bezüglich der Hilfspriesterstellen, welche erst nach dem 1. I. 1888 errichtet worden sind, s. Z. III A 3.

Für die Hilfsgeistlichen in Verpflegung beim Pfarrer hat der Abzug der Stiftungsbezüge keine Bedeutung mehr, da die Aufbesserung dieser Seelsorgegeistlichen nur in fixen Personalzulagen besteht, welche unabhängig vom Stelleneinkommen nach der Zahl der Priesterjahre bemessen werden.

b) Die Verzinsungs- und Refundierungsquoten der Passivkapitalien, welche zu Lasten der Pfarrpfründe behufs Wendung von Baufällen aufgenommen worden sind, und zwar ohne Abrechnung des in der ME. v. 24. II. 1878 (W. XII 235, G. IV 528), betr. die Aufbesserung gering dotierter Seelsorgestellen, hier die Abrechnung von Absitzfristen, auf 90 ℳ festgesetzten Wohnungsanschlags.

Dagegen sind die Verhältnisse bei den jährlichen Leistungen, welche einem baupflichtigen Pfründebesitzer behufs Ansammlung der zur Ausführung eines künftigen Baues erforderlichen Mittel auferlegt werden (Baufondsbeiträge) in mannigfacher Beziehung wesentlich anders gelagert als bei den Pfründelasten, welche von bereits ausgeführten Bauten herrühren (Bauabsitzfristen und Zinsen), weshalb es nicht angängig erscheint, die Baufondsbeiträge bei Bemessung der Aufbesserungsbeträge ebenso in entsprechende Berechnung zu ziehen, wie dies bezüglich der Absitzfristen gestattet worden ist; autogr. ME. v. 31. XII. 1891 Nr. 16432.

c) Außerdem darf bei den Pfarreien und Seelsorgestellen, denen statusmäßig Hilfsgeistliche beigegeben sind, für die Verpflegung des Hilfsgeistlichen die Summe von 900 ℳ mit Ausschluß des Salärs in Ansatz gebracht werden.

d) Mehrbeträge, die sich im Vollzuge der Art. 86 bis 89 der KGO. bei Umwandlung oder Ablösung von Reichnissen und bei Ablösung von Stolgebühren im Einkommen der Geistlichen berechnen, sollen eine Abminderung der staatlichen Aufbesserungszulagen nicht zur Folge haben, ferner sollen auch sonstige Mehrungen des Stolgebührenanfalls — insbesondere auch solche durch Erhöhung der Stolgebührensätze — bei Bemessung der bezeichneten Zulagen außer Ansatz bleiben; ME. v. 18. X. 1912 (KMBl. 745).

2. Höhe der Zulagen. Diese bemißt sich seit 1. I. 1909 nach Z. I A der ME. v. 29. XI. 1908 (W. XXXVI 486).

a) Hienach wird das Einkommen, sofern die Pfründen nicht ohnehin ein gleiches oder höheres Erträgnis abwerfen, ohne Rücksicht auf die Seelenzahl der Pfarrei aufgebessert wie folgt:

Von Übertragung der Pfarrei an auf	2400 ℳ
vom vollendeten 12. Priesterjahr an auf	2600 ℳ
vom vollendeten 15. Priesterjahr an auf	2800 ℳ
vom vollendeten 18. Priesterjahr an auf	3000 ℳ
vom vollendeten 22. Priesterjahr an auf	3200 ℳ
vom vollendeten 26. Priesterjahr an auf	3400 ℳ
vom vollendeten 30. Priesterjahr an auf	3600 ℳ

b) Eine Bevorzugung genießen die Inhaber der Pfarreien in den rechtsrheinischen unmittelbaren Städten, dann die Inhaber jener Pfarreien in der Pfalz, welche bisher mit Präzipuen ausgestattet waren. Deren Einkommen wird ergänzt:

Von Übertragung der Pfarrei an auf	2700 ℳ
vom vollendeten 12. Priesterjahr an auf	2900 ℳ
vom vollendeten 15. Priesterjahr an auf	3100 ℳ
vom vollendeten 18. Priesterjahr an auf	3300 ℳ
vom vollendeten 22. Priesterjahr an auf	3500 ℳ
vom vollendeten 26. Priesterjahr an auf	3700 ℳ
vom vollendeten 30. Priesterjahr an auf	3900 ℳ

c) Die Priesterjahre werden vom ersten Tag des auf die Priesterweihe folgenden Quartals, sohin vom nächsten 1. I., 1. IV., 1. VII., 1. X. an gezählt; Z. IIb Abs. 2 der ME.

3. Aufbesserungsberechtigung. Die den Pfarrern zukommenden Aufbesserungen werden auch den Inhabern jener selbständigen Seelsorgestellen gewährt, welche schon bisher in Ansehung der staatlichen Einkommensaufbesserung den Pfarreien gleichgeachtet worden sind; Z. III der ME.; Kr. II 90 zu n. 20. Als den Pfarreien gleichgeachtete Seelsorgestellen gelten vornehmlich die Pfarrkuratien; Kr. II 87 n. 2; vgl. auch Art. 36 Abs. I Z. 1 KGO. sowie „Hilfsgeistliche". Seelsorgegeistliche, welche nicht zum Ressort des Kultusministeriums gehören, also die Hausgeistlichen an Strafanstalten usw. können die Aufbesserungszuschüsse nicht ansprechen; Z. VII d. ME.; M. II 245 n. 1; Kr. II 90 zu n. 21. Die Aufbesserungen des Anfangseinkommens sind nur für die Inhaber bereits bestehender Seelsorgestellen bestimmt und können darum den Inhabern von Stellen, welche neu errichtet werden, nicht zugewiesen werden. Vielmehr soll die Dotation neu zu errichtender Stellen ein jenem Anfangseinkommen mindestens gleichkommendes Reinerträgnis abwerfen; Z. X d. ME.; M. II 244 zu n. 4 u. n. 4; Kr. II 93 zu n. 26 u. 27; im übrigen s. auch „Dotation" III B 4.

Aus dieser letzteren Bestimmung folgt, daß bei denjenigen Pfarreien, welche nach dem 1. I. 1878, und bei denjenigen Hilfspriesterstellen, welche nach dem 1. I. 1888 errichtet sind, die Abrechnung der Bezüge aus Stiftungszuflüssen usw. für die Bemessung der staatlichen Einkommensaufbesserung nur hinsichtlich jener Zustiftungen und sonstigen Zuwendungen Dritter stattfinden kann, welche seit Errichtung der betr. Seelsorgestellen angefallen sind, nicht auch hinsichtlich solcher, welche vor der Errichtung bis zum 1. I. 1878 bzw. 1. I. 1888 zurück zur Beschaffung der Dotation für die betr. Stellen gewidmet worden sind; autogr. ME. v. 24. V. 1909 Nr. 7803.

B. Einkommensaufbesserung der Hilfsgeistlichen.

1. Berechnungsgrundlage. Sofern für eine Hilfsgeistlichenstelle eine Fassion besteht, ist das in ihr ausgewiesene Reinerträgnis auch hier für die Berechnung der Aufbesserungszulagen maßgebend. Bezüglich der zugelassenen Abzüge finden auf die Hilfsgeistlichen die gleichen Grundsätze wie für die Pfarrer entsprechende Anwendung; s. Z. III A 1 a—d. Bei Bemessung der den Hilfsgeistlichen zukommenden Aufbesserung sind die Einkünfte aus Erteilung von Religionsunterricht an Schulen und Anstalten, sodann aus der Seelsorge in Krankenhäusern

und dergl. und aus der Militärseelsorge nicht mehr in Anschlag zu bringen; Z. IIb Abs. 4 d. ME.

2. Höhe der Zulagen. Diese bemißt sich nach Z. I B der angef. ME.

a) Das Einkommen wird, soweit die einschlägigen Seelsorgestellen nicht ohnehin ein gleiches oder höheres Erträgnis aufweisen, aufgebessert wie folgt:

α) Das Einkommen der Prediger

von Übertragung der Stelle an auf	2000 M
vom vollendeten 5. Priesterjahr an auf	2200 M
vom vollendeten 10. Priesterjahr an auf	2400 M.

β) Das Einkommen der Hilfsgeistlichen mit eigenem Haushalt und eigenem Seelsorgebezirk und zwar ohne Rücksicht auf die Seelenzahl des letzteren:

von Übertragung der Stelle an auf	1800 M
vom vollendeten 5. Priesterjahr an auf	1900 M
vom vollendeten 10. Priesterjahr an auf	2000 M.

Hilfsgeistliche, welchen die seelsorgerliche Verwaltung eines bestimmten, abgegrenzten Bezirks von der kirchlichen Oberbehörde zugewiesen ist, ohne daß die betr. Seelsorgestelle unter Mitwirkung der weltlichen Obrigkeit (§ 76a RE., § 35 der FormVO. v. 1825 [W. II 279]) förmlich errichtet und entsprechend dotiert ist, nehmen an der staatlichen Einkommensaufbesserung nach Z. I B 2 der ME. nicht teil; autogr. ME. v. 5. VII. 1909 Nr. 15584.

γ) Das Einkommen der Hilfsgeistlichen mit eigenem Haushalt ohne eigenen Seelsorgebezirk

von Übertragung der Stelle an auf	1600 M
vom vollendeten 5. Priesterjahr an auf	1700 M
vom vollendeten 10. Priesterjahr an auf	1800 M.

δ) Die Hilfsgeistlichen in Verpflegung beim Pfarrer erhalten zu ihrem Stelleneinkommen ohne Rücksicht auf die Höhe des letzteren

von Übertragung der Stelle an	200 M
vom vollendeten 3. Priesterjahr an	300 M
vom vollendeten 6. Priesterjahr an	400 M
vom vollendeten 10. Priesterjahr an	500 M.

ε) Die besonders aufgestellten Pfarrverweser erhalten die gleichen Bezüge wie die Hilfsgeistlichen mit eigenem Haushalt und eigenem Seelsorgebezirk. Soweit die Bezüge aus dem fassionsmäßigen Einkommen der erledigten Pfründe nicht gedeckt werden können, werden sie durch staatliche Einkommensaufbesserung gedeckt.

b) Die Priesterjahre werden wie in Z. A 2 c berechnet.

c) Die bisherige besondere Behandlung der Stadt- und Landkapläne in der Pfalz hinsichtlich der Einkommensaufbesserung ist nunmehr in Wegfall gekommen; Z. II b Abs. 3 der ME.

3. Aufbesserungsberechtigung. Bezüglich der Nichtberechtigung der Hausgeistlichen usw. sowie bezüglich der Versagung der Aufbesserung für neu zu errichtende Stellen gelten die gleichen Grundsätze wie für die Pfarrer; s. Z. III A 3.

Im besonderen kommen hier noch folgende Grundsätze in Betracht: Für die Einreihung in die Klasse der Hilfsgeistlichen mit eigenem Haushalt und eigenem Seelsorgebezirk macht es keinen Unterschied, ob die betr. Stellen als Pfründen im kirchlichen Sinn zu erachten sind, ob deren Inhaber investiert sind oder nicht. Ebenso ist es ohne Belang, ob sich ein solcher Seelsorgegeistlicher in formaler Abhängigkeit von einem Pfarrer befindet. Entscheidend ist, daß dem Betreffenden, mit dem Vollmaß der pfarrlichen Rechte nicht ausgestatteten Geistlichen (Expositus, Kurat, Lokalkaplan) kraft seiner Aufstellung die Ausübung der wesentlichen Funktionen der Seelsorge für die Angehörigen eines räumlich abgegrenzten Bezirks als dauernder und selbständiger Wirkungskreis zukommt; Z. IV der ME.; s. auch Kr. II 100 zu n. 13.

Voraussetzung für den Bezug der den Hilfsgeistlichen mit eigenem Haushalt ohne eigenen Seelsorgebezirk ausgesetzten Aufbesserung ist neben der kirchlicher- und staatlicherseits genehmigten Führung eines eigenen Haushalts die Ausübung der Seelsorge als eigentlicher Berufsaufgabe. Hiernach fallen in die bezeichnete Kategorie von Geistlichen regelmäßig die Kapläne, Kooperatoren und Wallfahrtspriester (über diese s. „Hilfsgeistliche"), welche eigenen Haushalt führen. Dagegen können Benefiziaten (über diese s. „Benefiziat") nur dann darunter gezählt werden, wenn ihre Pfründen wirkliche Kaplaneibenefizien (über diese s. „Benefizien" III 1) sind oder wenn ihnen infolge eines in den Verhältnissen des betr. Seelsorgebezirks begründeten Bedürfnisses zu ihren Benefizialobliegenheiten im Einverständnis der kirchlichen und staatlichen Behörden die Verpflichtung auferlegt ist, sich ständig in der Seelsorge in einer Weise verwenden zu lassen, daß ihre Leistungen denjenigen eines Kaplans oder Kooperators gleichgeachtet werden können; Z. V der ME.

Die staatlichen Zulagen an die Prediger und Hilfsgeistlichen mit eigenem Haushalt kommen auch den besonders aufgestellten Verwesern der betr. Stellen zu; Z. VI Abs. 2 der ME.

An den staatlichen Zulagen für die Hilfsgeistlichen mit eigenem Haushalt ohne eigenen Seelsorgebezirk nehmen auch die besonders aufgestellten Kaplaneibenefiziumsvikare unter den in der ME. v. 30. I. 1891 Nr. 14063, betr. die Einkommensaufbesserung der katholischen Seelsorgegeistlichen, hier der Kaplaneibenefiziumsvikare, aus Staatsmitteln, bestimmten Voraussetzungen teil, nämlich in den Fällen, in welchen die definitive Besetzung eines Kaplaneibenefiziums nicht zu ermöglichen ist; Z. VI Abs. 2 der ME.; Kr. II 101 zu n. 16.

Die fernere Anwendung der ME. v. 30. I. 1891 Nr. 14063 ist jedoch nur noch mit der Einschränkung statthaft, daß die Einrechnung der Nebeneinkünfte aus besonderen, mit der Stelle nicht verbundenen kirchlichen Verrichtungen bei Bemessung der staatlichen Einkommensaufbesserung der besonders aufgestellten Kaplaneibenefiziumsvikare ebenso zu unterbleiben hat wie bei den übrigen Hilfsgeistlichen. Den Verwesern von Kaplaneibenefizien wird demnach die staatliche Einkommensaufbesserung, wie sie die definitiven Inhaber solcher Stellen beziehen, auf Ansuchen dann zuzuweisen sein, wenn sie zur Versehung eines Kaplaneibenefiziums besonders aufgestellt sind; autogr. ME. v. 29. XI. 1909 Nr. 28947.

C. Gemeinsame Bestimmungen.

1. Regelung bei Erledigungsfällen.

a) Erledigung durch Tod. Im Fall des Ablebens eines Geistlichen endigt die Zahlung der Zuschüsse mit Ablauf des Sterbemonats. Die Aufbesserungsbezüge mit Ausnahme der bereits erhobenen Vergütungen für Absitzfristen verbleiben für die Zeit vom Todestag ab bis zum Schluß des Sterbemonats dem Nachlaß des verstorbenen Geistlichen; Z. XII der ME.

b) Andere Erledigungsfälle. Während der Erledigung einer Stelle fallen die Erübrigungen an der Aufbesserung der Staatskasse heim; Z. XI der ME. Eine Ausnahme von diesem Grundsatz tritt ein in den Fällen der Z. VI Abs. 2, IX u. XII b der ME. sowie bei Pfarreierledigungen, bei letzteren aber nur insoweit, als dies durch die ME. v. 16. XII. 1886 (W. XVIII 242) im Zusammenhalt mit Z. I B 5 der ME. v. 29. XI. 1908 zugelassen worden ist. In Fällen letzterer Art ist das bei Auszeigung des Verwesergehalts zugrunde zu legende Stellenerträgnis nach den für die Berechnungsgrundlage (s. oben A 1) gegebenen Direktiven zu ermitteln, sonach mit demselben Betrag wie bei Festsetzung des Aufbesserungszuschusses für den wirklichen Pfründeinhaber in Anrechnung zu bringen. In der Pfalz fallen den bisherigen Bestimmungen entsprechend die Aufbesserungszuschüsse während der Erledigung einer Stelle insoweit der Staatskasse anheim, als sie das Maß der vor Beginn der XI. Finanzperiode (1873/74) gewährten Besoldungszulagen überschreiten; Z. XI der ME.

Für die Fälle der zeitweisen Nichtbesetzung statusmäßiger Hilfspriesterstellen bei Pfarreien, deren Inhaber an der Aufbesserung teilnehmen, wird der nach dem Fassionsabschluß sich berechnende Zuschuß ungeschmälert an den Pfarrer verabfolgt, wenn sich die Vakatur in ununterbrochener Dauer nicht über 30 Tage erstreckt. Bei länger andauernden Erledigungen solcher Hilfspriesterstellen dagegen kann der Aufbesserungszuschuß gekürzt und unter Umständen gänzlich eingezogen werden. Ob und inwieweit dies zu geschehen hat, ist von der Regierung nach Abwägung aller einschlägigen Verhältnisse und unter Beachtung der in der ME. v. 15. VI. 1884 (KMBl. 126) gegebenen Direktiven zu bestimmen. Insbesondere wird bei Zuweisung des Zuschusses für die nicht besetzte Kaplanei an den Pfründeinhaber auf jene Pfarrer entsprechende Rücksicht zu nehmen sein, die für Beiziehung von Aushilfe in der Seelsorge größere Aufwendungen zu machen haben. Auch die körperliche Rüstigkeit der einzelnen Pfründebesitzer wird bei Würdigung der Verhältnisse nicht außer Betracht gelassen werden können; autogr. ME. v. 1. IV. 1912 Nr. 4997.

Die Überlassung von Aufbesserungsbeträgen, welche in dem Dienstalter der Hilfsgeistlichen ihren Grund haben, ist ausgeschlossen; Z. IX der ME.

2. Zahlung und rechnungsmäßige Behandlung. Hierüber s. im näheren Z. XII der ME.

3. Staatliche Abgabe aus der Aufbesserung. Die aus den bewilligten Aufbesserungen sich ergebenden Einkommensmehrungen unterliegen bezüglich aller Stellen, bei denen eine Anstellungstaxe zu entrichten ist, der entsprechenden Unterstützungsfondsabgabe; Z. XIII der ME. Über deren Berechnung s. MBek. v. 28. XI. 1911 (KMBl. 731).

4. Streitigkeiten. Da die Aufbesserungszulagen widerrufliche Personalzulagen sind, so besteht auf sie kein Rechtsanspruch; S. III 604 zu n. 48. Insbesondere ist auch die Anwendung von Art. 10 Z. 13 VGG. ausgeschlossen; D. Art. 10 Z. 13 n. 1. Der Rechtsschutz auf dem Aufbesserungsgebiet ist vielmehr lediglich verwaltungsbehördlich; M. II 245 zu n. 5. Ergeben sich im einzelnen Fall Zweifel darüber, ob ein Anspruch auf Gewährung staatlicher Aufbesserung überhaupt oder dem liquidierten Betrag nach begründet sei, so ist von der Regierung, K. d. J., nach vollständig instruierter Sache vorbehaltlich des Rechts der Beschwerdeführung (zum Kultusministerium) motivierter Beschluß zu fassen; Z. VIII der ME.

IV. Einkommensaufbesserung in der protestantischen Kirche.

A. Einkommensaufbesserung der Pfarrer.

1. Berechnungsgrundlage. Die Berechnung der Aufbesse-

rungszulagen hat unter Zugrundelegung des fassionsmäßigen Reineinkommens zu erfolgen; Z. III der ME. An diesem Reineinkommen können jedoch die seit dem 1. I. 1878 angefallenen Bezüge aus Stiftungen und sonstigen Zuwendungen, insoweit dieselben in der Fassion enthalten sind, abgerechnet werden; ME. v. 30. III. 1878 (W. XII 256) u. v. 29. XI. 1908 Z. III (W. XXXVI 490, KMBl. 512). Die ME. v. 18. X. 1912 (KMBl. 745) gilt auch hier; s. oben Z. III A 1 d.

2. Höhe der Zulagen. Diese bemißt sich seit 1. I. 1909 nach Z. I A der ME. v. 29. XI. 1908 Nr. 27 622.

a) Hienach wird das Einkommen der Pfarrer, deren Pfarrstellen geringer dotiert sind, durch Aufbesserungszulagen ergänzt wie folgt:

Von Übertragung der Pfarrei an auf	2400 ℳ
vom vollendeten 12. Dienstjahr an auf	2600 ℳ
vom vollendeten 15. Dienstjahr an auf	2800 ℳ
vom vollendeten 18. Dienstjahr an auf	3000 ℳ
vom vollendeten 22. Dienstjahr an auf	3200 ℳ
vom vollendeten 26. Dienstjahr an auf	3400 ℳ
vom vollendeten 30. Dienstjahr an auf	3600 ℳ

b) Das Einkommen der Pfarrer in den unmittelbaren Städten r. d. Rh. und der Pfarrer in der Pfalz, welche bisher Präzipuen, sei es von 180 ℳ, sei es von 540 ℳ genossen haben, wird ergänzt, wie folgt:

Von Übertragung der Pfarrei an auf	2700 ℳ
vom vollendeten 12. Dienstjahr an auf	2900 ℳ
vom vollendeten 15. Dienstjahr an auf	3100 ℳ
vom vollendeten 18. Dienstjahr an auf	3300 ℳ
vom vollendeten 22. Dienstjahr an auf	3500 ℳ
vom vollendeten 26. Dienstjahr an auf	3700 ℳ
vom vollendeten 30. Dienstjahr an auf	3900 ℳ

c) Die Dienstjahre werden gezählt vom 1. X. jenes Jahres an, in dem die Aufnahmsprüfung bestanden wurde; Z. II der ME.

3. Aufbesserungsberechtigung. Den Pfarrern werden im Einkommen gleichgestellt die ständigen Pfarrvikare, d. h. diejenigen Geistlichen, welche in selbständigen Vikariatsgemeinden die vollen pfarrlichen Rechte ausüben (über diese Pfarrvikare s. „Hilfsgeistliche"); Z. I B der ME.

Die Aufbesserungen des Anfangseinkommens sind nur für die Inhaber bereits bestehender Seelsorgestellen bestimmt und können darum den Inhabern von Stellen, welche neu errichtet werden, nicht zugewiesen werden. Vielmehr soll die Dotation neu zu errichtender Stellen ein jenem Anfangseinkommen mindestens gleichkommendes Reinerträgnis abwerfen; Z. VI der ME.; s. auch „Dotation" III B 4.

B. Einkommensaufbesserung der Hilfsgeistlichen.

1. Berechnungsgrundlage. Bei Bemessung der den Hilfsgeistlichen zukommenden Aufbesserung sind die Einkünfte aus Erteilung von Religionsunterricht an öffentlichen Schulen und Anstalten, sodann aus der Militärseelsorge, sofern diese Einkünfte nicht bei Errichtung der betr. Stelle in das Stelleneinkommen eingerechnet wurden, nicht mehr in Anschlag zu bringen; Z. III der ME. Ferner findet die Bestimmung oben Z. III A 1 d Anwendung.

2. Höhe der Zulagen.

a) Das Einkommen der in der Seelsorge verwendeten Hilfsgeistlichen wird aufgebessert wie folgt:

Von Übertragung der Stelle an auf	1800 ℳ
vom vollendeten 5. Dienstjahr an auf	1900 ℳ
vom vollendeten 10. Dienstjahr an auf	2000 ℳ

b) Die Berechnung der Dienstjahre ist die gleiche wie oben A 2 c.

3. Aufbesserungsberechtigung. Zu den in der Seelsorge verwendeten Hilfsgeistlichen, die eine Aufbesserung erhalten, zählen die Stadtvikare, die Hilfsgeistlichen i. e. S., die exponierten Vikare und die Reiseprediger (über diese s. „Hilfsgeistliche" III B 1 a β und b α). Von der Aufbesserung sind dagegen ausgeschlossen die von den Gemeinden besoldeten Katecheten, die Hausgeistlichen an den Strafanstalten, die Militärhilfsgeistlichen, die Pfarrverweser und die Privatvikare (über diese s. „Hilfsgeistliche" III B 1 a β, 2 a u. b, 1 a α); Z. II C der ME.

Bezüglich der Versagung der Aufbesserung für neu zu errichtende Stellen gelten die gleichen Grundsätze wie für die Pfarrer; s. oben A 3.

C. Einkommensaufbesserung der Pfarrverweser.

Der Bezug der Pfarrverweser wird auf jährlich 1600 ℳ aufgebessert. Die Bestimmung in Z. III A 1 d gilt auch hier.

D. Gemeinsame Bestimmungen.

1. Regelung bei Erledigungsfällen.

a) Erledigung durch Tod. Im Fall des Ablebens eines Geistlichen wird die Aufbesserungszulage den Hinterbliebenen bis zum Ende des Sterbemonats gewährt. Die bisherigen Bestimmungen über den Teilbetrag, welcher der Interkalarkasse von dem auf den Todestag folgenden Tag an aus der Aufbesserungszulage zukommt, bleiben hievon unberührt. Hinterläßt ein Pfarrer oder ständiger Pfarrvikar nachsitzberechtigte Hinterbliebene, so verbleibt diesen die Aufbesserungszulage noch auf die Dauer des Nachsitzes.

b) Andere Erledigungsfälle. In anderen Erledigungsfällen

als durch Tod endigt die Zahlung der Aufbesserungszulage mit dem Tag der Erledigung.

c) Über die genannten Termine hinaus wird die Aufbesserungszulage bei erledigten Pfarrstellen und ständigen Vikariaten insoweit gewährt, als das fassionsmäßige Reineinkommen der Stelle die Höhe des vor dem Beginn der XI. Finanzperiode (1873/74) gewährten Kongrualergänzungszuschusses nicht erreicht, jedoch nur bis zur Höhe dieses Kongrualzuschusses. Im übrigen fällt sie an die Staatskasse zurück; Z. IV d. ME.

2. Zahlung und rechnungsmäßige Behandlung. Hierüber s. Z. V, VIII u. IX der ME.

3. Staatliche Abgabe aus der Aufbesserung. Aus den die Pfarrer treffenden Einkommensmehrungen und aus den Bezügen der ständigen Pfarrvikare sind die 10%igen Unterstützungsfondsabgaben zur Erhebung zu bringen und in den diesseitigen Konsistorialbezirken an den protestantischen Pfarrpensionsfonds, in der Pfalz an die protestantische Pfarrunterstützungskasse abzuführen; Z. VII der ME.

4. Streitigkeiten. Hierüber s. Z. III C 4.

Einkommensteuer

s. „Fassion" IV 2 a.

Einrichtung innere

(der Kirchen) s. „Kirchengebäude".
Über bauliche Behandlung s. „Bauwesen kirchliches" III 4.
Baupflicht daran s. „Baupflicht kirchliche".

Einsetzung kanonische (institutio canonica)

s. „Pfründe" V 2 A a.

Eintritt

in eine Glaubensgesellschaft s. „Glaubensbekenntnis".

Emeriten

s. „Pensionsrecht".

Ende des Pfründnerrechts

s. „Beginn und Ende des Pfründnerrechts" II.

Entlassungsschein (Dimissoriale)

s. „Stolgebühren" A VIII.

Entsetzung

s. „Kirchenstrafen" V A 2.

Entziehung der Pfründe

s. „Kirchenstrafen" V A 2.

Episkopat oberster (Summepiskopat)

s. „Kirchenregiment landesherrliches".

Ergänzungswahlen

s. „Kirchenverwaltungswahl" VII und „Kirchenvorstandswahl" XI.

Erledigung

der Pfründen s. „Pfründe" VI.

Ersatzmännerwahl

s. „Kirchenverwaltungswahl" VII und „Kirchenvorstandswahl" VII 2.

Erwerbsbeschränkungen der geistlichen Gesellschaften

s. „Amortisationsgesetzgebung".

Etat

A. Im rechtsrheinischen Bayern und in der katholischen Kirche der Pfalz.

I. Begriff und rechtliche Natur.

Etat ist der nach Durchschnittsergebnissen und Wahrscheinlichkeitsberechnungen gebildete Wirtschaftsplan, auf den sich die Haushaltsführung jeder Kirchenstiftung gründet; Kr. III 314 zu n. 1; St. 1127 zu n. 2; Seeb. 831 n. 1; s. auch Art. 60 Abs. V KGO.

Ein vom Kirchenstiftungshaushalt gesonderter Kirchengemeindehaushalt wird, sofern nicht besondere Gründe entgegenstehen, auch dann nicht geführt, wenn Kirchenumlagen erhoben werden; Art. 60 Abs. II KGO.

Gesonderte Haushaltsführung soll dagegen eintreten, wenn z. B. ein erhebliches Stammvermögen der Kirchengemeinde als solcher dem ortskirchlichen Stiftungsvermögen gegenübersteht oder wenn verschiedene Kassenverwalter bestellt sind usw.; Fr. Art. 60 n. 1.

Der Etat gibt niemals einen Titel zu einem Bezug, er begründet keine Forderungsrechte; M. I 198 zu n. 3.

II. Quellen.

1. Rechtsquellen: Art. 60—62, 101 Abs. II KGO.
2. Literatur: L. u. Fr. n. zu Art. 60—62 KGO.

III. Herstellung und Genehmigung.

Die Herstellung des Voranschlags obliegt der Kirchenverwaltung.

Wenn in einer Kirchengemeinde Kirchenumlagen erhoben werden oder voraussichtlich erhoben werden müssen, ist jedes Jahr ein Voranschlag aufzustellen; Art. 60 Abs. III KGO.; Fr. Art. 60 n. 2.

Der Voranschlag ist nach Feststellung ungesäumt der Staatsaufsichtsbehörde vorzulegen; Art. 60 Abs. IV KGO.

Bei späterer Überschreitung des Etats ist staatsaufsichtliche Genehmigung nur dann erforderlich, wenn Deckungsmittel nicht zur Verfügung stehen oder wenn die Überschreitungen bei Voranschlägen mit einer Gesamtausgabensumme bis zu 1000 ℳ **100 ℳ**, bei Voranschlägen mit einer Gesamtausgabensumme von 10000 ℳ und darüber **1000 ℳ**, bei sonstigen Voranschlägen zehn Prozent der festgestellten Ausgabensumme überschreiten; Art. 60 Abs. VI KGO.; Fr. Art. 60 n. 3.

Die kirchlichen Oberbehörden sind berechtigt, die Vorlage der Voranschläge vor Einsendung an die Staatsaufsichtsbehörde zu verlangen; Art. 62 Abs. I KGO.

In protestantischen Kirchengemeinden, in welchen Kirchengemeindebevollmächtigte eingeführt sind (für die Pfalz s. Art. 101 Abs. III KGO.), werden diesen die Voranschläge vor der Festsetzung zur Abgabe von Erinnerungen mitgeteilt. Das gleiche gilt für Grundetats; Art. 62 Abs. II KGO.

IV. Besondere Arten.

1. In Kirchengemeinden, die keine Kirchenumlagen erheben, ferner für den gesonderten Haushalt von ortskirchlichem Stiftungsvermögen werden ebenfalls Voranschläge, jedoch auf unbestimmte Zeit festgestellt (Grundetats), sofern die Staatsaufsichtsbehörde nicht im einzelnen Falle anders verfügt. Im übrigen gelten dieselben Bestimmungen, wie für die Kirchenstiftungsvoranschläge; Art. 60 Abs. VII KGO.

Die Festsetzung dieser Grundetats steht der Kreisregierung zu. Die kirchliche Oberbehörde wird einvernommen; Art. 60 Abs. VIII KGO.; Fr. Art. 60 n. 4.

In der Pfalz werden Grundetats nicht gebildet; Art. 101 Abs. II KGO.

2. Für unzureichend dotierte ehemalige Stifts- und Klosterkirchen bemißt sich die Etatsfeststellung und die Befriedigung der in den Etats nicht vorgesehenen außerordentlichen Bedürfnisse nach den hierüber jeweils bestehenden Ministerialvorschriften; Art. 60 Abs. IX KGO.

Einschlägig sind die ME. v. 11. IX. 1857 (W. V 67, bei St. 812) u. v. 20. I. 1844 (W. III 531).

Es können förmliche Grundetats aufgestellt oder alljährliche Voranschläge angefertigt werden; M. I 199 zu n. 6; Kr. III 320 zu n. 1.

a) Der Grundetat. Voraussetzung für die Aufstellung des

Grundetat ist, daß die vom Ärar zu leistenden Zuschüsse für eine längere Zeitdauer fixiert werden.

Kommt eine Vereinbarung zwischen der Kreisregierung und den bischöflichen Ordinariaten über die Frage der Fixierung und die hiebei anzuwendenden Grundsätze zustande, so hat die Kreisregierung die Kirchenverwaltungen zu veranlassen, die Grundetats auf Grund einer möglichst verlässigen Durchschnittsberechnung auf mindestens zehn Jahre zurück anzufertigen; M. I 199 nach n. 6; Kr. III 520 zu n. 2; St. 812 Z. 2.

Diese Grundetats werden hierauf zuerst von der Unterkuratelbehörde geprüft, von der Kreisregierung nach vorgängiger Einvernahme der kirchlichen Behörden und im Benehmen mit der Regierungsfinanzkammer superrevidiert und sodann an das Kultusministerium eingesendet, welches sie im Benehmen mit dem Finanzministerium festsetzt und den künftigen Jahresbetrag normiert; M. I 200 vor Z. 2; Kr. III 200 zu n. 2; St. 812 Z. 2.

b) Der Jahresetat. Kommt eine Vereinbarung über die Fixierung und mithin ein Grundetat nicht zustande, so müssen die Kirchenverwaltungen wenigstens einen Etatvoranschlag für das laufende Jahr aufstellen und ihn der Staatsaufsichtsbehörde zur Prüfung vorlegen; M. I 200 zu n. 2; Kr. III 320 zu n. 3; St. 812 Z. 3. Diese sendet dann die Voranschläge an die Kreisregierung, welche die Superrevision vornimmt und die jeweilig verfügbaren Summen nach Bedürfnis für die einzelnen Kirchen verteilt; Kr. III 320 zu n. 4 u. 5; St. 812 Z. 3.

Die Verwendung und Verrechnung dieser staatlichen Leistungen hat in beiden Fällen durch die Kirchenverwaltung zu geschehen; M. I 200 zu n. 3; Kr. III 321 zu n. 6; St. 813 Z. 4.

V. Streitigkeiten.

Ein Streit kann entstehen, wenn eine Kirchenverwaltung durch die Beschlüsse der Staatsaufsichtsbehörde über den Etat die Stiftungsinteressen oder ihre eigenen gesetzlich begründeten Rechte und Zuständigkeiten beeinträchtigt glaubt; M. I 196 nach n. 1; Kr. III 317 nach n. 13; St. 1129 nach n. 5; Seeb. 834 n. 8.

In diesem Falle steht ihr der Rekurs an die höhere und höchste Staatsaufsichtsbehörde (Kreisregierung bzw. Kultusministerium) zu, der aber keine Suspensivkraft hat.

Handelt es sich jedoch bei einem solchen Streit nicht nur um Ermessensfragen, liegen vielmehr die Voraussetzungen des Art. 10 Z. 3 VGG. vor, so ist erste Instanz die der Kirchenverwaltung zunächst vorgesetzte Staatsaufsichtsbehörde, während die weitere Beschwerde an den

Verwaltungsgerichtshof geht, der als erste verwaltungsrichterliche Instanz entscheidet; D. Art. 10 Z. 3 n. 8 u. 7.

Über das Parteiverhältnis in diesem Streit s. D. a. a. O. n. 3 und Art. 19 n. 1 Abs. 5 sowie Art. 8 Eingang n. 2a Z. 2, 4.

Da der Rekurs auch hier keine Suspensivkraft hat, muß der Etat insolange eingehalten werden, als nicht seine Abänderung in bindender Weise ausgesprochen ist; M. I 196 zu n. 2; Kr. III 317 zu n. 14; St. 1129 zu n. 6; Seeb. 834 n. 8, 71 n. 16.

B. **In der protestantischen Kirche der Pfalz.**

I. Quellen.

1. Rechtsquellen: Art. 103 Abs. II KGO.; VO. v. 8. I. 1819 (Wand 518); RegE. v. 30. IV. 1825 (Wagner II 55, 189).

2. Literatur: M. I 345, 349.

II. Herstellung und Genehmigung.

Das Budget ist vom Presbyterium anzufertigen, VO. v. 8. I. 1819 § 8 (Wand 518); M. I 345 zu n. 5, und dem Bezirksamt vorzulegen; M. I 349 zu n. 1.

Es werden stets so viele Voranschläge angefertigt, als Rechnungen geführt werden; M. I 349 zu n. 7.

Wenn eine Stiftung Naturaleinnahmen hat, so ist darüber ein besonderer Voranschlag beizufügen; M. I 349 zu n. 5.

Über größere Ausgaben ist ein nachträglicher Voranschlag einzusenden und die Genehmigung zu erholen; M. I 345 zu n. 2.

Die Genehmigung und der Abschluß dieser Voranschläge erfolgt durch das Bezirksamt, nur bezüglich der Kultusstiftungen der Kirchschaffneien schließt die Kreisregierung ab; M. I 349 zu n. 11 u. 12.

III. Streitigkeiten.

Gegen den Abschluß des Bezirksamts steht dem Presbyterium die Beschwerde an die Kreisregierung und die weitere Beschwerde an das Kultusministerium zu.

Sind jedoch die Voraussetzungen des Art. 10 Z. 3 VGG. gegeben (s. oben A V), so geht die weitere Beschwerde an den Verwaltungsgerichtshof; M. I 350 nach n. 3 mit 302 nach n. 7.

Die Rekurse haben keine suspensive Wirkung; M. I 304 zu n. 9.

Evangelische Kirchenverfassung.

I. Quellen.

1. Rechtsquellen:

a) Im rechtsrheinischen Bayern: 2. Anhang z. II. VerfBeil. (PE.) v. 26. V. 1818; Edikt v. 8. IX. 1808 (W. I. 217); KonsO. v. 8. IX. 1809 (W. I 295); für die ref. Kirche außerdem noch AE. v. 26. II. 1853, ME. v. 12. VII. 1855 und v. 27. VI. 1856 (G. I 823, 826, 828).

b) In der Pfalz: PE. v. 26. V. 1818; VereinigungsUrk. v. 10. X. 1818 (W. I 736); Ges. v. 4. VI. 1848 (G. I 607).

2. Literatur: S. III 574—578; M. II 173; Seeb. 82—105.

II. Der oberste Episkopat.

Er steht dem König von Bayern zu, wird aber r. d. Rh. durch das Oberkonsistorium, für die pfälzische Kirche durch das Konsistorium in Speyer ausgeübt; s. „Kirchenregiment landesherrliches".

III. Die übrigen Verfassungsorgane.

1. Im rechtsrheinischen Bayern.

a) Das Oberkonsistorium.

α) Rechtliche Stellung. Das Oberkonsistorium ist die Behörde, welcher die Geschäfte des landesherrlichen Kirchenregiments (s. dort) sowie die der Repräsentation der protestantischen Kirche übertragen sind. Es ist die den in eine Gesamtgemeinde vereinigten evangelischen Kirchengemeinden vorgesetzte Kuratelbehörde. Dagegen ist es kein Organ zur Ausübung der weltlichen Hoheitsrechte; Seeb. 83 n. 4; s. „Kirchenregiment landesherrliches".

β) Zusammensetzung. Die Verfassung ist eine kollegiale. Es besteht aus einem Präsidenten, welcher in dieser Eigenschaft Mitglied der Kammer der Reichsräte ist und den erblichen Reichsräten beigezählt wird (Seeb. 88 zu n. 20), und 4 Räten, von denen einer weltlich ist; §§ 2, 3, 20 f. PE.; Seeb. 88 zu n. 17. Das Ernennungsrecht der Mitglieder liegt beim König; § 20 g FormVO. v. 17. XII. 1825 (W. II 279); Seeb. 88 zu n. 19. Die Mitglieder haben die Rechte pragmatischer Staatsdiener; M. II 173 zu n. 2 u. 3, 234 nach n. 3; Seeb. 88 n. 19.

γ) Wirkungskreis. Der Wirkungskreis ist durch die VerfU. teils unmittelbar (vgl. § 11 PE.), teils mittels Verweisung auf die älteren Vorschriften v. 8. IX. 1808 u. 8. IX. 1809 (W. I 217, 295; Seeb. 84 n. 7, 85 n. 8) bestimmt; S. III 575 zu n. 43—45; Seeb. 84 nach n. 6. Er ist beschränkt auf die Gegenstände der inneren Kirchenpolizei, auf die Ausübung des mit der Staatsgewalt verbundenen Episkopats und die Leitung der inneren Kirchenangelegenheiten innerhalb der durch das PE. gezogenen Grenzen; Seeb. 83 zu n. 4. Das Oberkonsistorium führt die oberste Aufsicht über die Lehre und den Kultus der evangelischen Kirche und hat darüber zu wachen, daß die protestantische Kirche im ungestörten Genuß der ihr zustehenden Gerechtsame in Beziehung auf Freiheit des öffentlichen Gottesdienstes, auf Ausübung ihrer Kirchenrechte und auf den vollkommenen Genuß ihres Kirchenvermögens erhalten und geschützt werde; Seeb. 84 n. 5. In Glaubens- und Synodalfragen steht auch die reformierte Kirche unter dem Oberkonsistorium; AE. v. 26. II. 1853, ME. v. 27. VI. 1856

(G. I 823, 826); S. III 575 zu n. 49; s. „Reformierte Kirche". Ihm ist ferner die Aufsicht über das theologische Studium auf der Universität Erlangen in Ansehung der Lehren übertragen. Auch wird es bei Besetzung der theologischen Lehrstellen mit seinem Gutachten vernommen; Seeb. 85 zu n. 10. Endlich hat es die Aufsicht über den protestantischen Religionsunterricht in den Schulen; Seeb. 86 zu n. 11.

δ) Geschäftsgang. Über den Geschäftsgang beim Oberkonsistorium (§§ 20—29 PE.) s. Seeb. 89 Z. 4. Der Aufwand wird aus der Staatskasse bestritten; §§ 3, 5 PE.; S. III 575 zu n. 52; M. II 45 n. 6, I 232 nach n. 2; Seeb. 88 zu n. 18.

b) Die Konsistorien. Dem Oberkonsistorium unterstehen die beiden Konsistorien in Ansbach und Bayreuth; S. III 575 zu n. 46; Seeb. 91 zu n. 39. Über deren Sprengel s. AE. v. 7. III. 1838 (W. III 232); Seeb. 91 zu n. 1.

α) Rechtliche Stellung. Die Konsistorien sind Aufsichts- und Vollzugsorgane des Oberkonsistoriums und dadurch im allgemeinen beauftragt, alle Gebrechen, die sie in der Kirchenverfassung wahrnehmen, zur Kenntnis des Oberkonsistoriums zu bringen, die Mittel, wie solche auf das zweckmäßigste behoben werden können, vorzuschlagen und dafür zu sorgen, daß die bestehenden Gesetze und Ordnungen in Ansehen erhalten und die Zuwiderhandelnden gehörig zurecht gewiesen werden; Seeb. 92 zu n. 4 u. n. 4.

β) Zusammensetzung. Die Konsistorien haben ebenfalls kollegiale Verfassung und bestehen aus einem Vorstand, welcher der Regierungsdirektor oder älteste Rat protestantischen Bekenntnisses bei der Kreisregierung ist, und aus 3 Räten, von denen einer weltlich ist; §§ 4, 5 PE.; S. III 575 zu n. 47. Bezüglich des Ernennungsrechtes und der rechtlichen Stellung der Mitglieder gilt das gleiche wie beim Oberkonsistorium; s. oben a β.

γ) Wirkungskreis. Ihr Wirkungskreis ist ebenfalls im PE. und in den älteren Vorschriften v. 8. IX. 1808, 8. IX. 1809 und 17. III. 1809 (G. I 598 ff.) bestimmt; §§ 8—12, 14, 15 f., 20 f. PE.; S. III 575 zu n. 48; Seeb. 83 zu n. 4, 86 zu n. 11, 93 zu n. 6 f. S. auch „Aufsichtsrecht kirchliches". Über das Verhältnis der Konsistorien zu den Kreisregierungen und anderen weltlichen Behörden s. Seeb. 95 Z. 3.

δ) Geschäftsgang. Über den Geschäftsgang bei den Konsistorien s. Seeb. 96 Z. 5. Den Aufwand trägt die Staatskasse; s. oben a δ.

2. In der Pfalz. Das Konsistorium in Speyer hat wie die Konsistorien im rechtsrheinischen Bayern kollegiale Verfassung und besteht aus einem selbständigen Vorstand (Konsistorialdirektor) und 3 Räten,

von denen einer weltlich ist; § 4 PE.; Art. III Abs. 2 d. Ges. v. 4. VI. 1848; S. III 575 zu n. 50. Seine Zuständigkeit entspricht jener des Oberkonsistoriums und der Konsistorien r. d. Rh.; S. III 575 zu n. 51. Über das Ernennungsrecht und die rechtliche Stellung der Mitglieder s. oben Z. 1 b β. Über die Bestreitung des Aufwands s. oben Z. 1 a d.

IV. Die Dekanate.

Die Konsistorialbezirke sind in Dekanatsdistrikte eingeteilt zur Ausübung der kirchlichen Spezialaufsicht; § 6 PE.; s. Seeb. 95 zu n. 21, 97 Z. 1. Die Bildung dieser Distrikte ist ein Gegenstand gemischter Natur nach § 76 Abs. 2 e RE.; S. III 577 zu n. 71. Ihr Wirkungskreis ist durch die KonsO. v. 8. IX. 1809 (W. I 295, G. I 621) und durch das Edikt v. 17. III. 1809 über die Bildung der Mittelstellen für die protestantischen Kirchenangelegenheiten geregelt; Seeb. 99 nach n. 14 u. 16. Das Dekanat München steht unmittelbar unter dem Oberkonsistorium; VO. v. 7. III. 1838 Z. 3 (W. III 232); Seeb. 91 zu n. 40. Die übrigen Dekanate stehen unter den Konsistorien; § 17 PE.; S. III 575 zu n. 74; Seeb. 95 zu n. 22, 98 Z. 2. Die Dekane werden vom König ernannt; S. III 577 zu n. 72.

V. Kapitelsseniorate.

Die Pfarrer und Pfarrverweser eines Dekanats bilden ein Kapitel mit einem gewählten Senior, welcher Stellvertreter des Dekans ist; S. III 577 zu n. 75; im näheren s. Seeb. 123—126.

VI. Pfarrei.

Diese ist das unterste kirchliche Amtsgebiet. Die Bildung und Änderung der Pfarreien unterliegt den allgemeinen Verfassungsgrundsätzen des § 76 RE.; S. III 577 zu n. 80. Im näheren s. „Pfarrei", „Kirchenamt". Das Vertretungsorgan der Pfarrei ist der Kirchenvorstand; s. „Kirchenvorstand".

VII. Synoden.

1. Generalsynode. In beiden evangelischen Kirchen Bayerns besteht verfassungsmäßig die Einrichtung von Generalsynoden; s. „Generalsynode".

2. Diözesansynode. Für jeden Dekanatsbezirk besteht eine jährlich tagende Diözesansynode; s. „Diözesansynode".

Exkommunikation

s. „Kirchenstrafen" IV A 2 a.

Exponierte Geistliche

1. in der katholischen Kirche: s. „Hilfsgeistliche" III A 1 d u. e;
2. in der protestantischen Kirche: s. „Hilfsgeistliche" III B 1 b.

Expositurerrichtung

s. M. II 56 nach n. 1.

F.

Fabrikrat

s. „Kirchenverwaltung".

Fassion.

I. Begriff und rechtliche Natur.

1. Die Fassion ist eine Aufstellung der Einkünfte und Lasten einer Pfründe, größtenteils nur mit Wahrscheinlichkeitscharakter, welche durch die Beschreibung der Einkünfte keine Rechtsansprüche und durch die Beschreibung der Lasten keine Rechtsverbindlichkeit begründet; VGH. XII 421; M. II 400 zu n. 5.

Sie gibt die Quellen an, aus welchen die Pfarreinkünfte fließen oder woher sie erhoben werden; Instr. v. 14. VIII. 1813 § 2 (G. II 707); M. II 392 n. 5.

Fassionen bestehen auf kirchlichem Gebiet für sämtliche selbständige oder mit eigenen Stiftungen und Einkünften versehene Seelsorgestellen und Pfründen; M. II 393 zu n. 3.

Die Fassion verfolgt den Zweck, den Wert d. i. das Reinerträgnis der Pfründe durch Gegenüberstellung der Einkünfte und Lasten möglichst genau festzustellen; M. II 400 zu n. 4; Kr. II 167 nach n. 7.

2. Ihrer rechtlichen Natur nach ist die Fassion die Grundlage für die staatlichen Aufbesserungszulagen, M. II 395 zu n. 5, 245 zu n. 2, für die Baulastregulierung und die Pfründeverleihungstaxen; M. II 401 zu n. 7—11; Kr. II 168 zu n. 11; s. auch ME. v. 29. XI. 1908 Z. II (W. XXXVI 486). Deshalb ist vor jeder Berichtigung der Fassion die Regierungsfinanzkammer einzuvernehmen; s. unten Z. III.

Die Fassion hat außerdem insofern Bedeutung, als bei Reichnissen, welche nach dem Herkommen in natura geleistet werden, dieses Herkommen schon durch den Eintrag des betreffenden Reichnisses als eines Naturalreichnisses in der vorschriftsmäßig hergestellten Fassion als genügend dargetan zu erachten ist; Kr. II 125 n. 25, 121 n. 4; s. auch „Reichnisse" IV.

Im übrigen begründet der Eintrag eines Postens in die Fassion keinen Rechtstitel (Rechtsanspruch) auf diesen Posten, besonders keine Rechtsvermutung für das Bestehen eines Rechts oder einer Last der betreffenden Pfründe. Auch ist dem Pfründebesitzer der wirkliche Anfall des in der Fassion berechneten Einkommens nicht garantiert; ME. v. 8. V. 1882 Nr. 1780 (KMBl. 1886 S. 45); M. II 401 zu n. 6. Der Eintrag ist vielmehr lediglich ein Beweisbehelf. Im näheren s. M. II 401 zu n. 1—5, 400 nach n. 4; Kr. II 121 n. 4, 168 zu n. 8—10; St. 262 zu n. 4; Seeb. 349 n. 13, 431 n. 5, 932 n. 39, 233 zu n. 2; S. III 605 zu n. 52.

Für die Steuereinschätzung des Geistlichen kommt die Fassion nicht in Betracht; M. II 401 nach n. 12.

Die Fassion ist auch nicht entscheidend für die Eigentumsfrage; M. II 401 nach n. 5.

II. Quellen.

1. Rechtsquellen:

a) im rechtsrheinischen Bayern:

α) in der katholischen Kirche: § 64b RE., VO. v. 5. XII. 1811 (W. I 357), v. 22. III. 1834 (W. II 718) und v. 22. IV. 1858 (W. V 105) mit teilweisen Abänderungen durch die ME. v. 26. VI. 1868 (W. VII 349), v. 30. III. 1878 (W. XII 256), v. 19. VIII. 1892 (W. XXI 691), v. 24. VI. 1898 (W. XXVI 73) und v. 29. XI. 1908 (W. XXXVI 486).

β) In der protestantischen Kirche: § 64b RE., Instruktion v. 6. XI. 1809 (W. I 316), OKE. v. 7./15. V. 1865 (W. VI 441, G. II 96) mit den Modifikationen durch dieselben ME. wie unter a.

b) In der Pfalz:

§ 64b RE., ME. v. 6. VIII. 1849 (Döll. XXIII 296), RegE. v. 11. XI. 1849 (Wand 604) mit besonderen Erlassen (Geib II 107), ME. v. 30. III. 1878 Buchst. a (KMBl. 143), dann die ME. v. 19. II. 1890, RE. v. 25. III. 1890 (Wand-Wagner 231).

c) Rechtsquelle für die Fassion der weltlichen Kirchendiener: ME. v. 11. IV. 1899 (W. XXVII, KMBl. 123), betr. die Fassion der Schul- und Kirchendienste und v. 30. III. 1878 (W. XII 256, KMBl. 143).

2. Literatur: M. II 392—524; Kr. II 145—172; St. 246—265; Seeb. 346—367; S. III 604 nach n. 48f. Den Abdruck eines Fassionsschemas s. bei G. II 111.

III. Fertigung und Berichtigung der Fassion.

1. Im rechtsrheinischen Bayern.

a) In der katholischen Kirche erfolgt die Fertigung durch den Pfründebesitzer bzw. Pfründevertreter unter Leitung der Distriktspolizeibehörde; VO. v. 5. XII. 1811 § 1 (W. I 357), bzw. des exponierten Bezirksamtsassessors; Instr. v. 21. V. 1862, § 6 Z. 12 (W. V 633); M. II 397 zu n. 2—6; Kr. II 116 zu n. 1; St. 261 n. 1 u. 2; S. III 601 nach n. 48.

Für den Fall, daß ein Geistlicher zwei oder mehrere Pfründen zu verwalten und zu genießen hat, muß er über jede einzelne eine besondere Fassion verfassen. Das nämliche tritt ein, wenn er noch ein mit Gehalt verbundenes Nebenamt zu besorgen hat; Kr. II 166 zu n. 79; St. 261 § 33.

Die Kirchenverwaltungen sind bei der Herstellung nicht beteiligt, es sei denn, daß die Kirchenstiftung bzw. die Kirchengemeinde Beiträge leistet, welche dann von der Kirchenverwaltung nur zu belegen sind.

Dasselbe gilt von der Gemeindeverwaltung; M. II 397 nach n. 6.

Die Distriktsverwaltungsbehörden prüfen die Fassionssätze, erheben etwa erforderliche Aufklärungen und bescheinigen die Richtigkeit der Fassion und ihrer Belege unter amtlicher Fertigung und Unterschrift; M. II 397 zu n. 7; Kr. II 166 zu n. 2; St. 261 § 35.

Die revidierten Fassionen unterliegen noch der Superrevision der Kreisregierung; VO. v. 5. XII. 1811 (W. I 357); FormVO. v. 17. XII. 1825 §§ 36, 74 (W. II 279); ME. v. 22. IV. 1858 § XV (W. V 110); M. II 397 zu n. 10; Kr. II 167 zu n. 5; St. 262 n. 2; S. III 604 nach n. 48.

Es herrscht hier das System der amtlichen Einschätzung; s. auch ME. v. 29. XI. 1908 (W. XXXVI 486). Daher ist der Geistliche nicht berechtigt, auf fassionsmäßige Einkommensteile der Pfarrstellen eigenmächtig zu verzichten; Seeb. 725 zu n. 132.

Vor der endgültigen Feststellung der Kreisregierung sind die Superrevisionsergebnisse nicht nur der Regierungsfinanzkammer, sondern auch dem Ordinariat zur Erinnerung mitzuteilen; ME. v. 2. IV. 1858 (W. V 105) Z. XV; M. II 398 zu n. 1, 401 zu n. 12; Kr. II 167 n. 5.

Über die Fassionsherstellung in der Praxis s. M. II 398 nach n. 5.

b) In der protestantischen Kirche wird die Fassion nach Art der inneren Kirchenangelegenheiten behandelt. Die Fertigung obliegt hier dem Pfarrer bzw. Pfarrverweser, wird mit der Unterschrift und dem pfarramtlichen Siegel versehen und von dem Dekan beglaubigt; M. II 398 zu n. 7.

Einer Bestätigung durch die Distriktsverwaltungsbehörde und Revision durch die Kreisregierung bedarf es nicht; M. II 398 zu n. 8; Seeb. 348 vor n. 8. Vielmehr erfolgt hier die Bestätigung durch das Konsistorium, die Revision durch das Oberkonsistorium; § 11 PE.; M. II 398 nach n. 8; Seeb. 84 zu n. 6, 346 zu n. 1 ff.; S. III 604 zu n. 49.

Vor ihrer endgültigen Festsetzung sind die Fassionen den einschlägigen Regierungsfinanzkammern von den Konsistorien mitzuteilen und mit deren Erinnerungen zur superrevisorischen Festsetzung an das Oberkonsistorium einzusenden; M. II 398 n. 1, 401 zu n. 12; Seeb. 349 zu n. 11.

Bei kombinierten Pfarreien ist für jede Pfarrei eine gesonderte Fassion herzustellen; Seeb. 348 zu n. 8.

2. In der Pfalz.

Gemäß ME. v. 6. VIII. 1849 (Döll. XXIII 290) war das Fassionsgeschäft für beide Kirchen ursprünglich gleichmäßig den weltlichen Stellen übertragen. Dieser Standpunkt wurde berichtigt durch ME. v. 19. II. 1890 und RegE. v. 25. III. 1890 (Wand-Wagner 231), wonach nunmehr in der protestantischen Kirche die Herstellung bzw. Richtigstellung der Fassion durch das Konsistorium betätigt wird, M. II 398 zu n. 9ff.; S. III 604 zu n. 51, während in der katholischen Kirche die Anfertigung der Pfründefassion unter Leitung der Regierung den Bezirksämtern übertragen ist; Kr. II 171, 172.

3. Für Z. 1 und 2 gilt in gleicher Weise folgendes:

Die Fassion ist stets evident zu halten; M. II 400 zu n. 1; Kr. II 89 nach n. 11, 158 n. 38; Seeb. 362 zu n. 68, 237 n. 19.

Demgemäß sind alle Änderungen sofort in der Fassion vorzutragen, d. h. es ist ein diesbezüglicher Antrag an die vorgesetzte Behörde zu stellen; M. II 400 zu n. 1.

Insbesondere sind Veränderungen und Berichtigungen bei Gelegenheit der Installation in das Protokoll aufzunehmen; M. II 400 zu n. 2; Kr. II 74 § 10.

Die zuständige Stelle für den Berichtigungsantrag ist in der katholischen Kirche die Kreisregierung; VO. v. 5. XII. 1811 (W. I 357); FormVO. v. 17. XII. 1825 §§ 36, 74 (W. II 279); M. II 393.

In der protestantischen Kirche wird das Revisionsgeschäft von den Konsistorien vollzogen; ME. v. 26. VI. 1868 Z. IV (G. II 137); Seeb. 363 zu n. 76.

Bei Errichtung einer neuen Pfarrei ist dem Gesuch um landesherrliche Genehmigung auch ein Fassions-Entwurf, in dem die voraussichtlichen Einnahmen und Ausgaben der neuen Pfründe zusammengestellt werden, beizugeben, Kr. II 16 Abs. 4 Buchst. d, und sobald die Besetzung der Pfründe vollzogen ist, die definitive Fassion in der vorgeschriebenen Weise herzustellen; Kr. II 19 zu n. 24; s. auch M. II 59 zu n. 1.

Über die statistische Beschreibung s. Kr. II 168—171, bezüglich der Pfalz 172 n. 4; St. 263—265; Seeb. 363—367.

IV. Inhalt der Fassion.

1. Beschreibung der Einkünfte.

Diese enthält in Beziehung auf die Quellen der Einkünfte folgende Rubriken:

(Einkünfte)

I. An ständigem Gehalt.

II. An Zinsen von den zur Pfarrei gestifteten Kapitalien.

III. Aus dem Ertrag der Realitäten.

IV. Aus dem Ertrag der Rechte.

V. Aus den Einnahmen für besonders bezahlte Dienstverrichtungen.

VI. Aus herkömmlichen Gaben und Sammlungen der Gemeinde.

VII. Besondere Nebenbezüge zur Sustentation der Hilfsgeistlichkeit; M. II 329 zu n. 5; Kr. II 146 zu n. 3, 166 nach n. 44; St. 246 § 244; Seeb. 349 zu n. 14 —359.

Die Entscheidung darüber, welche Einkommensbestandteile des Pfründebesitzers in die Fassion einzustellen und bei Berechnung der Kongrua in Ansatz oder Abrechnung zu bringen sind, fällt der Würdigung der Staatskuratel anheim; ME. v. 12. III. 1865 (G. II 421); Kr. II 146 n. 1; Seeb. 349 n. 11.

a) Der Gehalt des Pfründebesitzers.

1 Dieser kann aus Staatskassen, aus Stiftungskassen, aus Gemeindekassen, von anderen Pfarreien und von Privaten herrühren; M. II 404 zu n. 1; Kr. II 147 Z. 1; St. 247 zu n. 1 ff.; Seeb. 349 zu n. 14 ff.

α) Leistungen der Staatskassen sind solche, zu denen der Staat auf Grund besonderer Rechtsverhältnisse, Verträge oder Verjährung verpflichtet ist. Insbesondere gehören hieher die sogenannten Dotationsreichnisse zur Besoldung des Geistlichen. Diese Ansprüche sind privatrechtlicher Natur und vor Gericht klagbar; M. II 407 zu n. 4. Sie gehen zurück auf die Säkularisation und wurden auf die Staatskasse übernommen. Die staatliche Einkommensaufbesserung gehört aber nicht hierher.

Die organisierten Pfarreien sind, abgesehen von den Stolgebühren, lediglich auf den Staatsgehalt beschränkt; ME. v. 22. IV. 1858 Z. XIV Abs. II (W. V 110); M. II 404 zu n. 4; s. auch Kr. II 103 zu n. 3.

β) Zu den Leistungen aus Stiftungskassen gehören vor allem die Leistungen aus den Stiftungen der eigenen Pfarrei, insbesondere der eigenen Kirchenstiftung, der Benefizien sowie der Filialkirchen, M. II 404 zu n. 2, ebenso die Leistungen aus besonderen Stiftungen, z. B. Frühmeßstiftungen; VGH. IX 161.

Bei Leistungen der Kirchenstiftung handelt es sich um freiwillige bzw. vertragsmäßige Zuschüsse oder auch um die Zuwendung von Rentenüberschüssen; VGH. XIX 10; M. II 407 zu n. 2.

Bei ständiger oder persönlicher Gehaltsaufbesserung der Kirchendiener aus Kultusstiftungen ist die Entscheidung der Staatsaufsichtsbehörde d. i. der Kreisregierung erforderlich, wobei das Gutachten der geistlichen Oberbehörden einzuholen ist; M. II 407 zu n. 1; Kr. II 106 zu n. 4; Art. 73ff. KGO.

γ) Die Ergänzungsbeiträge, welche einzelnen Geistlichen bei unzureichenden Dotationen aus den Gemeindekassen bewilligt werden, was unter Beobachtung der entsprechenden Aufsichtsbestimmungen zulässig ist, M. II 48 zu n. 2, I 114ff., sind solange als ständige Gehalte anzusehen, als die Mittel der Gemeinde hinreichen, diese aus ihrem Vermögen zu leisten; M. II 407 zu n. 6.

δ) Zu den Leistungen von anderen Pfarreien gehören die Dotationsreichnisse privatrechtlicher Natur. Diese Reichnisse rühren von Dismembrationen her und dienen zur Entschädigung des Pfarrers der Mutterpfarrei für den jährlichen Entgang an Stolgebühren. Pflichtig ist der Pfarrer der Tochterkirche; ME. v. 3. VII. 1811 (W. I 351).

ε) Von den Privaten kommen namentlich die Patrone in Betracht, BlAdmPr. XXXVI 145; M. II 404 n. 1 u. zu n. 3; Seeb. 350 zu n. 19, sowie die reichnispflichtigen Parochianen; Kr. II 147 vor n. 4; s. auch M. II 404 vor n. 4.

II Der Gehalt besteht in Geld oder Naturalien.

Die als Personalzulagen aufzufassenden Aufbesserungszuschüsse sind nur intra lineas vorzumerken, jedoch sind die den protestantischen Geistlichen aus der Pfarrunterstützungskasse zufließenden Unterstützungsbeiträge als ständiger Einkommensbestandteil in Anschlag zu bringen; M. II 404 zu n. 8; Seeb. 350 n. 15, 351 n. 16.

Die Bezüge aus dem Forstrecht gehören nicht zum Gehalt, sondern zu den Erträgnissen aus Rechten; M. II 404 zu n. 5; Kr. II 147 nach n. 5, 156; St. 247 § 10.

Dagegen fällt das sogenannte Besoldungsholz unter den ständigen Gehalt; M. II 404 zu n. 5; Kr. II 147 nach n. 5. Über dessen Veranschlagung s. M. II 408 n. 4; Kr. II 149 zu n. 9; St. 247 § 10; Seeb. 350 n. 14.

Zu dem Gehalt aus Stiftungen gehören nur die wirklichen Gehaltsbezüge, nicht aber die besonders gestifteten Gottesdienste, welche unter den Einnahmen für besonders bezahlte Dienstverrichtungen vorzutragen sind; M. II 404 n. 9; Kr. II 147 unten, 158 zu n. 39 u. 41; St. 248 oben, 256 nach n. 1; Seeb. 350 n. 16.

Die seit 1878 neu anfallenden Bezüge aus Stiftungen oder sonstigen Zuwendungen Dritter bleiben bei Feststellung des fassionsmäßigen Erträgnisses für Berechnung der staatlichen Gehaltsaufbesserung außer Ansatz. Es ist nur in der Fassion eine Vormerkung zu machen; ME. v. 29. XI. 1908 Z. II (W. XXXVI 486); M. II 406 zu n. 7—9.

Über die Getreidenaturaleinnahmen — Getreidekompetenzen, deren Veranschlagung und Fixierung s. M. II 405 zu n. 7—9; Kr. II 148 nach n. 6; St. 248 zu n. 1; Seeb. 349 n. 14.

Über die Einnahmen durch Teilnahme an den Gemeindenutzungen s. M. II 405 zu n. 2.

Über die Einnahmen für Besorgung der Kirchenstuhlangelegenheiten s. M. II 405 zu n. 4.

Die Naturalfrohnden, d. h. die Pflicht der Parochianen zur unentgeltlichen Bearbeitung der Pfarräcker, zum unentgeltlichen Abmähen, zum unentgeltlichen Holzführen usw. sind regelmäßig Leistungen aus dem Pfarrverband, also öffentlich-rechtlich, doch können sie auch privatrechtlich sein; M. II 408 zu n. 4 u. 6; Kr. II 124 bb; Seeb. 716 n. 102.

Diese Naturalfrohnden gehören eigentlich zum ständigen Gehalt, doch werden sie fassionsmäßig bei den betreffenden Einnahmen zusätzlich zur Verrechnung und dabei etwaige Gegenreichnisse in Abrechnung gebracht; M. II 408 zu n. 5.

b) Der Kapitalzins. Es handelt sich hier um die Kapitalien, deren Zinsen nach der Anordnung der Stifter zur Sustentation des jeweiligen Pfründebesitzers bestimmt sind, und deren Verwaltung diesem vorbehalten worden ist; M. II 458 zu n. 1.

Auch für die protestantische Kirche sind sämtliche Kapitalien mit Ausnahme der Bodenzinse und Bodenzinskapitalien, welche unter Titel IV einzusetzen sind, unter Titel II vorzutragen; Instr. v. 15. V. 1865 § 5 (W. VI 441, G. II 96); M. I 458 zu n. 3, 493 nach n. 1.

Die Zinsen aus Aktivkapitalien (Staatsanlehen, Pfandbriefen, Kommunalobligationen, Hypotheken) sind ohne Rücksicht auf den wirklichen Zinsfuß mit 3½% in Anschlag zu bringen mit Ausnahme der Grundrenten-Ablösungsschuldbriefe, welche mit 4% anzusetzen sind; ME. v. 24. VI. 1898 (KMBl. S. 182, W. XXVI 73), betr. die Veranschlagung der Zinserträgnisse in den Fassionen der Seelsorgestellen; M. II 458 zu n. 4.

Über die Anlage von Pfründekapitalien s. „Kapitalienanlage" II.

c) Der Realitätenertrag. Die Realitäten sind regelmäßig Eigentum der Pfründestiftung, doch können sie auch einem Dritten gehören, z. B. der Gemeinde, dem Staat, der Kirchenstiftung, dem Patron usw. In diesem Falle hat dann die Pfründestiftung nur den Nutzgenuß an den Realitäten.

Jeder Pfründebesitzer hat über die Gebäude eine genaue Beschreibung zu fertigen; M. II 467 zu n. 4.

Hinsichtlich der Gebäude ist die Wohnung auf dem Land mit 20—25 fl., in Städten mit 50—100 fl. in Ansatz zu bringen. Über die Klassifikation innerhalb dieser Grenzen s. VO. v. 5. XII. 1811 § 13 (W. I 357), ME. v. 22. III. 1834 Z. 2 (W. II 718), v. 22. IV. 1858 Z. III (W. V 105) u. v. 26. VI. 1868 Z. III (W. VII 349), Instr. v. 1865 § 6 (W. VI 444); M. II 467 nach n. 6; Kr. II 151 zu n. 14; Seeb. 353 n. 29.

Bei Pfründen, welche die Baulast tragen, wird ein Anschlag für den Wohnungsgenuß nicht in Einnahme gestellt, dagegen aber auch eine Ausgabe für Baulichkeiten unter den Lasten außer Ansatz gelassen; ME. v. 22. III. 1834 (W. II 718); M. II 468 zu n. 2; Kr. II 151 zu n. 15.

Das gilt auch für diejenigen Pfründen, deren Besitzern nur die Vornahme der jährlich nötigen Reparaturen der Gebäude auf eigene Kosten obliegt; ME. v. 17. V. 1834 (W. II 719 Fußn. 6); M. II 468 zu n. 3.

Die Ökonomiegebäude werden nicht in Ansatz gebracht; M. II 468 zu n. 8.

Bei Ermittlung des Ertrags der Grundstücke ist die Steuerverhältniszahl der allgemein geltende Maßstab; M. II 468 zu n. 10.

Im rechtsrheinischen Bayern dient eine Skala nach der Durchschnittsbonität des ganzen Grundbesitzes jeder Pfründe als Maßstab; ME. v. 26. VI. 1868 (KMBl. 179) u. v. 19. VIII. 1892 Z. I (KMBl. 253); M. II 469 zu n. 5.

Die in Z. II Abs. 6 der ME. v. 26. VI. 1868 hinsichtlich der Waldungen getroffene Ausnahmebestimmung findet auch auf jene Seelsorgestellen, welche von der in Z. II der Bek. v. 19. VIII. 1892 eingeräumten Vergünstigung Gebrauch gemacht haben, und zwar dann Anwendung, wenn das wirkliche Erträgnis des Waldes auch noch mit dem auf $^1/_3$ der Steuerverhältniszahl ermäßigten Ansatz des Ökonomieertrags in auffälligem Mißverhältnis stehen sollte; autogr. KME. v. 19. VIII. 1892 Nr. 12433.

In der Pfalz wird die katastermäßige Steuerverhältniszahl zugrunde gelegt mit einem Abzug von 15% des Ertrags für Steuern und Umlagen; M. II 470 zu n. 1 u. 4.

Im einzelnen s. M. II 467—470; Kr. II 150—153; St. 249—251; Seeb. 353—355.

d) Der Ertrag aus Rechten. Hiezu gehören grundherrliche, Zehnt-, Gemeinde-, Weide-, Forst-, Jagd- und Fischrechte sowie die Bodenzinse; M. II 491 zu n. 7, 458 zu n. 3. Die näheren Bestimmungen für die Fatierung des Ertrags aus diesen Rechten enthält die ME. v. 22. IV. 1858 Z. VI (W. V 105); M. II 492 zu n. 2.

In der Pfalz wurden die Grundgefälle abgeschafft. Es erhielten sich nur die Gilten und Grundrenten, deren Fatierung nach ihrem durchschnittlichen Wert und nach Abzug eines Fünftels für die Erhebung erfolgt; M. II 496 zu n. 1.

Im einzelnen s. M. II 491—494; Kr. II 153—157; St. 251—255; Seeb. 355—357; für die Pfalz M. II 494—496.

e) Einnahmen aus Dienstverrichtungen. Zu diesen Einnahmen gehören im rechtsrheinischen Bayern die Bezüge aus Gottesdienststiftungen und zwar soll dann, wenn der Stifter die Nichteinstellung zur Bedingung gemacht hat, die Stiftung nicht bestätigt werden; M. II 496 zu n. 3.

In die Fassion wird nur der Gesamtbetrag der jährlichen Einnahmen aus sämtlichen Gottesdienststiftungen eingetragen; M. II 496 zu n. 4.

Die seit 1. I. 1878 neu anfallenden Bezüge kommen bei der Berechnung des Staatszuschusses nicht mehr zur fassionsmäßigen Anrechnung; ME. v. 29. XI. 1908 Z. II a (W. XXXVI 486); M. II 496 zu n. 5.

Ferner gehören hierher die Kasualien und Stolgebühren, deren Veranschlagung nach dem Durchschnitt der letzten 10 Jahre erfolgt; M. II 497 zu n. 1.

Stolgebühren in Form von Naturalien werden in Geld veranschlagt; M. II 497 zu n. 4.

Die Aufnahme der zufälligen Meßstipendien in die Fassion wurde für jeden einzelnen Fall der Entscheidung der Kreisregierung im Benehmen mit der kirchlichen Oberbehörde unterstellt; ME. v. 22. IV. 1858 Z. VII (W. V 105); M. II 497 zu n. 5.

Hiebei ist davon auszugehen, daß eine Veranschlagung nach dem Durchschnitt der letzten 10 Jahre nur dann erfolgen soll, wenn mit Sicherheit auf einen nachhaltigen Anfall gerechnet werden kann; M. II 497 zu n. 6.

In der Pfalz bleiben die Kasualien und alle Bezüge für seelsorgerliche Verrichtungen, welche auf einem widerruflichen Privatvertrag beruhen, außer Ansatz; M. II 405 zu n. 1, 497 zu n. 8; Kr. II 159 n. 40, 172 Z. II. Die Bezüge für Messen, Jahrtage usw. werden bei

Feststellung der Kongrua bzw. bei Berechnung des Staatszuschusses nicht in Anrechnung gebracht; M. II 498 zu n. 2.

Im einzelnen s. M. II 496—502; Kr. II 157—159; St. 255, 256; Seeb. 357.

f) Einnahmen aus Gaben und Sammlungen bei der Gemeinde. Hierher sind herkömmliche oder observanzmäßige Gaben für Kirchendiener zu rechnen, soweit solche nicht überhaupt als eine besondere Form des Gehalts zu erachten und deshalb unter Buchst. a einzustellen sind (s. M. II 410—458 für Reichnisse, Komplexlasten und Baulasten); M. II 503 zu n. 8.

Auch diese Einnahmen sind nach der Durchschnittsberechnung der letzten 10 Jahre im Geldbetrag einzustellen; M. II 503 zu n. 9. Im einzelnen s. M. II 502—505; Kr. II 159, 160; St. 247 A nach Z. 5, 256, 257; Seeb. 358. Freiwillige Geschenke der Gemeindemitglieder an den Geistlichen sollen, da sie keine bleibenden Dienstemolumente sind, am Schluß der Einkünftefassion als Anhang beigesetzt bzw. intra lineas vorgetragen werden. Das Gleiche gilt für Beiträge an die Pfründe; M. II 504 zu n. 5 u. 6.

Die jährlichen Erträgnisse dieser Gehaltsteile aus Gaben und Sammlungen sind auszuschreiben; Instr. v. 1865 § 9 (W. VI 441, G. II 96); M. II 504 zu n. 8.

Bezüglich der Entschädigung für die aufgehobenen Neujahrsgelder der Juden, die ebenfalls hieher zu rechnen waren, s. M. II 504 zu n. 3, 349 nach n. 2; Seeb. 733 n. 170.

g) Die besonderen Bezüge zur Sustentation der Hilfsgeistlichen s. bei Kr. II 160 Z. VII.

2. Die Beschreibung der auf der Pfarrei liegenden Lasten.

Diese erfolgt in der katholischen Kirche unter folgenden Rubriken mit genauer Angabe ihres Zweckes und Betrages:

I. Lasten wegen der Staatszwecke.
II. Lasten wegen des Diözesanverbandes.
III. Lasten wegen besonderer Zwecke und Verhältnisse der Pfründe.
IV. Lasten wegen der Sustentation der Hilfsgeistlichkeit;

M. II 505 Abs. 5; Kr. II 160 nach n. 45, 165 zu n. 77; St. 257; Seeb. 359 zu n. 49.

In der protestantischen Kirche gelten mit Ausnahme der Rubrik II die gleichen Grundsätze mit einigen Abweichungen.

Im einzelnen gilt folgendes:

a) Zu den Lasten wegen der Staatszwecke gehören in erster Linie die Steuern und steuerlichen Lasten (Umlagen). Von grundlegender Bedeutung ist hiebei die Unterscheidung von Steuern, welche die Pfründe treffen und solchen, welche auf die Person des Pfründebesitzers entfallen; M. II 505 nach n. 3.

In die Fassion werden nur die Lasten und Steuern eingetragen, welche die Pfründestiftung als solche, nicht den Pfründebesitzer persönlich treffen; ME. v. 31. I. 1879 (G. II 547).

Die Pfründestiftung wird nur sehr beschränkt zur Steuerpflicht herangezogen.

Von der Einkommensteuer sind die Pfründestiftungen nach Art. 4 Abs. I Z. 4 EinkStG. v. 14. VIII. 1910 (GVBl. 493) befreit. Die Einkünfte, welche eigentlich zunächst die Pfründestiftung bezieht, werden vom Pfründebesitzer als sein Einkommen versteuert.

Ebenso genießt die Pfründestiftung Befreiung von der Kapitalrentensteuer nach Art. 4 Z. 1 KapStG. v. 14. VIII. 1910 (GVBl. 549) in Verbindung mit Art. 4 Abs. I Z. 4 EinkStG. v. gl. Tage; s. auch ME. v. 18. VII. 1872 (G. II 496). Selbstverständlich zahlt der Pfründebesitzer für sein Privatvermögen Kapitalrentensteuer.

Dagegen muß die Pfründestiftung Grund- und Haussteuer entrichten, doch soll nach § 4 Abs. Ib in Verbindung mit § 14 Abs. II HausStG. i. d. F. v. 4. XI. 1910 (GVBl. 1030, 1055) bei Pfarrhöfen auf dem platten Lande, insofern sie nicht vermietet, sondern bloß zur Wohnung des Pfarrers verwendet sind, die Steuerzahlungspflichtigkeit nur nach dem Nutzen bemessen werden, den sie den Pfarrern als Wohnung gewähren.

Die Pfarrgebäude und Widdumsgründe der organisierten Pfarreien sind nicht Staats-, sondern Stiftungsgut, unterliegen also ebenfalls der Haus- bzw. Grundsteuerpflicht; ME. v. 21. IV. 1848, 19. VII. 1852 (W. III 679 u. Sternn.) u. v. 28. III. 1865 (W. VI 424); VGH. VI 105.

Eine Erbschaftssteuer zahlt die Pfründestiftung nur bei einem Reinerwerb von über 5000 ℳ; § 12 Abs. I Z. 2 u. Abs. III RErbschStG. v. 3. VI. 1906 (RGBl. 654). In allen Fällen genießt sie jedoch Steuerermäßigung, indem nur 5% zum Ansatz kommen.

Steuerähnliche Lasten sind die Gemeinde- und die Kreisumlagen. Da diese nach Art. 1 bzw. 42 UmlG. v. 14. VIII. 1910 (GVBl. 581 ff.) nur Zuschläge zu den direkten Staatssteuern sind, muß sie auch die Pfründestiftung zahlen, soweit sie auf die Grund- und Haussteuer treffen. Über ihre Berechnung s. Art. 25 Abs. I—III bzw. Art. 47 UmlG. Die Ortsumlagen sind ebenfalls Zuschläge zu den direkten Staatssteuern und werden von den Ortschaften behufs Bestreitung der besonderen ortschaftlichen Bedürfnisse erhoben, Art. 36, 37 UmlG., es findet deshalb obiger Grundsatz auch auf sie Anwendung.

Die Distriktsumlagen kommen nach dem geltenden Rechte nicht mehr in Betracht, da sie steuerliche Beiträge der Gemeinden und der Eigentümer ausmärkischer Grundstücke sind und deshalb nicht mehr von dem einzelnen bezahlt werden.

Steht die Pfarrei unter der Kongrua, so ist sie insofern umlagenfrei, als der Pfründebesitzer einen im Wege des Verwaltungsstreitverfahrens nach Art. 10 Z. 13 VGG. zu verfolgenden Anspruch auf Ersatz durch die Kirchengemeinde hat; ME. v. 13. IV. 1832 (W. II 607, G. II 515) und v. 28. V. 1861 (G. II 484) mit den darin angegebenen Verordnungen. Während der Interkalarzeit hat jedoch der das Interkalare beziehende Fonds die Umlage zu entrichten, da die Steuerfreiheit nicht der Pfründe, sondern dem Nutznießer zusteht; ME. v. 12. III. 1832 (W. II 604).

Leistet aber die Kirchengemeinde Ersatz für die Umlagen an die Pfründestiftung, indem sie Mittel der Kirchenstiftung bereitstellt oder bei deren Fehlen Kirchengemeindeumlagen erhebt, ME. v. 19. I. 1862 u. v. 22. IV. 1878 (G. II 519, 544); VGH. XVII 136, so dürfen sie nicht unter die Lasten aufgenommen werden; ME. v. 6. VI. 1854, 23. XII. 1865 u. v. 17. XII. 1866 (G. II 517, 524, 525).

Bei Pfründen, deren Fassion mit einem Reinertrag über der Kongrua abschließt, ist die Kirchengemeinde zu einem Ersatz nicht verpflichtet, dieser vollzieht sich vielmehr in der Weise, daß hier die Umlagen als Pfründelasten in die Fassion eingestellt werden, wodurch das Einkommen der Pfründe sich um den Betrag der Umlagen mindert, folglich, da das Reineinkommen die Grundlage der staatlichen Einkommensaufbesserung bildet, der Staat seinen Zuschuß um diesen Betrag erhöht; ME. v. 29. XI. 1908 (W. XXXVI 486, 490) Z. II bzw. III.

Ein Ersatz der Staatssteuer ist bei den unter der Kongrua stehenden Pfarreien in Form des sog. Steuervorschusses gegeben; VO. v. 19. VI. 1810 (W. I 323, G. II 465), ME. v. 6. VI. 1854 (G. II 517). Dies ist jedoch durch die Aufbesserung der Pfarrpfründen nahezu bedeutungslos geworden; ME. v. 3. IX. 1874 u. v. 13. VIII. 1876 (G. II 497, 498). Bei den übrigen Pfarreien vollzieht sich der Ersatz der Staatssteuer in gleicher Weise wie derjenige der Umlagen.

Zu den Kirchengemeindeumlagen ist die Pfründestiftung nicht beitragspflichtig, und zwar auch dann nicht, wenn es sich um Bauumlagen handelt (Art. 20 Abs. II, 21 Abs. I KGO.), da ihre Mittel für Zwecke des Kultus verwendet werden und sie deshalb Befreiung nach Art. 21 Abs. IV KGO. genießt.

Die Pfründestiftungen der protestantischen Kirche können zur Kirchensteuer nicht herangezogen werden; denn Voraussetzung der Steuerpflicht ist Konfessionszugehörigkeit zur protestantischen Landeskirche; Art. 7 Abs. I KStG. v. 15. VIII. 1908 (W. XXXVI 341). Die Pfründestiftung ist aber als juristische Person nicht konfessionsfähig.

Zu den Lasten wegen der Staatszwecke gehören weiter noch besondere Auflagen und Konkurrenzbeiträge, Kr. II 161 zu n. 47; St. 257 vor n. 1, sowie Beiträge zur Armenkasse, sofern sie als Pflichtbeiträge geleistet werden; M. II 511 zu n. 5 u. 6, 521 zu n. 1; Kr. II 162 zu n. 55; St. 258 zu n. 3.

Dagegen eignen sich nicht zur Einstellung die Beiträge für Unfallversicherung; autogr. ME. v. 29. V. 1899 Nr. 8300 u. v. 14. V. 1903 Nr. 9229, Kr. II 162 zu n. 56.

b) Zu den Lasten wegen des Diözesanverbandes rechnet man in der katholischen Kirche das Seminaristikum, das Kathedratikum, auch Synodatikum genannt, die canones annui, die commissiones annuae, das consuetum pro pedello generali et directorio und verschiedene andere (s. bei M. II 514 zu n. 1 f.), von denen jedoch nur die genannten sowie die ständigen Abgaben an die Kapitelkasse, die Ausgaben für den Unterhalt des Kapitelpedells und die Anschaffung des Diözesanschematismus als eine unzweifelhaft fassionsmäßige Last angesehen werden; M. II 515 zu n. 8 —516 zu n. 1; Kr. II 162 zu n. 57, 144 zu n. 2; St. 258 nach n. 3.

c) Lasten wegen besonderer Zwecke und Verhältnisse der Pfründen sind der Aufwand für die Hilfspriesterschaft, deren Gehalt und Verpflegung, dessen Ansatz in der katholischen und protestantischen Kirche ganz gleich ist (900 ℳ), ME. v. 29. XI. 1908 Z. II (W. XXXVI 486), der Anteil der Hilfspriester an den Stolgebühren, die sog. kleine Stole, M. II 354 zu n. 10; St. 258 nach n. 6, ferner die jährlichen Absentgelder (Pfarrabsente), welche an einen resignierenden Vorfahren in der Pfründe zu zahlen sind, M. II 517 zu n. 2; Kr. II 163 zu n. 64, 145 zu n. 1, 2; St. 259 nach n. 2, die Grundzinsen und grundherrlichen Abgaben, an deren Stelle die Bodenzinse getreten sind, ME. v. 22. IV. 1858 (W. V 109), sowie sonstige Passivreichnisse, M. II 517 zu n. 7 u. 9, 520 zu n. 9; Kr. II 164 zu n. 65; St. 259 c, die Abgaben an andere Seelsorgestellen und Pfründen, soweit es Pflichtbeiträge sind, M. II 517 nach n. 9; Kr. II 164 zu n. 66; St. 260 d, die Abgaben an die Gemeinde als Rekognitionen, M. II 517 Buchst. e; Kr. II 164 zu n. 67; St. 260 e, zu denen auch in der protestantischen Kirche die Lasten für Beschaffung des Trink-, Koch- und Waschwassers gehören, M. II 522 nach n. 9, die Jahresabgaben für den Weidegenuß, Kr. II 164 zu n. 68; St. 253 Z. 4, 259 c, die Geldleistungen für eine umgewandelte Forstberechtigung, Kr. II 164 zu n. 69; St. 259 c; Seeb. 356 n. 39, die Kosten für Betriebsleitung und Forstschutz des Pfarrwaldes, ME. v. 26. VI. 1870 (G. II 353); M. II 518 zu n. 7, Beiträge für Viehversicherung, Kaminkehrerlöhne; M. II 518 Abs. 3. In der protestantischen Kirche kommen noch hinzu die Ausgaben für die Haltung eines Pferdes, falls eine spezielle Genehmigung dieses Ansatzes erfolgt ist, M. II 521 zu n. 4 u. 6; Seeb. 360 zu n. 55 (dieser Ansatz ist auch in der katholischen Kirche möglich; M. II 518 zu n. 6) sowie Lasten bis zu 120 ℳ für weite Entfernung von Orten vom Pfarrsitz, M. II 521 zu n. 8.

Eine Verschiedenheit besteht zwischen beiden Kirchen in bezug auf die Bauschillinge, insofern diese in der katholischen Kirche nicht in die Fassion eingestellt werden dürfen, weil im Fall einer Baulastverpflichtung auch der Genuß dieser Gebäude in den Einnahmen nicht in Ansatz kommt, M. II 518 zu n. 2, 468 nach n. 1; Kr. II 165 zu n. 72; St. 260 zu n. 2, während sie in der protestantischen Kirche als fassionsmäßig zu bewertende Last genannt sind; M. II 522 zu n. 1; Seeb. 360 zu n. 57.

Ebenso ist die Einstellung der Brandassekuranzbeiträge verschieden. Obliegt nämlich die Baulast an den Pfründegebäuden einem Dritten, z. B. einer Gemeinde, dann ist diese nach Art. 74 des Brandversicherungsgesetzes v. 3. IV. 1875 (GVBl. 269 ff.) teilweise abgeändert durch Art. 95 KGO. v. 24. IX. 1912 (GVBl. 911) zur Bezahlung der Versicherungsbeiträge verpflichtet, nicht der Pfarrer und nicht die Pfründestiftung. Ist aber der Pfründebesitzer primär baupflichtig für die Pfründegebäude, so muß er die Beiträge tragen und da diese Verpflichtung nur eine Konsequenz und Form der Baulast ist, kann in der katholischen Kirche eine Einstellung in die Lasten nicht erfolgen; M. II 518 zu n. 3; Kr. II 165 zu n. 73, 350—353; St. 260 zu n. 3. Im Falle der Insuffizienz des primär Baupflichtigen hat der sekundär Baupflichtige auch die Versicherungsbeiträge zu leisten; s. „Brandversicherung". Eine Einstellung in die Fassion kann dann selbstverständlich erst recht nicht erfolgen.

In der protestantischen Kirche können die Brandversicherungsbeiträge in die Fassion aufgenommen werden, wenn der Fatent nicht selbst der primär Baupflichtige ist und doch nach Gesetz oder Herkommen die Beiträge zu zahlen hat; M. II 521 zu n. 2; Seeb. 360 zu n. 54, 902 zu n. 5. Ist jedoch der Fatent primär baupflichtig, so kommen die Brandversicherungsbeiträge nicht zum Eintrag in die Fassion; M. II 522 zu n. 2; Seeb. 902 zu n. 4 u. 5.

Die Aussitzfrist für ad onus successorum aufgenommene Kapitalien erfährt in beiden Kirchen die gleiche Behandlung. Sie wird nicht unter die Lasten aufgenommen, doch ist es gestattet, die jährliche Verzinsungs- und Refundierungsquote vorzumerken und von dem Reinertrag in Abzug zu bringen, aber ohne Abrechnung des auf 90 ℳ angesetzten Wohnungsanschlags; ME. v. 29. XI. 1908 (W. XXXVI 486) Z. II b; M. II 518 nach n. 4, 522 zu n. 3; Kr. II 165 zu n. 74, 277—282; St. 260 zu n. 5; Seeb. 361 zu n. 68.

Wegen der Baufondsbeiträge s. „Einkommensaufbesserung" III A 1 b.

Nicht unter die Lasten einzustellen sind die Ausgaben, welche durch Einnahmen veranlaßt sind, bei denen nur der Reinertrag in der Fassion zum Ansatz gelangt, Kr. II 165 zu n. 75; St. 260 zu n. 6, s. auch M. II 518 zu n. 5, desgleichen nicht die Quartierleistung und Naturalverpflegung für die bewaffnete Macht, M. II 519 zu n. 1—3, die Ausgaben für Schreibmaterialien und Porto, M. II 519 zu n. 4, endlich nicht die in der protestantischen Kirche zu leistenden Prozentbeiträge zur Pfarrunterstützungs- und Pfarrwitwenkasse; M. II 523 zu n. 1; Seeb. 242 zu n. 29 u. n. 29, 361 zu n. 61. Letztere sind vielmehr persönliche Beiträge des jeweiligen Pfründebesitzers.

V. Fassion der weltlichen Kirchendiener.

1. Herstellung.

a) In der katholischen Kirche obliegt die Herstellung der Fassion den Ortsschulbehörden, die definitive Feststellung der Regierung; ME. v. 11. IV. 1899 betr. die Fassion der Schul- und Kirchendienste (W. XXVII 1); M. II 406 n. 10.

b) In der protestantischen Kirche hat das Konsistorium für die Herstellung einer förmlichen Einkommensfassion der Mesnerdienste Sorge zu tragen; Seeb. 436 zu n. 4. Die Herstellung erfolgt auch in diesem Falle ausschließlich durch die weltliche Behörde; M. II 183 n. 6.

Alle Anträge, welche sich auf Abänderung in der fassionsmäßigen Besoldung der weltlichen Kirchendiener beziehen, werden dem Oberkonsistorium zur Kenntnis behufs gutachtlicher Antragstellung mitgeteilt; Seeb. 436 zu n. 5. Außerdem ist die Kreisregierung einzuvernehmen, welche vermöge der ihr übertragenen Ausübung der Staatskuratel schließlich allein zu entscheiden hat; Seeb. 436 n. 5, 669 n. 4.

2. Inhalt der Fassion. Vgl. hierüber die Anweisung zur Herstellung der Fassion im KMBl. 1899 S. 128 ff.

Die seit 1. I. 1878 neu anfallenden Bezüge aus Stiftungen oder sonstigen Zuwendungen Dritter, insbesondere aus Gottesdienststiftungen, bleiben bei der Feststellung des Fassionserträgnisses für die Berechnung der staatlichen Gehaltsaufbesserung außer Ansatz. Es ist nur eine diesbezügliche Vormerkung zu machen; ME. v. 30. III. 1878 (KMBl. 143), § 35 Abs. 5 der Anweisung (KMBl. 1899 S. 142); M. II 406 zu n. 7—10.

Bei Vornahme der Ausgleichungen an den gemeindlichen Leistungen nach Art. 23 Abs. II Satz 4 des Schulbedarfgesetzes vom 28. VII. 1902 (GVBl. 265) sind Mehrungen des Kirchendiensteinkommens, die sich im Vollzuge der Art. 86—89 KGO. aus Anlaß der Umwandlung oder Ablösung von Reichnissen und der Ablösung von Stolgebühren ergeben, sowie sonstige Mehrungen des Stolgebührenanfalls — insbesondere auch solche durch Erhöhung der Stolgebührensätze — außer Ansatz zu lassen; Art. 23a des SchulbedG. i. d. F. des FinG. v. 2. XI. 1912 (GVBl. 1121).

VI. Streitigkeiten.

1. Beschwerden auf dem Gebiete der Errichtung und Änderung der Fassion sind von den Verwaltungsbehörden zu entscheiden; VGH. VII 92, autogr. ME. v. 19. VII. 1889 Nr. 83 III; M. II 400 nach n. 2. Sie sind daher der Würdigung des Verwaltungsgerichtshofs entzogen. Doch kann eine verwaltungsgerichtliche Entscheidung auf Grund des Art. 10 Z. 13 oder 22 VGG. für eine Fassionsänderung präjudiziell sein; M. II 400 zu n. 3.

2. Über Streitigkeiten, die mit der Fassion der weltlichen Kirchendiener zusammenhängen s. „Weltliche Kirchendiener".

Feierlichkeiten, kirchliche

s. „Gottesdienst" und „Außerordentliche kirchliche Feierlichkeiten".

Feldkapellen

s. „Kirchengebäude" V 1 a γ.

Fernbezirk

s. Art. 19 KGO.

Filial-

kirchengemeinde s. „Tochtergemeinde";
kirchenstiftung s. „Kirchenstiftung";
s. auch „Ortskirchenbedürfnisse und Mittel zu ihrer Befriedigung" III 1.

Finalrechnung

bei der Interkalarverwaltung s. „Interkalarfrüchte" V A 2 c.

Freiwillige Leistungen der bürgerlichen Gemeinden für kirchliche Zwecke.

I. Begriff.

Freiwillige Leistungen der bürgerlichen Gemeinden für kirchliche Zwecke sind freiwillige Gaben der bürgerlichen Gemeinden aus Gemeindemitteln, welche außerhalb der Verpflichtung und Aufgabe einer Gemeinde liegen; M. I 114 nach n. 6; K. II 87 n. 15a.

II. Quellen.

1. Rechtsquellen: Art. 159 Z. 1, 5 u. 7, 112 Z. 14, 47 Abs. 1 GemO.

2. Literatur: M. I 144 § 32, 232 Z. II; Kr. III 54 Z. 9; K. II 87 n. 15.

III. Deckung der freiwilligen Kultusleistungen.

Die Mittel für freiwillige Kultusleistungen können aus Gemeindeeinnahmen entnommen oder durch Gemeindeumlagen aufgebracht werden; M. I 115 vorletzter Absatz.

Freiwillige Leistungen

1. aus Gemeindeeinnahmen sind prinzipiell zulässig; Art. 159 Z. 5 u. 7 GemO. In Städten mit magistratischer Verfassung ist die Zustimmung der Gemeindebevollmächtigten für derartige freiwillige Gaben erforderlich; Art. 112 Z. 14 GemO. In Gemeinwesen mit Landgemeindeverfassung ist die Zustimmung der Gemeinde- bzw. Ortsversammlung nur dann nachzusuchen, wenn zur Deckung der beabsichtigten freiwilligen Leistung eine Umlagenerhebung notwendig wird; Art. 47 Abs. 1 GemO. Staatsaufsichtliche Genehmigung (Art. 154, 159 GemO.) ist nur erforderlich, wenn der bürgerlichen Gemeinde aus der freiwilligen Übernahme der Kultusleistung eine dauernde Haftungsverbindlichkeit erwächst; z. B. die bürgerliche Gemeinde übernimmt die Baulast (Art. 159 Z. 5 GemO.) oder die aufgewendete Summe soll eine gewisse Höhe übersteigen (Art. 159 Z. 7 u. 1 GemO.); Kr. III 55 zu n. 125.

Andererseits ist die Übernahme freiwilliger Leistungen zulässig ohne Unterschied, ob es einmalige oder fortgesetzte, stets wiederkehrende Leistungen sind; K. II 87 n. 15a a. E.

Auch ist die Übernahme freiwilliger Leistungen auf die Gemeindekasse im allgemeinen durch den Umstand, daß in der betreffenden Gemeinde Gemeindeumlagen zur Erhebung kommen und daß die fraglichen Leistungen nicht aus den primären Deckungsmitteln (Art. 39 Abs. I GemO.) bestritten werden können, nicht ausgeschlossen; K. II 88 c. Nur wird bei der staatsaufsichtlichen Würdigung der freiwilligen Leistungen für kirchliche Zwecke die gegebenenfalls eintretende Aufsichtsbehörde darauf Bedacht nehmen, daß nicht die Interessen einer konfessionellen Minderheit unbilligerweise verletzt werden; K. II 89 zu n. 49.

Eine Darlehensaufnahme für „freiwillige" kirchliche Leistungen ist der bürgerlichen Gemeinde nicht gestattet; Art. 61 GemO.; Kr. III 55 vor n. 126.

Über die Verwendung der Erträgnisse des Malzaufschlags, der Verbrauchssteuern und anderer örtlicher Abgaben für freiwillige Kultusleistungen s. M. I 115 zu n. 5, 232 nach n. 4.

2. Aus Gemeindeumlagen. Vgl. Art. 60a GemO., eingeführt durch Art. 93 KGO.; Fr. n. zu Art. 93 KGO.

Art. V des UmlG. v. 22. VII. 1819 wurde durch Art. 112 Abs. I A Z. 2 aufgehoben.

Freiwillige Leistungen des Ortskirchenvermögens zu außerkirchlichen Zwecken

s. „Leistungen des Ortskirchenvermögens zu außerkirchlichen Zwecken" I.

Friedhöfe.

I. Begriff.

Friedhof (Kirchhof, Leichenacker, Gottesacker) ist der öffentliche Begräbnisplatz, auf dem die Leichen der Verstorbenen bestattet werden müssen; Kr. I 353 § 1; St. 196 §§ 207ff.; S. III 82 zu n. 32. Die Beerdigung einer Leiche an einem anderen Ort als auf einem öffentlichen Begräbnisplatz oder in einer besonderen, gesetzlich zulässigen oder polizeilich genehmigten Gruft oder Begräbnisstätte bedarf der Genehmigung der zuständigen Behörde; PStGB. Art. 61 Abs. 1; S. III 82 zu n. 32.

Eine Ausnahme von der Regel, daß niemand außerhalb des Friedhofs beerdigt werden soll, machen die Bischöfe und die Religiosen (Ordensangehörigen); St. 197 § 208.

II. Quellen.

1. Rechtsquellen: Art. 12 Abs. I Z. 1, Art. 21 Abs. II Z. 3, Art. 112 Abs. III KGO., § 53 FormVO. v. 17. XII. 1825 (W. II 279), ME. v. 10. VIII. 1848 (W. III 723), v. 4. XII. 1877 (W. XII 193) u. v. 8. VII. 1911 (JnnMBl. 447).

2. Literatur: M. I 240 nach n. 3; Kr. I 353 § 1 —364; St. 196 § 207 ff., 447 § 441 ff., bes. 1021 § 1166 —1024; Seeb. 903 § 32 ff.; D. n. zu Art. 8 Z. 31, Art. 10 Z. 11 u. 13 VGG.

III. Arten.

Die Friedhöfe oder Beerdigungsplätze stehen im Eigentum der bürgerlichen oder kirchlichen Gemeinden, sind daher:

1. Anstalten der bürgerlichen Gemeinden; Art. 38 I GemO. oder

2. Anstalten der Kirchengesellschaften; M. I 240 zu n. 4; K. I 330 n. 8; St. 449 Buchst. b; Seeb. 904 zu n. 1.

IV. Herstellung und Unterhaltung der Friedhöfe und der dazu gehörigen Bauwerke.

1. Die Herstellung und Unterhaltung der kirchlichen Friedhöfe nebst Zubehör ist Sache der betreffenden Kirchengesellschaft, welche das Eigentum am Friedhof besitzt, und zwar zunächst Sache der Kirchenstiftung, subsidiär Angelegenheit der Kirchengemeinde; BGH. XXIV 300; Kr. I 355 zu n. 12 u. 14; St. 940 zu n. 2 u. 3; Seeb. 905 zu n. 3.

Die an den Kirchen und um sie liegenden konfessionellen Friedhöfe, die Kirchhofmauern und unter Umständen auch die zu den Friedhöfen führenden Treppen sowie die Gittertüren der Friedhofmauern sind notwendiges Zubehör der Kirche und folgen bezüglich der baulichen Unterhaltung den Rechtsverhältnissen der Kirchen; St. 939 § 1074; s. auch BlfRA. 2. Erg.-Bd. S. 352ff. und „Baupflicht kirchliche".

a) Nach der ME. v. 11. XI. 1873 (G. III 686; Seeb. 905 n. 3) ist die Unterhaltung gemeine Last und obliegt allen, die an dem Kirchhof teilzunehmen berechtigt sind. Nach gemeinem Recht und bayerischem Landrecht ist die Verpflichtung der Angehörigen eines Pfarr- und Kirchenverbandes zur Herstellung und Unterhaltung der in der Regel mit der Kirche verbundenen und rechtlich als Zubehör derselben erscheinenden Begräbnisplätze (Kirchhöfe) wie auch die Berechtigung der Pfarrangehörigen zur Benützung der kirchlichen Begräbnisplätze als Ausfluß des Kirchenverbandes zu betrachten.

Die einschlägigen gemeinrechtlichen und landesrechtlichen Normen über Herstellung, Unterhaltung und Benützung der Kirchhöfe dauern fort; Art. 55, 132, 133 EG. BGB., Art. 1 AG. BGB.; BGH. XXIV 300; s. Kr. I 355 n. 14. Auch Art. 38 GemO. hat in der etwa bestehenden Verpflichtung einzelner Kirchengemeinden oder Sepulturverbände (über letztere s. „Friedhofverbände") zur Herstellung kirchlicher Begräbnisplätze keine Änderung gebracht.

b) Auch die KGO. hat, soweit sie nicht selbst ausdrückliche Bestimmungen enthält, die Rechtsnormen und Rechtsverhältnisse hinsichtlich der Begräbnisplätze unberührt gelassen; Art. 112 Abs. III KGO. — Nur wurde die bisherige Last, die nach besonderen Gesetzen, Herkommen oder besonderen Rechtsverhältnissen den Parochianen, Matristen oder Filialisten oblag, in eine Verbindlichkeit der Pfarrgemeinde, Muttergemeinde oder Tochtergemeinde umgewandelt; Art. 12 Abs. III KGO.

α) Die Unterhaltung der bestehenden kirchlichen Friedhöfe und der dazu gehörigen Bauwerke (z. B. Leichenhäuser) ist von der KGO. als Ortskirchenbedürfnis erklärt worden: Art. 12 Abs. I Z. 1 u. Abs. II KGO.

β) Ergibt sich die Notwendigkeit der Herstellung eines neuen Friedhofs, so kann die Kirchenstiftung bzw. Kirchengemeinde zur Übernahme der Kosten nicht verhalten werden; Kr. I 355 n. 11; denn die Kirchengemeinden haben zwar das Recht zur Anlegung eines eigenen Friedhofs, nicht aber die Pflicht, es müßte denn ein besonderer Rechtstitel hiefür bestehen. Die Kirchenverwaltungen sind jederzeit befugt, einen als Zubehör zur Kirche bestehenden Kirchhof aufzulassen, wodurch sich für die bürgerliche Gemeinde die Verpflichtung zur Bereitstellung eines ausreichenden Begräbnisplatzes ergibt; BlAdmPr. XLVII 1. — Weder die Errichtung einer Pfarrei, noch weniger aber die Bildung einer im bisherigen Pfarrverband verbleibenden Filiale hat die Schaffung eines eigenen Friedhofs vom kirchlichen Standpunkt aus zur notwendigen Folge; VGH. XXIV 152.

Wenn eine zwangsweise Durchführung der Herstellung kirchlicher Friedhöfe gegenüber der Kirchenstiftung und Kirchengemeinde auch nicht möglich ist, so können diese doch freiwillig künftig neue kirchliche Friedhöfe errichten. — Ein Zwang hiezu bestünde nur dann, wenn Kirchenstiftung oder Kirchengemeinde auf Grund Herkommens, besonderer Rechtsverhältnisse oder gesetzmäßiger Beschlüsse zur Herstellung eines Begräbnisplatzes verpflichtet wären; Art. 12 Abs. II KGO.; Art. 38 Abs. 2 GemO. Solchenfalls wären die Erfordernisse für Neuherstellung von Friedhöfen Ortskirchenbedürfnisse nach Art. 12 Abs. II KGO.

Zu α und β. Für Herstellung und Unterhaltung der kirchlichen Friedhöfe und der dazu gehörigen Bauwerke (Leichenhäuser, Umfassungsmauern) können, soweit hiebei ein Ortskirchenbedürfnis nach Art. 12 Abs. I oder II KGO. in Frage steht, Umlagen, besonders Baumlagen erhoben, auch Kirchengemeindedienste angeordnet werden; Art. 20, 21, 26 mit Art. 13 Abs. II KGO.

Die Mitglieder einer Filialkirchengemeinde haben zu den Kosten kirchlicher Friedhöfe i. d. R. nur dann beizutragen, wenn sie den Friedhof als Begräbnisplatz mitbenützen; Art. 16 Abs. III Z. 4 KGO.

Soweit Herstellung und Unterhaltung eines Begräbnisplatzes Ortskirchenbedürfnis ist, tritt auch erforderlichenfalls staatsaufsichtlicher Zwang ein; Art. 73 ff. KGO.

2. Bei Mangel konfessioneller Friedhöfe und soweit für dieses Bedürfnis nicht anderweitig ausreichende Fürsorge getroffen ist oder sonstige Verpflichtete vorhanden sind (VGH. V 314), obliegt die Herstellung und Unterhaltung der erforderlichen öffentlichen Begräbnisplätze den Ortsgemeinden; Art. 38 Abs. 1 GemO.; S. III 82 zu n. 26; Kr. I 355 zu n. 11; K. I 330 Z. 8; St. 940 nach n. 1; Seeb. 905 zu n. 2.

Auch die Kosten der notwendig werdenden Erweiterung eines kirchlichen Friedhofs sind, soweit sich die Kirchenstiftung oder Kirchengemeinde nicht freiwillig herbeiläßt, von der bürgerlichen Gemeinde zu tragen; Kr. I 355 zu n. 13.

Zur Erfüllung dieser Obliegenheiten sind die Gemeinden nötigenfalls im Weg der Art. 156 u. 157 GemO. staatsaufsichtlich anzuhalten; K. I 330 Z. 8.

Vor der Herstellung aller nichtkirchlichen Begräbnisplätze hat sich die instruierende staatliche Verwaltungsbehörde mit der kirchlichen Oberbehörde ins Benehmen zu setzen, damit die kirchlichen Interessen gewahrt werden.

3. Errichtung neuer Kloster- und Familiengrüfte. Erforderlich ist die Genehmigung des Kultusministeriums; VO. v. 14. X. 1862 (W. VI 96); Kr. I 353 § 1 Abs. 2; St. 197 § 208; Seeb. 904 zu n. 5 u. 6; S. III 82 zu n. 33—36; s. auch ME. v. 8. VII. 1911 (JnnMBl. 447).

V. Umwandlung von kirchlichen in gemeindliche Friedhöfe.

1. Ein kirchlicher Friedhof behält diese rechtliche Eigenschaft bei, solange er nicht von der bürgerlichen Gemeinde als gemeindliche Anstalt förmlich übernommen worden ist; VGH. XXIV 307.

2. Ob eine an einen bestehenden kirchlichen Friedhof anschließende gemeindliche Friedhofsanlage rechtlich als Erweiterung des kirchlichen Friedhofs oder als eigener gemeindlicher Friedhof sich darstellt, ist je nach den Umständen zu beurteilen. Der Charakter eines Friedhofs als kirchlicher und das Benützungsrecht der sämtlichen Pfarrangehörigen erstreckt sich von selbst auch auf die Erweiterungsfläche, wenn auch unbeschadet des gemeindlichen Eigentumsrechts an der letzteren, außer wenn die Absicht auf die Anlegung eines neuen und zwar gemeindlichen Friedhofs gerichtet ist; VGH. XIV 350, XXIV 308.

3. Ein Kirchhof, der als eine gemeinsame, sämtlichen Pfarrangehörigen zur Benützung stehende kirchliche Einrichtung angelegt worden ist, behält daher diesen Charakter auch dann, wenn eine der zum Pfarrsprengel gehörigen Gemeinden allein die Grabgebühren für die Benützung des Kirchhofs vereinnahmt und diesen erweitert oder andere Aufwendungen für denselben gemacht hat, es müßte denn die förmliche Übernahme eines solchen Kirchhofs als eine gemeindliche Anstalt nachgewiesen werden können; VGH. XIV 347; Seeb. 905 n. 1.

4. Die rechtsgültige Übernahme eines kirchlichen Friedhofs auf die Gemeinde erfordert in der Regel auf Vereinbarung beruhende, rechtswirksame Beschlüsse der beteiligten kirchlichen Verwaltungen und der Gemeindevertretung; VGH. XXIV 307;

Weber, GemO. Art. 38 n. 3. Derartige gemeindliche Übernahmebeschlüsse bedürfen außerdem der staatsaufsichtlichen Genehmigung; Art. 157 Z. 5 GemO.; K. II 83 Z. 12.

VI. Benützung.

1. Regelung der Benützung.

a) Die Regelung der Benützung der Begräbnisstätten kommt, vorbehaltlich der gesetzlich zulässigen polizeilichen Anordnungen, insoweit die Begräbnisstätten im Eigentum von Kirchenstiftungen stehen oder durch kirchliche Verbände angelegt sind (die kirchlichen Friedhöfe gehören zum Kirchenvermögen; soweit sie um die Kirche liegen, wird vermutet, daß sie im Eigentum der Kirchenstiftungen stehen, im übrigen wird Eigentum der Kirchengemeinde angenommen; dagegen kann ein Friedhof nicht im Eigentum einer Sepulturgemeinde [s. „Friedhofverbände"] stehen, da diese keine juristische Person mit Rechtsfähigkeit bildet), der Verwaltung dieser Stiftungen bzw. den Vertretungen dieser Verbände (Kirchenverwaltungen) zu (über die Aufstellung eigener Friedhofverwaltungen vgl. Art. 42 Abs. VI KGO.), soweit sie aber nicht durch kirchliche Verbände angelegt sind, sondern im Eigentum einer bürgerlichen Gemeinde stehen, kommt die Regelung der betreffenden Gemeindeverwaltung als Vertreterin der Gemeinde zu; Kr. I 358 nach n. 26; St. 1023 § 1168; Seeb. 906 Z. III.

Die Regelung geschieht durch statutarische Bestimmungen (sog. Friedhofordnungen), welche teils polizeilich, teils administrativ sind, je nachdem sie die Benützung des Friedhofs vom Standpunkt der Sanitäts- und anderer öffentlicher Rücksichten oder vom Standpunkt des Eigentumsrechts an ihm regeln.

b) Mit den statutarischen Bestimmungen über die Benützung eines Friedhofs dürfen nicht die allenfalls zu gleicher Zeit zu erlassenden ortspolizeilichen Vorschriften hierüber verbunden werden; Kr. I 358 zu n. 28; M. I 240 zu n. 3; denn die Erlassung von statutarischen Bestimmungen, welche mit dem Eigentumsrecht an den Friedhöfen zusammenhängen und deren Benützung betreffen (zum Beispiel über Grabgebühren, Ankauf von Gräbern, Erhebung der sog. Erdreichgelder), kommt vorbehaltlich der polizeilichen Anordnung den gesetzlichen Vertretern der Eigentümer der Friedhöfe zu: der Kirchenverwaltung bzw. der besonders aufgestellten Friedhofverwaltung, wenn die Kirchenstiftung oder Kirchengemeinde Eigentümerin des Friedhofs ist, der Gemeindebehörde, wenn die bürgerliche Gemeinde Eigentümerin ist; Kr. I 358 zu n. 27.

Die Erlassung der statutarischen Bestimmungen geschieht bei kirchlichen Friedhöfen durch Ortskirchensatzungen; Art. 14 Abs. III, Art. 54 KGO.

c) Dagegen obliegt die Erlassung der erforderlichen polizeilichen Vorschriften den staatlichen Polizeibehörden; so z. B. Vorschriften über die Umtriebszeit, Aufstellung von Friedhofplänen zur genauen Einhaltung der Umtriebszeit und von Leichenordnungen über die Behandlung der Leichen; im näheren s. Kr. I 357 § 3. Die gemeindlichen Friedhofordnungen bedürfen nach Art. 159 Abs. 1 Z. 6 GemO. der staatsaufsichtlichen Genehmigung, soweit dessen Voraussetzungen vorliegen; K. II 86 zu n. 37; Seeb. 907 n. 3. Die Festsetzung und Erhebung von Grabgebühren für die Benützung der gemeindlichen Friedhöfe richtet sich nach Art. 40 GemO.

2. Benützungsrecht.

Man unterscheidet ein dreifaches Benützungsrecht an einem Friedhof; ein solches kann bestehen:

a) an einem kirchlichen Friedhof.

Ein solches Recht haben nur die Mitglieder der den Friedhof besitzenden Kirchengemeinde; Seeb. 905 nach n. 2.

Jedes volljährige Kirchengemeindemitglied hat das Recht, seinen Begräbnisort selbst zu wählen. Es wird daher nach dem Ableben entweder an dem Orte beerdigt, den es selbst bestimmt hat, mangels einer solchen Bestimmung aber auf dem Friedhofe seiner Kirchengemeinde.

b) An einem gemeindlichen Friedhof.

Alle Gemeindeangehörigen ohne Unterschied des Glaubensbekenntnisses haben einen Anspruch, darin bestattet zu werden; Seeb. 905 zu n. 2.

Ein von einer bürgerlichen oder Ortsgemeinde hergestellter Friedhof hat, sofern nicht ausdrücklich durch ihn ein desfallsiger Bedarf für eine Konfession allein gedeckt wird, der Gesamtheit der Einwohnerschaft als gemeindliche Einrichtung zu dienen; VGH. V 45, IX 441; s. auch K. I 977 n. 12.

c) An einem im Simultanverhältnis stehenden Friedhof; vgl. näheres bei „Simultaneum".

VII. Verkauf von Gräbern.

Der Käufer erwirbt kein Eigentumsrecht am gekauften Grab, sondern nur das Recht, das betreffende Areal mit Ausschluß aller anderen für bestimmte oder unbestimmte Zeit zur Beerdigung verlebter Angehöriger zu benützen.

Der gewährte Anspruch ist nicht privatrechtlicher, sondern öffentlichrechtlicher Natur, weshalb zur Entscheidung diesbezüglicher Streitigkeiten die Verwaltungsbehörden zuständig sind; M. I 241 zu n. 5; Kr.

I 361 zu n. 38; anders das preußische Landrecht; Kr. I 361 n. 39, St. 1024 oben; s. auch M. I 240 letzter Abs. — Privatrechtstitel auf Familien- und Erbbegräbnisse, ferner bei Grüften, die zu einem Gut gehören, hat das BGB. unverändert gelassen; Art. 133 EG. BGB., Art. 1 AG. BGB. Die Vererblichkeit solcher Grabstätten richtet sich nach zivilrechtlichen Grundsätzen. Die Kirchenbehörde kann ein solches Grabstättenrecht nicht beseitigen, außer im Weg der Zwangsenteignung; S. II 356.

VIII. Staatsaufsicht.

1. Im allgemeinen. Die oberste Aufsicht über die Begräbnisplätze, die Sorge für deren zweckmäßige Anlegung und notwendige Erweiterung oder Verlegung, insbesondere die polizeiliche Genehmigung von Friedhofanlagen kommt den Regierungen, K. d. J., der Vollzug den Distriktspolizeibehörden im Benehmen mit den Bezirksärzten zu; § 53 Abs. 2 FormVO. v. 17. XII. 1825 (W. II 279); ME. v. 10. VIII. 1848 (W. III 723) u. v. 4. XII. 1877 (W. XII 193); ME. v. 8. VII. 1911 (JnnMBl. 447), die an die Stelle der ME. v. 14. VIII. 1865 getreten ist. Die Distriktspolizeibehörden haben auch, wenn die Notwendigkeit einer Anlegung, Erweiterung, Schließung oder Verlegung eines Friedhofs aus sanitätspolizeilichen Gründen bestritten wird, hierüber erstinstanziellen Beschluß zu fassen; ME. v. 4. XII. 1877 (W. XII 193); Seeb. 903 zu n. 1—4; Kr. I 356 zu n. 20—23; S. III 82 zu n. 27.

2. Staatliche Gesundheitspolizei bei der Anlage neuer Friedhöfe; s. hierüber Kr. I 356 nach n. 15; K. I 330 Z. 8; St. 1022 oben u. § 1167; S. III 82 zu n. 29—31. Dieser gesundheitspolizeilichen Aufsicht unterliegen auch die kirchlichen Friedhöfe; §§ 76 f., 78 RE. Doch kann gegenüber den Kirchengesellschaften ein staatlicher Zwang aus gesundheitspolizeilichen Gründen nur bezüglich der Unterhaltung eines schon bestehenden kirchlichen Friedhofes ausgeübt werden.

IX. Die Vornahme gottesdienstlicher Handlungen
ist den öffentlichen Glaubensgesellschaften auf den Friedhöfen in Form der Beerdigungsfeierlichkeiten verfassungsmäßig gestattet; §§ 28, 38 RE.; S. III 524 zu n. 1 ff.; nicht dagegen den Privatkirchengesellschaften, welche nicht bestätigt sind; §§ 32, 35 RE.; S. III 484 zu n. 16; auch St. 450 §§ 443 ff.

1. Das Recht zur Beerdigung der Pfarrkinder ist ein Parochialrecht, von dem der Pfarrer nur Gebrauch machen darf, nachdem die vom Staat aufgestellten Bedingungen für die Vornahme einer Beerdigung erfüllt sind, nämlich die Ausstellung eines Leichenscheins, ME. v. 20. XI. 1885 (GVBl. S. 655), v. 6. XI. 1887 (GVBl. S. 690) u. v. 8. u. 9. V.

1911 (GVBl. S. 425, 445), eventuell richterliche oder staatsanwaltschaftliche Beerdigungsbewilligung nach § 157 StPO., Eintragung in das Sterberegister; § 60 PersStG. v. 6. II. 1875.

Die Gewährung oder Versagung der geistlichen Assistenz bei der Beisetzung von Verstorbenen richtet sich ausschließlich nach kirchlichen Vorschriften und untersteht lediglich der Entscheidung der kirchlichen Behörden; Kr. I 375 nach n. 97.

2. Für Friedhöfe gilt der allgemeine strafrechtliche Schutz des § 167 RStGB. — Aus dem Eigentumsrecht folgt der Schutz gegen Hausfriedensbruch, § 123 RStGB., und die Berechtigung, Handlungen, die von der Kirche mißbilligt werden, zu untersagen; z. B. Leichenreden von Laien.

X. Streitigkeiten

a) über Benützungsrechte an einem kirchlichen Friedhofe fallen als Ansprüche aus dem Kirchen- und Pfarrverband unter Art. 10 Z. 13 VGG.; VGH. XIII 543, XXIV 297; Kr. I 359 zu n. 29; Seeb. 907 nach n. 4; D. Art. 10 Z. 13 n. 5. Zuständig zur Streitentscheidung ist diejenige Staatsverwaltungsbehörde — ohne Rücksicht auf den Wohnsitz der Beteiligten —, welche der betreffenden Kirchenstiftung oder Kirchengemeinde unmittelbar vorgesetzt ist; D. Art. 10 Z. 13 n. 15; Art. 73 Abs. II u. III. KGO.

b) über Benützungsrechte an einem gemeindlichen Friedhofe fallen als Ansprüche auf Benützung der Gemeindeanstalten unter Art. 8 Z. 31 VGG.; D. Art. 8 Z. 31 n. 7 (Zuständigkeit n. 10 u. Art. 8 Z. 27 n. 3); Kr. I 359 nach n. 29; K. I 330 nach n. 8; M. I 240 zu n. 5; Seeb. 907 nach n. 3.

Die Berufung auf einen Vertrag schließt an sich die verwaltungsrechtliche Zuständigkeit in einer dem öffentlichen Recht angehörigen Angelegenheit nicht aus; VGH. V 42; Seeb. 907 zu n. 4.

Friedhofgebühren und Nutzungen.

I. Friedhofgebühren

s. M. I 240; Kr. I 358, 360—362.

II. Friedhofnutzungen

s. M. I 242 Z. 2; Kr. I 359 n. 29, 363 zu n. 45; St. 1024 zu n. 3.

Friedhofglocken

s. „Simultanverhältnisse" III 3.

Friedhofverbände (Sepulturverbände).

Friedhof- oder Sepulturverbände kommen vor als:

I. sog. Sepulturgemeinden,

die aus mehreren bürgerlichen Gemeinden bestehen; s. „Sepulturgemeinden";

II. kirchliche Friedhofverbände,

d. s. Zweckverbände zur Unterhaltung oder Errichtung eines gemeinsamen Friedhofs; an ihnen können Kirchengemeinden oder auch nur die Bekenntnisgenossen eines engeren Bezirks beteiligt sein.

1. Für den Charakter der Kirchlichkeit ist ausschließlich die Eigentumsfrage entscheidend, d. h. die Eigentumsträger des gemeinsamen Friedhofs müssen kirchlichen Charakter aufweisen.

2. Die kirchlichen Friedhofverbände können als Zweckverbände (Konkurrenzverbände) mit oder ohne selbständiges regelmäßiges Verwaltungsorgan erscheinen.

Die Verwaltung eines kirchlichen Friedhofverbandes kann, obwohl eine Kirchengemeinde nicht gegeben ist, von einer besonders eingerichteten Kirchenverwaltung (kirchliche Friedhofverwaltung) oder von der Kirchenverwaltung der nächstgelegenen Nebenkirche, Filiale oder Pfarrei betätigt werden; vgl. Art. 36 Abs. V, 42 Abs. VI, 66 Abs. III, 68 Abs. V KGO. — Wird von dem Kreise der Interessenten eine eigene Kirchenverwaltung gewählt, so gilt sie als Kirchenverwaltung i. S. der KGO. und unterliegt in allen rechtlichen Beziehungen den Vorschriften der KGO.; Fr. n. 6 zu Art. 42 KGO.

3. Hinsichtlich der Art und Weise der Befriedigung von Ortskirchenbedürfnissen stehen die kirchlichen Friedhofverbände den Kirchengemeinden gleich, soweit nicht ein anderes bestimmt ist; Art. 13 Abs. V KGO.

4. Bei Bestandsänderungen oder Vermögensauseinandersetzungen kirchlicher Friedhofverbände gilt Art. 10 KGO.

Fruchtgenuß des Pfründners

s. „Beginn und Ende des Pfründnerrechts".

Fundationen; Fundationszuflüsse (Stiftungszuflüsse, Zustiftungen).

I. Begriff und rechtliche Natur.

1. Fundationen und Fundationszuflüsse sind freiwillige Leistungen des Staates, der Gemeinden oder Privater an das Vermögen einer Kirche, Pfründe oder einer geistlichen Gesellschaft zu bestimmten, meist gottesdienstlichen Zwecken; M. I 243 zu n. 2.

2. Ihrer rechtlichen Natur nach sind die Fundationen Stiftungen mit selbständiger Rechtspersönlichkeit (s. „Stiftungen ortskirchliche"), während die Fundationszuflüsse (Zustiftungen oder Stiftungszuflüsse) Vermögenszuwendungen an bereits bestehende Stiftungen sind mit der Anordnung, daß sie deren Zweckbestimmung und rechtlichen Charakter teilen, oder mit der Auflage, daß die Renten zu

einem bestimmten verwandten Zweck verwendet werden, folglich keine Stiftungen im eigentlichen Sinne darstellen, weil dadurch kein neues Rechtssubjekt geschaffen wird.

Vielmehr bilden die Zustiftungen einen Besitzteil der Stiftung (besonders Kirchen- oder Pfründestiftung), an die sie sich anschließen, und genießen so jene Rechte, die dem älteren Besitzteil zustehen; VGH. IX 190, XXI 60; M. II 91 zu n. 3; St. 765 zu n. 2, ebenso n. 3.

II. Quellen.

1. Rechtsquellen: Art. 7, 8, 73ff. KGO.; § 4 allg. VB. KGO.; ME. v. 11. XI. 1840 (W. III 349), v. 16. XII. 1844 (W. III 563), v. 16. I. 1890 (bei St. 764).

2. Literatur: M. I 242 § 68 —246; M. II 498 § 112 —502; Kr. I 230—243; Kr. III 5 zu n. 13, 14 zu n. 15, 180 § 30 —185; St. 764 § 881 —772; Seeb. 738 Z. III —742; L. u. Fr. n. zu Art. 7, 8 KGO.

III. Arten; Entstehung.

1. Neue Fundationen, d. s. neue ortskirchliche Stiftungen, die entweder für eine neu errichtete oder erst zu errichtende Kirche selbständig begründet werden oder als selbständige Rechtssubjekte neben schon bestehende kirchliche Stiftungen treten sollen, bedürfen der königlichen Genehmigung; Art. 7 Abs. I KGO.; s. im näheren „Stiftungen ortskirchliche".

Hierher gehören insbesondere die selbständigen katholischen Gottesdienststiftungen d. s. die Benefizien an einer Kirche; Fr. n. 4 zu Art. 8 KGO.

Die Verwaltung der neuen ortskirchlichen Stiftungen fällt mit deren Genehmigung — soweit nicht die Stiftungsbestimmungen dies ausschließen — ohne weiteres der betreffenden Kirchenverwaltung bzw. Kirchengemeinde zu; vgl. Art. 6 KGO.; L. n. 10 zu Art. 7 KGO.

2. Die Fundationszuflüsse; sie zerfallen in:

a) Lastenfreie Fundationszuflüsse.

α) Zustiftungen, d. s. Vermögenszuwendungen und Schenkungen an bereits bestehende Stiftungen, bedürfen, soweit sie nicht mit Lasten verbunden sind, zu ihrer Annahme durch die beschenkte Stiftung, besonders Kirchenstiftung, keiner Genehmigung der Staatsaufsichtsbehörde; vgl. Art. 7 Abs. I KGO.; Fr. a. a. O. n. 3.

Doch werden die Verhandlungen über die Vermögenszuwendungen (s. unten Buchst. b) zweckmäßig von den Stiftungs- bzw. Kirchenverwaltungen der Staatsaufsichtsbehörde zur Einsichtnahme vorgelegt; vgl. ME. v. 16. I. 1890 (bei St. 764), Art. 74 Abs. II KGO.; L. n. 9 zu Art. 7 Abs. I KGO.; M. I 152 n. 6; St. 764 § 881; Seeb. 740 n. 8.

β) Die Verwaltung der unbelasteten Zustiftungen fällt mit ihrer

Annahme — soweit der Zuwendende nichts anderes bestimmt — ohne weiteres der beschenkten Stiftungsverwaltung zu; vgl. Art. 6 KGO.

γ) Da jedoch die Zuwendung lastenfreier Fundationszuflüsse die Interessen des Staates und der Allgemeinheit schädigen kann, ist sie, soweit sie an geistliche Gesellschaften erfolgt, der Amortisation unterworfen, M. I 152 zu n. 9, 242 unten Z. I, dagegen ist bei Zuwendungen an Kirchenstiftungen und Pfründen mit dem Inkrafttreten des BGB. jede amortisationsgesetzliche Schranke gefallen; M. II 388 Z. II Abs. 2, 389 oben, s. auch „Amortisationsgesetzgebung".

b) Mit Lasten verknüpfte Fundations- oder Stiftungszuflüsse.

α) Belastete Stiftungszuflüsse (Zustiftungen) bedürfen zu ihrer Annahme der Genehmigung der Staatsaufsichtsbehörde; soweit es sich um Zustiftungen zu Pfründen handelt, ist dabei die Kreisregierung, K. d. J., als Pfründekuratelstelle zuständig; Art. 7 Abs. I KGO. mit Art. 73 a. a. O.; vgl. Fr. n. 4 Abs. 2 zu Art. 8 KGO.

Das gilt in gleicher Weise für die Zustiftungen in der katholischen wie in der protestantischen Kirche; vgl. § 19 Buchst. i PE.; ME. v. 27. VIII. 1851 (G. III 808).

Über die Verwaltung s. oben Buchst. a β.

β) Hiebei bleiben die Befugnisse der kirchlichen Behörden unberührt; Art. 7 Abs. I KGO., d. h. die staatsaufsichtliche Genehmigung wird nur erteilt nach Einvernahme der kirchlichen Oberbehörde; vgl. FormVO. v. 17. XII. 1825 § 71 Abs. 2 (W. II 279); KonsO. I § 85 (W. I 307, G. I 559); M. I 164 nach n. 4, 165 zu n. 4; Kr. II 27 zu n. 24; Kr. III 181 zu n. 5; St. 764 § 881; Seeb. 740 zu n. 10.

Über die Notwendigkeit zur Erholung der kanonischen Konfirmation in der katholischen Kirche bei gewissen Zustiftungen s. unten Buchst. γ A II dd.

γ) Als Lasten der Zustiftungen kommen regelmäßig in Betracht: Abhaltung eines Gottesdienstes, einer Predigt, einer Andacht, eines Gedenkens usw.; M. I 243 Z. II; Kr. III 182 oben; St. 765 zu n. 3; bei der katholischen Kirche in erster Linie die Gründung von Jahrtagen oder Anniversarien. — Als solche mit Lasten verknüpfte Zustiftungen können auch Zuwendungen zu anderen Zwecken, z. B. zur Erhaltung des ewigen Lichtes, zum Unterhalte der Glocken usw. aufgefaßt werden; Fr. n. 3 zu Art. 7 KGO.

Die beiden Hauptformen der mit Lasten verknüpften Stiftungszuflüsse oder Zustiftungen sind:

A. Die Gottesdienststiftungen (Meßstiftungen).

I Sie stellen sich dar als Stiftungsvermögen, das zur Abhaltung besonderer Gottesdienste ausgeschieden bleibt; Fr. n. 3 zu Art. 7 KGO. Diese Gottesdienststiftungen bilden regelmäßig einen Bestandteil des Kirchenstiftungsvermögens, doch können sie auch dem Vermögen der Pfarrpfründen eingereiht werden, insbesondere wenn damit der Kirchenstiftung keine Ausgaben und dem Kirchendienstpersonal keine Lasten auferlegt werden, z. B. Stiftung von Predigten, jährlichen Gedenken; M. I 246 oben Abs. 3; Kr. I 230 n. 1, II 27 n. 24; St. 765 n. 3; Fr. n. 4 Abs. 2 zu Art. 8 KGO.

In der katholischen Kirche kommt besonders die Gründung von Jahrtagen oder Anniversarien in Betracht. Bei diesen ist für die periodische Abhaltung einer Messe stiftungsgemäß ein Vermögen ausgeschieden und im Zweifelsfalle die Messe pro anima fundatoris zu applizieren; M. II 498 zu n. 8.

II Die grundlegenden Vorschriften für die Anordnung und das Verfahren bei Annahme von Gottesdienststiftungen sind in der ME. v. 16. XII. 1844 (W. III 563), abgedr. bei Kr. I 232 nach n. 10, III 183 zu n. 18: St. 766 zu n. 1, enthalten, die auch nach dem Inkrafttreten der KGO. in Geltung bleibt außer der Ziffer 3, die durch Art. 7 Abs. I KGO. eine Änderung dahin erleidet, daß an die Stelle der ausschließlichen Zuständigkeit der Kreisregierung die Zuständigkeit der Staatsaufsichtsbehörde tritt; Art. 73 ff. KGO.; L. n. 5 zu Art. 8 Abs. I KGO.

aa) Jahrtagsstiftungen können unter Lebenden und testamentarisch angeordnet werden.

bb) Vollzieht sich der Akt als Schenkung unter Lebenden, so ist eine besondere Form nicht erforderlich, wenn nicht die Zuwendung in einem Grundstück besteht und deshalb die Form des § 313 BGB. voraussetzt; Kr. III 184 n. 19. — Der Vertrag wird in der Regel geschlossen zwischen dem Schenker und der betreffenden Kirchenverwaltung als der gesetzlichen Vertreterin der zu beschenkenden Kirchenstiftung; M. I 243 Z. II 1; Kr. I 230 zu n. 2 u. 3.

cc) Wird die Schenkung durch Testament angeordnet, so muß sie in den für die Errichtung eines Testaments vorgeschriebenen Formen der §§ 2229 ff. BGB. erfolgen; M. I 243 Z. II 2; Kr. I 230 n. 2.

Die Annahme von Zuwendungen aus Erbschaften bedarf keiner staatsaufsichtlichen Genehmigung, es sei denn, daß damit die Übernahme fortdauernder oder wiederkehrender Ausgaben oder sonstiger bleibender Lasten verbunden wäre; Art. 75 Z. 3 KGO. — Berechtigt zur Annahmeerklärung von Erbschaften und Vermächtnissen ist die Kirchen- bzw. Stiftungsverwaltung; Fr. n. 3 zu Art. 7 KGO.

dd) Jahrtagsstiftungen bedürfen neben der staatsaufsichtlichen Genehmigung zur rechtsgültigen Entstehung der ausdrücklichen Genehmigung oder kanonische Konfirmation der Kirchenbehörden, da die Vermögensfrage hier in das gottesdienstliche Gebiet spielt und deshalb eine gemischte Angelegenheit nach § 76 a RE. ist; M. I 244 nach n. 1, II 499 zu n. 2; Kr. II 230 zu n. 3, 231 nach n. 6, III 182 zu n. 9; St. 767 zu n. 1; Fr. n. 4 zu Art. 7 KGO. — Aus diesem Grunde ist das Konfirmationsgesuch nicht von der Kirchenverwaltung, sondern vom Pfarramt einzureichen.

ee) Über den Geschäftsgang bei Aufnahme geistlicher Jahrtagsstiftungen im einzelnen s. Kr. I 233 nach n. 13.

III Erscheint bei Zustiftungen unter Lebenden das Fundationskapital nicht ausreichend, so kann ohne weiteres für Bereitstellung des erforderlichen Kapitals gesorgt werden.

Ist das testamentarisch angebotene Fundationskapital nicht ausreichend, so sind die Erben zur Ergänzung aufzufordern. Im Weigerungsfalle findet Admassierung oder Stiftungsreduktion statt, welche der Genehmigung der Kirchen- und Staatsaufsichtsbehörde unterliegt; M. I 245 zu n. 7; Kr. I 240 Abs. 2, III 184 nach n. 20; L. n. 4 zu Art. 8 Abs. I KGO.; Fr. a. a. O. n. 3.

Wenn erst später Reduktionen der Meßstiftungen nötig werden z. B. wenn Kapitalien verloren gegangen sind oder nicht ausreichen, so ist ausschließlich die Kirchenbehörde zuständig, da es sich dann nur mehr um eine innerkirchliche Angelegenheit im Sinne des § 38 b RE. handelt; ME. v. 11. XI. 1840 (W. III 349); M. I 245 n. 7, II 499 n. 1, 501 nach n. 2; Kr. I 240 § 3, III 185 zu n. 21; St. 770 zu n. 3.

Aus eigener Vollmacht kann der Bischof die Reduktion nur dann vornehmen, wenn ihm der Stifter diese Gewalt ausdrücklich vorbehalten hat; Kr. I 241 zu n. 23.

Werden Prozessionen und andere Andachtsübungen abgeschafft, so erlischt der Anspruch auf die hiefür ausgesetzten Bezüge; M. II 408 zu n. 1.

Ist das Stiftungskapital ohne Verschulden der Beteiligten zugrunde gegangen, so hört die Pflicht zur Persolvierung der Gottesdienste auf; Kr. I 241 zu n. 26.

IV Über die Persolvierung (Abhaltung) der gestifteten Gottesdienste s. Kr. I 242 § 4.

V Die Transferierung von Zustiftungen gottesdienstähnlicher Natur, d. h. die Übertragung solcher zu einer Kirche gemachten Stiftungen auf eine andere Kirche, ist eine rein innerkirchliche Angelegenheit im Sinne des § 38b KE. und es fällt in die Zuständigkeit der kirchlichen Behörden, eine solche Transferierung vorzunehmen. Das gilt aber nur unter der Voraussetzung, daß die betreffende Stiftung jeden vermögensrechtlichen Interesses entbehrt.

Liegt dagegen ein vermögensrechtliches Interesse vor, so gehört die Transferierung der Stiftung, besonders die Prüfung der Frage, ob die Stiftung nach der Verlegung noch ausführbar ist, zu den rein weltlichen Angelegenheiten nach § 64 KE. — In diesem Fall wird die geistliche Behörde von der Übertragung der Stiftung der staatlichen Behörde Anzeige erstatten, damit letztere prüft, ob die Übertragung der Absicht des Stifters entspricht und ob die gleiche rechtliche Gestalt der Stiftung wie vorher gewahrt bleibt. Im einzelnen s. Kr. I 243 zu n. 35, III 300 zu n. 14; Seeb. 873 zu n. 23.

Wird mit Zustimmung der weltlichen Behörden eine solche Transferierung von der kirchlichen Gewalt vorgenommen, so wird dadurch die Ausführung des Stiftungszweckes nicht unmöglich, vielmehr besteht die betreffende Zustiftung an ihrem neuen Ort in derselben Gestalt weiter; s. auch über die Transferierung selbständiger Stiftungen: „Stiftungen ortskirchliche" III 2 b α.

VI Über die Berechnung des Anteils der Kirchenstiftung an den Erträgnissen der Gottesdienststiftungen vgl. Art. 8 KGO.; L. u. Fr. a. a. O.

VII Während der Interkalarzeit gehören die Zelebrationsgebühren für gestiftete Gottesdienste dem, unter dessen Pfründegenußperiode die Gottesdienste persolviert werden; M. II 549 nach n. 3; Kr. II 393 zu n. 22; s. auch „Interkalarien".

VIII Über die Einstellung in die Fassion s. M. II 496 zu n. 2 ff.; Kr. II 157 Z. V, 171 zu n. 2, 406 zu n. 7; in der Pfalz M. II 498 zu n. 5.

B. Die Manualmessen (Meßstipendien).

I Ihrer rechtlichen Natur nach gehören die Meßstipendien nicht zu den Stolgebühren und hängen auch nicht mit dem Pfarrverband und Parochialrecht zusammen, M. II 334 zu n. 6, vielmehr sind sie freiwillige Sustentationsbeiträge anläßlich einer geistlichen Mühewaltung; M. II 499 nach n. 2, 501 vor n. 6. Sie zählen deshalb zum Einkommen des Pfarrers. Doch sind sie weder forderungsrechtlich noch klagbar, wohl aber können sie zur Vorbedingung der Leistung gemacht werden; M. II 501 nach n. 5.

II Der Geistliche ist durch die Annahme eines Meßstipendiums, das ihm ausgehändigt wird, zur gewünschten Applikation (Lesen der Messe) verpflichtet; M. II 499 zu n. 3.

III Jeder Katholik, der nicht exkommuniziert ist, kann bei statthafter Applikation eine Votivmesse verlangen, doch besteht eine Übernahmepflicht nur für den Fall, daß der betreffende Geistliche nicht bereits durch übernommene Meßverpflichtungen behindert ist und das Stipendium erhält; M. II 499 Abs. 2.

IV Der Bischof hat das Stipendiumsminimum festzusetzen, über das hinaus der Zelebrant nichts fordern, wohl aber annehmen darf. Unter demselben braucht er keine Messe anzunehmen; M. II 499 nach n. 3.

V Über die Reduktion s. M. II 500 letzter Abs. ff.

VI Während der Interkalarzeit sind die Meßstipendien an die Pfründe zu entrichten, M. II 99 nach n. 3, doch hat der Verweser Anspruch auf Ersatz des einfachen Meßstipendiums unter der Voraussetzung, daß ihm volle Meßstipendienfreiheit eingeräumt ist; M. II 549 nach n. 3.

VII Über die Einstellung in die Fassion s. M. II 497 zu n. 5 u. 6; in der Pfalz M. II 498 zu n. 1.

IV. Staatliche und kirchliche Aufsicht.

Die Erfüllung der Stiftungsbedingungen steht unter staatlicher und kirchlicher Aufsicht; vgl. Art. 73 u. 11 KGO., sowie Staatsaufsicht; s. auch M. I 245 nach n. 9.

Bei Weigerung eines Geistlichen zur Abhaltung eines bestellten und bezahlten Gottesdienstes ist kein staatlicher Zwang, sondern nur ein Einschreiten der Kirchenbehörde nach §§ 38 Buchst. c, 39 RE. möglich; M. II 501 letzter Abs. ff.

V. Verwaltung der Zustiftungen.

S. zunächst oben III 1 Abs. 3 u. 2 a β.

Die Jahrtagsstiftungen bilden regelmäßig einen Teil der Kirchenstiftung und stehen deshalb unter der Kirchenverwaltung; vgl. ME. v. 16. XII. 1844 (W. III 563); M. II 498 n. 8.

Sind sie jedoch zum Pfründevermögen gemacht, so stehen sie unter der Verwaltung des Pfründebesitzers. Vgl. im näheren „Kirchenverwaltung" u. „Pfründe" VII 4.

Die Verwaltungskosten der zur Kirchenstiftung gemachten Stiftungen bilden eine auf der Gesamtheit des zu verwaltenden Vermögens haftende Last und sind daher auf die einzelnen Stiftungen pro rata auszuschlagen; eine Befreiung hievon findet nicht statt; M. I 246 nach n. 2.

VI. Streitigkeiten.

1. Bestrittene Rechtsansprüche auf Verwaltung oder Genuß einer Stiftung fallen unter Art. 8 Z. 35 VGG.; M. I 255 zu n. 5; Seeb. 742 zu n. 16.

Der Rechtsanspruch des Art. 8 Z. 35 VGG. erstreckt sich auch auf die Stiftungszuflüsse; VGH. IX 383; Seeb. 742 zu n. 16; D. Art. 8 Z. 35 n. 3.

2. Zuständig ist in erster Instanz, wenn nicht die Pfründestiftung in Betracht kommt, das Bezirksamt, in unmittelbaren Städten die Kreisregierung, wenn aber Streitigkeiten über Pfründegenuß in Frage kommen, d. h. hier, wenn die Stiftung zum Pfründevermögen gemacht ist, stets die Kreisregierung; FormVO. v. 17. XII. 1825 § 74 (W. II 279); D. Art. 8 Z. 35 n. 2.

Weitere Instanz ist gegebenenfalls die Kreisregierung, außerdem der Verwaltungsgerichtshof, der also je nachdem in zweiter oder dritter Instanz entscheidet; Art. 9 II VGG.; D. Art. 8 Z. 35 vor n. 2.

3. Über das Parteiverhältnis s. D. Art. 8 Z. 35 n. 8.

4. Da jede Zustiftung das Schicksal ihrer (selbständigen) Hauptstiftung teilt, so gilt im allgemeinen auch hier das unter „Stiftungen ortskirchliche" VI Gesagte.

G.

Gebühren für Benützung von ortskirchlichem Eigentum und ortskirchlichen Anstalten

s. Art. 14 Abs. III KGO.

Gehalt

des Pfründebesitzers s. „Fassion" IV.

Geistliche Gesellschaften.

I. Begriff.

Geistliche Gesellschaften sind Spezialverbindungen innerhalb einer Glaubensgesellschaft zum Zwecke besonderer Religionsübungen, die aber dem Organismus dieser Glaubensgesellschaft als Bestandteil angehören.

Soweit das letztgenannte Kennzeichen nicht vorliegt, kommen auf derartige Verbindungen die Bestimmungen des Vereinsrechtes zur Anwendung; S. III 522 n. 53; s. auch Z. III 4.

II. Quellen.

1. Rechtsquellen: Art. 84 EG. BGB.; §§ 76 Abs. 2 Buchst. c, 77, 78 RE.; Art. VII Konk.; § 34 IV b FormVO. v. 17. XII. 1825 (W. II 279); VO. v. 27. II. 1847 § 5 I Z. 4 (W. III 659) mit VO. v. 16. III. 1849 (W. IV 27); ME. v. 14. I. 1867 (W. VI 746), ersetzt durch

BO. v. 10. V. 1905 (W. XXXIII 733); ME. v. 27. IV. 1849 betr. die geistlichen Bündnisse (W. IV 31); Art. 5 Abs. II Z. 3, Abs. III KGO.

2. Literatur: Meurer, Das katholische Ordenswesen nach dem Recht der deutschen Bundesstaaten, Stuttgart 1912; Kr. I 531—544; St. 748 §§ 864 u. 866, 497—507; Silb. 127 f.; S. III 51, 522, 565—568.

III. Arten (Begriff, Errichtung und rechtliche Natur).

1. Die Orden oder Klöster i. e. S. (Regulare, Religiosen).

a) Es sind die durch Lebensgemeinschaft und Lebensregel sowie durch die Ablegung des feierlichen Gelübdes (votum solemne) geeinten geistlichen Gesellschaften, deren Mitglieder sich zu diesem gemeinsamen Leben verpflichten und ihre ganze Persönlichkeit den Zwecken der religiösen Genossenschaft opfern. — Die erforderliche päpstliche Anerkennung ergreift den ganzen Orden als solchen; Silb. 640.

Daher sind die Orden geistliche Gesellschaften von ganz besonderer Art und Bedeutung, die noch nicht in ihren gesteigerten gottesdienstlichen Übungen, sondern erst in der Betätigung des speziellen Ordenszwecks zutage tritt.

b) Errichtung.

α) Die Ordensverbände gewinnen für das bayerische Staatskirchenrecht lediglich in den Ordensniederlassungen Erscheinung und Bedeutung. —

Im allgemeinen gibt es in Bayern für die Zulassung und Errichtung von Orden keine gesetzlichen Verbote, weder für bestimmte Orden und Ordenszwecke, noch für neue Niederlassungen; S. III 566 n. 137. — Ausgenommen hievon sind aber die Angehörigen des Jesuitenordens, der durch Reichsgesetz v. 4. VII. 1872 (RGBl. 253; W. IX 462) gleich den ihm verwandten Orden und Kongregationen, aufgezählt in der Bek. des Reichskanzlers v. 20. V. 1873 (RGBl. 109), vom Gebiet des Deutschen Reiches ausgeschlossen ist. Ausgenommen hievon sind nur die Redemptoristen; BundesrBek. v. 18. VII. 1894 (RGBl. 503; W. XXII 664). — Den Jesuiten und den ihnen verwandten Religiosen ist in Bayern jede Niederlassung und Ordenstätigkeit, besonders in Schule und Kirche, auch die Abhaltung von Volksmissionen, untersagt; ME. v. 6. IX. 1872 (W. IX 533); S. III 566 zu n. 138. Daran hat das Reichsgesetz v. 8. III. 1904 (RGBl. 139), das den Jesuiten den Aufenthalt im Deutschen Reiche gestattet, nichts geändert. — Zur Bekanntmachung des Reichskanzlers v. 5. VII. 1872 (RGBl. 254) erging als authentische Auslegung des Begriffes der „verbotenen Ordenstätigkeit" der Bundesratsbeschluß v. 28. XI. 1912: „Verbotene Ordenstätigkeit ist jede priesterliche und sonstige religiöse Tätigkeit gegenüber anderen, sowie die Erteilung von Unterricht. Unter die verbotene religiöse Tätigkeit fallen nicht, sofern nicht landesherrliche Bestimmungen entgegenstehen, das Lesen stiller Messen, die im Rahmen eines Familienfestes sich haltenden Primizfeiern und das Spenden der Sterbesakramente. Nicht untersagt sind wissenschaftliche Vorträge, die das religiöse Gebiet nicht berühren. Die schriftstellerische Tätigkeit wird durch das Verbot nicht betroffen."

Über die Abhaltung von kirchlichen Feierlichkeiten in Bayern durch Jesuitenpriester s. „Gottesdienst" IV 4 und „Außerordentliche kirchliche Feierlichkeiten" IV 2.

β) Die Errichtung geistlicher Gesellschaften ist gemischte Angelegenheit gemäß §§ 76 c, 77 RE., die daher von der Kirchengewalt nicht ohne Mitwirkung der weltlichen Obrigkeit erledigt werden kann.

Zur Errichtung eines Ordens, einer klösterlichen Niederlassung ist sonach erforderlich:

einmal die päpstliche Genehmigung; St. 497 zu n. 3;

dann die staatliche d. i. landesherrliche Genehmigung vom Standpunkte der Klosteraufsicht; s. Z. IV; S. III 522 zu n. 53; Seeb. 51 zu n. 2. —

Diese staatliche klosteraufsichtliche Genehmigung hat der Landesherr in ihrer Ausübung dem Kultusministerium übertragen; § 34 IV b FormVO. v. 17. XII. 1825 (W. II 279); VO. v. 27. II. 1847 § 5 I Z. 4 (W. III 659) mit VO. v. 16. III. 1849 (W. IV 27); Seeb. 66, 67 Z. 1 d. — Das Kultusministerium hat u. U. diese klosteraufsichtliche Genehmigung im Benehmen mit dem Ministerium des Innern zu erteilen, wenn der Zweck der klösterlichen Niederlassung in den Bereich dieses Ministeriums gehört; z. B. bei Ausübung der Krankenpflege durch die Ordensmitglieder.

Die Erteilung der klosteraufsichtlichen Genehmigung, die sich im Rahmen der gesetzlichen Zulässigkeit halten muß und gegen deren Versagung es kein Rechtsmittel gibt, ist staatliche Ermessenssache und an Rechtsvorschriften nicht gebunden; S. III 566 zu n. 136. Die staatliche Genehmigung beschränkt sich auf die Prüfung der Frage, ob etwa vom Standpunkte des RE. gegen die Zulassung der betreffenden geistlichen Gesellschaft oder Niederlassung staatliche Bedenken bestehen. — Die Bedingungen der Genehmigung können auch im Wege von Verwaltungsverordnungen ganz oder teilweise im voraus festgestellt werden; S. III 566 zu n. 137. — Die Instruktion des Errichtungsverfahrens obliegt der Kreisregierung; § 34 FormVO. v. 17. XII. 1825 (W. II 279). Vor der Verbescheidung ist vom Kultusministerium das Ordinariat, in dessen Bezirk die klösterliche Niederlassung stattfinden soll, einzuvernehmen. —

Die landesherrliche Genehmigung ist zur Errichtung auch dann erforderlich, wenn es sich um die Gründung von Klöstern (geistlichen Genossenschaften oder Filialen) handelt, die in Verbindung mit einer bereits genehmigten Errichtung von Erziehungs- und Unterrichtsanstalten nötig wird; VO. v. 10. V. 1905 § 4 II (W. XXXIII 733).

Soll mit der Genehmigung der Errichtung zugleich die Rechtsfähigkeit verliehen werden, was stets der Fall ist, wenn es sich um die Niederlassung eines Klosters (oder die Zulassung einer Kongregation s. Z. 2) handelt, die bisher in Bayern nicht bestanden haben, so ist außer der klosteraufsichtlichen Genehmigung des Ministeriums die spezielle königliche Genehmigung für die Verleihung der juristischen Persönlichkeit erforderlich; S. III 565 zu n. 132.

Unter Errichtung i. S. der klosteraufsichtlichen Genehmigung ist nicht allein die Errichtung von Hauptklöstern, sondern schon die Errichtung einer einzelnen, wenn auch noch so geringfügigen Niederlassung zu verstehen, sofern sie nur auf unbestimmte Zeit, wenn auch nicht zum dauernden Aufenthalt, an einem Ort zur Ausübung eines bestimmten Zweckes vorgesehen ist; s. ME. v. 14. I. 1867 (W. VI 746), ersetzt durch VO. v. 10. V. 1905 (W. XXXIII 733).

Der Begriff der Niederlassung setzt nicht den Besitz von liegenden Gütern und Gründen voraus, ebensowenig ist er auf eigentliche Ordenshäuser, Klöster oder Anstaltsgebäude beschränkt. Vielmehr genügt hiefür im allgemeinen schon der feste Aufenthalt mehrerer Ordens- (oder Kongregations-) Mitglieder an einem bestimmten Orte. Doch muß im einzelnen Falle stets das Requisit eines nach bestimmten Regeln geordneten gemeinschaftlichen Lebens vorhanden sein. — Wenn einzelnen Niederlassungen (Ordensfilialen) keine Rechtsfähigkeit (s. Buchst. c) zukommen soll, so bedarf es doch zu ihrer Errichtung, wie auch zu jeder Änderung (z. B. Vergrößerung der Zahl der Klosteninsassen, Veränderung des Zweckes der betreffenden Niederlassung) der klosteraufsichtlichen Genehmigung des Kultusministeriums; S. III 566 n. 133.

Über den Unterschied zwischen königlicher und landesherrlicher Genehmigung s. „Glaubensgesellschaft" VI 3 letzter Absatz.

c) Rechtliche Natur und ihre Wirkung.

a) Ihrer rechtlichen Natur nach erscheinen die Orden als Korporationen (Genossenschaften, Gesellschaften), insofern sie Selbstverwaltungskörperschaften sind, die durch die Verfassung zu einer bestimmten Tätigkeit berufen sind, ihre Oberen wählen und in verschiedenem Umfange Exemption von der ordentlichen bischöflichen Jurisdiktion genießen. — Sie erscheinen als Anstalten oder Institute, insofern sie in Niederlassungen (Klöstern, Konventen, Häusern) Erscheinung gewinnen, die einer unbestimmten Vielheit zu dienen bestimmt sind und nach Stiftungsrecht behandelt werden.

β) Die bestehenden Orden und Klöster sind auf Grund der staatlichen Zulassung und Organisationsgenehmigung (s. Buchst. b β) ipso jure juristische Personen des öffentlichen Rechtes und besitzen Rechtsfähigkeit, ohne daß es hiezu noch einer besonderen staatlichen Verleihung bedarf; Art. 84 EG. BGB.; s. Art. VII Konk.; St. 748 § 864; S. III 567 zu n. 145. — Diese geistlichen Gesellschaften gehören dem öffentlichen Rechte an, unterliegen daher hinsichtlich der Erlangung der Rechtsfähigkeit nicht den Vorschriften des BGB. (Art. 84 EG. BGB.; § 89 BGB.), noch weniger unterstehen sie dem Vereinsrechte; denn sie erlangen die Rechtsfähigkeit schon durch die königliche Genehmigung (s. Buchst. b β), bedürfen daher zu diesem Zwecke nicht der Eintragung ins Vereinsregister. Sie unterstehen in rechtlicher Beziehung allein den landesgesetzlichen Vorschriften der bayerischen Verfassungsurkunde samt Beilagen; s. oben Z. II 1. — Da das bayerische Staatskirchenrecht nur zugelassene Klöster und Niederlassungen kennt, sind die Niederlassungen nicht zugelassener Orden für das bayerische Staatsrecht überhaupt keine Rechtsgebilde.

Juristische Personen im g. S. können sein sowohl ganze Ordensverbände wie auch einzelne Niederlassungen im Lande. Regelmäßig sind es nur letztere. Doch wurden in Bayern auch schon ganze Orden in ihrem bayerischen Bestande als rechtsfähige Verbände anerkannt; z. B. der Benediktinerorden; St. 748 nach n. 1.

γ) Die Wirkung der Rechtsfähigkeit (Buchst. β) besteht darin, daß die geistlichen Orden samt Niederlassungen (sowie die ordensähnlichen Kongregationen) mit juristischer Persönlichkeit Vermögensfähigkeit besitzen, also besonders Erwerbs- und Erbfähigkeit, wenn auch in den Grenzen der Amortisationsgesetzgebung; s. dort. Auch sind die Orden und Klöster (wie auch die Kongregationen) berechtigt zum Gewerbebetrieb und zum Nachsuchen einer Konzession i. S. der RGewO.; S. III 397 zu n. 30. — Über die Verleihung der Konzession zur Errichtung von Krankenanstalten s. KME. v. 5. I. 1900 und 28. IV. 1904; R.-St. § 30 n. 2.

Das Vermögen der Orden und Klöster, sog. Klostergut, (sowie das der Kongregationen) genießt den Verfassungsschutz des

Stiftungsvermögens (s. ortskirchliche Stiftungen) und unterscheidet sich durch seine organische Eingliederung in das Kirchenvermögen von dem Vermögen der religiösen Vereine (Z. 4); s. §§ 43, 44, 61 BGB. Doch gehört das Klostergut nicht zum Ortskirchenvermögen, s. dort, unterliegt daher auch nicht den hiefür geltenden Bestimmungen (z. B. über staatliche Aufsicht, Rentenüberschüsse).

Die einzelnen Ordensleute sind trotz ihrer Gelübde, die nur noch innerkirchliche Pflichten begründen, nach staatlichem Recht vollkommen rechtsfähig, besonders vermögens- und erbfähig; Bayern hat von dem Vorbehalt des Artikel 87 EG. BGB. keinen Gebrauch gemacht. — Ihr klösterliches Einbringen unterliegt dem Amortisationsrecht zu Lasten ihres Ordens; s. Amortisationsgesetzgebung.

d) Die staatliche Aufhebung der Orden bzw. ihrer Niederlassungen (und Kongregationen) kommt in Bayern dem König zu; ME. v. 24. V. 1847 (W. III 666).

2. Die Kongregationen (Quasiregulare).

a) Hierunter versteht man die durch Lebensgemeinschaft und Lebensregel geeinten geistlichen Gesellschaften, bei denen die päpstliche Anerkennung nicht die Lebensgemeinschaft, sondern nur die Lebensregel genehmigt, welche die Mitglieder zur Führung eines fest geordneten Gemeinschaftslebens, aber nicht in Klöstern unter strenger Klausur, verpflichtet. — Die Mitglieder einer Kongregation legen nur das einfache Gelübde (votum simplex) ab; Silb. 661.

b) Errichtung und rechtliche Natur.

α) Bezüglich der Errichtung gilt das Gleiche wie unter Z. 1 b α, β in analoger Weise.

β) Bezüglich der rechtlichen Natur, der Rechtsfähigkeit einer Kongregation und deren Wirkung ist Z. 1 c analog anzuwenden. — Eine Kongregation besitzt aber nur als solche und insgesamt Rechtspersönlichkeit und Rechtsfähigkeit, ist also juristische Person des öffentlichen, nicht des privaten Rechtes, während den einzelnen Niederlassungen (Stationen) in der Regel diese rechtliche Eigenschaft fehlt. —

3. Die Bruderschaften (Konfraternitäten, Sodalitäten, Säkularkongregationen).

a) Bruderschaften sind Vereinigungen von Gläubigen zu einem besonderen frommen oder christlich mildtätigen Zweck, namentlich zu besonderen Gebetsübungen, die sich unter bischöflicher Anordnung und Autorität gebildet haben, unter deren fortdauernder kirchlicher Aufsicht stehen und gewöhnlich mit einer Kirche oder wenigstens einem Altar als ihrem Sitz verbunden sind; Kr. I 531 zu n. 1. — Die

Mitglieder einer Bruderschaft legen als solche kein Gelübde ab, verpflichten sich zu keiner Lebensgemeinschaft, sondern bleiben in ihren bürgerlichen Verhältnissen frei und können aus der Bruderschaft jederzeit frei austreten.

Als besondere Arten von Bruderschaften finden sich die Erzbruderschaften, die berechtigt sind, andere gleichnamige Bruderschaften sich anzugliedern und ihnen ihre Ablässe mitzuteilen, sowie die Ordensbruderschaften, welche von den Ordensgeneralobern errichtet zu werden pflegen; Kr. I 531 § 1 a.

b) Errichtung.

Die Errichtung von Bruderschaften zählt zu den Gegenständen gemischter Natur, bei welchen von der Kirchengewalt ohne Mitwirkung der weltlichen Obrigkeit keine einseitigen Anordnungen geschehen dürfen; §§ 76 Abs. 2 Buchst. b, 77, 78 RE.; St. 498 nach n. 2.

Vor der ME. v. 27. IV. 1849, betr. die geistlichen Bündnisse (W. IV 31) konnten Bruderschaften nur mit Genehmigung der weltlichen Regierung errichtet werden; St. 497 § 496. — Ist aber diese staatliche Genehmigung einer vor dem 27. IV. 1849 errichteten Bruderschaft nicht nachweisbar, so wird dadurch die rechtsgültige Errichtung nicht in Frage gestellt, eben weil bis zum 27. IV. 1849 keine Bruderschaften ohne Genehmigung der Staatsregierung errichtet werden konnten. Dies gilt besonders für alte Bruderschaften, deren staatliche Genehmigung sich nicht nachweisen läßt, die aber seit unvordenklicher Zeit ohne Beanstandung durch die Staatsbehörde bestehen, besonders wenn sich die Staatsbehörden an der Vermögensverwaltung beteiligen; St. 500 Buchst. b.

Seit der ME. v. 27. IV. 1849 (W. IV 31) ist die Bildung kirchlicher Bruderschaften von der Staatsgewalt freigegeben. Die Genehmigung der Staatsregierung („landesherrliche Genehmigung", die dem Kultusministerium übertragen ist, ME. v. 27. II. 1847 [W. III 659] mit VO. v. 16. III. 1849 [W. IV 27] u. § 34 IV b FormVO. v. 17. XII. 1825 [W. II 279]; Seeb. 67 Z. 1) ist nur erforderlich, wenn eine zu errichtende Bruderschaft Korporationsrechte erwerben und besitzen will; Kr. I 538 zu n. 36; 539 zu n. 43; St. 498 nach n. 5.

Über die kanonische Errichtung und kirchliche Organisation einer Bruderschaft s. Kr. I 531 Buchst. b —537.

c) Rechtliche Natur und ihre Wirkung.

α) [1] Die mit landesherrlicher Genehmigung errichteten Bruderschaften haben die Eigenschaft und die Rechte einer öffentlichen Korporation. — Durch die staatliche Genehmigung der Errichtung erlangt eine Bruderschaft den Charakter und die Rechte einer juristischen Person des öffentlichen Rechts, besonders i. S. des KG., ohne daß es einer ausdrücklichen Verleihung dieser Korporationsrechte durch den Staat bedürfte; Kr. I 539 Buchst. b Z. 1; St. 498 § 497, 501 Z. 2; S. III 567 zu n. 145. — Als Korporationen des öffentlichen Rechtes unterliegen sie nicht den Bestimmungen über Vereine und Stiftungen (§§ 21 ff. BGB.) noch auch dem Vereinsrechte, sondern ausschließlich den Vorschriften der VerfU. und des KG.

II Die ohne landesherrliche Genehmigung errichteten Bruderschaften besitzen weder öffentliche Korporationsrechte noch juristische Persönlichkeit nach öffentlichem Rechte; Kr. I 540 Z. 2; St. 501 Z. 3. — Sie unterliegen u. U. den Bestimmungen des Vereinsrechtes, s. Kr. I 538 nach n. 36, ihre privatrechtliche Stellung bemißt sich nach den Vorschriften des BGB. §§ 21 f., und die privatrechtliche Rechtsfähigkeit erlangen sie durch Eintragung ins Vereinsregister; Kr. I 540 Z. 2 f.

β) I Bei den mit landesherrlicher Genehmigung errichteten Bruderschaften besteht die Wirkung der Rechtsfähigkeit darin, daß diese Bruderschaften Vermögensfähigkeit, besonders Erwerbs- und Erbfähigkeit besitzen. Doch gelten für diese sog. selbständigen Bruderschaften die Erwerbsschranken der Amortisationsgesetzgebung (s. dort!); H.-Schn. Art. 7 n. 3; a. A. Kr. I 539 nach n. 43.

Das Vermögen der staatlich genehmigten Bruderschaften kann sein Korporationsvermögen; es kann aber auch als örtliches Stiftungsvermögen erscheinen. Dann gehört es als solches zum Ortskirchenvermögen (s. dort!) und wird von der örtlichen Kirchenverwaltung verwaltet, sofern für dieses Bruderschaftsvermögen keine ordnungsgemäß gebildete besondere Verwaltung besteht; Art. 5, 6 KGO.; s. „Ortskirchenvermögen" III A 3; vgl. auch Kr. I 543 Buchst. c; St. 503 § 499. — Wie auf dieses Vermögen finden auch auf das sonstige Vermögen von Bruderschaften, dessen Verwaltung eine Kirchenverwaltung besorgt, die Vorschriften über die Verwaltung des ortskirchlichen Stiftungsvermögens (über Kassen- und Rechnungswesen, die damit zusammenhängenden Haftungen und über Staatsaufsicht, Konkurrenzpflicht mit Rentenüberschüssen) entsprechende Anwendung, insolange hiefür keine besondere Verwaltung ordnungsgemäß bestellt wird; KGO. Art. 5 Abs. III; Kr. I 544 zu n. 64; St. 503 § 499. — „Sonstiges Vermögen" ist das nicht als Stiftungsvermögen anzusehende Vermögen der innerhalb des Kirchengemeindebezirks bestehenden Bruderschaften.

Soweit das Vermögen der Bruderschaften als Stiftungsvermögen zum ortskirchlichen Stiftungsvermögen gehört, finden hierauf die Amortisationsgesetze keine Anwendung; L. n. 1 a. E. zu Art. 7 Abs. II KGO.

II Das Vermögen der ohne staatliche Genehmigung gebildeten Bruderschaften trägt rein privatrechtlichen Charakter, ist daher jeder Einwirkung des Staates hinsichtlich der Verwaltung, insbesondere der staatlichen Aufsicht, der Heranziehung mit Rentenüberschüssen oder der Erwerbsbeschränkung durch die staatlichen Amortisationsgesetze entzogen; Kr. I 544 nach n. 67, 543 zu n. 62; s. auch St. 503 § 499 Abs. 4 u. 5.

4. a) Nicht zu den geistlichen Gesellschaften gehören die sog. religiösen Vereine oder geistlichen Bündnisse, d. s. Vereinigungen von Gläubigen zu frommen und mildtätigen Zwecken, die zwar von der kirchlichen Autorität anerkannt und mit gewissen Gnaden ausgestattet worden sind, bei denen aber die Errichtung durch die zuständige kirchliche Stelle (sog. kanonische Errichtung) fehlt. — Für derartige fromme Vereine besteht kein Anschluß an eine Kirche oder an einen Altar, sie sind in der Regel nicht an bestimmte Orte gebunden, überhaupt mangelt ihnen die organische Eingliederung als integrierende Bestandteile in eine Glaubensgesellschaft, wie dies bei den geistlichen Gesellschaften (s. oben Z. I, III 1—3) der Fall ist; Kr. I 531 nach n. 1.

b) Die Errichtung religiöser Vereine und geistlicher Bündnisse ist von der Staatsgewalt freigegeben. Staatliche (landesherrliche) Genehmigung ist hier nur erforderlich, wenn die betreffende Vereinigung Korporationsrechte wünscht; ME. v. 27. IV. 1849 (W. IV 31); Kr. I 537 § 2a; St. 498 nach n. 6.

c) Ihrer rechtlichen Natur nach sind die religiösen Vereine, sofern sie nicht den Besitz der Korporationsrechte oder die öffentliche Anerkennung gewisser anderer Rechte erreicht haben (Kr. I 538 zu n. 36; St. 498 nach n. 6, 503 nach n. 3), nicht juristische Personen, sondern einfache Gesellschaften des BGB. §§ 705 f., welche die Rechtsfähigkeit erst durch Eintragung ins Vereinsregister erlangen; §§ 21 f. BGB.; Kr. I 540 Z. 2. — Dieser Rechtszustand bildet die Regel. — Soweit derartige Vereine staatliche Anerkennung und Korporationsrechte besitzen, gilt für sie Z. 3c; s. Kr. I 539 b Z. 1. Soweit das nicht der Fall ist, unterliegen diese frommen Vereine nicht den Bestimmungen der VerfU., sondern lediglich dem Vereinsrechte. Art. 84 EG. BGB. gilt für sie nicht; s. ME. v. 27. IV. 1849 (W. IV 31); St. 498 nach n. 6.

d) Die Vermögensverwaltung der religiösen Vereine, gleichviel ob sie Rechtsfähigkeit nach § 21 BGB. besitzen oder nur Gesellschaften gemäß §§ 705 f. BGB. sind, bemißt sich ausschließlich nach bürgerlichem Rechte. Daher finden auf sie die Vorschriften der staatlichen Amortisationsgesetze, die Bestimmungen der staatlichen Aufsicht sowie der Konkurrenzpflicht mit Rentenüberschüssen keine Anwendung.

Für die Vermögens- und Erwerbsfähigkeit der religiösen Vereine mit staatlich verliehenen Korporationsrechten gilt hinsichtlich der Vermögensverwaltung Z. 3 c β Abs. 1 u. 3.

IV. Staatsaufsicht über die geistlichen Gesellschaften.

Abgesehen von der staatlichen Aufsicht über die Vermögensverwaltung der geistlichen Gesellschaften besteht ihnen gegenüber ein umfassendes Aufsichtsrecht des Staates, besonders in Ansehung ihrer organisatorischen Einrichtungen; s. im Näheren S. III 567 nach n. 145 f.; St. 503 § 500.

Rechtsgrundlage dieses staatlichen Aufsichtsrechts ist § 76 II Buchst. c RE., wonach die Kirchengewalt nicht einseitig d. i. ohne Mitwirkung der Staatsgewalt Anordnungen über die geistlichen Gesellschaften und ihre Gelübde treffen kann. Die Staatsgewalt hat das Recht der Einsichtnahme in diese kirchlichen Anordnungen, sie kann hiebei alles verhindern, was dem öffentlichen Wohle nachteilig sein könnte.

Über einzelne staatliche Erlasse, besonders bezüglich der sog. Schulorden und ihrer Lehrtätigkeit s. M. a. a. O. S. 53 f.

Geistliche Oberen

ihr Überwachungsrecht über die religiöse Kindererziehung s. „Kindererziehung religiöse“ IX.

Gemischte Angelegenheiten

s. „Glaubensgesellschaften“ VI 3.

Generalsynode.

I. Begriff.

Die Generalsynode ist eine alle 4 Jahre am Sitz eines Konsistoriums stattfindende Versammlung gewählter Abgeordneter der bayerischen Landeskirche zur Beratung über Angelegenheiten der protestantischen Kirche des Königreichs Bayern; S. III 575 zu n. 53 u. 58.

II. Quellen.

1. Rechtsquellen:

a) im rechtsrh. Bayern: § 7 PE., Ges. v. 4. VI. 1848 (G. I 795), AE. v. 1. VIII. 1881 (W. XV 385), Wahlordnung v. 31. VII. 1853 in der Fassung der AE. v. 7. II. 1861, ME. v. 20. IX. 1871, AE. v. 31. XII. 1890 (G. I 753, W. IV 583, V 630, XX 507), Geschäftsordnung v. 31. VIII. 1853 in der Fassung der E. v. 17. VIII. 1876 (W.

XI 632, G. I 802), v. 26. I. 1896 (KMBl. 36, 46) u. der ABO. v. 2. XII. 1902 (W. XXXII 195, KMBl. 547), BO. v. 25. VI. 1887 (W. XVIII 424), die Einführung eines Generalsynodalausschusses betr., in der Fassung der AE. v. 26. I. 1896 (KMBl. 36, 46);

b) in der Pfalz: § 7 PE., Ges. v. 4. VI. 1848 (G. I 795), Vereinigungsurkunde v. 10. X. 1818 (W. I 736), Wahlordnung v. 17. VI. 1876, Geschäftsordnung v. 15. V. 1879, BO. v. 17. VI. 1876 (Wand 70, 76, 130).

2. Literatur: S. III 575 nach n. 52—577; Seeb. 467—489.

III. Zusammensetzung.

1. Im rechtsrh. Bayern. Maßgebend ist die rev. Wahlordnung v. 31. VII. 1853 in der Fassung der oben Z. II 1a genannten Entschließung. Die Generalsynode setzt sich zusammen aus einem geistlichen und einem weltlichen Abgeordneten eines jeden Dekanatsbezirkes und aus einem Abgeordneten der protestantischen theologischen Fakultät der Universität Erlangen; Seeb. 469 zu n. 10 u. 11. Über die Wahl der geistlichen und weltlichen Abgeordneten s. „Diözesansynode" Z. III.

2. In der Pfalz. Maßgebend ist die Wahlordnung v. 17. VI. 1876 (Wand 70), welche den rechtsrheinischen Vorschriften ähnliche Bestimmungen enthält.

IV. Gegenstand der Beratungen

sind alle Angelegenheiten der protestantischen Kirche des Königreichs Bayern; Art. II d. Ges. v. 4. VI. 1848 (G. I 795); S. III 576 zu n. 58; Seeb. 468 zu n. 5. Die Generalsynode hat im rechtsrheinischen Bayern ein besonderes Zustimmungsrecht bei allen allgemeinen und neuen organischen kirchlichen Einrichtungen und Verordnungen, welche sich auf Lehre, Liturgie, Kirchenordnung und Kirchenverfassung beziehen; AE. v. 1. VIII. 1881 (W. XV 385); S. III 576 zu n. 59, 479 zu n. 21; Seeb. 468 zu n. 6, 484 b.

In der Pfalz wurde das gleiche Zustimmungsrecht bereits in der Vereinigungsurkunde v. 10. X. 1818 (W. I 736) anerkannt; S. III 576 zu n. 60; s. auch M. I 344 zu n. 1. Auch hat sie das Recht der Antragstellung an das Oberkonsistorium bezüglich der Verwaltung des Kirchenvermögens; M. I 343 nach n. 8. In das dem Oberkonsistorium vorbehaltene Gebiet der Leitung und des Vollzugs hat die Beratung der Synode niemals einzugreifen; Seeb. 468 zu n. 7.

V. Anordnung.

Die Generalsynode besteht verfassungsmäßig in der evangelischen Kirche Bayerns r. d. Rh. und der Pfalz und soll alle 4 Jahre am Sitz eines Konsistoriums abgehalten werden; § 7 PE.; Seeb. 467 zu n. 1.

Bei Anordnung außerordentlicher Synodalversammlungen hat das Oberkonsistorium an das Ministerium Bericht zu erstatten und durch dieses die AE. zu erholen; Seeb. 456 zu n. 5, 468 nach n. 3. Bei den Beratungen sind die sämtlichen Kollegiumsmitglieder desjenigen Konsistoriums, an dessen Sitz die Synode stattfindet sowie ein geistliches und ein weltliches Kollegialmitglied des anderen Konsistoriums gegenwärtig; Seeb. 470 nach n. 14. Den Verhandlungen wohnt ein K. Kommissär bei; AE. v. 28. X. 1824 (W. II 218); Seeb. 470 zu n. 12. Die Leitung steht einem Mitglied des Oberkonsistoriums bzw. des Konsistoriums Speyer zu; S. III 575 zu n. 53 f.; Seeb. 470 zu n. 16. Über die Stellung der Konsistorialmitglieder zur Generalsynode s. AE. v. 2. VI. 1836 (W. III 63).

Die beiden Generalsynoden der Konsistorialbezirke Ansbach und Bayreuth werden einstweilen und bis auf weiteres unbeschadet etwaiger besonderer Verfügung in einer ungetrennten Versammlung abgehalten, deren Bestimmung sich der König vorbehalten hat; Ges. v. 4. VI. 1848, AE. v. 1. VIII. 1881 (W. XV 385); S. III 576 zu n. 61; Seeb. 467 zu n. 2. Die ref. Gemeinden nehmen hieran nicht teil; AE. v. 26. II. 1853 (G. I 823).

VI. Geschäftsgang.

1. Im rechtsrh. Bayern. Maßgebend ist die Geschäftsordnung v. 31. VIII. 1853 mit ihren Abänderungen (s. oben Z. II 1 a); s. auch Seeb. 471 e bis 482.

2. In der Pfalz s. Geschäftsordnung v. 15. V. 1879 (s. oben Z. II 1 b).

VII. Synodalausschuß.

Für das rechtsrh. Bayern ist durch VO. v. 25. VI. 1887 (W. XVIII 424) in der Fassung der AE. v. 26. I. 1896 (KMBl. S. 36, 48) die Bildung eines Synodalausschusses verfügt worden (Seeb. 482 n. 30), der das Oberkonsistorium auf dessen Erfordern in wichtigen Angelegenheiten mit seinem ratsamen Gutachten zu unterstützen hat; Seeb. 484 b. Seine Beratungen finden, und zwar wenigstens einmal zwischen zwei Generalsynoden, am Sitze des Oberkonsistoriums statt; S. III 576 zu n. 66; Seeb. 484 c u. d. Der Ausschuß besteht aus 4 geistlichen und 4 weltlichen Mitgliedern der Generalsynode, die sie aus ihrer Mitte in zwei getrennten Wahlgängen wählt. Im näheren s. Seeb. 482 Z. 2.

Generalvikar

Ernennung s. M. II 146 § 24 Z. 3; s. auch „Pfründe" V 1 c; Abberufung und Versetzung s. „Pfründe" VI 5 b.

Gesamtkirchengemeinde.

I. Begriff und rechtliche Natur.

1. Gesamtkirchengemeinde ist die Vereinigung (Verband) mehrerer benachbarter selbständiger Kirchengemeinden (Pfarrgemeinden oder Pfarrgemeinden und Tochtergemeinden) desselben Bekenntnisses zum Zwecke der gemeinsamen Befriedigung von Ortskirchenbedürfnissen; vgl. Art. 3 Abs. I KGO.

Daß die zu vereinigenden Kirchengemeinden demselben Bekenntnisse angehören müssen, schließt nicht aus, daß etwa auch eine evangelisch-lutherische und eine reformierte Kirchengemeinde zu einer Gesamtkirchengemeinde zusammengezogen werden. Solchenfalls tritt für die Gesamtkirchengemeinde eine Scheidung der beiden Bekenntnisse nicht ein, jedoch nur soweit die Verhältnisse der Gesamtkirchengemeinde in Frage kommen.

2. Ihrer rechtlichen Natur nach sind die Gesamtkirchengemeinden wie die sonstigen Kirchengemeinden juristische Personen und zwar Körperschaften des öffentlichen Rechts i. S. des § 89 BGB.; sie sind rechtsfähig für den öffentlichen und bürgerlichen Rechtsverkehr und genießen die Vorrechte öffentlicher Stiftungen; Art. 1 Abs. I u. II KGO. — Überhaupt sind die Gesamtkirchengemeinden überall, wo von Kirchengemeinden die Rede ist, mitverstanden, soweit nicht Sondervorschriften bestehen; L. n. 1 zu Art. 3 Abs. I KGO.

Die zu einer Gesamtkirchengemeinde zusammengeschlossenen Einzelkirchengemeinden werden ihrer Rechtspersönlichkeit durch die Vereinigung nicht beraubt. Der Zusammenschluß bewirkt lediglich eine Verminderung ihres Selbstbestimmungsrechtes insoweit, als die Zuständigkeit der Gesamtkirchengemeinde ausdrücklich begründet ist (Art. 3, 5 Abs. V, 18 Abs. I u. II KGO.) oder aus Gründen des Zusammenhangs selbstverständlich ist; L. n. 4 zu Art. 3 Abs. I KGO. Im übrigen bestehen die Einzelkirchengemeinden als selbständige Rechtssubjekte fort, und nur zum Zwecke der gemeinsamen Deckung von Ortskirchenbedürfnissen wird ein höherer kirchengemeindlicher Verband über den Pfarr- und Tochtergemeinden organisiert.

II. Quellen.

1. Rechtsquellen: Art. 3, 5 Abs. V, 18, 36 ff. KGO.

2. Literatur: Fr. u. L. n. zu Art. 3, 5 Abs. V, 18, 36 ff. KGO.

III. Bildung, Umbildung und Auflösung.

1. a) Für die Bildung einer neuen Gesamtkirchengemeinde ist die Einvernahme der kirchlichen Oberbehörde und königliche Entschließung erforderlich. Die Kirchenverwaltungen der Einzelkirchengemeinden sollen vorher gehört werden; Art. 3 Abs. II KGO.

Die Einvernahme, nicht die Zustimmung der kirchlichen Oberbehörde (Ordinariat, Oberkonsistorium) ist für erforderlich erklärt, weil der Gesamtkirchengemeindeverband ausschließlich für das finanzielle, nicht auch für das innerkirchliche Gebiet Bedeutung hat; vgl. Art. 11 KGO.; L. n. 2 zu Art. 3 Abs. II. — Die Kirchenverwaltungen der Einzelkirchengemeinden sollen bloß gehört werden, wenn die Bildung einer Gesamtkirchengemeinde lediglich zum Zweck der gemeinsamen Befriedigung von Ortskirchenbedürfnissen im Rahmen des Art. 18 Abs. I KGO. erfolgt. — Soll jedoch der Verwaltungsbereich der Gesamtkirchengemeinde von Anfang an gemäß Art. 18 Abs. II festgesetzt werden, so sind für den Umfang des Mitwirkungsrechtes der Einzelkirchenverwaltungen die Bestimmungen des Art. 18 Abs. II u. III maßgebend; L. n. 3 zu Art. 3 Abs. II.

Voraussetzung der Bildung von Gesamtkirchengemeinden ist, daß die zu vereinigenden Kirchengemeindebezirke räumlich zusammenhängen.

Die Initiative zur Bildung einer Gesamtkirchengemeinde kann von den weltlichen oder geistlichen Behörden, auch von Kirchenverwaltungen ausgehen. — Ob eine Gesamtkirchengemeinde ins Leben zu rufen ist, ist reine Zweckmäßigkeits- und Ermessensfrage.

Zuständig zur Instruktion der Anträge auf Bildung von Gesamtkirchengemeinden sind die Staatsaufsichtsbehörden; Art. 73 f. KGO.; L. n. 1 zu Art. 3 Abs. II.

b) Kraft Gesetzes gilt mit dem Inkrafttreten der KGO. als Gesamtkirchengemeinde die Gesamtheit der an einem bestehenden Stiftungsverband beteiligten Kirchengemeinden; Art. 5 Abs. V KGO., der sich aber nur auf die Stiftungsverbände bezieht, welche zur Zeit des Inkrafttretens der KGO. bereits bestanden; s. „Stiftungsverbände". Nur die an solchen beteiligten Kirchengemeinden gelten mit dem Inkrafttreten der KGO. kraft Gesetzes als Gesamtkirchengemeinden. Für die Zukunft können Stiftungsverbände als solche schon deswegen nicht neu geschaffen werden, weil sie zugleich die Entstehung einer neuen Gesamtkirchengemeinde zur Folge hätten, die künftig nur in den Formen und unter den Voraussetzungen des Art. 3 Abs. I u. II KGO. ins Leben gerufen werden kann; s. oben Buchstabe a; vgl. L. n. 5 g. E. zu Art. 3 Abs. I KGO.

Die Rechtsverhältnisse dieser kraft Gesetzes entstandenen Kirchengemeinden sind die gleichen wie die der auf dem Wege des Art. 3 geschaffenen Gesamtkirchengemeinden, besonders gilt für erstere auch Art. 18 u. 36 KGO.; vgl. L. n. 3 zu Art. 5 Abs. V KGO.

2. Die Umbildung oder Auflösung einer Gesamtkir-

chengemeinde erfolgt in gleicher Weise. Auch die Gesamtkirchenverwaltung soll vorher gehört werden; Art. 3 Abs. III KGO.

a) Zur Umbildung und Auflösung einer Gesamtkirchengemeinde ist also erforderlich: Einvernahme der kirchlichen Oberbehörde und königliche Entschließung. Neben der Gesamtkirchenverwaltung sollen auch die Kirchenverwaltungen der Einzelkirchengemeinden vorher gehört werden; L. n. 4 zu Art. 3 Abs. III.

Eine Umbildung liegt vor, wenn eine einzelne Kirchengemeinde aus dem Verbande ausgeschieden oder eine weitere in den Verband aufgenommen werden soll. Art. 3 Abs. III KGO. bezieht sich nur auf den äußeren Bestand des Verbandes, nicht auf die Veränderung seiner Zwecke. Ebenso ist eine Veränderung der Art einer zugehörigen Kirchengemeinde z. B. die Erhebung einer Tochtergemeinde zur Pfarrgemeinde oder die Herabdrückung einer Pfarrgemeinde zur Tochtergemeinde ohne Einfluß auf den Bestand der Gesamtkirchengemeinde.

Die Initiative kann wiederum von geistlichen oder weltlichen Behörden, von einer Einzelkirchenverwaltung oder der Gesamtkirchenverwaltung ausgehen. Die Umbildung und Auflösung ist ebenso wie die Bildung einer Gesamtkirchengemeinde reine Ermessensfrage; L. n. 1—4 zu Art. 3 Abs. III KGO.

Zur Auflösung kann auch ein Interessenkonflikt der einzelnen Kirchengemeinden nötigen, welchen die Gesamtkirchenverwaltung nicht auszugleichen vermag oder in welchem sie eine bedenkliche Haltung einnimmt.

b) Bei Auflösung eines Stiftungsverbandes, dessen zugehörige Kirchengemeinden in ihrer Gesamtheit kraft Gesetzes eine Gesamtkirchengemeinde bilden, findet Art. 3 Abs. III KGO. neben Art. 10 entsprechende Anwendung; Art. 5 Abs. V KGO.

IV. Sitz.

Der Sitz der Gesamtkirchengemeinde wird durch königliche Entschließung bestimmt, Art. 2 Abs. I KGO., was regelmäßig bei ihrer Bildung erfolgen wird. — Bei Gesamtkirchengemeinden, die mit dem Inkrafttreten der KGO. kraft Gesetzes bestehen, bemißt sich der Sitz nach dem Sitz des betreffenden Stiftungsverbandes (s. dort!); Art. 5 Abs. V mit Art. 6 Abs. IV KGO.

V. Zweck und Aufgabe.

Zweck und Aufgabe der Gesamtkirchengemeinde ist die gemeinsame Befriedigung von Ortskirchenbedürfnissen; Art. 3 Abs. I mit Art. 18 Abs. I KGO.

Es steht jedoch nichts im Wege, von Anfang an den Verwaltungsbereich der Gesamtkirchengemeinde in dem Umfange des Art. 18 Abs. II

KGO. festzusetzen. Nur sind dann die dort vorgeschriebenen Formen hiefür einzuhalten; L. n. 6 zu Art. 3 Abs. I KGO. — Vgl. hierüber „Ortskirchenbedürfnisse und Mittel zu ihrer Befriedigung" III 3; über Gesamtkirchenverwaltung s. „Kirchenverwaltung".

VI. Streitigkeiten.

Da die Gesamtkirchengemeinde eine Art der Kirchengemeinde ist, so gilt das dort („Kirchengemeinde" VIII) Gesagte auch hier. — Insbesondere fallen Streitigkeiten über die Grenzen eines Gesamtkirchengemeindebezirks unter Art. 10 Z. 12 VGG. in der Fassung des Art. 96d KGO.; L. n. 4 zu Art. 3 Abs. II KGO.

Gewissensfreiheit

ist die Anerkennung der Selbständigkeit der moralischen Urteilskraft in der Wahl des Glaubensbekenntnisses derart, daß kein bayerischer Staatseinwohner gezwungen werden kann, überhaupt irgendeiner Glaubensgesellschaft anzugehören; Tit. IV § 9 Abs. 1 VerfU. mit § 1 RE.; P. Tit. IV § 9 n. 1 u. 2; S. III 482 zu n. 1—484 zu n. 10.

Glaubensbekenntnis, religiöses (Konfessionszugehörigkeit).

I. Quellen.

1. Rechtsquellen: Tit. IV § 9 VerfU.; §§ 1, 2, 5—11 RE.; ME. v. 7. VII und 28. IX. 1833 (W. II 694, 703); AE. v. 26. IV. 1845 (W. III 580).

2. Literatur: Kr. I 428—440; St. 480—497; Seeb. 1—10; P. §§ 5—11 RE.; S. III 496—501, 512 Abs. 2 —513.

II. Zugehörigkeit zu einer Glaubensgesellschaft (Konfessionszugehörigkeit).

Die Glaubensgesellschaften sind Verbände des öffentlichen Rechts, die kraft Gesetzes bestehen; s. „Glaubensgesellschaften" I, III. Die Zugehörigkeit zu ihnen ist ein öffentlichrechtliches Verhältnis, das aber nicht schon durch die Geburt allein begründet wird. Vielmehr müssen noch Rechtshandlungen hinzukommen, welche die Aufnahme und Mitgliedschaft in der betreffenden Glaubensgesellschaft bewirken; VGH. XIV 220; S. III 497 zu n. 2.

Sonach kommen kirchliche und staatliche Normen bei Begründung der Zugehörigkeit zu einer Glaubensgesellschaft (Konfessionszugehörigkeit) zur Anwendung, d. h. Mitglied einer Glaubensgesellschaft ist nur, wer es nach dem Rechte dieser Glaubensgesellschaft und nach staatlichem Recht ist; S. III 497 nach n. 3.

Dabei ist aber die kirchliche Gesetzgebung soweit ausgeschlossen, als das staatliche Recht besondere, namentlich vom kirchlichem Rechte abweichende Bestimmungen trifft.

1. Die Glaubensgesellschaften können frei darüber Bestimmungen treffen, unter welchen Voraussetzungen sie jemand als ihr Mitglied annehmen wollen, sowie darüber, unter welchen Voraussetzungen sie jemand aus ihrer Gemeinschaft ausschließen. Sie können nur niemand als ihr Mitglied beanspruchen, der es nicht auch nach zwingendem staatlichen Recht ist; S. III 497 nach n. 3.

Über die kirchlichen Aufnahmehandlungen s. unten IV 2 b.

2. Das staatliche Recht (s. Z. III, IV) macht die Mitgliedschaft zu einer Glaubensgesellschaft nicht von der Staatsangehörigkeit abhängig, VGH. V 179, X 117, XII 449; S. III 497 zu n. 4, da für die Glaubensgesellschaften (innerhalb des Umkreises der Glaubensgenossen) allgemein der Grundsatz der Territorialität gilt; S. III 498 zu n. 5, 501 zu n. 28; a. A. Kr. I 435 zu n. 43; Seeb. 2 n. 3, 4 n. 14.

Demgemäß ist ein Glaubensgenosse, welcher von auswärts nach Bayern kommt, auch für das bayerische Recht Angehöriger seiner Glaubensgesellschaft, ohne daß es einer weiteren Rechtshandlung bedarf. Maßgebend dafür, ob ein fremder Glaubensgenosse, welcher in Bayern Wohnsitz genommen hat, als Angehöriger einer Glaubensgesellschaft zu erachten ist, ist allein das Recht dieser Glaubensgesellschaft. Erachtet ihn diese als Angehörigen, so ist er es von Rechts wegen und kann sich dieser Mitgliedschaft nur durch die Austrittserklärung entziehen; ME. v. 19. III. 1844 (W. III 544); S. III 500 zu n. 22; denn die Prüfung der Voraussetzung der Glaubenszugehörigkeit obliegt als innerkirchliche Angelegenheit ausschließlich den Organen der betreffenden Glaubensgesellschaft; § 38 RE.

Der gleiche Grundsatz gilt auch hinsichtlich der Teilung der protestantischen Glaubensgenossen in die Kirche rechts des Rheins und in die Kirche der Pfalz; S. III 500 zu n. 23, 574 nach n. 42.

Bezüglich der Juden s. insbesondere VGH. III 694, XI 218.

III. Wahl des Glaubensbekenntnisses.

1. Nach bayerischem Staatskirchenrecht wird die Glaubensangehörigkeit einer Person während ihrer Minderjährigkeit durch den Willen der Erziehungsberechtigten bestimmt (s. „Kindererziehung religiöse"), während nach erreichter Volljährigkeit jedermann durch eigene freie Willensentschließung seine Konfession wählen kann; VGH. XIV 220.

2. Nach §§ 5 u. 6 RE. steht jedem Staatseinwohner, welcher die gesetzliche Volljährigkeit, das sog. Unterscheidungsalter hat, die Entscheidung darüber frei, ob er einer Glaubensgesellschaft und welcher (öffentlichen oder privaten) er angehören will; Kr. I 428 zu n. 1 u. 2; St. 481 § 477; S. III 498 nach n. 5.

Wer als Angehöriger einer Glaubensgesellschaft in das Alter der

Volljährigkeit eingetreten ist, d. i. mit vollendetem 21. Lebensjahr, kann durch das Recht dieser Glaubensgesellschaft nicht am Ausscheiden gehindert werden; P. § 5 RE. n. 1 Abs. 2.

Dabei ist es gleichgültig, ob mit dem Ausscheiden ein Übertritt zu einer anderen (anerkannten oder nicht anerkannten) Glaubensgesellschaft sich verbindet oder nicht; VGH. XI 18; Seeb. 9 nach n. 40; S. III 498 zu n. 6 u. 7. — Möglich ist daher auch der einfache Austritt aus einer Glaubensgesellschaft ohne jeglichen Übertritt; s. Z. IV.

IV. Wechsel des Glaubensbekenntnisses.

1. Die gesetzlichen Voraussetzungen für den Wechsel des Glaubensbekenntnisses gelten in gleicher Weise für die Mitglieder der öffentlichen und der privaten Kirchengesellschaften; VGH. XXI 34. — Daneben sind auch die kirchlichen Normen zu beachten.

Wenn ein Konfessionswechsel den verfassungsmäßigen materiellen und formellen Voraussetzungen hiefür nicht entspricht, ist er in jeder, auch kirchlicher, Hinsicht ungültig; S. III 501 zu n. 26; s. auch unten Z. 2 c.

Maßgebend für die Gültigkeit und Wirkung eines Glaubenswechsels ist daher vor allem das staatliche Recht. — Eine Kirchenstrafe, z. B. Exkommunikation, hat für sich allein nicht die Wirkung einer Ausscheidung des Bestraften aus der betreffenden Kirchengesellschaft. Hiezu ist vielmehr ein staatsrechtlich gültiger Aus- oder Übertritt nötig.

a) Materielle Voraussetzungen.

α) Erforderlich ist das Alter der Volljährlichkeit, d. i. das erreichte 21. Lebensjahr; K. I 428 zu n. 2; S. III 500 zu n. 24. Die erlangte Volljährigkeitserklärung genügt nicht, sie würde nicht bloß der Absicht, sondern auch dem Wortlaut der Verfassung widersprechen. Ist also die Volljährigkeit noch nicht erreicht, so sind die Willenserklärungen und alle darauf sich gründenden Akte unter allen Umständen (z. B. auch wenn die betreffende Person imstande wäre, die Religionsänderung nach ihrer Bedeutung zu erfassen) und nach jeder Richtung hin unwirksam, Kr. I 434 Buchst. d; St. 485 Buchst. c; s. auch unten Z. 2 c, und zwar gleichviel, ob es sich um Personen handelt, die bisher keiner oder einer öffentlichen oder einer privaten Glaubensgesellschaft angehörten; S. III 501 zu n. 25—27; a. A. Kr. I 435 nach n. 40; St. 480 zu n. 3; Seeb. 2 n. 2.

β) Der Wechsel des Glaubensbekenntnisses bzw. die Eintritts- oder Austrittserklärung ist ferner ungültig, wenn dem Erklärenden die Willensfähigkeit fehlt, oder wenn die Erklärung durch Irrtum,

Zwang oder Betrug hervorgerufen ist; § 7 RE.; Kr. I 428 zu n. 3, 431 zu n. 21; St. 492 § 487; Seeb. 3 zu n. 5 u. 6; S. III 498 nach n. 7.

Das Vorhandensein dieser Mängel ist nach bürgerlichem Recht zu beurteilen; §§ 105, 119, 123 BGB.; Seeb. 3 n. 5; S. III 498 nach n. 8.

b) Formelle Voraussetzungen.

α) Der Übergang von einer Glaubensgesellschaft (auch von einer nicht öffentlichen; BlAdmPr. IV 81; BGH. XXI 34; a. A. St. 491 § 486; teilweise Kr. I 431 zu n. 18; Seeb. 4 n. 10) zu einer anderen muß bei dem einschlägigen Pfarrer und geistlichen Vorstand sowohl der verlassenen als der neu gewählten Glaubensgesellschaft persönlich erklärt werden; § 10 RE. — Schriftliche Erklärung z. B. mittels eingeschriebenen Briefes genügt nicht.

Über die kirchliche Aufnahme in die neu gewählte Glaubensgesellschaft s. unten Z. 2b.

Der Übertritt ist unwirksam, wenn nicht beide Erklärungen und wenn sie nicht beide persönlich erfolgt sind; ME. v. 7. IX. 1842 u. 11. I. 1844 (W. III 465, 529); Kr. I 529 zu n. 11; Seeb. 7 n. 26; S. III 499 zu n. 13; s. auch unten Z. 2c.

Einem gesetzwidrigen Verfahren bei konfessionellen Übertritten ist in allen Fällen die staatliche Anerkennung zu versagen und demselben eine gesetzliche Wirkung nicht beizulegen; ME. v. 6. III. 1878 (G. I 93); Seeb. 8 zu n. 34.

β) Für den bloßen Eintritt in eine Glaubensgesellschaft oder den bloßen Austritt aus einer solchen hat die Verfassung keine unmittelbaren Bestimmungen getroffen. Da aber der von ihr geregelte Übertritt zwei Rechtshandlungen, nämlich einen Austritt und einen Eintritt in sich schließt, ist, wenn nur eine dieser beiden Rechtshandlungen für sich allein stattfindet, was nach dem Grundsatz der Gewissensfreiheit als möglich erscheint, gleichfalls die Form des § 10 RE. mit den aus dieser Bestimmung sich selbst ergebenden Änderungen einzuhalten; BGH. XI 17; Kr. I 430 zu n. 17; Seeb. 10 zu n. 41; S. III 499 letzter Absatz. — Daraus folgt, daß niemand zugleich zwei Glaubensgesellschaften angehören kann; S. III 500 zu n. 20.

Außerdem ist beim Übertritt von einer öffentlichen Kirchengesellschaft zu einer Privatkirchengesellschaft Anzeige an die betreffende Polizeibehörde zu machen; ME. v. 7. VII. 1833 (W. II 694); St. 491 § 485.

γ) Der einschlägige Pfarrer ist nicht der des zeitweiligen, vorübergehenden Aufenthalts, sondern der Pfarrer jenes Ortes, an welchem der Konvertit sein gesetzliches Domizil hat. Letzteres ist aber nicht mit der Heimat identisch; Kr. I 428 nach n. 4; Seeb. 4 n. 13.

Wenn jemand in dem Pfarrsprengel einer fremden

Konfession wohnt, hat er den Forderungen des § 10 RE. dadurch Folge zu leisten, daß er den Austritt aus seiner bisherigen Kirche dem Pfarrer derjenigen Pfarrgemeinde seiner Konfession erklärt, zu welcher er sich gehalten hat. Wenn ein solches Verhältnis nicht bestand oder wenn der Konvertent längere Zeit von seinem Domizil entfernt und dahin zurückzukehren verhindert ist, so hat er seinen Austritt demjenigen benachbarten Geistlichen seiner Konfession persönlich zu erklären, welcher ihm von der Kreisregierung im Einverständnis mit der kirchlichen Oberbehörde (Ordinariat bzw. Konsistorium) zu jenem Behufe benannt wird; ME. v. 16. V. 1826 (W. II 347); Kr. I 428 zu n. 5 u. 6; St. 490 § 483; Seeb. 4 zu n. 15.

Bei Übertritt von Sträflingen ist derjenige Pfarrer als der einschlägige Vorstand zu betrachten, welchem die Seelsorge und der Religionsunterricht in der Anstalt übertragen ist; ME. v. 11. VII. 1839 (W. III 291); ME. v. 30. VI. 1843 (Döll. XXIII 8); Kr. I 433 zu n. 31; St. 494 §§ 489 f.; Seeb. 6 nach n. 20. Über die Erteilung des in diesem Falle erforderlichen Religionsunterrichtes s. ME. v. 2. IX. 1845 (W. III 592); Kr. I 433 zu n. 32; St. 494 § 491; Seeb. 6 nach n. 22.

d) Vor Erfüllung dieser Förmlichkeiten darf kein Pfarrer ein von einer anderen Konfession zur seinigen übertretendes Individuum als zu seiner Kirche gehörig betrachten; ME. v. 4. II. 1834 (W. II 714) u. v. 7. IX. 1842 (W. III 465); Kr. I 530 zu n. 15; St. 487 zu n. 1 u. 2.

Der Nachweis, daß die Form erfüllt ist, muß erbracht werden, jedoch ist eine besondere Form hiefür nicht vorgeschrieben; Kr. I 429 zu n. 8; St. 490 § 484; Seeb. 7 zu n. 28; S. III 499 zu n. 14 u. 15.

Verweigert der Pfarrer der bisherigen Konfession die Ausstellung eines diesbezüglichen Zeugnisses, so kann Beschwerde gegen ihn geführt werden; ME. v. 7. VII. 1833 (W. II 694); Kr. I 429 zu n. 10; St. 491 zu n. 1; Seeb. 7 nach n. 28.

Welche der beiden Erklärungen zeitlich vorausgeht, ist gleichgültig; ME. v. 7. VII. 1833 (W. II 694), v. 28. IX. 1833 (W. II 703) u. v. 4. II. 1834 (W. II 714); Kr. I 429 zu n. 7; St. 486 zu n. 3; Seeb. 9 zu n. 40; S. III 499 zu n. 15.

Die Anzeige des Austritts hat jedoch stets vor der Aufnahme in die neu gewählte Kirche zu geschehen; Kr. I 429 n. 7.

Selbstverständlich steht es dem Volljährigen und sogar dem Minderjährigen frei, Unterricht in dem neuen Glauben zu nehmen, ehe er den Übertritt zu demselben vollzieht; AB. v. 26. IV. 1845 (W. III 580, bei St. 481 zu n. 8); Kr. I 430 nach n. 16, 434 zu n. 36; St. 481 § 478; Seeb. 9 nach n. 37. Deshalb kann ein Geistlicher, welcher an Mitglieder einer anderen Kirche, selbst an Minderjährige, verlangten

Religionsunterricht erteilt, nicht bestraft werden, da er keine unerlaubte Handlung begeht; Kr. I 434 zu n. 37; Seeb. 3 zu n. 7; s. unten Z. 3.

c) Ausnahmen von der Formvorschrift. Die Form (d. s. die formellen Voraussetzungen, Z. IV 1 b) des Übertritts braucht dann und insoweit nicht eingehalten zu werden, als der Übertretende durch Verhältnisse, deren Beseitigung nicht in seiner Macht liegt, an der Einhaltung der Verfassungsvorschriften gehindert ist. Nach der ME. v. 29. XI. 1844 (W. III 561) bestehen hierüber keine bestimmten Vorschriften, sondern es sind nur gewisse Gesichtspunkte gegeben, welche zu berücksichtigen sind; St. 492 § 488; Seeb. 5 zu n. 18; S. III 499 nach n. 15.

Die folgenden Ausnahmen gelten nur bezüglich der formellen Voraussetzungen eines Konfessionswechsels (§ 10 RE.; s. oben Z. IV 1 b). Von der Erfüllung der materiellen Voraussetzungen eines Glaubenswechsels (§§ 5 f. RE.; s. oben Z. IV 1 a) gibt es keine Ausnahme. Sie müssen unter allen Umständen beobachtet werden.

Es ist die Einhaltung der Form nicht erforderlich:

α) Wenn jemandem die Abgabe der Austrittserklärung arglistigerweise unmöglich gemacht wird. Hiezu gehört auch der Fall, daß der Geistliche, der zur Entgegennahme der Erklärung an das Sterbebett gerufen wird, nicht erscheint; S. III 499 zu n. 16.

β) Wenn wegen unmittelbarer Todesgefahr eine Austrittserklärung nicht mehr stattfinden kann; S. III 499 zu n. 17.

Für den letzten Fall hat die ME. v. 17. X. 1840 (W. III 348) besondere Direktiven gegeben, indem dem Pfarrer der bisherigen Konfession ungesäumt von der Absicht des Übertritts schriftliche Nachricht zu geben ist, um es ihm zu überlassen, ob er sich bei dem Kranken einfinden will. Ferner sind für den Fall, daß die Ankunft des Pfarrers nicht mehr abgewartet werden kann, zur Erklärungsabgabe zwei Zeugen, wenn möglich von der bisherigen Kirchengesellschaft des Kranken herbeizurufen, in deren Gegenwart ein Protokoll über die Austritts- bzw. Übertrittserklärung aufgenommen und von ihnen unterzeichnet werden soll. Endlich soll ein so erfolgter Übertritt nur rücksichtlich der Person des Übergetretenen, nicht auch hinsichtlich seiner Kinder Wirkung äußern; s. auch ME. v. 7. IX. 1842 (W. III 465); Kr. I 432 zu n. 26—28; Seeb. 5 nach n. 16.

Ist dieser Übertritt als richtig erfolgt anzusehen, so ist er endgültig wirksam und die unterlassenen Formalitäten sind nicht etwa später bei eröffneter Möglichkeit nachzuholen; S. III 499 nach n. 17; a. A. Kr. I 432 zu n. 30; St. 493 letzter Absatz; Seeb. 6 zu n. 20; s. auch ME. v. 23. V. 1843 (W. III 466 Fußnote).

γ) Die Formvorschrift des § 10 RE. hat dann keine Anwendung zu finden, wenn Angehörige einer bestehenden Glaubensgesellschaft eine neue Glaubensgesellschaft gründen wollen. Mit dem Augenblick der königlichen Genehmigung einer neuen Glaubensgesellschaft sind deren Gründer unanfechtbare Mitglieder derselben. Dagegen haben diejenigen, welche später beitreten wollen, selbstverständlich die Formvorschriften der Verfassung zu erfüllen; S. III 500 nach n. 23.

2. Rechtliche Wirkung des Glaubenswechsels.

a) Die Austrittserklärung, welche mit Willensmängeln (Z. 1 a β) nicht behaftet ist, wirkt für sich allein, es bedarf keiner ausdrücklichen Entlassung seitens der Glaubensgesellschaft. Mit ihr gehen alle kirchlichen Gesellschaftsrechte der verlassenen Kirche verloren; § 11 RE.; Kr. I 431 zu n. 19; St. 496 § 493; Seeb. 9 zu n. 39, 10 nach n. 41; S. III 498 Abs. 4.

b) Die Eintrittserklärung in eine neue Glaubensgesellschaft gemäß § 10 RE. wirkt für sich allein nur staatsrechtlich, also unvollständig. Hinzukommen muß noch die Erklärung der neuen Kirchengesellschaft, daß die betreffende Person auch von ihr als Mitglied anerkannt wird, d. h. dem staatlichen Übertrittsakt (§ 10 RE.) muß sich die förmliche kirchliche Aufnahme in die gewählte Religionsgesellschaft nach Maßgabe ihrer Satzungen anschließen; Kr. I 430 nach n. 12; St. 489 Abs. 2; Seeb. 6 zu n. 22; S. III 498 zu n. 9. — Dabei kann diese kirchliche Aufnahme auch an die Erfüllung gewisser Bedingungen geknüpft werden; ME. v. 28. IX. 1833 (W. II 703), unrichtig dagegen ME. v. 7. VII. 1833 (W. II 694); vgl. auch Kr. I 430 zu n. 14; St. 488 § 482 zu n. 4; Seeb. 10 nach n. 42; P. § 10 RE. n. 1 Abs. 2.

Formvorschriften des staatlichen Rechtes bestehen nur für die Aus- und Übertrittserklärung, nicht aber für die kirchliche Aufnahme; Seeb. 10 n. 40; S. III 498 nach n. 9. — Daher gilt Z. 2 b nur für einen wirklichen Glaubenswechsel, nicht aber für den bloßen Austritt aus einer Kirche ohne darauffolgenden Eintritt in eine andere.

Kirchlicherseits erfolgt die Aufnahme durch die Taufe, endgültig aber eigentlich erst durch die Kommunion bzw. Konfirmation; s. auch Kr. I 435 § 2 —440.

c) Ein Übertritt vor erreichter Volljährigkeit oder ohne die vorhergegangene, vorgeschriebene Austrittserklärung (über die Ungültigkeit dieser Akte s. oben Z. IV 1 a α u. 1 b α) erlangt, selbst wenn der Übertretende durch Kommunion oder Konfirmation in die betreffende Kirche bereits aufgenommen worden ist, in staatsrechtlicher Beziehung erst dann rechtliche Wirkung, wenn der Konvertit nach erreichtem Unterscheidungsalter die im Religionsedikt vorgeschriebenen Bedingungen erfüllt bzw. die unterlassene Austrittserklärung nachgeholt hat; ME. v. 23. V. 1843 u. v. 9. IX. 1850 (G. I 27, 63); Kr. I 435 zu n. 40; St. 485 c; Seeb. 9 nach n. 34.

(Nach Anschauung des VGH. XIV 219 tritt die rechtliche Wirkung schon dann ein, wenn der Minderjährige nach erreichter Volljährigkeit in der betreffenden Glaubensgesellschaft verbleibt.) —

Bis dahin ist derselbe in allen, kirchliche Beziehungen berührenden Verhältnissen, sofern hiedurch nicht dessen Glaubens- und Gewissensfreiheit beeinträchtigt wird, als Mitglied der verlassenen Kirchengemeinde zu betrachten und zu behandeln, namentlich bezüglich der Stolrechte, der Teilnahme an Kirchengemeindeumlagen, der Ansprüche auf Stiftungen usw.; ME. v. 11. I. 1844 (W. III 529); Kr. I 430 zu n. 12, 434 zu n. 39; St. 485 nach n. 3; Seeb. 9 zu n. 37. — Da aber auf dem Gebiet des Gewissens ein zwangsweiser Vollzug der Verfassungsbestimmungen ausgeschlossen ist, Tit. IV § 9 Abs. 1 VerfU., ist auch eine Nötigung zur Teilnahme an den Religionsübungen der früheren Glaubensgemeinschaft ebenso undurchführbar wie ein Zurückweisen von der Teilnahme an den Religionsübungen der neuen Glaubensgesellschaft; AE. v. 26. IV. 1845 (W. III 580); ME. v. 6. III. 1878 (G. I 93); St. 484 nach n. 1; Seeb. 9 nach n. 37; s. auch Z. IV 4 c d.

d) Ein gültiger Glaubenswechsel äußert auch auf anderen Gebieten rechtliche Wirkungen.

α) Der Glaubenswechsel befreit von allen Lasten, die auf dem persönlichen Verhältnis zum bisherigen Kirchengemeindeverband beruhten, z. B. von der Abgabe solcher Reichnisse, die in der Zugehörigkeit zum Kirchen- und Pfarrverband begründet waren, sog. Reichnisse öffentlich-rechtlicher Natur; s. „Reichnisse" IV 1; Kr. II 121 zu n. 9; Kr. III 147 nach n. 7.

Ist das Reichnis dagegen privatrechtlicher Natur, also eine Reallast, so muß es auch dann geleistet werden, wenn der Pflichtige einer anderen Konfession angehört. Die Verpflichtung zu Reichnissen, welche den Charakter von Reallasten haben, wird daher auch nicht durch einen Wechsel in der Konfession der pflichtigen Anwesensbesitzer berührt; Kr. II 123 zu n. 18.

Auch die auf dem Zehentbezuge ruhende kirchliche Baulast erleidet durch einen Religionswechsel keine Veränderung; Kr. II 292 zu n. 43; Kr. III 43 zu n. 77.

β) Über den Einfluß des Glaubenswechsels der Eltern auf die religiöse Erziehung der Kinder s. „Kindererziehung religiöse".

γ) Durch den Austritt eines Geistlichen aus der katholischen Kirche erlischt das Tischtitelrecht, doch muß natürlich auch hier der Austritt in der Form des § 10 RE. erfolgt sein; M. II 615 Z. 2.

3. Strafeinschreiten gegen Geistliche.

a) Der Pfarrer der neu gewählten Konfession darf zur Aufnahme des Konvertenten erst schreiten, wenn ihm der Nachweis über die geschehene Austrittserklärung erbracht ist; s. oben Z. IV 1 b d.

b) Eine Außerachtlassung der Formvorschriften des § 10 RE. kann staatliche Zwangsmaßregeln oder Strafen nach sich ziehen, während bei Nichtbeachtung des § 6 RE. dem fehlenden Geistlichen lediglich eine staatliche Rüge, ein administrativer Verweis ausgesprochen werden kann, zu dessen Erteilung in der Regel das Kultusministerium berufen ist; ME. v. 26. I. 1844 u. v. 4. VIII. 1844 (Döll. XXIII 11 u. 12; W. III 532); AE. v. 26. IV. 1845 (W. III 580); ME. v. 23. III. 1877 (G. I 105); Kr. I 430 nach n. 15, 434 zu n. 37; St. 488 § 481; Seeb. 8 nach n. 32.

c) Der recursus ab abusu nach § 58 RE. ist hier nicht anwendbar. Er ist nur dann gegeben, wenn eine Beschwerde sich gründet auf Handlungen der geistlichen Gewalt der eigenen Kirche (s. „Recursus ab abusu"); S. III 543. Auch eine Anrufung des weltlichen Schutzes nach §§ 51, 81 RE. kommt hier nicht in Frage, weil die Folgen, welche sich an den unrechtmäßigen Übertritt in eine Glaubensgesellschaft knüpfen, ausschließlich im Religionsedikt behandelt sind und das hiegegen eingeräumte Anfechtungsrecht lediglich auf § 9 RE. beruht, so daß nur das 2. Kapitel der II. VerfBeil. maßgebend ist.

4. Anfechtung der Glaubenswahl.

a) Gegenstand der Anfechtung.

α) Ein Streit über die Wahl des Glaubensbekenntnisses ist keine Verwaltungsrechtssache, aber auch keine Verwaltungsstreitsache; VGH. IX 130. Ein solcher Streit kann vielmehr nur geltend gemacht werden in Form einer Anfechtung der Glaubenswahl nach § 9 RE.

Die Anfechtung des § 9 RE. bezieht sich nicht auf Fälle, wo noch die religiöse Kindererziehung in Frage steht, sondern nur auf den Fall, wo es sich um die selbständige Wahl des Glaubens handelt durch eine Person, deren religiöse Erziehung bereits abgeschlossen ist; s. „Kindererziehung religiöse" II 3; unrichtig S. III 512 nach n. 96.

β) Eine Anfechtung der Glaubenswahl kann erfolgen wegen Nichtbefolgung der verfassungsmäßigen Voraussetzungen (s. Z. IV 1), also:

1. wegen mangelnden Unterscheidungsalters, § 6 RE.;
2. wegen Mängel in bezug auf den Geistes- und Gemütszustand, § 7 RE.;

3. wegen Anwendung von Zwang, Betrug oder List, § 8 RE.;
4. wegen Nichtbeachtung der Formvorschriften des § 10 RE.; irrig S. III 512 a. E.

b) Anfechtungsberechtigte.

§ 9 RE. gibt denjenigen, welche die religiöse Erziehung zu „leiten" haben, ein formelles Anfechtungsrecht bei Wechsel der Glaubensangehörigkeit gemäß §§ 6—8, 10 RE. — Über das Antrags- und Beschwerderecht bei „religiöser Kindererziehung" s. dort Z. IX 1 a, b.

Unter „denjenigen, welche gemäß § 9 RE. die religiöse Erziehung zu leiten haben", sind nach h. M. jene Personen zu verstehen, welche im allgemeinen die religiöse Erziehung zu leiten haben, auch wenn diese im konkreten Falle schon beendet ist.

Anfechtungsberechtigt gemäß § 9 RE. sind daher die eigentlichen Träger der Erziehungsgewalt nach bürgerlichem Rechte, dann aber auch die Inhaber der Pfarrämter und Seelsorgestellen, weil vornehmlich diese Personen die Leitung und Beaufsichtigung der religiösen Jugenderziehung in Kirche und Schule handhaben; s. § 38 Abs. 2 Buchst. c, § 39 RE.; irrig S. III 513.

c) Zuständigkeit und Verfahren.

α) Wird die Anfechtung einer Glaubenswahl gemäß § 9 RE. geltend gemacht, so hat die Regierung (§ 34 Abs. 4, § 37 FormVO. v. 17. XII. 1825 [W. II 279], ME. v. 4. V. 1839 [W. III 286]) den Fall zu untersuchen und an das Kultusministerium zu berichten, welches (gemäß § 5 der K. VO. v. 27. II. 1847 [W. III 659] u. der VO. v. 16. III. 1849 [W. IV 27] sowie der ME. v. 4. V. 1839 [W. III 286]) zur Entscheidung befugt ist. Das Kultusministerium kann also den Glaubenswechsel für unzulässig und den Übertritt für unwirksam erklären.

β) Verwaltungsrechtlich kann die Frage der Gültigkeit eines Glaubenswechsels niemals entschieden werden. Im verwaltungsrechtlichen Streitverfahren kann die Würdigung dieser Frage lediglich einen Inzidentpunkt bilden, wenn sie in einem Rechtsstreit über Pfarr- und Kirchengemeindeangehörigkeit, über Stolgebühren, Umlagen, Art. 10 Z. 13 VGG., oder über religiöse Kindererziehung, Art. 8 Z. 4 VGG., falls die Religion der Eltern in Frage steht, auftritt; Kr. I 431 zu n. 23; D. Art. 8 Z. 4 n. 3; S. III 512 zu n. 95; s. auch VGH. IX 130.

Wenn es für andere Rechtsverhältnisse von Belang ist, kann auch noch nach dem Tode einer Person über deren Glaubenszugehörigkeit entschieden werden, nur wird auch in solchen Fällen kein selbständiger Ausspruch ergehen, sondern die Feststellung, daß sie einer bestimmten Glaubensgesellschaft angehörte, erfolgt nur inzidenter.

γ) Ein Eingreifen von Amts wegen findet bei Zuwiderhandlungen gegen §§ 6—8, 10 RE. nicht statt, sondern der Staat wird nur auf Antrag bzw. Anfechtung der nach § 9 RE. hiezu berechtigten Personen tätig.

δ) Hat das Kultusministerium seine Entscheidung getroffen, so beschränkt sich deren Vollzug naturgemäß auf die bürgerlich-rechtliche Seite; s. oben Z. IV 2 c; denn von einem Zwangsvollzug der verfassungsmäßigen Bestimmungen auf dem Gebiete des Gewissens kann keine Rede sein. Es erscheint deshalb eine Nötigung zur Teilnahme an den religiösen Übungen der früheren Gemeinschaft ebenso ausgeschlossen, als ein Zurückweisen von den Übungen der neu gewählten Glaubensgesellschaft; ME. v. 6. III. 1878 (G. I 93); Seeb. 9 zu n. 38.

Glaubensgesellschaften (Kirchen-, Religionsgesellschaften).

I. Begriff; rechtliche Natur; Verfassung.

1. Unter Glaubensgesellschaft im Sinne des bayerischen Staatskirchenrechts versteht man eine Vereinigung von Personen, die über den Kreis der Familie hinausreicht und sich zum Zwecke der öffentlichen, d. i. gemeinschaftlichen, in besonderen Kultusgebäuden abzuhaltenden Feier des Gottesdienstes gebildet hat. —

Zweck einer Glaubensgesellschaft muß daher immer die Ausübung einer Religion sein.

Religion ist nicht jeder beliebige Glaube, sondern nur ein solcher, der auf der Verehrung einer persönlichen Gottheit beruht. Atheismus und Pantheismus sind demnach keine Religionen; S. III 486 nach n. 5. Eine Glaubensgesellschaft muß ferner eine bestimmte, ihre Mitglieder verpflichtende Glaubensformel haben, also durch bestimmte Glaubenssätze verbunden sein; § 27 RE.; S. III 486 zu n. 7. Eine Vereinigung, welche ihren Mitgliedern freigibt, zu glauben, was sie wollen, ist keine Glaubensgesellschaft, sie kann nur ein Verein sein; S. III 487 zu n. 8.

Von den Glaubensgesellschaften sind zu unterscheiden die „geistlichen Gesellschaften" (s. dort!) als Spezialverbindungen zum Zwecke besonderer Religionsübung.

2. Ihrer rechtlichen Natur nach sind die Glaubensgesellschaften alle ohne Ausnahme öffentlich-rechtliche Personenvereinigungen. Sie bestehen sämtlich kraft öffentlichen Rechts; S. III 492 Abs. 1. Denn die Glaubensgesellschaften können als rechtliche Gemeinschaft im Staate nur kraft staatlichen, nicht kraft eigenen Rechtes bestehen; S. III 488 zu n. 12.

Über die Zugehörigkeit zu ihnen s. „Glaubensbekenntnis" II.

über die Unzuständigkeit des Reichs zur gesetzlichen Regelung der Rechtsverhältnisse der Glaubensgesellschaften s. S. III 481 letzter Absatz.

3. Jede Glaubensgesellschaft muß ferner eine Verfassung haben und zwar nicht nur eine solche, welche den Zwecken des Rechtsverkehrs, sondern eine solche, welche dem Zwecke der Glaubensbetätigung durch Gottesdienst (innerkirchliche Verfassung) dient; § 27 RE.; S. III 487 zu n. 9.

Nach bayerischem Recht ist nicht erforderlich, daß sich die Glaubensgesellschaften innerhalb des Staatsgebietes halten, vielmehr können sie auch über dasselbe hinausreichen und werden so vom Staate zugelassen, zum Teil kraft tatsächlicher Notwendigkeit. In solchen Fällen kann selbstverständlich die rechtliche Regelung der glaubensgesellschaftlichen Verhältnisse nicht weiter gehen als die Staatsgewalt reicht; S. III 487 nach n. 9. — Auch erfolgt nach dem hier herrschenden Territorialprinzip die staatliche Anerkennung des Gesellschafts- bzw. Körperschaftscharakters nur für den bayerischen Staatsbereich.

Weiteres über die Verfassung der Glaubensgesellschaften s. S. III 517 nach n. 20.

II. Quellen.

1. Rechtsquellen: Tit. IV § 9 Abs. 2 u. 5 VerfU., §§ 24—103 RE., ferner das Konk. bezüglich der katholischen, das PE. bezüglich der protestantischen Kirche.

2. Literatur: S. III 480 § 372, 485 § 374 —496, 514 § 376 —550; P., Anm. z. §§ 24—103 RE.; Seeb. 32 § 4 —66.

III. Arten.

1. Der allgemein unterscheidende staatskirchenrechtliche Zweck der Religionsgesellschaften ist weniger die Religion, als vielmehr die Religionsausübung, nicht der Glaube, sondern der Gottesdienst, der auf Grund der Glaubensgemeinschaft organisiert und sinnfällig ist, und zwar die pflichtmäßigen Religionsübungen, der Volksgottesdienst; s. Z. V 4.

2. Die bayerische Verfassung unterscheidet zwischen öffentlichen und Privatglaubensgesellschaften; §§ 24, 28 RE.; andererseits §§ 32—37, 25, 26 RE.

Diese Bezeichnung besagt nicht, daß erstere Gesellschaften dem öffentlichen, letztere dem bürgerlichen Rechte angehören; vielmehr ist die Privatglaubensgesellschaft ebenso ein öffentlich-rechtlicher Verband wie die öffentliche Glaubensgesellschaft; S. III 491 nach 29, 492 Abs. 1, 530 nach n. 13.

Das Wesen dieser Unterscheidung liegt vielmehr in dem Maße, in welchem die öffentlichen Glaubensgesellschaften (d. s. die drei christlichen, § 24 RE., s. Z. IV 1) mehr, die Privatglaubensgesellschaften (z. B. die Altkatholiken, Juden; ihre Aufzählung s. bei St. 481 oben; Seeb. 39 zu n. 36 f.; P. § 26 RE. n. 1; s. auch § 32 RE.) weniger Rechte haben; S. III 491 nach n. 28. Über diese Rechte s. unten Z. V u. VI.

IV. Aufnahme und Bestätigung.

Die Glaubensgesellschaften bestehen nach bayerischem Staatsrecht entweder auf Grund unmittelbarer gesetzlicher Einzelanerkennung — gesetzlich aufgenommene Glaubensgesellschaften oder auf Grund der Genehmigung durch einen staatlichen Verwaltungsakt — königlich genehmigte Glaubensgesellschaften; S. III 488 zu n. 12.

1. Zu den bereits gesetzlich aufgenommenen Glaubensgesellschaften gehören vor allem die in Bayern bestehenden drei christlichen Kirchengesellschaften (d. s. die katholische, protestantische und reformierte Kirche; über letztere s. „Reformierte Kirche"; die protestantische und die reformierte Kirche sind in der Pfalz zur unierten Kirche verbunden; S. III 573 nach n. 30; s. auch „Unierte Kirche"); S. III 489 zu n. 12; ferner die israelitische Glaubensgesellschaft (§ 25 RE. mit JE. v. 10. VI. 1813 [RBl. 921], abgedruckt bei P. 294) sowie jene christlichen Glaubensgesellschaften, welche ihre Aufnahme bei Erlaß der bayerischen Verfassungsurkunde schon gesetzlich erlangt hatten (z. B. die Mennoniten, d. s. Wiedertäufer; S. III 489 n. 18). Die letztgenannten christlichen Glaubensgesellschaften unterliegen dem gleichen Rechte wie jene, die auf Grund der Verfassungsbestimmungen aufgenommen wurden; §§ 24—26 RE.; S. III 489 zu n. 13—18; Seeb. 32 zu n. 3—7.

2. Glaubensgesellschaften, welche zu den bereits aufgenommenen nicht gehören, können nur mit Genehmigung des Königs entstehen; § 26 RE. Einer Mitwirkung des Landtages zu dieser Genehmigung bedarf es keinesfalls; S. III 490 zu n. 20; Seeb. 32 nach n. 7.

a) Die Aufnahme kann nur mit Wirkung für das ganze Staatsgebiet, nicht lediglich für einen bestimmten Teil erfolgen; S. III 490 zu n. 21. — Die Aufnahme ist beim Staatsministerium des Innern für Kirchen- und Schulangelegenheiten nachzusuchen; diesem Ministerium muß die Glaubensformel (Dogmen) und die innerkirchliche Verfassung (z. B. Vorschriften über die Bestellung eines Vorstands, Amtsvollmacht desselben und anderer geistlichen Obern, über äußeren Kultus) der zu gründenden Glaubensgesellschaft zur Einsicht und Prüfung vorgelegt werden; § 27 RE. — Der König ist bei Entscheidung der Frage, ob er die Aufnahme gewähren will, nur soweit rechtlich gebunden, als er die Aufnahme nicht erteilen darf, wenn die verfassungsmäßigen Voraussetzungen des Begriffs einer Glaubensgesellschaft (s. oben Z. I 1) fehlen. Im übrigen waltet sein freies Ermessen; S. III 490 nach n. 22—24.

b) Die königliche Genehmigung bezieht sich lediglich auf die Zulassung der Glaubensgesellschaft. — Glaubensformel und Verfassung sind nur Gegenstand der Prüfung und Anerkennung, nicht der Genehmigung; S. III 491 zu n. 25. Das hat zur wichtigen Folge, daß eine Glaubensgesellschaft durch Änderungen an ihrer Verfassung und Glaubensformel nicht aufhört, rechtlich noch dieselbe Glaubensgesellschaft zu sein; S. III 491 zu n. 27.

Die Form der Aufnahme ist auch von Bedeutung für die Gewähr des Bestandes der betreffenden Glaubensgesellschaft. — Den Glaubensgesellschaften, welche durch Verfassungsgesetz oder Gesetz aufgenommen worden sind, kann die Anerkennung nur in dieser Form wieder entzogen werden. Glaubensgesellschaften, welche durch königliche Entschließung aufgenommen worden sind, können nur durch königliche Entschließung der Anerkennung wieder verlustig erklärt werden; S. III 490 zu n. 22.

c) Glaubensgesellschaften, die durch königliche Entschließung zugelassen werden, können die Eigenschaft von öffentlichen oder privaten Glaubensgesellschaften erhalten. Trifft die königliche Entschließung keine ausdrückliche Bestimmung, so ist die aufgenommene Glaubensgesellschaft eine private; § 32 RE.; S. III 493 zu n. 33.

d) Streitigkeiten über die Bildung neuer Kultusgemeinden oder Religionsgesellschaften sowie über die Änderung bestehender fallen nicht in die Zuständigkeit des VGH., sondern in die Zuständigkeit der aktiven Verwaltungsbehörden; VGH. I 145; § 26 ER.; § 5 Z. 4 der AVO. v. 27. II. 1847 (W. III 659) mit ME. v. 16. III. 1849 (W. IV 27).

V. Rechte und Befugnisse der aufgenommenen und bestätigten Glaubensgesellschaften.

Die Rechte der Glaubensgesellschaften sind verschieden bemessen, je nachdem es sich um öffentliche oder private Glaubensgesellschaften handelt; S. III 493 nach n. 33; Seeb. 34 Z. 2 —44 zu n. 15.

1. Die drei öffentlichen christlichen Glaubensgesellschaften genießen die Rechte öffentlicher Körperschaften und sind juristische Personen des öffentlichen Rechts mit Vermögensfähigkeit; §§ 24, 28, 44 RE. mit Tit. IV § 9 Abs. 2 VerfU.; S. III 493 nach n. 35, 529

zu n. 3; M. II 90 n. 2; P. § 44 RE. n. 1. Den Privatglaubensgesellschaften ist dagegen die juristische Persönlichkeit in der Regel nicht verliehen worden; §§ 32, 45, 37 RE.; S. III 493 zu n. 35 u. 36, 530 zu n. 13; P. § 45 RE. n. 1. Ihre Vermögensfähigkeit richtet sich zunächst nach ihrer Aufnahmeurkunde; § 45 RE.; S. III 530 nach n. 12; Seeb. 38 zu n. 34. Durch diese können sie auch zu Körperschaften mit juristischer Persönlichkeit erklärt werden. Bestimmt die Aufnahmeurkunde nichts, dann sind sie Gesellschaften ohne juristische Persönlichkeit; S. III 530 nach n. 12. — Letzteres bildet den Regelfall.

2. Das Vermögen der öffentlichen Glaubensgesellschaften steht unter besonderem staatlichen Schutze; §§ 31, 64 Buchst. b, 75 RE., das Vermögen der Privatglaubensgesellschaften dagegen nicht; S. III 493 zu n. 37; Seeb. 36 zu n. 17—22.

Allen Glaubensgesellschaften ohne Unterscheidung zwischen öffentlichen und privaten gewährleistet die Verfassung sowohl das Vermögen, das sie als solche und in ihren einzelnen Körperschaften besitzen, wie auch die Unversehrtheit und den Genuß ihrer Stiftungen, sie seien für den Kultus, den Unterricht oder die Wohltätigkeit bestimmt; Tit. IV § 9 Abs. 4 VerfU.; § 46 RE. — Das Kirchenvermögen darf unter keinem Vorwand zum Staatsvermögen eingezogen werden; § 47 RE. mit Tit. IV § 10 VerfU.; S. III 530 zu n. 14.

3. Ein weiterer Vorzug der öffentlichen Glaubensgesellschaften besteht in den erleichterten Bestimmungen über die Kirchengemeindebildung; §§ 88 RE.; S. III 494 zu n. 40, 521 nach n. 49; Seeb. 37 zu n. 25. Das Nähere s. „Kirchengemeinde".

Wo es an einer organisierten Kirchengemeinde fehlt, besteht für die Angehörigen der öffentlichen Glaubensgesellschaften das Recht des sog. charitativen Anschlusses an eine entfernte Gemeinde des eigenen Bekenntnisses; hierüber s. „Diaspora und charitativer Anschluß".

4. Der Hauptunterschied zwischen den öffentlichen und Privatglaubensgesellschaften liegt in den Äußerlichkeiten der Glaubensbetätigung, insofern den Privatglaubensgesellschaften nur der Privatgottesdienst (s. „Gottesdienst" IV) gestattet wird, §§ 33, 34 RE.; Seeb. 37 zu n. 27—28, während die öffentlichen Glaubensgesellschaften das Recht zur Abhaltung öffentlicher Gottesdienste (s. „Gottesdienst" IV), wenn auch nur innerhalb der kirchlich organisierten und staatspolizeilich festgesetzten Grenzen besitzen; S. III 494; s. §§ 3, 4 RE. und „Heimliche Zusammenkünfte". — Die Abhaltung des den öffentlichen Glaubensgesellschaften innerhalb dieser beiden Grenzen gestatteten

öffentlichen Gottesdienstes setzt nicht die Bildung von Kirchengemeinden voraus, ist vielmehr auch ohne diese Voraussetzung zulässig.

Außerdem dürfen sich die Privatglaubensgesellschaften der Glocken (s. „Kirchenglocken") und sonstigen Auszeichnungen nicht bedienen, welche Gesetz oder Gewohnheit den öffentlichen Kirchen angeeignet hat; § 35 RE.; S. III 494 nach n. 40; Seeb. 38 zu n. 32. — Überhaupt bemißt sich das Maß aller weiteren Rechte der Privatglaubensgesellschaften lediglich nach dem Inhalt ihrer Aufnahmeurkunde; §§ 37, 45, 89 RE.; Seeb. 38 zu n. 33; S. III 496 nach n. 52.

Eine zusammenfassende Darstellung der in den §§ 28, 29, 30, 31, 44, 88 RE. enthaltenen Vorrechte der öffentlichen Glaubensgesellschaften unter Berücksichtigung der Minderrechte der Privatglaubensgesellschaften s. bei S. III 493 nach n. 33 —496 zu n. 55; Seeb. 37 Z. 3.

Über weitere Rechte und Befugnisse der aufgenommenen Glaubensgesellschaften s. die folgende Z. VI.

VI. Verhältnis der Glaubensgesellschaften zur Staatsgewalt.

Hiebei unterscheidet die Verfassung drei Gruppen von Angelegenheiten:

1. Innere Kirchenangelegenheiten (eigentlicher Wirkungskreis der geistlichen Gewalt); § 38 RE.

a) § 38 RE., welcher das Gebiet der innerkirchlichen Angelegenheiten aufzählt, ist nicht erschöpfend, enthält vielmehr nur Beispiele; P. § 38 RE. n. 1. § 38 RE. ergänzt sich insbesondere durch § 103 Abs. 3 RE. mit den Bestimmungen des Konkordats für die katholische und denen des Protestantenedikts für die protestantische Kirche.

Auf diesem Gebiet der innerkirchlichen Angelegenheiten haben die Glaubensgesellschaften unter der obersten Staatsaufsicht das alleinige Anordnungs- und Aufsichtsrecht, §§ 38, 39 RE., während eine Einmischung der Staatsgewalt, abgesehen von diesem obersten Schutz- und Aufsichtsrecht, unzulässig erscheint; Tit. IV § 9 Abs. 5 VerfU.; §§ 38 Abs. 1, 50 RE. — Aber ein Recht zur Gesetzgebung und Gerichtsbarkeit im Rechtssinn haben die Glaubensgesellschaften auf diesem Gebiete nicht; S. III 515 zu n. 2—4; insbesondere gibt es keine geistliche Vollstreckungsgewalt im Rechtssinn; § 42 RE. Jeder äußere Zwang in Glaubenssachen ist verboten; § 71 RE.; S. III 515 zu n. 3, 516 zu n. 13—16.

Näheres über die rein geistlichen Angelegenheiten s. P., Anm. zu den §§ 38 f. RE.; S. III 514 § 376, 524 § 377. Hervorzuheben ist das

Hausrecht, das den Glaubensgesellschaften für ihre Versammlungen auch gegenüber den eigenen Mitgliedern durch § 43 RE. eingeräumt ist; S. III 527 zu n. 16.

Zu den innerkirchlichen Angelegenheiten zählt auch die Gewährung des kirchlichen Begräbnisses; ME. v. 19. VIII. 1833 (Döll. VIII 1180).

Über die Abgrenzung der innerkirchlichen Angelegenheiten auf dem Gebiet der gottesdienstlichen Veranstaltungen gegenüber den sog. „gemischten Angelegenheiten" s. unten Z. 3 a α.

b) Das Verhältnis der Staatsgewalt auf Grund des obersten Schutz- und Aufsichtsrechtes zu den Glaubensgesellschaften, gleichviel ob öffentliche oder private, äußert sich bei den innerkirchlichen Angelegenheiten in dem Verhältnis der Staatspolizei zu den Glaubensgesellschaften; S. III 540 § 379.

Die Staatspolizei kommt mit den Glaubensgesellschaften nach zweifacher Richtung in Berührung: sie tritt zum Schutze der Glaubensgesellschaften wie auch zum Schutze gegen sie auf. Beide polizeiliche Tätigkeiten bilden das staatliche Schutz- und Aufsichtsrecht gegenüber den Glaubensgesellschaften; §§ 38 Abs. 1, 50 RE.; S. III 540 zu n. 1 u. 2.

α) Die staatliche Schutzgewalt zugunsten der Glaubensgesellschaften (auf Anrufen der Kirchengewalt); § 51 RE.

aa) § 51 RE. gewährt der Kirchengewalt das Recht, in rein innerkirchlichen Angelegenheiten die staatliche Schutzgewalt gegen jede Verletzung ihrer Rechte und Gesetze durch Handlungen der eigenen oder einer fremden Kirchengewalt anzurufen.

Eine spezielle Art dieser Anrufung bei Verletzung der den Glaubensgesellschaften gebotenen gegenseitigen Achtung regeln die §§ 80, 81 RE.; s. unten Z. VII 1 a.

Die Gewährung dieser staatlichen Schutzgewalt ist ein verfassungsmäßiges Recht der Glaubensgesellschaften; die Staatsbehörden dürfen sich, wenn sie angerufen werden, der Erfüllung der Schutzgewalt nicht entziehen, widrigenfalls Beschwerde im Verwaltungsweg oder auch an den Landtag wegen Verletzung verfassungsmäßiger Rechte ergriffen werden kann; S. III 541 Abs. 1. —

Die Hilfe, welche die Staatsgewalt auf diesem Gebiet der rein innerkirchlichen Angelegenheiten auf Grund ihres obersten Schutz- und Aufsichtsrechtes gewährt, ist lediglich darauf gerichtet, das zu verhindern, was den Staatsgesetzen zuwider und dem öffentlichen Wohle nachteilig sein könnte. Niemals tritt ein positives Vorgehen der Staatsgewalt auf diesem Gebiete ein; s. unten Buchst. cc.

bb) Das staatliche Eingreifen auf Anruf einer Kirchengewalt ist an eine doppelte Voraussetzung geknüpft:

I Die beschwerdeführende Kirchenstelle darf nicht selbst rechtswidrig d. i. gegen die festgesetzte Ordnung des Staates und der Kirche gehandelt haben.

Daher hat die Staatsgewalt bei Anrufen stets in diesem Sinne die Sachlage zu prüfen, insbesondere zu untersuchen, ob die anrufende kirchliche Stelle zu der Maßnahme, gegen welche die Verletzung gerichtet sein soll, zuständig war, ob die Maßnahme den kirchlichen Vorschriften entsprach, und gegebenenfalls, ob trotz des Entsprechens nicht eine Mißachtung der staatlichen Rechtsordnung in der genannten Maßnahme zu finden ist.

Die staatliche Schutzgewalt wird demnach versagt, wenn und solange die Kirchengewalt die Grenzen ihres eigentlichen Wirkungskreises überschreitet; z. B. die Staatsgesetze verletzt, das Plazet nicht einholt (§ 58 RE.), einseitige Anordnungen, d. i. ohne Mitwirkung der Staatsgewalt, erläßt (§§ 76, 77 RE.) oder in Glaubenssachen Zwang anwendet (§ 42 RE.); P. § 51 RE. n. 1. Die Überschreitung muß aber der Kirchengewalt, d. i. den obersten Trägern oder den unter ihrer Verantwortlichkeit handelnden untergebenen Organen zur Last fallen; S. III 541 letzter Absatz. — Doch bildet die Ausübung und Anwendung kirchlicher Disziplinarmittel, z. B. die Verweigerung des kirchlichen Begräbnisses, keinen solchen Verstoß. Sie werden vielmehr vom Staate anerkannt.

Die Verwirkung des Anspruchs auf das staatliche Eingreifen ist eine allgemeine und nicht etwa auf die Grenzen beschränkt, in welchen sich die betreffende Verletzung der Staatsgesetze bewegt; S. III 452 oben. Dagegen ist die Staatsgewalt bei Verwirkung des kirchlichen Anspruchs auf den staatlichen Schutz frei. Sie kann, muß aber nicht den Schutz in derartigen Fällen verweigern; S. III 542 Abs. 2.

II Der, gegen den sich die Beschwerde richtet, muß die staatliche und kirchliche Rechtsordnung verletzt haben.

Als Verletzung ihrer Rechte und Gesetze, welche die Kirchengewalt zum Anrufen des staatlichen Schutzes nach § 51 RE. berechtigt, erscheint u. a. jede Verletzung des Parochialrechtes, das dem Pfarrzwang (s. dort) entspringt; § 81 RE.; s. ME. v. 23. VI. 1840 (W. III 343); s. auch unten Z. VII 1 a. Nicht dagegen gehört hierher eine Verletzung der Vorschriften über die Wahl des Glaubensbekenntnisses; §§ 5—8 RE. Hier ist nur eine Anfechtung der Glaubenswahl nach § 9 RE. möglich; s. „Glaubensbekenntnis" IV 4.

cc) Als zuständige königliche Landesstelle erscheint die Kreisregierung, K. d. J., §§ 22, 34 Abs. 3 FormVO. v. 17. XII. 1825 (W. II 279), welche nach Einvernahme der kirchlichen Oberbehörden (Ordinariat, Konsistorium) entscheidet.

Bei Begründetheit des Anrufs ergeht an den verletzenden Teil eine Entschließung, welche im Hinblick auf die §§ 51, 80, 81 RE. der Mißbilligung der betreffenden verletzenden Handlung Ausdruck gibt. — Außerdem ist eine Anzeigeerstattung durch die Kreisregierung an die vorgesetzte kirchliche Behörde des Fehlenden möglich.

β) Die polizeiliche Tätigkeit gegen die Glaubensgesellschaften äußert sich zweifach:

aa) in dem Schutz des Einzelnen gegen Mißbrauch der geistlichen Gewalt seiner eigenen Kirche; §§ 52—54 RE. Näheres s. „Recursus ab abusu"; S. III 543 zu n. 8; Seeb. 46 zu n. 17 f.;

bb) in dem Schutz der allgemeinen staatlichen Interessen gegenüber den Glaubensgesellschaften. Näheres s. „Placet"; S. III 543 zu n. 15; Seeb. 47 nach n. 23.

2. Weltliche Gegenstände, § 64 RE. Hier entscheidet allein die Staatsgewalt, der ausschließlich Gesetzgebung und Gerichtsbarkeit zukommt; § 65 RE. — Unter „Gesetzgebung" i. S. des § 65 RE. versteht man: „allgemein rechtliche Anordnungen"; daß die hierunter fallenden Fragen in der Form der staatlichen Gesetzgebung, also unter Mitwirkung des Landtags, zu ordnen seien, will § 65 RE. nicht sagen; M. II 308 § 63 Abs. 2 u. 3. — Die Rechtsordnung des Staates ergreift in den „bürgerlichen Handlungen und Beziehungen" auch die Glaubensgesellschaften, ihre Oberen und Mitglieder; Tit. IV § 9 Abs. 6 VerfU.; §§ 62, 63 RE.; S. III 517 zu n. 18; P. § 64 RE. n. 1; Seeb. 49 Z. II. Über die weltlichen Gegenstände im Einzelnen s. P. §§ 62 f. RE.

3. Gegenstände gemischter Natur; §§ 76—79 RE.

a) Gegenstände gemischter Natur sind:

α) Alle Anordnungen über den „äußeren" Gottesdienst, dessen Ort, Zeit, Zahl usw.; § 76 Abs. 2 Buchst. a RE.

Die gottesdienstlichen Veranstaltungen können sein: innerkirchliche Angelegenheiten (§ 38 Abs. 2 Buchst. b RE.) oder Gegenstand gemischter Natur (§ 76 Abs. 2 Buchst. a RE.).

aa) Prinzipiell stellt die Veranstaltung gottesdienstlicher Andachten und Feierlichkeiten eine innerkirchliche Angelegenheit dar, soweit es sich um die Ausgestaltung des bestehenden, in der betreffenden Diözese herkömmlichen Gottesdienstes nach irgendeiner Richtung handelt. Hierher gehört der Fall, daß neben dem regelmäßigen Pfarrgottesdienst eine besondere Gelegenheit zum Besuch eines Gottesdienstes, z. B. in einer zweiten Kirche oder Kapelle, geschaffen werden soll; Seeb. 53 n. 12. Hierher zählt es auch, wenn ein herkömmlicher Gottesdienst, der den Rahmen der gewöhnlich gepflogenen Veranstaltung nicht überschreitet, in besonders festlicher Weise abgehalten werden soll, z. B. ein Sonntagsgottesdienst erhält anläßlich eines besonderen Kirchen- oder Vereinsfestes eine besondere Ausgestaltung durch Einfügung einer Festpredigt unter Heranziehung eines anderen als des sonst zuständigen Geistlichen.

Solche Ausgestaltungen berühren lediglich die Form und Feier des Gottesdienstes, fallen daher unter § 38 Abs. 2 Buchst. b RK. Die erforderlichen Anordnungen werden einseitig von der kirchlichen Behörde, dem zuständigen Pfarrer, getroffen, dem es überlassen bleibt, die etwa gebotene Genehmigung seiner vorgesetzten Kirchenbehörde zu erholen; s. auch den folgenden Buchst. b letzter Absatz.

bb) Eine gemischte Angelegenheit nach § 76 Abs. 2 Buchst. a liegt vor, wenn eine Anordnung der kirchlichen Behörde vorliegt, die das kirchliche und gesellschaftliche Leben in weitgehender Weise berührt.

Anordnungen sind Weisungen, positive Verfügungen oder Befehle einer kirchlichen Behörde. — In einem „Unterlassen" kann niemals eine Anordnung i. S. des § 76 Abs. 2 Buchst. a gefunden werden.

Eine Anordnung über den äußeren Gottesdienst liegt nur vor, wenn es sich um den Ersatz des Pfarrgottesdienstes durch einen anderen bzw. um eine dem Diözesangebrauche fremde Einrichtung handelt, z. B. um die örtliche Verlegung einer gottesdienstlichen Feier aus dem hergebrachten kirchlichen Raum bzw. Gebäude, dann bei Änderung bestehender gottesdienstlicher Verhältnisse durch Beseitigung der bisher in Übung gewesenen Gottesdienstordnung einer Kirche bzw. Kirchengemeinde (VGH. XIV 278) oder bei Einführung neuer Gottesdienste von bestimmter Zahl in einer Gemeinde, wo bisher solche nicht stattgefunden hatten.

β) Beschränkung oder Aufhebung der nicht zu den wesentlichen Teilen des Kultus gehörigen Feierlichkeiten, Prozessionen, Nebenandachten, Zeremonien, Kreuzgänge und Bruderschaften; § 76 Abs. 2 Buchst. b RE.

Hiebei handelt es sich um sog. unwesentliche Gottesdienste, bei welchen der bayerische Staat ein mitwirkendes Recht beanspruckt. Hierunter fallen: Ort, Zeit, Zahl des Gottesdienstes, § 76 Buchst. a RE., sowie die in § 76 Buchst. b RE. angeführten Gegenstände; St. 154 § 162.

Davon zu unterscheiden sind die wesentlichen Gottesdienste, wie Form und Feier des Gottesdienstes, die Messe mit Predigt, die Sakramente usw. Die Anordnung dieser wesentlichen Gottesdienste und des Wesentlichen am Gottesdienste ist innerkirchliche Angelegenheit; § 38 Buchst. b RE.; St. 154 § 162 Z. 2 a.

γ) Errichtung geistlicher Gesellschaften und sonstiger Institute; § 76 Abs. 2 Buchst. c RE.; s. „Geistliche Gesellschaften".

δ) Organische Bestimmungen über geistliche Bildungs-, Verpflegungs- und Strafanstalten; § 76 Abs. 2 Buchst. d RE.; s. „Bildungsanstalten geistliche".

ε) Einteilung der Diözesen, Dekanats- und Pfarrsprengel; § 76 Abs. 2 Buchst. e RE.; s. „Circumskriptionsbulle" und „Dismembration".

ζ) Alle Gegenstände der Gesundheitspolizei, insoweit diese kirchliche Anstalten mit berühren; § 76 Abs. 2 Buchst. f RE.

Aus dem Gesichtspunkt der Gesundheits-, Feuer- und Reinlichkeitspolizei ist eine staatliche Beaufsichtigung und Untersuchung aller Kirchengebäude und Anstalten statthaft; S. III 526 zu n. 10 sowie n. 10; VO. v. 18. IV. 1873 (W. IX 748) § 12, ersetzt durch VO. v. 10. V. 1905 (W. XXXIII 732).

Die Aufzählung der gemischten Gegenstände in § 76 RE. ist nicht erschöpfend. Welche Gegenstände außer denen des § 76 RE. hierher gehören, hat die Staatsbehörde zu ermessen; P. § 76 RE. n. 1.

b) Bei den Gegenständen gemischter Natur ist alles auf ein Zusammenwirken von Staat und Kirche gestellt (Seeb. 50 Z. III), derart, daß einseitige Anordnungen (s. oben Buchst. a α) der kirchlichen Gewalt ohne Mitwirkung der weltlichen Behörde unzulässig sind; S. III 522 Abs. 1 f. — Die Staatsgewalt hat das Recht, Einsicht von den Anordnungen der geistlichen Gewalt zu nehmen sowie durch eigene Verordnungen alles zu verhindern, was dem öffentlichen Wohle nachteilig sein könnte; §§ 77, 78 RE.; S. III 522 Abs. 1, 525 zu n. 5. — Dieses Anordnungs- und Genehmigungsrecht der Staatsgewalt ist für den Regelfall den Distriktspolizeibehörden übertragen, S. III 526 zu n. 9, besonders genügt bei Angelegenheiten des § 76 Abs. 2 Buchst. a RE. einfache Anzeige der betreffenden kirchlichen Stelle an diese Behörde; P. § 78 RE. n. 1 Abs. 2; S. III 526 zu n. 9 u. n. 9.

Zu außerordentlichen kirchlichen Feierlichkeiten ist stets eine eigene königliche Bewilligung nötig; § 79 RE. Näheres s. „Außerordentliche kirchliche Feierlichkeiten".

c) Wichtig ist bezüglich der bei Gegenständen gemischter Natur zu erholenden Genehmigung die Unterscheidung zwischen „Königlicher Genehmigung", die stets vom König persönlich erteilt wird und deren Übertragung auf eine staatliche Behörde ausgeschlossen ist, und „Landesherrlicher Genehmigung", bei der die Erteilungsbefugnis vielfach auf eine Behörde (Kultusministerium) übertragen ist, die dann für den König die Genehmigung erteilt oder versagt; § 34 Abs. 4 der FormVO. v. 17. XII. 1825 (W. II 279).

VII. Verhältnis der Glaubensgesellschaften gegeneinander.

1. Allgemeine Staatspflichten der Kirchen zu einander; Schutz der Religionshandlungen; §§ 80—89 RE.

a) Die im Staat bestehenden Glaubensgesellschaften ohne Unterschied, ob öffentliche oder private, sind sich wechselseitig gleiche Achtung schuldig, gegen deren Versagung der obrigkeitliche Schutz angerufen werden kann.

Es ist dieses Anrufen eine spezielle Art des in § 51 RE. geregelten Anrufens der weltlichen Schutzgewalt; s. oben Z. VI 1 b α aa.

Die schuldige gegenseitige Achtung bezieht sich nur auf innerkirchliche Angelegenheiten (§ 38 RE.), besonders auf religiöse Handlungen und Gebräuche einer Religionspartei.

Gegen ihre Versagung, z. B. durch unbefugten Eingriff in die Parochialrechte eines fremdkonfessionellen Geistlichen, besonders in dessen Pfarrzwangsbefugnisse (s. „Pfarrzwang" II) kann der obrigkeitliche Schutz der Kreisregierung angerufen werden, der aber bei eigenem rechtswidrigen Handeln der anrufenden Person oder Stelle verweigert wird; § 80 RE.; §§ 21, 34 Abs. 3 FormVO. v. 17. XII. 1825 (W. II 279); Seeb. 53 zu n. 1 f. u. n. 1—6; s. auch oben VI 1 b α bb.

Bei Vorhandensein eines Grundes zur Annahme der Achtungsversagung ergeht an die gegen §§ 80—82 RE. fehlende Religionsgesellschaft bzw. an den betreffenden Vertreter eine Mißbilligung (monitio paterna) der Kreisregierung; s. auch oben Z. VI 1 b α cc.

b) Über den sog. „charitativen Anschluß", §§ 84—87 RE., s. „Diaspora und charitativer Anschluß", über Kirchengemeindebildung, §§ 88, 76 Buchst. e, 77 RE., s. „Kirchengemeinde" III.

2. Simultangebrauch, gegenseitiger; §§ 90—103 RE. Das Nähere über Begriff und Arten s. „Simultaneum".

Glaubenswechsel

s. „Glaubensbekenntnis" IV.

Glocken

s. „Kirchenglocken" und „Simultanverhältnisse" III 3.

Glockensimultaneum

s. „Simultanverhältnisse" III 3.

Gottesdienst.

I. Begriff.

Gottesdienst ist die Vereinigung der Mitglieder einer Religionsgesellschaft zur religiösen Erbauung durch Verehrung und Anbetung Gottes in dem dazu bestimmten Raum nach den Vorschriften und Gebräuchen und in den Formen ihrer Gemeinschaft; St. 206 Abs. 1; Kr. I 155 zu n. 43.

II. Quellen.

1. Rechtsquellen: Tit. IV § 9 Abs. 1 VerfU.; §§ 1, 2, 33, 34, 38 II b, 76 II a, 77—79, 82 RE.; Art. XII g Konk.; § 11 PE.

2. Literatur: Kr. I 207—212; St. 153—155; Seeb. 650 Z. III, 662; S. III 484 zu n. 11 ff., 525 zu n. 4 —527 zu n. 18.

III. Anordnung des Gottesdienstes.

1. Die bayerische Staatsverfassung unterscheidet wesentliche und unwesentliche Gottesdienste, sowie Wesentliches und Unwesentliches am Gottesdienste. Wesentlich ist die Form und Feier, unwesentlich die Zeit, Zahl und der Ort des Gottesdienstes; St. 154 § 162; s. auch „Glaubensgesellschaften" VI 3 a, b.

2. Nach dieser Unterscheidung bestimmt sich auch die Zuständigkeit zur Anordnung des Gottesdienstes, indem nach § 38 Abs. 2 Buchst. b RE. die Anordnung der wesentlichen Gottesdienste und des Wesentlichen am Gottesdienste rein innerkirchliche Angelegenheit ist und demnach der geistlichen Behörde (Ordinariat, Art. XII g Konk.; Oberkonsistorium bzw. die Konsistorien, § 11 PE.) überlassen bleibt, Kr. I 207 zu n. 1, 208 zu n. 2; St. 153 § 161, während bei den unwesentlichen Gottesdiensten und dem Unwesentlichen am Gottesdienste der Staat nach §§ 76—78 RE. ein Mitwirkungsrecht in Anspruch nimmt; Kr. I 208 zu n. 3.

Über die Zuständigkeitsabgrenzung der geistlichen und weltlichen Behörden bei Anordnung von Gottesdiensten s. „Glaubensgesellschaften" VI 3 a α. — Über die Aufbringung der bei Gottesdiensten erwachsenden Kosten s. „Ortskirchenbedürfnisse" und „Rentenüberschüsse".

IV. Ausübung des Gottesdienstes.

1. Nicht genehmigungspflichtige Gottesdienste.

a) Die Ausübung des Kultus und die Veranstaltung von öffentlichen oder privaten Gottesdiensten bemißt sich bei den öffentlichen und bei den genehmigten Privatkirchengesellschaften nach den Bestimmungen des Abschnitts II des Religionsedikts, eventuell nach den bei der Aufnahme einer Privatkirchengesellschaft staatlicherseits besonders festgesetzten Bedingungen; §§ 32—37 RE.; s. „Glaubensgesellschaften" V 4.

b) Den öffentlichen Glaubensgesellschaften sind gegenüber den privaten in §§ 28 mit 31, 44, 84, 88 RE. bestimmte Vorrechte eingeräumt. Der Vorzug, welchen die öffentlichen Glaubensgesellschaften in dieser Richtung genießen, ist negativ bezeichnet mit Bezug auf den Gottesdienst, insofern den Privatglaubensgesellschaften gemäß § 33 RE. nur der Privatgottesdienst nach Maßgabe des § 34 RE. gestattet ist; S. III 494 zu n. 41.

Die öffentlichen Glaubensgesellschaften dagegen dürfen, ohne daß eine Genehmigung erforderlich ist, ihren Gottesdienst als öffentlichen abhalten, jedoch nicht uneingeschränkt, sondern nur innerhalb der ihnen staatspolizeilich gesetzten Grenzen; S. III 494, 526 Abs. 1.

Die Ausübung des öffentlichen Gottesdienstes setzt keineswegs das Bestehen einer eigenen Kirchengemeinde voraus, S. III 525 nach n. 6; P. § 28 RE. n. 1, vielmehr ist es den Angehörigen der öffentlichen Glaubensgesellschaften, welche keine eigene Gemeinde bilden, freigestellt, sich zu einer entfernten Gemeinde ihres Glaubensbekenntnisses zu halten; s. „Diaspora und charitativer Anschluß". Machen sie von diesem Rechte in der Weise Gebrauch, daß sie sich zur Abhaltung ihres Gottesdienstes einen Geistlichen aus einer Nachbargemeinde kommen lassen, was durch § 84 RE. und den Landtagsabschied v. 25. VIII. 1843 (G. II 3) ausdrücklich als zulässig erklärt ist, so gelten für sie die gleichen Bestimmungen wie für die Mitglieder einer Kirchengemeinde, d. h. sie können ihren Gottesdienst ohne irgend eine Beschränkung ausüben, so lange er sich innerhalb des gesellschaftlichen Rahmens bewegt, während ihnen andererseits natürlich keine größeren Rechte zustehen können, als den zu einer Kirchengemeinde zusammengeschlossenen Gläubigen, so daß auch sie überall da, wo letztere einer besonderen Genehmigung bedürfen, um eine solche nachzusuchen haben; AE. v. 10. IV. 1846 (G. II 9); Seeb. 36 zu n. 24 u. n. 24; S. III 525 nach n. 7 u. zu n. 4; s. auch „Diaspora" II 1 b α.

2. Genehmigungspflichtige Gottesdienste.

a) Eine ausdrückliche, königliche Genehmigung ist nach § 3 RE. nicht nur für die Bekenner einer staatlich nicht anerkannten Religionsgesellschaft, sondern auch für die Mitglieder einer öffentlichen oder vom Staate anerkannten Privatkirchengesellschaft gleichmäßig vorgeschrieben, wenn es sich um Zusammenkünfte zu gottesdienstlichen

Zwecken handelt, welche den Rahmen der einfachen Hausandacht, d. h. der häuslichen Gottesdienstverehrung im Kreise der Familie (VGH. III 222) überschreiten (s. „Heimliche Zusammenkünfte") und an Stelle bzw. neben den durch die Glaubensgesellschaft eingerichteten Gottesdienst als besondere Gottesdienste treten, mögen auch diese letzteren sich in den gleichen Bahnen bewegen, wie der gesellschaftliche; VGH. XXV 60; S. III 484 zu n. 13. Die hiefür erforderliche Genehmigung wird nur durch den Landesherrn erteilt; VGH. XVII 72, XXV 60. So wurde in der protestantischen Kirche für die Erbauungsstunden der sog. Gemeinschaftsbewegung durch AE. v. 31. XII. 1890 (KMBl. 1891 S. 5), nunmehr durch AE. v. 2. XII. 1906 (KMBl. 543), die Genehmigung erteilt und die hiezu erforderliche Anleitung den Konsistorien überwiesen; Seeb. 661 IV; s. auch VGH. XXV 157.

b) Werden dagegen die am Ort der Pfarrei regelmäßig bestehenden Gottesdienste nur der Zahl nach vermehrt, so liegt eine rein innerkirchliche Angelegenheit nach § 38 Abs. 2 Buchst. b RE. vor, wobei die Protestanten außer der vorherigen Anzeige bei der weltlichen Behörde nur der Zustimmung des Oberkonsistoriums bedürfen; Seeb. 50 n. 1; s. „Glaubensgesellschaften" VI 3 a α.

3. Die Hausandacht. Hat eine Glaubensgesellschaft die staatliche Anerkennung nicht einmal als Privatkirchengesellschaft erhalten, so sind deren Mitglieder auf die Ausübung der einfachen Hausandacht nach § 2 RE. beschränkt; S. III 484 zu n. 11. Das Gleiche gilt für die jüdischen Glaubensgenossen, die keine kirchliche Gemeinde bilden; § 25 JE.; S. III 494 zu n. 42.

Die einfache Hausandacht, d. h. häusliche Gottesverehrung im Kreis der Familie (VGH. III 222, XVII 72, XXV 155) darf niemand, zu welcher Religion er sich bekennen mag, untersagt werden; Tit. IV § 9 Abs. 1 VerfU.; § 2 RE. — § 2 RE. bezieht sich nicht allein auf die Angehörigen einer öffentlichen oder privaten Glaubensgesellschaft, sondern auf alle Einwohner des Königreichs, gleichviel ob sie einer staatlich anerkannten Konfessionsgesellschaft angehören oder nicht; VGH. XXV 59.

Die einfache Hausandacht ist nicht auf die Familienangehörigen beschränkt, entscheidend ist vielmehr die Hausgenossenschaft, zu der auch die Dienstboten gehören; S. III 484 zu n. 11 u. 12, sowie n. 12; P. § 2 RE. n. 1 u. 2. Gegen Beschränkungen der Hausandacht gewährt Art. 10 Z. 16 VGG. verwaltungsrechtlichen Schutz; s. unten Z. VII.

Sobald aber mehrere Familien sich zu gemeinsamen Religionsübungen verbinden wollen, ist hiezu königliche Genehmigung erforderlich; §§ 3, 26, 27 RE.; VGH. XXV 155; s. „Heimliche Zusammenkünfte".

4. Abhaltung des Gottesdienstes durch außerbayerische Geistliche.

a) Soll der gewöhnliche Gottesdienst durch einen außerbayerischen Geistlichen abgehalten werden, so ist hiezu keine Genehmigung erforderlich, auch nicht nach § 79 RE., da keine außergewöhnliche kirchliche Feier in Frage steht; ME. v. 20. VI. 1851, v. 6. XI. 1851, v. 9. X. 1854 Z. 8 (W. IV 264, 301, 655).

S. auch „Außerordentliche kirchliche Feierlichkeiten" IV 2 c d; „Geistliche Gesellschaften" III 1; „Glaubensgesellschaften" VI 3 a α.

b) Inwieweit die Einwilligung des ordentlichen Pfarrers erforderlich ist, s. „Pfarrzwang" III.

c) Ist der außerbayerische Geistliche Angehöriger des Jesuitenordens, so ist ihm nach dem Reichsgesetz v. 4. VII. 1872 (W. IX 462), der Bek. des Reichskanzlers v. 5. VII. 1872 u. 20. V. 1873 (W. IX 462, Fußn.), abgeändert durch die Bek. v. 18. VII. 1894, und den bayerischen VV. v. 6. IX. 1872 u. 10. VI. 1873 (W. IX 533) jede Ordenstätigkeit (über „verbotene Ordenstätigkeit" vgl. „Geistliche Gesellschaften" III 1 b α g. E.), also namentlich die Ausübung der Seelsorge wie Predigen, Beichthören und Erteilung von Religionsunterricht, Abhaltung von Missionen, dagegen nicht das Lesen der stillen Messe untersagt. Daran hat auch das Ges. v. 8. III. 1904 (RGBl. 139), welches den Jesuiten den Aufenthalt im Deutschen Reich gestattet, nichts geändert; S. III 566 zu n. 138. Der Vollzug des Jesuitengesetzes obliegt den Bezirksämtern; ME. v. 6. IX. 1872 (W. IX 533). Für die Redemptoristen sind diese Beschränkungen weggefallen durch die Bundesratsbek. v. 18. VII. 1894 (RGBl. 503).

V. Die Besuchspflicht.

Über die Besuchspflicht der Schüler, Soldaten, Gefangenen usw. s. Seeb. 12 nach n. 14, 506 ff., 529, 541 n. 135, 596, 616, 624 n. 2; St. 637 zu n. 3, 639 zu n. 1, 653 nach n. 3, 159.

VI. Über den staatlichen Schutz

gegen Störung des Gottesdienstes s. Kr. I 128—135, 155 zu n. 42; St. 205—210; S. III 527 zu n. 17; s. auch „Glaubensgesellschaften" VI 1 b α.

VII. Streitigkeiten

können in bezug auf den Gottesdienst entstehen, wenn sich eine Glaubensgesellschaft in der verfassungsmäßig gewährleisteten Hausandacht beschränkt glaubt. In diesem Fall kann gegen die Entscheidung der Kreisregierung der Verwaltungsrechtsweg nach Art. 10 Z. 16 VGG. beschritten werden; S. III 484 nach n. 17; D. Anmerkung zu Art. 10 Z. 16 BGG.

Gottesdienststiftungen

s. „Fundationen" III 2 b.

H.

Hand- und Spanndienste.

I. Begriff und rechtliche Natur.

1. Zur Befriedigung von Ortskirchenbedürfnissen können Kirchengemeindedienste angeordnet werden, insbesondere Hand- und Spanndienste zu Kultusbauten, für welche die Baupflicht nicht einem leistungsfähigen Dritten einschließlich des Aufwandes für Hand- und Spanndienste obliegt. Wissenschaftliche, kunst- oder handwerksmäßige Arbeiten können als Kirchengemeindedienste nicht gefordert werden; Art. 26 Abs. I u. II KGO.

2. Die Verpflichtung der Kirchengemeindeglieder gegenüber der Kirchengemeinde zur Leistung von Kirchengemeindediensten beruht auf dem Kirchengemeindeverband (s. „Kirchengemeinde" VII u. VIII; BGH. XV 236), ist also öffentlichrechtlicher Natur; L. Vorbem. zu Art. 26; Fr. Vorbem. zu Art. 26 Abs. 2.

Dienstleistungen, die auf Grund besonderen Rechtstitels geleistet werden müssen, gehören nicht hierher; L. n. 3 zu Art. 26 Abs. I.

3. Über Kirchengemeindienste in der Gesamtkirchengemeinde s. L. n. 2 zu Art. 18 Abs. I; Fr. Art. 26 Vorbem.

4. Regelmäßig werden die Kirchengemeindedienste nur auf dem Lande durchführbar sein.

5. Auf besondere öffentlichrechtliche Verbindlichkeiten zu Dienstleistungen für einen Geistlichen oder weltlichen Kirchendiener finden die Vorschriften über Reichnisse Anwendung; Art. 26 Abs. III KGO.; s. „Reichnisse".

II. Quellen.

1. Rechtsquellen: Art. 26—31 KGO.

2. Literatur: L. u. Fr. n. zu Art. 26—31 KGO.

III. Leistungspflicht.

1. Der Kreis der Verpflichteten ist in Art. 27 KGO. erschöpfend geregelt. Über eine hievon abweichende Festsetzung s. Art. 30 Z. 3 KGO.; L. Art. 30 n. 4 u. 5.

2. Die Leistungspflicht des Einzelnen wird gegenüber der Kirchengemeinde erst dann existent, wenn eine formgültige Anordnung von Kirchengemeindediensten durch die zuständigen Organe erfolgt

ist und wenn die Voraussetzungen des Art. 27 Abs. I KGO. in dem Augenblick, in dem die Dienstleistung zu beginnen hat, noch fortbestehen; vgl. VGH. XII 304. Der Wegfall der Voraussetzungen des Art. 27 KGO. bewirkt Befreiung nur für die Zukunft, nicht auch hinsichtlich bereits geschuldeter Leistungen; L. n. 1 zu Art. 27 Abs. I.

Im einzelnen s. L. u. Fr. n. zu Art. 27.

IV. Anordnung und Regelung der Verteilung der Kirchengemeindedienste.

1. Die Anordnung und Regelung der Verteilung der Kirchengemeindedienste steht den Organen der Kirchengemeinde zu und zwar hinsichtlich solcher Kirchengemeindedienste, welche bisher nicht bestanden, der Kirchengemeindeversammlung oder Kirchenverwaltung mit Zustimmung der Kirchengemeindebevollmächtigten, während andere Kirchengemeindedienste die Kirchenverwaltung in alleiniger Zuständigkeit anordnet und verteilt; Art. 28 Abs. III KGO.; L. n. 1 zu Art. 28 Abs. III; Fr. Art. 28 n. 5.

In der Pfalz ist die Regelung der Hand- und Spanndienste nach Maßgabe der Bestimmungen der pfälzischen Gemeindeordnung möglich, wenn die beteiligte Kirchenverwaltung dies beschließt; Fr. Art. 28 n. 5 Abs. 2.

2. über die Ersetzung von Kirchengemeindediensten s. Art. 29 KGO., für die Pfalz jedoch Art. 101 Abs. I S. 2 KGO.

3. über Festsetzung einer Vergütung als Gegenleistung s. Art. 30 Z. 1 KGO., für die Pfalz Art. 101 Abs. I S. 2 KGO.; L. n. 1 u. 2 zu Art. 30.

4. Wegen der übernahme der Kirchengemeindedienste gegen Leistung einer Geldabgabe s. Art. 30 Z. 2 KGO.; L. n. 4 zu Art. 29 Abs. I, n. 3 zu Art. 30.

V. Mahnung und Beitreibung

s. Art. 31 KGO.

Die Beitreibung der Kosten erfolgt nach Art. 106 Abs. VII, 24 (nicht 25) KGO.; Fr. Art. 26 n. 4, 106 n. 7.

Ein Verzicht der Kirchenverwaltung auf Dienst- oder Geldleistungen ist nur aus erheblichem Grunde zulässig; Art. 106 Abs. VII, 24 Abs. VIII KGO.; L. n. 3 zu Art. 31 Abs. II, n. 1 zu Art. 27 Abs. I.

VI. Streitigkeiten.

1. Streitigkeiten über Bestand und Umfang der Verpflichtung zur Leistung von Kirchengemeindediensten sind Verwaltungsstreitsachen nach Art. 10 Z. 13 VGG.; L. Art. 26 Vorbem.; Fr. Art. 26 Vorbem. u. n. 4.

Zuständig sind in erster Instanz die Distriktsverwaltungsbehörden, Art. 81 KGO., in zweiter und letzter Instanz der Verwaltungsgerichtshof.

2. Auch Streitigkeiten über die Verbindlichkeit der Parochianen in ihrer Gesamtheit zur Leistung von Diensten sind nunmehr öffentlichrechtlicher Natur und im Wege der Selbstverwaltung, Staatsaufsicht und Verwaltungsrechtsprechung nach Art. 10 Z. 3 VGG. in der Fassung des Art. 96 c KGO., Art. 10 Z. 13, Z. 19 bzw. Art. 45 VGG. zu entscheiden; L. Art. 26 Vorbem., n. 5 zu Art. 15 Abs. V.

3. Streitigkeiten hinsichtlich der Ersatzpflicht nach Art. 31 KGO. oder über ihren Umfang einschließlich der Kosten der Zwangsvollstreckung fallen ebenfalls unter Art. 10 Z. 13 VGG.; L. n. 3 zu Art. 31 Abs. I, n. 1 a. E. zu Abs. II.

4. Ein Streit kann auch entstehen, wenn ein baupflichtiger Pfründebesitzer den Aufwand für Hand- und Spanndienste mitzuübernehmen hat.

Zuständig sind beim Streit zwischen Kirchengemeinde und Pfründebesitzer nach Art. 10 Z. 15 VGG. die Pfründekuratelstellen, d. s. die Kreisregierungen, ebenso beim Streit zwischen Kirchengemeinde und Pfründe nach Art. 8 Z. 35 VGG.; Fr. Art. 26 Vorbem.

Hauptbezirk

s. Art. 19 KGO.

Hauptreparaturen

im Sinn der Baupflicht s. „Baupflicht kirchliche" VI;
im Sinn der staatlichen Bauordnung s. „Bauwesen kirchliches" III;
s. auch „Kirchengebäude" V.

Hausandacht

s. „Gottesdienst" IV 3.

Hausgeistliche

s. „Hilfsgeistliche" III A 2 b u. B 2 b.

Haussteuer

s. „Fassion" IV 2 a.

Heimliche Zusammenkünfte (zu gottesdienstlichen Zwecken).

I. Begriff.

Heimliche Zusammenkünfte zu gottesdienstlichen Zwecken sind nicht nur solche, welche mit Absicht verheimlicht werden, sondern auch jene religiöse Versammlungen, welche die Grenze der einfachen Hausandacht d. h. der häuslichen Gottesverehrung im Kreise der Familie (s. „Gottesdienst“ IV 3) überschreiten, ohne, sei es auf Grund des § 3 RE. oder einer anderen ediktmäßigen Bestimmung, z. B. des § 76 RE., die staatliche Genehmigung erhalten zu haben; VGH. XVII 73, XXV 60, 155.

Hierher zählen auch die von Mitgliedern einer (öffentlichen oder privaten) Glaubensgesellschaft veranstalteten religiösen Zusammenkünfte, die an Stelle oder neben den durch die betreffende Glaubensgesellschaft eingerichteten Gottesdiensten einen Sondergottesdienst (außerhalb des kirchlich geordneten Verbandes, außerhalb der kirchlichen Organisation und außerhalb der für den gesellschaftlichen Gottesdienst bestimmten Gebäude, VGH. XXV 154) darstellen, mögen sie sich auch in den gleichen Bahnen wie die gesellschaftlichen Gottesdienste bewegen; VGH. a. a. O.

II. Quellen.

1. Rechtsquellen: §§ 4, 3, 2 RE.

2. Literatur: P. Anm. zu §§ 2—4 RE.; S. III 484 nach n. 12; D. Art. 10 Z. 16 VGG.

III. Genehmigungspflicht.

1. Alle heimlichen Zusammenkünfte (mehr als einer Familie) unter dem Vorwande des häuslichen Gottesdienstes sind — an sich — verboten; § 4 RE.

Hierunter fallen alle religiösen Versammlungen, welche die Grenze der einfachen Hausandacht überschreiten (s. oben Z. I), gleichviel ob die teilnehmenden Personen einer Religion und gegebenenfalls, welcher sie angehören; VGH. XXV 60, 155. — Daher gilt dieses Verbot auch für Mitglieder der anerkannten Glaubensgesellschaften, denen, abgesehen von der einfachen Hausandacht, die Vereinigung zu eigenen, nicht gesellschaftlichen Gottesdiensten gleichfalls verboten ist; P. § 4 RE. n. 1; S. III 484 zu n. 14—16; s. auch oben Z. I Abs. 2; s. ferner „Diaspora und charitativer Anschluß“ II 1 b α.

2. Jede Betätigung des Glaubens durch Gottesdienst, die außerhalb des Verbandes einer Glaubensgesellschaft unter Überschreitung des Kreises der häuslichen Gemeinschaft (s. „Gottesdienst“ IV 3) erfolgt, und bei der die Teilnahme an den betreffenden Kultushandlungen in die äußere Erscheinung (nicht erst an die Öffentlichkeit!) tritt, bedarf der königlichen ausdrücklichen Genehmigung; §§ 3, 26, 27 RE.; VGH. XVII 73, XXV 60, 155.

3. Die Einhaltung der Grenzen, welche hiedurch der nichtgesellschaftlichen Gottesverehrung gezogen werden, ist von den Verwaltungsbehörden zu überwachen, welchen beim Mangel besonderer Straf-

bestimmungen die allgemeinen polizeilichen Zwangsbefugnisse (Art. 21 PStGB.) zu Gebote stehen; S. III 484 nach n. 16; P. § 4 n. 2.

IV. **Rechtsschutz.**

1. Erachten sich die Betroffenen durch die erlassenen Verfügungen in der verfassungsmäßig gewährleisteten Hausandacht (§§ 2 u. 4 RE.) beschränkt, so können sie gegen die Entscheidung der Kreisregierung, welche als zweite staatspolizeiliche Instanz den mit Beschwerde angefochtenen erstinstanziellen Entscheid der Distriktsverwaltungsbehörde überprüft, Beschwerde zum VGH. nach Art. 10 Z. 16 VGG. erheben; S. III 485 zu n. 18; D. Art. 10 Z. 16 n. 1.

2. Die Frage, ob eine Beschränkung der Hausandacht vorliegt, muß gegebenenfalls zugleich im Hinblick auf § 4 RE. geprüft und entschieden werden, wobei je nach der Sachlage auch die Frage, ob die Voraussetzungen des § 4 RE. ggeben sind, Gegenstand der Entscheidung wird; D. Art. 10 Z. 16 VGG. n. 1.

Hilfsgeistliche (kirchliche Dienststellungen ohne die Rechte der wirklichen Pfarrer).

I. **Begriff.**

Hilfsgeistliche sind alle Personen, die dem Pfarrer in der Verwaltung des Pfarramts irgendwie behilflich sein müssen, entweder auf kürzere oder längere, vom Kirchenobern zu bestimmende Zeit, entweder in allen Funktionen oder bloß in einigen, entweder bei allen Pfarrkindern oder bloß bei gewissen Klassen derselben, entweder in unwiderruflicher oder in widerruflicher Weise, entweder abhängig vom Pfarrer oder unabhängig von ihm; also *alle Seelsorger in der Pfarrei außer dem Pfarrer*; St. 340 § 341; Kr. I 501 Kapitel 24.

Über ihre Einkommensverhältnisse vgl. im allgemeinen „Einkommensaufbesserung".

II. **Literatur.**

1. *Über die Hilfsgeistlichen der katholischen Kirche*: M. II 160 § 29 —167; Kr. I 501—503; St. 340 § 341 —368.

2. *Über die Hilfsgeistlichen der protestantischen Kirche*: M. II 176 § 33 —181; Seeb. 181 Z. IV —198.

III. **Arten; Ernennung.**

A. **In der katholischen Kirche.**

Man unterscheidet hier:

1. *Hilfsgeistliche der allgemeinen Seelsorge.* Sie sind für alle Klassen der Gläubigen bestellt; das Wesen derartiger Hilfsseelsorgestellen liegt in der Abhängigkeit vom Pfarramt, dessen Unter-

stützung sie dienen. Sie bilden den Gegensatz zu den selbständigen Pfarrvikariaten (s. unten Buchst. e) und sind hinsichtlich der Besetzung, die im allgemeinen dem Bischof freigegeben ist (außer wenn der betreffende Hilfspriester einen Gehalt aus der Staatskasse bezieht oder die betreffende Stelle mit einem sog. Kaplaneibenefizium dotiert ist), widerruflich; AVO. v. 12. IX. 1809 (Döll. VIII 491); ME. v. 1. II. 1812 (Döll. VIII 493); M. II 160 zu n. 3—6; St. 341 § 343.

Die Hilfsgeistlichen der allgemeinen Seelsorge zerfallen wieder in verschiedene Unterarten.

a) Kooperatoren oder Kapläne. Sie sind die Hilfsgeistlichen der allgemeinen Seelsorge am Sitze der Pfarrei; sie brauchen die Pfarrkonkursprüfung nicht bestanden zu haben und werden entweder vom Pfarrer angenommen oder vom Bischof frei ernannt; M. II 161 zu n. 3; St. 340 § 342 —349; vgl. auch AVO. v. 28. IX. 1854 (W. IV 648; bei Kr. II 32 § 7; St. 34 § 31) sowie „Anstellungsvoraussetzungen allgemeine für ein bepfründetes Kirchenamt".

Die Errichtung einer Kaplaneistelle geschieht wie die Besetzung durch den kirchlichen Obern ohne staatliche Mitwirkung, außer wo eine sog. Kaplaneipfründe (Kaplaneibenefizium) errichtet werden soll oder die Staatskasse Beiträge zur Dotation einer solchen Stelle leistet, oder aber wenn durch die Errichtung einer Kaplaneistelle für den Inhaber der betreffenden Pfarrei die Notwendigkeit einer staatlichen Einkommensaufbesserung in Frage kommt; vgl. „Fassion" und „Einkommensaufbesserung".

b) Die festen Predigerstellen (Prädikaturbenefizien). Sie sind als selbständige Stellen an Dom-, Stifts- und mitunter auch an größeren Pfarrkirchen eingerichtet und wurden in der Regel infolge der Säkularisation vom Staat dotiert, der insoweit auch das Patronatsrecht und damit das Präsentationsrecht auf die Besetzung hat. — Im übrigen werden die Stellen in der gleichen Weise wie die Pfarreien vergeben und unterstehen neben dem landesherrlichen teils auch dem Privatpatronat, teils der libera collatio des Diözesanbischofs; vgl. „Pfründe" V 2.

Die Stellenbewerber müssen die Konkursprüfung bestanden haben; AVO. v. 28. IX. 1854 § 1 (W. IV 648); M. II 161 zu n. 4—6, 107 zu n. 6 u. 7; St. 350 § 355 —351; s. auch „Benefizien" III 4 g. E.

c) Wallfahrtspriester. Sie sind Hilfsgeistliche an einer Wallfahrtskirche; M. II 162 Z. II; sie sind rechtlich unselbständig, dem Pfarrer untergeordnet und werden vom Bischof frei ernannt; M. II 162 zu n. 1.

d) Die Lokalkapläne, Expositi, Kuraten sind Geistliche

an einer Filialkirche, die unter Aufsicht und Leitung des Pfarrers den Gottesdienst und die Seelsorge dortselbst gegen den Genuß bestimmter Einkünfte und freier Wohnung versehen.

Wenn auch in besonderem Wirkungskreise stehend sind diese Hilfsgeistlichen doch rechtlich unselbständig und dem Pfarrer untergeordnet; Kr. I 502 Abs. 4. — Die Besetzung nimmt allein der Bischof vor; M. II 162 zu n. 1. — Diese Geistlichen können als stellvertretende Vorstände der Tochterkirchenverwaltungen aufgestellt werden; Art. 38 Abs. II KGO.

c) Pfarrvikare, Pfarrexpositi, Kuratbenefiziaten; Pfarrkuraten.

α) Die Pfarrvikare, Pfarrexpositi, Kuratbenefiziaten sind Vorstände von früheren Filialkirchen, die sich von der Mutterkirche abgetrennt und eine eigene Kirchengemeinde mit selbständiger Pfründestiftung gebildet haben, jedoch wegen Mangel der erforderlichen Kongrua (s. „Kongrua") nicht zu wirklichen Pfarreien erhoben wurden. Die Erhebung dieser selbständigen Kirchengemeinden, die meist noch in formeller oder nomineller Abhängigkeit zur Mutterkirche stehen, zu einer Pfarrei kann erst erfolgen, wenn die sämtlichen verfassungsmäßigen und kirchenrechtlichen Voraussetzungen zur Errichtung einer Pfarrei erfüllt sind; vgl. § 88 RE. sowie „Pfarrgemeinde" II, „Kirchengemeinde" IV. Dazu gehört außer der Beschaffung von Pfarrkirche und Pfarrhaus eine vollkommen gesicherte und ausreichende Pfründedotation; s. „Dotation".

I Die hier in Betracht kommenden Pfründen (Benefizien) stehen an sich einer Pfarreipfründe gleich, sind aber insofern davon verschieden, als sie innerhalb einer Pfarrei bestehen und nicht selbst Pfarrei sind. Ihre Besetzung erfolgt gewöhnlich ganz wie die der Pfarreien; M. II 162 n. 4. — Die Pfarrexpositi oder Kuratbenefiziaten haben eine den Pfarrern analoge Jurisdiktion, üben die volle Seelsorge in tatsächlicher, völliger Unabhängigkeit vom Pfarrer der Mutterkirche aus, haben eigene Amtssiegel und führen eigene Matrikelbücher; Kr. I 503 zu n. 2; M. II 162 nach n. 3. — Die Pfarrvikariate können auch auf Inkorporation zurückgehen; s. M. II 162 zu n. 3—6 sowie „Pfarrveränderungen".

Hierher zählen auch die Dompfarrer; M. II 163 zu n. 3. —

Da ein derartiges Benefizium innerhalb einer Pfarrei besteht und sämtliche seelsorgerliche Rechte hat, handelt es sich bei Schaffung eines solchen Bezirks um die Bildung einer Filialkirchengemeinde; s. näheres dort.

II Die bayerische Staatsregierung betrachtet diese Stellen nicht als wirkliche selbständige Seelsorgestellen, sondern als, allerdings mit gewissen pfarrlichen Rechten bekleidete, exponierte Hilfspriesterstellen; Kr. I 503 nach n. 2. — Doch können die betreffenden Stelleninhaber (nach Lage des einzelnen Falles) die Berechtigung zur Führung der Vorstandschaft in der Kirchenverwaltung und im Armenpflegschaftsrate besitzen; vgl. Art. 38 Abs. I mit Art. 36 Abs. I Z. 1 KGO.; Fr. n. 1 zu Art. 38 KGO.

β) Die Pfarrkuraten sind die Inhaber von vollständig selbständigen d. h. von der Mutterkirche vollständig getrennten Pfarrkuratien, die einer Pfarrei gleichgeachtet werden und wie diese eine im Kirchenstiftungseigentum befindliche Kirche, ein Pfarrhaus und eine gesicherte ausreichende Pfründedotation besitzen. Sie fallen nicht mehr unter den Begriff „Hilfsgeistliche".

Die Pfarrkuraten haben die gleiche Rechtsstellung wie Pfarrer, die definitive Anstellung auf Grund der kanonischen Institution, die gleichen Parochial-, Einkommens- und Pensionsverhältnisse (volle pfarrliche Kongrua) mit Ausnahme des aktiven und passiven Wahlrechts zum Landrat. Die Pfarrkuraten besitzen ferner eine den Pfarrern analoge Jurisdiktion, führen ein eigenes Siegel, eigene Kirchenbücher, üben die Seelsorge und die pfarramtlichen Geschäfte jure ordinario aus und bekleiben auch im Nebenamte die staatsamtlichen Funktionen eines Pfarrers, nämlich die Vorstandschaft in der Kirchenverwaltung (vgl. Art. 38 Abs. I mit Art. 36 Abs. I Z. 1 KGO.), Lokalarmenpflege und Lokalschulinspektion; vgl. ME. v. 23. VII. 1871, v. 12. VI. 1888, v. 5. VII. 1894 (KMBl. 227); vgl. Fr. n. 2 zu Art. 36 KGO.

Der Grund für die Errichtung einer bloßen Pfarrkuratie an Stelle einer Pfarrei ergibt sich aus den historischen Verhältnissen der betreffenden Seelsorgestelle und liegt meist in dem Umstande, daß die volle Pfründedotation für einen Pfarrer nicht aufgebracht werden konnte.

f) Die rectores ecclesiae sind Hilfsgeistliche an Nebenkirchen ohne kirchengemeindliche Abgrenzung (über letztere s. „Nebenkirche"), durch deren Seelsorge die pfarrliche Seelsorge entlastet wird. Ihre rechtliche Stellung ergibt sich nach bischöflicher Anordnung, nach Stiftungsbrief oder Herkommen. Der Rektor hat in seiner Kirche nach Art eines Pfarrers alle jura mere sacerdotalia unabhängig vom Pfarrer, aber keine Pfarrechte, was schon durch das Fehlen einer Kirchengemeinde unmöglich ist; St. 361 oben Abs. 1 u. zu n. 1—8. Der Unterschied von einem Pfarrer tritt hauptsächlich in zwei Beziehungen hervor: Der Kirchenrektor kann weder in noch außerhalb seiner Kirche jura mere parochialia ausüben; sodann ist er auf seine Kirche beschränkt, außerhalb derselben hat er mangels einer Pfarrgemeinde keine Befugnisse; St. 361 Abs. 1 a. E.

Der Rektor einer Kirche hat regelmäßig ein Benefizium und demgemäß erfolgt seine Besetzung wie die auf eine Pfründe. Mangels eines Benefiziums liegt eine widerrufliche Stelle vor, die vom Bischof frei besetzt wird. Die vermögensrechtliche Verwaltung gebührt der Kirchenverwaltung der Hauptkirche, bei Kloster- und Anstaltskirchen dem Verwaltungsorgan des Klosters oder der betreffenden Anstalt; M. II 163 Z. IV; der Vorstand der Kirchenverwaltung ist dementsprechend der Pfarrer der Hauptkirche, niemals der Kirchenrektor; St. 366 § 375.

Über die besonderen Rechte und Pflichten eines Kirchenrektors s. St. 362 § 370 —366; vgl. auch „rector ecclesiae".

2. Die Hilfsgeistlichen der persönlichen Seelsorge. Hierher zählen:

a) Die Militärgeistlichen. AVO. v. 5. VIII. 1863, mitgeteilt durch ME. v. 8. VIII. 1863 (G. III 32 f.); näheres M. II 163 zu n. 6 f.; St. 352 § 359; Kr. I 409 nach n. 7.

b) Die Hausgeistlichen an Krankenhäusern, Unterrichts-, Strafanstalten und Irrenhäusern; hervorzuheben sind:

α) Die Strafanstaltskuraten; ME. v. 17. VI. 1865 betr. die Stellung der Hausgeistlichen an den Straf- und Polizeianstalten (W. VI 464); näheres M. II 165 zu n. 8 f.; St. 356 § 362, woselbst die ME. v. 17. VI. 1865 abgedruckt ist; Kr. I 412 nach n. 6.

β) Die Irrenhauskuraten, d. s. die Hausgeistlichen an Irrenhäusern, welche als besondere Kuraten angestellt sind, wenn nicht die Seelsorge durch den Ortspfarrer besorgt wird; näheres M. II 166 Z. 2; St. 355 § 361.

B. **In der protestantischen Kirche.**

Man unterscheidet wie in der katholischen Kirche:

1. Hilfsgeistliche der allgemeinen Seelsorge; hierher gehören:

a) Die Vikare am Sitz der Pfarrei; sie unterscheiden sich wieder in:

α) Vikare schlechthin oder Privatvikare; d. s. ordinierte oder auch nicht ordinierte Pfarramtskandidaten, die dem Pfarrer zu seiner Aushilfe beigegeben sind; AE. v. 27. XI. 1809 Z. 2 (G. II 671); M. II 176 zu n. 3; Seeb. 184 Buchst. b.

Sie werden vom Pfarrer angenommen oder auf sein Gesuch vom Konsistorium ernannt; M. II 176 nach n. 3.

β) Stadtvikare sind die Inhaber stabiler Vikariate (ständige Hilfsgeistliche), die nach Vorschlag des Konsistoriums durch das Oberkonsistorium besetzt werden; OKE. v. 27. V. 1863 (G. II 629); M. II 177 zu n. 1. — Sie sind in großen Städten teils zur Aushilfe im ganzen Stadtbezirk verpflichtet, teils vorzugsweise einer bestimmten Kirche zugewiesen; M. II 177 zu n. 2; Seeb. 183 Z. 3 a.

Sie haben keine selbständige Stellung, sondern sind nur mit Rücksicht auf den großen Umfang der amtlichen Geschäfte an einzelnen Orten den Pfarrern als Gehilfen beigegeben und stehen unter deren Aufsicht; M. II 177 zu n. 3. — Hierher gehören auch die Katecheten zur Erteilung des Religionsunterrichts in Volksschulen größerer Städte; M. II 177 nach n. 3; Seeb. 197 Z. 7.

γ) Pfarradjunkten sind Hilfsgeistlichenstellen an isolierten Lateinschulen, welche mit kirchlichen Nebendiensten verbunden sind; AE. v. 7. VI. 1867 (G. III 5 f.), v. 8. VIII. 1873 (G. III 6); näheres M. II 177 Z. 3; Seeb. 181 Z. IV 1. — Als Lehrer werden die Pfarradjunkten vom Staat ernannt bzw. auf Präsentation bestätigt, wegen ihrer kirchendienstlichen Stellung im Einvernehmen mit dem Oberkonsistorium; M. II 177 nach n. 7.

b) Hilfsgeistliche in exponierten Sprengeln; sie zerfallen in:

α) Expositi, d. s. Inhaber von Exposituren oder Vikariaten an Filialorten, die vicario modo unter Aufsicht und Leitung des Pfarrers pastorieren; OKE. v. 25. VIII. 1852 (G. I 743) u. v. 18. VII. 1848 Buchst. d (G. III 2); M. II 177 zu n. 11. Der Expositus nimmt, ohne Pfarrechte zu haben, die Seelsorge in der Expositur wahr und unterstützt den Pfarrer nicht selten in der Mutterkirche. Er wirkt auch in großen Pfarrgemeinden ohne ausgeschiedenen Amtssprengel.

Die Exposituren sind widerrufliche Vikariate, die sämtlich auf Vorschlag des Konsistoriums durch das Oberkonsistorium besetzt werden; M. II 178 zu n. 2; Seeb. 185 Buchst. c; hierher zählen auch die sog. Reiseprediger; M. II 178 nach n. 4; Seeb. 185 Buchst. d.

β) Exponierte Vikare als ständige oder selbständige Vikare, welchen die volle Seelsorge gleich den wirklichen Pfarrern und unabhängig von solchen obliegt; ME. v. 8. VIII. 1877 (G. II 500); sie werden vom Oberkonsistorium ernannt; M. II 178 zu n. 7; Seeb. 182 Z. 2.

γ) Davon wohl zu unterscheiden sind die „ständigen Pfarrvikare", d. s. Vorstände von besonderen, durch Dismembration entstandenen Seelsorgebezirken mit eigenem Kirchenwesen, deren sofortiger Erhebung zu einer organisierten Pfarrei meist nur finanzielle Hindernisse oder spezielle dienstliche Rücksichten entgegenstehen. — Die Pfarrvikare nehmen sämtliche Pfarrechte jure proprio et ordinario wahr und unterscheiden sich vom Pfarrer nur durch den Titel; sie werden vom König ernannt oder im Falle eines begründeten Privatpatronates bestätigt; ME. v. 10. IV. 1846 (W. III 605); vgl. auch Z. I B der ME. v. 29. XI. 1908 Nr. 27622 (W. XXXVI 486). Sie nehmen an der Kirchenverwaltung und Armenpflege teil; M. II 178 zu und nach n. 10, 179 zu n. 3; Art. 38 Abs. I mit Art. 36 Abs. I Z. 1 KGO.

2. Hilfsgeistliche der persönlichen Seelsorge sind wie in der katholischen Kirche:

a) die Militärgeistlichen; näheres M. II 179 Z. II 1; Seeb. 192 Z. 5;

b) die Hausgeistlichen an Straf-, Irrenanstalten und Arbeitshäusern. Sie sind wie in der katholischen Kirche gestellt, dem Pfarrer gegenüber nicht Hilfsgeistliche, sondern selbständig, aber selbst nicht Pfarrer; näheres M. II 180 Z. 2; Seeb. 186 Z. 4.

Hinterbliebenenfürsorge

s. „Pensionsrecht".

I (i).

Inamovibilität

s. „Perpetuitätscharakter der Pfründe".

Indultum nominandi

s. „Pfründe" V 1 a.

Innerkirchliche Angelegenheiten

s. „Glaubensgesellschaften" VI 1.

Inkomptabilität der Kirchenämter und Pfründen

s. „Pfründe" VI 2 und „Kumulationsverbot der Benefizien".

Inkorporation

s. „Pfarrveränderungen" IV E.

Inkuratbenefizien

s. „Benefizien" III 3 b.

Installation

s. „Pfründe" V 2 c.

Institution

(kanonische), d. i. Einsetzung in das Kirchenamt durch die kirchliche Behörde, s. „Pfründe" V.

Interessenwiderstreit

s. „Art. 55 KGO."

Interkalarfrüchte (Interkalarrecht).

I. Begriff; rechtliche Natur und Rechtsquellen.

1. Begriff. Interkalarien oder Interkalarfrüchte sind die Pfründeerträgnisse während der Vakanzzeit, d. i. von der Erledigung bis zur Wiederbesetzung der Pfründe nach Abzug der Verweserkosten; M. II 527 Abs. 1; St. 379 § 390 Z. 1; Kr. II 377 zu n. 2.

Das Interkalarrecht trifft Bestimmung, wie die Interkalarfrüchte verwendet, verwaltet und verrechnet werden; M. II 527 Abs. 4.

2. Rechtliche Natur und Rechtsquellen.

a) Das Interkalarrecht der katholischen Kirche in Bayern ist wie das ganze Kirchenvermögensrecht ein weltlicher Gegenstand; § 64 Buchst. b RE., es gebührt daher der Staatsgewalt allein die Gesetzgebung und Gerichtsbarkeit; § 65 RE.; M. II 527 Abs. 5; St. 379 § 390 Z. 1.

Außer den §§ 64 Buchst. b und 65 kommen für das katholische Interkalarrecht in Frage: die VO. v. 21. IV. 1807 (W. I 135), die das gemeine Interkalarrecht darstellt, das in ganz Bayern außer Unterfranken (s. unten Z. VIII) und Rheinpfalz (s. unten Ziff. VIII) gilt; M. II 528 nach n. 5; Kr. II 377 n. 2; St. 380 § 391, besonders 381 Abs. 2 vor n. 2; dazu kommen d. VO. v. 20. II. 1813 (W. I 405) und die Instruktion v. 14. VIII. 1813 (W. I 432), deren interkalarrechtliche Verwaltungssätze in der katholischen wie protestantischen Kirche in gleicher Weise (in der Praxis) Anwendung finden; M. II 528 vor Z. II.

b) Das Interkalarrecht der protestantischen Kirche in Bayern ist innere Kirchenangelegenheit; §§ 9, 11 PE., es ist daher Kirchen-, nicht Staatsrecht, indem §§ 9, 11 PE. gegenüber § 64 RE. als lex specialis erscheinen; M. II 527 Abs. 6, 529 zu n. 4; dazu kommen als weitere Rechtsquellen:

α) im rechtsrhein. Bayern: VO. v. 27. XI. 1809 (W. I 317), v. 27. VII. 1812 (W. I 398), v. 20. II. 1813 (W. I 405) und die Instruktion v. 14. VIII. 1813 (W. I 432); näheres M. II 529 nach n. 4 ff.

β) in der Rheinpfalz: M. II 530 Z. II.

II. Literatur.

M. II 527—590; Kr. II 377 § 41 —401; St. 379 § 390 —422; Seeb. 387 Z. 5 —405; D. n. zu Art. 10 Z. 14 VGG.

III. Verwendung der Interkalarfrüchte nach Maßgabe ihrer Herkunft.

A. In der katholischen Kirche.

1. a) Jedem Pfründner gebühren die Einkünfte seiner Pfründe vom Tag der Ausfertigung des Notifikationsdekrets der Kreis-

regierung über die landesherrliche Verleihung oder der Ausfertigung der Präsentationsurkunde bzw. vom Tag der Ausfertigung des bischöflichen Verleihungsdekrets bis zu seinem Todestage bzw. bis zu dem Tage, wo sein Verzicht genehmigt, seine Absetzung rechtskräftig wurde oder seine Beförderung wirkt; M. II 533 zu n. 1 u. 2; Kr. II 377 § 41 Abs. 1; s. auch „Beginn und Ende des Pfründnerrechts".

b) Das Interkalare (Begriff s. oben Z. I 1) beginnt mit dem ersten Tag nach Erledigung der Pfründe, bei Erledigung durch Todesfall mit dem ersten Tag nach Ablauf des (zu 30 Tagen gerechneten) Sterbemonats (s. dort) und endigt mit dem Tage der Ernennung des Nachfolgers, die in der in Buchst. a erwähnten Weise rechtswirksam vor sich geht; s. auch „Beginn und Ende des Pfründnerrechts".

c) Nicht zu den Interkalarfrüchten zählen die staatlichen Personalzulagen, die lediglich zur persönlichen Verbesserung des Pfarrers ausgeworfen worden sind; sie kommen vom Todestag bis zur Wiederbesetzung nicht zur Auszahlung; M. II 534 nach n. 2; 536 zu n. 3; Kr. II 379 zu n. 11.

2. Die Interkalarfrüchte finden folgende Verwendung:

a) Die Interkalarfrüchte der Pfarrpfründen fallen der Pfarrkirche oder demjenigen Heiligen zu, von welchem die Pfründe den Titel trägt. Deshalb ist der allenfalls sich bezeigende Betrag der Interkalarfrüchte an die einschlägige Kirchenverwaltung hinüberzugeben; VO. v. 21. IV. 1807 (W. I 135) Z. 3 u. 8; M. II 535 Z. 1; Kr. II 377 zu n. 2 u. 3; St. 382 § 393, besonders 383 Buchst. b, 391 § 400.

Von dieser Regel besteht eine Ausnahme zugunsten der Emeritenfonds, wonach die Interkalarfrüchte ganz oder zum Teil für die dienstunfähigen Geistlichen der betreffenden Diözese verwendet werden; M. II 536 Z. 2 u. n. 4; Kr. II 378 nach n. 4; St. 383 Buchst. b β.

b) Die Interkalarfrüchte der katholischen Pfarreien paritätischer Kirchen (Simultankirchen) dienen zur Bildung eines besonderen katholischen Lokalkirchenvermögens; AVO. v. 17. VIII. 1814 (W. I 461); St. 384 nach n. 2; M. II 535 nach n. 5; M. I 235 zu n. 1; Kr. II 377 nach n. 3.

c) Die Interkalarfrüchte bei organisierten Pfarreien dürfen nicht vom Staat eingezogen werden, M. II 536 zu n. 2, vielmehr sind die Staatsgehalte für die Vakanzzeit fortzuentrichten; M. II 536 zu n. 2; M. I 234 nach n. 7; Kr. II 379 nach n. 8—10. —

d) Die Interkalarfrüchte an den Domkirchen (Dompräbenden, wie auch die Einkünfte der bischöflichen Pfründe [mensa episcopalis]) fallen der Kathedralkirche selbst zu; Art. IV Abs. 4 Konk.; vgl. auch Kr. III 241 n. 1.

e) Die Interkalarien der Benefizien oder dotierten Hilfsseelsorgestellen sollen zur Aufbesserung des Benefizialfonds admassiert werden (ME. v. 20. IV. 1830, Döll. VIII 758), soweit sie nicht wie die Interkalarfrüchte der Pfarrpfründen den Emeritenanstalten zufallen; M. II 537 zu n. 6—8; M. I 234 Z. I; Kr. II 378 zu n. 7.

B. In der protestantischen Kirche.

1. Der interkalarrechtlichen Behandlung unterliegen alle sowohl mittelbaren als unmittelbaren protestantischen geistlichen Amtsstellen, auch die Dekanatsstellen und weiterhin die selbständigen Vikariate; VO. v. 25. III. 1812 Z. II 3 a (W. I 387); M. II 573 zu n. 1—3.

2. Alle Interkalarerträgnisse (dazu gehören nicht die staatlichen Personalzulagen, die vielmehr der Staatskasse anheimfallen, M. II 574 n. 4; 250 zu n. 2) ohne Unterschied der Erledigungszeit oder des Erledigungsgrundes einer Pfarrei gebühren nach Ablauf des Nachsitzes (s. „Pensionsrecht") und nach Abzug der Verweserkosten (s. „Pfarrverweser") der Pfarrunterstützungskasse (M. II 574 zu n. 6 u. 7; Seeb. 287 nach n. 16) oder der Pfarrwitwenkasse (M. II 574 zu n. 3—5 und nach n. 5; Seeb. 311 nach n. 43); Seeb. 405 Buchst. f.

3. Der Nachfolger ist bezugsberechtigt vom Tag des Amtsantritts; M. II 575 zu n. 11; s. auch „Beginn und Ende des Pfründnerrechts".

IV. Die Interkalarverwaltung.

A. In der katholischen Kirche.

1. Bei Versetzung und Versetzung in den Ruhestand ist der bisherige Pfründebesitzer bis zum Tag seines Abzugs selbst Verweser mit allen Rechten und Pflichten desselben; M. II 539 § 122 oben.

2. Für die Zeit nach dem Abzug eines Pfründners und bei Erledigung einer Pfarrei durch Tod ist zur Sicherung und Verwaltung des vorhandenen Pfründevermögens und der während der Vakatur anfallenden Pfründeerträgnisse ein Temporalienverwalter aufzustellen und demselben ein entsprechendes Gehalt aus den Pfründeerträgnissen anzuweisen; Kr. II 379 Buchst. b; M. II 539 zu n. 3; St. 370 § 382.

3. a) Die Übertragung der Temporalienverwaltung und die Anweisung des Verwesergehaltes geschieht mangels eines Partikularrechtes (s. M. II 542 Z. II, 563 § 128) durch die

Kreisregierung im Benehmen mit dem bischöflichen Ordinariate, sofern nicht in dem betreffenden Regierungsbezirk die Bezirksämter hiezu ermächtigt sind; VO. v. 12. IX. 1809 (Döll. VIII 492); M. II 540 zu n. 5; Kr. II 379 letzter Absatz; St. 371 zu n. 1. Die Anstellung des Temporalienverwalters (Pfarrverwesers) in spiritualibus ist dem freien Ermessen des Ordinariats überlassen und bedarf keiner staatsbehördlichen Bestätigung, ME. v. 29. VII. 1842; M. II 539 zu n. 4, doch ist Anzeige an die Kreisregierung zu erstatten; VO. v. 10. VI. 1824 (Döll. VIII 678), welche dann der Distriktsverwaltungsbehörde behufs Vornahme der Verpflichtung Mitteilung macht; M. II 539 zu n. 6. — In der Regel soll derjenige, welcher von der bischöflichen Stelle zum Verweser in spiritualibus ernannt wird, auch ohne weiteres zum Verweser in temporalibus bestellt werden; M. II 540 zu n. 6; Kr. II 380 nach n. 1; St. 371 nach n. 1.

b) Ihrer rechtlichen Natur nach ist die Übertragung der Temporalien die Übertragung der weltlichen Nebenfunktionen des Pfründeverwalters (Pfarrverwesers), nämlich der Kirchenverwaltung, der Lokalschulinspektion und der Armenpflege; sodann umfaßt sie die Übertragung der Temporalienverwaltung selbst, d. h. das Recht zur Verwaltung der Interkalareinkünfte; M. II 543 zu n. 1 u. 3.

c) Die rechtliche Stellung des Interkalarverwalters ist hinsichtlich der Verwaltung des Pfründevermögens dieselbe wie die des Pfarrers; ME. v. 2. XI. 1832 ad b (W. II 653); M. II 544 zu n. 3; über die Pflichten des Temporalienverwalters s. M. II 543 nach n. 5, 544 zu n. 2; Kr. II 383 letzter Absatz; über seine sonstigen Rechtsverhältnisse s. „Pfarrverweser"; über seine Haftung aus der Interkalarverwaltung s. M. II 554 Z. 7, 588 Z. 3.

d) Von den Kosten der Interkalarverwaltung fallen die Kosten der Verwesung dem zur Last, der für die entsprechende Zeit die Erträgnisse der erledigten Pfründe zu beziehen hat, mithin den Erben des verstorbenen Pfründebesitzers für die ersten 30 Tage nach seinem Tode, der Kirchenstiftung oder Emeritenanstalt für die Dauer der eigentlichen Erledigung und dem Nachfolger von dem Tage an, an welchem sein Bezugsrecht beginnt, alle übrigen Lasten, Kulturkosten usw. werden von den Interessenten nach dem Verhältnis ihres Anteils an den Pfründeeinkünften des betreffenden Jahres gemeinschaftlich getragen; AVO. v. 21. IV. 1807 Z. 6 (W. I 135); ME. v. 22. IV. 1815 (W. I 172); St. 385 § 394; M. II 541 zu n. 2 u. 3; Kr. II 383 zu n. 9 u. 10.

B. **In der protestantischen Kirche.**

1. Hier ist zu unterscheiden:

a) In der Regel obliegt die Pflicht der Verwaltung und Verwesung den Nachbargeistlichen; VO. v. 27. XI. 1809 (W. I 317); M. II 576 zu n. 2 u. 3; Seeb. 287 nach n. 16.

b) Bei längerer Vakanz oder wenn die erledigte Stelle über zwei Stunden von der nächsten protestantischen Pfarrei entfernt und damit die Amtsverwesung durch benachbarte Pfarrer untunlich ist, muß ein eigener Pfarrverweser aus der Zahl der ordinierten Kandidaten bestellt werden; M. II 576 nach n. 8; Seeb. 378 zu n. 2.

Der betreffende Pfarrverweser wird auf Antrag des Dekans vom Konsistorium ernannt und vom Dekan zur Amtsverwesung und Verrechnung der Pfarreinkünfte eingewiesen; M. II 577 zu n. 6—8. Die Kreisregierung scheidet hier also aus und ordnet lediglich die Verpflichtung durch das Bezirksamt an; M. II 577 zu n. 9; s. „Pfarrverweser".

2. Der Pfarrverweser ist der Interkalarverwalter; M. II 577 nach n. 14; über seine Pflichten und Aufgaben s. OKE. v. 17. VIII. 1826 (G. II 731 f.); M. II 577 nach n. 14; 578 zu n. 6—12; Seeb. 387 Z. 5 Buchst. a.

3. Das materielle Verwaltungsrecht s. bei M. II 578 Z. III; Seeb. 391 Z. I —400. Über die interkalarrechtliche Haftung des Verwalters s. M. II 585 zu n. 1 mit 588 Z. 3.

4. Die Kosten der Verwesung liegen wie in der katholischen Kirche der Interkalarmasse zur Last, verteilen sich also nach Maßgabe der Interkalarberechtigung; M. II 577 nach n. 3; näheres über die sonstigen rechtlichen Verhältnisse des Interkalarverwalters s. „Pfarrverweser".

V. Berechnung der Interkalarfrüchte (Interkalarrechnung).

A. **In der katholischen Kirche.**

1. Begriff und Zweck der Interkalarrechnung.

a) Unter Interkalarrechnung versteht man die Berechnung des Einkommens einer Pfründe für das Jahr, in welchem der Pfründewechsel vor sich gegangen ist, und die Auseinandersetzung der Anteile für die Berechtigten, d. s. die Erben, die Kirchenstiftung bzw. Emeritenanstalt und der Pfründenachfolger; M. II 544 § 123 Abs. 1; Kr. II 384 zu n. 1.

b) Die Interkalarrechnung hat sonach den Zweck, zu ermitteln: einmal wie groß der Reinertrag der Pfründe im Wechseljahr gewesen ist, dann, wie sich derselbe auf die Berechtigten verteilt und wie die Ausgleichung zu bewerkstelligen ist; M. II 544 zu n. 6; Kr. II 384 nach n. 1. Daher umfaßt die Interkalarrechnung nicht lediglich die

Vakanzzeit einer Pfründe, sondern das ganze Jahr, den ganzen Zeitraum, in dem die Pfründe erledigt war.

2. Bestandteile der Interkalarrechnung. Man unterscheidet:

a) Die Stückrechnungen zur Berechnung des Reineinkommens der Pfründe mit Verteilung desselben unter die Beteiligten; es gibt drei Stückrechnungen: die des Pfründevorgängers, des Verwesers und des Pfründenachfolgers; M. II 545 A; Kr. II 384 Buchst. c Z. 2.

b) Die Haupt- oder (eigentliche) Interkalarfrüchterechnung, welche auf Grund der vorgelegten Stückrechnungen des Pfründevorgängers, des Verwesers und des Nachfolgers von der Distriktspolizeibehörde gestellt wird; VO. v. 21. X. 1818 Z. 2a (W. I 742); M. II 546 zu n. 2; Kr. II 385 letzter Absatz; s. auch unten Z. VI.

c) Die Final- oder Schlußabrechnung, durch welche auf Grund der Interkalarfrüchterechnung die Ausgleichung der gegenseitigen Guthaben und Schuldigkeiten der Beteiligten bewerkstelligt wird; M. II 546 Z. III; Kr. II 386 zu n. 6.

Ein exemplifiziertes Formular einer Interkalarfrüchterechnung und der dazu gehörigen Stückrechnungen s. bei Kr. II 445ff.; über das gesamte Rechnungswesen s. auch St. 385 § 395 —415.

3. Rechnungsjahr ist das sog. kanonische Jahr, das mit dem 1. II. beginnt und am 31. I. des nächsten Jahres schließt; M. II 546 zu n. 5; Kr. II 386 Z. 3.

4. Das materielle Recht über die Interkalarfrüchterechnung s. bei M. II 547 § 124 —552; Kr. II 387—397.

B. **In der protestantischen Kirche.**

1. Begriff und Zweck der Interkalarrechnung, s. oben Buchst. A Z. 1.

2. Bestandteile der Interkalarrechnung. In die Interkalarrechnung kommen nur jene Pfarreierträgnisse, welche unter die Anteilsberechtigten verteilt werden sollen; M. II 580 zu n. 7.

Nicht aufgenommen werden die Pfarreieinkünfte, die nicht in die Fassion eingestellt werden sollen, ferner die Personalzulagen, die während der Vakanzzeit vorbehaltlich des Nachsitzrechtes der Staatskasse anheimfallen; ME. v. 3. IX. 1874 (G. IV 527); M. II 580 zu n. 8; 581 zu n. 1 u. 2.

3. Die Interkalarrechnung wird gleich nach Endigung der Verwesung vom Verweser gefertigt; Instruktion v. 14. VIII. 1813 § 15 (W. I 432); OKE. v. 18. VI. 1819 (G. II 730) u. v. 20. IX. 1878 (G. II 774); M. II 581 zu n. 3; Seeb. 400 zu n. 111.

Für die Interkalarperiode wird nur eine Rechnung gefertigt,

die sich, abweichend vom katholischen Kirchenrecht (s. oben Buchst. A Z. 2), nur auf die Dauer der Verweserperiode erstreckt; M. II 581 zu n. 9; Seeb. 400 zu n. 112. — Bei einer Verwesung von längerer Zeitdauer hat jährliche Rechnungslegung zu erfolgen; M. II 581 zu n. 12; Seeb. 401 zu n. 114.

4. Rechnungsjahr ist das Kalenderjahr; M. II 581 zu n. 10.

VI. Zuständigkeit zur Stellung der Interkalarfrüchterechnung; Kuratelrecht.

A. In der katholischen Kirche.

1. Bei Erledigung der Pfründe durch Versetzung, Verzicht, Amtsenthebung des Pfarrers gehört die Herstellung der Haut- oder eigentlichen Interkalarfrüchterechnung und der Schlußrechnung zur Zuständigkeit der einschlägigen Distriktspolizeibehörde, während die Herstellung der Stückrechnungen (s. oben Z. V A 2 a) durch die Beteiligten erfolgt; FormVO. v. 17. XII. 1825 § 35 Abs. 4 (W. II 279); AVO. v. 21. X. 1818 (W. I 742); M. II 552 zu n. 3 u. 4; Kr. II 397 zu n. 1.

2. Bei Erledigung durch Todesfall des Pfründebesitzers ist die Herstellung der Interkalarfrüchterechnung und der Schlußrechnung Aufgabe des die Verlassenschaft behandelnden Gerichts bzw. Notars; AVO. v. 21. IV. 1807 Z. 7; v. 21. X. 1818 u. 24. XII. 1814 (W. I 465 f.); M. II 558 zu n. 1; Kr. II 397 zu n. 2. — Der Testamentsvollstrecker ist dagegen zur Erstellung dieser Rechnung nicht zuständig; M. II 559 zu n. 2; Kr. II 397 zu n. 3. — Wo indessen eine Auseinandersetzung der Verlassenschaft durch das Nachlaßgericht oder den Notar nicht stattfindet (Kr. II 397 nach n. 3; M. II 559 vorletzter u. letzter Absatz), obliegt es auch bei Pfründeerledigung durch Todesfall der Distriktspolizeibehörde, die Interkalarfrüchterechnung zu stellen; Kr. II 398 Abs. 2.

3. Die Regulierung und Abhörung der amtlich hergestellten Interkalarfrüchterechnung steht der Kreisregierung zu; § 35 Abs. 4 der FormVO. v. 17. XII. 1825; M. II 552 zu n. 6—8; Kr. II 398 zu n. 1 ff.; St. 380 oben.

Wegen des Rekurses gegen den Rechnungsbescheid der Kreisregierung s. unten Z. VII.

4. Auch die von den Verlassenschaftsgerichten bzw. den Notaren aufgenommenen Interkalarfrüchterechnungen sind an die Kreisregierung zur Bescheidung (Abhörung) einzureichen; M. II 560 zu n. 5; Kr. II 398 nach n. 1.

B. In der protestantischen Kirche.

Die Festsetzung der vom Verweser durch das Dekanat eingereichten

Interkalarrechnung erfolgt durch das Konsistorium, in dessen Bezirk die Pfarrei gelegen ist. Aufsichtsbehörde ist daher die geistliche Behörde. Die Kreisregierung scheidet aus; OKE. v. 18. VI. 1819 (G. II 730); M. II 582 zu n. 4 u. nach n. 7; Seeb. 402 zu n. 125 —404.

VII. Streitigkeiten; Zwangsvollstreckung.

A. In der katholischen Kirche.

1. Streitigkeiten auf dem Gebiete des materiellen Interkalarrechts. Über bestrittene subjektive Ansprüche auf Interkalargefälle erledigter kirchlicher Pfründen, auf Verteilung der Diensterträgnisse und Lasten bei Erledigung von kirchlichen Pfründen unter die Beteiligten wird in erster Instanz von der Kreisregierung, in zweiter und letzter Instanz vom VGH. entschieden; § 35 Abs. IV FormVO. v. 17. XII. 1825 (W. II 279); D. Art. 10 Z. 14 n. 1; M. II 552 zu n. 11; St. 380 zu n. 3; Kr. II 399 zu n. 8; S. III 602 nach n. 31.

Art. 10 Z. 14 VGG. ist nur auf katholische Pfründen anwendbar; D. Art. 10 Z. 14 n. 1.

2. Gegen den Rechnungsbescheid der Kreisregierung, d. i. in reinen Rechnungssachen (s. oben VI A a. E.) ist innerhalb 6 Wochen Rekurs an den obersten Rechnungshof zulässig; AVO. v. 5. XI. 1826 Art. V (W. II 364); Kr. II 399 zu n. 3; M. II 552 zu n. 9.

3. In kuratelamtlicher Beziehung ist gegen die Kreisregierung Aufsichtsbeschwerde zum Kultusministerium zulässig; VO. v. 27. II. 1847 § 5 Z. 15 (W. III 660); M. II 552 zu n. 10; Kr. II 399 zu n. 5.

4. Über die zwangsweise Durchführung der Rechnungsabschlüsse s. M. II 553 Z. 5; Kr. II 399 nach n. 8.

B. In der protestantischen Kirche

werden Interkalarstreitigkeiten bezüglich protestantischer Pfarreien in 1. Instanz vom Konsistorium, diesseits des Rheins in 2. Instanz vom Oberkonsistorium und in letzter Instanz vom Kultusministerium entschieden; D. Art. 10 Z. 14 n. 1; M. II 582 zu n. 11; 583 nach n. 10; 584 zu n. 2; S. III 603 nach n. 32.

Zu A u. B. Streitigkeiten privatrechtlicher Natur entscheidet in jedem Falle das Zivilgericht; M. II 554 nach n. 6; St. 380 nach n. 3. Über Fragen privatrechtlicher Natur auf interkalarrechtlichem Gebiet vgl. auch BlAdmPr. XI 105.

VIII. Das partikulare Interkalarrecht.

1. Bezüglich der katholischen Kirche: in Unterfranken; M. II 563; St. 416 § 406 —422;

in der Rheinpfalz; M. II 565.

2. Bezüglich der protestantischen bzw. unierten Kirche in der Rheinpfalz; M. II 585.

IX. Über die Interkalarien aus den sog. niederen Kirchendiensten s. „Weltliche Kirchendiener" V 3.

Israelitische Glaubensgesellschaft.

I. Quellen.

1. Rechtsquellen:

a) im rechtsrh. Bayern: Das Religions-Edikt, insbesondere § 25, das Juden-Edikt v. 10. VI. 1813, soweit es die Verhältnisse der Israeliten als Glaubensgesellschaft regelt (in seinem übrigen Inhalt ist es beseitigt); S. III 609 zu n. 12; P. Vorbem. z. JE. n. 2; § 25 RE. n. 1; speziell

b) in der Pfalz: Regierungsausschreiben v. 8. X. 1823 (Pfälz. KrABl. 97), ABO. v. 27. I 1854 (Pfälz. KrABl. 138) u. v. 27. III. 1872 (W. IX 352); P. Vorbem. z. JE. n. 1.

2. Literatur: S. III 607—620; Silb. 297—310, 438—445, 544—549; P. 294—304; besonders instruktiv BGH. XII 425; Spezialliteratur: Heimberger, Die staatskirchenrechtliche Stellung der Israeliten in Bayern; 2. Aufl., Tübingen 1912, Verlag Mohr.

II. Verfassung.

1. Die jüdischen Glaubensgenossen im Königreich Bayern sind rechtlich nur als eine (eine auch der Zahl nach) Privatkirchengesellschaft zu erachten, die sich in verschiedene einzelne Kirchengemeinden, sog. Kultusgemeinden teilt; § 23 JE.; BGH. I 486, 491, IV 344, XII 425, XXXII 81; S. III 610 zu n. 22; P. § 23 JE. n. 1. — Daher gilt die KGO., die sich nur auf die bestehenden öffentlichen Kirchengesellschaften bezieht, hier nicht.

2. Die einzelnen Kultusgemeinden.

a) Begriff und rechtliche Natur.

Die israelitischen Kultusgemeinden sind öffentlichrechtliche Verbände mit juristischer Persönlichkeit und zur Ordnung aller inneren Kirchenangelegenheiten nach Maßgabe des RE. befugt; S. III 616 zu n. 84. Jedoch haben sie kein allgemeines Recht der Selbstgesetzgebung; S. III 616 zu n. 85.

b) Bildung und Organisation.

α) Die Bildung einer eigenen Kultusgemeinde ist gestattet, wo die Juden in einem gewissen, mit der Territorialeinteilung des Reiches übereinstimmenden Bezirk in einer Zahl von wenigstens 50 Familien vorhanden sind; § 24 JE.; S. III 610 zu n. 29.

An ein und demselben Orte können mehrere Gemeinden nur dann

bestehen, wenn jede Gemeinde ihr eigenes, räumlich ausgeschiedenes Gebiet hat; S. III 610 n. 29.

β) Die Bildung der israelitischen Kultusgemeinden zählt wie die der Kirchengemeinden zu den Gegenständen gemischter Natur (§ 76e RE.), erfolgt jedoch einseitig durch den Staat nach Anhörung der Beteiligten.

Die Errichtung und Umbildung der Kultusgemeinden fällt in die Zuständigkeit der Kreisregierungen, gegen deren Verfügungen Beschwerde zum Kultusministerium zulässig ist; S. III 610 zu n. 32 u. 33.

In der Pfalz fällt die Bildung und Umbildung israelitischer Kultusgemeinden in die Zuständigkeit der Bezirksämter; über Beschwerden entscheidet die Kreisregierung in zweiter und letzter Instanz; VO. v. 27. III. 1872 (W. IX 352).

γ) Die israelitischen Kultusgemeinden haben ihre Verhältnisse durch Statuten zu regeln, die einer Genehmigung der Staatsbehörden nicht bedürfen. Letztere beschränkt ihre Tätigkeit lediglich darauf, Verletzungen bestehender Gesetze und Gefährdungen öffentlicher Interessen fernzuhalten.

Zuständig zur Erlassung der Statuten sind nur die Kultusgemeinden selbst, nicht die Kultusverwaltungen; VGH. XIV 225.

c) Mitgliedschaft.

Jeder Israelit gehört kraft Gesetzes zu der Kultusgemeinde, in deren Bezirk er seinen Wohnsitz hat; S. III 610 zu n. 31; VGH. III 322, IV 271, I 486.

Die Zugehörigkeit zu einem israelitischen Kultusverband ist gleich der Zugehörigkeit zu einem christlichen Kirchenverband ein persönliches Verhältnis, das außer der Zugehörigkeit zur Religionsgenossenschaft das Wohnen im Bezirk einer bestimmten Kultusgemeinde zur Voraussetzung hat; VGH. IV 271. — Diese Mitgliedschaft erlischt mit der Aufgabe des Wohnsitzes, ohne daß es einer ausdrücklichen Erklärung bedürfte, und wird im neuen Wohnsitz neu begründet; VGH. III 322. — Besondere Vereinbarungen, wodurch einem Israeliten nach Veränderung seines Wohnsitzes der Verband mit seiner bisherigen Kultusgemeinde oder die Benutzung von gewissen Kultuseinrichtungen der letzteren gesichert werden soll, besitzen bezüglich der Gemeindegliedeigenschaft keine Rechtswirksamkeit; VGH. III 318.

Der Einzelne ist auch dann als Israelite zu erachten, wenn er keinem Gemeindeverband seines Glaubens zusteht (z. B. weil er keinen ständigen Wohnsitz hat); S. III 610 nach n. 22. Daher ist auch das Ausscheiden aus einem Kultusverbande keineswegs gleichbedeutend mit dem Ausscheiden aus der Glaubensgesellschaft; VGH. I 486; S. III 610 zu n. 23.

Vielmehr bedarf der Austritt aus einer Kultusgemeinde ohne gleichzeitigen Austritt aus der israelitischen Religionsgesellschaft der staatlichen Anerkennung, es genügt nicht die einfache Erklärung beim Vorstand der Kultusgemeinde; VGH. I 491, III 318. — Für den Austritt aus der israelitischen Glaubensgesellschaft ist persönliche Austrittserklärung vor dem zuständigen Rabbiner notwendig; § 10 RE.; VGH. XXI 32. Die Festsetzung von Aufnahmsgebühren oder Eintrittsgeldern durch eine Kultusgemeinde ist sowohl rechts des Rheins wie in der Pfalz zulässig, VGH. IX 198, XII 416, XIII 203, VIII 4, 21, 56, dagegen sind die Abzugsgebühren unstatthaft.

Die §§ 12—23 RE. (religiöse Kindererziehung) sind auch auf die Israeliten anwendbar; VGH. X 113.

d) Kultusvermögen, Verwaltung, Bedarfsdeckung.

α) Die Kultusgemeinde ist Eigentümerin des örtlichen, für den israelitischen Kultus bestimmten Vermögen, § 31 JE., VGH. XII 423, daher befugt, Anordnungen über die Befugnisse der Kultusverwaltung zu treffen; S. III 617 zu n. 92. Auch kann sie Kultusumlagen beschließen und erheben; VGH. XXIV 60; a. A. S. III 618 zu n. 95.

Das örtliche israelitische Kultusvermögen hat nur dann den Charakter einer selbständigen Stiftung, wenn bei der Vermögensansammlung die Absicht der Beteiligten auf Errichtung eines selbständigen Rechtssubjekts gerichtet war und zur Schaffung eines solchen auch die landesherrliche Genehmigung erteilt wurde; s. „Ortskirchliche Stiftungen".

β) Das Kultusvermögen wird in den einzelnen Gemeinden durch Rabbiner und zwei von der Gemeinde gewählte Mitglieder verwaltet; § 31 JE.; S. III 617 zu n. 89. Eine staatliche Aufsicht über die Verwaltung gibt es nicht; S. III 617 zu n. 94.

Der Kultusverwaltung kann noch ein besonderer Gemeindeausschuß zur Seite gestellt werden; ME. v. 29. VI. 1863 (KMBl. 1865 S. 218, W. VI 186); VGH. IX 136, 198; S. III 617.

Für die Wahlfähigkeit zur israelitischen Kultusverwaltung und das Wahlverfahren sind zunächst die Statuten und das Herkommen in der betreffenden Kultusgemeinde maßgebend; VGH. XXVIII 43. — Über Streitigkeiten s. unten Buchst. e.

γ) Bedarfsdeckung durch Umlagen der israelitischen Kultusgemeinden.

I Gesetzliche Grundlagen. Im diesrheinischen Bayern beruht die den israelitischen Kultusgemeinden zustehende Befugnis, ihre

Angehörigen für Kultuszwecke d. i. zur Deckung der Kultusbedürfnisse zu besteuern, auf einem durch das Edikt vom 10. VI. 1813 an sich nicht aufgehobenen Gewohnheitsrecht; VGH. XXIV 60, 316, und findet in den autonomen Festsetzungen der betreffenden Kultusgemeinde (Satzungen) seine Begründung und nähere Umgrenzung; VGH. XXXIV 155; a. A. S. III 618 nach n. 95.

II Beitragspflicht. Voraussetzung für die Beitragspflicht zu den Umlagen einer israelitischen Kultusgemeinde ist die Zugehörigkeit zu dieser Gemeinde; VGH. II 357. Die Zugehörigkeit bemißt sich ohne Rücksicht auf die Heimat nach dem Wohnort; VGH. IV 271; s. auch VGH. III 318. Umlagenpflichtig sind nur physische, nicht aber juristische Personen; VGH. II 357.

III Umlagenmaßstab. Den Maßstab für die Umlagenerhebung bildet in der Regel der Steuerfuß; dieser Maßstab kann nur durch einen anderen zweckmäßigen Maßstab ersetzt werden; VGH. IV 343, III 514. Es ist aber unzulässig, an Stelle des gesetzlichen Maßstabes die Erhebung von Abgaben zu beschließen, durch welche einzelne Gemeindeglieder aus mehr oder weniger zufälligen, zu dem Kultusverband in keiner Beziehung stehenden Anlässen unverhältnismäßig belastet werden; VGH. IV 343. Über den Maßstab in der Pfalz s. VGH. VI 280 (P. 299).

d) Staatsaufsicht. Über die Verwaltung des israelitischen Kultusvermögens findet eine staatliche Aufsicht oder Kuratel nicht statt. Daher kann der Einzelne kein aufsichtliches Eingreifen anrufen. Wer sich in seinem Recht verletzt findet, hat sich vielmehr an den Richter — sei dies nun der Zivil- oder der Verwaltungsrichter — zu wenden; S. III 617 zu n. 94; s. auch M. I 142 zu n. 5. Ein Beschwerderecht zum VGH. besteht auch insoweit nicht, als dasselbe auf Art. 10 Z. 3 VGG. gestützt wird, denn die israelitischen Kultusgemeinden fallen hierunter nicht; VGH. XXXI 88; vgl. den folgenden Buchst. e.

e) Streitigkeiten.

α) Streitigkeiten über die Zugehörigkeit zu einem israelitischen Kultusverband (für sich allein und losgelöst von einem Streit über Ansprüche und Reichnisse aus diesem Verbande; hierüber s. unten Buchst. δ) fallen nicht unter die Zuständigkeit des VGH., besonders nicht unter Art. 10 Z. 12 VGG.; D. Art. 10 Z. 12 n. 3, Art. 8 Z. 36 n. 2 u. 5; VGH. XXVII 1.

β) Streitigkeiten, die nach oder anläßlich der Vereinigung einer israelitischen Kultusgemeinde mit einer anderen in bezug auf die Verwaltung und Verwendung des Vermögens der früher selbständigen Kultusgemeinde entstehen, fallen wenn sie auf der Grundlage des Kultusverbandes erhoben werden, unter Art. 8 Z. 36 VGG.; VGH. XII 423; D. n. 5 zu Art. 8 Z. 36 VGG.

γ) Bei Streitigkeiten anläßlich der Wahlen zu einer israelitischen Kultusverwaltung ist Art. 8 Z. 37 VGG. (über die Anwendbarkeit des Art. 8 Z. 36 VGG. s. folgenden Buchst. δ) nicht anwendbar; D. n. 2b zu Art. 8 Z. 37; VGH. XXIV 172; ebensowenig Art. 10 Z. 3 VGG.; vgl. VGH. XXXI 88. Es steht daher mangels einer anderweitigen Bestimmung ein Beschwerderecht zum Verwaltungsgerichtshof gegen aufsichtliche Verfügungen der Verwaltungsbehörden auch insoweit nicht zu, als behauptet wird, daß eine von der Aufsichtsbehörde als rechtlich unzulässig beanstandete Ausgabe rechtlich statthaft sei; s. unten Buchst. ε.

δ) Verwaltungsrechtssachen nach Art. 8 Z. 36 VGH. sind bestrittene Fragen über:

Berechtigung zur Erhebung bzw. Verpflichtung zur Entrichtung von Kultusumlagen und sonstigen aus dem Kultusverband abgeleiteten Beiträgen über die aus dem israelitischen Kultusverbande sich ergebenden öffentlichrechtlichen Ansprüche und Reichnisse, ferner über die mit derartigen Fragen zusammenhängenden Streitigkeiten bezüglich der Zugehörigkeit zu einem israelitischen Kultusverband, des Stimm- und Wahlrechts und der Berechtigung zur Teilnahme an den Einrichtungen der einzelnen Kultusgemeinde; VGH. IX 136, XVII 327; VGH. XXXIV 155; D. n. 2 zu Art. 8 Z. 36 VGG.

Voraussetzung einer Verwaltungsrechtssache nach Art. 8 Z. 36 VGG. ist aber in allen Fällen, daß ein derartiger Kultusverband besteht und der betreffende Rechtsanspruch bzw. Streit seinen Grund in dem bestehenden Kultusverbande hat; VGH. XXVII 3; vgl. überhaupt D. n. 1—5 zu Art. 8 Z. 36 VGG. — Dagegen sind Streitigkeiten, welche sich über die Verteilung der Beiträge zur Bezahlung der Schulden der jüdischen Gemeinden unter den Mitgliedern derselben erheben könnten, sofern dabei von vertragsmäßigen Verhältnissen die Rede ist, den Gerichten zugewiesen; D. Art. 8 Z. 36 n. 1.

Zu Buchst. β—δ: Zuständig ist bei Streitigkeiten nach Art. 8 Z. 36 VGG. in 1. Instanz die der Kultusgemeinde vorgesetzte Distriktsverwaltungsbehörde ohne Rücksicht auf den Wohnort des Pflichtigen; VGH. IV 275; in 2. Instanz der Verwaltungsgerichtshof; Art. 9 I VGG.; D. Art. 8 Z. 36 n. 1 Abs. 2.

ε) Streitigkeiten zwischen der israelitischen Kultusgemeinde und der Aufsichtsbehörde gemäß Art. 10 Z. 3 VGG. können nicht entstehen, da die israelitischen Kultusverbände nicht unter Art. 10 Z. 3 l. c. fallen; VGH. XXXI 88.

3. Die Rabbinatsbezirke.

Die Bildung derselben ist geregelt in den ME. v. 29. VIII. 1824, v. 31. I. 1825 u. v. 24. II. 1825 (Döll. VI 157, 192).

a) Jede Gemeinde hat das Recht, unter den Voraussetzungen des § 24 JE. einen Rabbiner anzustellen. Es ist auch zulässig, daß eine Mehrzahl von Gemeinden einen gemeinsamen Rabbiner (Distriktsrabbiner) besitzt; S. III 611 zu n. 39.

Die Wahl des Rabbiners steht den Mitgliedern der Kirchengemeinde zu und bedarf der Genehmigung der Kreisregierung; §§ 26, 27 JE.; ME. v. 7. X. 1842, v. 28. VI. u. 24. XII. 1844 (Döll. XXII 429). Das Gleiche gilt für die Entlassung; S. III 611 zu n. 43.

b) Voraussetzung für den Rabbiner ist Besitz der bayerischen Staatsangehörigkeit, Bestehen der Rabbinatsprüfung und vollständige Unbescholtenheit; §§ 27, 34 JE.; ME. v. 12. XI. 1866. Über die eidliche Verpflichtung des Gewählten s. § 28 JE.

c) Über die Gültigkeit der von israelitischen Kultusgemeinden vorzunehmenden Wahl eines Rabbiners kann, unbeschadet der Zuständigkeit bei Streitigkeiten über das Stimmrecht der einzelnen Kultusgemeindeglieder, nicht im Verwaltungsrechtswege entschieden werden; VGH. XXIV 169; D. n. 5 zu Art. 8 Z. 36 VGG.

d) Der Wirkungskreis ist ausschließlich auf kirchliche Verrichtungen beschränkt; § 30 JE.; ME. v. 29. VI. 1863 (KMBl. 1865 S. 218); S. III 612 n. n. 51.

Die Religionsdiener der israelitischen Kultusgemeinden stehen nicht in einem öffentlichen Dienstverhältnis im Sinne des Art. 17 Abs. II GemO.; VGH. XXXII 80.

e) Die Synagogenvorsteher (Rabbinats-Substituten, Vorsänger) werden ebenfalls von den Kultusgemeinden gewählt und nach Einvernahme des Rabbiners von der Distriktsverwaltungsbehörde bestätigt; ME. v. 25. I. 1840 (Döll. XXII 426).

4. Die Errichtung von Synagogen und kirchlichen Begräbnisstätten ist unter der Voraussetzung des § 24 JE. gestattet. Wo eine Synagoge besteht, darf nur der Rabbiner oder sein bestätigter Vertreter kirchliche Verrichtungen vornehmen. Bilden die Israeliten keine eigene Gemeinde, so sind sie auf die einfache Hausandacht beschränkt; § 25 JE. Über diese letztere s. „Gottesdienst" IV 3. Außerdem sind auch Mitglieder einer bestehenden israelitischen Kultusgemeinde, welche an dem Gottesdienst dieser Gemeinde nicht teilnehmen wollen, auf die einfache Hausandacht beschränkt; VGH. III 222.

5. Die Errichtung von Schulen steht nach § 33 JE. frei, die Besuchspflicht regelt § 32 JE. Die Elementarschulen unterliegen den allgemeinen Vorschriften über Volksschulen; s. Seiler, Schulbedarfsgesetz Art. 3 n. 15; ME. v. 28. VIII. 1813 (W. I 442, bei Seiler S. 379).

J (j).

Jahrtagmeßstiftungen

s. „Fundationen" III 2 b γ.

Jesuiten

s. „Geistliche Gesellschaften" III 1 b u. „Gottesdienst" IV 4.

K.

Kandidatenkrankenverein

s. „Pensionsrecht" III 3.

Kanonikate

s. „Pfründe" V 1 b u. „Domkapitel".

Kantor

s. „Weltliche Kirchendiener".

Kapellen

s. „Kirchengebäude" V 1 a γ u. „Nebenkirchen".

Kapitalienanlage.

I. Allgemeines.

Die Gelder der Pfründestiftungen, ferner der Kirchen- und sonstigen der Fürsorge der Kirchenverwaltungen (Presbyterien) anvertrauten Kultus-Stiftungen sowie der Kirchengemeinden sind gewinnbringend anzulegen. Die Wahl unter den zulässigen Anlegungsarten steht den Verwaltungsorganen des Kultusstiftungs- oder Kirchengemeindevermögens zu.

II. Anlage des Kirchenstiftungsvermögens.

A. **Im rechtsrh. Bayern und in der katholischen Kirche der Pfalz.**

1. Quellen:

a) Rechtsquellen: Art. 75 Abs. I Z. 1 u. 7, Abs. III KGO.; AVO. v. 5. V. 1905 (GVBl. 461) mit der MBek. v. 17. V. 1905 (KMBl. 195), ergänzt durch MBek. v. 2. V. 1906 (KMBl. 309) u. v. 30. VIII. 1909 (KMBl. 487) und teilweise abgeändert durch die MBek. v. 27. XI. 1909 (KMBl. 621); MBek. v. 2. XII. 1910 (KMBl. 1911 S. 1), das Reichsschuldbuch betr.

b) Literatur: M. I 217—231; Kr. III 185—226; St. 1053—1069; Seeb. 843—849 mit Berücksichtigung der durch die AVO. v. 5. V. 1905 geänderten Verhältnisse; Fr. Art. 75 n. 7.

2. Die Anlage im einzelnen. Die Anlage ist möglich:

a) in eigenem Liegenschaftsbesitz; M. I 217 zu n. 5. Hier kommen die Aufsichtsbestimmungen über den Erwerb von Realitäten, Art. 75 Abs. I Z. 1, Abs. III KGO., in Anwendung;

b) in Hypotheken, Grundschulden oder Rentenschulden bzw. durch Ausleihen an Private. Im näheren s. Z. 3 mit 13, über die Rückzahlung des Hypothekkapitals Z. 14 der MBek. v. 17. V. 1905 (KMBl. 197) und AVO. v. 5. V. 1905 (GVBl. 461) Z. 1;

c) bei dem bayerischen Staat, einem anderen deutschen Bundesstaat, dem Reichsland Elsaß-Lothringen oder dem Deutschen Reich; s. Z. 15 u. 16 der MBek. Hierzu ist eine staatliche Genehmigung nicht erforderlich; Z. 23 II der MBek. v. 17. V. 1905.

Nur die Eingehung eines Kontokorrentverhältnisses bedarf stets der vorgängigen aufsichtlichen Genehmigung, die nur im Fall des Bedürfnisses unter sinngemäßer Anwendung der Bestimmungen der MBek. v. 17. V. 1886 (KMBl. 128) erteilt werden soll.

Über die Arten der Staatsschulden s. M. I 224 § 62; S. II 397 f.

Über die Anlegung von Geldern bei dem Deutschen Reich s. Reichsschuldenordnung v. 19. III. 1900/22. II. 1904 (RGBl. 1900 S. 129, 1904 S. 66).

In bezug auf die Umwandlung der Schuldverschreibungen der Reichsanlehen in Buchschulden ist das Gesetz betr. das Reichsschuldbuch v. 31. V. 1891/28. VI. 1904/6. V. 1910 in der Fassung v. 31. V. 1910 (RGBl. 1891 S. 321, 1904 S. 251, 1910 S. 665, 839) maßgebend. Einschlägig sind ferner die ME. v. 5. III. 1892/7. IV. 1892/27. VIII. 1904 (FMBl. 1892 S. 13, 44, 1904 S. 169) u. v. 1. VI. 1911 (KMBl. 447).

An die Stelle der Vinkulierung durch die Staatsaufsichtsbehörde ist seit Inkrafttreten des BGB. eine Umschreibung durch die Emissionsstelle getreten; Z. 17 der MBek. v. 17. V. 1905; M. II 462 zu n. 1 u. 2; Kr. III 200—202.

Die Verfügung über die auf Namen umgeschriebenen Schuldverschreibungen, sei es durch Löschung der Umschreibung oder durch Umschreibung auf den Namen eines anderen Berechtigten, dann die Empfangnahme der in der Schuldverschreibung versprochenen Zahlung bedarf vorgängiger aufsichtlicher Genehmigung. Bei Kultusstiftungen und Kirchengemeinden, die der bezirksamtlichen Aufsicht unterstehen, genügt in diesem Fall die bezirksamtliche Genehmigung, ohne daß die Erwirkung einer weiteren Bestätigung geboten ist.

Eine aufsichtliche Genehmigung ist überhaupt nicht erforderlich, wenn an Stelle der auf Namen umgeschriebenen Schuldverschreibungen, über die verfügt werden will, oder deren Rückzahlung in Frage steht, sofort andere stiftungsmäßige Schuldverschreibungen der nämlichen Ausgabestelle zu gleichem oder höherem Zinsfuß und im gleichen Nennwert erworben und diese Schuldverschreibungen alsbald auf den Namen der Kultusstiftung oder Kirchengemeinde umgeschrieben oder ins offene Depot der königlichen Bank gegeben werden; Z. 17 der MBek. v. 17. V. 1905 (KMBl. 208); s. MBek. v. 2. VII. 1904 (FMBl. 83) bezüglich der Portofreiheit.

d) Bei der königlichen bayerischen Bank oder den sonstigen staatlich beaufsichtigten juristischen Personen des öffentlichen Rechts in Bayern ist die Anlage ebenfalls ohne besondere kuratelamtliche Genehmigung gestattet.

Zu den genannten juristischen Personen gehören die Gemeinden und Ortschaften, die öffentlichrechtlichen Stiftungen, die Distrikts- und Kreisgemeinden, die Kirchengemeinden und die Landesuniversitäten; MBek. v. 17. V. 1905 Z. 19; s. auch M. I zu n. 3; Kr. III 206c; St. 1064 zu n. 4.

Vorausgesetzt ist hiebei eine sorgsame Überwachung, daß alle Erfordernisse der Schuldaufnahme vorliegen; im Zweifelsfalle ist eine aufsichtliche Bestätigung hierüber einzuholen.

e) Bei bayerischen Gesellschaften, Genossenschaften oder Vereinen, sofern die Anlegung durch ministerielle Anweisung für statthaft erklärt ist; KMBl. 1905 S. 209, 218. Eine besondere staatsaufsichtliche Genehmigung ist auch hiebei nicht erforderlich.

Hinsichtlich des Depotverkehrs s. Z. 22 der MBek.

Es ist nicht schlechthin unzulässig, daß für Gelder von Kultusstiftungen und Kirchengemeinden ausnahmsweise eine Auslegungsart gewählt wird, die von den Vorschriften der AVO. v. 5. V. 1905 (GVBl. 461) und den Bestimmungen der MBek. v. 17. V. 1905 (KMBl. 197) abweicht. Zu einer solchen Anlage ist aber stets besondere aufsichtliche Genehmigung erforderlich; Art. 75 Abs. I Z. 6, Abs. III KGO.; Fr. Art. 75 n. 7. Diese Genehmigung wird nur dann erteilt werden können, wenn besondere Zweckmäßigkeitsrücksichten dafür sprechen und kein Verlust zu besorgen ist; Z. 24 der MBek. v. 17. V. 1905.

3. Aufnahme eines Kapitals s. „Anlehen".

4. Über das Erfordernis staatsaufsichtlicher Genehmigung s. Art. 73ff. KGO.

B. In der protestantischen Kirche der Pfalz.

Maßgebend ist die VO. v. 8. I. 1819 (Wand 518); Art. 103 Abs. II KGO. Im übrigen erfolgt die Anlage nach den gleichen Grundsätzen wie oben, hinsichtlich der besonderen Kuratelbestimmungen s. jedoch M. I 346 zu n. 4 mit 307 zu n. 4ff., 312 zu n. 2.

III. Anlage des Pfründestiftungsvermögens.

A. Im rechtsrheinischen Bayern.

1. Quellen:

a) Rechtsquellen: AVO. v. 5. V. 1905 (GVBl. 461) und die MBek. v. 17. V. 1905 (KMBl. 197).

b) Literatur: M. II 458—467; Kr. II 236—272; St. 1069—1071; Seeb. 687 β —701, soweit nicht durch obengenannte VO. u. MBek. Änderungen eingetreten sind.

2. Beim Pfründestiftungsvermögen handelt es sich um Kapitalien, deren Zinsen nach Anordnung des Stifters zur Sustentation des jeweiligen Pfründebesitzers bestimmt sind und deren Verwaltung diesem vorbehalten ist; M. II 458 zu n. 1.

Die bei dieser Verwaltung in Betracht kommenden Mitwirkungsbefugnisse besonderer Organe (z. B. des kontrollierenden Mitglieds des Kirchenvorstands bei den protestantischen Pfarrstiftungen im rechtsrh. Bayern) werden durch die Vorschriften der MBek. v. 17. V. 1905 nicht berührt; Z. 1 dieser Bek.

Erübrigungen, die durch den niederen Stand des Erwerbungspreises entstehen, sind für die Pfründe wieder nutzbringend anzulegen; M. II 458 zu n. 5; St. 1070 c; Kr. II 250.

Bonifikationen, welche bei Konvertierungen gegeben werden, gebühren nicht dem Nutznießer, sondern fließen dem Pfründestock zu; M. II 552 zu n. 1. Über Konvertierung s. M. I 228 Z. 3.

Die Erhebung der Kapitalzinsen ist Sache des Pfarrers als Nutznießer, der jedoch im Wege des Privatabkommens den Kirchenrechner oder einen Dritten damit betrauen kann; M. II 459 nach n. 4.

Über die besonderen Verhältnisse in den Konsistorialbezirken Ansbach, Bayreuth s. M. II 459—461.

3. Für die Anlage und Aufbewahrung im einzelnen sowie für die Verzinsung, Heimzahlung und Umschreibung gilt das Gleiche wie bei der Kirchenstiftung; s. auch St. 1069 Z. 1.

4. Verwaltungsgeschäfte. Es gelten die Grundsätze bei M. I 217—230 mit der Maßgabe, daß an Stelle der Kirchenverwaltung der Pfründeverwalter tritt, der die Genehmigung der Kreisregierung zu erholen hat, während diese wieder die Äußerung der Kirchenbehörde einholt, falls nicht schon der Pfründebesitzer deren Zustimmung beigebracht hat; M. II 461 nach n. 6. Auch hier sind natürlich die Neuerungen der AVO. und der MBek. v. 1905 zu berücksichtigen.

5. Kuratelgenehmigung. Eine solche hat in den gleichen Fällen wie unter I Platz zu greifen.

B. In der Pfalz.

Auch hier gelten für die Pfründekapitalien im wesentlichen die gleichen Bestimmungen wie für die Kirchenstiftungskapitalien. Besondere Verwaltungsbestimmungen sind im Klerikaldekret v. 6. XI. 1813 (Geib II 79) enthalten; s. bei M. II 465 nach n. 2. über Rechnungslegung s. RegE. v. 14. VIII. 1897 bei M. II 466 zu n. 1.

Kapitel

s. „Domkapitel" u. „Ruralkapitel".

Kapitelssenior

s. „Evangelische Kirchenverfassung" V.

Kapitulare

s. „Pfründe" V 1 b γ.

Kapitularvikar

s. „Pfründe" I 1 u. V 1 c.

Kaplan

s. „Hilfsgeistliche" III u. „Pfründe" I 1.

Kaplaneibenefizien

s. „Benefizien" III 1; vgl. auch § 2 der allg. VB. z. KGO. v. 19. X. 1912.

Kasualgebühren

s. „Stolgebühren".

Katecheten

s. „Hilfsgeistliche" III B b 1 a β.

Kindererziehung, religiöse.

I. Quellen.

1. Rechtsquellen:

a) Bei ungemischten Ehen: §§ 1616 f., besonders §§ 1626, 1627, 1631, 1634, 1684, 1686 BGB.; Art. 8 Z. 4 VGG.

b) Bei gemischten Ehen: Art. 134 EG. BGB. mit den §§ 12 —23 RE.; Art. 8 Z. 4 VGG.

2. Literatur: Kr. I 441 § 1 —466; Seeb. 11 § 3 —32; St. 457 § 450 —479 (behandelt aber nur die Zeit vor dem Inkrafttreten des BGB.); S. III 501 nach n. 27 —514 zu n. 113; P. Anmerkungen zu den §§ 12—23 RE.; D. Anmerkungen zu Art. 8 Z. 4 VGG.

II. Begriff, Umfang und Dauer der religiösen Kindererziehung.

1. Die religiöse Erziehung eines Kindes bildet bei gemischten wie bei ungemischten Ehen einen Bestandteil der Erziehung desselben überhaupt. Man versteht darunter den Inbegriff jener Tätigkeit, welche dazu dient, den Kindern die Glaubenssätze ihrer Konfession in der Familie (häusliche Erziehung), in der Kirche und Schule (dazu gehört der religiöse Schulunterricht, die Vorbereitung zur Kommunion und Konfirmation, der religiöse Unterricht während der Sonntagsschulpflicht) beizubringen und begreiflich zu machen sowie sie zur Übung jener Religionspflichten anzuleiten, welche die betreffende Konfession vorschreibt. Zu diesen Religionspflichten gehören auch der Besuch des Gottesdienstes und der Gebrauch der Sakramente nach den Normen der einschlägigen Kirchengesellschaft sowie die hierauf sich beziehenden speziellen Unterweisungen; VGH. I 109; V 107; Kr. I 449 zu n. 54; St. 457 zu n. 1; Seeb. 12 zu n. 12—15; P. § 12 RE. n. 3 Z. 2 Abs. 1.

Die Art und Weise dieser praktischen Übung der Religion unterliegt als innere Kirchenangelegenheit der Anordnung der zuständigen Kirchenobrigkeit unter der obersten Staatsaufsicht und insbesondere hinsichtlich der schulpflichtigen Jugend den besonderen Vorschriften, welche von den staatlichen Aufsichtsstellen im Benehmen mit den einschlägigen Kirchenbehörden erlassen werden; §§ 38 II Buchst. d, 39 RE.; Art. V Abs. 4 Konk.; §§ 11, 14 PE.; Kr. I 449 zu n. 55; S. III 528 zu n. 28; Seiler, SchulbedG. S. 70 Buchst. c, 262 Buchst. b Abs. 3; P. § 12 RE. n. 3 Z. 2 Abs. 2.

2. Das Recht der religiösen Kindererziehung bildet im allgemeinen einen Ausfluß und Bestandteil der elterlichen Erziehungsgewalt und gehört daher zunächst dem Gebiete des Familienrechtes, mithin dem bürgerlichen Rechte an; s. oben I 1 a. Abweichend hievon hat die bayerische Verfassung die Regelung der religösen Erziehung von Kindern aus gemischten Ehen in das Bereich des öffentlichen Rechtes gezogen und unter Aufhebung aller entgegenstehenden partikularrechtlichen Bestimmungen die Vorschriften des Abschnittes I Kap. 3 §§ 12—23 RE. für den ganzen Umfang des Königreichs Bayern und für alle daselbst befindlichen Personen, gleichviel welcher Konfession, als unbedingt und allein maßgebendes Gesetz erklärt. Diese verfassungsgesetzlichen Vorschriften wurden durch das BGB. aufrecht erhalten; Art. 134 EG. BGB. Jedoch schließt das nicht aus, daß aus den Bestimmungen der bayerischen Verfassungsurkunde (§§ 12—23) allgemeine, für die religiöse Kindererziehung (nicht nur in gemischten, sondern auch in ungemischten Ehen) überhaupt geltende Grund-

sätze geschöpft werden; VGH. XXXI 78; Kr. I 441; S. III 501 zu n. 28, 503 nach n. 33.

Die Eltern, gleichviel, ob sie in gemischter oder ungemischter Ehe leben, haben die volle Gewalt über die Erziehung ihrer Kinder. Sie können über die religiöse Bildung ihrer Kinder nach freiem Übereinkommen gültige Bestimmungen treffen und ihre Kinder auch in einer anderen als der eigenen Religion erziehen lassen, solange diese noch nicht durch die Kommunion oder Konfirmation in eine bestimmte Kirche eingetreten sind; s. unten Z. VI. Der elterliche Wille, bei unehelichen Kindern der Wille der Mutter (s. unten Z. VIII 5) bestimmt, ob die Kinder überhaupt in eine Glaubensgesellschaft und wenn ja, in welche (öffentliche oder private) sie aufgenommen werden sollen; S. III 503 zu n. 37. Auch sind die Eltern bzw. die uneheliche Mutter nicht an die getroffene Wahl gebunden, sondern können, solange ihre Erziehungsgewalt dauert, eine Änderung vornehmen; S. III 503 zu n. 39. Dabei ist es auch belanglos, ob die Eltern einer öffentlichen Kirchengesellschaft angehören oder einer privaten Religionsgesellschaft z. B. dem israelitischen Kultusverbande, oder einer freireligiösen Gemeinde; Seeb. 11 zu n. 4; Kr. I 441 zu n. 1; VGH. X 113.

3. Die Dauer der religiösen Erziehung umfaßt die Zeit bis zum Ablauf der allgemeinen Schulpflicht, wozu auch der Besuch der Sonn- und Feiertagsschule gehört; VGH. II 149, XIV 221; Kr. I 449 zu n. 53; Seeb. 12 zu n. 16 u. n. 16; S. III 502 zu n. 29; St. 458 § 451; P. § 12 RE. n. 3 Z. 4.

Die Zeit vom Ende der Schulpflicht bis zur Volljährigkeit fällt unter die verfassungmäßigen Bestimmungen über die Wahl des Glaubensbekenntnisses; Kr. I 449 n. 53; s. „Glaubensbekenntnis". — Über den Einfluß der Kommunion und Konfirmation auf die religiöse Kindererziehung s. unten Z. VI.

III. Religiöse Kindererziehung in ungemischten Ehen.

1. Eine Ehe ist ungemischt, wenn sie nicht die Merkmale einer gemischten Ehe an sich trägt; s. Z. IV 1 b.

2. Das Recht der religiösen Erziehung der ehelichen Kinder aus ungemischten Ehen ist ein Bestandteil des gemeinsamen Elternrechts und bemißt sich nach zivilrechtlichen Grundsätzen; d. h. die in ungemischter Ehe lebenden Eltern können über die religiöse Erziehung ihrer Kinder nach freiem Übereinkommen gültige Bestimmungen treffen; eines Vertrages bedarf es dazu nicht; (anders bei gemischten Ehen s. unten Z. IV 2); §§ 1616, 1626, 1627, 1631, 1634, 1684, 1686 BGB.; Kr. I 448 zu n. 48; S. III 503 zu n. 40. — Ein bürgerlichrechtliches oder

staatliches Zwangsgebot, daß in ungemischten Ehen die Kinder der gleichen Konfession wie die Eltern angehören müßten, besteht nicht; Seeb. 13 Z. II.

3. Tritt während der Dauer einer ungemischten Ehe zwischen den Eltern eine unausgleichbare Meinungsverschiedenheit über die religiöse Erziehung der Kinder ein, so entscheidet der Wille des Vaters; §§ 1634 u. 1354 BGB.; Kr. I 448 zu n. 50; Seeb. 13 zu n. 1 u. 15 zu n. 17; S. III 503 nach n. 40.

4. Hat der Vater die elterliche Gewalt verwirkt und ist zugleich die Ehe aufgelöst, so geht die elterliche Gewalt und damit das Bestimmungsrecht über die religiöse Erziehung der Kinder auf die Mutter über; § 1684 BGB.; Kr. I 448 zu n. 51. Verwirkt jedoch der Vater die elterliche Gewalt, ohne daß gleichzeitig die Ehe aufgelöst wird, so hat die Mutter zusammen mit dem bestellten Vormund das Erziehungsrecht; §§ 1684, 1698 BGB.; Kr. I 448 zu n. 52; Seeb. 15 zu n. 17. Bei Meinungsverschiedenheit zwischen der Ehefrau und dem Vormund hat der Wille des Vormundes keinen Einfluß auf die religiöse Kindererziehung; Kr. I 448 n. 52. Wird die Ehe durch den Tod des Vaters aufgelöst, so erwirbt regelmäßig die Ehefrau die elterliche Gewalt und damit das Bestimmungsrecht über die religiöse Erziehung ihrer Kinder; §§ 1684, 1686 BGB. — Über die Wirkung der Kommunion und Konfirmation auf das elterliche Bestimmungrecht s. unten Z. VI.

IV. Religiöse Kindererziehung in gemischten Ehen; §§ 12—23 RE.

1. Allgemeines.

a) Die religiöse Kindererziehung in gemischten Ehen bildet nach dem RE. einen Gegenstand des öffentlichen Rechtes, Streitfragen sind daher nach den diesbezüglichen Gesetzen (§§ 12—23 RE.) im ganzen Landesgebiete zu beurteilen. Nach diesen durch Art. 134 EG. BGB. aufrecht erhaltenen landesrechtlichen Bestimmungen tritt in gemischten Ehen hinsichtlich des elterlichen Verfügungsrechtes über die Glaubensangehörigkeit an die Stelle der betreffenden Vorschriften des BGB. der Grundsatz der Gleichberechtigung beider Ehegatten; BGH. XXVIII 165.

b) Eine gemischte Ehe liegt vor, wenn nur ein Ehegatte einer Glaubensgesellschaft angehört; BGH. XXXIII 91; ferner dann, wenn die Ehegatten verschiedenen öffentlichen oder privaten Glaubensgesellschaften angehören, sei es christlichen oder nichtchristlichen; nicht dagegen dann, wenn beide Ehegatten, ohne einer Glaubensgesellschaft anzugehören, verschiedener Glaubensüberzeugung sind; ebensowenig dann, wenn Ehegatten, die derselben Glaubensgesellschaft angehören, verschiedener Glaubensüberzeugung sind; S. III 504 zu n. 47—49. Das entscheidende rechtliche Merkmal kann daher nur auf die Zugehörigkeit oder Nichtzugehörigkeit der Ehegatten zu (irgend)einer Glaubensgesellschaft gestellt werden, nicht aber auf die spezielle Glaubensüberzeugung des einzelnen Ehegatten; S. III 504 n. 47.

c) Die §§ 12—23 sind nicht auf Angehörige der öffentlichen Kirchengesellschaften beschränkt, finden vielmehr auch Anwendung auf Angehörige von Privatreligionsgesellschaften, z. B. Juden, Mennoniten, Mitglieder der sog. freireligiösen Gemeinde; VGH. X 113, XI 17; Seeb. 15 nach n. 1; St. 460 zu n. 2. Ferner gelten diese Verfassungsbestimmungen sowohl im rechtsrh. Bayern wie in der Pfalz für alle Staatseinwohner. Sie ergreifen ohne Rücksicht auf den Besitz oder Nichtbesitz der bayerischen Staatsangehörigkeit innerhalb der Grenzen der bayerischen Gebietshoheit jedermann, der sich in Bayern nicht bloß ganz vorübergehend aufhält; S. III 501 zu n. 28; St. 478 zu n. 1. — Nach §§ 12—23 richtet sich die rechtliche Beurteilung sowohl bei den im Inland als auch bei den im Ausland erzogenen Kindern bayerischer Staatsangehöriger, bei Kindern von Ausländern, welche in Bayern ihren Wohnsitz haben und ihre Kinder daselbst erziehen lassen; ferner bei Kindern, die sich außerhalb Bayerns aufhalten, wenn die Eltern in Bayern wohnhaft sind, endlich bei Verträgen, welche die einem auswärtigen Bundesstaate angehörigen Eltern verschiedener Konfession über die religiöse Erziehung ihrer ehelichen Kinder während ihres Wohnsitzes in Bayern abschließen, sofern sich über diese Punkte während der Dauer ihres Wohnsitzes in Bayern Streit ergibt; Kr. I 442 zu n. 3—6; Seeb. 16 zu n. 5—7.

d) Nach den §§ 12—23 RE. ist für die gemischten Ehen ein Zweifaches angeordnet: Die Eltern können gleichberechtigt durch Vertrag über die (beliebig wählbare) Glaubensangehörigkeit ihrer (leiblichen) Kinder verfügen, §§ 12 u. 13 RE., (s. oben II 2 Abs. 2) oder nicht; je nachdem tritt eine verschiedene Rechtsfolge ein; s. Z. 2 u. 3.

2. Vorhandensein eines elterlichen Erziehungsvertrages.

a) Auch bei gemischten Ehen haben die Eltern das Recht, sowohl vor als bei Eingehung der Ehe wie auch während der Dauer derselben nach Gutbefinden über die religiöse Erziehung ihrer Kinder vertragmäßige Bestimmungen zu treffen wie auch die eingegangenen Übereinkünfte im beiderseitigen Einverständnisse jederzeit wieder abzuändern, solange die Kinder nicht durch die Kommunion oder Konfirmation in eine bestimmte

Kirche eingetreten sind; S. III 504 zu n. 51; St. 467 § 462, 461 § 456; Seeb. 17 zu n. 13—15. — Auch minderjährige Elternteile sind berechtigt, solche Verträge in zivilrechtlich gültiger Form abzuschließen, sie bedürfen dazu aber der Genehmigung ihres gesetzlichen Vertreters; §§ 107, 109 BGB.

Jedoch sind nur die leiblichen Eltern zum Abschlusse solcher Erziehungsverträge berechtigt, nicht die Stief-, Pflege- oder die Adoptiveltern; VGH. III 438, IX 28, XXVIII 166, XXXI 78; Kr. I 442 zu n. 7, 443 nach n. 17; Seeb. 22 n. 53; St. 463 zu n. 3; S. III 505 n. 52; P. § 12 RE. n. 3 Z. 10 Abs. 3.

b) Wenn in einem gültigen Ehevertrage zwischen Eltern, welche verschiedenen Glaubensbekenntnissen zugetan sind, bestimmt worden ist, in welcher Religion die Kinder erzogen werden sollen, so hat es hiebei sein Bewenden; § 12 RE. Es erlöschen durch einen solchen Vertragsabschluß alle früher getroffenen gegenteiligen Vereinbarungen, z. B. die etwa vor einem Pfarramt abgegebenen Erklärungen; VGH. IV 231; Kr. I 442 zu n. 9; Seeb. 18 zu n. 18. — Demnach kann der elterliche Wille bestimmen, ob die Kinder überhaupt in eine Glaubensgesellschaft, und wenn ja, in welche sie aufgenommen werden sollen.

Die Vertragsabrede kann sich auf eines oder mehrere Kinder beziehen. Wurde sie getroffen für „die aus der Ehe hervorgehenden Kinder", so gilt sie auch für voreheliche Kinder, die durch die Heirat legitimiert werden, außer sie sind im Vertrag ausdrücklich ausgenommen. Ein geheimer Vorbehalt eines der vertragschließenden Ehegatten in dieser Richtung ist rechtlich unwirksam; VGH. XXVI 170.

Die Eltern sind in ihrer Wahl nicht an die Glaubensgesellschaft gebunden, der sie selbst angehören. Sie können auch an einer schon getroffenen Wahl eine Änderung vornehmen, solange ihre Erziehungsgewalt dauert; s. Z. II 3; VGH. XI 33 f.; S. III 503 zu n. 36—39; Kr. I 442 n. 7.

c) Dieses elterliche Bestimmungsrecht entfällt, abgesehen von dem Einflusse der Kommunion und Konfirmation (s. unten Z. VI), erst dann, wenn es sich um die Glaubenszugehörigkeit einer der religiösen Erziehung entwachsenen Person handelt; hiefür gilt §§ 5 f. RE.; s. „Glaubensbekenntnis".

d) Die Gültigkeit der Erziehungsverträge beurteilt sich hinsichtlich der Form als der Zeit der Errichtung lediglich nach den jeweils geltenden bürgerlichen Gesetzen; § 13 RE.; VGH. VII 183; Kr. I 443 zu n. 17; Seeb. 19 zu n. 22—23; S. III 505 zu n. 58—61; St. 464 § 459. Es können daher solche Erziehungsverträge nur in der nach den einschlägigen bürgerlichen Gesetzen für den Abschluß von Eheverträgen vorgeschriebenen Form gültig getroffen oder abgeändert werden; Seeb. 19 zu n. 25. — Ausgeschlossen ist aber die Abänderung durch einseitige Willenserklärung eines der elterlichen Vertragsteile; Kr. I 443 zu n. 16; P. § 12 RE. n. 3 Z. 29. — Ebenso bleibt der getroffene Erziehungsvertrag unabänderlich, wenn ein Elternteil geschäftsunfähig wird, die elterliche Gewalt oder das Erziehungsrecht verliert; Kr. I 443 n. 15.

Nach dem zurzeit geltenden bürgerlichen Rechte können in Bayern Erziehungs- bzw. Eheverträge i. S. der §§ 12 u. 13 RE. nur bei gleichzeitiger Anwesenheit beider Brautleute oder Elternteile, (die sich aber durch Bevollmächtigte vertreten lassen können, s. Kommentar z. BGB., herausgeg. v. Reichsgerichtsräten § 1434 n. 1), vor dem Notar geschlossen werden; §§ 1434, 1432 BGB., Art. 134, 141 EG. BGB., Art. 167 Abs. I AG. BGB., Art. 15 AG. GBO., Art. 1 NotG. v. 9. VI. 1899, §§ 167—169 FGG.; BGH. XIII 195; XXXIII 169. — Daneben ist Voraussetzung: das Vorhandensein freier, bewußter Willensentschließung der Vertragsteile. — Verträge, die unter dem Einfluß von Zwang, Furcht, Irrtum oder Betrug geschlossen werden, sind nichtig; §§ 119 f. BGB. — Stillschweigende Verträge sind ausgeschlossen; Seeb. 21 n. 39 a. E.

Die religiösen Kindererziehungsverträge können nach § 14 RE. sein sog. „Ehepakten", d. s. pacta dotalia (vermögens- oder güterrechtliche Vereinbarungen über den ehelichen Güterstand, die dann zugleich Bestimmungen über die religiöse Kindererziehung treffen) oder „sonstige Verträge", d. s. pacta nuptialia (Vereinbarungen über die Kindererziehung allein); §§ 1434 f. BGB.; Kr. I 444 zu n. 23.

Mangels rückwirkender Kraft des BGB. bleiben die vor dem 1. Januar 1900 (dem Zeitpunkt des Inkrafttretens des BGB.) abgeschlossenen Kindererziehungsverträge rechtsgültig, sofern sie in der nach dem einschlägigen Zivilrecht für solche Verträge vorgeschriebenen Form zustande gekommen waren; Kr. I 445 nach n. 25. — Sie sind, wie bemerkt, seit dem Inkrafttreten des BGB. abänderlich.

e) Außerhalb Bayerns abgeschlossene Kindererziehungsverträge können in Bayern nur dann als rechtswirksam angesehen werden, wenn sie in der an dem Orte des Abschlusses für solche Verträge vorgeschriebenen Form zustande kamen; Kr. I 447 zu n. 45. Sie behalten in Bayern weiterhin ihre Gültigkeit und sind hier nur nach §§ 12 f. RE. abänderlich. — Andererseits sind Verträge, welche die einem auswärtigen deutschen Bundesstaate angehörigen Eltern verschiedener Konfession über die Religionserziehung ihrer ehelichen Kinder während ihrer Wohnsitznahme in Bayern abschließen, nach den Bestimmungen der §§ 12 f. RE. zu beurteilen, wenn sie während der Dauer des Wohnsitzes der Eltern in Bayern streitig werden; VGH. V 179; P. § 12 RE n. 3 Z. 21.

3. Mangel förmlicher Verträge oder vertragsmäßiger Bestimmungen.

Sind keine Ehepakten oder sonstigen Verträge über die Religionsverhältnisse der Kinder aus gemischten Ehen errichtet, oder ist in jenen über die religiöse Kindererziehung nichts bestimmt, so folgen die Söhne der Religion (wie auch jedem Religionswechsel) des Vaters, die Töchter werden im (jeweiligen) Glaubensbekenntnisse der Mutter erzogen; § 14 RE.; Seeb. 21 zu n. 39; S. III 506 zu n. 63; Kr. I 442 nach n. 10; St. 464 § 459.

Diese Verfassungsbestimmung des § 14 RE. ist unbedingt, sonach auch dann maßgebend, wenn unter den noch lebenden Eltern kein Streit besteht; VGH. VII 11; Kr. I 443 zu n. 12; Seeb. 21 zu n. 41. — Daher müssen die Eltern bzw. Brautleute über die Kindererziehung einen gültigen Vertrag schließen, wenn sie verhindern wollen, daß die gesetzliche Regel des § 14 RE. wirksam werde; Kr. I 443 nach n. 12; St. 462 § 457. Im übrigen benimmt die Verschiedenheit des Glaubensbekenntnisses keinem der Elternteile die ihm sonst zustehenden Erziehungsrechte; § 15 RE.; §§ 1616 f., 1626 f., 1684 f. BGB.

V. Konfessionswechsel der Eltern.

1. In gemischten Ehen bewirkt der Übergang der Eltern oder eines Elternteils zu einem anderen Glaubensbekenntnisse insolange keine Veränderung in der religiösen Kindererziehung, als die Ehe hinsichtlich der Konfessionszugehörigkeit der Eltern noch eine gemischte bleibt; § 18 RE. Geht aber ein Ehegatte zu der Religion des andern über und die Ehe hört dadurch auf, eine gemischte zu sein, so verlieren etwaige Erziehungsverträge (§§ 12, 13 RE.) ihre Wirkung und mangels solcher entfällt die Regel des § 14 RE. Es tritt fortan hinsichtlich der schon vorhandenen wie hinsichtlich der künftigen Kinder das freie elterliche Verfügungsrecht ein, wie es durch das BGB. für ungemischte Ehen geregelt ist; s. oben Z. III; Seeb. 21 n. 44; S. III 506 zu n. 64. Solange aber die Eltern bzw. der Vater von diesem freien Bestimmungsrecht keinen Gebrauch machen, folgen die Kinder der nun gleichen Religion der Eltern; § 18 RE.; Kr. I 453 zu n. 72 u. 73; S. III 506 zu n. 64.

2. In ungemischten Ehen bewirkt der Übertritt eines Ehegatten zu einer anderen Konfession, daß die Ehe zur gemischten Ehe wird und nun die Grundsätze der §§ 12—23 RE. hinsichtlich der Kindererziehung Platz greifen und zwar bezüglich der schon vorhandenen

wie der künftigen Kinder; BGH. XVIII 203; s. oben Z. IV; d. h. es folgen nicht nur die künftig aus der Ehe hervorgehenden, sondern auch die zur Zeit des Religionswechsels schon vorhandenen Söhne der Religion des Vaters, die Töchter der Religion der Mutter, wenn nicht die Eltern durch Abschluß eines Erziehungsvertrages andere Bestimmungen treffen; Kr. I 453 zu n. 75.

Als Übertritt zu einer anderen Konfession gilt nicht nur der Austritt aus der bisherigen und der Eintritt in eine andere anerkannte Kirchengesellschaft, sondern auch der Übertritt zu einer Privatreligionsgesellschaft; Kr. I 453 n. 75. Wann überhaupt eine gemischte Ehe vorliegt, s. oben Z. IV 1 b.

VI. Einfluß der Kommunion und Konfirmation auf die religiöse Kindererziehung.

1. Das freie Bestimmungsrecht der Eltern (in gemischten wie ungemischten Ehen) bzw. die gesetzlichen Folgen des elterlichen Konfessionswechsels (§§ 12—14 RE.) für die Konfessionsangehörigkeit der Kinder entfallen in allen Fällen, wo die Kinder im Einklang mit dem bestehenden Rechte in eine Glaubensgesellschaft durch die Kommunion oder die Konfirmation aufgenommen worden sind; BGH. XXXIII 66, 162. In diesen Fällen müssen die Kinder — sowohl in gemischten wie in ungemischten Ehen und gleichgültig, ob ein Ehevertrag gemäß §§ 12 u. 13 RE. geschlossen worden war oder nicht — in der betreffenden Konfession und Kirche bis zur Erreichung der Volljährigkeit und der Erlangung des Rechtes zur freien Glaubenswahl (s. „Glaubensbekenntnis") belassen werden; § 18 RE.; BGH. XXXIII 66, 162; Kr. I 451 zu n. 64. — Diese Regel gilt für alle Glaubensgesellschaften, daher auch für Privat-Glaubensgesellschaften, welche die Einrichtung der Kommunion oder Konfirmation besitzen; S. III 503 zu n. 31. — Für Glaubensgesellschaften, denen das Institut der Kommunion oder Konfirmation fremd ist, verbleibt es bei der Regel, daß das elterliche Bestimmungsrecht über die religiöse Erziehung erst dann aufhört, wenn die elterliche Erziehungsgewalt endet. Von da ab bis zur Volljährigkeit bleibt die Glaubensangehörigkeit der Kinder unabänderlich; BGH. XXXIII 159; S. III 503 zu n. 32, 502 zu n. 30; Seeb. 11 n. 10; Kr. I 451 zu n. 67.

Dem Empfang der Taufe, des Bußsakramentes und der katholischen Firmung kommt die Wirkung des § 18 RE. nicht zu; Kr. I 450 n. 62; Seeb. 11 n. 7 u. nach n. 10.

2. Die Tatsache der vollzogenen Kommunion oder Konfirmation eines Kindes und die hiermit erfolgte Aufnahme desselben in die betreffende Kirchengesellschaft ist für die künftige religiöse Erziehung

des Kindes nicht für sich allein, sondern nur dann maßgebend, wenn sich dieselbe im Einklang mit den verfassungsmäßigen Bestimmungen über diese Erziehung (§§ 12—23 RE.) befindet. Gegenteiligen Falles, d. h. bei einer den verfassungsmäßigen Bestimmungen zuwider erfolgten Zulassung zur Kommunion bzw. Konfirmation, entbehren Kommunion und Konfirmation jeder Rechtswirksamkeit für die religiöse Erziehung des betreffenden Kindes sowohl in staatlicher wie kirchlicher Hinsicht, ohne daß es einer Anfechtung bedarf. Es vermag eine derartige unberechtigte Zulassung die staatliche Anerkennung und den Schutz für die Erziehung des Kindes in der betreffenden Konfession nicht zu begründen; VGH. II 149, IV 463; S. III 503 zu n. 33; St. 459 § 452; P. § 12 RE. n. 3 Z. 5 u. Z. 17 Abs. 2; Seeb. 11 n. 9, 16 zu n. 9. Auch durch die in Widerspruch mit den verfassungsmäßigen Bestimmungen erfolgte Einführung eines Kindes aus gemischter Ehe in eine fremde Konfessionsschule kann eine Rechtsgrundlage für die Erziehung dieses Kindes nicht geschaffen werden, selbst wenn diese Erziehung Jahre hindurch fortgesetzt und ein Widerspruch dagegen nicht erhoben wurde; Seeb. 16 nach n. 8; P. § 12 RE. n. 3 Z. 17.

3. Andererseits muß die Konfession, in welcher eine Person während ihrer Minderjährigkeit von den Erziehungsberechtigten unbeanstandet erzogen wurde, in welcher sie daher beim Eintritt in das Volljährigkeitsalter tatsächlich sich befunden hat und nachher kraft ihres Selbstbestimmungsrechtes verblieben ist, auch rechtlich — ohne rechtmäßige Aufnahme in diese Kirche — als ihre Konfession angesehen werden, ohne daß nachträglich die vollendete religiöse Erziehung auf ihre Gesetzmäßigkeit geprüft zu werden braucht; VGH. XIV 219, 223; P. § 12 RE. n. 3 Z. 54. Der Grund liegt in § 5 RE.; denn eine solche Person hätte nach erreichter Volljährigkeit jederzeit das Recht, aus ihrer bisherigen Kirche auszutreten. Durch die Unterlassung dieses Schrittes bekundet sie, daß sie ihre bisherige Konfession beibehalten will.

VII. Tod der Eltern; Ehescheidung; Auflösung der Ehe.

1. Tod der Eltern.

a) In gemischten Ehen ändert der Tod der Eltern nichts an den Bestimmungen der §§ 12 u. 14 RE.; § 16 RE.

α) Die nach dem BGB. dem überlebenden Ehegatten etwa zustehende Erziehungsgewalt übt auf die Konfession der aus einer gemischten Ehe stammenden Kinder keinen Einfluß aus; Kr. I 454 n. 77. — Es kann, falls die Eltern vertragsmäßige Bestimmung über die Konfessionszugehörigkeit getroffen haben, nach dem Ableben eines Elternteils der überlebende Ehegatte von diesem Vertrage nicht mehr abgehen;

dieser bleibt vielmehr unabänderlich; BGH. XXVIII 166. — Auch ist die beim Fehlen eines Erziehungsvertrags geltende Regel des § 14 RE. durch den Tod eines Ehegatten unabänderbar geworden. Der überlebende Ehegatte kann keine anderweitige Bestimmung über die Konfession der Kinder treffen, selbst wenn er die Kinder statt in seiner eigenen Religion in der des verstorbenen Ehegatten erziehen lassen wollte; BGH. V 76, XV 38; Kr. I 454 zu n. 78; Seeb. 22 zu n. 50.

β) Tritt daher der überlebende Ehegatte nach dem Tode des anderen zu dessen Konfession über, so kann die nicht mehr bestehende Ehe durch diesen Übertritt nicht nachträglich die bisherige Eigenschaft einer gemischten Ehe verlieren. Die Ehe gilt vielmehr fortdauernd als eine gemischte, und die Grundsätze unter Buchst. α (Fortdauer der Erziehungsverträge bzw. der Regel des § 14 RE.) bleiben auch fernerhin maßgebend; BGH. XV 37, XXXIII 92. Wechselt der überlebende Ehegatte sein Glaubensbekenntnis, so folgen sonach der neuen Konfession auch die Kinder seines Geschlechts, außer es liegt ein Erziehungsvertrag vor oder die genannten Kinder sind durch Kommunion oder Konfirmation bereits endgültig in ihre bisherige Glaubensgesellschaft aufgenommen; BGH. XXXIII 91.

b) α) In ungemischten Ehen besitzt regelmäßig der überlebende Ehegatte die elterliche Gewalt und damit das Recht der Konfessionsbestimmung; §§ 1626, 1627, 1631, 1684, 1686 BGB. — Aber auch bei Verwirkung oder beim Ruhen der elterlichen Gewalt, z. B. wegen Minderjährigkeit der überlebenden Mutter, § 1696 BGB., bleibt dem lebenden Ehegatten stets die Sorge für die Person des Kindes und damit das alleinige religiöse Erziehungsrecht als ein Vorrecht der leiblichen Abstammung; §§ 1631, 1676, 1696, 1697 BGB.; a. A. Kr. I 455 zu n. 89. — Über den Einfluß des Vormunds s. Buchst. γ; über die Wirkung der Kommunion und Konfirmation s. Z. VI.

β) Wenn in einer ungemischten Ehe nach dem Tode des einen Ehegatten der überlebende die Konfession wechselt, so bleibt das bisherige zivilrechtliche Erziehungsrecht der Eltern wie bei einer noch bestehenden ungemischten Ehe maßgebend; denn eine nicht mehr bestehende Ehe kann durch den Übertritt des überlebenden Ehegatten zum Bekenntnis des verstorbenen Ehegatten nicht nachträglich ihre bisherige Eigenschaft als ungemischte Ehe verlieren; BGH. XV 37; XXXIII 92. Darnach kann der überlebende Vater die (noch nicht gemäß § 18 RE. in eine Kirchengesellschaft aufgenommenen) Kinder unbedingt kraft seines elterlichen Erziehungsrechtes mit in seine Konfession nehmen. Die überlebende Mutter kann dies dagegen nur dann, wenn sie beim Tode des Ehemanns die volle Erziehungsgewalt oder wenigstens die Sorge für die Person des Kindes erhält; s. oben Z. III 4; Kr. I 453 zu n. 76; Seeb. 14 zu n. 12.

γ) Der Vormund eines minderjährigen Kindes, selbst wenn er das selbständige und volle Erziehungsrecht über das Kind hat, § 1793 BGB., kann keine von dem Erziehungswillen der Eltern abweichende Verfügung treffen; vielmehr bleibt der Wille der Eltern als ein Ausfluß der durch die natürliche Abstammung begründeten Erziehungsgewalt ausschlaggebend. Der Vormund wie auch ein etwaiger Beistand der Mutter hat lediglich dafür zu sorgen, daß das Mündel in dem Glaubensbekenntnis der Eltern und bei Mischehen in dem landesrechtlich bestimmten (§ 14 RE.) oder durch den Willen der Eltern gewählten Bekenntnis erzogen wird. Eine Änderung des Bekenntnisses steht dem Vormund niemals zu; s. Kommentar z. BGB., herausg. v. Reichsgerichtsräten, § 1801 Anm. 1; S. III 507 Abs. 3.

2. Ehescheidung und Auflösung der Ehe.

a) In gemischten Ehen haben Ehescheidung und alle sonstigen rechtsgültigen Auflösungen der Ehe keinen Einfluß auf die religiöse Kindererziehung; § 17 RE.

Umsoweniger üben eigenmächtige Ehetrennungen eine derartige Wirkung aus, ebensowenig die Nichtigkeitserklärung der Ehe, §§ 1323 f. BGB., und die Aufhebung der ehelichen Gemeinschaft; §§ 1575, 1586 BGB.

Haben demnach in einer geschiedenen Ehe gemischter Natur beide Eltern noch Anteil an der Erziehungsgewalt, so können sie unter Einhaltung der gesetzlichen Formalitäten noch Erziehungsverträge errichten, aufheben und abändern; S. III 506 zu n. 66. Ist hingegen einem Ehegatten die elterliche Gewalt, z. B. wegen Verwirkung, entzogen, s. §§ 1635, 1680, 1684 I Z. 2 BGB., so verbleibt es bei den vorher geschlossenen Verträgen bzw. mangels solcher bei der Regel des § 14 RE., sofern nicht durch einen Glaubenswechsel eine Änderung des bestehenden Rechtszustandes i. S. des § 18 RE. herbeigeführt wird; S. III 507 oben. Wechselt nämlich ein geschiedener Ehegatte seine Konfession, und würde die Ehe bei ihrem Fortbestand dadurch zur ungemischten geworden sein, so folgen die Kinder seines Geschlechts, die mangels eines Erziehungsvertrages auch seiner Konfession angehört hatten, der nun neuen Glaubensangehörigkeit, sofern nicht der Inhaber der elterlichen Gewalt anderweite Bestimmung trifft. War dagegen die Religionszugehörigkeit der Kinder vertraglich geregelt, so entfällt die Wirkung des Vertrags mit dem Zustandekommen einer ungemischten Ehe und freies Bestimmungsrecht des elterlichen Gewalthabers tritt ein; s. oben Z. V 1; Kr. I 456 zu n. 94.

Bleibt hingegen die Ehe auch nach der Scheidung gemischt, so ist ein der Ehefrau zustehender Besitz der elterlichen Gewalt, z. B. wenn sie der Ehemann verwirkt hat (§§ 1680, 1684 BGB.) ohne Einfluß auf die Konfession der Kinder; denn neue vertragliche Bestimmungen nach §§ 12, 13 RE. sind nunmehr ausgeschlossen; Kr. I 456 nach n. 94. — Gleiches gilt bei Ehescheidung wegen Geisteskrankheit; Kr. I 456 nach n. 94.

Bei nichtigen Ehen gelten die Vorschriften über geschiedene Ehen, wo beide Ehegatten für schuldig erklärt sind, §§ 1700—1702 BGB., sohin sind die dortigen Grundsätze auch hier auf die religiöse Kindererziehung anwendbar. Haben aber beide Ehegatten bei der Eheschließung die Nichtigkeit der Ehe gekannt oder beruht die Nichtigkeit der Ehe auf einem Formmangel und war die Ehe nicht in das Heiratsregister eingetragen, § 1699 BGB. bzw. § 1324 BGB., so sind ihre Kinder unehelich und es gilt für deren Konfessionszugehörigkeit bzw. Konfessionszuteilung das Gleiche wie für uneheliche Kinder; s. unten Z. VIII 5.

b) Bei ungemischten Ehen ist für das religiöse Erziehungsrecht nach der Scheidung stets der Besitz der elterlichen Gewalt maßgebend; s. § 1635 BGB. Eine Anwendung der §§ 12—14 RE. scheidet aus.

Nach dem Tode eines Ehegatten übt stets der überlebende — wenigstens in der Regel — die elterliche Gewalt und damit das religiöse Erziehungsrecht aus, auch wenn er allein für schuldig (§ 1635 BGB.) erklärt worden war.

VIII. Pflege- und Adoptivkinder; legitimierte, uneheliche Kinder, Kinder unbekannter Herkunft.

1. Pflegekinder werden nach jenem Glaubensbekenntnis erzogen, dem sie in ihrem vorigen Stande zu folgen hatten; § 19 RE.; S. III 507 zu n. 69. — Die einfache Annahme eines Kindes in Verpflegung begründet keine elterlichen Rechte. Ebensowenig steht der Verwaltung einer Pflege- oder Erziehungsanstalt das Recht zu, auf die religiöse Erziehung eines ihr übergebenen Kindes dem Willen anderer entgegen bestimmend einzuwirken und selbständige Verfügungen zu treffen; Kr. I 457 zu n. 97; Seeb. 23 zu n. 4—6; P. § 19 RE. n. 1.

2. Adoptivkinder.

a) Über die religiöse Erziehung von Adoptivkindern enthält das RE. zwar keine Bestimmung, allein daraus kann nicht die Absicht gefolgert werden, die religiöse Erziehung der Adoptivkinder den Bestimmungen des Privatrechts zu überlassen. — Vielmehr ist im Streitfalle Entscheidung nach dem Inhalt der Verfassungsbestimmungen zu treffen und dabei von der Anwendung bürgerlich-rechtlicher Normen (BGB.) abzusehen; BGH. XXVIII 167.

b) Das elterliche Verfügungsrecht über die Glaubensangehörigkeit eines Kindes kann nur von dessen leiblichen Eltern ausgeübt werden. Dieser Grundsatz schließt ein solches Verfügungsrecht der Adoptiveltern gegenüber den angenommenen Kindern in jedem Falle aus, nicht nur wenn die leiblichen Eltern des adoptierten Kindes in gemischter Ehe gelebt haben, sondern auch bei Kindern, die aus einer ungemischten Ehe hervorgegangen sind; denn das religiöse Bestimmungsrecht fußt ausschließlich und allein in dem natürlichen Rechte der (leiblichen) Eltern auf die Ausübung der Erziehungsgewalt über die von ihnen abstammenden Kinder hinsichtlich der Konfessionsbestimmung.

c) Sonach besitzen die Adoptiveltern in keinem Falle, gleichviel, ob sie in gemischter oder ungemischter Ehe leben, ein Verfügungsrecht über die Religionserziehung der von ihnen adoptierten Kinder; BGH. XXVIII 165, besonders XXXI 78. Andererseits findet auf das Verhältnis zwischen Adoptiveltern und angenommenem Kinde auch die gesetzliche Regel des § 14 RE. keine Anwendung; BGH. XXXI 78. — Adoptivkinder werden daher nach der Religion erzogen, in der sie ohne die Adoption erzogen werden müßten.

3. Durch Heirat legitimierte, natürliche Kinder werden in Beziehung auf die religiöse Erziehung den ehelichen Kindern gleichgeachtet; § 20 RE.; §§ 1719 f. BGB.; Kr. I 458 zu n. 102; Seeb. 23 zu n. 1; S. III 507 zu n. 70.

4. a) Vom Vater anerkannte Kinder werden in Ansehung der konfessionellen Erziehung ebenfalls als eheliche behandelt; § 21 RE. Jedoch gilt das nur für die vor dem Inkrafttreten des BGB. vom Vater anerkannten Kinder. Über die Erfordernisse einer solchen „Anerkennung" s. Seeb. 24 n. 1; Kr. I 459 zu n. 109—112; St. 475 zu n. 4 f.

Diese Anerkennung hat zur Wirkung, daß bei gleicher Konfession der (unehelichen) Eltern die Grundsätze wie bei ungemischten Ehen (s. oben Z. III) gelten, während bei ungleicher Konfession die §§ 12—14 RE. Platz greifen; Kr. I 459 zu n. 107 u. 108; Seeb. 24 n. 2.

b) Seit dem Inkrafttreten des BGB. liegt eine wirksame Anerkennung nur vor, wenn das betreffende Kind nach §§ 1723 f. BGB. für ehelich erklärt ist; P. § 21 RE. n. 1. — Bezüglich dieser auf Antrag des außerehelichen Vaters durch den Landesherrn für ehelich erklärten Kinder steht bei gleicher Konfession der außerehelichen Eltern das Recht der Verfügung über die religiöse Erziehung ausschließlich dem Vater zu, weil das Kind durch die Ehelichkeitserklärung die rechtliche Stellung eines ehelichen Kindes nur im Verhältnis zu dem den Antrag stellenden Vater erlangt, und das Fürsorgerecht der Mutter für die Person dieses Kindes als mit der elterlichen Gewalt des Vaters unvereinbar der Mutter verloren geht; Kommentar z. BGB., herausgeg. v. Reichsgerichtsräten, § 1736 Anm. 2, § 1738 Anm. 1; Kr. I 458 zu n. 103.

Sind die außerehelichen Eltern dagegen verschiedener Konfession, so können sie die Glaubenszugehörigkeit des betreffenden Kindes vertraglich regeln; §§ 12, 13 RE.; andernfalls greift die Regel des § 14 RE. Platz, wonach ein legitimierter Sohn der Religion des Vaters, eine legitimierte Tochter der Religion der Mutter folgt; Kr. I 458 nach n. 103.

5. Uneheliche Kinder, die vom Vater nicht (durch Legitimation nach §§ 1723 f. BGB.) rechtswirksam anerkannt sind, werden in der Regel nach dem Glaubensbekenntnis der Mutter erzogen; Art. 134 EG. BGB.; § 21 RE. Dadurch ist aber ein Bestimmungsrecht der außerehelichen Mutter nicht ausgeschlossen. Letztere kann vielmehr kraft ihres Rechtes und ihrer Pflicht, für die Person ihres Kindes zu sorgen und das Kind zu erziehen, § 1707 BGB., frei über dessen Konfession bestimmen; BGH. XXXIII 99. Die Regel des § 21 RE. gilt daher nur für den Fall, daß die außereheliche Mutter keine andere Bestimmung über die Religion des Kindes getroffen hat; §§ 1631, 1707 BGB.; Kommentar, herausgeg. v. Reichsgerichtsräten, § 1707 Anm. 2 a. E.; Kr. I 460 zu n. 114; Seeb. 25 zu n. 5—7.

Der Vormund, der hinsichtlich der Sorge für die Person des Kindes (§ 1707 BGB.) nur die Stellung eines Beistandes hat, hat keinen Einfluß auf das Bestimmungsrecht der Mutter; s. oben Z. VII 1 b γ.

Selbst wenn die außereheliche Mutter sich verheiratet, behält sie dieses Bestimmungsrecht über ihre unehelich bleibenden Kinder; hingegen wird mit ihrem Tode die Konfessionszugehörigkeit des betreffenden Kindes für die Dauer seiner Minderjährigkeit unabänderlich; BGH. XXI 139; Kr. I 460 n. 114.

6. Kinder unbekannter Herkunft, d. s. Findlinge und natürliche Kinder, deren Mutter unbekannt ist, folgen der Religion des sie Aufnehmenden; § 22 RE. — Gehört aber die aufnehmende Person keiner öffentlichen Religionsgesellschaft an oder ist die aufnehmende Findlingsanstalt nicht für die Angehörigen einer bestimmten öffentlichen Glaubensgesellschaft da, so folgen solche Kinder der Religion der Mehrheit der Einwohner des Findungsortes; Kr. I 461 zu n. 124; Seeb. 26 zu n. 1.

IX. Überwachung der religiösen Erziehung der Kinder.

1. Die geistlichen Obern, die nächsten (Bluts-)Verwandten, die Vormünder und die Paten haben das Recht, darüber zu wachen, daß die Anordnungen der §§ 12—22 RE. befolgt werden; sie können zu diesem Behufe die Einsicht der betreffenden Bestimmungen der Eheverträge und der übrigen auf die Religionserziehung sich beziehenden Urkunden fordern; § 23 RE. — Aus diesen Personen setzt sich auch der Kreis der Streitbeteiligten zusammen; s. unten Z. 2 a, b u. Z. X 4.

a) Das durch § 23 RE. eingeräumte Recht besteht darin, darüber zu wachen, daß die verfassungsmäßigen Anordnungen über die religiöse Erziehung der Kinder aus gemischten Ehen befolgt werden; Kr. I 464 nach n. 139. Jedoch ist das Recht, welches § 23 RE. gewährt, kein Recht der Mitbestimmung bei der Glaubensangehörigkeit der Kinder, sondern nur ein Recht, über die Einhaltung des Gesetzes zu wachen und wegen Verletzung des Gesetzes Klage zu führen; S. III 513 zu n. 104. — Ausgenommen ist natürlich das Bestimmungsrecht der leiblichen Eltern selbst.

b) Die Personen des § 23 RE. sind ferner zur Antragstellung und Beschwerdeführung bei den Staatsbehörden behufs Sicherung des Vollzugs der verfassungsmäßigen Bestimmungen über die religiöse Kindererziehung berechtigt und können bei diesbezüglichen Streitigkeiten (s. Z. X 1) den Antrag auf Bescheidung des Streites in 1. Instanz stellen und gegen deren Beschlüsse innerhalb der gesetzlichen Frist Beschwerde zur 2. Instanz ergreifen, sind daher streitbeteiligt; BGH. II 149, XXXIII 65; Kr. I 464 zu n. 141; Seeb. 27 zu n. 8 u. 9; P. § 12 RE. n. 3 Z. 6; D. Art. 8 Z. 4 BGG. n. 4; St. 478 nach n. 2.

2. a) Zu den geistlichen Obern zählen nicht bloß der Bischof, sondern auch der Pfarrer, ebenso die Vorstände selbständiger Seelsorgebezirke, sofern sie von der kirchlichen und staatlichen Obrigkeit zur selbständigen Ausübung der Seelsorge innerhalb eines bestimmten Bezirkes ermächtigt sind, z. B. Pfarrkuraten, Expositurgeistliche, Schloßgeistliche; Kr. I 465 zu n. 149 u. n. 150; St. 468 § 463; Seeb. 26 n. 1; S. III 513 n. 99. Die Zuständigkeit der Pfarrer erstreckt sich auf den ganzen Umfang ihrer Parochialgewalt, somit auf alle Gläubigen ihrer Konfession, die in ihrem Pfarrbezirk Wohnung oder dauernden Aufenthalt haben; bloßer Besitz der Heimat ohne Wohnung oder Aufenthalt genügt nicht zur Begründung dieser Zuständigkeit; Kr. I 465 zu n. 151.

Für das Vorgehen der geistlichen Oberen (Pfarrämter) kann im allgemeinen erst mit dem Eintritt des Kindes in das Alter der öffentlichen Schulpflicht eine Veranlassung gegeben sein, VGH. VII 16, außer das Kind wurde schon vorher in eine Erziehungsanstalt mit ausschließlich konfessionellem Charakter aufgenommen; Seeb. 27 zu n. 6; St. 470 zu n. 1—3; P. § 12 RE. n. 3 Z. 25.

b) Zu den nächsten Verwandten gehören vor allem die Eltern selbst, sodann die Geschwister und Großeltern; Seeb. 26 n. 2.

c) Kein Überwachungsrecht nach § 23 RE. haben die Pflegeeltern, die Stiefeltern, der Vater eines unehelichen Kindes, die nächsten Verwandten des natürlichen Vaters, die Vormundschaftsbehörden, die Vorstandsmitglieder der Pflege- und Unterrichtsanstalten und die Lokalschulinspektoren; VGH. III 438; Kr. I 465 zu n. 142—148; Seeb. 26 n. 2 u. 3; — die Aufzählung der nach § 23 RE. Beteiligten ist in diesem § 23 RE. erschöpfend; S. III 513 n. 102; St. 468 zu n. 7—469 zu n. 3.

3. Durch den Tod einer Person wird das Anfechtungsrecht hinsichtlich ihrer konfessionellen Erziehung nicht beseitigt; es kann auch nach dem Tode einer Person noch ausgesprochen werden, daß sie nach staatsrechtlichen Grundsätzen z. B. nicht der protestantischen, sondern der katholischen Konfession angehörte. — Die geistlichen Obern sind auch befugt, den Antrag zu stellen, daß, wenn keine rechtswirksame Vereinbarung unter den in gemischter Ehe lebenden Eltern über die konfessionelle Erziehung ihrer Kinder vorhanden ist, letztere nach § 14 RE. erzogen werden; Seeb. 27 n. 9.

4. Auf Kinder aus ungemischten Ehen findet zwar § 23 RE. keine Anwendung, jedoch haben die geistlichen Obern auch hier nach kirchlichem wie nach verfassungsrechtlichem Standpunkte der §§ 30, 38 Buchst. d, 39, 51, 80 RE. das Recht und die Pflicht zur Überwachung; Kr. I 466 zu n. 157; Seeb. 26 n. 4; St. 478 zu n. 3.

X. Streitigkeiten über die religiöse Kindererziehung.

1. a) Alle bestrittenen Rechtsansprüche und Verbindlichkeiten, welche die religiöse Kindererziehung (d. i. die religiöse Erziehung von Kindern, die noch nicht aus der Schulpflicht entlassen sind; VGH. XIV 221, II 149, IX 130; s. auch oben Z. II 3) betreffen, sind öffentlichrechtlicher Natur und als Verwaltungsrechtssachen nach Art. 8 Z. 4 VGG. zu entscheiden; D. Art. 8 Z. 4 VGG. n. 3; S. III 513 zu n. 106. — Nach Beendigung der allgemeinen Schulpflicht kann nur eine Anfechtung der Glaubenswahl in Frage kommen; s. „Glaubensbekenntnis" VII.

b) Diese verwaltungsrichterliche Zuständigkeit greift Platz, ohne Rücksicht, ob es sich um Streitigkeiten über die religiöse Erziehung der Kinder in gemischten oder ungemischten Ehen handelt, VGH. XXXIII 65; D. Art. 8 Z. 4 VGG. n. 1 Abs. 2; S. III 514 zu n. 107, und gleichgültig, ob das betreffende Kind, welches seine religiöse Erziehung in Bayern genießt, dem bayerischen Staatsverbande angehört oder nicht, vorausgesetzt, daß es sich nicht lediglich vorübergehend in Bayern aufhält; VGH. IX 19, 22, XII 449, XVIII 227; St. 477 nach n. 3; P. § 12 RE. n. 3 Z. 32 u. 48.

c) Besteht kein Streit darüber, in welcher Konfession die Kindererziehung erfolgen soll, sondern lediglich Streit über die Art und Weise, in welcher die religiöse Erziehung eines Kindes am zweckmäßigsten bewerkstelligt wird, besonders wie und wo, so liegt keine Verwaltungsrechtssache, sondern nur eine einfache Verwaltungssache vor; VGH. XII 250; Kr. I 462 zu n. 128; P. § 12 RE. n. 3 Z. 46; D. Art. 8 Z. 4 VGG. n. 7.

2. a) Die verwaltungsrichterliche Zuständigkeit erstreckt sich auf die öffentlich-rechtlichen Fragen der Glaubenszugehörigkeit (z. B. auf die Frage, in welcher Konfession ein Kind erzogen werden soll; VGH. XII 250), der Verletzungen derselben durch Handlungen der Kinder, durch unberechtigtes Eingreifen dritter Personen, durch Handlungen der Erziehungsberechtigten selbst, insbesondere Streitigkeiten nach § 23 RE., s. oben Z. IX; S. III 514 zu n. 108 u. 109; St. 477 § 473.

b) Als Inzidentpunkte können auch Fragen zivilrechtlicher Natur, besonders die Rechtsgültigkeit der Erziehungsverträge nach §§ 12 u. 13 RE., geprüft werden; Kr. I 462 zu n. 127; Seeb. 31 zu n. 6; S. III 514 zu n. 110; D. Art. 8 Ziff. 4 VGG. n. 6.

3. Zuständigkeit.

Erste Instanz bei Streit nach Art. 8 Z. 4 VGG. ist jene Distriktsverwaltungsbehörde, in deren Amtsbezirk die beteiligten Eltern mit dem zu erziehenden Kinde in dem Zeitpunkte wohnen, wo die Entscheidung zu treffen ist; Staatsangehörigkeit ist für das Kind nicht erforderlich; VGH. III 210, XII 449; D. a. a. O. n. 2; P. § 12 RE. n. 3 Z. 9; Seeb. 30 nach n. 3. Wohnen Eltern und Kinder nicht in demselben Bezirk, so ist zuständig das Bezirksamt des Wohnsitzes der Eltern und zwar, wenn Vater und Mutter in verschiedenen Amtsbezirken wohnen, das Bezirksamt des Wohnsitzes des Vaters. Auch sind die bayerischen Behörden zuständig, wenn sich das Kind zwar außerhalb Bayerns aufhält, dessen Eltern aber in Bayern wohnen; VGH. XI 17; Kr. I 463 zu n. 132—135.

Zweite Instanz ist der VGH.; D. Art. 8 Z. 4 VGG. n. 2; Kr. I 462 zu n. 131; S. III 514 nach n. 112.

Befinden sich Eltern und Kinder außerhalb Bayerns,

so kann in Bayern überhaupt kein Verwaltungsrechtsstreit anhängig werden; S. III 514 zu n. 113.

4. Über den Kreis der Streitbeteiligten s. oben Z. IX 1 u. 2, insbesondere kann ein Streit nach Art. 8 Z. 4 VGG. zwischen den Eltern des betreffenden Kindes selbst entstehen. — Auch bei ungemischten Ehen sind zunächst die Erziehungsberechtigten zu Anträgen i. S. der Z. IX 1 b befugt; §§ 1627 f., 1631, 1666, 1684, 1686, 1779, 1801 BGB.; s. auch oben Z. IX 4.

5. Ein Einschreiten der Verwaltungsbehörden von Amts wegen greift nicht Platz; Kr. I 462 zu n. 130; S. III 513 zu n. 105. Das Eingreifen der zuständigen Staatsbehörde ist vielmehr durch den Antrag einer hiezu nach § 23 RE. berechtigten Person (s. oben Z. IX 1, 2) bedingt; VGH. VI 174; XXVI 145.

6. Über den Inhalt einer verwaltungsrechtlichen Entscheidung s. D. a. a. O. n. 8; Seeb. 31 nach n. 6 — über das nach Art. 46 VGG. zu handhabende Vollstreckungsverfahren s. Kr. I 463 nach n. 135; Seeb. 31 nach n. 9 u. 79 Z. IV; D. a. a. O. n. 7 u. 10; St. 478 § 475.

Kirchenamt.

I. Begriff.

Kirchenamt (officium ecclesiasticum) bezeichnet das Recht und die Pflicht eines Geistlichen, die Kirchengewalt in einem bestimmten Verhältnis und Umfang, d. i. innerhalb eines bestimmten Wirkungskreises und vermöge einer dazu erteilten festen Anstellung (kirchliche Bevollmächtigung oder Sendung) auszuüben; St. 2 oben. Es handelt sich um einen für allemal bestimmten Kreis von kirchlichen Obliegenheiten und deren Festlegung durch das Kirchenrecht.

Mit jedem Kirchenamt ist auch ein bestimmtes Einkommen (beneficium) verbunden; s. „Pfründe", „Benefizien".

Der Inhaber eines solchen Amtes — Gegensatz dazu sind einzelne Aufträge — ist ein Kirchenbeamter oder Kirchendiener; M. II 31 zu n. 1.

Das Kirchenamt ist von der Kirchenpfründe (s. „Pfründe") zu unterscheiden; M. II 102 zu n. 3; St. 2 § 1 a. E.

II. Quellen.

1. Rechtsquellen: §§ 38 Buchst. c, e u. f, 39, 103 Abs. 3 RE. mit Art. IX—XI Konk.; §§ 11 u. 19e PE.

2. Literatur: M. II 102 § 17 —106; S. III 518 nach n. 26—28, 523 nach n. 63.

III. Verfassungsrechtliche Stellung der Kirchenämter.

1. Das kirchliche Ämterwesen zählt nach bayerischem Staatskirchenrecht zu den inneren Kirchenangelegenheiten, über welche die Kirche Autonomie hat; M. II 115 zu n. 3.

§ 38 RE. zählt aber die inneren Kirchenangelegenheiten nur beispielsweise, nicht erschöpfend auf; daher verweist § 103 Abs. 3 RE. in dieser Richtung auf das innere Kirchenrecht, nämlich für die katholische Kirche auf das Konk. (Art. IX—XI) und für die protestantische Kirche auf das PE. §§ 11 u. 19 Buchst. e; M. II 102 § 17 Z. I; S. III 518 zu n. 27.

Der Staat beschäftigt sich mit den Kirchenämtern nur von Aufsichts wegen; § 38 RE. Einl.; M. II 102 zu n. 4.

2. Das Kirchenamt ist kein öffentliches Amt im Sinne des Reichsrechts; M. II 106 zu n. 2. Soweit es sich um öffentliche Kirchengesellschaften handelt, genießen zwar die Geistlichen als die zur Feier des Gottesdienstes und zum Religionsunterricht bestimmten Personen die Rechte und Achtung öffentlicher Beamten; § 30 RE.; S. III 495 zu n. 48; unter die Staatsbeamten sind sie jedoch nicht zu zählen; Seeb. 34 zu n. 10; M. II 106 zu n. 2. Das hat zur Folge, daß die unbefugte Ausübung eines Kirchenamtes nicht unter § 132 RStGB. fällt und daß kirchliche Ämter nicht unter die öffentlichen Ämter fallen, welche durch eine Verurteilung nach Maßgabe der §§ 31 ff. RStGB. in Mitleidenschaft gezogen werden; M. II 106 nach n. 2 u. zu n. 5; Seeb. 34 n. 10.

IV. Errichtung, Veränderung und Aufhebung der Kirchenämter.

1. Sie ist Sache der betreffenden Kirchenbehörde; §§ 38, 103 Abs. 3 RE.; Art. XII Buchst. f u. XVII Konk.; §§ 11, 19 Buchst. c u. f PE.; M. II 103 Abs. 6.

2. Zuständig ist in der katholischen Kirche der Bischof, der nach kanonischem Recht bei Strafe der Nichtigkeit den Konsens des Kapitels einzuholen hat, Art. XII Konk.; in der protestantischen Kirche Bayerns liegt ein Reservatrecht des landesherrlichen Kirchenregiments vor; M. II 57 zu n. 3; s. „Kirchenregiment landesherrliches".

Die Ämtererrichtung, -veränderung oder -aufhebung ist aber Gegenstand gemischter Natur, wenn gleichzeitig eine Sprengelabgrenzung erfolgt; § 76e RE. Das RE. sieht hier im Unterschied zu einer Aufsicht des § 38 a. a. O. eine Mitwirkung der weltlichen Obrigkeit in der Form eigener Verordnungen vor, um die Staatsgewalt in die Lage zu setzen, alles dasjenige zu verhindern, was dem öffentlichen Wohl nachteilig sein könnte, § 78 RE. Eine feste Grenze zwischen den inneren und den gemischten Angelegenheiten (§ 76 RE.) läßt sich nicht ziehen; M. II 103 Abs. 7; s. auch „Glaubensgesellschaften" VI.

3. Über die Veränderung der Kirchenämter im besonderen s. „Pfarrveränderungen".

V. Arten von Kirchenämtern.

1. In der katholischen Kirche. Hier ist das Vorbild des Kirchenamts das Bischofsamt; dann vor allem das Pfarramt mit seiner potestas ordinaria. Im Anschlusse daran entwickelten sich auch Hilfs- und Stellvertretungsämter mit einer potestas quasi ordinaria oder vicaria; hierher gehören die Ämter des Generalvikars, Kapitularvikars, Koadjutors, Weihbischofs, Pfarrverwesers und Kaplans; s. „Pfründe" und „Hilfsgeistliche"; M. II 31 Abs. 8.

2. In der protestantischen Kirche. Hier unterscheidet man, abgesehen von den weltlichen Kirchendienern, Regierungs- und Seelsorgeämter. Außerdem haben ein Kirchenamt die Mitglieder des Kirchenvorstands (s. „Kirchenvorstand"), der Presbyterien (s. „Presbyterium") und der Synoden (s. „Diözesansynode", „Generalsynode", „Steuersynode"), nicht aber auch die Mitglieder der mit einer rein weltlichen Aufgabe betrauten Kirchenverwaltung (s. „Kirchenverwaltung"); M. II 31 zu n. 3.

3. In beiden Kirchengesellschaften bestehen auch sog. weltliche Kirchenämter, deren Inhaber bei einer Kirchenstiftung beschäftigt sind und deren Aufgabe darin besteht, kirchenamtliche Handlungen im engeren Sinne vorzubereiten, zu erleichtern und zu begleiten; hierher zählen die Organisten, Küster, Mesner, Chorregenten, Kantoren, Ministranten usw.; vgl. M. II 31 Abs. 4; im allgemeinen s. „Weltliche Kirchendiener".

Auch Geistliche können einen weltlichen Kirchendienst zur Besorgung übernehmen; Fr. n. 7 zu Art. 5 KGO.

VI. Verleihung von Kirchenämtern.

Die Verleihung eines Kirchenamtes (provisio canonica) d. i. die von der zuständigen kirchlichen Autorität vorgenommene Besetzung eines erledigten Kirchenamtes ist an sich innere Kirchenangelegenheit, §§ 38 Buchst. b, 103 Abs. 3 RE.; Art. IX—XI Konk.; §§ 11 u. 19 Buchst. e PE.

Jedoch wirken bei der Ämterbesetzung auch noch andere Faktoren bzw. Personen mit; vgl. z. B. „Pfründe" u. „Hilfsgeistliche".

Kirchenämter können der Regel nach nur Eingeborenen oder verfassungsmäßig Naturalisierten erteilt werden; Tit. IV § 4 VerfU.; M. II 110 zu n. 2; s. auch § 7 IndE. (I. VerfBeil.); Art. X Abs. 2 Konk. Allein nach §§ 3 mit 14 RStAG. hat für einen in den Kirchendienst aufgenommenen

Ausländer oder Angehörigen eines anderen Bundesstaats mangels besonderen Vorbehalts die von einer Bundesregierung vollzogene oder bestätigte Bestallung als Einbürgerungs- bzw. Aufnahmeurkunde zu gelten; M. II 110 zu n. 5, 106 zu n. 1; S. I 281 n. 75. — Es steht somit der Zulassung eines Ausländers, selbst eines Nichtdeutschen, zu bayerischen Kirchenämtern mit staatlich vollzogener oder bestätigter Bestallung kein Hindernis im Wege; M. II 111 zu n. 1; s. auch „Anstellungsvoraussetzungen allgemeine für ein bepfründetes Kirchenamt".

Kirchenbann

s. „Kirchenstrafen" IV A 2 a u. B 2 a.

Kirchendiener, weltliche

s. „Weltliche Kirchendiener".

Kirchendisziplin

s. „Kirchenzucht".

Kirchenfabrik

s. „Kirchenstiftung".

Kirchengebäude und -einrichtung.

I. Begriff und rechtliche Natur.

Kirchengebäude oder gottesdienstliche Gebäude sind solche Gebäude, die dauernd der gottesdienstlichen Bestimmung übergeben und demgemäß der profanen Benutzung entzogen sind. Sie sind samt den dazu gehörigen Einrichtungen res sacrae, (welche Eigenschaft sie in der katholischen Kirche durch Weihe — consecratio, benedictio —, in der protestantischen Kirche durch dedicatio oder den feierlichen Gottesdienst bei der ersten Benutzung erwerben); als solche sind sie dem Privatrechtsverkehr und dem Privateigentum entzogen (res extra commercium), stehen vielmehr im kirchlichen Eigentum (der Kirchenstiftung oder gegebenenfalls der Kirchengemeinde); vgl. unten Z. VI; Kr. I 139 zu n. 53; St. 817 nach n. 3 u. 6, 1019 § 1164, 1020 § 1165.

Die Kirchengebäude der öffentlichen Kirchengesellschaften werden wie öffentliche Gebäude geschützt; § 29 RE.; M. I 147 zu n. 2; Seeb. 35 zu n. 13; S. III 493 zu n. 38. Zu ihren Gunsten besteht auch ein Enteignungsrecht; ZwEG. Art. I A Z. 2.

II. Quellen.

1. Rechtsquellen: §§ 29, 38 Buchst. g, 64 Buchst. f, 75, 90—103 RE.; Art. 12 Abs. I Z. 1 u. 2, Art. 21 Abs. II, Art. 75—78, Art. 112 Abs. IV KGO.

2. Literatur (teilweise durch KGO. veraltet): Kr. III 64—74, 252

—254, 292—300; St. 923—940, 1019 § 1164; Seeb. 783 § 25 —786, 873 Z. II ff.; neu: Fr. u. L. n. zu Art. 12, 21, 75—78, 112 Abs. IV KGO.

III. Arten.

Die Kirchengebäude zerfallen in drei Arten:

1. Die Kirchengebäude schlechthin sind ausschließlich dem Gottesdienst gewidmete und konsekrierte Gebäude, welche zur Ausübung der allgemeinen Seelsorge bestimmt sind.

2. Die Pfarrkirchengebäude sind Kirchen, welchen die Angehörigen der räumlich oder persönlich fest umgrenzten Pfarrei zur Erfüllung ihrer religiösen Pflichten zugeteilt sind.

3. Die Kathedralkirchengebäude sind die an den Bischofssitzen befindlichen, zur regelmäßigen Ausübung der Pontifikalhandlungen bestimmten Pfarrkirchengebäude.

IV. Zubehör (äußere und innere Einrichtung der Kirchengebäude).

Zubehör der Kirchengebäude sind alle Bestandteile derselben, welche zur Erfüllung des kirchlichen Zwecks als notwendig und daher als wesentliche Zugehörungen einer Kirche betrachtet werden; Kr. III 65 zu n. 171.

Dazu gehören die Pfarrhäuser (St. 941 § 1075; Seeb. 876 zu n. 8), Kirchtürme, Sakristeien, Seelenhäuser, Glocken (s. „Kirchenglocken"), Glockenstühle, Hochaltar, Kanzel, Kirchhöfe (s. „Friedhöfe"), wenn sie sich bei der Kirche befinden (St. 1021 zu n. 4), sowie Mesnerhäuser; Kr. III 66 zu n. 172 ff., 69 Z. 2; Seeb. 876 zu n. 9; St. 935—940, 1021 § 1166; dagegen nicht Kirchenstühle (s. dort), Orgel, Altarbekleidung, Kirchenuhren; Kr. III 68 zu n. 189 u. 192; St. 936 §§ 1071 ff.

Über die Pflicht zur Herstellung und Unterhaltung der öffentlichen Turmuhren durch die bürgerliche Gemeinde nach Art. 38 Abs. 1 GemO. vgl. Kr. III 67 nach n. 184.

V. Errichtung der Kirchengebäude.

1. Baupflicht.

a) In bezug auf die Baupflicht unterscheidet man schlechthin unentbehrliche, relativ unentbehrliche und entbehrliche Kirchen; Kr. III 64—65, 296 § 57 —300.

α) Schlechthin unentbehrliche Kirchen. Die Pfarrkirchen und die ihnen gleichstehenden Filialkirchen, in welchen regelmäßig pfarrlicher Gottesdienst oder pfarrliche Verrichtungen (besonders Spendung der Sakramente) abgehalten werden, oder welche von der Pfarrkirche so weit entfernt sind, daß letztere nicht ohne Beschwerde von den

Filialisten besucht werden kann, gehören zu den schlechthin unentbehrlichen Kirchen; Kr. III 65 zu n. 166, 64 zu n. 164.

Ob ein regelmäßiger pfarrlicher Gottesdienst angenommen werden kann, ist nach Lage des einzelnen Falles zu entscheiden. Es genügt hier nicht, daß in regelmäßigen Zeiträumen pfarrlicher Gottesdienst stattfindet, es muß vielmehr der regelmäßige Pfarrgottesdienst für eine oder mehrere Kirchengemeinden (Mutter- oder Tochterkirchengemeinden) in der betreffenden Kirchengemeinde abgehalten werden. Dabei ist es ohne Belang, wenn der Pfarrgottesdienst zwischen Mutter- und einer oder mehreren Tochterkirchen gleichmäßig abwechselt, so daß dieselbe Kirche nur von zwei zu zwei oder von drei zu drei Wochen benutzt wird. Bei ungleichem Wechsel soll aber, von vereinzelten Ausnahmen abgesehen, mindestens an jedem dritten Sonntag pfarrlicher Gottesdienst stattfinden; vgl. L. n. 3 zu Art. 12 Abs. I Z. 1 KGO.; Fr. a. a. O. n. 6.

Soweit in Ansehung der Kirchengebäude die Baupflicht der Kirchenstiftungen und Kirchengemeinden besteht (vgl. Art. 12 Abs. V KGO.), ist die Herstellung und Unterhaltung der Kirchen mit regelmäßigem pfarrlichem Gottesdienst sowie die Beschaffung und Unterhaltung der inneren Einrichtung für solche Kirchen einschließlich der Kirchenstühle und Gerätschaften ein Ortskirchenbedürfnis, das in der von der KGO. vorgeschriebenen Weise (Art. 13, 20 ff.) gedeckt werden muß; Art. 12 Abs. I Z. 1 u. 2 KGO. — Insbesondere besteht für Herstellung und Unterhaltung von Kirchen mit regelmäßigem pfarrlichem Gottesdienst und der mit solchen fest verbundenen inneren Einrichtung (hierher gehören jene Gegenstände, die durch mechanische Vorrichtungen mit dem Kirchengebäude in einer Weise verbunden sind, daß die Entfernung nur mit Gewaltanwendung möglich wäre, z. B. Altartische, Taufsteine, Kanzel, Orgel usw.) gegebenenfalls die sog. Bauumlagenpflicht; Art. 21 Abs II KGO.

β) Relativ unentbehrliche Kirchen sind die Wallfahrtskirchen und Nebenkirchen, welche einen besonderen Zweck haben oder als Sukkursale für Notfälle dienen, ferner Institutskirchen und Dorfkirchen; Kr. III 65 nach n. 166, auch 298—300.

γ) Entbehrliche Kirchen sind jene Nebenkirchen und Kapellen, deren Beibehaltung für die Zwecke des Kultus weder im allgemeinen noch wegen besonderer Lokalverhältnisse oder zur Erreichung eines bestimmten Stiftungszwecks erforderlich oder nützlich ist, und welche weder dem ordentlichen Gottesdienste gewidmet werden noch aus anderen Rücksichten als besondere Andachtsorte erscheinen; Kr. III 297 zu n. 4. — Ebenso sind Feldkirchen und Feldkapellen entbehrlich; Kr. III 297 n. 4.

Zu β und γ. Diese Kirchengebäude müssen nur dann unterhalten werden, solange ihr Unterhalt aus dem eigenen Vermögen oder durch Inanspruchnahme baupflichtiger Dritter oder durch freiwillige Beiträge bestritten werden kann. Ortskirchenbedürfnisse können die Erfordernisse für Neuherstellung und Unterhaltung solcher Kirchen (Nebenkirchen, Kapellen) nur sein, wenn für die ortskirchlichen Stiftungen oder die Kirchengemeinde ein besonderer Verpflichtungsgrund besteht; vgl. Art. 12 Abs. II KGO.; L. n. 3 zu Art. 12 Abs. I KGO.

b) Den Kirchenverwaltungen obliegt die Pflicht, den baulichen Zustand der ihnen anvertrauten Kultusstiftungsgebäude zu überwachen und für die Erhaltung derselben in gutem baulichem Stande angemessene Sorge zu tragen; Seeb. 865 zu n. 3; Kr. III 262 zu n. 1. Zu diesem Zwecke sind wenigstens einmal im Jahre Besichtigungen und Untersuchungen vorzunehmen; Kr. III 262 zu n. 2. Auch die Anfertigung, Evidenthaltung und Überwachung der Kircheninventur ist Sache der Kirchenverwaltung; M. I 186 zu n. 8; Kr. III 329, 330.

2. a) Über das Erfordernis der staatsaufsichtlichen Genehmigung bei ortskirchlichen Bauführungen (Neubauten wie Hauptreparaturen und Renovationen der inneren Einrichtungen) mit einer Bedarfssumme von mehr als 5000 ℳ, bei Erwerb, Veräußerung oder Verpfändung eines kirchlichen Einrichtungs- oder Ausstattungsgegenstandes im Werte von 1000 ℳ oder mehr, bei Veräußerung, Verpfändung, Beseitigung, Restaurierung oder sonstiger erheblicher Veränderung von Bauwerken, Bauwerksteilen oder beweglichen Sachen, soferne sie einen geschichtlichen, wissenschaftlichen, Altertums- oder Kunstwert haben, vgl. Art. 77, 75 Abs. I Z. 1, 76 KGO.

Bei Neu- oder Erweiterungsbauten für gottesdienstliche Zwecke ist die Zustimmung der kirchlichen Oberbehörde (Art. 11 Abs. V) einzuholen. In anderen Fällen wird die kirchliche Oberbehörde einvernommen; Art. 77 Abs. I Satz 2 u. 3; vgl. auch Art. 75 Abs. III, Art. 76 Abs. II KGO.

Im übrigen unterliegen die Bauführungen der Kirchenstiftungen und Kirchengemeinden der baupolizeilichen Genehmigung der Distriktspolizeibehörden; Bauordnung v. 17. II. 1901 §§ 6—8; Fr. n. 3 zu Art. 77 KGO.

b) Über die Baupflicht im allgemeinen vgl. „Baupflicht kirchliche".

c) Die jeweils bestehenden besonderen Vorschriften über das Erfordernis der königlichen Genehmigung in ästhetischer Beziehung der kirchlichen Bauführungen (vgl. § 14 der VO. über das Staatsbauwesen v. 23. Januar 1872, RBl. 1872 S. 337) bleiben unberührt; Art. 77 Abs. II KGO. — Ebenso die besonderen Vorschriften über den Abbruch kirchlicher Gebäude; Art. 77 a. a. O.; vgl. Kr. III 296 § 57 —300; Seeb. 873 Z. 2.

VI. Eigentum und Benützungsrecht; Hausordnung, Hausrecht.

1. Im allgemeinen. Das Eigentum an den Kirchen und den dahin gehörigen Gebäuden steht ausschließlich der Kirchengesellschaft zu, zu deren Gebrauch sie bestimmt sind; vgl. Art. 1 Abs. V u. VI KGO. Doch können Kirchen und Kapellen auch im Privateigentum stehen; Kr. III 300 zu n. 17, 277 nach n. 19.

2. a) Die Kirchengebäude dienen dem besonderen gottesdienstlichen Zwecke, dem sie gewidmet sind. Dieser Zweck ist vor allem für die Benützung des Kirchengebäudes bestimmend, außerdem die liturgischen Vorschriften und die Lokal- sowie die Diözesangottesdienstordnung. Die Eigentumsfrage hat hierauf im allgemeinen keinen Einfluß. Mit der Überweisung zu gottesdienstlichen Zwecken hat sich der Eigentümer seiner Disposition über das betr. Kirchengebäude begeben.

b) Durch die KGO. blieben die Vorschriften über die Befugnisse der kirchlichen Organe (kirchliche Oberbehörde, Pfarrer, Kirchenrektor, Kirchenvorstand, Presbyterium) hinsichtlich der dem gottesdienstlichen Gebrauche gewidmeten Sachen unberührt; Art. 112 Abs. IV KGO.

Dazu gehören namentlich die Befugnisse der kirchlichen Organe in bezug:

α) auf die Einräumung eines Kirchengebäudes oder einer Zugehörung eines solchen zu einer über den bestimmungsmäßigen Gebrauch hinausgehenden Benützung, unbeschadet der Rechte Dritter, der einschlägigen allgemeinen Anordnungen oder besonderer polizeilicher Verfügungen sowie der Zuständigkeiten aus dem Gesichtspunkte der Verwaltung des Kirchenvermögens.

Darüber, wer und unter welchen Bedingungen jemand der Kirchen- oder anderer gottesdienstlicher Gebäude sich bedienen dürfe, ist nicht die Ortspolizei, sondern die Kirchenverwaltung und das Pfarramt allein berechtigt, in zuständiger Weise Bestimmungen zu treffen. Die Ortspolizei hat nur die Pflicht, jene zuständigen Organe in Ausübung ihres Rechts zu schützen, und kann dies auch unter Strafandrohung tun.

Wenn, abgesehen von dem Falle bestehender Gebrauchsrechte und unter der Voraussetzung, daß die besondere Benützung weder dem Interesse der Kirche nach der Bestimmung des Kirchengebäudes zuwider ist, das zuständige kirchliche Organ eine solche Benützung (z. B. die Überlassung einer Kirche zur Abhaltung eines weltlichen Konzertes, eines kirchlichen Friedhofes zur Veranstaltung einer weltlichen Trauerfeier) für statthaft erklärt hat, so hat die Kirchenverwaltung als Organ der Vermögensverwaltung noch über die — unbedingte oder bedingte — Erteilung der Benützungsgenehmigung vom Standpunkte der Verwaltung des Kirchengutes aus zu beschließen und dabei die Interessen des Ortskirchenvermögens namentlich hinsichtlich des Ersatzes erwachsender Kosten (für Reinigung, Beleuchtung usw.) bezüglich etwa zu befürchtender Beschädigungen u. dgl. zu wahren;

β) auf die Genehmigung der Veräußerung von Sachen, die dem gottesdienstlichen Gebrauche gewidmet sind;

γ) auf die Handhabung der Ordnung innerhalb der Kirchengebäude nebst Zugehörungen (z. B. Sakristei, Turm, Emporkirche), vorbehaltlich der Befugnisse der bürgerlichen Behörden auf Grund der §§ 76—78 RE. einschließlich der Befugnis zur Erlassung und Vollziehung von einschlägigen polizeilichen Vorschriften und Verfügungen. Der rector ecclesiae (s. dort) ist zur Ausweisung von Personen aus Kirchen berechtigt. Nichtbefolgung des Ausweisungsbefehles erscheint als Hausfriedensbruch nach § 123 RStGB.

VII. Streitigkeiten.

1. Vgl. „Baupflicht kirchliche" VII.

2. In allen Streitigkeiten über bestrittene Rechtsansprüche oder Verbindlichkeiten bezüglich des Gebrauchs von Kirchengebäuden oder ihrer Zugehörungen ist die Kirchenverwaltung als mitbeteiligt zu erachten; VGH. IX 425; vgl. auch Art. 10 Z. 13 VGG.

Kirchengemeinde.

I. Begriff und rechtliche Natur.

1. Bei der Begriffsbestimmung ist zwischen Kirchengemeinde im innerkirchlichen Sinne und Kirchengemeinde im weltlichen (vermögensrechtlichen) Sinne zu unterscheiden.

a) Kirchengemeinde im innerkirchlichen Sinne ist die Gesamtheit derjenigen regelmäßig räumlich (nicht persönlich) abgegrenzten Angehörigen eines und desselben Bekenntnisses, welche in Ansehung ihrer gesamten Kultusübung oder eines Teiles derselben (nämlich der eigentlichen Parochialakte) einer bestimmten Kirche zugewiesen sind; vgl. VGH. IV 23.

b) Die Kirchengemeinde im weltlichen Sinne, d. i. im Sinne der KGO. ist ein staatlich organisierter Beitragsverband zur Befriedigung der örtlichen Kirchenbedürfnisse; Art. 1 Abs. I KGO. Die Kirchengemeinden in beiderlei Sinn bestehen rechtlich grundsätzlich selbständig nebeneinander; L. n. I 1 g. E. zu Art. 1 Abs. I KGO. — Die Kirchengemeinde im innerkirchlichen Sinne ist gleichbedeutend mit Kirchenverband, Seelsorgebezirk, dem alle Kirchengemeindemitglieder gleichberechtigt angehören. Dagegen erscheint die Kirchengemeinde im weltlichen Sinne, d. h. im Sinne der KGO. lediglich als Beitragsverband, dessen Mitgliedern je nach der durch Staatsgesetz geregelten persönlichen Qualifikation verschiedene Befugnisse zustehen oder auch versagt sind. Die KGO. zieht die Kirchengemeinden nur als Einrichtungen in Betracht, deren Mitglieder zur Verwaltung eines etwa vorhandenen Ortskirchenvermögens und zur Befriedigung der Ortskirchenbedürfnisse herangezogen werden.

2. Ihrer rechtlichen Natur nach ist die Kirchengemeinde eine juristische Person des öffentlichen Rechtes und zwar eine Körperschaft des öffentlichen Rechtes im Sinne des § 89 BGB., da sie als ein staatlich organisierter, dem Staatsorganismus eingegliedeter Kommunalverband mit öffentlichen Aufgaben erscheint. Die Kirchengemeinde besitzt Rechtsfähigkeit im öffentlichen und im bürgerlichen Rechtsverkehr, kann also selbständig öffentliche und private Rechte und Pflichten haben, insbesondere Vermögen erwerben; s. unten V 2 und „Ortskirchenvermögen" III; vgl. BGH. XXVI 388; L. n. II 4 und n. III zu Art. 1 Abs. I KGO.

Die Kirchengemeinde ist von der Kirchenstiftung (s. dort!) wohl zu unterscheiden. Beide bestehen als ortskirchliche Rechtssubjekte gesondert für sich und sind nach der KGO. nicht gegenseitig bedingt, so daß sowohl eine Kirchenstiftung ohne Kirchengemeinde wie auch eine Kirchengemeinde ohne Kirchenstiftung vorliegen kann. Über die Wirkung dieser Duplizität der ortskirchlichen Rechtssubjekte s. unten V 2 sowie „Ortskirchenvermögen".

Die Kirchengemeinden genießen die Vorrechte der öffentlichen Stiftungen, Art. 1 Abs. II, insbesondere den verfassungsmäßigen Schutz des Staates für das Kirchengemeindevermögen, Titel IV § 10 VerfU., § 47 RE. (s. „Ortskirchenvermögen" I 2), sowie die Befreiung von der Einkommensteuer, Kapitalrentensteuer und von der Entrichtung von Gemeindeumlagen; EinkStG. v. 14. VIII. 1910 Art. 4 Z. 2, VB. hiezu (GVBl. 1911 S. 455) § 5; KapRStG. v. 14. VIII. 1910 Art. 4, VB. hiezu v. 28. V. 1911 (GVBl. 1911 S. 721) § 4; UmlG. v. 14. VIII. 1910 Art. 2, VB. hiezu vom 11. VI. 1911 (GVBl. S. 819) § 8.

II. Quellen.

1. Rechtsquellen: §§ 76e, 77, 78, 88 RE.; Art. 1—4, Art. 6 Abs. I Satz 3, Abs. II, Art. 53—62, 112 Abs. III KGO.

2. Literatur: L. n. zu Art. 1—5 KGO.; M. II 54 § 9 —58 zu n. 7; Seeb. 344 Z. IV —346; D. n. zu Art. 10 Z. 3 u. 12 VGG.

III. Arten.

Als Arten der Kirchengemeinden im Sinne der KGO. bezeichnet Art. 1 Abs. I KGO.:

1. die Pfarrgemeinden; s. dort;

2. die Muttergemeinden, d. s. die Pfarrgemeinden (Pfarrortsgemeinden) unter Ausscheidung und nach Abzug der Tochtergemeinden; s. „Pfarrgemeinde";

3. die Tochtergemeinden; s. dort;

4. die Gesamtkirchengemeinden; s. dort.

Über Zweck und Einrichtung eines „Fernbezirks" und „Hauptbezirks" innerhalb eines Kirchengemeindebezirks s. „Ortskirchenbedürfnisse und Mittel zu ihrer Befriedigung".

Als Bestandteile einer Pfarrgemeinde, denen die Eigenschaft einer Tochtergemeinde fehlt, nennt die KGO., Art. 16 Abs. VII, die „Nebenorte oder Nebenortsgruppen", d. i. Orte und Ortsgruppen außerhalb der Muttergemeinde, für die eine Tochtergemeinde sich nicht gebildet hat, gleichviel ob sie eine Nebenkirche oder Kapelle (KGO. Art. 36 Abs. II, III) haben oder nicht. — Als Nebenkirchen oder Kapellen im Sinne der KGO. erscheinen Kirchengebäude, um die sich eine eigene Kirchengemeinde nicht gebildet hat. Auch wenn für einen bestimmten Teil des Pfarrsprengels eine Nebenkirche oder Kapelle mit rentierendem Vermögen vorhanden ist oder den in einem solchen engeren Bezirk wohnenden Bekenntnisgenossen besondere Leistungen für kirchliche Zwecke obliegen, ohne daß eine Tochtergemeinde bestünde, nimmt die KGO. keineswegs eine eigene „Nebenkirchengemeinde" oder „Kapellengemeinde" an, läßt vielmehr lediglich die Bildung einer besonderen Nebenkirchen- oder Kapellenverwaltung nach Analogie der von den Kirchengemeinden zu wählenden Kirchenverwaltungen zu; vgl. Art. 36 Abs. II Z. 3, Abs. III Z. 3 KGO., ferner „Kirchenverwaltung".

Simultankirchengemeinden als selbständige Rechtssubjekte sind der KGO. wie schon dem bisherigen Rechte fremd; vgl. Art. 90 KGO.; VGH. XXIV 583, XXIX 389.

IV. Bildung und Umbildung.

1. Die Bildung und Umbildung von Kirchengemeinden und Kirchengemeindebezirken wird durch die KGO. nicht neu geregelt, vielmehr bleiben die hierüber jeweils bestehenden besonderen Vorschriften maßgebend; Art. 2 Abs. II KGO.; vgl. auch „Pfarrsprengel" II und „Pfarrveränderungen". — Nur für die Bildung, Umbildung und Auflösung von Gesamtkirchengemeinden trifft die KGO. in Art. 3 die nötigen Vorschriften; s. „Gesamtkirchengemeinde".

2. Die Bildung, Veränderung und Auflösung einer Kirchengemeinde ist ein öffentlichrechtlicher Organisationsakt, ein Gegenstand sog. gemischter Natur, in welchem von der Kirchengewalt ohne Mitwirkung der Staatsgewalt keine einseitigen Anordnungen getroffen werden können. Es bedarf dabei vielmehr des Zusammenwirkens der geistlichen und weltlichen Behörden; §§ 76e, 77, 78 RE.; Art. XII f Konk.; §§ 11, 19 f PE.; M. II 54 zu n. 4, 56 zu n. 2; Kr. III 10 nach n. 17; vgl. VGH. XV 236.

Die Bildung einer Kirchengemeinde oder die Errichtung einer Pfarrei resp. eines Benefiziums setzt auf jeden Fall voraus:

a) Die Errichtung eines für die seelsorgerlichen Bedürfnisse der räumlich abgegrenzten (s. Buchstaben c) Gläubigen bestimmten Kirchenamts.

Die Errichtung, Veränderung und Aufhebung eines Kirchenamts ist eine geistliche, d. i. innerkirchliche Angelegenheit, daher Sache der Kirchenbehörde; Konk. Art. XII f, XVII; PE. §§ 11, 19c und f; s. „Kirchenamt"; M. II 57 Abs. 1.

b) Die feste Dotierung des Kirchenamts. Die Dotierung des Kirchenamts d. i. die vermögensrechtliche Ausstattung desselben ist eine weltliche Angelegenheit, §§ 64 b, 65 RE., aber praktisch das Wichtigste; s. „Dotation"; M. II 57 nach n. 3, 56 letzter Abs.

§ 88 RE., der von der Bildung eigener Kirchengemeinden handelt, stellt die weltliche Dotationsfrage in den Vordergrund. Er räumt den Mitgliedern der öffentlich aufgenommenen (nur diesen!) Kirchengesellschaften einen Rechtsanspruch auf Bildung einer eigenen Kirchengemeinde (Pfarrei, Expositur, Filiale mit einer gewissen Selbständigkeit) ein, wenn das nötige Pfründevermögen (besonders die Pfründegebäude; zur Sorge für die Erhaltung der nötigen Gebäude gehört auch die Regelung der Baulast an Pfründe- und Kirchengebäuden) und außerdem das erforderliche Vermögen für das Kirchengebäude und den Gottesdienst sowie für sonstige Kultusbedürfnisse vorhanden ist oder auf gesetzlichem Wege aufgebracht werden kann; Seeb. 344 zu n. 2; S. III 521 zu n. 50. — Wenn diese Voraussetzungen nicht vollständig erfüllt sind, besteht für die Mitglieder einer öffentlich aufgenommenen Kirchengesellschaft kein Recht auf Bildung einer eigenen Kirchengemeinde, vielmehr liegt es im freien Ermessen der zuständigen Stellen (s. Buchst. d), in solchen Fällen die Errichtung zu gestatten; S. III 521 n. 50.

c) Die Bildung eines Kirchengemeindesprengels, welche einen Gegenstand gemischter Natur darstellt, § 76e RE.; M. II 54 zu n. 4; denn die Errichtung von Kirchengemeinden, Pfarreien, Exposituren ist, falls die betreffende Organisation nicht in der Diaspora erfolgt, immer auch eine Veränderung der bisherigen räumlichen kirchlichen Einteilung oder eine Umpfarrung. Die Neueinteilung der Pfarrsprengel ist demnach zugleich eine Pfarrdismembration; s. „Pfarrsprengel" und „Dismembration"; M. II 60 § 10.

d) Zur Entstehung einer Kirchengemeinde bedarf es, abgesehen von der Erfüllung der vorgenannten Voraussetzungen, des Organisationsaktes der zuständigen Stelle, M. I 84 zu n. 6, d. h. die Errichtung neuer kirchlicher Gemeinden erfolgt auf Grund Allerhöchster Genehmigung des Landesherrn; ME. v. 22. II. 1867 (Weber VI 760); M. II 55 zu n. 7 u. n. 7, 56 zu n. 2; Kr. II 16 ff.; Seeb. 346 nach n. 7. Hiezu tritt in der katholischen Kirche noch die bischöfliche Konfirmationsurkunde; M. II 58 Abs. III.

e) Die Errichtung einer Kirchengemeinde oder die Bildung einer Pfarrei schließt die Errichtung der Kirchenstiftung noch nicht in sich und der Bestand einer Kirchenstiftung ist nicht Voraussetzung des Bestandes einer Kirchengemeinde; s. „Kirchenstiftung". Die Errichtung der Kirchenstiftung kann der Bildung der Kirchengemeinde vorangehen oder nachfolgen, je nachdem das erforderliche Vermögen bereits aufgebracht ist oder erst aufgebracht werden soll; vgl. § 88 RE.; L. n. 4 a. E. zu Art. 7 Abs. I KGO. — Insbesondere ist die Bildung einer Kirchengemeinde vor Herstellung einer Kirche (Erbauung, dann Fertigstellung einer bereits — etwa in Rohbau — bestehenden Kirche, Bereitstellung eines Betsaals) in der Weise möglich, daß die Bekenntnisgenossen eines bestimmten Bezirks in Ansehung der Vermögensverwaltung und der Bedarfsdeckung durch speziellen organisatorischen Akt im voraus einer erst zu errichtenden Kirche zur Kultusausübung zugewiesen werden; Art. 2 Abs. I KGO.

f) Über die Voraussetzungen für das Vorhandensein einer Kirchengemeinde s. „Tochterkirchengemeinde" I 3. — Über die Vermögensauseinandersetzung bei Änderungen im Bestand der Kirchengemeinde vgl. Art. 10 KGO.

V. Wirkungskreis, Verfassung und Vertretung.

1. Der Kreis der Aufgaben, welche die Kirchengemeinde zu erfüllen hat, ist von der KGO. für die Kirchengemeinden im rechtsrh. Bayern wie für die in der Pfalz gleichgestellt worden; Art. 97 KGO.

Die katholischen Kirchengemeinden und ihre Vertretungskörper sind nicht Einrichtungen und Organe der inneren Kirchenverfassung, Art. 1 Abs. III KGO., d. h. eine Einmischung der Kirchengemeinden und ihrer Vertretungskörper in den durch § 38 RE. geschützten Bereich der inneren Kirchenangelegenheiten ist ausgeschlossen. — Anderseits sind die innerkirchlichen Aufgaben der protestantischen Kirchengemeinden nicht Gegenstand der KGO., Art. 1 Abs. IV KGO., d. h. etwaige aus der jeweiligen Kirchenverfassung sich ergebende Funktionen der Kirchengemeinden, also insbesondere die innerkirchlichen Aufgaben der protestantischen Kirchengemeinden und die für diese Aufgaben bestehenden besonderen Vertretungskörper (Kirchenvorstände, Presbyterien) bleiben unberührt.

Die KGO., welche sich auf die Regelung finanzieller Angelegenheiten beschränkt d. i. jener, welche auf dem Gebiete der Befriedigung der Ortskirchenbedürfnisse und der Verwaltung des Ortskirchenvermögens liegen, erfaßt auch die Kirchengemeinden nur mit Beziehung auf jene sog. weltlichen Angelegenheiten.

Demgemäß erstreckt sich die Tätigkeit der Kirchengemeinde — mit Rücksicht auf ihre wichtigste Aufgabe, die Aufbringung der zur Deckung der Ortskirchenbedürfnisse erforderlichen Mittel, ausschließlich auf die Regelung finanzieller Angelegenheiten. Im einzelnen gehört hierher: die Erhebung von Kirchenumlagen, die Verwendung des Ertrags hieraus, die Anordnung von Kirchengemeindediensten, die Aufnahme von Anlehen zu Lasten der Kirchengemeinde und die damit unmittelbar zusammenhängenden Angelegenheiten, ferner die Erlassung einschlägiger statutarischer Vorschriften (Ortskirchensatzungen, Art. 54 KGO.) und die damit zusammenhängenden Fragen, schließlich die Verwaltung eines etwaigen Kirchengemeindevermögens, nicht aber die Verwaltung der Angelegenheiten des katholischen ortskirchlichen Stiftungsvermögens; Art. 6 Abs. I KGO.

Dagegen gehört zu den Angelegenheiten der protestantischen Kirchengemeinden auch die Verwaltung des betreffenden ortskirchlichen Stiftungsvermögens, soweit für dieses nicht eine besondere Verwaltung besteht; Art. 6 Abs. II KGO.

2. Die Kirchengemeinden verwalten die ihnen nach der KGO. zustehenden Angelegenheiten selbständig nach Maßgabe des Gesetzes, d. h. hinsichtlich der ihnen durch die KGO. zugewiesenen Aufgaben besitzen die Kirchengemeinden das Recht der Selbstverwaltung nach Maßgabe der KGO., das dem verwaltungsrichterlichen Schutze unterstellt ist; Art. 10 Z. 3 VGG. in der Fassung des Art. 96 c KGO. — Inhalt und Umfang dieses Selbstverwaltungsrechtes ist nach Möglichkeit dem der bürgerlichen Gemeinden angeglichen. Vor allem ist die bisherige Kuratel durch die „Staatsaufsicht“ (Art. 73 ff. KGO.) ersetzt; s. „Staatsaufsicht“.

Die Unterscheidung und Anerkennung zweier ortskirchlicher Rechtssubjekte (der Kirchenstiftung und Kirchengemeinde; s. oben Z. I 2 Abs. 2), zu denen noch, abgesehen vom Pfründestiftungsvermögen, selbständige Spezialstiftungen und Bruderschaften treten können, äußert in Beziehung auf die Kirchengemeinde ihre Wirkung darin, daß Zuwendungen an die Kirchengemeinde selbst zu recht bestehen, daß der Ertrag der Kirchenumlagen — trotz gemeinsamer Haushaltführung zwischen Kirchengemeinde und Kirchenstiftung, Art. 60 Abs. II KGO. — in das Eigentum der Kirchengemeinde übergeht, daß Anlehen nicht nur zu Lasten der Kirchenstiftung, sondern auch zu Lasten der Kirchengemeinde aufgenommen werden können, und daß auch der Kreis der öffentlichen Rechte und Verbindlichkeiten (namentlich der öffentlich-rechtlichen Bauverpflichtungen) der Kirchenstiftung und der Kirchengemeinde sich nicht deckt; E. n. III zu Art. 1 Abs. I KGO.; vgl. „Ortskirchenvermögen" IV.

3. Die Kirchengemeinde bedarf, um handeln, namentlich um Kirchenumlagen usw. beschließen, Vermögen verwalten und nach außen hin gerichtlich oder außergerichtlich tätig werden zu können, gewisser durch die gesetzliche Verfassung der Kirchengemeinde festzustellender Organe, der sog. „ortskirchlichen Vertretungskörper" (Kirchenverwaltung, Kirchengemeindeversammlung, Kirchengemeindebevollmächtigte); Art. 36 ff. KGO.; s. „Ortskirchliche Vertretungskörper".

Die eigenen Angelegenheiten der Kirchengemeinde d. i. solche, die keinen unmittelbaren Bezug auf die Verwaltung des ortskirchlichen Stiftungsvermögens haben, werden daher durch ihre Vertretungskörper besorgt; Art. 6 Abs. I Satz 3, Abs. II KGO.

Gesetzliche Vertreterin der Kirchengemeinde ist die Kirchenverwaltung; denn sie vertritt die Kirchengemeinde in allen rechtlichen Beziehungen; vgl. Art. 53 Abs. I KGO. — Über die Vertretung der Kirchengemeinde im einzelnen, besonders bei Vorliegen eines Interessenwiderstreits zwischen der Kirchengemeinde und dem ortskirchlichen Stiftungsvermögen (Art. 55 KGO.) s. „Kirchenverwaltung".

VI. Sitz der Kirchengemeinde.

Als Sitz der Kirchengemeinde gilt, wenn nicht ein anderes bestimmt oder hergebracht ist, der Ort der Kirche (Notkirche, Betsaal), vor Bereitstellung einer Kirche der hiefür bei Bildung einer Kirchengemeinde in Aussicht genommene Ort; Art. 2 Abs. I KGO. — Durch diese Bestimmung ist die Frage des Sitzes der Kirchengemeinde, welche insbesondere für die örtliche Zuständigkeit der Staatsaufsichtsbehörden (Art. 73 KGO.), der Gerichte (§ 17 ZPO.) und der Verwaltungsbehörden in Streitsachen (Art. 81 KGO.), außerdem für die

Abhaltung der Sitzungen der Kirchenverwaltung von Bedeutung ist, erschöpfend geregelt; L. n. 1 zu Art. 2 KGO.

Soweit Abweichungen von der Regel des Art. 2 Abs. I KGO. hinsichtlich des Sitzes der Kirchengemeinde bestehen, sei es auf Grund ausdrücklicher Bestimmung oder auf Grund Herkommens, bleiben sie ohne weiteres in Geltung; L. a. a. O. n. 3.

VII. Kirchengemeindemitgliedschaft.

1. Zur Kirchengemeinde im Sinne der KGO. gehören alle im Kirchengemeindebezirk wohnenden Angehörigen des betreffenden Bekenntnisses; Art. 4 Abs. I KGO.

Die Kirchengemeindemitgliedschaft ist insofern von Bedeutung, als nur Kirchengemeindeglieder unter den gesetzlichen Voraussetzungen das Recht haben, bei Beratung und Abstimmung in den unter die KGO. fallenden Angelegenheiten mitzuwirken und Kirchenverwalter oder Kirchengemeindebevollmächtigter zu werden. — Die KGO. stellt nur zwei Voraussetzungen für die Kirchengemeindemitgliedschaft auf: Konfessionszugehörigkeit und Wohnen im Kirchengemeindebezirk. — Für die Konfessionszugehörigkeit ist RE. §§ 5ff. maßgebend, für die Angehörigen der beiden protestantischen Bekenntnisse außerdem Art. 4 Abs. II und III KGO. Juristische Personen können nicht Bekenntnisgenossen, daher auch nicht Kirchengemeindemitglieder sein. — „Wohnen" im Sinne der KGO. heißt: „sich nicht bloß vorübergehend aufhalten"; Art. 106 Abs. IV KGO. — Eine vorübergehende Entfernung vom Wohn- oder Aufenthaltsort mit der Absicht dahin zurückzukehren, unterbricht das Wohnen nicht. — Wohnt ein Bekenntnisgenosse gleichzeitig oder abwechslungsweise in mehreren Kirchengemeindebezirken, so ist er Mitglied dieser sämtlichen Kirchengemeinden; Art. 4 Abs. IV KGO.

Sonstige Voraussetzungen für die Kirchengemeindemitgliedschaft bestehen nicht. Geschlecht, Alter, Mangel der Staatsangehörigkeit sind ohne Belang. Ausnahmen sind nicht vorgesehen. Daher gehören auch der Pfarrer und andere kirchenrechtlich nicht zu den Parochianen zählende Weltgeistliche oder Ordensangehörige zu den Kirchengemeindegliedern im Sinne der KGO.; L. n. 3 zu Art. 4 Abs. I.

VIII. Streitigkeiten.

1. Streitigkeiten über die Zugehörigkeit zu einem Pfarrverbande oder zu einem Kirchengemeindeverbande, über Grenzen eines sonstigen Kirchengemeindebezirks, eines Haupt- oder Fernbezirks und über Pfarrsprengel-

grenzen sind Verwaltungsstreitsachen nach Art. 10 Z. 12 VGG. in der Fassung des Art. 96d KGO.; M. I 84 nach n. 7; Kr. III 11 zu n. 19. — Doch fallen hierunter nur Streitfälle über die persönliche oder territoriale Zugehörigkeit auf Grund der bestehenden Organisation; denn das Organisationsrecht der Staats- und Kirchenbehörden bleibt selbstverständlich unberührt; VGH. I 145, II 370; D. Art. 10 Z. 12 n. 1 u. 2. — Der Organisations- und Genehmigungsakt unterliegt keiner verwaltungsrechtlichen Anfechtung, daher ist der VGH. zur Entscheidung von Streitigkeiten über die Bildung neuer und die Veränderung bestehender Kirchengemeinden nicht zuständig; VGH. I 145, IX 112, 113.

2. Streitigkeiten zwischen der Kirchengemeinde und Staatsbehörde über Verfügungen in Gegenständen der Staatsaufsicht über die Angelegenheiten der Kirchengemeinden sind Verwaltungsstreitsachen nach Art. 10 Z. 3 VGH. in der Fassung des Art. 96c KGO.; — D. n. zu Art. 10 Z. 3 VGH. — Näheres s. „Staatsaufsicht".

IX. Staatsaufsicht

gegenüber den Kirchengemeinden s. „Staatsaufsicht".

Kirchengemeinde-

dienste s. „Hand- und Spanndienste";
mitgliedschaft s. „Kirchengemeinde" VII;
verband s. „Kirchengemeinde" VII, VIII; s. auch Art. 10 Z. 12 VGG. in der Fassung des Art. 96 KGO.;
vermögen s. „Ortskirchenvermögen".

Kirchengemeindebevollmächtigte.

I. Begriff.

Die Versammlung der Kirchengemeindebevollmächtigten ist ein aus gewählten Kirchengemeindegliedern bestehender Vertretungskörper, der bei gegebener Veranlassung als Ersatz einer Kirchengemeindeversammlung eingeführt werden kann, wenn der Zusammentritt einer solchen mit Rücksicht auf die Zahl der Stimmberechtigten, die räumliche Ausdehnung eines Kirchengemeindebezirks oder sonstige besondere Verhältnisse Schwierigkeiten begegnet; Art. 68 Abs. I KGO.

In der Pfalz werden Kirchengemeindebevollmächtigte nicht eingeführt; Art. 101 Abs. III KGO.

II. Quellen.

1. Rechtsquellen: Art. 68 mit 72, 101 Abs. III, 110 Abs. III KGO., VB. v. 19. X. 1912 (GVBl. 1071, KMBl. 747) §§ 17, 18 u. 19,

ABO. v. 20. X. 1912 über die Wahlen der ortskirchlichen Vertretungskörper (Kirchenwahlordnung, GVBl. 997, KMBl. 655) insbesondere §§ 35—38 u. 45 Z. 1, Bek. v. 20. X. 1912, Formblätter für die Wahlen der ortskichlirchen Vertretungskörper betr. (GVBl. 1043, KMBl. 713), Bek. v. 21. X. 1912, die Wahlen der ortskirchlichen Vertretungskörper für die Wahlperiode 1913/18 betr. (KMBl. 741).

2. Literatur: L. u. Fr. n. zu Art. 68—72 KGO.

III. **Bildung und Zusammensetzung.**

1. Die Entscheidung, ob Kirchengemeindebevollmächtigte eingeführt werden sollen, erfolgt auf Antrag der Kirchenverwaltung oder von Amts wegen nach Einvernehmen der kirchlichen Oberbehörde durch die Staatsaufsichtsbehörde. Auf gleichem Wege kann die Aufhebung des Vertretungskörpers stattfinden, wenn die Veranlassung, die für die Einführung desselben maßgebend war, weggefallen ist; Art. 68 Abs. II KGO.

2. Die Zahl der Kirchengemeindebevollmächtigten ist dreimal so groß als die regelmäßige Zahl der Kirchenverwalter und beträgt mindestens zwölf; Art. 69 Abs. I KGO.

Hiebei wird die Herabsetzung der Zahl der Kirchenverwalter nach Art. 39 Abs. I KGO. und die Zuwahl eines Kirchenpflegers nach nach Art. 58 Abs. II KGO. nicht berücksichtigt. Unbesetzte Stellen werden eingerechnet; Fr. Art. 69 n. 1.

3. Ein Kirchenverwalter kann nicht zugleich Kirchengemeindebevollmächtigter sein; Art. 69 Abs. III KGO.

Wird ein Kirchengemeindeglied als Kirchenverwalter berufen, so muß es aus der Funktion als Bevollmächtigter ausscheiden; Fr. Art. 69 n. 2.

4. Für die Übergangszeit s. Art. 110 Abs. III KGO.

IV. **Wahl.**

1. Die regelmäßigen Erneuerungswahlen werden jeweils im Anschlusse an die regelmäßigen Kirchenverwaltungswahlen vorgenommen. Eine vorher im letzten Drittel einer Wahlperiode erfolgte Wahl gilt auch noch für die folgende Wahlperiode; Art. 68 Abs. III u. IV KGO.

2. Für einen Wirkungskreis, an dem nur ein Teil des Kirchengemeindebezirks beteiligt ist, können Kirchengemeindebevollmächtigte gewählt werden, bei deren Wahl sich die Wahlstimmberechtigung und die Wählbarkeit auf jene beschränkt, von denen ein Steuerbetrag auf diesen Teil trifft; Art. 68 Abs. V KGO.; Fr. Art. 68 n. 5.

3. Zu Bevollmächtigten der Gesamtkirchengemeinde wählt jede Einzelkirchengemeinde oder jede Gruppe, zu welcher mehrere Kirchengemeinden nach Art. 37 Abs. II Z. 2 KGO. zusammengefaßt sind,

dreimal soviel Personen, als die Zahl ihrer Kirchenverwalter in der Gesamtkirchenverwaltung nach dem Sollstande beträgt; Art. 69 Abs. II KGO.

4. Hinsichtlich der Wahl gelten die gleichen Vorschriften wie für die Wahlen der Kirchenverwalter, jedoch mit dem Abmaße, daß ein Beanstandungsrecht der kirchlichen Oberbehörden (Art. 44 Abs. II KGO.) nicht besteht und daß Verwandtschafts- und Schwägerschaftsverhältnisse vor dem Eintritt als Bevollmächtigter nicht ausschließen; Art. 70 Abs. I KGO., §§ 35, 45 Z. 1 KWO.; Fr. Art. 70 n. 1. Im näheren s. §§ 35—38 KWO.

V. Beschlußfassung.

1. Die Kirchengemeindebevollmächtigten sind beschlußfähig, wenn nach gehöriger Ladung aller im Kirchengemeindebezirk anwesenden Stimmberechtigten (Art. 40 Abs. IV S. 2 KGO.) mehr als die Hälfte ihrer Gesamtzahl nach dem Sollstande bei der Beratung und Abstimmung mitwirkt; Art. 72 Abs. II KGO.

Übereinstimmende Beschlüsse der Kirchenverwaltung und der Kirchengemeindebevollmächtigten ersetzen einen Beschluß der Kirchengemeindeversammlung; Art. 68 Abs. VI KGO.; Fr. Art. 68 n. 6 u. 7.

2. Wenn trotz wiederholten Versuchs die Wahl einer genügenden Anzahl von Kirchengemeindebevollmächtigten nicht zustande kommt, kann die Staatsaufsichtsbehörde aussprechen, daß die Kirchenverwaltung allein zu der erforderlichen Beschlußfassung zuständig sei. Nötigenfalls ist dann nach Art. 74 Abs. V—VII KGO. zu verfahren; Art. 71 KGO.; Fr. n. zu Art. 71.

3. Die Beschlüsse sollen alsbald zur öffentlichen Kenntnis gebracht werden; Art. 72 Abs. V KGO., § 18 VB.; Fr. Art. 72 n. 4.

VI. Geschäftsgang.

1. Die Kirchengemeindebevollmächtigten können vor der Beschlußfassung einen Ausschuß bilden und sich eine Geschäftsordnung geben; Fr. Art. 68 n. 7.

Über den Geschäftsgang im einzelnen s. Art. 72 Abs. I, III u. VI KGO., §§ 17 u. 19 VB.; Fr. Art. 72 n. 1—3.

2. Die Kirchengemeindebevollmächtigten erfüllen ihre Aufgabe unentgeltlich, erhalten jedoch für bare Auslagen Vergütung; Art. 70 Abs. II KGO.

Kirchengemeindeversammlung.

I. Quellen.

1. Rechtsquellen: Art. 65, 66, 67 mit 23 Abs. II u. III, 28 Abs. III, 34 Abs. I, 36 Abs. III Z. 1 u. Abs. IV, 39 Abs. II, 40

Abs. IV, 52 Abs. III u. 56 Abs. IV KGO., VB. v. 19. X. 1912 (GVBl. 1071, KMBl. 747) § 16.

2. Literatur: L. u. Fr. n. zu Art. 65—67 KGO.

II. Zusammensetzung.

1. Zur Teilnahme an der Kirchengemeindeversammlung mit je einer Stimme sind berufen alle männlichen, volljährigen, selbständigen, im Besitze der deutschen Reichsangehörigkeit und der bürgerlichen Ehrenrechte befindlichen Bekenntnisgenossen, die im Kirchengemeindebezirk wohnen (Art. 106 Abs. IV KGO.) und von denen ein Steuerbetrag auf die Kirchengemeinde trifft; Art. 66 Abs. II KGO.; Fr. Art. 66 n. 2 u. 3.

Die besonderen Vorschriften des Art. 23 Abs. III KGO. bleiben unberührt; Art. 67 Abs. V KGO.

2. Bei Einteilung in Haupt- und Fernbezirk gilt nur der erstere als Kirchengemeindebezirk im Sinne des Gesetzes; Art. 19 Abs. I KGO.

3. In der Pfalz bestehen Kirchengemeindeversammlungen nicht; Art. 101 Abs. III KGO.

4. Die bei einer Angelegenheit aus einem Privatinteresse persönlich unmittelbar Beteiligten haben kein Stimmrecht; Art. 40 Abs. IV S. 2 KGO.

Ist an einer Angelegenheit nur ein Teil des Kirchengemeindebezirks beteiligt, so beschränkt sich die Stimmberechtigung auf jene, von denen ein Steuerbetrag auf diesen Teil trifft; Art. 66 Abs. III KGO.; Fr. Art. 66 n. 4.

Wenn eine Tochtergemeinde an der Wahl der Pfarrkirchenverwaltung sich nicht zu beteiligen hat (Art. 42 Abs. II KGO.), so nehmen die Tochtergemeindeglieder auch an der Kirchengemeindeversammlung nicht teil; hinsichtlich etwaiger gemeinschaftlicher Angelegenheiten, für welche die Zuständigkeit der Kirchengemeindeversammlung begründet ist, finden gesonderte Kirchengemeindeversammlungen statt. Mangels Einigung findet Art. 74 Abs. V—VII KGO. Anwendung; Art. 66 Abs. IV KGO.; Fr. Art. 66 n. 5.

5. Die Kirchengemeindeversammlung wird von dem Kirchenverwaltungsvorstand berufen und geleitet; Art. 56 Abs. IV KGO.

Er bestimmt den Raum, in dem sie abgehalten werden soll und handhabt die Ordnung; Art. 66 Abs. V KGO.; § 16 Abs. I VB.

Die Sitzung kann öffentlich oder geheim sein; Fr. Art. 66 n. 6.

III. Wirkungskreis.

Die Beschlußfassung der Kirchengemeinde durch die Kirchengemeindeversammlung erfolgt in den gesetzlich bestimmten

Fällen (Art. 23 Abs. II u. III, 28 Abs. III, 34 Abs. I, 36 Abs. III Z. 1 u. Abs. IV, 39 Abs. II, 40 Abs. IV, 52 Abs. III u. 56 Abs. IV KGO.), soferne nicht an deren Stelle Kirchengemeindebevollmächtigte treten; Art. 65 Abs. I KGO.; Fr. Art. 65 n. 1.

Die Kirchenverwaltung kann die Kirchengemeindeversammlung auch in solchen Kirchengemeindeangelegenheiten zur Beschlußfassung veranlassen, bei denen dies nicht gesetzlich notwendig ist; Art. 65 Abs. II KGO.; Fr. Art. 65 n. 3.

IV. Beschlußfassung.

1. Vor der Beschlußfassung in der Kirchengemeindeversammlung soll eine Vorberatung in der Kirchenverwaltung stattfinden; Art. 66 Abs. I KGO.; Fr. Art. 66 n. 1.

2. Die Kirchengemeindeversammlung ist, falls nicht ohnehin sämtliche im Kirchengemeindebezirke sich aufhaltenden Stimmberechtigten anwesend sind, ohne Rücksicht auf die Zahl der anwesenden Stimmberechtigten beschlußfähig, wenn sie unter Angabe des Beratungsgegenstandes durch öffentliche Bekanntmachung oder durch Ladung jener Stimmberechtigten berufen wurde; Art. 67 Abs. I KGO.; Fr. Art. 67 n. 1.

Über die Ladung s. § 16 Abs. III VB.; Fr. Art. 67 n. 1.

3. Ein Antrag ist angenommen, wenn mehr als die Hälfte der anwesenden Stimmberechtigten sich dafür erklärt; Art. 67 Abs. II KGO.

Stimmenthaltung wirkt wie Stimmabgabe gegen den Antrag. Bei allgemeiner Stimmenthaltung gilt der Antrag als abgelehnt.

Zur Gültigkeit eines Beschlusses müssen mindestens drei Stimmberechtigte anwesend sein. Kommt wegen allgemeinen Ausbleibens der Stimmberechtigten ein gültiger Beschluß nicht zustande, so kann ein neuerlicher Versuch gemacht werden, außerdem hat die Sache zu beruhen vorbehaltlich des Art. 74 Abs. V—VII KGO. oder der Bestellung von Kirchengemeindebevollmächtigten; Fr. Art. 67 n. 1.

Die Abstimmung kann mündlich oder schriftlich mittels unterschriebener Stimmzettel erfolgen, letzteres immer, wenn es von einem Drittel der anwesenden Stimmberechtigten beantragt wird, Art. 67 Abs. III S. 1 u. Abs. IV KGO., oder wenn dies auf Antrag eines Stimmberechtigten mit Mehrheit beschlossen wird; Fr. Art. 67 n. 4.

Stellvertretung in der Abstimmung ist ausgeschlossen.

Über den Ersatz einer Beschlußfassung s. Art. 68 Abs. VI KGO.

Über Protokollführung s. Art. 67 Abs. III u. V KGO., § 16 Abs. II u. IV VB.; Fr. Art. 67 n. 3.

Kirchengesellschaften

s. „Glaubensgesellschaften“.

Kirchengewalt des Landesherrn

s. „Kirchenregiment, landesherrliches" II 2.

Kirchenglocken.

I. Rechtliche Natur.

1. Die Kirchenglocken sind Bestandteile der Kirche, welche zur Erfüllung des kirchlichen Zwecks als notwendig und daher als wesentliche Zubehörungen der Kirche betrachtet werden; Seeb. 880 zu n. 25; St. 938 zu n. 3.

Solange sie dem kirchlichen Zwecke dienen, tragen die Kirchenglocken als geweihte Sachen den Charakter einer kirchlichen Einrichtung; VGH. XIII 468.

2. Der in § 29 RE. den Kirchengebäuden der öffentlichen Religionsgesellschaften gewährte Schutz erstreckt sich, da die Glocken Bestandteile der Kirche sind, auch auf diese. — Dagegen fehlt ein solcher Schutz den Privatkirchengesellschaften, denen vielmehr in § 35 RE. verboten ist, sich der Glocken zu bedienen; Kr. I 425 nach n. 45; S. III 494 zu. n. 43. Die Regelung des Glockengeläutes zu gottesdienstlichen Zwecken ist gemäß § 76 Abs. 2 Buchst. a RE. Gegenstand gemischter Natur; S. III 526 n. 11.

II. Quellen.

1. Rechtsquellen: §§ 29, 35, 76 Abs. 2 Buchst. a RE.

2. Literatur: Kr. I 124—125; St. 938 Buchst. c; Seeb. 786 Z. 2—788.

III. Eigentum und Benützungsrecht; Baupflicht.

1. Als Zubehör der Kirchen folgen die Kirchenglocken in der Regel dem Eigentum an den Kirchengebäuden. Da letzteres regelmäßig kirchlicher Natur ist, ist es auch das Eigentum an den Kirchenglocken. Dies ist zwar nur eine Präsumption, die aber nur durch den striktesten Gegenbeweis gebrochen werden kann. Er ist nicht schon durch die Tatsache erbracht, daß die Anschaffung der Glocken durch fremdes Vermögen erfolgte. Es wäre vielmehr darzutun, daß das Eigentum an ihnen vorbehalten wurde.

2. Kirchenglocken sind, solange sie den Charakter einer kirchlichen Einrichtung an sich tragen, in bezug auf ihren Gebrauch der Aufsicht und Verwaltung der bürgerlichen Gemeinde entrückt. Die Aufsicht und Verfügung über das kirchliche Geläute steht dem Pfarrer zu; ME. v. 13. IX. 1843 (W. III 518); VGH. IX 427; Kr. I 124 zu n. 4; Seeb. 786 n. 11; St. 367 nach n. 6, 444 nach n. 6.

a) Die Verfügung über die Kirchenglocken, besonders die Regelung des Gebrauches der Kirchenglocken ist, soweit nicht § 103 RE. einschlägt, das ausschließende Recht des rector ecclesiae. An dieser Befugnis wurde durch die KGO. nichts geändert; Art. 112 Abs. IV Z. 1 KGO.

Der Pfarrer ist infolgedessen auch berechtigt, aus Gründen der Kirchenzucht bei bestimmten Anlässen das Geläute zu verweigern. Das Aufsichtsrecht des Pfarrers tritt selbst dann ein, wenn die Glocken tatsächlich Eigentum der bürgerlichen Gemeinde sind, da die regelmäßige Verfügung über die kirchlichen Zwecken gewidmeten Gegenstände, auch wenn sie nicht der Kirche eigentümlich gehören, der Natur der Sache nach nur den kirchlichen Organen zustehen kann, vorbehaltlich des Rechts der obersten Staatsaufsicht; ME. v. 25. III. 1881 (G. IV 393).

b) Die Kirchenglocken sind zunächst für kirchliche (gottesdienstliche) Zwecke bestimmt.

Hierher gehören nur solche, die innerhalb des Bereiches der betreffenden Kirchengesellschaft und Kirche liegen.

c) Aus der Zweckbestimmung der Kirchenglocken folgt aber nicht, daß sie nur zu kirchlichen Zwecken benützt werden können und daß für die Dauer dieser Zweckbestimmung jeder anderweitige Gebrauch ausgeschlossen ist (nach katholischem Kirchenrecht ist bei geweihten Glocken ein profaner Gebrauch überhaupt ausgeschlossen; Kr. I 125 n. 5), jedoch ist jede dem Ernst und der Würde ihrer Bestimmung zu kirchlichen Religionsakten widersprechende Benützung zu nichtkirchlichen Zwecken unzulässig; ME. v. 25. III. 1881 (G. IV 390). Ein Benützungsrecht zu besonderen, nichtkirchlichen Zwecken kann sich nur auf die im Einzelfall gegebene Erlaubnis der Kirchenbehörde oder auf ein observanzmäßiges oder spezialgesetzliches Privileg gründen. In jedem derartigen Einzelfall ist daher die Genehmigung der Kirchenverwaltung zu erholen; s. auch Kr. I 125 zu n. 5; Seeb. 786 zu n. 10 u. 11.

Als solche erlaubte weltliche Zwecke erscheinen: Das Wetterläuten, das Läuten bei Feuers- oder Wassergefahr, das namentlich in Landgemeinden übliche Läuten, um bestimmte Stunden anzuzeigen.

d) Über das Benützungsrecht der Friedhofglocken bzw. der Glocken der auf den Friedhöfen stehenden Kirchen zu Beerdigungen s. „Simultaneum".

3. Als Bestandteile der Kirchen sind die Kirchenglocken nebst Glockenturm und Gebälk Objekt der Baupflicht und zwar auch der sekundären; Kr. III 66 zu n. 175; St. 938 zu n. 3. Im Wege

des Bauprovisoriums können aber Glocken nicht beschafft werden; Seeb. 895 n. 100; im näheren s. „Baupflicht, kirchliche".

Über die Zahl der zu beschaffenden Glocken s. ME. v. 28. XII. 1867 u. 31. III. 1873 (G. III 683, 684); Kr. III 66 n. 175.

Ein Vertrag einer bürgerlichen Gemeinde über Anschaffung von Kirchenglocken betrifft, wenn für die Gemeinde nicht besondere rechtliche Verpflichtungen zu einer solchen Anschaffung bestehen, eine freiwillige Leistung und bedarf der Genehmigung der vorgesetzten Verwaltungsbehörde gemäß Art. 159 Abs. I Z. 7 GemO. Die Stiftung neuer Glocken ist nicht als selbständige Stiftung zu erachten; ME. v. 31. XII. 1841 (G. III 807); M. I 165 zu n. 7.

IV. Streitigkeiten.

1. Zwischen Kirchengemeindegliedern und dem Pfarrer. Stellt sich die aus Gründen der Kirchenzucht geübte Verweigerung des Kirchengeläutes seitens des Pfarrers als Überschreitung seiner Befugnis dar, so steht den Kirchengemeindegliedern das Recht zu — abgesehen von dem Recht der Aufsichtsbeschwerde an die geistlichen Oberbehörden —, Beschwerde wegen Mißbrauchs der geistlichen Gewalt gemäß §§ 52—54 RE. zum Kultusministerium zu erheben; s. „Recursus ab abusu".

Eine Zuständigkeit der Distriktspolizeibehörden zur Prüfung und Entscheidung darüber, ob die vom Pfarrer beschlossenen Maßnahmen begründet oder nicht begründet sind, ist ausgeschlossen; ME. v. 25. III. 1881 (G. IV 389); s. auch „Kirchenzucht".

2. Zwischen der bürgerlichen und der Kirchengemeinde. Zur Entscheidung eines zwischen einer bürgerlichen und einer Kirchengemeinde bestehenden Streites über ein Gebrauchsrecht an Kirchenglocken zu einem kirchlichen Zweck sind die Verwaltungsbehörden, in letzter Instanz das Kultusministerium zuständig, nicht der VGH.; s. VGH. XIII 467; Kr. I 427 zu n. 54; Seeb. 786 n. 11; D. Art. 10 Z. 11 n. 4 a. E.

Die bürgerliche Gemeinde kann die Zuständigkeit des VGH. auch nicht aus Art. 8 Z. 31 VGG. ableiten; denn hierunter fallen Streitigkeiten über Benützung der Gemeindeanstalten, wozu die Kirchenglocken nicht gehören, auch wenn die bürgerliche Gemeinde an ihnen ein nachweisbares Eigentum besitzt; VGH. XIII 468.

3. Streitigkeiten über das Eigentumsrecht an Kirchenglocken gehören zur Zuständigkeit der ordentlichen Gerichte; S. III 526 n. 11.

Kirchenhoheit des Landesherrn

s. „Kirchenregiment, landesherrliches" II 1.

Kirchenpfleger (Kirchenrechner).

A. Im rechtsrheinischen Bayern.

I. Quellen.

1. Rechtsquellen:

a) Art. 56 Abs. I Z. 3, 58, 59, 60 Abs. X, 61 Abs. I u. IV, 62 Abs. III, 79, 82 Abs. I, 84 u. 91 Abs. II KGO. Außerdem:

b) für Stadtgemeinden: Instr. über die Geschäftsführung der Magistrate v. 21. IX. 1818 (W. I 720), ME. v. 30. XI. 1869 (KMBl. 321), Das Etats- u. Rechnungswesen der Kultusstiftungen betr.

c) für Landgemeinden: Regulativ v. 24. IX. 1818 (W. I 727).

2. Literatur: M. I 27—29, 183—192; Kr. III 107—108; St. 1125 Z. 3; Seeb. 827 n. 11; L. u. Fr. n. zu Art. 58 u. 62 KGO.

II. Aufstellung.

Der Kirchenpfleger wird von der Kirchenverwaltung aus ihrer Mitte, ausnahmsweise aus den übrigen wählbaren Kirchengemeindegliedern bestimmt; Art. 58 Abs. I KGO.

Der in jenen Ausnahmefällen bestimmte Kirchenpfleger wird mit der Diensteinweisung zugleich Kirchenverwalter, sofern es sich nicht um eine Simultankirchenverwaltung handelt; Art. 58 Abs. II, 90 KGO.; Fr. Art. 90 n. 1 a. E.; s. „Kirchenverwaltung".

Die Übernahme der Funktion seitens der Kirchenverwalter ist Amtspflicht derselben. Bei der Beschlußfassung der Kirchenverwaltung über die Übertragung sind alle Kirchenverwalter stimmberechtigt; Fr. Art. 58 n. 2.

Über das Beanstandungsrecht der Staatsaufsichtsbehörde s. Art. 74 Abs. I Z. 2 KGO.; Fr. Art. 58 n. 3.

In der Simultankirchenverwaltung soll die Stelle des Kirchenpflegers zwischen beiden Bekenntnissen abwechseln und jeweils eine halbe Wahlperiode hindurch vom Geistlichen und einem Kirchenpfleger des gleichen Religionsteils versehen werden. Eine Abweichung kann zugelassen werden; Art. 91 Abs. II KGO.

III. Wirkungskreis.

Dem Kirchenpfleger obliegt die Kassen- und Rechnungsführung des ortskirchlichen Stiftungsvermögens und der Kirchengemeinde; Art. 58 Abs. I, 61 Abs. I KGO.

Dem Kirchenverwaltungsvorstande ist untersagt, eine seiner Aufsicht unterstellte Kassenverwaltung selbst zu führen, Art. 58 Abs. III KGO., dagegen hat er das Recht der Mitsperre; Art. 56 Abs. III KGO.; Fr. Art. 58 n. 5.

Über die besonderen Verwalter s. Art. 58 Abs. IV KGO.; Fr. Art. 58 n. 6.

Wegen der Rechnungsstellung s. Art. 61 Abs. I KGO.

Über Urlaubsgewährung s. Art. 82 Abs. I KGO.; Fr. Art. 82 n. 2.

IV. Aufsicht.

S. Art. 58 Abs. V u. VII mit Art. 53 Abs. III u. Art. 56 Abs. III u. 84 KGO.

V. Besoldung, Kautionsstellung und Haftung.

S. Art. 58 Abs. I, VI u. VIII, 59 Abs. I, 60 Abs. X (für die besonderen Verwalter) u. 79 KGO.

B. **In der Pfalz.**

I. **In der katholischen Kirche** gilt das Gleiche wie im rechtsrh. Bayern.

II. Protestantische Kirche.

1. Gesetzliche Grundlagen: VO. v. 8. I. 1819 (Wagner II 169).

2. Kirchenrechner. Jedes Presbyterium muß einen Kirchenrechner haben, welcher aus seiner Mitte gewählt wird; M. I 340 zu n. 9; im einzelnen s. M. I 340—342, II 459 nach n. 4, 465 zu n. 3, 466 Z. 1—6, für die Pfründekapitalien M. II 98 zu n. 4, für die Interkalarrechnung M. II 566 Z. 2.

3. Kirchschaffneirechner. Außerdem gibt es in der protestantischen Kirche noch Kirchschaffneirechner, welche von den Verwaltungskommissionen vorgeschlagen, von der Regierung bestätigt und vom Bezirksamt verpflichtet werden; M. I 340 zu n. 6. Sie haben die gleiche Aufgabe wie die Kirchenrechner der Presbyterien; M. I 340 nach n. 7; hinsichtlich ihres Einkommens s. M. I 340 zu n. 7.

Kirchenregiment, landesherrliches.

I. Quellen.

1. Rechtsquellen: PE. v. 26. V. 1818 mit § 103 III RE.

2. Literatur: S. III 568—574; Seeb. 82—87; P. 167—178.

II. **Die Stellung des Königs von Bayern zur protestantischen Kirche** ist eine doppelte. Sie kann sein:

1. Kirchenhoheit.

Der König übt gegenüber der protestantischen Kirche zunächst nach staatsrechtlichen Grundsätzen und kraft eigenen Rechtes als Landesherr in derselben Weise und auf gleicher Verfassungsgrundlage wie gegenüber allen anderen Glaubensgesellschaften die sog. Kirchenhoheit aus d. i. die Gesamtheit aller Rechte, welche sich der Staat auf Grund der VerfU. und des RE. gegenüber den Glaubensgesellschaften wahrt; § 76 RE., § 10 PE.; S. III 569 zu n. 3, 485 zu n. 2. — Hierher zählt insbesondere das oberste Schutz- und Aufsichtsrecht des Staates gegenüber den innerkirchlichen Angelegenheiten; vgl. §§ 38, 39 RE.

Die Verfassung bestimmt in § 10 PE. ausdrücklich, daß die Kirchenhoheit auch der protestantischen Kirche gegenüber von den nämlichen Staatsbehörden zu handhaben ist, von welchen sie gegenüber den anderen Glaubensgesellschaften ausgeübt wird (S. III 570 zu n. 10), also von der Kreisregierung und dem Kultusministerium (Seeb. 87 n. 15; S. III 571), nicht vom Oberkonsistorium oder dem Konsistorium; Seeb. 83 n. 4; P. n. 1 zu § 10 PE.

Die Kirchenhoheit ist demnach gleich Staatsgewalt. Sie reicht soweit, als das Staatsgebiet sich erstreckt. Da die Kirchenhoheit innerhalb des Staatsgebietes nur dem bayerischen Herrscher zusteht, kann sie von einem außerbayerischen Landesherrn nicht ausgeübt werden.

2. Kirchenregiment (Kirchengewalt, Summepiskopat).

Außerdem ist aber der König von Bayern auch Inhaber der Kirchengewalt in der protestantischen Kirche d. i. Summus episcopus; S. III 569 zu n. 3. In dieser Eigenschaft hat er dieselbe Stellung, welche der Bischof in der katholischen Kirche einnimmt; sog. landesherrliches Kirchenregiment; §§ 11, 19 PE. — Das landesherrliche Kirchenregiment umfaßt die oberste Aufsicht und Gewalt über die protestantische Kirche und Kirchensprengel, ferner die Vertretung der protestantischen Kirche nach außen, ergreift auch anderseits das ganze innerkirchliche Leben in allen seinen Angelegenheiten; § 38 RE., § 11 PE.; Seeb. 83 n. 1.

Dieses landesherrliche Kirchenregiment oder Summepiskopat beruht nicht wie die Kirchenhoheit auf dem RE., sondern auf der besonderen Ausgestaltung des protestantischen Kirchenrechts, das dem Landesherrn diese Befugnis verleiht; § 11 PE.; S. III 569 zu n. 4, nach n. 7; Seeb. 85 n. 8.

Das landesherrliche Kirchenregiment d. i. die Ausübung der Kirchengewalt steht — gleich der Betätigung der Kirchenhoheit — dem König in seiner Eigenschaft als Landesherr, nicht als Privatmann zu und ist mit seiner Herrscherstellung untrennbar verbunden. Die Kirchengewalt wird daher vom Landesherrn in denselben Formen ausgeübt wie die Staatsgewalt; s. unten Z. VI 2; S. III 569 nach n. 7ff., 570 zu n. 10.

III. Territoriale Begrenzung des Kirchenregiments.

Während bei der katholischen Kirche die Ausdehnung der Episkopalgewalt an keine territorialen Schranken gebunden ist, so daß die Bischofssitze von der territorialen Zugehörigkeit unabhängig sind, ist bei der Episkopalgewalt des Landesherrn (landesherrliches Kirchenregiment) diese freie Ausdehnung ohne Rücksicht auf die Grenzen des Staatsgebiets nicht möglich; denn wenn auch die Episkopalgewalt mit der Staatsgewalt nicht identisch ist, so hängt sie doch mit dieser sehr nahe zusammen, indem ein gewisses Unterordnungsverhältnis unter die Herrscherrechte des Königs immer notwendig ist. — Der Landesherr kann die Episkopalgewalt nur soweit ausüben, als seine Herrscherrechte anerkannt sind.

Dieses Unterordnungsverhältnis braucht aber nicht räumlicher Natur zu sein, sondern es kann auch ein persönliches sein, so daß z. B. nichts im Wege steht, wenn der König von Bayern die Episkopalgewalt ausübt gegenüber bayerischen Staatsangehörigen, welche sich nicht in Bayern aufhalten, sofern sie nur einem kirchlichen Verband Bayerns angehören. Umgekehrt kann die Episkopalgewalt ausgeübt werden gegenüber Personen, die nicht bayerische Staatsangehörige sind, sich aber in Bayern aufhalten. Ferner erstreckt sich dieses landesherrliche Kirchenregiment auf diejenigen bayerischen Staatseinwohner (gleichgültig, ob bayerische Staatsangehörige oder nicht), welche einer außerbayerischen Kirchengemeinde zugeteilt sind.

Demnach umfaßt die Episkopalgewalt des Königs von Bayern alle Einwohner des bayerischen Staatsgebiets, welche der protestantischen Kirche angehören — ohne Rücksicht auf ihre Staatsangehörigkeit, weiter aber alle im Ausland wohnenden bayerischen Staatsangehörigen, welche protestantischer Konfession und einem kirchlichen Verband Bayerns zugeteilt sind.

In Grenzpfarreien ist es daher wohl möglich, daß sich das landesherrliche Kirchenregiment unbedingt auf die noch in Bayern liegenden Gebietsteile einer außerbayerischen Pfarrei erstreckt und insofern auch auf den außerbayerischen Pfarrer, dem die Parochialgewalt über die betreffenden bayerischen Gebietsteile zusteht; denn landesherrliches Kirchenregiment (Episkopalgewalt) und Parochialgewalt sind etwas verschiedenes. Die Episkopalgewalt ist als oberste Aufsicht über die innerkirchlichen Angelegenheiten der protestantischen Kirche auf das bayerische Staatsgebiet beschränkt, während die Parochialgewalt mit ihren durch die Zugehörigkeit zu der betreffenden Pfarrei begründeten Rechten und Verpflichtungen durch die Staatsgrenze nicht berührt wird, sondern aufrecht erhalten bleibt, auch wenn ein Teil des Pfarrsprengels einem anderen (in diesem Fall dem bayerischen) Herrscher und dessen Episkopalgewalt unterworfen ist; vgl. über Grenzpfarreien auch Seeb. 330 n. 9, 563 n. 2.

IV. Ausübungsorgane und Wirkungskreis des landesherrlichen Kirchenregiments.

1. a) Im rechtsrheinischen Bayern.

Der oberste Episkopat und die daraus hervorgehende Leitung der protestantischen inneren Kirchenangelegenheiten wird — wenigstens in der Regel — vom König nicht selbst ausgeübt, vielmehr durch ein selbständiges Oberkonsistorium gehandhabt; PE. §§ 1, 11, 18; S. III 570 nach n. 11.

Das Oberkonsistorium ist gemäß §§ 18 u. 19 PE. ein dem Kultusministerium unmittelbar untergeordnetes Kollegium; jedoch bezieht sich diese Unterordnung nur auf die Dienstaufsicht sowie auf diejenigen Fälle, wo die verfassungsmäßige Regel durchbrochen ist; S. III 570 nach n. 14; Seeb. 86, 87. Im übrigen aber ist es ein für sich bestehendes, mit keiner anderen Geschäftsstelle als Bestandteil verbundenes Kollegium; Seeb. 83 n. 2 u. 4; s. auch „Evangelische Kirchenverfassung".

Soweit das Kirchenregiment vom Oberkonsistorium ausgeübt wird, umfaßt es sowohl die evang.-luth. Kirche wie die evang.-reform. Kirche rechts des Rheins. In die inneren Angelegenheiten der reformierten Gemeinden bezüglich ihrer Lehre, ihres Kultus und ihrer Verfassung mischt sich dagegen das Oberkonsistorium nicht ein; die Wahrnehmung derselben gehört in den Geschäftskreis der reformierten Synode; s. „Reformierte Kirche".

Über den Wirkungskreis des Oberkonsistoriums auf dem Gebiete des landesherrlichen Kirchenregiments s. „Evangelische Kirchenverfassung".

b) In der Pfalz.

Durch das Verfassungsgesetz vom 4. VI. 1848 (GBl. S. 149) und die königliche Entschließung v. 11. V. 1849 (Wand 125) wurde der Konsistorialbezirk Speyer von dem Wirkungskreis des Oberkonsistoriums ausgenommen und dem Kultusministerium unmittelbar untergeordnet; S. III 573 zu n. 32—35; Seeb. 91 n. 1. Das Konsistorium Speyer übt hienach das oberste Episkopat für die durch die Vereinigungsurkunde v. 10. X. 1818 (W. I 736) zusammengeschlossene protestantische (unierte) Kirche der Pfalz nach den Bestimmungen der VerfU. in derselben Ausdehnung aus, in welcher es vordem dem Oberkonsistorium für die protestantische Kirche des ganzen Königreichs zugestanden hat; S. III 573 zu n. 36.

2. Das Oberkonsistorium bzw. das Konsistorium Speyer üben den obersten Episkopat nicht unbeschränkt aus, vielmehr hat der König in der Verfassung eine Reihe von Gegenständen seiner Entschließung vorbehalten; S. III 572 zu n. 18. In diesen Fällen hat das Oberkonsistorium mittels gutachtlichen Berichts die

königliche Entschließung zu erholen, welch letztere aber durch das Gutachten des Oberkonsistoriums rechtlich nicht beschränkt ist; S. III 572 zu n. 20. Die Umschreibung der Fälle, welche dem König zur Entscheidung vorbehalten sind, ist in § 19 PE. getroffen; S. III 572 nach n. 22. Die in § 19 a. a. O. vorgesehene Allerh. Entschließung des Königs ist kirchenregimentlicher Natur und von der in § 17 a. a. O. vorgesehenen Mitwirkung der Staatsgewalt wohl zu unterscheiden. Der König übt in den Gegenständen des § 19 a. a. O. ein mit der Krone verbundenes Recht aus; die königlichen Entschließungen auf diesem Gebiete bedürfen daher der Mitwirkung (Gegenzeichnung) des verantwortlichen Staatsministers; Art. 4 des Ges. v. 4. VI. 1848 (W. III 690) über die Verantwortlichkeit der Minister; S. III 569 nach n. 6; Seeb. 87 n. 14.

V. Mitwirkungsrecht des Landtags.

Eine gesetzliche Bestimmung, wonach dem Landtag ein Mitwirkungsrecht in bezug auf die Handhabung der Kirchengewalt (landesherrliches Kirchenregiment) in der protestantischen Kirche zustände, besteht nicht; es kommt deshalb ein solches insoweit nicht in Frage, als es sich nicht um Abänderung verfassungsmäßiger Bestimmungen über diese Kirchengewalt handelt; S. III 569 nach n. 5, 480 vor n. 23; Seeb. 81 zu n. 8.

Kirchenrektor

s. „rector ecclesiae".

Kirchenschreiber.

I. Der Kirchenschreiber

entspricht dem städtischen Sekretär bzw. Stadt- und Marktschreiber und dem ländlichen Gemeindeschreiber; M. I 29 Z. 2.

Er ist weder notwendig noch Mitglied der Kirchenverwaltung. Seine Funktion fällt vielmehr, wenn die Mittel zu seiner Anstellung nicht vorhanden sind, dem Pfarrer als Kirchenverwaltungsvorstand zu, welcher die Schreibgeschäfte unentgeltlich zu besorgen hat; Art. 57 Abs. I KGO.

Wenn jedoch die Abwicklung der Geschäfte die Aufstellung eines Kirchenschreibers notwendig erfordert, die Kirchenverwaltung dagegen sie verweigert, so kann unter Bezugnahme auf Art. 12 Abs. I Z. 6 KGO. von Staatsaufsichts wegen Zwang ausgeübt werden; Fr. Art. 57 n. 3.

Wegen der Vereinbarung mit benachbarten Kirchengemeinden oder mit einer bürgerlichen Gemeinde wegen Aufstellung eines gemeinschaftlichen Kirchenschreibers s. Art. 57 Abs. II KGO.

II. Quellen,

1. Rechtsquellen: Art. 57, 82 u. 84 KGO.
2. Literatur: L. u. Fr. n. zu Art. 57 KGO.

III. Geschäftskreis.

Dem Kirchenschreiber obliegt die Führung der Schreibgeschäfte der Kirchenverwaltung. Maßgebend für seine Verpflichtungen ist der Anstellungsvertrag. Auf diesem Wege kann ihm auch die Herstellung der Voranschläge und Rechnungen für die Kassenverwalter übertragen werden; Fr. Art. 57 n. 3.

IV. Besoldung.

Die Besoldung bestimmt der Anstellungsvertrag; Fr. Art. 57 n. 2.

Wenn die Anstellung die Übernahme fortdauernder oder wiederkehrender Ausgaben mit sich bringt, ist staatsaufsichtliche Genehmigung nach Art. 75 Abs. I Z. 3 erforderlich; Fr. Art. 57 n. 3, 75 n. 4.

Wegen Regelung der Urlaubsverhältnisse s. Art. 82 Abs. I u. III KGO.

Die Disziplinargewalt der Staatsaufsichtsbehörde beurteilt sich nach Art. 84 KGO.

Kirchensimultaneum

s. „Simultanverhältnisse“ III 1.

Kirchensteuer (protestantische).

I. Begriff.

Kirchensteuer ist die öffentlich-rechtliche Abgabe, welche die Mitglieder der protestantischen Kirche Bayerns für deren kirchliche Bedürfnisse allgemeiner Natur, die durch Leistungen des Staates oder sonst bereite Mittel nicht ausreichend gedeckt sind, zu entrichten haben; Art. 1 KStG. Auch die Kirchensteuer ist analog den Kirchengemeindeumlagen subsidiärer Natur, jedoch mit dem Unterschied, daß bei unzureichender Deckung der Ortskirchenbedürfnisse Umlagen erhoben werden müssen, während die Erhebung einer Kirchensteuer in das Ermessen der protestantischen Kirche gestellt ist. Da die Kirchensteuer nur für die kirchlichen Bedürfnisse allgemeiner Natur bestimmt ist, schließt sie die Erhebung von Kirchengemeindeumlagen nicht aus.

II. Rechtsquellen.

Allgemeine Rechtsquelle ist § 64 u. 65 RE., besondere Rechtsquelle das KStG. v. 15. VIII. 1908 (G. XXXVI 341) und die VV. hiezu v. 14. XII. 1910 (GVBl. 1155), AE. v. 24. III. 1910 (GVBl. 149), das Inkrafttreten des Kirchensteuergesetzes betr.

III. Voraussetzungen der Erhebung.

1. Materielle.

a) Es muß sich um kirchliche Bedürfnisse allgemeiner Natur und zwar der eigenen Kirche handeln. Was als solche zu gelten hat, zählt Art. 2 Abs. 1 in erschöpfender Weise auf. Eine Überbürdung von Kirchengemeinden mit Kirchenumlagen im Sinne von Abs. 1 Z. 1 ist nicht erst dann anzunehmen, wenn letztere für sich allein, sondern schon dann, wenn sie im Zusammenhalt mit anderen in der Gemeinde zur Erhebung gelangenden Umlagen die Leistungsfähigkeit der Kirchengemeinde erheblich in Frage stellen.

Nicht zu den allgemein-kirchlichen Bedürfnissen zählt insbesondere die Ablösung der kirchlichen Reichnisse und der Stolgebühren. Sind jedoch durch solche Ablösung die Kirchengemeinden mit Umlagen überbürdet, so können sie nach Maßgabe des Art. 1 Abs. 1 Z. 1 Unterstützungen aus dem Erträgnis der Kirchensteuer erhalten.

Der Kreis der in Art. 2 Abs. 1 aufgezählten kirchlichen Bedürfnisse kann gemäß Abs. 2 auf Antrag der kirchlichen Oberbehörde mit Zustimmung der Steuersynode (über deren Zusammensetzung s. „Steuersynode") erweitert werden, um nicht bei eintretendem Bedürfnis nach Erweiterung des Kreises von neuem den Weg der Gesetzgebung beschreiten zu müssen. Die Befriedigung ortskirchlicher Bedürfnisse hat nicht durch die Kirchensteuer, sondern gegebenenfalls durch Kirchengemeindeumlagen zu erfolgen; s. Art. 12ff. KGO.

b) Diese kirchlichen Bedürfnisse müssen durch Leistungen des Staates oder sonst bereite Mittel nicht ausreichend gedeckt sein. Ob und inwieweit eine solche unzureichende Deckung eintritt, hat zunächst die Kirchengesellschaft selbst in den Steuersynoden zu entscheiden. Die primären Deckungsmittel im Sinne des Art. 1 sind:

α) die staatlichen Leistungen für kirchliche Zwecke (Errichtung von Seelsorgestellen, Aufbesserung der Gehälter, Reliktenversorgung, Kultusbauten);

β) das für die kirchlichen Bedürfnisse allgemeiner Natur bestimmte Kirchen- und sonstige Stiftungsvermögen;

γ) freiwillige Sammlungen für allgemein-kirchliche Zwecke.

2. Formelle:

a) Beschlußfassung der Steuersynode über die auf Kirchensteuern zu nehmenden Ausgaben und über die Erhebung der Kirchensteuern; Art. 3 Abs. 1; über die Beschlußfassung s. „Steuersynode". Der Vollzug der Beschlüsse obliegt regelmäßig der kirchlichen Oberbehörde; Art. 4 Abs. V. Die Bewilligung der Ausgaben und der zu ihrer Deckung erforderlichen Kirchensteuern erfolgt auf die der Tagung der ordentlichen Steuersynode jeweils folgenden 4 Kalenderjahre; bei außerordentlichen Steuersynoden auf die Zeit bis zur nächsten ordentlichen Steuerperiode. Die Bewilligung der in Art. 2 Abs. 1 Z. 7 genannten Ausgaben darf nicht verweigert werden, Art. 4 Abs. II

b) Königliche Genehmigung der Beschlüsse der Steuersynode; Art. 4 Abs. V. Die Genehmigung ist von der kirchlichen Oberbehörde durch das Kultusministerium zu erholen. Das Ministerium hat die Gesetzmäßigkeit der Beschlüsse zu prüfen und festzustellen, ob die in Art. 1 geforderten gesetzlichen Voraussetzungen für die Erhebung einer Kirchensteuer vorliegen. Wird die königliche Genehmigung für einen Teil der von der Steuersynode bewilligten Ausgaben versagt, so hat dementsprechend auch der von der Steuersynode beschlossene Steuerprozentsatz eine verhältnismäßige Minderung zu erfahren.

IV. Kreis der Steuerpflichtigen.

Kirchensteuerpflichtig sind alle Angehörigen des protestantischen Bekenntnisses, die im Gebiet des Königreichs r. d. Rh. bzw. im Konsistorialbezirk Speyer mit einer direkten Staatssteuer veranlagt oder wenigstens vormerkungsweise veranlagt sind; Art. 7 Abs. I KStG.

Als Angehörige des protestantischen Bekenntnisses im Sinne dieses Artikels sind zu erachten sowohl die Mitglieder der evang.-luth. Kirche als auch der reformierten und unierten Kirche wie auch einer protestantischen Kirche des Auslands, sofern diese nicht in Bayern Anerkennung als Privatkirchengesellschaft gefunden hat; § 2 Abs. VII VV. Letzteres ist gemäß ME. v. 19. XII. 1910 der Fall hinsichtlich der anglikanischen Kirche in der Beschränkung auf ihre in München, Bad Kissingen, Berchtesgaden und Partenkirchen sich aufhaltenden Angehörigen sowie hinsichtlich der anglik.-prot. Episkopalkirche in der Beschränkung auf ihre in München weilenden Angehörigen. Staatsangehörigkeit und Wohnsitz haben daher keinen Einfluß auf die Kirchensteuerpflicht; § 2 Abs. VI VV. Pflichtig sind nur die physischen Personen, nicht aber die juristischen Personen und nicht-rechtsfähigen Vereine. Über die Behandlung der Steuerpflichtigen, die der Steuerhoheit mehrerer Staaten oder der Besteuerung auch durch nichtbayerische öffentliche Kirchengesellschaften unterliegen, sowie von Ausländern nach dem Grundsatz der Gegenseitigkeit s. Art. 7 Abs. III KStG. und § 4 VV.

V. Steuermaßstab.

Den Maßstab für die Erhebung der Kirchensteuer bildet die Veranlagung bzw. vormerkungsweise Veranlagung mit direkter Staatssteuer; § 7 Abs. I VV. Mit dieser Veranlagung entsteht und endigt die Kirchensteuerpflicht; § 2 Abs. VI VV. z. KStG. Im Fall einheitlicher Steuerveranlagung mehrerer Personen ist, wenn nicht sämtliche kirchensteuerpflichtig sind, nur der Anteil der Kirchensteuerpflichtigen an der Staatssteuer zur Kirchensteuer heranzuziehen. Im Zweifel sind gleichheitliche Anteile anzunehmen; Art. 7 Abs. II KStG. mit § 3 VV. Eine solche Ausscheidung von Anteilen hat z. B. einzutreten bei gemischter Ehe und bei der Gewerbesteuerveranlagung einer offenen Handelsgesellschaft. Ergibt sich eine Änderung in der Kirchensteuerpflicht aus einem Umstand, der nicht zugleich eine Änderung der Staatssteuerpflicht zur Folge hat, so wird diese Änderung mit dem Beginn des nächsten Kalendervierteljahrs wirksam; Art. 7 Abs. V KStG. Fälle dieser Art sind z. B. rechtsförmlicher Austritt eines Steuerpflichtigen aus der protestantischen Kirche oder Neueintritt in sie oder Wegzug aus dem rechtsrh. Bayern in die Pfalz und umgekehrt; § 6 Abs. I VV. z. KStG.

VI. Einhebung und Zwangsvollstreckung.

1. Die Kirchensteuer wird in der Form eines gleichmäßigen prozentualen Zuschlags zu den jeweils zur Erhebung kommenden direkten Staatssteuern erhoben und darf 10 Prozent der von den einzelnen Kirchensteuerpflichtigen geschuldeten direkten Staatssteuern nicht übersteigen; Art. 8 KStG.

Für die Jahre 1910 mit 1913 beträgt die Kirchensteuer 5% aus den zur Erhebung kommenden direkten Staatssteuern; L.-Abschied v. 13. XII. 1910 (GVBl. 1141, 1150).

2. Die Veranlagung der Pflichtigen mit Kirchensteuer erfolgt durch die Rentämter; die bezüglichen Verhandlungen sind gebührenfrei; Art. 9 KStG., § 9 VV. Die Kirchensteuer wird mit den direkten Staatssteuern und nach den gleichen Vorschriften wie diese eingehoben und beigetrieben; Art. 10 KStG. und § 10 VV. Die Kirchensteuer wird zugleich mit der Staatssteuer fällig. Die Haftung für die Veranlagung, Einhebung und Ablieferung der Kirchensteuer trifft nicht den Staat, sondern die Kirche; Art. 10 Abs. V. Die mit der Durchführung beauftragten Beamten gelten daher in Ansehung der Frage der Haftpflicht als Organe der Kirche. Die Bestimmungen über die Zwangsbeitreibung der Staatssteuern finden ohne weiteres auch auf die Zwangsbeitreibung der Kirchensteuern Anwendung; § 10 Abs. III VV. Ausländer können die Bezahlung von Kirchensteuern ablehnen, wenn in ihrem Staat die Gegenseitigkeit verbürgt ist und sie an dem Ort, wo sie ihre Steuerpflicht zu erfüllen haben, oder in dessen nächster Nachbarschaft besondere, nicht von den protestantischen Kirchen Bayerns eingerichtete gottesdienstliche Veranstaltungen besitzen; Art. 7 Abs. IV KStG., § 5 VV. Über Hinterziehung und sonstige strafbare Zuwiderhandlungen s. Art. 12; über Verjährung und Rückerstattung der Kirchensteuer s. Art. 13.

Das Erträgnis der Kirchensteuer fließt in eine allgemeine Kirchenkasse, die unter der Verwaltung der Administration der allgemeinen Pfarrunterstützungsanstalt (bzw. der allgemeinen protestantischen Pfarrwitwenkasse der Pfalz) steht; Art. 5 Abs. I KStG. und § 10 Abs. IV VB.

VII. Steuernachlaß.

Der Nachlaß oder die Niederschlagung der Kirchensteuer ist bedingt durch einen Nachlaß oder eine Niederschlagung der Staatssteuer; Art. 10 Abs. III KStG. Den Kirchenbehörden steht ein Nachlaßrecht nicht zu; § 12 Abs. I VB. Die Stundung der Staatssteuer wirkt unmittelbar auch als Stundung der Kirchensteuer; § 12 Abs. II VB.

VIII. Streitigkeiten.

1. Streitigkeiten über die Berechnung des Kirchensteueranteils werden nach Maßgabe der Vorschriften der Staatssteuergesetze über das Rechtsmittelverfahren gegen die rentamtliche Einsteuerung erledigt; Art. 11 Abs. I KStG.

2. Streitigkeiten über die Verbindlichkeit zur Entrichtung von Kirchensteuern sind Verwaltungsstreitsachen gemäß Art. 10 Z. 13 VGG. Zuständig ist in erster Instanz die Distriktsverwaltungsbehörde der Gemeinde, in welcher die Steuerpflicht zu erfüllen wäre; Art. 11 Abs. II KStG.

Kirchenstiftung (Kirchenfabrik).

I. Begriff und rechtliche Natur.

1. Kirchenstiftung (oder Kirchenfabrik) im Sinne der KGO. ist diejenige ortskirchliche Stiftung, welche im unmittelbaren Zusammenhang mit der Errichtung der Kirche (des Kirchengebäudes) selbst oder im Hinblick auf diese begründet worden ist (vgl. § 88 RE.), das Kirchengebäude als Eigentum begreift und mit ihrem Vermögen den unmittelbaren, allgemeinen Bedürfnissen der Ortskirche (Art. 12, 13 KGO.) zu dienen bestimmt ist; s. „Ortskirchenbedürfnisse und Mittel zu ihrer Befriedigung" I 1, 2, IV 1.

Die Kirchenstiftung (einer Pfarr- oder Tochterkirchengemeinde) ist der Grundtypus der ortskirchlichen Stiftungen; L. n. 1 zu Art. 5 Abs. II Z. 1 KGO. — Der Begriff der Kirchenfabrik (fabrica ecclesiae) deckt sich mit diesem Begriff der Kirchenstiftung. Gegenüber der bisherigen Sonderregelung der Kirchenstiftung als sog. „Kirchenfabrik" in der Pfalz wurde durch die KGO. die Rechtseinheit zwischen dem rechtsrheinischen Bayern und der Pfalz hergestellt, so daß der Begriff und die Rechtsverhältnisse der Kirchenstiftung für beide Gebietsteile in der gleichen Weise gelten.

2. a) Die Kirchenstiftung ist eine öffentliche Stiftung nach bayerischem Staatsrecht (Tit. IV § 10 VerfU.), außerdem aber eine Stif-

tung des öffentlichen Rechts im Sinne des § 89 BGB., daher eine juristische Person des öffentlichen Rechtes mit Rechtsfähigkeit für den öffentlichen und den bürgerlichen Rechtsverkehr in gleicher Weise wie die Kirchengemeinden; vgl. L. n. 1 zu Art. 7 Abs. II KGO.; s. auch unten Z. III 3. — Als juristische Person ist die Kirchenstiftung vermögens-, erwerbs-, erb- und parteifähig. — Die Kirchenstiftung ist die Privatrechtspersönlichkeit der Ortskirche und Rechtssubjekt (Eigentumsträgerin) des ihr zugewendeten Vermögens d. i. des Kirchenstiftungsvermögens; s. „Ortskirchenvermögen" III A 1 und IV 1, 2. Daher ist die Kirchenstiftung vom Kirchenstiftungsvermögen zu unterscheiden, da sie dessen Rechtsträgerin ist; VGH. XXIII 149. — Die Amortisationsgesetze (sieh dort!) finden auf die Kirchenstiftung keine Anwendung.

b) Die Kirchenstiftung genießt als öffentliche Stiftung die Vorrechte der öffentlichen Stiftungen (Art. 1 Abs. II KGO.), insbesondere den verfassungsmäßigen Staatsschutz; s. „Ortskirchenvermögen" I 2. —

Jedoch kann die Kirchenstiftung keine Befreiung ihres Vermögens von öffentlichen Staatslasten ansprechen; § 73 RE. — Eine Steuerbefreiung kann zurzeit für die Kirchenstiftung lediglich nach Art. 4 Abs. I Z. 3 des Einkommensteuergesetzes in Frage kommen, wenn nämlich die Kirchenstiftung durch Entrichtung der Einkommensteuer außerstand gesetzt würde, ihren Zweck vollständig zu erfüllen. — Außerdem ist die Kirchenstiftung bis zum Betrage von 5000 ℳ von der Erbschaftssteuer frei, bei übersteigenden Erbbeträgen zahlt sie 5 %; § 12 Abs. I Z. 1 u. Abs. III RErbschStG.

c) Die Kirchenstiftung besteht als selbständiges, vermögensfähiges Rechtssubjekt neben der Kirchengemeinde. Es kann eine Kirchenstiftung (besonders eine Nebenkirchenstiftung) ohne Kirchengemeinde und eine Kirchengemeinde ohne Kirchenstiftung bestehen; s. im näheren, besonders über die Wirkung dieser Anerkennung zweier selbständiger Rechtssubjekte: „Kirchengemeinde" I 2, V 2 Abs. 2 und „Ortskirchenvermögen" IV 1 u. 2.

Die Kirchenstiftung besteht als selbständiges Rechtssubjekt auch neben der Pfründestiftung. Letztere ist zwar gleich der Kirchenstiftung juristische Person, hat jedoch diese Eigenschaft selbständig und unabhängig sowohl von der Kirchengemeinde als auch von der Kirchenverwaltung; s. „Pfründestiftung".

Eine Filialkirchenstiftung besteht selbständig neben der Pfarrkirchenstiftung. Beide sind zwei selbständige Stiftungen und juristische Persönlichkeiten mit eigenem Zweck. Hat erstere auch die Bedürfnisse der Pfarrkirche zu erfüllen, so liegt das nicht in ihrem Zweck und muß ihr auf Grund eines besonderen Rechtstitels auferlegt sein. Die Erfüllung von Aufgaben aber, die ihr auf Grund besonderen Rechtstitels obliegen, sind privatrechtlicher Natur; M. I 258 oben; s. auch „Rentenüberschüsse"; ferner „Ortskirchenbedürfnisse und Mittel zu ihrer Befriedigung".

II. Quellen.

1. Rechtsquellen: Art. 5—10, 36 ff., 53 ff., 73 ff. KGO.; Tit. IV §§ 9, 10 VerfU., §§ 46, 88 RE.

2. Literatur: L. n. zu Art. 5—10, 36 ff., 53 ff., 73 ff. KGO.; D. n. zu Art. 8 Z. 35 u. zu Art. 10 Z. 3 BGG.; vgl. auch Kr. III 3—7; St. 747 zu n. 2, 749 § 868; S. III 599—600.

III. Errichtung.

1. Neue Kirchenstiftungen bedürfen der königlichen Genehmigung; vgl. Art. 7 Abs. I KGO. — Die Befugnisse der kirchlichen Behörden bleiben unberührt; KGO. a. a. O.

a) Die Instruktion der Gesuche um Verleihung der königlichen Genehmigung obliegt, da die KGO. gegenteilige Bestimmung hierüber nicht trifft, nach wie vor den Kreisregierungen nach Einvernahme der zuständigen kirchlichen Oberbehörde; vgl. §§ 69, 71, 17 FormVO. v. 17. XII. 1825 (W. II 302). Die königliche Genehmigung ist durch das Kultusministerium zu erholen; ME. v. 11. X. 1835 (W. III 38). — Hinsichtlich der Befugnisse der kirchlichen Behörden vgl. §§ 11 Abs. 2, 19 i PE., §§ 89, 85 KonsO., ME. v. 11. X. 1835 (W. III 38) u. v. 13. III. 1838 (G. III 806) sowie ME. v. 21. VI. 1841 (W. III 379); L. n. 7 zu Art. 7 Abs. I; s. auch „Stiftungen ortskirchliche" III 1 a, α.

b) Die Errichtung einer Kirchenstiftung hat die Existenz einer Kirche (eines Kirchengebäudes) nicht zur notwendigen Voraussetzung. Es genügt, wenn die Stiftung im Hinblick auf eine zu errichtende Kirche, d. h. für deren Zwecke begründet wird; vgl. § 3 der allgemeinen VB. zur KGO. v. 19. X. 1912 (GVBl. 1071).

Über das Stiftungsgeschäft selbst s. „Stiftungen" III 1.

Die zur Errichtung einer neuen Kirchenstiftung erforderliche königliche Genehmigung muß ausdrücklich erteilt werden. Die Bildung der Pfarrei schließt die Errichtung der Kirchenstiftung noch nicht in sich; vgl. „Kirchengemeinde" IV 2 e.

2. Die Stiftungen erlangen durch die königliche Genehmigung die Rechtsfähigkeit und den verfassungsmäßigen Staatsschutz; Art. 7 Abs. II KGO.

Sieh oben Z. I 2 a, b, c. — Die Verwaltung der neugebildeten Kirchenstiftung fällt der schon bestehenden oder zu wählenden Kirchenverwaltung zu; s. unten Z. IV.

3. Die Pfarr- und Tochterkirchenstiftungen, welche

z. Zt. des Inkrafttretens der KGO. mit ausgeschiedenen Einnahmen und Ausgaben bereits bestehen, werden als rechtsfähige Stiftungen anerkannt; Art. 7 Abs. III KGO.

a) Durch diese ausdrückliche gesetzliche Bestimmung der Rechtsfähigkeit der früheren, das ist z. Zt. des Inkrafttretens der KGO. schon bestehenden Pfarr- und Filialkirchenstiftungen werden Nachforschungen und Streitigkeiten über die erlangte Rechtsfähigkeit entbehrlich gemacht. Rückwirkende Kraft besitzt Art. 7 Abs. III nicht. — Schon die bisherige Praxis mußte darauf Rücksicht nehmen, daß nach früherem Rechte das Erfordernis der staatlichen Anerkennung nicht für alle Rechtsgebiete bestand, daß insbesondere im Gebiete des gemeinen Rechtes und des älteren bayerischen Rechtes vielfach die mit obrigkeitlicher Bewilligung erbauten und bischöflich konsekrierten Kirchen und Kapellen sofort mit ihrem Bestande, also von altersher, als Rechtssubjekte gegolten haben und daher auch heute noch als solche anzuerkennen sind.

Ferner konnte häufig aus dem langjährigen Bestande und der Art der obrigkeitlichen Behandlung eine stillschweigende staatliche Anerkennung der Stiftung als Rechtssubjekt gefolgert oder doch mit Rücksicht auf den alten Bestand der Verhältnisse die rechtsförmliche Begründung vermutet und daher in dem gegebenen Falle davon abgesehen werden, Existenz und Rechtsfähigkeit der Stiftung in Zweifel zu ziehen.

b) Auf Nebenkirchen- und Kapellenstiftungen (s. „Nebenkirchen") findet Art. 7 Abs. III KGO. keine Anwendung. Doch sollen hiedurch der Bestand und die Rechtsfähigkeit dieser anderen Kirchen- und Kapellenstiftungen keine Beeinträchtigung erfahren, auch wenn sie sich nur z. B. auf einen der oben erwähnten, in der bisherigen Praxis zur Geltung gekommenen Gesichtspunkte stützen; vgl. VGH. XXIII 149.

Das Vermögen von Nebenkirchen und Kapellen kann daher Stiftungscharakter haben. Auch kann die Allerhöchste Stiftungsgenehmigung (Art. 7 KGO.) nachträglich erwirkt werden; Fr. n. 5 zu Art. 7 KGO.

4. Über die einer Kirchenstiftung gleichgeachteten Stiftungsverbände s. dort.

IV. Vertretung, Verwaltung, Staatsaufsicht.

S. „Kirchenverwaltung", „Ortskirchenvermögen" V 1 u. 2, „Staatsaufsicht".

V. Streitigkeiten.

Solche können entstehen nach Art. 8 Z. 35 VGH. (Streitigkeiten über Rechtsgültigkeit der Stiftung, deren Wirkung und Inhalt, der Genußrechte), ferner nach Art. 10 Z. 3 VGG.; vgl. für beide Fälle „Ortskirchenvermögen" VII.

Kirchenstiftungskasse.

Die Kirchenstiftungskasse ist ein Fonds, der zur Deckung der Ortskirchenbedürfnisse dient.

In diesen Fonds fließen die Klingelbeuteleinnahmen und Opferstockgelder, M. I 249 zu n. 6; St. 1037 zu n. 5, ferner die Kirchenstuhlgelder, Seeb. 788 zu n. 3; G. IV 404, 406, die Gebühren von den in der Kirche vorgenommenen Kasualien (z. B. Taufen, Trauungen), die Einnahmen aus dem Gräberkauf, M. I 240 Z. 1, und die Erträgnisse der Kirchengemeindeumlagen.

In der Pfalz fließen auch noch die Bonifikationen, welche bei Konvertierungen gegeben werden, in die Kirchenstiftungskasse; M. II 552 zu n. 1.

Über die Führung der Kirchenstiftungskasse vgl. „Kirchenverwaltung".

Kirchenstiftungsvermögen

s. „Ortskirchenvermögen".

Kirchenstiftungsverwaltung

s. „Kirchenverwaltung".

Kirchenumlagen

s. „Ortskirchenbedürfnisse und Mittel zu ihrer Befriedigung" IV 2a, b.

Kirchenstrafen.

I. **Begriff.**

Kirchenstrafen sind die von den kirchlichen Organen über Laien wie Geistliche gleichmäßig geübten Korrektionsmittel. Sie sind zu unterscheiden von der Kirchenzucht, die vom Ortspfarrer über die Pfarrangehörigen geübt wird; s. hierüber „Kirchenzucht".

II. **Quellen.**

1. Rechtsquellen: §§ 38 Abs. 2h, 39, 60, 42, 69—71 RE., Art. XIId Konk., I §§ 36, 37, 69, 71 KonsO. v. 1809 (G. I 555) mit §§ 11 Abs. 2b u. 19e PE., für die Pfalz AE. v. 22. III. 1891 (Wand-Wagner 224), § 30 JE.

2. Literatur: M. II 212—236; Kr. I 124 nach n. 2; St. 325—340, 454 zu n. 5; Seeb. 595—596, 274—279; S. III 515 zu n. 2—516 zu n. 16, 522 zu n. 56, 523 zu n. 64—66; H. V 493—967; VI 1—328.

III. Arten.

1. Die gemeinen Kirchenstrafen, die sich gegen jedermann richten;

2. die kirchlichen Disziplinarstrafen, die sich gegen die Verletzung der Amts- und Standespflichten der Geistlichen richten.

IV. Die gemeinen Kirchenstrafen.

A. In der katholischen Kirche.

1. Vindikativstrafen (poenae vindicativae), die in erster Linie eine Sühne des gebrochenen Rechtes bezwecken. Sie sind die Vergeltungsstrafen, also Strafen schlechthin. Die weltlichen Vergeltungsstrafen sind durch das RE. gefallen, da dasselbe die Kirche auf das rein kirchliche Strafrecht beschränkte. Von den geistlichen Vergeltungsstrafen (poenae spirituales) ist die Verhängung der Kirchenbuße und der Infamie nicht mehr in Übung. Als einzige Vindikativstrafe besteht noch die Verweigerung des kirchlichen Begräbnisses, die nunmehr zu einer selbständigen Strafe geworden ist. Zuständig zur Verhängung dieser Strafe ist der Pfarrer.

2. Zensuren (poenae medicinales), das sind die eigentlichen Zuchtmittel. — Sie dienen dem Besserungszweck und nach eingetretener Besserung besteht ein Rechtsanspruch an den kirchlichen Oberen um Aufhebung der Strafe; s. auch M. II 213 zu n. 1. Gewährt dieser die Aufhebung nicht, dann geht der Anspruch an den nächst höheren kirchlichen Oberen. Die einzelnen Zensurstrafen sind die Exkommunikation, das Interdikt und die Suspension. Jede dieser Strafen kann den Charakter einer Vindikativstrafe annehmen, nämlich dann, wenn sie auf Zeit verhängt werden.

a) Der Kirchenbann (Exkommunikation). Er erscheint in zwei Formen:

α) excommunicatio maior oder der große Kirchenbann. Er bedeutet eine Unterbindung der kirchlichen Mitgliedschaftsstellung und damit der daraus hervorgehenden Rechte, nicht aber die Ausstoßung aus der Kirche. Der Betreffende bleibt daher Mitglied der Kirche. Im einzelnen hat sie zur Folge den Ausschluß vom Genuß der Sakramente, vom Gottesdienst (nicht jedoch von der Predigt), vom Anteil an den kirchlichen Fürbitten, die Versagung des kirchlichen Begräbnisses; ein Geistlicher darf sein Kirchenamt nicht mehr ausüben (s. hierüber bes. M. II 215 nach n. 6; St. 330 nach n. 1; s. auch unten Z. V A 1 b), ein Patron nicht mehr das Präsentationsrecht. Das frühere bestandene Verkehrsverbot ist seit 1869 aufgehoben. Der große Kirchenbann ist die höchste bestehende Kirchenstrafe. Zur Verhängung ist befugt der Papst für die ganze Kirche, die Kardinäle für ihre Titelkirchen, der Bischof für seine Diözese; dagegen ist nicht zuständig der Generalvikar ohne eine besondere Vollmacht des Bischofs. Eine Kompetenz des Pfarrers zur Erlassung einer Straffentenz ist auf dem Gebiet der Kirchenstrafen sowohl in der katholischen wie protestantischen Kirche ausgeschlossen; s. auch Kr. I 124 nach n. 2. Der Verhängung des großen Kirchenbanns muß die kanonische Mahnung vorausgehen.

Anlaß zu dieser Strafe gibt z. B. die Eingehung einer nicht kirchlich getrauten Ehe.

β) excommunicatio minor oder der kleine Kirchenbann. Er bedeutet lediglich den Ausschluß vom Genuß der Sakramente, namentlich des Abendmahls. Die Zuständigkeit ist die gleiche wie unter α.

b) Das Interdikt. Es erscheint in zwei Formen:

α) Das Lokalinterdikt. Es bedeutet eine vollkommene gottesdienstliche Sperre in bezug auf einen Ort, so daß auch die kirchliche Beerdigung verboten ist. Dieser Ort kann größer oder kleiner sein: ein ganzes Land, eine Ortschaft, auch nur eine Kirche, sogar nur ein bestimmter Altar. Diese Strafe kommt vor nur noch als partielles Lokalinterdikt, nämlich über Kirchen, Kapellen und Altäre.

β) Das Personalinterdikt. Es ist ein Verbot für einzelne Personen oder Personenverbände, gottesdienstliche Handlungen mitzumachen, die Sakramente zu empfangen, eventuell der Verlust des Anspruchs auf ein kirchliches Begräbnis.

c) Die Suspension. Obwohl diese Strafe mehr dem Disziplinarstrafrecht angehört, kann sie doch auch auf dem Gebiet des gemeinen Kirchenstrafrechts vorkommen, nämlich als Suspension von einzelnen kirchlichen Berechtigungen.

B. **In der protestantischen Kirche.**

Hier kommen Kirchenstrafen nur in Form von Zensuren vor, Vindikativstrafen gibt es nicht.

1. Die kirchlichen Strafvergehen. Diese sind: geflissentliches Widersetzen gegenüber den kirchlichen Geboten, öffentliches Verspotten der Kirche und ihrer Heilsmittel, beharrliche Verschmähung der kirchlichen Trauung, beharrliche Weigerung, die Kinder taufen, konfirmieren oder den Religionsunterricht besuchen zu lassen; § 5 III VO. v. 7. X. 1850 (G. I 705); §§ 21, 26, 28 VO. v. 24. V. 1879 (G. I 735).

2. Die Kirchenstrafen. Hierher gehören neben der Ermahnung und der Kirchenbuße:

a) Der Kirchenbann. Er kommt auch in der protestantischen Kirche vor und zwar sowohl der große wie der kleine Kirchenbann. Ersterer ist die in § 71 KonsO. aufgeführte Ausschließung aus der Kirchengemeinde, letzterer die temporelle Ausschließung von der Kirchenversammlung; a. a. O. § 69. Zuständig zur Verhängung ist im rechtsrheinischen Bayern in Abänderung der Bestimmungen der KonsO. gemäß § 11 PE. das Konsistorium in erster und das Oberkonsistorium in zweiter Instanz. In der Pfalz ist zuständig zur Verhängung des großen Kirchenbanns das Konsistorium, zur Verhängung des kleinen Kirchenbanns das Presbyterium.

b) Die Entziehung von bestimmten einzelnen kirchlichen Rechten, z. B. die Abweisung vom Abendmahl. Diese kann der Pfarrer beichtväterlich vornehmen. Handelt es sich aber um öffentliche Zurückweisung, so ist durch Vermittlung des Dekans die Entscheidung des Konsistoriums einzuholen; §§ 22 u. 23 VO. v. 24. V. 1879 (G. I 735). — Hierher zählt auch die Verweigerung des kirchlichen Begräbnisses.

c) Ehrenstrafen. Hierher gehört die Aberkennung des Rechts, Taufpate zu werden, sowie der Fähigkeit zum Eintritt in den Kirchenvorstand und in die Diözesan- und Generalsynode. Über Ehrenstrafen beschließt der Kirchenvorstand auf Antrag des Pfarrers. Gegen diesen Beschluß ist Berufung innerhalb 14 Tagen möglich; § 29 VO. v. 24. V. 1879 (G. I 735); Seeb. 595.

d) Verlust des aktiven und passiven Wahlrechts zu Kirchenämtern. Hierüber erkennt der Wahlausschuß.

V. Die kirchlichen Disziplinarstrafen.

A. In der katholischen Kirche.

1. Zensuren.

a) Die Suspension. Sie ist die hauptsächlichste Disziplinarzensur und setzt die Bekleidung eines Kirchenamtes voraus. Sie nimmt die Ausübung des Amtes, nicht das Amt selbst: M. II 213 Abs. 2. Sie äußert ihre Wirkungen sofort und wird auch durch die Einlegung eines Rechtsmittels nicht hinausgeschoben; M. II 214 zu n. 3. Ihre gewöhnliche Erscheinungsform ist heute die suspensio ab officio, d. h. die Suspension von Amt und Weiherecht; M. II 214 zu n. 1; im näheren s. M. II 213—215.

b) Die Exkommunikation (s. auch Z. IV A 2a). Sie nimmt bei Geistlichen bis zur eingetretenen Besserung auch die Ausübung der Amts- und Pfründnerrechte; M. II 215 nach n. 6; St. 330 nach n. 1.

2. Vindikativstrafen. Im Vordergrund steht die Aberkennung von Amt und Pfründe (privatio beneficii); M. II 212 zu n. 1; St. 329 d. Sie ist einfache Enthebung ohne weitere Nachteile; der Enthobene ist als solcher weder zensuriert noch gehindert, sofort ein anderes ihm übertragenes Amt oder Benefizium zu übernehmen. Die Strafe wird angewendet einmal in einigen gesetzlich bestimmten Fällen und sodann in solchen Fällen, wo eine vorangegangene Suspension vergeblich geblieben, eine schwerere Strafe aber nicht zulässig ist. Verschärfun-

gen dieser Strafe sind die Deposition und die Degradation. Erstere nimmt nicht bloß Amt und Pfründe, sondern bewirkt zugleich die dauernde Unfähigkeit zur Bekleidung kirchlicher Ämter; M. II 212 zu n. 2; letztere beraubt auch der geistlichen Standesrechte; M. II 212 nach n. 2; St. 329 f. Milderungen dieser Strafe sind die Strafversetzung, Aberkennung der Fähigkeit, ein Benefizium oder ein höheres Kirchenamt zu erlangen, Entziehung einzelner Amtsrechte, Geldstrafen, kirchliche Temporaliensperre; M. II 212 Z. I 2.

3. Disziplinarmaßregeln. Hier kommt namentlich in Betracht die administrative Zwangsversetzung, welche durch den Bischof erfolgen kann, wenn der Pfarrer, ohne eine strafbare Handlung begangen zu haben, mit seiner Pfarrgemeinde derart zerfallen ist, daß eine augenscheinliche Schädigung des kirchlichen Lebens besteht; M. II 197 zu n. 2. Eine Appellation an den Erzbischof findet nicht statt. Als Rechtsmittel stehen zur Verfügung der außergerichtliche Rekurs an die Congregatio Concilii sowie der Recursus ab abusu (über letzteren s. dort) gemäß § 52 RE.

4. Strafverfahren und Strafvollzug.

a) Über das Strafverfahren s. bes. St. 327 § 332, 333—336.

b) Was den Strafvollzug betrifft, so bedürfen Disziplinarerkenntnisse der geistlichen Gerichte nicht der königlichen Bestätigung; M. II 218 zu n. 3. Jedoch wenn sich die Wirkungen auf das gesellschaftliche und bürgerliche Leben erstrecken, bedürfen sie der Einwilligung der Staatsgewalt, um gegebenenfalls staatlichen Zwangsvollzug zu erhalten (bracchium saeculare); M. II 218 nach n. 3, 219 zu n. 1. Diese Einwilligung ist also nur dann zu erholen, wenn der Betroffene sich der Strafe widersetzt; M. II 219 Abs. 2, 221 zu n. 3. Die Einwilligung der Staatsgewalt ist die Vollzugsgenehmigung oder Voraussetzung des staatsbehördlichen Zwangsvollzugs; M. II 220 nach n. 3. Bezüglich der Erteilung der Einwilligung ist die Staatsbehörde frei; M. II 221 nach n. 2. Zuständig zur Erteilung ist die Kreisregierung gemäß § 34 FormVO. v. 17. XII. 1825 (W. II 279); M. II 220 zu n. 6. Der Vollzug selbst geschieht mit den Zwangsmitteln der staatlichen Verwaltung; M. II 221 Z. 5. Wird die Genehmigung verweigert, so ist der Bischof lediglich auf kirchliche Mittel angewiesen; ein Recht zu äußerem Zwang hat er gemäß § 42 RE. nicht; M. II 220 vor Z. 3; S. III 515 zu n. 3 u. 4, 516 vor n. 11. Im näheren s. noch M. II 216—226; St. 336—340.

B. In der protestantischen Kirche.

1. Disziplinarstrafen.

a) Kirchenregimentliche.

α) Rechtsrheinisches Bayern. Die kirchenregimentlichen

Disziplinarstrafen sind im wesentlichen den kanonischen Disziplinarstrafen nachgebildet. Es kommt also hauptsächlich in Betracht die Suspension von Amt mit und ohne Einziehung der Einkünfte und sodann Entsetzung mit und ohne Pension (Degradation); § 36 KonsO., § 19 e PE., AE. v. 4. II. 1829 (G. III 199); M. II 227 zu n. 1, 228 zu n. 3; Seeb. 278 zu n. 35—37. Alle diese Strafen können nur durch das landesherrliche Kirchenregiment selbst ausgesprochen werden (M. II 227 nach n. 4; Seeb. 278 n. 35 u. 36) und bedürfen der persönlichen Unterschrift des Landesherrn. Dagegen ist eine Suspension lediglich von der Pfründe oder eine kirchliche Temporaliensperre dem protestantischen Recht fremd; M. II 228 zu n. 2. Über das Verfahren bei der Verhängung der Disziplinarstrafen s. M. II 230 zu n. 7—231 zu n. 4, 231 nach n. 8; Seeb. 274.

β) Pfalz. Auch hier kommen in Betracht Suspension (aber nicht als Strafe), Versetzung auf eine andere Stelle, Pensionierung und Entlassung, letztere mit der Folge der Ausschließung aus dem geistlichen Stand; M. II 227 zu n. 2—4, 229 nach n. 4, 230 zu n. 3—5. Über das Verfahren s. M. II 230 zu n. 1 u. 2, 231 zu n. 5—8 u. nach n. 8.

b) Konsistoriale. Diese haben den Charakter von Ordnungsstrafen; M. II 232 zu n. 1. Als solche Strafen kommen namentlich in Betracht Verweis und Geldstrafen; M. II 232 vor n. 6—233 zu n. 1; Seeb. 277 zu n. 32 u. 33. Zur Verhängung ist zuständig das Konsistorium, im rechtsrheinischen Bayern besteht als Rekursinstanz noch das Oberkonsistorium; M. II 232 zu n. 2—4. Über das Verfahren s. M. II 233 zu n. 2—7; Seeb. 274. Eine Zuständigkeit des Kultusministeriums ergibt sich nur für die Verbescheidung eines eventuellen Recursus ab abusu; M. II 232 nach n. 5.

2. Disziplinarmaßregeln. Als solche kommen in Betracht:

a) Die zwangsweise Versetzung aus administrativen und politischen Erwägungen; im näheren s. M. II 233 Z. I.

b) Die administrative Suspension und Absetzung wegen Unwürdigkeit und selbstverschuldeter Untüchtigkeit; im näheren s. M. II 234 Z. II; auch Seeb. 279 d.

VI. Stellung des Staates.

Das bayerische Staatskirchenrecht überläßt den Kirchen die Aufrechterhaltung ihrer kirchlichen Ordnung und erkennt ihr Recht an, ihre Mitglieder, besonders ihre Beamten zur Erfüllung der ihnen obliegenden Pflichten durch geeignete Maßnahmen anzuhalten.

Ein Einschreiten der Staatsgewalt gegen diese kirchliche Betätigung ist nur begründet, wenn staatliche Rechte und Interessen verletzt werden oder wenn in die Rechtssphäre der Staatsbürger eingegriffen wird.

Kirchenstühle.

A. Im rechtsrheinischen Bayern.

I. Begriff und Wesen.

Die Kirchenstühle sind Zugehörungen der Kirche und als solche Bestandteile des Kirchenvermögens und Eigentum der Kirche; BlfRA. L 257; St. 1028 vor n. 2. Aus diesem Grunde nehmen sie auch an der rechtlichen Natur der Kirchengebäude teil; Kr. I 138 zu n. 52; L. n. 3 zu Art. 9 Abs. I KGO.

Als res sacrae (SeuffA. XI Nr. 272; Kr. I 139 n. 53; St. 1027 Z. 7) sind sie verkehrsbeschränkt, indem sie der gottesdienstlichen Verwendung insolange erhalten bleiben müssen, als sie zu diesem Gebrauche bestimmt sind; s. auch Kr. I 140 zu n. 58, a. A. bei St. 1028 § 1176.

Daraus folgt, daß die Einräumung von Rechten, insonderheit des Eigentumsrechts an denselben an Private verboten und nichtig ist, soweit dadurch der öffentliche Gebrauch behindert oder erschwert würde; Kr. I 139 zu n. 54f. Solange aber letzteres nicht der Fall ist, ist eine privatrechtliche Verfügung erlaubt und gültig, ObLG. XVII 361, und es kann daher einem Kirchengemeindemitglied die Berechtigung zur ausschließlichen Benützung auf bestimmte Zeit eingeräumt werden, ohne daß dadurch ein privatrechtliches Verhältnis entstünde; Kr. I 139 zu n. 57, n. 54.

Es können sonach an Kirchenstühlen Gebrauchsrechte bestehen; RG. XII 280.

II. Quellen.

1. Rechtsquellen: Art. 133 EG.BGB., Art. 1 AG.BGB., §§ 38e (innere Kirchenpolizei), 43 RE., § 11 PE., ferner die Kirchenstuhlordnung für die protestantische Kirche v. 9. X. 1813 (W. I 443), die auf die katholische Kirche analog Anwendung findet nach der ME. v. 2. IX. 1866 (St. 1025 zu n. 2; M. I 236 zu n. 6), Art. 12 Abs. I Z. 2, 53 Abs. IV KGO.

Dagegen ist bezüglich des Kirchenstuhlgeldes für die protestantische Kirche an die Stelle der VO. v. 9. X. 1813 die AVO. v. 26. I. 1896 (W. XXIII 512, KMBl. 45) getreten.

2. Literatur: M. I 235—239, 313 § 95, 314; Kr. I 135—149, III 236, 237; St. 1024—1037; Seeb. 788—791; H.-Schn. Art. 1 n. 14; L. n. 1 u. 2 zu Art. 12 Abs. I Z. 2, n. 1—4 zu Art. 54 Abs. IV, Fr. Art. 12 n. 8, 53 n. 5. Vgl. auch VGH. XXV 278.

III. Hauptzweck, Herstellung und Verteilung.

1. Der Hauptzweck der Kirchenstühle besteht darin, die notwendige Ruhe und Stille in der Kirche leichter und sicherer zu er-

halten; VGH. XXV 280; M. I 235 zu n. 2; Kr. I 136 nach n. 36, 137 zu n. 43, III 236 oben, 237 zu n. 5; St. 1025 zu n. 3.

2. Herstellung. Die Einführung der Kirchenstühle gehört zur Kompetenz der kirchlichen Behörden; M. I 235 vor n. 2.

a) In der protestantischen Kirche sind sie unentbehrlich, so daß die Kirchenstiftung verpflichtet ist, ihre Einrichtung zu veranlassen und die Baulasttragenden für die Kosten aufzukommen haben; ME. v. 25. I. 1866 (G. III 680); M. I 235 zu n. 3 u. 4; Kr. III 68 n. 189; Seeb. 789 zu n. 4, 881 n. 32.

b) In der katholischen Kirche ist diese Einrichtung nicht unbedingt notwendig; ME. v. 18. I. 1839 (W. III 278); M. I 235 nach n. 4; Kr. I 145 vor n. 74, III 68 zu n. 189; St. 970 zu n. 5.

Ihre Herstellung obliegt der Kirchengemeinde, es sei denn, daß ein jährliches Stuhlgeld erhoben wird, wobei dann die Kosten der Kirchenstiftung zur Last fallen (St. 937 nach n. 2) und erst sekundär die Verpflichtung der Kirchengemeinde eintritt; Kr. III 68 zu n. 190. Im näheren s. Kr. I 144 zu n. 73.

c) Neuanschaffungen oder Abänderungen unterliegen der Genehmigung der Aufsichtsbehörden; Tit. IV § 10 VerfU., § 75 FormVO. v. 17. XII. 1825 (W. II 279), also des Bezirksamts, die Neuanschaffung außerdem der Bestätigung der Regierung; Kr. III 252 zu n. 1, 292, 293.

3. Die Aufstellung und Verteilung der Kirchenstühle bestimmt sich nach kirchenpolizeilichen Gesichtspunkten, ist also eine rein innerkirchliche Angelegenheit und kommt den kirchlichen Behörden zu; § 38e RE., § 11 PE., VO. v. 9. X. 1813 (W I 443), ME. v. 31. XII. 1831 (W. II 601, G. IV 412) u. v. 28. VI. 1836 (G. IV 415); VGH. XXV 280; M. I 235 zu n. 5, 236 zu n. 4, 237 zu n. 4 u. 7; Kr. I 137 zu n. 44 u. 45, III 237 zu n. 7; St. 1025 zu n. 4 u. 5; Seeb. 788 zu n. 1.

Der Erlaß allgemeiner Anordnungen über die Aufstellung und die Verteilung sowie die Handhabung der eingeführten Kirchenstuhlordnung gehört in der katholischen Kirche zur Kompetenz des Diözesanbischofs; Kr. I 138 zu n. 49.

Enthalten die allgemeinen liturgischen Vorschriften oder speziellen Diözesangottesdienstordnungen keine diesbezüglichen Bestimmungen, so ist die Anweisung des Pfarrers, bei Protestanten des Kirchenvorstands maßgebend; §§ 38e, 43 RE., § 11 PE., ME. v. 9. X. 1813 (W. I 443), AVO. v. 7. X. 1850 § 3 Z. 7 (W. IV 187, G. I 706); M. I 236 nach n. 2 u. vor n. 6; Kr. I 137 nach n. 45, III 237 zu n. 9; St. 1025 zu n. 7; Seeb. 788 zu n. 2.

Die Benützung eines Platzes in der Kirche unter Nichtbeachtung der pfarrlichen Anweisung kann unter Umständen als Hausfriedensbruch bestraft werden.

IV. Benützungsrecht.

Es gibt drei Arten der Benützung.

1. Die Gebrauchsbefugnis, welche durch Anweisung eines bestimmten Sitzes an das Kirchengemeindemitglied im Interesse der Aufrechterhaltung der Ruhe und Ordnung beim Gottesdienste eingeräumt wird und auf der protestantischen Kirchenstuhlordnung von 1813 beruht, welch letztere auf die katholische Kirche analoge Anwendung findet; Art. 133 EG. BGB. mit Art. 1 AG. BGB., wonach die landesgesetzlichen Vorschriften über das Recht zur Benützung eines Platzes in einem dem öffentlichen Gottesdienst gewidmeten Gebäude aufrecht erhalten worden sind; VGH. XXV 278; ObLG. V 892; RG. XXIV 174; BlfRA. XL 117.

Bei der Zuteilung ist von dem Grundsatz auszugehen, daß, soweit die Raumverhältnisse es gestatten, jedem Mitglied der Kirchengemeinde ein Stuhlplatz zugewiesen wird; ME. v. 9. X. 1813 (W. I 443) u. v. 9. III. 1832 (W. II 603); Kr. I 136 zu n. 37; St. 1029 Z. 9.

Die Erlaubnis gibt bei den Protestanten der Kirchenvorstand, bei den Katholiken der Pfarrer, nicht die Kirchenverwaltung (VGH. XXV 281; Kr. I 137 nach n. 47; St. 1026 zu n. 1; L. n. 2 zu Art. 53 Abs. IV) und zwar in widerruflicher Weise; Kr. I 140 zu n. 60 f. Sie kann nur vor den kirchlichen Oberbehörden verfolgt werden; VGH. XXV 278; H. IV 349; Kr. III 237 nach n. 9.

Über die Zuteilung im einzelnen s. Kr. I 136 nach n. 37 f., 141 nach n. 63. Über den Heimfall s. St. 1035 § 1179.

Für die Kirchengemeindemitglieder entsteht durch die Anordnung des Pfarrers bzw. Kirchenvorstands nur eine widerrufliche, innerkirchliche Befugnis dem kirchlichen Obern gegenüber auf Benützung des Kirchenstuhls, die vor den weltlichen Gerichten oder den Verwaltungsbehörden nicht verfolgt werden kann; Kr. I 142 Abs. 3, 146 zu n. 77, 78; s. auch Kr. I 138 zu n. 51; St. 1026 Z. 6.

Das Benützungsrecht ist ein öffentliches Recht (ObLG. V 892; VGH. XI 481; M. I 237 zu n. 2) und vermag keinen privatrechtlichen Titel auf den angewiesenen Platz zu begründen; M. I 237 zu n. 6; Kr. I 139 zu n. 54; St. 1027 zu n. 2; Seeb. 789 n. 6.

Die von dem Berechtigten zu leistende Gebühr ist nicht eine Gegenleistung für das Benützungsrecht, sondern eine Gebühr für die Verleihung, eine sog. Konzessionstaxe; Kr. I 143 zu n. 67; St. 1029 zu n. 7.

2. Gebrauchsrechte, die aus dem Kirchengemeindeverband entspringen und aus einer öffentlich-rechtlichen, statutarischen Kirchenstuhlordnung oder einem öffentlich-rechtlichen Herkommen innerhalb des Kirchengemeindeverbands abgeleitet werden; VGH. XI 478, XXV 281; RGZ. VII 136, XXIV 175; H. IV 345.

Diese Gebrauchsrechte sind öffentlich-rechtlicher Natur. Ihre Einräumung erfolgt meist gegen Entrichtung einer öffentlich-rechtlichen Gebühr für die Benützung der Kirchenstuhleinrichtung; Kr. I 143 d; s. auch unten VI.

Das erforderliche Statut erläßt die Kirchenverwaltung, nicht der Pfarrer, welche auch im Einzelfall den Vertrag schließt; VGH. XXV 281; H. IV 345.

Dieses Statut, die Kirchenstuhlordnung, ist der oberhirtlichen Stelle zur Genehmigung vorzulegen; Kr. I 148 Abs. 1.

Die Kirchenverwaltung setzt auch die Gebühr fest; H. IV 343; St. 1026 zu n. 2. Der Pfarrer hat ihr Vortrag über den Gegenstand zu halten und nach dem Beschluß der Mehrheit zu verfahren; Kr. I 137 zu n. 48, III 237 zu n. 10; St. 1036 zu n. 3; Seeb. 788 n. 2.

3. Gebrauchsrechte, welche auf besonderen privatrechtlichen Erwerbstiteln beruhen und als solche frei veräußerlich sind (St. 1034 zu n. 4), wenn und soweit der gottesdienstliche Gebrauch aufrecht erhalten bleibt; VGH. XI 483, XXV 282; BlfRA. L 257; RG. VII 137, abgedr. bei St. 1032; M. I 239 zu n. 5 u. n. 5; St. 1031 vor n. 9; a. A. Kr. I 142 vor n. 64 u. nach n. 66; St. 1033 n. 1.

Daß ein Kirchenstuhl erblich sei oder daß ein Realrecht in Frage steht, wird nicht vermutet, sondern muß gehörig bewiesen werden; St. 1026 nach n. 4.

Die Frage, ob hienach ein Kirchenstuhl vermietet werden kann, kann nur unter Mitwirkung der Gottesdienstverwaltung entschieden werden; H. IV 342; M. I 236 zu n. 1; s. auch Seeb. 789 nach n. 6, 790 zu n. 7.

Hienach hat die Kompetenz zum Abschluß des betreffenden Rechtsgeschäfts in der protestantischen Kirche der Kirchenvorstand, ObLG. V 893, Kirchenstuhlordnung v. 1813 A Z. 1, in der katholischen Kirche der Pfarrer, Krais I 300.

Die Ersitzung eines Kirchenstuhlrechts ist nicht mehr möglich; H. IV 346.

Zu den privatrechtlichen Stuhlrechten gehören namentlich die mit einem Anwesen verbundenen, RG. XVI 259, VGH. XXV 283, die einem Patron zustehenden, RG. V 136; Kr. I 136 n. 36; St. 1025 zu n. 1, sowie die vererblichen und veräußerlichen Familien- und Erbstuhlrechte; RG. VII 137, abgedr. bei St. 1032; Seeb. 790 n. 6.

Über deren Heimfall s. St. 1035 zu n. 1 u. 2.

Über die Verteilung in einer neuen Kirche, die an die Stelle der früheren getreten ist s. RG. XXIV 174, bei Kr. I 141 n. 63; St. 1035 zu n. 4; Seeb. 790 n. 6.

Diese privatrechtlichen Gebrauchsrechte müssen vor den Gerichten geltend gemacht werden; VGH. XXV 283.

V. Ausschluß.

Die Kirchengemeindemitglieder können durch Kirchenstrafen vom Gottesdienste ausgeschlossen werden; § 43 RE.; s. „Kirchenstrafen". Damit ist zugleich der Gebrauch des Kirchenstuhls unmöglich gemacht. Das Recht selbst aber kann weder hiedurch noch durch andere innerkirchliche Anordnungen beseitigt werden. Die Kirchenbehörde kann auch ein Kirchenstuhlrecht um deswillen nicht beseitigen, weil das Recht nachträglich dem gottesdienstlichen Zwang hinderlich geworden ist oder weil der Gottesdienst seine Beseitigung erheischt; H. IV 347, 348. Das wäre nur möglich im Wege der Zwangsenteignung (RG. XVI 259) vorausgesetzt, daß das Gesetz für diesen Fall einen Enteignungstitel vorsieht. Das bayerische Zwangsenteignungsgesetz vom 17. XI. 1837 in der Fassung vom 13. VIII. 1910 gestattet den Kirchengemeinden in Art. IV die Enteignung von Rechten an ihrem Eigentum nur zur Erbauung und Erweiterung von Kirchen; S. II 356.

Handelt es sich dagegen nur um eine widerrufliche Gebrauchsgestattung, also bei innerkirchlicher Befugnis zur Benützung eines Kirchenstuhls (s. oben IV Z. 1), so ist die Beseitigung erforderlichenfalls gegen Entschädigung möglich; RG. VII 136, XVI 159, XXIV 174. Sie darf aber nur aus triftigen Gründen erfolgen; s. Kr. I 140 nach n. 61.

Die fernere Belassung der Sitze kann auch von der richtigen Entrichtung des Kirchenstuhlgeldes abhängig gemacht werden; Kr. I 144 nach n. 72.

Vorübergehende Beschränkungen bei außerordentlichen Gelegenheiten müssen sich die Inhaber der Kirchenstühle gefallen lassen; Kr. I 142 Abs. 2.

VI. Kirchenstuhlgelder.

Die Verteilung der Kirchenstuhlplätze hat zwar nicht die Eröffnung einer Einnahmequelle für die Kirchenstiftung zum Zweck, doch wird gleichwohl auf die Erlangung der Kirchenstühle eine verhältnismäßige jährliche Abgabe gelegt zur Unterhaltung der Stühle und der Kirche; Kr. I 143 zu n. 68; s. auch Kr. III 236. Diese Gebühr kann durch Ortskirchensatzung eingeführt und geregelt werden; Art. 14 Abs. III KGO.; L. n. 2 zu Art. 14 Abs. III.

Die Befugnis zur Einführung und Regelung (einschließlich der Erhöhung oder Verminderung) oder Aufhebung von Kirchenstuhlgeldern steht der Kirchenverwaltung zu und zwar bemißt sie sich für die katholische Kirche nach Art. 53 Abs. IV KGO., für die rechtsrh. protestantische Kirche nach der ME. v. 9. X. 1813 mit AVO. v. 26. I. 1896 (W. I 443, XXIII 512); L. n. 2 zu Art. 53 Abs. IV KGO.

Die Vereinnahmung hat in der katholischen Kirche durch den Kirchenpfleger oder besonderen Kassenverwalter zu geschehen; Art. 58 Abs. I, III u. IV KGO.

Die Kirchenstuhlgelder sind in der protestantischen Kirche durch das Pfarramt zu erheben und an die Kirchenverwaltung abzuführen; M. I 237 nach n. 5; St. 1026 n. 2; Seeb. 789 vor n. 5.

Die Erträgnisse fließen in die Kirchenstiftungskasse; Kr. I 144 zu n. 72; Seeb. 788 zu n. 3; G. IV 404, 406.

Über die Einstellung der Umschreibgelder in die Fassion s. M. II 405 zu n. 4.

VII. Streitigkeiten.

1. Über die innerkirchliche Erlaubnis kann im Beschwerdeweg nur die Entscheidung der vorgesetzten kirchlichen Oberbehörde, d. h. des Ordinariats bzw. Konsistoriums (G. IV 413; Seeb. 791 zu n. 8—10) angerufen werden, besonders sind bei etwaigen Erinnerungen und Streitigkeiten aus Anlaß oder im Zusammenhang mit der Kirchenstuhlverteilung die kirchlichen Behörden zur Entscheidung berufen; VGH. XXV 281, ME. v. 31. XII. 1831 (W. II 601) u. 28. VI. 1836 Abs. 4 (W. III 65), 2. IX. 1866 (bei St. 1036); M. I 237 zu n. 3; Kr. I 145 zu n. 75; St. 1035 § 1180.

Ob es sich um einen bestimmten Platz handelt oder nicht, ist belanglos; Kr. I 146 zu n. 76; a. A. St. 1036 vor n. 4.

Hingegen sind zur Entscheidung solcher Differenzen weder die weltlichen Verwaltungsbehörden noch die Zivilgerichte zuständig; Kr. I 146 zu n. 77, 78.

2. Die Zivilgerichte sind zuständig, wenn ein Kirchenstuhl auf Grund eines Privatrechtstitels in Anspruch genommen wird, AVO. v. 6. VIII. 1815 B II 2 (W. I 517 Anm.; VGH. XXV 281), oder wenn die Verpflichtung zur Herstellung und Unterhaltung der Kirchenstühle Gegenstand des Streits ist; Kr. I 147 zu n. 79, 80; St. 1036 nach n. 3; s. auch M. I 238 b; Seeb. 791 n. 8; Fr. Art. 53 n. 5.

3. Die Verwaltungsbehörden sind zuständig, wenn ein förmliches Recht auf Benützung eines bestimmten Kirchenstuhles und -platzes auf Grund eines öffentlichrechtlichen Anspruches geltend gemacht und von der anderen Seite bestritten wird, z. B. wenn ein Gebrauchsrecht auf

Grund des Kirchengemeindeverbandes, aus dem Bestande eines öffentlichen Herkommens oder einer von den zuständigen Organen erlassenen öffentlichen Rechtsordnung (statutarische Kirchenstuhlordnung) hergeleitet werden will, ferner wenn die Zulässigkeit der Erhebung eines Kirchenstuhlgeldes oder die Art und Größe desselben in Frage kommt; ME. v. 28. VI 1836 Abs. 3 (W. III 65) u. 2. IX. 1866 (bei St. 1036); VGH. XXV 281; Kr. I 147 zu n. 81; Seeb. 791 n. 8; St. 1036 zu n. 3.

Die Praxis nimmt für solche Fälle eine Zuständigkeit des Verwaltungsgerichtshofs nach Art. 10 Z. 13 VGG. an; VGH. XIII 544, XXV 282; Krais I 325; D. Art. 10 Z. 13 n. 4; Fr. Art. 53 n. 5; a. A. M. I 238 nach n. 2; Seeb. 791 n. 9; S. III 558 n. 71.

B. In der Pfalz.

Für die katholische Kirche der Pfalz gilt das Gleiche wie im rechtsrh. Bayern.

Dagegen stellt das Kirchenstuhlrecht in der protestantischen Kirche ein Privatrecht dar, das Schutz vor den Zivilgerichten findet; M. I 239 nach n. 4. Die Verleihung der Kirchenstühle gebührt dem Presbyterium.

Die Praxis kennt nur die Begründung eines festen Bankrechts gegen eine jährliche Abgabe im Wege der öffentlichen Versteigerung mit Genehmigung des Bezirksamts; M. I 314 vor n. 3.

Die Beitreibung der Gelder erfolgt vor dem Richter oder durch Steuerboten; M. I 314 nach n. 3.

Kirchenverwaltung.

A. Im rechtsrheinischen Bayern.

I. Begriff.

Die Kirchenverwaltung ist die Vertreterin des ihrer Verwaltung anvertrauten ortskirchlichen Stiftungsvermögens (s. Art. 5 Abs. II KGO.) sowie der Kirchengemeinde in allen rechtlichen Beziehungen; Art. 53 Abs. I KGO.

II. Quellen.

1. Rechtsquellen: Art. 36—41, 53—60, 63 u. 64 KGO., Bek. v. 19. X. 1912, den Vollzug der KGO. betr. (allgemeine VB.) §§ 10—15 (GVBl. 1071).

2. Literatur: Fr. u. L. n. zu Art. 36—41, 53—60, 63 u. 64 KGO.

III. Erfordernis des Bestehens einer Kirchenverwaltung.

1. Sofern nicht besondere Gründe eine Ausnahme rechtfertigen, soll eine Kirchenverwaltung bestehen:

a) in den Pfarrgemeinden und in den wie solche zu behandelnden Kirchengemeinden, welche sich an die den Pfarreien gleichgeachteten selbständigen Pfarrkuratien, Kuratbenefizien und ständigen Pfarrvikariate anschließen;

b) in den Gesamtkirchengemeinden;

c) in den Tochtergemeinden, welche eine eigene Kirche mit regelmäßigem pfarrlichen Gottesdienst haben oder Umlagen (und zwar Sonderumlagen, s. L. n. 3 zu Art. 36 Abs. I KGO.) erheben oder erheben wollen; Art. 36 Abs. I KGO.;

d) wo ein Simultanverhältnis bezüglich rentierenden ortskirchlichen Stiftungsvermögens, dessen Verwaltung nicht dem einen Religionsteil allein zukommt, oder bezüglich der Befriedigung von Ortskirchenbedürfnissen besteht, soll eine Simultankirchenverwaltung gebildet werden; Art. 91 Abs. I KGO.; Fr. Art. 91 n. 1.

In der Pfalz werden Simultankirchenverwaltungen nicht gebildet; Art. 101 Abs. V KGO.

Ausnahmen können sich rechtfertigen, soweit besondere (insbesondere gutsherrliche) Verwaltungen bestehen und Kirchenumlagen nicht nötig sind, bei Kloster- und Stiftskirchen unter den gleichen Voraussetzungen, wenn auch kein ausgeschiedenes Ortskirchenvermögen besteht, bei den zu einer Gesamtkirchengemeinde vereinigten Kirchengemeinden, wenn für Einzelkirchenverwaltungen z. B. mangels eigenen Vermögens und infolge Umlagengemeinschaft (Art. 18 Abs. II KGO.) kein Bedürfnis besteht, endlich bei Tochtergemeinden, bei welchen schon bisher keine eigene Kirchenverwaltung bestanden hat, wenn auch fernerhin kein Bedürfnis nach einer solchen hervortritt; L. n. 1 zu Art. 36 Abs. I; Fr. Art. 36 n. 1.

2. Eine eigene Kirchenverwaltung kann neu gebildet und im Falle ihres bisherigen Bestehens beibehalten werden:

a) in Muttergemeinden, jedoch nur ausnahmsweise; vgl. § 10 Abs. I VB.;

b) in den nicht unter I Z. 3 fallenden Tochtergemeinden;

c) wo für einen bestimmten Teil des Pfarrsprengels eine Nebenkirche oder Kapelle mit rentierendem Vermögen vorhanden ist oder den Bekenntnisgenossen eines solchen engeren Bezirks besondere Leistungen für kirchliche Zwecke obliegen, ohne daß eine Tochtergemeinde bestünde; Art. 36 Abs. II KGO.

Diese letztere Vorschrift findet hinsichtlich der Verwaltung der Angelegenheiten von besonderen kirchlichen Friedhofverbänden entsprechende Anwendung; Art. 36 Abs. V KGO.; s. L. n. zu Art. 36 Abs. V.

3. Besondere Vorschriften.

Bei einer nur vorläufigen Regelung der Verwaltung, wenn z. B. Vermögensmassen für erst zu errichtende Kirchen oder Seelsorgestellen vorhanden sind (L. n. 1 zu Art. 36 Abs. VI; Fr. Art. 36 n. 11) und bei Ausnahmsverhältnissen wie z. B. bei Wallfahrtskirchen oder bei Kirchen, bei denen der Pfarrer nicht rector ecclesiae ist (L. n. 2 zu Art. 36 Abs. VI; Fr. Art. 36 n. 12), kann von den Bestimmungen der Art. 36—41 KGO. abgewichen werden, Art. 36 Abs. VI KGO., indem eine besondere Vertretung bzw. Verwaltung bestellt wird; Art. 40 Abs. III KGO.

Eine besondere Regelung nach Art. 36 Abs. VI KGO. bedarf in allen Fällen der Mitwirkung der Staatsaufsichtsbehörden. — Grundsätzlich gelten auch für eine besondere Verwaltung alle jene Vorschriften der KGO., die nach der jeweiligen Organisation dieser besonderen Verwaltung nicht ausgeschlossen sind; § 10 Abs. II VB.; L. n. 3 zu Art. 36 Abs. VI.

Über die Verpflichtung der bestellten besonderen Vertreter s. § 11 Abs. I VB.

4. In Ermangelung einer eigenen Kirchenverwaltung besorgt die Geschäfte, unbeschadet der Wahrung des gesonderten Vermögensstandes (s. L. n. 1 zu Art. 36 Abs. III) und der Führung eigener Rechnung:

a) für eine Muttergemeinde die Pfarrkirchenverwaltung (s. auch § 10 Abs. I VB.), wobei nur der Vorstand und die im Muttergemeindebezirke wohnenden (Art. 106 Abs. IV KGO.) Kirchenverwalter mitwirken sollen, soferne die Zahl der letzteren mindestens zwei beträgt und die Geschäfte nicht durch übereinstimmende Beschlüsse des bezeichneten Vertretungskörpers und der Kirchengemeindeversammlung oder der Kirchengemeindebevollmächtigten der Muttergemeinde auch für diesen Fall der ganzen Pfarrkirchenverwaltung übertragen sind;

b) für eine Tochtergemeinde die Pfarrkirchenverwaltung;

c) in den Fällen der obengenannten Z. 2 Buchst. b, dann für das Vermögen sonstiger Nebenkirchen und Kapellen, für welche nicht stiftungsgemäß eine andere Verwaltung bestellt ist, jene Kirchenverwaltung, die nach der Lage der Nebenkirche oder Kapelle zunächst zuständig erscheint; Art. 36 Abs. III KGO. — Über die Zuständigkeit s. L. n. 3 zu Art. 36 Abs. III.

Diese letztere Vorschrift gilt entsprechend für die Verwaltung der Angelegenheiten von besonderen kirchlichen Friedhofverbänden; Art. 36 Abs. V KGO.

IV. **Zusammensetzung der Kirchenverwaltung.**

1. Die Kirchenverwaltung besteht:

a) aus dem Pfarrer oder dem Stellvertreter im Pfarramte als Vorstand; L. n. 1 zu Art. 37 Abs. I Z. 1; Fr. n. 2 u. 3 zu Art. 37 KGO.;

b) aus gewählten weltlichen Kirchengemeindegliedern (Kirchenverwaltern), deren Zahl mindestens zwei, höchstens zwölf beträgt und, wo schon bisher eine Verwaltung (Kirchenverwaltung, Fabrikrat, Presbyterium) bestand, durch die Zahl ihrer weltlichen Mitglieder nach dem Sollstande mit Einrechnung des Gemeindeabgeordneten, bei neuen Verwaltungen durch die Staatsaufsichtsbehörde bestimmt wird, während Änderungen der Zahl durch Ortskirchensatzung erfolgen; Art. 37 Abs. I KGO.; Fr. Art. 37 n. 4; L. n. 1—5 zu Art. 37 Abs. I Z. 2 KGO.

Ausnahmen hinsichtlich der Minimalziffer sind nach Art. 36 Abs. VI, hinsichtlich der Maximalziffer nach Art. 58 Abs. I u. II, 103 Abs. V, 104 Abs. III, 105 Abs. III KGO. möglich; L. n. 2 zu Art. 37 Abs. I Z. 2; Fr. Art. 37 n. 1.

Wenn die Kirchenverwaltung für die Kassen- und Rechnungsführung einen (oder mehrere) Kirchenpfleger nicht aus ihrer Mitte, sondern ausnahmsweise aus den übrigen wählbaren Kirchengemeindemitgliedern bestimmt, so wird dieser Kirchenpfleger mit der Diensteinweisung zugleich Kirchenverwalter; Art. 58 Abs. I u. II KGO.; Fr. Art. 58 n. 4. Über die Verpflichtung s. § 11 Abs. I VV.

Besteht für die protestantische Kirche der Pfalz oder die reformierte Kirche rechts des Rheins eine Vereinigung im Sinne des Art. 103 Abs. III bzw. 105 Abs. I KGO., so sind in Kirchengemeinden mit mehreren Pfarrern diese sämtlich stimmberechtigte Mitglieder der Kirchenverwaltung für ihren ganzen Wirkungskreis; bleibt nach dem Sollstande die Zahl der weltlichen Mitglieder unter der doppelten Zahl der geistlichen, so ist sie bis zu dieser zu erhöhen; Art. 103 Abs. V, 105 Abs. III KGO.; Fr. Art. 103 n. 5.

Die gleiche Bestimmung gilt bei einer für die protestantische Kirche rechts des Rheins bestehenden Vereinigung im Sinne des Art. 104 Abs. I KGO., sofern es sich nicht um eine Simultankirchenverwaltung handelt; Art. 104 Abs. III KGO.; Fr. Art. 104 n. 3.

Hinsichtlich der Vorstandschaft in der Kirchenverwaltung stehen dem Pfarrer die mit den vollen pfarrlichen Rechten ausgestatteten Seelsorgegeistlichen gleich. — Wo in einer und derselben protestantischen Pfarrei mehrere Pfarrer angestellt sind, ist deren erster (in der Pfalz der mit der höheren Amtswürde, bei gleicher Amtswürde der mit höherem Dienstalter) zunächst zum Vorstande berufen; Art. 38 KGO.; L. a. a. O.; Fr. Art. 38 n. 1—8.

über die Pflichten des Vorstandes s. Art. 56, 57 Abs. I u. 62 Abs. I KGO.

2. Die Gesamtkirchenverwaltung besteht:

a) aus zwei bis acht geistlichen Mitgliedern;

b) aus gewählten weltlichen Mitgliedern (Kirchenverwaltern), deren Zahl dreimal so groß als die der geistlichen ist und von der Staatsaufsichtsbehörde auf die Einzelkirchengemeinden nach Verhältnis der Seelenzahl verteilt wird, wobei mehrere Kirchengemeinden für eine gerechnet werden können; Art. 37 Abs. II KGO.

Zu geistlichen Mitgliedern der Gesamtkirchenverwaltung sind die Vorstände der Einzelkirchenverwaltungen oder diejenigen Geistlichen berufen, welche beim Vorhandensein von Einzelkirchenverwaltungen deren Vorstände wären. Würde durch den Eintritt aller die Zahl acht überschritten, so bestimmen sie in einer Versammlung nach den Grundsätzen des Art. 49 KGO., wer von ihnen einzutreten hat; Art. 37 Abs. III KGO.; s. L. n. 1 u. 2 zu Art. 37 Abs. III; Fr. Art. 37 n. 6.

Die Gesamtkirchenverwaltung wählt ihren Vorstand und dessen Stellvertreter aus der Zahl ihrer geistlichen Mitglieder für die Dauer der Wahlperiode; Art. 37 Abs. IV KGO.; Fr. Art. 37 n. 7.

3. Die Simultankirchenverwaltung besteht:

a) aus den beiderseits berufenen Geistlichen; Art. 37 Abs. I Z. 1, 38 KGO.;

b) aus der festgesetzten Zahl von Kirchenverwaltern (Art. 37 Abs. I Z. 2), die je zur Hälfte von den Einzelkirchenverwaltungen beider Bekenntnisse aus ihrer Mitte bestimmt, wo eine solche fehlt, von den Wahlstimmberechtigten gewählt werden; Art. 91 Abs. I KGO.; Fr. Art. 91 n. 2.

V. Wahl der Kirchenverwalter

s. „Kirchenverwaltungswahl".

VI. Aufhebung einer bestehenden Kirchenverwaltung; Austrittsberechtigung, Ausschluß und Ersetzung von Kirchenverwaltern.

1. Zur Aufhebung einer bestehenden Kirchenverwaltung sind übereinstimmende Beschlüsse der Kirchenverwaltung und der Kirchengemeindeversammlung oder der Kirchengemeindebevollmächtigten sowie staatsaufsichtliche Genehmigung, bei Nebenkirchenverwaltungen nur Staatsaufsichtsbeschluß erforderlich. Die kirchliche Oberbehörde wird einvernommen; Art. 36 Abs. IV KGO.; Fr. Art. 36 n. 9.

Diese Vorschrift findet entsprechende Anwendung bei Aufhebung einer für die Verwaltung der Angelegenheiten von besonderen kirchlichen Friedhofverbänden gebildeten Kirchenverwaltung; Art. 36 Abs. V KGO.

2. Über die Austrittsberechtigung und -verpflichtung sowie Entlassung s. Art. 41 KGO.; L. a. a. O.; Fr. Art. 41 n. 1—5; über den Ausschluß s. Art. 83 KGO.

Für die Pfalz gilt Art. 100 Abs. II KGO. Über die zeitweilige Suspension vom Amt s. Art. 84 Abs. II u. IV KGO.; Fr. Art. 84 n. 4.

3. Eine Ersetzung von Kirchenverwaltungsmitgliedern kann nach zwei Richtungen notwendig werden. Wenn die Wahl der Kirchenverwalter in der festgesetzten Zahl trotz Wiederholung nicht zustande kommt oder wenn die Kirchenverwaltung nicht bloß vorübergehend (z. B. bei voraussichtlich längerer Krankheit oder bei Tod eines Mitgliedes, wenn nur zwei gewählte Mitglieder vorhanden sind) beschlußunfähig wird, auch durch Einberufung von Ersatzmännern oder einmalige Ergänzungswahl nicht abzuhelfen war, so kann die Staatsaufsichtsbehörde die Zahl der Kirchenverwalter entsprechend herabsetzen oder nötigenfalls kommissarisch die Kirchenverwaltung — wenn tunlich aus Kirchengemeindegliedern — ergänzen oder, abgesehen von dem Vorstande, bestellen; Art. 39 Abs. I KGO.; L. a. a. O.; Fr. Art. 39 n. 1—3. Über die Verpflichtung dieser Kirchenverwalter s. § 11 Abs. I VB.

Erscheint bei vorübergehender Beschlußunfähigkeit der Kirchenverwaltung ein Ersatz notwendig, so wird durch vorübergehende Einberufung von Ersatzmännern abgeholfen und wenn dies nicht möglich ist, so entscheidet je nachdem die Staatsaufsichtsbehörde oder die Kirchengemeindeversammlung oder die Kirchengemeindebevollmächtigten; Art. 39 Abs. II, 40 Abs. II—IV KGO.; L. n. zu Art. 40 Abs. II mit IV; Fr. Art. 39 n. 4, 40 n. 4—6. Über die Verpflichtung dieser Ersatzmänner s. § 11 Abs. I VB.

Bei Ersetzung von Kirchenverwaltern einer Simultankirchenverwaltung hat die Staatsaufsichtsbehörde für gleich starke Vertretung der beiden Religionsteile zu sorgen; Art. 91 Abs. III KGO.

VII. **Besondere Ausschüsse.**

Zur Verwaltung von besonderen Bestandteilen des Ortskirchenvermögens oder von ortskirchlichen Anstalten sowie zur Besorgung bestimmter Geschäfte können besondere Ausschüsse gebildet werden, welche der Kirchenverwaltung untergeordnet sind und von ihr aufgelöst werden können. Ihre Wirksamkeit endet jedenfalls mit Ablauf der Wahlperiode; Art. 64 KGO.; Fr. Art. 64 n. 1—3.

Über die Verpflichtung der Ausschußmitglieder s. § 11 Abs. I VB.

Über die Protokollführung bei den Ausschußverhandlungen s. § 15 mit § 14 VB.

VIII. Wirkungskreis.

Der Wirkungskreis der Kirchenverwaltung im allgemeinen ist in Art. 53 KGO. festgelegt.

1. Vertretungsbefugnis.

a) Die Kirchenverwaltung vertritt das ihrer Verwaltung anvertraute ortskirchliche Stiftungsvermögen und die Kirchengemeinde in allen rechtlichen Beziehungen und zwar ist sie vorbehaltlich Art. 36 Abs. VI KGO. ausschließlich zur Vertretung der Kirchengemeinde als solcher zuständig, soweit nicht das Gesetz selbst eine Ausnahme zuläßt. Andere Vertretungskörper oder Kirchengemeindemitglieder als Einzelpersonen können nicht Rechte der Kirchengemeinde nach außen unter Umgehung der Kirchenverwaltung geltend machen.

Der Vorstand bedarf zur Vornahme von Rechtsgeschäften und zur Abgabe von Erklärungen einer beschlußmäßig erteilten Vollmacht; Art. 63 Abs. IX KGO.; L. n. 2 Art. 53 Abs. I.

Dagegen können Zustellungen an die Kirchenverwaltung in Zivil- und Verwaltungsprozessen gültig an den Kirchenverwaltungsvorstand bewirkt werden. Die Frist läuft vom Tage der Zustellung an den Vorstand ab; BGH. I 85; D. Art. 21 VGG. n. 13.

b) Ausnahmen von der Vertretungsbefugnis. Bei Interessenwiderstreit zwischen dem ortskirchlichen Stiftungsvermögen und der Kirchengemeinde wird an Stelle der Kirchenverwaltung für beide Teile eine besondere Interessenvertretung geschaffen; Art. 55 KGO. Über besondere Fälle eines solchen Interessenwiderstreits s. L. n. 3 zu Art. 55 Abs. I; Fr. Art. 55 n. 1.

Es können jedoch nur Interessengegensätze innerhalb derselben Kirchengemeinde, also auch innerhalb einer Tochtergemeinde in Frage kommen.

Wenn dagegen Interessengegensätze zwischen einer Tochtergemeinde oder deren Stiftungsvermögen einerseits und einer Pfarr- oder Mutterkirchengemeinde und deren Stiftungsvermögen andererseits entstehen, aber nur eine gemeinsame Kirchenverwaltung vorhanden ist, so ist, da diese nicht beide Teile vertreten kann und Art. 55 KGO. nicht zutrifft, eine eigene Kirchenverwaltung für die Tochtergemeinde zu wählen oder vorübergehend eine besondere Vertretung nach Art. 36 Abs. VI KGO. zu bestellen; L. n. 3 zu Art. 53 Abs. I a. E.

c) Besondere Vertretungsbefugnis.

In Angelegenheiten, in denen zwar nicht die Kirchengemeinde als juristische Person, aber alle Kirchengemeindeglieder oder eine gewisse Klasse derselben mit gleichmäßigen oder verhältnismäßigen Rechten oder Pflichten wegen des Kirchengemeindeverbandes beteiligt sind, kann in gewissen Fällen die Kirchenverwaltung als Vertreterin einer Gruppe von Kirchengemeindegliedern auftreten, VGH. XIV 346, oder es können die Kirchengemeindeglieder eine besondere Vertretung unter Ausschluß der Kirchenverwaltung bestellen; VGH. XXVI 388; L. n. 5 zu Art. 53 Abs. I.

Da die Kirchenverwaltung die gesetzliche Vertreterin der ortskirchlichen Stiftungen und der Kirchengemeinden ist, können ihre Mitglieder in einem Prozeß, an dem eine ortskirchliche Stiftung oder die Kirchengemeinde als Partei beteiligt ist, nicht zeugeneidlich vernommen werden; VGH. XXVI 255.

2. Verwaltungsbefugnis.

a) Im allgemeinen.

Die Kirchenverwaltung besorgt nach Maßgabe der Gesetze die Verwaltung des Ortskirchenvermögens (Art. 5 Abs. I u. II KGO.) und die Befriedigung der Ortskirchenbedürfnisse; Art. 12, 18, 53 Abs. II KGO.

Für die Zuständigkeit der Kirchenverwaltung streitet die Vermutung; sie besteht nur insoweit nicht, als sie ausdrücklich anderen Organen oder anderen Vertretungskörpern vorbehalten ist; Fr. Art. 53 n. 1. Die Beschränkungen, die die Befugnisse durch einen solchen Vorbehalt erleiden, haben nach außen volle Wirksamkeit; L. n. 1 zu Art. 53 Abs. II.

b) Die Verwaltungsbefugnis im einzelnen.

Die Angelegenheiten des katholischen ortskirchlichen Stiftungsvermögens sind den Kirchenverwaltungen anvertraut, wenn nicht durch besondere Gesetze oder Stiftungsbestimmungen eine andere Verwaltung angeordnet ist; Art. 6 Abs. I KGO.; Fr. Art. 6 n. 4 u. 5.

Über den Begriff des ortskirchlichen Stiftungsvermögens s. Art. 5 Abs. II KGO.; L. n. 1 zu Art. 5 Abs. II; Fr. Art. 5 n. 4—11; s. auch „Ortskirchenvermögen".

Bei Streitigkeiten hinsichtlich der Ausscheidung der von den einzelnen Kirchenverwaltungen zu verwaltenden Vermögensbestandteile, namentlich im Verhältnis zwischen besonderen Kirchenverwaltungen der Pfarr- und Tochtergemeinden, der Pfarr- und Muttergemeinden oder der Gesamt- und Einzelkirchengemeinden werden die streitigen Vermögensbestandteile derjenigen Kirchenverwaltung zuzuweisen sein, deren Zwecken sie in der Hauptsache zu dienen bestimmt sind oder zugunsten derer ein besonderer Grund besteht; L. n. 1 zu Art. 6 Abs. I.

Über Anordnung einer besonderen Verwaltung s. L. n. 2—4 zu Art. 6 Abs. I; Fr. Art. 6 n. 6 u. 7.

Die Kirchenverwaltung hat für die bestmöglichste Verwaltung des ihr anvertrauten Vermögens nach Maßgabe des Art. 53 Abs. III KGO. und der Verwaltungsordnung (Art. 62 Abs. III KGO.) zu sorgen; Fr. Art. 53 n. 4.

c) Ausschluß bzw. Beschränkung der Verwaltungsbefugnis.

Vollständig ausgeschlossen ist die Zuständigkeit der Kirchenverwaltung in den durch Art. 112 Abs. IV KGO. vorbehaltenen Befugnissen (s. Fr. Art. 112 n. 9—12), ferner bei Ausübung der Präsentationsrechte durch Kirchenstiftung oder Kirchengemeinde und bei etwaigen Mitbeaufsichtigungsrechten hinsichtlich des Pfründevermögens; Art. 5 Abs. II KGO.

Ebenso ist die Kirchenverwaltung nicht zuständig in Angelegenheiten des protestantischen ortskirchlichen Stiftungsvermögens, da dessen Verwaltung der Kirchengemeinde anvertraut ist, wenn nicht durch besondere Gesetze oder Stiftungsbestimmungen eine andere Verwaltung angeordnet ist; Art. 6 Abs. II KGO. Im ersteren Falle erfolgt die Beschlußfassung durch die Kirchengemeindeversammlung; Art. 65 Abs. I KGO.

In anderen Fällen ist zwar eine Zuständigkeit der Kirchenverwaltung gegeben, aber eine wirksame Willenserklärung kommt nur durch übereinstimmende Beschlüsse der Kirchenverwaltung und der anderen Vertretungskörper zustande; s. Art. 65 u. 68 Abs. VI KGO.; Fr. Art. 65 n. 3, 68 n. 6.

Eine ohne zustimmende Beschlußfassung der zuständigen Organe von der Kirchenverwaltung abgegebene privatrechtliche Willenserklärung liegt außerhalb ihrer Vertretungsmacht und ist gegenüber dem kirchlichen Stiftungsvermögen und der Kirchengemeinde unwirksam; L. n. 1 zu Art. 53 Abs. I.

Eine weitere Beschränkung erleidet die Zuständigkeit der Kirchenverwaltung in den Fällen, in welchen staatsaufsichtliche Genehmigung erforderlich ist, Art. 73—78 KGO., indem Beschlüsse, die staatsaufsichtlicher Genehmigung bedürfen, vor deren Erteilung nicht rechtsgültig zum Vollzuge gelangen; Art. 78 Abs. II KGO.; Fr. Art. 78 n. 2.

d) Ausdehnung der Verwaltungsbefugnis.

Wenn das nicht als ortskirchliches Stiftungsvermögen anzusehende Vermögen von Bruderschaften oder ähnlichen Vereinigungen bisher durch eine Kirchenverwaltung besorgt wurde oder künftig einer solchen übertragen wird, gelten, solange nicht eine besondere Verwaltung ordnungsgemäß bestellt wird, entsprechend die Vorschriften über Verwaltung des ortskirchlichen Stiftungsvermögens; Art. 5 Abs. III KGO.; Fr. Art. 5 n. 12.

Das Gleiche gilt, soweit nicht ein anderes bestimmt ist, für die einer Kirchenverwaltung oder einer besonderen Verwaltung ortskirchlichen Charakters vermöge eines besonderen Rechtsverhältnisses zur Verwaltung zugewiesenen Stiftungen und Fonds zu anderen als Kultuszwecken; Art. 5 Abs. IV KGO.; Fr. Art. 5 n. 13.

Die zum Zwecke einer gemeinsamen Vermögensverwaltung vereinigten, im übrigen gesondert fortbestehenden Kirchenstiftungen desselben Bekenntnisses (Stiftungsverbände) werden einer Kirchenstiftung gleichgeachtet; Art. 5 Abs. V KGO. Wenn es sich also um katholische Stiftungsverbände handelt, ist die Verwaltung ihres Vermögens der Gesamtkirchenverwaltung anvertraut; Art. 6 Abs. I, 36 Abs. I Z. 2 KGO.; Fr. Art. 5 n. 14 a. E.

Die Kirchenverwaltung kann auf ihre gesetzliche Zuständigkeit nicht verzichten, ebensowenig einzelne Befugnisse anderen Vertretungskörpern übertragen.

Sie kann jedoch in einzelnen Fällen eine Beschlußfassung der Kirchengemeindeversammlung auch dann veranlassen, wenn deren Zuständigkeit an sich nicht gegeben wäre; Art. 65 Abs. II KGO.; L. n. 2 zu Art. 53 Abs. II; Fr. Art. 65 n. 3.

Ferner kann sie gewisse Aufgaben einzelnen Personen oder besonderen Ausschüssen übertragen; Art. 57, 58 u. 64 KGO.

3. Sonstige Mitwirkungsrechte.

a) Die Kirchenverwaltung ist beteiligt bei Bildung, Umbildung oder Auflösung von Gesamtkirchengemeinden, Art. 3 Abs. II u. III KGO. (s. L. n. 3 zu Art. 3 Abs. II, n. 4 zu Abs. III), bei der Beschlußfassung über die Mittel zur Befriedigung der Ortskirchenbedürfnisse, Art. 15 Abs. I KGO. (s. L. n. 2 u. 3 zu Art. 15 Abs. I), über die Bildung einer allgemeinen Umlagengemeinschaft, Art. 18 Abs. II u. III KGO. (s. L. n. 1 u. 2 zu Art. 18 Abs. II u. III), über die Erhebung von Kirchenumlagen, Art. 20 Abs. XII, 21 Abs. III, 23 Abs. II, IV u. VI, 24 Abs. I, V, VI u. VII, 25 KGO. (s. auch die einschlägigen Noten bei L.), über die Anordnung und Verteilung von Kirchengemeindebediensten, Art. 28 Abs. III u. 30 KGO. (s. L. n. 1 zu Art. 28 Abs. III, n. 1—6 zu Art. 30), über die Aufnahme eines Anlehens, Art. 34 Abs. I KGO. (L. n. 1 u. 4 zu Art. 34 Abs. I, n. 1 zu Abs. II), die Gewährung von Vorschüssen, Art. 35 Abs. II KGO. und über Erlassung von Ortskirchensatzungen, Art. 54 Abs. II KGO. (L. n. 1 u. 2 zu Art. 54 Abs. II).

Die Kirchenverwaltung wird gehört bei der Abgrenzung von Haupt- und Fernbezirken, Art. 19 Abs. I KGO. (s. L. n. 3 zu Art. 19 Abs. I), sie ist antragsberechtigt bei Einführung eines besonderen Vertretungskörpers als Ersatz einer Kirchengemeindeversammlung, Art. 68 Abs. II KGO. und bei Bestrafung eines Kirchengemeindemitglieds wegen Hinterziehung; Art. 107 Abs. I KGO.

b) Das Recht der Beschwerde steht ihr zu nach Art. 79 Abs. I, 80 Abs. I u. II KGO.

c) Bei Führung eines Zivilprozesses, welcher nicht die laufende Vermögensverwaltung mit sich bringt, hat die Kirchenverwaltung Anzeige an die Staatsaufsichtsbehörde zu erstatten; Art. 74 Abs. X KGO.; Fr. Art. 74 n. 16.

d) Die Kirchenverwaltung hat die Disziplinargewalt gegen die Kirchenverwalter, Art. 83 Abs. I, 84 Abs. II KGO. und das Recht der Urlaubserteilung; Art. 82 Abs. I u. III KGO.

e) Über ihre Mitwirkung bei Aufstellung des Etats s. Art. 60 Abs. III, IV u. VI KGO., bei Feststellung der Rechnungen Art. 61 Abs. III KGO.

IX. Geschäftsgang.

1. Im allgemeinen.

a) Die Verteilung und Leitung der Geschäfte gebührt dem Kirchenverwaltungsvorstande; Art. 63 Abs. I KGO.; Fr. Art. 63 n. 1.

Über die Besorgung der Schreibgeschäfte s. Art. 57 KGO., über Kassen- und Rechnungsführung s. Art. 58 u. 60 Abs. X KGO.

b) Die Sitzungen der Kirchenverwaltung können öffentlich oder geheim sein; Art. 63 Abs. II KGO. Die Entscheidung hierüber ist ihrer Selbstbestimmung überlassen; Fr. Art. 63 n. 2. Im näheren s. § 13 VB.

Der Vorsitzende handhabt die Ordnung; Art. 63 Abs. III KGO.; Fr. Art. 63 n. 3.

Über Protokollführung und Ausfertigungen s. Art. 63 Abs. VIII u. IX KGO.; § 14 VB.

c) Weitere Vorschriften über den Geschäftsgang können durch Ministerialvorschriften erlassen werden. Solange und soweit solche nicht bestehen, kann die Kirchenverwaltung den Geschäftsgang durch Geschäftsordnungen regeln; Art. 63 Abs. X KGO., § 13 VB.

2. Beschlußfassung.

a) Über die Beschlußfähigkeit und -fassung s. Art. 63 Abs. IV mit VII KGO.; Fr. Art. 63 n. 4—7.

Ein Antrag ist angenommen, wenn sich mehr als die Hälfte der anwesenden Stimmberechtigten dafür erklärt; Art. 63 Abs. VI.

b) Wer bei einer Angelegenheit aus einem Privatinteresse persönlich unmittelbar beteiligt ist, darf an der Beratung und Beschlußfassung hierüber nicht teilnehmen; Art. 40 Abs. I KGO. Im näheren s. L. n. 1 mit 7 zu Art. 40 Abs. I; Fr. Art. 40 n. 1—3.

Ist der Vorstand aus einem Privatinteresse unmittelbar beteiligt, so gilt Art. 38 Abs. III S. 2 KGO.

über die Abhilfe bei einer sich hiedurch ergebenden Beschlußunfähigkeit s. Art. 40 Abs. II—IV KGO.; für die Pfalz Art. 101 Abs. III S. 3 KGO.

c) Die Nichtbeachtung dieser Vorschriften hat nicht unbedingt die Nichtigkeit des gefaßten Beschlusses, sondern nur die Ungültigkeit der im Widerspruch mit den bezüglichen Bestimmungen abgegebenen Stimmen zur Folge; VGH. V 272, XXV 1.

d) Wo nach der Kirchengemeindeordnung die Zustimmung der kirchlichen Oberbehörde vorgeschrieben ist, bildet sie eine Voraussetzung der Rechtswirksamkeit des Kirchenverwaltungsbeschlusses; Art. 11 Abs. V S. 1 KGO.; L. n. 1 zu Art. 11 Abs. V; Fr. Art. 11 n. 4.

e) Übereinstimmende Beschlüsse der Kirchenverwaltung und der Kirchengemeindebevollmächtigten ersetzen einen Beschluß der Kirchengemeindeversammlung; Art. 68 Abs. VI S. 1 KGO.; Fr. Art. 68 n. 6.

Wenn trotz wiederholten Versuchs die Wahl einer genügenden Anzahl von Kirchengemeindebevollmächtigten nicht zustande kommt, kann die Staatsaufsichtsbehörde aussprechen, daß die Kirchenverwaltung allein zu der erforderlichen Beschlußfassung zuständig sei; Art. 71 Abs. I KGO.; Fr. Art. 71 n.

f) In der Pfalz bestehen Kirchengemeindeversammlungen und Kirchengemeindebevollmächtigte nicht. Wo sie zur Beschlußfassung berufen wären, ist nur die Kirchenverwaltung als ortskirchlicher Vertretungskörper zuständig; Art. 101 Abs. III KGO.

X. Rechtliche Stellung der Kirchenverwaltungsmitglieder.

1. Die Kirchenverwaltungsmitglieder und auch der Pfarrer als Vorstand sind nicht Beamte im Sinne des Art. 7 Abs. II BGG.; M. I 58 zu n. 1; Kr. III 112 nach n. 19; VGH. XIV 133, doch ist die Funktion des Kirchenverwalters ein öffentliches Amt und zwar auch im Sinne des RStGB.; L. n. 1 zu Art. 41 Abs. II; Kr. I 480 nach n. 8, III 112 zu n. 21; a. A. M. I 50 zu n. 4, 51 unten, 52 zu n. 1, 176 nach n. 7.

2. Die Mitglieder der Kirchenverwaltung versehen ihr Amt unentgeltlich als Ehrenamt, vorbehaltlich der Entschädigung für Kassen- und Rechnungsführung (Art. 58 Abs. I KGO.), für bare Auslagen und außerordentliche Dienstleistungen; Art. 37 Abs. V KGO.; L. n. 1 u. 2 zu Art. 37 Abs. V; Fr. Art. 37 n. 8.

3. Die Schreibgeschäfte besorgt der Vorstand in der Regel unentgeltlich; er kann hiezu auch geeignete Kirchenverwalter heranziehen; Art. 57 Abs. I KGO.; Fr. Art. 57 n. 1—3.

4. Die Mitglieder der besonderen Ausschüsse versehen

die Geschäfte ebenfalls unentgeltlich und haben nur Anspruch auf Ersatz von Auslagen; Art. 64 Abs. II KGO.

XI. Haftung der Kirchenverwalter und besonderen Verwalter
s. Art. 59 KGO.; Fr. Art. 59 n. 1 u. 2.

Die Haftungsverbindlichkeit wird durch die Staatsaufsichtsbehörde festgestellt; Art. 79 Abs. I KGO.; Fr. Art. 79 n. 1.

Über das Beschwerderecht s. Art. 80 KGO., § 21 VV.; Fr. Art. 80 n. 1—6.

XII. Streitigkeiten.

Streitigkeiten können entstehen:

1. über den Bestand einer besonderen Verwaltung, Art. 8 Z. 35 bzw. Art. 10 Z. 11 VGG.; Fr. Art. 6 n. 6; s. auch „Stiftungen", oder über die Ausscheidung der von den einzelnen Kirchenverwaltungen zu verwaltenden Vermögensbestandteile; L. n. 1 zu Art. 6 Abs. I.

2. über Recht und Pflicht zum Eintritt als Kirchenverwalter und Recht und Pflicht zum Austritt; Art. 8 Z. 37 VGG. in der Fassung des Art. 96 b KGO. Für die Pfalz s. jedoch Art. 100 Abs. II KGO.; Fr. Art. 96 n. 2 a. E.

Der Anspruch eines Ersatzmannes auf Eintritt bei Erledigung mehrerer Stellen ist gleichfalls Verwaltungsrechtssache; VGH. VI 111.

a) Zuständig sind in 1. Instanz die Distriktsverwaltungsbehörden bzw. in unmittelbaren Städten die Kreisregierungen, Art. 81 Abs. I S. 2, 73 Abs. II u. III KGO., in 2. Instanz der Verwaltungsgerichtshof; Art. 9 Abs. I VGG.; D. n. 1 zu Art. 8 Z. 37; Fr. Art. 41 n. 1, 96 n. 2.

b) Gegen den erstinstanziellen Beschluß steht auch der Kirchenverwaltung das Recht der Beschwerde zu. Die Beschwerde ist wie die des betreffenden Kirchenverwalters an eine 14 tägige Frist gebunden; Art. 81 Abs. II KGO.; L. n. 2 zu Art. 41 Abs. III.

c) Über die Fristberechnung s. Art. 106 Abs. VI KGO.

d) Verneint die Kirchenverwaltung die Verpflichtung zum Austritt, so kann die Staatsaufsichtsbehörde das verwaltungsrechtliche Verfahren zur Feststellung der Notwendigkeit des Austritts auch von Amts wegen einleiten; D. Art. 20 n. 1 II b; L. n. 2 zu Art. 41 Abs. III.

3. Wenn von der Kirchenverwaltung behauptet wird, daß auf dem Gebiete der Kirchengemeindeordnung das gesetzliche Selbstverwaltungsrecht verletzt sei; Art. 10 Z. 3 VGG. in der Fassung des Art. 96 c KGO.; Kr. III 128 zu n. 31; Seeb. 71 n. 16; S. III 607 zu n. 83; auch L. n. 2 zu Art. 23 Abs. IV, n. 6 zu Art. 40 Abs. I, n. 3 zu Abs. III.

Einzelnen Kirchengemeindegliedern steht ein Beschwerderecht nicht zu; VGH. XII 70.

Über die Zuständigkeit s. D. Art. 10 Z. 3 n. 8. Erste Instanz sind die Staatsaufsichtsbehörden, zweite die Kreisregierungen, dritte der Verwaltungsgerichtshof; Art. 81 Abs. I KGO.; Fr. Art. 96 n. 3 a. E.

4. Über die Bewilligung der Entlassung eines Kirchenverwalters nach Art. 41 Abs. IV KGO.

Versagt die Staatsaufsichtsbehörde die Genehmigung, so kann sowohl die Kirchenverwaltung als auch der betreffende Kirchenverwalter Aufsichtsbeschwerde zur Kreisregierung bzw. zum Kultusministerium erheben; Art. 80, 81 KGO.

Eine Zuständigkeit des Verwaltungsgerichtshofs ist ausgeschlossen, da es sich um eine Ermessenssache handelt; Art. 13 Abs. I Z. 3 VGG.; L. Art. 41 n. zu Abs. IV.

5. Über das Stimmrecht in Kirchengemeindeangelegenheiten; Art. 10 Z. 12 VGG. in der Fassung des Art. 96 d KGO.

Im einzelnen s. L. n. cc zu Art. 96d; Fr. Art. 96 n. 4.

Wird ein Kirchenverwalter wegen Privatbeteiligung nach Art. 40 Abs. I KGO. von der Beratung und Beschlußfassung ausgeschlossen, so kann er hiegegen nur aufsichtliches Eingreifen auf Grund des Art. 73, 74, 81 KGO. anrufen, nicht aber Beschwerde nach Art. 10 Z. 12 VGG. erheben; L. n. 7 zu Art. 40 Abs. I; Fr. Art. 40 n. 4.

B. In der Pfalz.

I. Rechtsquellen:

1. in der katholischen Kirche: Art. 97, 100, 101 Abs. III—V KGO.;

2. in der protestantischen Kirche: Art. 103 KGO., Vereinigungsurkunde v. 10. X. 1818 (W. I 736), VO. v. 8. I. 1819 (Wagner II 169), rev. Wahlordnung v. 17. VI. 1876 (Wand 65) mit KonsInstr. v. 15. VIII. 1876 (Wagner II 171). Daneben gilt für das materielle Verwaltungsrecht noch das Fabrikdekret v. 30. XII. 1809 (Wand 528); M. I 346 zu n. 2.

II. Zusammensetzung.

1. In der katholischen Kirche werden Kirchenverwaltungen nach Maßgabe der KGO. gebildet; Art. 100 Abs. I KGO. Es gelten daher die Ausführungen unter Buchst. A mit den dort hinsichtlich der Pfalz erwähnten Besonderheiten. Bei Streitigkeiten findet Art. 8 Z. 37 VGG. keine Anwendung, VGH. XIV 190, vielmehr entscheiden die Behörden der aktiven Verwaltung.

2. In der protestantischen Kirche bleiben bis zum Inkrafttreten der KGO. (Art. 103 Abs. I) die bestehenden Vorschriften unberührt; Art. 103 Abs. II KGO.

Die Aufgaben der Kirchenverwaltung, insbesondere die Vertretung der Kirchenstiftung (nicht auch der Kirchengemeinde, M. I 330 nach n. 1) obliegen hier dem Presbyterium.

a) Das Presbyterium besteht:

α) aus den Pfarrern (bzw. Pfarrverwesern) des Kirchensprengels;

β) aus 5—12 gewählten Kirchengemeindemitgliedern, abgestuft nach der Seelenzahl, welche jedoch bei Zugehörigkeit mehrerer Orte zu einer Kirchengemeinde entsprechend vermehrt werden können; die Anordnung obliegt dem Konsistorium; M. I 332 zu n. 6 u. 7.

Vorstand ist der Pfarrer; wo mehrere sind, entscheidet über den Vorsitz die höhere Amtswürde, bei gleicher Amtswürde das höhere Dienstalter; M. I 332 zu n. 5.

b) über den Wirkungskreis im einzelnen s. M. I 344—352.

c) über die rechtliche Stellung des Presbyteriums und seiner Mitglieder s. M. I 337—339.

Wegen der Übertragung der Presbyterialbefugnisse an die Kirchenverwaltung s. Art. 103 Abs. III—VI KGO.

d) Streitigkeiten.

α) Ist Recht und Pflicht zum Eintritt bzw. Austritt bestritten, so findet Art. 8 Z. 37 VGG. keine Anwendung, da diese Bestimmung hier nicht gilt; VGH. XIV 183; M. I 338 nach n. 3; S. III 607 n. 82. Solche Streitigkeiten werden im Verwaltungsweg von den Behörden der aktiven Verwaltung entschieden; VGH. XIV 190.

β) Bei einem Streit wegen Verletzung des Selbstverwaltungsrechts gilt das Gleiche wie oben unter A XII 3.

Kirchenverwaltungswahl.

A. Im rechtsrheinischen Bayern.

I. Quellen.

1. Rechtsquellen: Art. 42—52 KGO., VO. v. 20. X. 1912 über die Wahlen der ortskirchlichen Vertretungskörper (Kirchenwahlordnung [= KWO.] GVBl. 997, KMBl. 655), Bek. v. 20. X. 1912, Formblätter für die Wahlen der ortskirchlichen Vertretungskörper betr. (GVBl. 1043, KMBl. 713), Bek. v. 21. X. 1912, die Wahlen der ortskirchlichen Vertretungskörper für die Wahlperiode 1913/18 betr. (KMBl. 741).

2. Literatur: L. u. Fr. n. zu Art. 42—52 KGO.

II. Wahlberechtigung.

1. Die Kirchenverwalter der Pfarr-, Mutter- und

Tochterkirchenverwaltung sollen durch die wahlstimmberechtigten Pfarr-, Mutter- oder Tochtergemeindeglieder gewählt werden; Art. 42 Abs. I KGO.

Besteht zwischen Pfarr- und Tochtergemeinde in Ansehung des Ortskirchenvermögens und der Befriedigung der Ortskirchenbedürfnisse keine oder nur eine unerhebliche Gemeinschaft, so sollen die Tochtergemeindeglieder für die Wahlen der Pfarrgemeinde nicht in Betracht kommen; Art. 42 Abs. II KGO.

Die Frage, ob eine erhebliche oder nur unerhebliche Gemeinschaft besteht, wird zunächst von der Staatsaufsichtsbehörde entschieden; L. n. 2 zu Art. 42 Abs. I u. II; Fr. Art. 42 n. 2.

a) Aktives Wahlrecht.

Wahlstimmberechtigt sind die männlichen, selbständigen (Art. 106 Abs. III KGO.) Bekenntnisgenossen, die das fünfundzwanzigste Lebensjahr vollendet haben, die deutsche Reichsangehörigkeit besitzen, im Kirchengemeindebezirk wohnen (Art. 106 Abs. IV KGO.) und von denen ein Steuerbetrag auf eine ganz oder teilweise zum Kirchengemeindebezirke gehörige bürgerliche Gemeinde oder abgesonderte Markung trifft; Art. 43 Abs. I KGO.

Wer in mehreren Kirchengemeinden wohnt, kann das Wahlrecht in diesen mehreren Kirchengemeinden ausüben. Forensen haben kein Wahlrecht. Im einzelnen s. L. n. 9 mit 12 zu Art. 43 Abs. I; Fr. Art. 43 n. 5.

Wenn ein Kirchengemeindebezirk in Haupt- und Fernbezirk geteilt ist (Art. 19 Abs. I KGO.) gilt nur der erstere in bezug auf die Wahl als Kirchengemeindebezirk im Sinne des Gesetzes. Deshalb sind nur jene Bekenntnisgenossen wahlstimmberechtigt, die im Hauptbezirk wohnen; s. auch § 45 Z. 2 KWO.; L. n. 2 zu Art. 19 Abs. I, n. 2 zu Art. 43 Abs. I.

Von der Wahlstimmberechtigung ausgeschlossen sind die in Art. 43 Abs. I KGO. unter Z. 1 mit 3 aufgeführten Personen, L. n. 13 zu Art. 43 Abs. I; Fr. Art. 43 n. 8—11; ferner für die betreffende Wahl und deren etwaige Erneuerung diejenigen, welche sich einer Wahlbestechung aktiv oder passiv schuldig gemacht haben; Art. 46 KGO.; L. n. 4d mit f zu Art. 46; Fr. n. zu Art. 46.

Über eine weitere Möglichkeit der Aberkennung der Wahlstimmberechtigung s. Art. 103 Abs. V KGO.; AE. v. 7. IX. 1887 die Verh. der protestantischen Generalsynode der Pfalz i. J. 1885 betr. Z. I u. Anlage I (KMBl. 309); Art. 104 Abs. III KGO.; AE. v. 7. X. 1850, Die Einführung der Kirchenvorstände betr. (W. IV 187) u. Art. 105 Abs. III KGO.; Fr. Art. 103 n. 5, 104 n. 3.

Durch die Kirchenwahlordnung kann die Befugnis zur Ausübung

des Wahlstimmrechts allgemein oder unter bestimmten Voraussetzungen von dem Eintrag in eine ständige oder jeweils anzulegende Wählerliste und der Eintrag von der eigenen Anmeldung des Wahlstimmberechtigten abhängig gemacht werden; Art. 43 Abs. II KGO. Von dieser Ermächtigung ist in § 2 KWO. Gebrauch gemacht; L. n. 1 zu Art. 43 Abs. II; Fr. Art. 43 n. 12.

b) Passives Wahlrecht.

Wählbar sind nach zurückgelegtem dreißigsten Lebensjahre die wahlstimmberechtigten weltlichen Bekenntnisgenossen, die ständig im Kirchengemeindebezirke wohnen (Art. 106 Abs. IV KGO.) und denen nicht die Fähigkeit zur Bekleidung öffentlicher Ämter fehlt oder durch besonderen ordnungsmäßig veröffentlichten Ausspruch des zuständigen kirchlichen Organs die kirchlichen Gemeinschaftsrechte aberkannt sind; Art. 44 Abs. I KGO.

Personen, die gleichzeitig in mehreren Kirchengemeindebezirken wohnen, sind in sämtlichen gleichzeitig wählbar, Personen, die dagegen abwechslungsweise in mehreren Kirchengemeindebezirken wohnen, sind in keinem wählbar; L. n. 6 zu Art. 44 Abs. I; Fr. Art. 44 n. 4.

Wenn ein Kirchengemeindebezirk in Haupt- und Fernbezirk geteilt ist, so gilt nur der Hauptbezirk als Kirchengemeindebezirk im Sinne der KGO.; Art. 19 Abs. I S. 1 KGO.; § 45 Z. 2 KWO.; L. n. 2 zu Art. 19 Abs. I, n. 2 zu Art. 44 Abs. I.

Durch Ortskirchensatzung kann für eine über mehrere Orte sich erstreckende Pfarr-, Mutter- oder Tochtergemeinde angeordnet werden, daß fortgesetzt oder nach Wahlperioden abwechselnd ein bestimmter Teil der Gesamtzahl der Kirchenverwalter und Ersatzmänner aus gewissen Orten oder Ortsgruppen gewählt werden muß; Art. 42 Abs. III KGO. Für diesen Fall kann durch Ortskirchensatzung der Tochtergemeinde bestimmt werden, daß die aus dem Tochtergemeindebezirk in die Pfarrkirchenverwaltung gewählten Kirchenverwalter jeweils zugleich als Kirchenverwalter der Tochterkirchenverwaltung zu gelten haben; Art. 42 Abs. IV KGO.; § 45 Z. 3 KWO.; L. n. 1 zu Art. 42 Abs. IV.

Die Wählbarkeit geht im Falle der Bestechung der Wähler für die betreffende Wahl und deren etwaige Erneuerung verloren; Art. 46 KGO.; L. n. 4 d mit f zu Art. 46; Fr. n. zu Art. 46.

Ist ein Kirchenverwaltungsmitglied wegen grober Pflichtverletzung oder wegen unsittlicher oder unehrenhafter Handlungen vom Dienste enthoben worden, so ist dasselbe in der laufenden und in der nächstfolgenden Wahlperiode nicht als Kirchenverwalter wählbar; Art. 84 Abs. IV S. 3 KGO.

2. Die Kirchenverwalter einer Gesamtkirchenverwaltung werden, wenn Einzelkirchenverwaltungen vorhanden sind, von deren Kirchenverwaltern in einer Versammlung aus ihrer Mitte nach den Grundsätzen der Art. 49 u. 50 KGO. bestimmt, andernfalls aber durch die wahlstimmberechtigten Kirchengemeindeglieder der Einzelkirchengemeinden oder der Gruppen gewählt, zu welchen mehrere Kirchengemeinden nach Art. 37 Abs. II Z. 2 KGO. zusammengefaßt sind; Art. 42 Abs. V KGO.; L. n. 1 mit 3 zu Art. 42 Abs. V; Fr. Art. 42 n. 5.

Auf die Wahl finden die Vorschriften der KWO. entsprechende Anwendung; § 45 Z. 4 KWO.

3. Die Kirchenverwalter der Nebenkirchen-, Kapellen- und kirchlichen Friedhofverwaltungen sollen durch die in dem Bezirke wohnenden (Art. 106 Abs. IV KGO.) wahlstimmberechtigten Bekenntnisgenossen gewählt werden. Der Bezirk gilt für die Wahlen als Kirchengemeindebezirk; Art. 42 Abs. VI KGO.; L. n. 1 mit 5 zu Art. 42 Abs. VI; Fr. Art. 42 n. 6.

Wer demnach zur Teilnahme an der Wahl einer Nebenkirchen- usw. Verwaltung berechtigt ist, verliert darum nicht sein Wahlrecht hinsichtlich der Pfarr- usw. Kirchenverwaltung; L. n. 3 zu Art. 43 Abs. I.

Auf die Wahl finden die Vorschriften der KGO. entsprechende Anwendung; § 45 Z. 5 KWO.

4. Die Kirchenverwalter einer Simultankirchenverwaltung werden je zur Hälfte von den Einzelkirchenverwaltungen beider Bekenntnisse aus ihrer Mitte bestimmt, wo eine solche fehlt, von den Wahlstimmberechtigten gewählt; Art. 91 Abs. I KGO.; Fr. Art. 91 n. 2.

Im letzteren Fall finden die Vorschriften der KGO. entsprechend Anwendung; § 45 Z. 6 KWO.

Für die Pfalz werden Simultankirchenverwaltungen nicht gebildet; Art. 101 Abs. V KGO.

III. Vorbereitung der Wahl.

1. Im allgemeinen.

a) Die Vorbereitung der Wahl obliegt der Kirchenverwaltung; § 1 Abs. I KWO.

Die regelmäßigen Kirchenverwaltungswahlen sollen von sechs zu sechs Jahren im November oder Dezember stattfinden und bis 15. Dezember beendet sein. Sie gelten für die sechs auf die gesetzliche Wahlzeit folgenden Kalenderjahre (Wahlperiode). Die während der Wahlperiode stattfindenden Wahlen gelten für die noch übrige Dauer der ersteren; Art. 47 KGO.; L. n. zu Art. 47 Abs. I—III; Fr. Art. 47 n. 1. u. 2.

Für die Übergangszeit s. Art. 110 Abs. II KGO. u. MBek. v. 21. X. 1912 (KMBl. 741).

Die Austretenden haben bis zur Einweisung der Neugewählten ihre Tätigkeit fortzusetzen; Art. 52 Abs. II KGO. Das gilt auch für die Pfalz; Art. 100 Abs. II KGO.

b) Soll eine Kirchenverwaltung neu gebildet werden, so ist von der Staatsaufsichtsbehörde ein Ausschuß mit der Wahlvorbereitung zu betrauen; § 1 Abs. II KWO.

2. Herstellung der Listen.

a) Die Befugnis zur Ausübung des Wahlstimmrechts ist in der Regel von dem Eintrag in eine Wählerliste abhängig; § 2 Abs. I KWO.

Über die Wahlberechtigung in diesem Falle s. L. n. 1a zu Art. 43 Abs. II; Fr. Art. 43 n. 12.

Die Wahl erfolgt in diesem Falle nach freien Listen oder mit Genehmigung der Staatsaufsichtsbehörde nach gebundenen Listen; Art. 52 Abs. III S. 2 u. 3 KGO.; § 2 Abs. III KWO.; L. n. 1 u. 2 zu Art. 52 Abs. III; Fr. Art. 52 n. 5.

b) Mit staatsaufsichtlicher Genehmigung kann jedoch von der Aufstellung einer Wählerliste abgesehen werden; § 2 Abs. II KWO.

Über die Wahlberechtigung s. L. n. 1b zu Art. 43 Abs. II.

Hier erfolgt die Wahl nach freien Listen und die Vorschriften der §§ 3—14 KWO. finden keine Anwendung; § 2 Abs. III u. IV KWO.

c) Soweit die Aufstellung von Wählerlisten, die alle Wahlstimmberechtigten umfassen sollen, angeordnet wird, obliegt die Herstellung den bürgerlichen Gemeinden im Benehmen mit den einschlägigen Kirchenverwaltungen; Art. 52 Abs. IV KGO. Die Kosten sind der bürgerlichen Gemeinde zu ersetzen; Fr. Art. 52 n. 6.

d) Ist der Eintrag in die Wählerliste von der eigenen Anmeldung des Wahlstimmberechtigten abhängig gemacht (Art. 43 Abs. II KGO.), so obliegt die Herstellung der Wählerliste der Kirchenverwaltung; L. n. 2 zu Art. 52 Abs. IV KGO.

Zum Zwecke der Aufstellung einer Wählerliste erläßt die Kirchenverwaltung durch öffentliche Bekanntmachung eine Aufforderung an die Wahlstimmberechtigten, sich mündlich oder schriftlich anzumelden; § 3 KWO.

Nach Ablauf der Anmeldefrist hat der Kirchenverwaltungsvorstand vorläufig zu prüfen, ob die in die Anmeldeliste Eingetragenen wahlstimmberechtigt sind und gegebenenfalls die erforderlichen Erhebungen einzuleiten; § 4 KWO.

Nach Abschluß der Erhebungen prüft der Kirchenverwaltungsvorstand die Anmeldeliste auf ihre Vollständigkeit und Richtigkeit nach. Die gegebenenfalls berichtigte und ergänzte Anmeldeliste bildet dann die Grundlage für die Befugnis zur Ausübung des Wahlstimmrechts; § 5 KWO.

e) Wird die Wahl nach freien Listen vorgenommen, so hat der Kirchenverwaltungsvorstand die Wählerliste dem Wahlkommissär zu übergeben; § 5 Abs. IX KWO.

Soll die Wahl nach gebundenen Listen vorgenommen werden, so hat der Kirchenverwaltungsvorstand die in die Wählerliste eingetragenen Wahlstimmberechtigten zur Einreichung von Vorschlagslisten durch öffentliche Bekanntmachung aufzufordern (im einzelnen s. §§ 6—13 KWO.) und dann die Wählerliste sowie die sämtlichen eingereichten Vorschlagslisten dem Wahlkommissär zu übergeben; § 14 KWO.

3. Bekanntmachung von Ort und Zeit der Wahl.

a) Bei Wahlen ohne Wählerliste und bei Wahlen mit Wählerliste nach freien Listen s. § 16 KWO.

b) Bei Wahlen nach gebundenen Listen s. § 17 KWO.

4. Die Beschaffung der erforderlichen Wahlpapiere obliegt den bürgerlichen Gemeinden.

Die Gemeinden haben für die Wahl das nötige Dienstpersonal bereitzustellen und für ein geeignetes Wahllokal zu sorgen; Art. 48 Abs. V KGO. Als Entschädigung können sie nur den Ersatz von Auslagen beanspruchen; Art. 52 Abs. V KGO.; L. n. 1 mit 7 zu Art. 48 Abs. V, n. 1 mit 4 zu Art. 52 Abs. V; Fr. Art. 48 n. 4, 52 n. 6—11.

IV. Wahlverfahren.

1. Die Leitung der Wahl obliegt dem Wahlkommissär, dem ein Wahlausschuß zur Seite steht; Art. 48 Abs. I KGO.; Fr. Art. 48 n. 1.

In großen Kirchengemeinden kann die Kirchenverwaltung die Vornahme der Wahl in mehreren Wahllokalen anordnen; Art. 48 Abs. II KGO.; § 5 Abs. VI KWO.; L. n. zu Art. 48 Abs. II; Fr. Art. 48 n. 3.

In diesem Fall ist für jedes Wahllokal von der Staatsaufsichtsbehörde ein Wahlkommissär zu ernennen, § 15 KWO., und sind mehrere Wahlausschüsse zu bilden, von welchen die Staatsaufsichtsbehörde einen als Hauptwahlausschuß zu bezeichnen hat; § 18 Abs. II KWO.

a) Der Wahlkommissär wird von der Staatsaufsichtsbehörde ernannt.

In der Regel ist als solcher der Kirchenverwaltungsvorstand aufzustellen; Art. 48 Abs. I KGO.; L. n. 1 zu Art. 48 Abs. I; Fr. Art. 48 n. 2.

über seine Obliegenheiten s. § 19 KWO.

b) Der Wahlausschuß besteht aus drei Mitgliedern, welche am Wahltage unter der Leitung des Wahlkommissärs durch Zuruf aus der Mitte der erschienenen Wähler gewählt werden; § 18 KWO.; L. n. 2 zu Art. 48 Abs. I; Fr. Art. 48 n. 1.

Über seine Tätigkeit s. § 20 KWO.

2. Die Abstimmung.

Die Wahl wird in geheimer, unmittelbarer Stimmgebung vorgenommen; Art. 48 Abs. I KGO.; § 21 KWO.

Nichtzulassung zur Stimmgebung berechtigt zur Wahlanfechtung nach § 42 Abs. I Z. 2 KWO.; s. auch § 25 KWO.

Jeder Wähler hat nur eine Stimme. Stellvertretung ist ausgeschlossen; Art. 48 Abs. III u. IV KGO.

Über die Eintragung des Stimmgebungsvermerks bei Aufstellung einer Wählerliste s. § 23 KWO., bei Abstandnahme von einer Wählerliste § 24 KWO.

Über Protokollführung, Listenfertigung und Behandlung der Wahlzettel s. §§ 30, 31 KWO.

3. Ergebnis der Wahl.

a) Ermittlung des Wahlergebnisses.

α) Bei Wahlen ohne Wählerliste und bei Wahlen mit Wählerliste nach freien Listen s. § 26 KWO.; L. Vorbem. IV B c vor Art. 42.

β) Bei Wahlen nach gebundenen Listen s. § 27 KWO.

γ) Bei Wahlen nach gebundenen Listen mit folgender Ergänzungswahl nach freien Listen s. § 28 KWO.

b) Feststellung des Wahlergebnisses.

Bei der Wahl entscheidet relative Stimmenmehrheit. Die Reihenfolge der Gewählten bemißt sich nach der Zahl der erhaltenen Stimmen. Bei gleicher Stimmenzahl richtet sich die Reihenfolge nach dem Lebensalter, wenn die erforderliche Zahl durch den Eintritt aller nicht überschritten wird. Andernfalls entscheidet das Los; Art. 49 KGO.; L. n. zu Art. 49 Abs. I u. II; Fr. Art. 49 n. 1 u. 2.

Über die Feststellung im einzelnen s. § 29 KWO.; L. Vorbem. IV B d vor Art. 42.

Über Verwandtschaft und Schwägerschaft als Hinderungsgrund zum Eintritt in die Kirchenverwaltung s. Art. 50 KGO.; L. n. zu Art. 50; Fr. Art. 41 n. 5 a. E., 50 n. 1—4.

c) Annahmeerklärung der Gewählten.

Die Gewählten haben sich über die Annahme oder Ablehnung der Wahl zu erklären; § 32 KWO.

Über Ablehnungsgründe (Art. 45 KGO.) entscheidet in den Landesteilen rechts des Rheins der Wahlausschuß, in der Pfalz der Wahlkommissär; § 33 KWO.; L. n. 1 mit 12 zu Art. 45 Abs. I; Fr. Art. 45 n. 1—5.

Scheiden sämtliche Kirchenverwalter und Ersatzmänner aus, so hat in Fortsetzung der regelmäßigen Kirchenverwaltungswahlen eine Neuwahl der Kirchenverwalter und Ersatzmänner nach Maßgabe des § 34 KWO. stattzufinden; § 33 Abs. V KWO.

d) Kosten der Wahl.

Die Wahlkosten gehören zum Verwaltungsaufwande. Sie sind zunächst vom ortskirchlichen Stiftungsvermögen, sodann von der Kirchengemeinde zu tragen; Fr. n. 7 zu Art. 52 KGO. Den bürgerlichen Gemeinden sind nur die Auslagen zu ersetzen (s. oben III 4). Reisekosten und Tagegelder von Staatsbeamten, die als Wahlkommissäre aufgestellt sind, fallen der Staatskasse zur Last. Alle Wahlhandlungen und die dabei nötigen Ausfertigungen sind gebührenfrei; Art. 52 Abs. V KGO.; L. n. 1 mit 4 zu Art. 52 Abs. V.

V. Staatsaufsichtliche Prüfung, Ungültigkeit und Anfechtung der Wahl, Beanstandung Gewählter durch die kirchliche Oberbehörde.

Die Wahlen unterliegen der Prüfung durch die Staatsaufsichtsbehörde (im näheren s. §§ 39 u. 40 KWO.) und innerhalb vierzehn Tagen nach der Bekanntmachung des Wahlergebnisses der Anfechtung; Art. 52 Abs. I KGO.

Über die Ungültigkeit der Wahl s. § 41 KWO.; Art. 46 KGO.; L. n. 2 zu Art. 52 Abs. I; Art. 46 n. 1 mit 4; Fr. Art. 52 n. 1; über die Anfechtung s. § 42 KWO.; L. n. 4 zu Art. 52 Abs. I; Fr. Art. 52 n. 2; über die Beanstandung Gewählter durch die kirchliche Oberbehörde s. Art. 44 Abs. II KGO.; § 43 KWO.; L. n. 4 mit 9 zu Art. 44 Abs. II; Fr. Art. 44 n. 10 mit 13.

VI. Ersatzmännerwahl.

Für die Kirchenverwalter sind in demselben Wahlgang in gleicher Anzahl Ersatzmänner zu wählen. Im einzelnen s. Art. 51, Art. 42 Abs. III u. IV KGO.; Fr. Art. 51 n. 1.

Für die Wahl der Ersatzmänner gelten die gleichen Vorschriften wie für die Wahl der Kirchenverwalter selbst; L. n. 3 zu Art. 51 Abs. I; Fr. Art. 51 n. 2.

VII. Ergänzungswahl.

Tritt im Laufe der Wahlperiode eine Erledigung von Stellen ein, für die Ersatzmänner nicht mehr vorhanden sind, und kann bei einer Kirchenverwaltung auch ein am Eintritt Behinderter (Art. 50 Abs. IV KGO.) nicht einberufen werden, so soll von der Staatsaufsichtsbehörde eine Ergänzungswahl angeordnet werden; § 46 KWO. Es gelten hiefür die gleichen Vorschriften wie für die regelmäßigen Wahlen; § 46 Abs. III KWO.

VIII. Streitigkeiten.

1. a) Streitigkeiten über Wahlrecht und Wählbarkeit bei Wahlen von Kirchenverwaltern, über die Gültigkeit solcher Wahlen, über Recht und Pflicht zum Eintritt als Kirchenverwalter und Recht und Pflicht zum Austritt fallen unter Art. 8 Z. 37 VGG. in der Fassung des Art. 96 Buchst. b KGO.

Bezüglich der Pflicht zum Eintritt in die Kirchenverwaltung und des Rechts zum Austritt aus ihr ist Art. 8 Z. 37 VGG. für die Pfalz im Hinblick auf Art. 100 Abs. II KGO. nicht anwendbar (Fr. Art. 96 n. 2), soweit nicht die dort vorgesehene Pflicht zum Verbleiben bis zur Einweisung des Nachfolgers in Frage steht.

b) Unter Art. 8 Z. 37 VGG. fällt auch ein Streit über das Recht und die Pflicht von Ersatzmännern zum vorübergehenden Eintritt in die Kirchenverwaltung nach Art. 40 Abs. II u. 39 Abs. I u. II KGO. sowie eines Kirchengemeindegliedes zum Eintritt als Kirchenpfleger und Kassenverwalter in die Kirchenverwaltung gemäß Art. 58 Abs. II KGO.; Fr. Art. 96 n. 2.

c) Unter Art. 8 Z. 37 VGG. fallen auch bestrittene Ansprüche von Filialisten auf ein Wahlrecht hinsichtlich der Pfarrkirchenverwaltung; L. n. 2 zu Art. 42 Abs. I u. II; Fr. Art. 42 n. 2.

d) Hierher gehören ferner Streitigkeiten über das Vorliegen von Voraussetzungen des Beanstandungsrechts der kirchlichen Oberbehörde nach Art. 44 Abs. II KGO.; L. n. 9 zu Art. 44 Abs. II.

2. Zuständig ist in erster Instanz das Bezirksamt, in unmittelbaren Städten die Kreisregierung, in zweiter Instanz der Verwaltungsgerichtshof; Art. 81, 73 Abs. II u. III KGO.; Art. 9 Abs. I VGG.

3. Beteiligt ist nur derjenige, dessen Wählbarkeit in Frage steht. Im näheren s. L. n. 11 zu Art. 44 Abs. I; Fr. Art. 44 n. 14.

4. Die Entscheidungen der kirchlichen Instanzen im Falle des Art. 103 Abs. V, 104 Abs. III u. 105 Abs. III KGO. sind bei Streitigkeiten nach Art. 8 Z. 37 VGG. der Nachprüfung durch den Verwaltungsrichter entzogen; Fr. Art. 103 vor n. 6, 104 vor n. 4.

5. Wahlstreitigkeiten sind gebührenpflichtig; L. n. 4 zu Art. 52 Abs. V.

B. In der Pfalz.

I. Besondere Rechtsquellen:

Art. 97, 100, 101 Abs. V u. 103 KGO.; für die protestantische Kirche außerdem die revidierte Wahlordnung v. 17. VI. 1876 (Wand 65) und die KonsInstr. v. 15. VIII. 1876 (Wagner II 171).

II. 1. In der katholischen Kirche werden Kirchenverwaltungen nach Maßgabe der KGO. gebildet; Art. 100 Abs. I KGO. Es gelten deshalb für die Wahl die gleichen Vorschriften wie unter A mit den für die Pfalz angegebenen Besonderheiten.

2. In der protestantischen Kirche bleiben bis zum Inkrafttreten der Kirchengemeindeordnung (Art. 103 Abs. I KGO.) die bestehenden Vorschriften unberührt; Art. 103 Abs. II KGO.

Der Kirchenverwaltung entspricht demnach das Presbyterium.

Die Presbyterien werden alle sechs Jahre durch Wahl vollständig neu gebildet.

Die bisherigen Mitglieder können wiedergewählt werden; M. I 333 zu n. 4 u. 5.

Wahlverband ist die betreffende Kirchengemeinde, deshalb ist Mitgliedschaft im Kirchspiel Wahlvoraussetzung; M. I 333 zu n. 12 u. 13.

III. Aktiv wahlberechtigt sind diejenigen männlichen selbständigen Kirchengemeindemitglieder, welche das 25. Lebensjahr vollendet haben, bayerische Staatsangehörige sind, sich im vollen Besitze ihrer bürgerlichen und kirchlichen Rechte befinden und nicht wegen irgendeines Verbrechens oder Vergehens, das den Verlust der bürgerlichen Ehrenrechte nach sich ziehen muß oder kann, verurteilt worden sind; M. I 333 zu n. 14.

Wählbar sind diejenigen Wahlstimmberechtigten, welche mehr als 30 Jahre alt und als sittlich unbescholtene und kirchlich gesinnte Männer bekannt sind; M. I 334 zu n. 3; Fr. Art. 103 n. 5.

Über die Wahlhandlung s. M. I 334. Soll dieselbe für eine Kirchengemeinde vorgenommen werden, zu der mehrere Orte gehören (Parochialorte) s. M. I 332 zu n. 6.

Die Ersatzmännerwahl s. M. I 333 zu n. 6.

Über Ergänzungswahlen s. M. I 333 nach n. 9.

IV. Streitigkeiten

werden nicht im Verwaltungsrechtsweg, sondern von den Behörden der aktiven Verwaltung entschieden, da Art. 8 Z. 37 für die protestantische Kirche der Pfalz keine Anwendung findet; VGH. XIV 190; M. I 338 Z. II; S. III 607 n. 82.

Kirchenvorstand.

I. Begriff.

Der Kirchenvorstand ist ein in jeder dem lutherischen Bekenntnis angehörigen Kirchengemeinde der protestantischen Kirche diesseits des Rheins bestehendes Organ, welchem die Beratung über Wünsche der Kirchengemeinde in bezug auf Gegenstände des öffentlichen Gottesdienstes sowie die Befugnis zukommt, über kirchliche Einrichtungen und Anordnungen von seiten der kirchlichen Behörden und Stellen mit seinen Wünschen, Erinnerungen und Vorschlägen vernommen zu werden. Daneben steht ihm noch eine Reihe von Befugnissen zu in bezug auf Wahrung und Förderung kirchlicher Rechte; s. M. II 364 zu n. 9. In der reformierten Kirche diesseits des Rheins führt er den Namen Presbyterium; S. III 578 vor n. 94. Die Einrichtung ist für die protestantische Kirche typisch und kommt bei keiner sonstigen öffentlichen Glaubensgesellschaft vor. — Der Kirchenvorstand untersteht nicht der Staatsgewalt, sondern als ein innerkirchliches Organ lediglich dem Konsistorium.

Mit Zustimmung der vereinigten Generalsynode für die protestantische Kirche rechts des Rheins kann auf Antrag des protestantischen Oberkonsistoriums durch landesherrliche Entschließung für alle evangelisch-lutherischen Kirchengemeinden rechts des Rheins oder für einen Teil bestimmt werden, daß die Kirchenverwaltungen auch als Kirchenvorstände in den durch die jeweiligen kirchlichen Verordnungen festgestellten Angelegenheiten zuständig sein sollen, die außerhalb des sachlichen Bereichs der Kirchengemeindeordnung liegen; Art. 104 Abs. I u. II KGO.

II. Quellen.

1. Rechtsquellen: AVO. v. 7. X. 1850 (W. IV 187), betreffend die Einführung der Kirchenvorstände, unter Berücksichtigung der durch die AE. v. 7. II. 1861, 4. X. 1863 und 2. X. 1902 (KMBl. 544) erfolgten Änderungen; Art. 104 Abs. I KGO.

2. Literatur: Seeb. 443—446, 452—454; S. III 578 zu n. 94; bes. instr. BGH. XII 256.

III. Zusammensetzung.

Der Kirchenvorstand besteht:

1. Aus sämtlichen an der betreffenden Kirche angestellten Geistlichen einschließlich der Pfarradjunkten, wirklichen Pfarrverweser, exponierten und ständigen Pfarrvikare sowie der Hauptprediger, sofern letztere nicht wirklich in Aktivität stehende Mitglieder des Oberkonsistoriums oder eines Konsistoriums sind; Seeb. 444 zu n. 4ff. Der Pfarrer oder dessen Stellvertreter (wo mehrere Pfarrer angestellt sind, der erste Pfarrer) führt den Vorsitz und leitet die Verhandlungen; Seeb. 453. Nicht berufen, in den Kirchenvorstand einzutreten sind die Stadtvikare; Seeb. 183 zu n. 21. Auch ein Privatvikar kann im allgemeinen Sitz und Stimme in den Kirchenvorstandssitzungen nicht in Anspruch nehmen; wenn ihm aber von der vorgesetzten Kirchenbehörde die Führung der geistlichen Geschäfte übertragen und dem Pfarrer abgenommen werden, so hat er zwar nicht eine selbständige Stimme neben dem Pfarrer, doch ist ihm zu gestatten, den Sitzungen

beizuwohnen, an den Beratungen teilzunehmen und erforderlichenfalls Anträge oder sonstige Bemerkungen in das Protokoll niederzulegen; Seeb. 283 zu n. 5. Gehört der Pfarrvikar einer auswärtigen Landeskirche an, so ist für seine stellvertretende Tätigkeit im Kirchenvorstand die Erwerbung der bayerischen Staatsangehörigkeit die unerläßliche Voraussetzung; Seeb. 177 zu n. 50; ME. v. 17. IX. 1875 (G. III 259). Die Beiziehung des Hausgeistlichen an den Strafanstalten zum Kirchenvorstand derjenigen Pfarrei, in welcher das Gefängnis liegt, hat zu unterbleiben; Seeb. 189 zu n. 49. Das Gleiche gilt für sämtliche Hausgeistliche in den Staatsanstalten sowie für die Militärgeistlichen; Seeb. 194 n. 77.

2. Aus einer Anzahl weltlicher Kirchengemeindemitglieder von mindestens vier und höchstens zwölf nach der Größe und dem Bedürfnisse der Gemeinde. Die nähere Bestimmung über die Anzahl der weltlichen Kirchenvorsteher bleibt den Konsistorien vorbehalten, wogegen jedoch der Kirchengemeinde das Recht der Berufung an das Oberkonsistorium zusteht; Seeb. 445 zu n. 8.

IV. Wahl der weltlichen Mitglieder

s. „Kirchenvorstandswahl".

V. Vorstellung und Verpflichtung.

Die Verpflichtung erfolgt mittels Handgelübde; sie darf nicht im Studierzimmer des Pfarrers oder in der Sakristei geschehen, sondern muß in der Kirche erfolgen; Seeb. 452.

VI. Austritt.

Der Austritt eines weltlichen Mitglieds im Laufe der Wahlperiode hat zu erfolgen, wenn es die Vorbedingung zur Wählbarkeit nicht mehr besitzt. Hierüber entscheidet der Kirchenvorstand selbst vorbehaltlich der Beschwerde an die vorgesetzte kirchliche Oberbehörde. Letztere kann auch den Kirchenvorstand zur Prüfung und Beschlußfassung über die Notwendigkeit des Austritts auffordern; Seeb. 452 zu n. 59. Bestehen jedoch die Vorbedingungen zur Wählbarkeit noch fort, so ist der Austritt unzulässig, und nur dann, wenn tristige Gründe bestehen, erscheint es in analoger Anwendung des § 18 VO. gerechtfertigt, das Austrittsgesuch zu genehmigen. Dabei hat sich der Kirchenvorstand genau an diese Enthebungsgründe zu halten, und wenn das nicht der Fall ist, hat der Pfarrer an die vorgesetzte Behörde Bericht zu erstatten und die höhere Entscheidung zu erbitten; Seeb. 452 n. 58.

VII. Beschlußfassung.

Die Sitzungen finden alle drei Monate statt und dürfen auch wegen Mangels an Stoff nicht unterbleiben. Außerdem sind solche einzuberufen, so oft dringende Beratungsgegenstände vorhanden sind. Die Beschlußfassung erfolgt nach Stimmenmehrheit; bei Stimmengleichheit entscheidet die Stimme des Vorsitzenden; im übrigen s. Seeb. 453. Wenn ein Beschluß den kirchlichen Rechten und Interessen widerstreitet, hat der Pfarrer oder dessen Stellvertreter über diesen Beschluß, bevor er ihn vollzieht, an die vorgesetzte Behörde Bericht zu erstatten und die höhere Entschließung bzw. Abhilfe zu erbitten. Ein Anrufen bzw. Einschreiten der staatlichen Behörden ist nicht möglich, da der Kirchenvorstand eine rein innerkirchliche Einrichtung ist; vgl. VO. v. 7. X. 1850 § 22 (W. IV 187); Seeb. 453.

VIII. Wirkungskreis.

S. AVO. v. 7. X. 1850 mit den oben angegebenen Änderungen; Seeb. 445 Z. 2; Silb. 160ff. Der Kirchenvorstand ist auch der ständige Beirat des Pfarrers in der Verwaltung und Bewirtschaftung des Pfründevermögens; s. hierüber M. II 364 Z. 2a.

IX. Einführung.

Die Einführung des rein kirchlichen Instituts der Kirchenvorstände kann durch Anrufen der weltlichen Gewalt nicht erzwungen werden; ebensowenig ist eine Nötigung im Wege der kirchlichen Disziplin zur Wahl der Kirchenvorstände statthaft; Seeb. 444 zu n. 3. Wo eben ein Kirchenvorstand nicht gebildet wird, bleibt die Gemeinde in allen zur Kompetenz desselben gehörigen Gegenständen unvertreten, da es nicht zulässig ist, daß die Kirchenverwaltung oder Gemeindeverwaltung in den Geschäftskreis des Kirchenvorstands eintrete; Seeb. 444 n. 3.

X. Ehrenrechte.

Dem Kirchenvorstand gebührt ein besonderer Amts- und Ehrensitz in der Kirche, wenn die Räumlichkeiten und Einrichtungen solches gestatten; Seeb. 446.

XI. Pfalz.

In der Pfalz hat die rechtliche Stellung des Kirchenvorstands das Presbyterium (s. „Presbyterium"), welches daneben auch noch Organ der Kirchenvermögensverwaltung ist; M. I 337 zu n. 8; S. III 578 zu n. 95 u. 96.

Kirchenvorstandswahl.

I. Quellen.

1. Rechtsquellen: AVO. v. 7. X. 1850 betr. die Einführung der Kirchenvorstände (G. I 705) in der Fassung v. 2. XII. 1902 (KMBl. 544); Art. 104 Abs. II KGO.

2. Literatur: Seeb. 446—451.

II. Pflicht zur Vornahme der Wahl.

Für jede Kirchengemeinde ist ein Kirchenvorstand zu wählen, auch für Filialgemeinden, wo solche bestehen. Für die durch Subjektion unierten Kirchen soll der Kirchenvorstand stets aus Angehörigen der Hauptgemeinde und der Filialgemeinden in billiger Teilung zusammengesetzt sein und die Wahl dementsprechend vorgenommen werden. Für alle diejenigen eine Expositur oder ein ständiges Vikariat bildenden Kirchengemeinden, welche, sei es durch ihre Entfernung von der Mutter- oder Hauptkirche, sei es durch geschiedene Kircheninteressen die Wahl und den Zusammentritt eines gemeinsamen Kirchenvorstandes nicht zulassen, sind besondere Kirchenvorstände zu wählen; Seeb. 444 n. 2.

Wenn gemäß Art. 104 Abs. I KGO. eine Bestimmung getroffen ist, daß die Kirchenverwaltung auch in Angelegenheiten, die außerhalb des sachlichen Bereichs der Kirchengemeindeordnung liegen, als Kirchenvorstand zuständig sein soll, finden besondere Kirchenvorstandswahlen nur mehr gegebenenfalls in einer solchen Kirchengemeinde statt, für welche etwa die kirchliche Oberbehörde der Kirchenverwaltung die Ausübung der Kirchenvorstandsbefugnisse aus einem besonderen Grunde für bestimmte Zeit oder bis auf weiteres untersagt hat; Art. 104 Abs. II KGO.

III. Vorbereitung der Wahl.

Ort und Zeit der Wahl müssen wenigstens eine Woche vorher bei dem Hauptgottesdienste der Kirchengemeinde öffentlich bekannt gemacht werden. Wahlen, bei welchen die vorgeschriebene Ladungsform nicht pünktlich eingehalten worden ist, werden nicht bestätigt. Wenn der vorgeschriebene Zeitraum zwischen der oben bezeichneten Bekanntgabe der Wahl nicht liegt, so ist die zur Wahlbestätigung (s. Z. IX) berufene Behörde, wenn sie diese Ungesetzlichkeit und die dadurch bedingte Nichtigkeit der Wahl wahrgenommen hat, verpflichtet, der Wahl die Bestätigung zu verweigern und eine Neuwahl anzuordnen; Seeb. 447 n. 25. Da die Funktionszeit der Austretenden (s. Z. X) mit Ende Dezember abläuft und die der Neugewählten mit Anfang Januar beginnt, sind die Ersatzwahlen so zeitig vorzunehmen, daß die allseitige Bestätigung bis Ende Dezember erfolgt sein kann und etwaige Beschwerden beschieden werden können; Seeb. 447 n. 23 a. E.

IV. Wahlstimmrecht.

Stimmberechtigt sind alle männlichen selbständigen Mitglieder der Kirchengemeinde nach zurückgelegtem 21. Lebensjahr, sofern sie der protestantischen Kirche lutherischen Bekenntnisses angehören, im Kirchensprengel wohnen, bayerische Staatsangehörige sind und nicht schon wegen eines Verbrechens oder Vergehens der Fälschung, des Betrugs, des Diebstahls oder der Unterschlagung verurteilt wurden. Das Wahlstimmrecht steht auch den geistlichen und weltlichen Mitgliedern des Kirchenvorstandes selbst zu und kann nur in einer Kirchengemeinde ausgeübt werden; Seeb. 447 zu n. 27ff. Ist ein Geistlicher zweiter Pfarrer an einer Kirche mit seinem Wohnsitz an dem Ort dieser Kirche und zugleich Pfarrer einer Nebenpfarrei, so ist derselbe Mitglied des Kirchenvorstandes ersterer Kirche und bei den Wahlen für denselben stimmberechtigt, dagegen steht ihm ein Wahlstimmrecht für den Kirchenvorstand seiner Nebenpfarrei, dessen Vorsitzender er als Pfarrer ist, nicht zu; Seeb. 448 n. 30. Arme, welche Unterstützung aus einer öffentlichen Armenkasse genießen, und Personen, die für sich keinen eigenen Familienstand bilden, sind nicht als selbständig zu betrachten, ebenso nicht Personen, welche auf Grund richterlicher Verfügung unter Kuratel stehen, sowie Dienstboten, Gewerbsgehilfen und Haussöhne, welche im Brote des Dienstherrn oder Familienhauptes stehen und keine eigene Wohnung haben; Seeb. 447 n. 27, 819 n. 30. Ausgeschlossen sind diejenigen, welche durch tatsächlich bekundete Verachtung oder Verspottung der Religion überhaupt oder der lutherischen Kirche, ihres Bekenntnisses und ihrer Heilsmittel öffentlichen Anstoß gegeben haben; desgleichen wer seinem Kinde den Segen der christlichen Taufe beharrlich entzieht; VO. v. 24. V. 1879 (G. I 735) § 26; Seeb. 448 zu n. 32; s. auch „Kirchenstrafen" IV B e d.

V. Wählbarkeit.

Wählbar sind alle wahlstimmberechtigten weltlichen Kirchengemeindemitglieder, welche die bayer. Staatsangehörigkeit besitzen, das 25. Lebensjahr zurückgelegt haben, einen christlich ehrbaren Lebenswandel führen und ihre dem Glauben und dem Bekenntnisse der Kirche gemäße Gesinnung durch entsprechende Teilnahme an dem öffentlichen Gottesdienste und dem hl. Abendmahl an den Tag legen; § 6 der VO. über die Gründe eines Ausschlusses s. VO. v. 24. V. 1879 (G. I 735) §§ 21, 23, 26, 28.

VI. Wahlhandlung.

Die Leitung obliegt dem Pfarrer oder dessen Stellvertreter, wo mehrere Pfarrer sind, dem ersten. Ihm steht ein Wahlausschuß von fünf weltlichen Mitgliedern des Kirchenvorstands, die in Funktion verbleiben, zur Seite. Der Wahlausschuß wird von dem Pfarrer bzw. seinem Stellvertreter durch Handgelübde in Pflicht genommen; Seeb. 450 zu n. 39ff. Wo bisher noch kein Kirchenvorstand bestand, wird der Wahlausschuß von den Wählern aus ihrer Mitte auf die ihnen beliebige Weise oder, wenn kein Übereinkommen stattfindet, durchs Los ernannt. Im Wahllokal ist ein Verzeichnis der Personen, denen die passive Wahlfähigkeit durch Beschluß des Kirchenvorstandes abgesprochen worden ist, zur Kenntnisnahme des Wahlausschusses und der Wähler aufzulegen; Seeb. 449 zu n. 36.

Die Abstimmung ist geheim und muß persönlich erfolgen, jede Bevollmächtigung oder Stellvertretung ist unzulässig. Die Wahl geschieht durch Übergabe von Stimmzetteln, die nicht unterschrieben sein dürfen, unter Angabe des Namens des Wählers; Wahlzettel, welche unterschrieben sind, sind nicht zu beachten. Auf dem Wahlzettel sind doppelt so viel Namen zu bezeichnen als die Zahl der zu wählenden Kirchenvorstandsmitglieder beträgt; im näheren s. § 9 VO. in der Fassung v. 2. XII. 1902. Über die Befugnisse des Wahlausschusses s. § 10 III u. 12 VO. in der Fassung v. 2. XII. 1902; Seeb. 449 n. 37 a. E. u. 450 zu n. 42. Über das Protokoll s. § 13 VO. in der Fassung v. 2. XII. 1902. Der Vorstand schließt die Wahl nach erfolgter Abstimmung.

VII. Wahlergebnis.

1. Ordentliche Mitglieder. Sobald die Abstimmung geschlossen ist, wird das Ergebnis festgestellt, wobei diejenigen, die bei der Wahl die meisten Stimmen erhalten haben, nach der Reihenfolge der erhaltenen Stimmenzahl als gewählte Mitglieder des Kirchenvorstandes zu bezeichnen sind; Seeb. 451 zu n. 48. Bei Stimmengleichheit entscheidet das Los; Seeb. 451 zu n. 49.

2. Ersatzmitglieder. Als Ersatzmänner sind diejenigen zu betrachten, welche nach der Zahl der Stimmen den gewählten Mitgliedern zunächst folgen, und zwar in der gleichen Anzahl der gewählten Mitglieder. Sie rücken in Erledigungsfällen während der Dauer einer Wahlperiode (s. Z. X) für die Zeit, für welche der zu ersetzende gewählt war, nach der Reihenfolge der Stimmenzahl ein; Seeb. 451 vor n. 49. Sinkt die Zahl der Ersatzleute durch eine Ablehnung oder durch Eintritt eines ordentlichen Mitgliedes unter die jeweilig gesetzliche Zahl, so treten an ihre Stelle nicht die durch die Zahl der Stimmen nächstberechtigten Gewählten; vielmehr hat, sofern für das Nachrücken in Erledigungsfällen während der Dauer einer Wahlperiode die vorhandenen Ersatzleute nicht ausreichen und die Voraussetzungen von § 17 II VO. (s. Z. XI) gegeben sind, eine Nachwahl stattzufinden.

VIII. Ablehnungsrecht.

Jeder Gewählte hat sich über die Annahme zu erklären. Gründe zur Ablehnung sind das zurückgelegte 60. Lebensjahr, nachgewiesene körperliche oder geistige Unfähigkeit, Berufs- oder Familienverhältnisse, unmittelbar vorausgegangene sechsjährige Verwaltung des Kirchenvorsteheramtes; Seeb. 451 zu n. 51.

IX. Bestätigung der Wahl.

Das Ergebnis ist dem vorgesetzten Dekanat zur Bestätigung sofort anzuzeigen, welche nur bei Ungesetzlichkeit des Verfahrens und dadurch herbeigeführte Nichtigkeit der Wahl versagt werden darf. In einem solchen Falle hat Neuwahl stattzufinden. Hat der Dekan selbst als Pfarrer die Wahl geleitet, so hat das einschlägige Konsistorium die Bestätigung zu erteilen; Seeb. 452 zu n. 56.

X. Wahlperiode.

Die ordentlichen Wahlen finden von drei zu drei Jahren statt. Die Mitglieder werden auf sechs Jahre gewählt. Von den bei der ersten Wahl Gewählten tritt die Hälfte nach Bestimmung des Loses schon nach den ersten drei Jahren aus, von da ab aber jeder Teil nach Ablauf seiner sechsjährigen Wahlperiode. Wurde bei der Einführung eine ungerade Zahl der Kirchenvorsteher festgesetzt, so tritt nach Ablauf der ersten drei Jahre zunächst die kleinere Hälfte derselben aus; Seeb. 446 n. 23. Die Ersatzmänner bestehen immer nur für eine Wahlperiode, sofern sie nicht in den Kirchenvorstand selbst einberufen wurden; deshalb ist bei der Ersatzwahl keine Rücksicht darauf zu nehmen, welche Kirchengemeindemitglieder für die abgelaufene Wahlperiode als Ersatzmänner bestanden; Seeb. 447 n. 23. Die austretenden Mitglieder sind aber wieder wählbar.

XI. Außerordentliche Zwischenwahlen

werden nur dann vorgenommen, wenn bis zu den ordentlichen Ersatzwahlen mehr als sechs Monate inmitte liegen oder die Zahl der weltlichen Kirchenvorsteher sich bis auf die Hälfte gemindert hat und zur Ergänzung der abgängigen Mitglieder keine Ersatzmänner mehr vorhanden sind; Seeb. 447 zu n. 24.

XII. Streitigkeiten.

Gegen Beschlüsse des Wahlausschusses sind Beschwerden nur wegen Ungesetzlichkeit des Verfahrens zulässig und werden von dem vorgesetzten Dekanate bzw., wenn der funktionierende Dekan als Pfarrer selbst bei der Wahl beteiligt war, von dem einschlägigen Konsistorium beschieden. Eine Mitwirkung der Staatsbehörden scheidet aus, insbesondere ist Art. 8 Z. 37 VGG. nicht anwendbar, da es sich um eine rein innerkirchliche Angelegenheit handelt. Durch solche Beschwerden darf jedoch die etwa im Gang befindliche Wahlhandlung nicht gehemmt werden; Seeb. 450 zu n. 44.

Kirchenzucht.

I. Begriff.

Kirchenzucht ist das dem Pfarrer gegenüber seinen Pfarrangehörigen zustehende geistliche Korrektionsrecht, damit die Kirchengesetze befolgt, der Kultus diesen gemäß aufrecht erhalten, der reine Geist der Religion und Sittlichkeit bewahrt und dessen Ausbreitung befördert werde; Kr. I 126 zu n. 2; St. 454 § 447. Die Tätigkeit der kirchlichen Organe ist bei Ausübung der Kirchenzucht darauf gerichtet, Verletzungen der kirchlichen Ordnung hintanzuhalten, zu verhüten und zu beseitigen. Die Mittel hiezu sind:

1. Strafen d. i. Sühne des gebrochenen Rechtes; s. „Kirchenstrafen".

2. Eigentliche Zuchtmittel. Ihr Zweck ist Besserung des Schuldigen (Zensuren). Sie hören nach erfolgter Buße wieder auf. —

II. Quellen.

1. Rechtsquellen: §§ 38e (innere Kirchenangelegenheit), 39—43 RE.; Art. XIV Konk.; § 11 PE. mit §§ 66—69 KonsO. v. 1809 (G. I 555).

2. Literatur: Kr. I 125—135; St. 454—457; Seeb. 585—587; S. III 516, 522.

III. Durchführung der Kirchenzucht.

1. Außerhalb der Kirche.

a) Hinsichtlich der Erfüllung der kirchlichen Gebote. Dem Pfarrer steht gegenüber Fehlenden das Strafmittel der privaten Warnung und Zurechtweisung zu, gegenüber notorischen und hartnäckigen Verächtern der Kirchengebote auch das Recht der öffentlichen Rüge und der Androhung der Anzeige bei der oberhirtlichen Stelle; Kr. I 125 § 1 Abs. 1; St. 454 zu n. 2. In der protestantischen Kirche hat der Pfarrer in schwereren Fällen Anzeige an das Dekanat zu machen; Seeb. 586 zu n. 9. In der katholischen Kirche hat der Pfarrer besonders auch das Recht, sich von den Pfarrangehörigen die Beichtzettel vorlegen zu lassen, um Zuwiderhandlungen gegen das Gebot der Osterkommunion festzustellen; s. hierüber im näheren Kr. I 127 Abs. 1 u. 2. Zum Zweck der Ausübung der Kirchenzucht hat der Pfarrer auch das Recht, Pfarrangehörige zu sich vorzuladen; dieselben sind verpflichtet, der Vorladung Folge zu leisten. Ein Zwang durch Vermittlung weltlicher Behörden kann aber nicht ausgeübt werden; Kr. I 126 Abs. 1; St. 456 Z. 2a; OKE. v. 24. II. 1843 (G. IV 378); ME. v. 8. VI. 1854 (W. IV 636); Seeb. 586 n. 9.

b) Hinsichtlich der Beobachtung der Sittengesetze. Auch hier hat der Pfarrer neben der Befugnis der privaten Warnung und Zurechtweisung das Recht der öffentlichen Rüge, er kann insbesondere auch fehlende Pfarrangehörige vom Empfang der Kommunion zurückweisen und von kirchlichen Ehrenämtern ausschließen sowie ihnen das kirchliche Begräbnis verweigern; Kr. I 125 § 1 Abs. 1; St. 454

zu n. 3 u. 4. Über die Verweigerung des kirchlichen Begräbnisses als Kirchenstrafe s. „Kirchenstrafen" III A 2. In der protestantischen Kirche hat die öffentliche Wegweisung vom Abendmahl und der Ausschluß von Kirchenämtern den Charakter einer Kirchenstrafe; s. „Kirchenstrafen" III B 2 b u. c. Ein Mittel der Kirchenzucht ist auch die Verweigerung des Kirchengeläutes (s. „Kirchenglocken" III); es kann dasselbe daher, wo ein Herkommen des Geläutes bei Trauungen besteht, z. B. bei der Trauung gefallener Mädchen versagt werden. Überhaupt ist der Pfarrer in der Wahl der Kirchenzuchtmittel an sich unbeschränkt, sofern dieselben nur erlaubte und in der betreffenden Kirche (nicht gerade an dem betreffenden Ort) herkömmliche sind.

2. Innerhalb der Kirche. Der Pfarrer ist als rector ecclesiae berechtigt, alle Anordnungen zu treffen, welche notwendig erscheinen, um die zur würdigen Feier des Gottesdienstes erforderliche Ruhe und Ordnung aufrecht zu erhalten; er kann zu diesem Zweck einzelnen Kategorien von Pfarrangehörigen bestimmte Plätze in der Kirche anweisen sowie das Verweilen vor der Kirchtüre während des Gottesdienstes untersagen; Kr. I 128 zu n. 11. Da der Pfarrer auch innerhalb der Kirche hinsichtlich der Anwendung erlaubter Zuchtmittel nicht beschränkt ist, ist er auch befugt, eine Türe der Pfarrkirche absperren zu lassen, wenn es das Interesse des Gottesdienstes erfordert; Kr. I 128 nach n. 11, 129 zu n. 12. Er kann Mitgliedern, welche durch öffentliche Handlungen eine Verachtung des Gottesdienstes oder der Religionsgebräuche zu erkennen geben oder andere in der Andacht stören, den Zutritt zu den Gottesdiensten verweigern, § 43 RE.; Kr. I 129 zu n. 14. Er ist berechtigt, ungeziemendes Benehmen in der Kirche und Zuwiderhandlungen gegen seine Anordnungen zu rügen und die Ruhestörer aus der Kirche zu entfernen; Kr. I 129 zu n. 17. Hingegen darf die Kirchendisziplin z. B. gegen Schulpflichtige nicht in Form körperlicher Züchtigung ausgeübt werden; ein Recht hiezu hat der Pfarrer auch nicht in seiner Eigenschaft als Lokalschulinspektor; Kr. I 129 zu n. 18.

IV. Schutz des Pfarrers bei der Durchführung.

1. Von seiten der Kirchengemeinde. Der Pfarrer ist in der Handhabung der Kirchenzucht an sich unbeschränkt; insbesondere ist etwa eine Zustimmung der Kirchenverwaltung zu den diesbezüglichen Anordnungen des Pfarrers nicht erforderlich, weil dieselben innerkirchliche Angelegenheiten sind; Kr. I 128 n. 11. Doch gehört es zu den Aufgaben des Kirchenvorstandes, den Pfarrer in geeigneter Weise bei der Ausübung der Kirchenzucht zu unterstützen, wie der Kirchenvorstand auch das Recht hat, mit seinen Vorschlägen, Wünschen und Erinne-

rungen in bezug auf die Kirchenzucht gehört zu werden. Auch das Presbyterium der Pfalz hat hinsichtlich der Kirchenzucht die Pflicht der Unterstützung des Pfarrers; M. I 327 zu n. 6.

2. Von seiten des Staates. Der König hat sich verpflichtet, die Diener der Kirche in Ausübung ihres Amtes, besonders auch in Wahrung der Kirchenzucht zu schützen; Art. XIV Konk.; § 11 PE. Die Regierungen sollen die Geistlichen hinsichtlich der Kirchenzucht in der Ausübung ihrer Amtspflichten und zur Steuerung grober Unsittlichkeit nachdrücklichst unterstützen; AE. v. 14. u. 15. VI. 1824 (G. IV 1 u. 377); Seeb. 586 n. 9, 591 n. 12.

3. Strafrechtlicher Schutz. Bei Ausübung des Korrektionsrechts steht dem Pfarrer der Schutz des § 193 RStGB. zur Seite, insofern er im allgemeinen gegen die Annahme einer Beleidigungsabsicht geschützt ist, wenn er in seiner amtlichen Eigenschaft seinen Pfarrangehörigen Vorhalte macht; Kr. I 126 zu n. 6; St. 455 Abs. 2; S. III 516 zu n. 17. Inwiefern und inwieweit ein Schutz durch § 123 RStGB. Platz greifen kann s. Kr. I 127 Abs. 3, 130—135 (Hausrecht).

V. Oberaufsicht über die Ausübung der Kirchenzucht.

Die Oberaufsicht über die Disziplin einzelner Kirchengemeinden hat in der protestantischen Kirche das Oberkonsistorium, dem auch die Disziplinaraufsicht über die Gesamtgemeinde zusteht; Seeb. 585 zu n. 2 n. 3. Bei notwendig werdenden besonderen Anordnungen hat das Oberkonsistorium zugleich darauf zu achten, daß dem willkürlichen Vorgehen einzelner Geistlichen durch sachgemäße Normen und genaue Bezeichnung des Umfangs der Zuständigkeit vorgebeugt werde; AE. v. 7. I. 1856 (G. IV 379).

VI. Beschwerderecht gegen Maßnahmen der Kirchenzucht.

Parochianen, welche sich durch Anordnungen des Pfarrers beschwert fühlen, steht lediglich die Befugnis zu, bei den kirchlichen Oberen um Aufhebung oder Abänderung derselben zu bitten gemäß §§ 38, 39 RE.; Kr. I 130 zu n. 19. Stellt sich die Handhabung der Kirchenzucht seitens des Pfarrers als Mißbrauch der geistlichen Gewalt dar, so steht den Pfarrangehörigen das Recht zu, den recursus ab abusu (s. dort) gemäß §§ 52—54 RE. beim Kultusministerium einzulegen. Im übrigen aber scheidet jede Zuständigkeit der weltlichen Behörden zur Prüfung darüber aus, ob die vom Pfarrer beschlossenen Maßnahmen begründet oder nicht begründet sind; ME. v. 5. III. 1881 (G. IV 389).

Kirchschaffnei.

I. Begriff und rechtliche Natur.

Kirchschaffneien sind rechtsfähige Stiftungen in der unierten Kirche der Pfalz, die dadurch entstanden, daß das Vermögen der Kirchen eines größeren Bezirks zusammengelegt wurde, und die nun unter einer besonderen Verwaltung den bisherigen Zwecken der Einzelvermögen dienen.

Es sind besondere Fonds, aus denen kirchliche Bedürfnisse mehrerer Gemeinden, welche der unierten Kirche der Pfalz angehören, bestritten werden; M. I 339 zu n. 4. Die Kirchschaffneien sind wirkliche Eigentümer des vereinigten Kirchenvermögens und selbständige Prozeßparteien; M. I 340 zu n. 8.

Gegenüber den Kirchengemeinden sind die Kirchschaffneien selbständig, ihre Vertretung und Verwaltung ist durch besondere Normen geregelt.

Verwaltungsorgane sind besondere Verwaltungskommissionen, deren Mitglieder dem Unionsbekenntnis angehören und durch die Regierung als entscheidende Staatsaufsichtsbehörde im Benehmen mit dem Konsistorium ernannt werden; M. I 340 zu n. 4. Instruktionelle Staatsaufsichtsbehörde ist das Bezirksamt; M. I 340 zu n. 5.

II. Quellen.

1. Rechtsquellen: Vereinigungsurkunde v. 10. X. 1818 (W. I 736) § 13 Abs. 6; VO. v. 8. I. 1817 (Wagner II 169); RE. v. 14. VI. 1842 (Wand 519); Art. 98 KGO.

2. Literatur: M. I 339—340; Wagner II 181.

III. Wirkungskreis.

Die Kirchschaffneien bzw. ihre Verwaltungsorgane haben dieselbe Verpflichtung wie die Presbyterien bezüglich der Verwaltung des Kirchenvermögens; M. I 341 nach n. 5, 349 zu n. 1; s. auch „Presbyterium". Die Budgets werden durch die Kreisregierung abgeschlossen; M. I 302 zu n. 6. Die Schaffneien schlagen den Rechner vor, der von der Regierung zu bestätigen und vom Bezirksamt zu verpflichten ist; M. I 340 zu n. 6; s. auch „Kirchenpfleger".

Übrigens beschränken sich die Aufgaben der Kirchschaffneien nicht auf kirchliche Zwecke, und zum Vermögen der Kirchschaffneien gehört auch ehemaliges Klostergut.

Die Leistungen der Kirchschaffneien an eine einzelne Kirchengemeinde sind als Zuschüsse öffentlicher Kassen im Sinne des Art. 13 Abs. I KGO. anzusehen; L. n. zu Art. 89 KGO.

Kirchtrachten

s. „Reichnisse".

Kleiner Kirchendienst

s. „Weltliche Kirchendiener".

Kleine Stole

s. „Stolgebühren" IV.

Klerikalabgaben.

I. Begriff.

Klerikalabgaben sind Leistungen aus dem Diözesanverband an den Bischof zur Bestreitung seiner Kanzlei- und Bureaubedürfnisse; ME. v. 22. IV. 1858 Z. IX (W. V 109), 10. IV. 1856 (W. IV 740); M. II 515 zu n. 6, 513 zu n. 6.

II. Quellen.

1. Rechtsquellen: Das Recht zur Erhebung gründet sich auf altes Herkommen. Die Erhebung selbst ist geregelt in der VO. v. 5. XII. 1811 (Döll. VIII 885), welche umgestaltet wurde durch die ME. v. 22. III. 1834 Z. 5 (W. II 718) und die Instr. v. 22. IV. 1858 Z. VIII —XIII (W. V 109); M. II 505 zu n. 2; St. 286 zu n. 10; s. auch AE. v. 5. VII. 1841 (W. III 379).

2. Literatur: M. II 512—516; St. 258 § 252, 286—293; Kr. II 144b, 162 Z. II.

III. Arten.

Über die verschiedenen Arten der Klerikalabgaben und ihre historische Entwicklung in den einzelnen Diözesen s. M. II 512f.; St. 287 Z. 2—292.

IV. Rechtliche Natur.

Die Klerikalabgaben sind keine Leistungen aus dem Pfarr-, aber doch solche aus dem Kirchenverband und zwar in der Regel öffentlichrechtlicher Natur; M. II 515 nach n. 6.

V. Streitigkeiten

fallen unter Art. 10 Z. 13 VGG.; M. II 515 zu n. 7. Örtlich zuständig ist ohne Rücksicht auf den Wohnsitz der Beteiligten diejenige staatliche Verwaltungsbehörde, welche dem Kirchenverband vorgesetzt ist; D. Art. 10 Z. 13 n. 15.

Klingelbeutel.

I. Rechtliche Natur der Klingelbeutelanlagen.

Die Klingelbeuteleinlagen bilden einen Teil der kirchlichen Einkünfte, die an die Kirchenverwaltung abzuführen sind (soweit nicht für eine anderweitige Verwendung ein Herkommen oder besonderes Rechtsverhältnis besteht oder ausdrücklich für einen anderen Zweck gesammelt wird) und wie jedes andere Kirchenstiftungsvermögen zur Befriedigung der ortskirchlichen Bedürfnisse zu dienen haben; Art. 14 KGO.; §§ 48, 49 NE.; VGH. XXI 103, XXIII 152; Kr. III 239 zu n. 1; M. I 249 zu n. 6; Seeb. 856 zu n. 2. Der Pfarrer hat hieran keinen Anteil (St. 1038), außer wenn sein Einkommen unter der Kongrua (Begriff s. „Kongrua“) steht, Mand. v. 17. I. 1783 (Döll. XI 1474); Kr. III 239 zu n. 2. Doch ist auf Grund Herkommens oder besonderen Rechtstitels vielfach eine Bezugsberechtigung von Geistlichen und Kirchendienern gegeben. Wegen Ersatz im Falle der Aufhebung desselben s. Art. 14 Abs. II KGO.

II. Quellen.

1. Rechtsquellen: §§ 64b, 75 RE.; Art. 14 KGO.; VV. v. 19. X. 1912 (GVBl. 1070 ff.) § 9.

2. Literatur: M. I 246—250, 317, 348; Kr. III 239—241; St. 1037—1038; Seeb. 856—857, 836 n. 23, soweit nicht veraltet; L. Art. 14 n. zu Abs. I u. II; Fr. Art. 14 n. 1—3.

III. Anordnung und Durchführung der Sammlung.

Ein gesetzlicher Zwang zur Einführung oder Beibehaltung des Klingelbeutels besteht nicht, doch soll die Kirchenverwaltung, wo Sammlungen in der Kirche für die Kirche bisher vorgenommen wurden, im Hinblick auf ihre Pflicht zur Erhaltung bestehender Einnahmequellen auf solche Sammlungen nicht verzichten; § 9 VV. z. KGO.; s. auch Art. 53 Abs. III KGO.; L. n. 2 zu Art. 14 Abs. I.

Wo die Aufstellung eines eigenen Sammlers nicht üblich ist, ist die Klingelbeutelsammlung als eine Verrichtung zu betrachten, zu der die Kirchengemeindemitglieder abwechselnd und unentgeltlich verbunden sind; Art. 26, 30 Z. 3, 31 KGO.; s. „Hand- u. Spanndienste“.

IV. Verwendung der Einlagen.

Die Einnahmen fließen in die Kirchenkasse; Art. 14 Abs. I KGO.; St. 1037 zu n. 5; Seeb. 856 n. 2. Sie sind also an den Rechner abzuliefern und in der Kirchenrechnung vorschriftsmäßig zu verrechnen; M. I 250 oben Abs. 1 u. 2, 317 Z. 2, 348 zu n. 4; Seeb. 836 n. 23. Die Verwendung der Klingelbeutelerträgnisse muß in allererster Linie zu den in § 48 RE. aufgezählten kirchlichen Zwecken erfolgen und erst, wenn diese sämtlich befriedigt sind, kann der Überschuß im Einverständnis mit der Kirchenbehörde zu Schul- und Armenzwecken verwendet werden; § 49 RE.; M. I 249 zu n. 4; Kr. III 240 zu n. 6; Seeb. 857 n. 3; L. n. 4 zu Art. 14 Abs. I; Fr. Art. 14 n. 1.

V. Streitigkeiten.

Über Streitigkeiten wegen der Verrechnung s. VGH. II 307; M. I 250 zu n. 3 u. 4, 189 zu n. 7; Seeb. 836 n. 23.

Klöster

s. „Geistliche Gesellschaften“ III 1.

Klosterpfarreien

s. „Organisierte Pfarreien“.

Koadjutor

s. „Pfründe" I 1, V 1 c.

Kollations(-bulle, -dekret)

(bischöfliche) s. „Pfründe" V 1 u. 2.

Kollegiatsstifter

s. St. 747 nach n. 6, 748 § 865; s. auch „Domkapitel".

Kollekten.

I. Begriff.

Kollekten sind außerordentliche Sammlungen für kirchliche Zwecke (Art. 13 KGO.), die sich über den Pfarrbezirk hinaus erstrecken; Kr. I 229 Abs. 1. Sie sind entweder Haus- oder Kirchenkollekten, je nachdem sie außerhalb oder innerhalb der Kirche vorgenommen werden; M. I 317 nach n. 1, 250 zu n. 5.

II. Quellen.

1. Rechtsquellen: AE. v. 20. IX. 1862 (W. VI 83, G. III 820); Art. 52 u. 53 PStGB.; ME. v. 11. VII. 1833 (Döll. VIII 1673) u. v. 27. IX. 1819 (G. III 816); Art. 13 Abs. I, 14 Abs. I KGO., welche jedoch die besonderen Vorschriften nicht berühren.

2. Literatur: M. I 250—251, 316—317; Kr. I 229, II 7 zu n. 9, 304 Z. 7, III 52—53; St. 901—902; Seeb. 793—795.

III. Vornahme der Kollekten.

1. Bewilligung. Die Kollekten sind ein polizeilicher Gegenstand (ME. v. 27. IX. 1819 [G. III 816]) und zu ihrer Vornahme ist polizeiliche Bewilligung erforderlich, die aber nach 3 Monaten erlischt, wenn hierüber nicht für den einzelnen Fall anderweite Verfügung ausdrücklich getroffen ist; §§ 1 u. 2 der AE. v. 20. IX. 1862; M. I 317 zu n. 4, 250 zu n. 6 u. 7; St. 901 zu n. 2; Seeb. 793 zu n. 1. Auf die Bewilligung besteht kein Rechtsanspruch; M. I 251 nach n. 1; St. 901 Z. 2; s. auch Seeb. 794 zu n. 3. Zuständig zur Erteilung der Bewilligung ist die Kreisregierung, wenn sich die Sammlung auf einen Regierungsbezirk beschränkt; Kr. II 304 n. 95. Erstreckt sich jedoch die Sammlung über mehrere Regierungsbezirke, so ist die Allerh. Entschließung zu erholen; § 3 der AE.; M. I 250 zu n. 8; Kr. I 229 zu n. 66, II 304 zu n. 95, III 52 zu n. 116; Seeb. 793 nach n. 1. Dieselbe wird durch das Kultusministerium erteilt; ME. v. 17. XII. 1851 (Döll. XXIII 315); Kr. II 304 zu n. 96, III 52 zu n. 117; St. 902 zu n. 1; Seeb. 794 nach n. 3. Die Gesuche sind durch die vorgesetzte Kreisregierung an die genannte höchste Stelle einzusenden; Kr. III 52

zu n. 117. Bei augenblicklicher Not können Sammlungen von den Distriktspolizeibehörden in ihren Amtsbezirken angeordnet werden; Seeb. 793 vor n. 2. Zu Kultusbauten werden Kollekten nur dann bewilligt, wenn die Mittel auf keine andere Weise aufgebracht werden können; ME. v. 25. V. 1833 (Döll. VIII 949); Kr. II 305 zu n. 101, III 53 zu n. 122. Sammlungen ohne polizeiliche Bewilligung unterliegen dem Verbot von Art. 52 u. 53 PStGB.; M. I 250 nach n. 8: St. 901 unten; **Seeb. 793 n. 1.**

2. Anordnung. Die Kreisregierung hat ihre Verfügungen im Benehmen mit der oberhirtlichen Stelle zu treffen; M. I 251 zu n. 2; St. 902 c; Seeb. 794 zu n. 6. Sie verfügt auch die Erteilung der Genehmigung durch öffentliches Ausschreiben im Amtsblatt, die Vornahme der Kollekten durch die Pfarrämter, wobei darauf zu sehen ist, daß bei mehreren nacheinander erteilten Bewilligungen diese nicht in kürzeren Zwischenräumen als von drei Monaten aufeinander folgen und deshalb die früher bewilligten Kollekten nicht den später bewilligten vorangehen; ME. v. 28. II. 1843 (Döll. XXIII 314); St. 902 c; M. I 251 n. 2; Kr. II 305 zu n. 98, III 53 zu n. 119. Bezüglich der Kollekten für katholische Zwecke hat die Regierung, falls dieselben in der Kirche vorgenommen werden sollen, die Geistlichen durch das bischöfliche Ordinariat bzw. die einschlägigen oberhirtlichen Stellen dazu anweisen zu lassen; ME. v. 28. II 1843; Kr. I 229 zu n. 66, II 304 n. 95, III 52 n. 116. Die Anweisung der Pfarrämter zur Vornahme der Kollekten geschieht durch die oberhirtlichen Stellen und durch die Distriktspolizeibehörden. Bevor diese Anweisung erfolgt ist, sollen die Kollekten nicht vorgenommen werden; Kr. I 229 zu n. 67. Die Ausschreibung der Kollekten für protestantische Kultuszwecke erfolgt durch Requisition der Konsistorien; ME. v. 9. VII. 1837 (G. III 818); M. I 251 zu n. 3; Seeb. 794 zu n. 7. Die Kreisregierungen haben die Gesuche nach vollzogener Sachinstruktion mit ihrer Äußerung an das Konsistorium zur Einbeförderung an das Oberkonsistorium abzugeben, welches dann die Verhandlungen mit seinem Gutachten dem Ministerium in Vorlage bringt; ME. v. 28. II. 1874 (G. III 822); Kr. II 304 zu n. 97, III 53 zu n. 118; Seeb. 794 zu n. 5.

IV. Behandlung des Kollektenertrags.

Die Kollektenergebnisse sind von den Pfarrämtern an die Distriktspolizeibehörden einzusenden (Kr. I 229 nach n. 67; Seeb. 100 zu n. 21), welche die Übersendung an das Sekretariat derjenigen Kreisregierung zu veranlassen haben, die das Gesamterträgnis der Kollekte zu vereinnahmen hat; ME. v. 12. VI. 1869 (G. III 824); M. I 251 zu n. 1; Kr. II 305 zu n. 99, III 53 zu n. 120; St. 902 d; Seeb. 795 zu

n. 8—10. Zugleich sind die Kollektenergebnisse dem bischöflichen Dekanat anzuzeigen; Kr. I 229 unten. Der Ertrag ist dem Kirchenrechner auszuliefern und in der Jahresrechnung zu verrechnen; M. I 250 nach n. 9; s. auch Fr. Art. 13 n. 2. Die Kollektengelder genießen Portofreiheit; ME. v. 18. V. 1851, 29. V. 1866, 27. VI. 1901; M. I 251 zu n. 4, 273 zu n. 5; Kr. II 305 zu n. 100, III 53 zu n. 121; St. 1167 c, 1168 oben; Seeb. 773 zu n. 13, 771 n. 4, 795 n. 8. Reisen zum Zweck von Kollekten genießen auf den Eisenbahnen nicht die Ermäßigung der ME. v. 22. XI. 1888; St. 517 zu n. 3.

Kombinierte Pfarreien

s. „Pfarrveränderungen" IV D 2 a.

Komplexlasten

s. M. II 449 §§ 95 ff.

Konfessionsangehörigkeit

s. „Glaubensbekenntnis" II.

Konfessionswechsel

s. „Glaubensbekenntnis" IV.

Kongregationen

s. „Geistliche Gesellschaften" III 2.

Kongrua.

I. Begriff.

Kongrua ist das gesetzliche Minimaleinkommen oder Existenzminimum eines bepfründeten Seelsorgegeistlichen; M. II 243 zu n. 7.

II. Quellen.

1. Rechtsquellen: Das geistliche Einkommensrecht ist in Bayern weltlicher Natur; daher enthält das Staatsrecht die Kongruabestimmungen; M. II 243 zu n. 8. Allgemeine Rechtsquelle ist §§ 64 b, 65 RE., besondere Rechtsquelle die VO. v. 19. VI. 1810 (W. I 323), VO. v. 2. I. 1811 (W. I 344) Z. 5, ME. v. 24. II. 1878 (W. XII 235, G. IV 528), Landtagsabschied v. 29. XII. 1831 (W. II 593) § 46 b für die katholische Kirche und die AE. v. 29. V. u. 3. VII. 1812 (W. I 394, 396, G. II 469) für die protestantische Kirche.

2. Literatur: M. II 243 Buchst. A, 248 Buchst. A I, 250 Buchst. B I; Kr. II 86—87 nach n. 1; St. 214 § 222, 873 § 1001, 26 § 22 Buchst. d, 245 Buchst. b 5, 943—945 §§ 1078—1080; Seeb. 234; S. III 604 zu n. 46—47.

III. Betrag der Kongrua.

1. In der katholischen Kirche. Die Kongrua beträgt für die Pfarreien 600 fl. (= 1080 ℳ), für die Benefizien 400 fl. (= 720 ℳ).

Den Pfarreien stehen die ständigen Pfarrvikariate und die mit Hilfspriestern versehenen ständigen Expposituren gleich, den Benefizien die Exposituren ohne Hilfspriester; M. II 244 zu n. 1; Kr. II 6 zu n. 4, 87 zu n. 1. Pfründen, deren Reineinkommen den genannten Betrag nicht erreicht, erhalten bis zu demselben einen Zuschuß aus der Staatskasse (Kongrualergänzung); Kr. I 87 nach n. 1. Dieser Betrag der Kongrua hat eine Änderung nicht erfahren, so daß er noch heute gilt; ME. v. 24. II. 1878 (W. XII 235); M. II 244 zu n. 2. Bei Neuerrichtung von Seelsorgestellen dagegen muß die Dotation so hoch bemessen sein, daß sie ein dem heutigen, durch die staatlichen Aufbesserungszulagen erhöhten Einkommen entsprechendes Reinerträgnis abwirft; M. II 244 zu n. 4; Kr. II 93 zu n. 27; s. „Dotation". Die Kongruabestimmungen für die katholische Kirche gelten sowohl im rechtsrheinischen Bayern wie in der Pfalz.

2. In der protestantischen Kirche.

a) Im rechtsrh. Bayern. Die Kongrua beträgt für die verheirateten Pfarrer 800 fl. (= 1440 ℳ) und für diejenigen verheirateten Seelsorger, welche den katholischen Benefiziaten gleich zu achten sind, 600 fl. (= 1080 ℳ); für die ledigen Seelsorger gelten dagegen die gleichen Kongruasätze wie in der katholischen Kirche (600 fl. bzw. 400 fl.); M. II 248 zu n. 6. Verwitwete kinderlose Pfarrer werden den unverheirateten, verwitwete Pfarrer mit Kindern den verheirateten gleich behandelt; ME. v. 7. I. 1814, 9. IV. 1845 (G. II 476); M. II 249 zu n. 1. Letztere Bestimmung gilt auch für geschiedene, zum Unterhalt der Frau verpflichtete Pfarrer; M. II 249 zu n. 2. Seit 1863/65 werden zur Herstellung einer gleichmäßigen Kongrua sogenannte Kongrualergänzungen bis zu 800 fl. (= 1440 ℳ) gezahlt, die nicht persönlich, sondern an die Stelle gebunden sind und auch in der Vakanzzeit ausgezahlt werden; M. II 249 zu n. 4.

b) In der Pfalz. Die Kongrua ist hier nach den Pfarreien abgestuft und beträgt 800 fl. (= 1440 ℳ) oder 1000 fl. (= 1800 ℳ). Die staatlichen Kongrualergänzungen kommen auch zur Zeit der Pfarrerledigung zur Auszahlung und fallen, wenn der Nachsitz beendigt ist, nach Interkalarrecht an die allgemeine Pfarrwitwenkasse; M. II 250 nach n. 7.

IV. Staatliche Aufbesserungszulagen.

Hierüber s. „Einkommensaufbesserung".

V. Einfluß der Aufnahme von Onuskapitalien auf die Kongrua.

Durch ein Onuskapital (s. „Absitzkapitalien") darf eine Schmälerung des Kongruaeinkommens nicht eintreten; ME. v. 24. II. 1878 (W. XII 235), St. 26 § 22.

Konkordat, bayerisches.

I. Begriff und rechtliche Natur.

1. Das bayerische Konkordat v. 5. VI. 1817 ist eine Vereinbarung zwischen der bayerischen Landesregierung und dem Papste als dem kirchlichen Oberhaupt der katholischen bayerischen Staatsangehörigen, die über Angelegenheiten von gemeinsamem Interesse abgeschlossen wurde. —

Der Form nach ist das Konkordat ein Übereinkommen, das mittels einer gemeinsamen, von beiden Teilen vollzogenen Urkunde verlautbart wurde.

2. **Seiner rechtlichen Natur nach ist das Konkordat ein zweiseitiger völkerrechtlicher Vertrag, der beide Teile rechtlich bindet (Vertragstheorie), also den König und den Papst, und zwar mit den Rechtswirkungen eines völkerrechtlichen Vertrags, hinter welchem keine ordentlichen Gerichte stehen; M. II 43 Abs. 7. Da das Konkordat als Staatsgesetz verkündet wurde, ist innerstaatlicher Schutz auf seiner Grundlage möglich; M. II 43 Abs. 8.**

Das Konkordat hat nur für die katholische Glaubensgesellschaft in Bayern und deren Anhänger Geltung und berührt die verfassungsmäßigen Rechte der protestantischen Kirche und ihrer Glaubensgenossen nicht; Kgl. Erkl. v. 19. I. 1822 (W. II 72); P. n. 1 vor Art. I Konk.; n. 1 zu § 1 RE.; Seeb. 80 n. 13.

II. Literatur.

M. I 4 zu n. 1 ff., 172 Abs. 3; II 42 §§ 7 ff.; S. III 434 ff.; P. 93 ff., 144 ff.

III. Inhalt.

Das Konkordat regelt eine neue bayerische Diözesaneinteilung, ferner die Kapitelsverfassung, setzt die Dotationen für die neuen kirchlichen Einrichtungen fest und enthält eine Reihe staatskirchenrechtlicher Grundsätze; Art. I—XIX Konk.

IV. Verhältnis zum RE.

Die Konkordatsbestimmungen gelten nach der Publikationsklausel in § 103 RE. nur in den Schranken, die ihnen der bayerische Staat verfassungsmäßig im RE. gezogen hat. Deshalb gehen die Bestimmungen des RE. denen des Konk. vor und ist ersteres auch aus sich selbst und ohne Rücksicht auf das Konk. auszulegen; M. I 4 Abs. 4, 172 nach n. 3; S. III 448 zu n. 7; P. § 1 n. 1 RE. Aus diesem Grund besteht auch die im Konk. erfolgte Berufung auf das kanonische Recht nur in den Schranken, die das RE. aufstellt und soweit sich kein Widerspruch mit dem RE. ergibt; P. n. 1 vor Art. I Konk.; M. I 4 zu n. 3, 172 Abs. 3.

V. Verhältnis zum PE.

Die Stellung des Königs zur katholischen Kirche ist eine wesentlich andere als zur protestantischen. Während er der katholischen Kirche gegenüber nur die Rechte der Staatsgewalt (Kirchenhoheit) ausübt, ist er innerhalb der protestantischen Kirche auch Träger der Kirchengewalt (Kirchenregiment); s. „Kirchenregiment landesherrliches".

Konkurrenzpflicht

mit Rentenüberschüssen s. „Rentenüberschüsse".

Konkurrenzverbände, kirchliche

s. Art. 13 Abs. V KGO.

Konkurs der Pfarramtskandidaten

s. „Anstellungsvoraussetzungen allgemeine für ein bepfründetes Kirchenamt".

Kooperator

s. „Hilfsgeistliche" III A 1 a.

Kultusgebäude

s. „Kirchengebäude".

Kultusgemeinde, israelitische

s. „Israelitische Glaubensgesellschaft".

Kultusstiftungen

s. „Stiftungen ortskirchliche" u. „Ortskirchenvermögen".

Kultusfonds

s. „Ortskirchenvermögen".

Kumulationsverbot der Benefizien.

Das kanonische Verbot der cumulatio beneficiorum (Besitz mehrerer Benefizien durch eine Person) ist für Bayern durch Art. X Abs. 4 Konk. wiederholt; M. II 30 nach n. 5; St. 279 § 272.

Kuratbenefiziat

s. „Hilfsgeistliche" III A 1 e α.

Kuratbenefizien

s. „Benefizien" III 3 a.

Kuratel

über das „Pfründevermögen" s. „Pfründe" VIII.

L.

Läutbrote
Läutgarben } s. „Reichnisse“.
Läutgeld

Leistungen des Ortskirchenvermögens zu außerkirchlichen Zwecken.

I. Freiwillige Leistungen.

Diese können von der Kirchenstiftung wie von der Kirchengemeinde ausgehen, sind aber zur Gültigkeit an gewisse Voraussetzungen gebunden.

1. Für die Verwendung der Substanz oder des Grundstocks des Ortskirchenvermögens zum Besten eines anderen als des bestimmten Stiftungszwecks, also selbst zum Besten eines anderen kirchlichen Zwecks, genügt nicht die Genehmigung der Staatsaufsichtsbehörde, sondern es ist verfassungsgesetzlich die Zustimmung der Beteiligten erforderlich; Tit. IV § 10 VerfU.; § 47 RE.; M. I 283 zu n. 1. — über den Kreis der Beteiligten s. K. I 715. Vgl. auch Art. 9 KGO.

2. a) Die Verwendung des Kirchenstiftungsvermögens zu außerkirchlichen Zwecken ist möglich, wenn Rentenüberschüsse der Kirchenstiftung vorhanden sind.

Die Kirchenverwaltungen der einzelnen Stiftungen können Rentenüberschüsse freiwillig gewähren, vgl. Art. 12 Abs. II KGO., wozu die Genehmigung der Staatsaufsichtsbehörde ohne Rücksicht auf die Höhe der gewährten Beträge sowie die Zustimmung der kirchlichen Oberbehörde notwendig ist; Art. 75 Abs. I Z. 5, Abs. III KGO.; hierher zählen insbesondere die freiwilligen Zuschüsse der Kirchenstiftungen für Schul-, Armen- und Krankenzwecke; vgl. § 49 RE.; s. auch „Rentenüberschüsse“.

Weitere freiwillige Zuschüsse für Zwecke, die nicht unmittelbar den Kirchenstiftungen dienen oder die Sicherheit ihres Vermögens gewährleisten, wie eine gemeindliche Wasserleitung, Feuerlöschgeräte usw. sind als verfassungsmäßig unzulässig zu bezeichnen und können auch mit Zustimmung der Staatsaufsichtsbehörde und der kirchlichen Oberbehörde nicht gewährt werden; vgl. Art. 75 Abs. I Z. 5; M. I 284 zu n. 3; Fr. n. 2 b zu Art. 1 KGO.

b) Die Kirchengemeinden können freiwillige Leistungen für Zwecke, die außerhalb des Kreises der Ortskirchenbedürfnisse liegen, auf ihre Mittel übernehmen, wenn sie überhaupt mit ihrer Aufgabe vereinbar sind.

Zur rechtsgültigen Übernahme ist ohne Rücksicht auf die Höhe des

Betrages staatsaufsichtliche Genehmigung erforderlich; Art. 75 Abs. I Z. 5 KGO.

In Frage kommen hier: Aufwendungen für Zwecke der christlichen Charitas und der inneren Mission, für konfessionelle Volks- und Schulbibliotheken, für Förderung der christlichen Kunst- und Denkmalspflege innerhalb der Kirchengemeinde, für Übernahme oder Errichtung christlicher Sonderschulen nach Art. 3 Abs. II SchulbcdGes. v. 28. VII. 1902, für Honorierung des Religionsunterricht in Volksschulen. — Dagegen sind Unterstützungen aus Mitteln der Kirchengemeinden für konfessionelle Zwecke außerhalb des Landes ausgeschlossen; Fr. n. 1 c zu Art. 1 KGO.

II. Pflichtleistungen.

Daneben kennt die Praxis aber auch Verpflichtungen des Kirchenfonds (der Kirchenstiftung) zur Leistung herkömmlicher oder vertragsmäßiger Dotationsbeiträge besonders an die (Konfessions-) Schulen, die keineswegs ein Äquivalent für Besorgung des niederen Kirchendienstes bilden; M. I 284 zu n. 4. Nach älteren kurbayerischen Mandaten konnte z. B. durch die ohne eine Beschränkung erfolgte Gewährung von Zuschüssen an Volksschulen seitens der hiezu zuständigen weltlichen und kirchlichen Organe eine Rechtsverbindlichkeit zur dauernden Leistung (Dotation) für die beteiligten Stiftungen begründet werden; VGH. XIII 119; M. I 284 zu n. 5; St. 789 § 908. Insoweit Leistungen dieser Art für die Kirchenstiftungen vor 1818 rechtlich begründet waren, wurden sie weder durch das Verfassungsrecht (Tit. IV § 9 VerfU.; §§ 46—49 RE.) noch durch das moderne Schulrecht, welches die Schulen als Gemeindeanstalten erklärt hat, beseitigt; VGH. XIII 12; M. II 54 zu n. 1. „Durch Tit. IV § 9 VerfU. sollten alle in dem ursprünglichen Stand des Kirchenstiftungsvermögens eingetretenen Veränderungen und Belastungen, welche wohlerworbene Rechte Dritter darstellen und von Gesetzen weder beseitigt werden wollten noch konnten, nach Maßgabe der bisherigen rechtmäßigen Übung auch fernerhin aufrecht erhalten sein"; VGH. XIII 11; M. I 53 nach n. 1; vgl. Art. 12 Abs. II KGO.; Fr. a. a. O. n. 13, Art. 75 n. 6 drittletzter Abs.

Derartige Ansprüche auf hergebrachte Leistungen aus dem Kirchenvermögen zum Diensteinkommen eines Lehrers an einer Volksschule eignen sich je nach den Umständen des Falles entweder unter Art. 10 Z. 13 oder 19 VGG., können aber nicht als Ansprüche auf den Mitgenuß des betreffenden Kirchenvermögens (Art. 8 Z. 35 VGG.) in Betracht kommen; VGH. XIII 1; D. Art. 10 Z. 13 n. 8 Abs. 3; M. I 284 zu n. 6; s. auch D. Art. 10 Z. 13 n. 1 (über den Begriff: Ansprüche aus dem Kirchen-

und Pfarrverband) u. n. 15 letzter Abs. (über die Zuständigkeit zur erstinstanziellen Entscheidung über fundations- und dotationsmäßige Leistungen aus Stiftungskassen); vgl. auch D. Art. 8 Z. 35 n. 5.

Lokalkirchenbedürfnisse

s. „Rentenüberschüsse".

Lotterien.

Zur Beschaffung von Mitteln für kirchliche Bedürfnisse kann eine Prämienlotterie bewilligt werden für den besonderen Fall, daß ein unabweisbares, bleibendes Bedürfnis gegeben ist, welches eine unverhältnismäßig große Summe in Anspruch nimmt, zu dessen Befriedigung ordentliche Mittel nicht vorhanden und auf dem sonst üblichen außerordentlichen Wege von Kollektensammlung, Kirchengemeindeumlagen, Rentenüberschüssen, Darlehensaufnahme oder freiwilligen Staatsbeiträgen auch nicht zu beschaffen sind; Seeb. 900 zu n. 4.

Die kirchlichen Oberbehörden (Ordinariat bzw. Konsistorium) haben zu prüfen, ob ein Ausnahmefall in diesem Sinn gegeben ist, und sich dann zu äußern, daß eine Erinnerung gegen das Gesuch um Vornahme einer Lotterie nicht besteht; Seeb. 900 zu n. 5; s. auch OK. v. 15. XII. 1880 (G. III 827); M. I 251 zu n. 6.

Über das Erfordernis staatlicher Genehmigung nach der VO. v. 10. VII. 1867 (W. VII 64) und die Stempelpflicht nach dem Reichsstempelgesetz v. 15. VII. 1909 s. Krais, Handbuch der inneren Verwaltung, Bd. II 298 f. und die bayer. VB. z. Reichsstempelgesetz (GVBl. 1906 S. 470) mit den Ausf.-Best. des Bundesrats (GVBl. 1906 S. 366).

M.

Manualbenefizien

s. „Benefizien" III 1.

Manualmessen

s. „Fundationen".

Mensa, bischöfliche

s. „Pfründe" V 1 a.

Meßner

s. „Weltliche Kirchendiener".

Meßstipendien

s. „Fundationen".

Meßstiftungen

s. „Fundationen".

Militärgeistliche

s. „Hilfsgeistliche" III A 2 a u. B 2 a.

Mißbrauch der geistlichen Gewalt

s. „Recursus ab abusu".

Missionen

s. „Außerordentliche kirchliche Feierlichkeiten".

Moderamen

s. „Reformierte Kirche" IV 2.

Mortuarium.

I. Begriff.

Das in der katholischen Kirche vorkommende Mortuarium oder Seelgeraid ist eine besondere Leistung über das hinaus, was dem Pfarrer für seine geistliche Verrichtung bei Leichenfeierlichkeiten gebührt (s. „Stolgebühren"), aber es ist keine Stolgebühr trotz seiner Klagbarkeit; M. II 330 zu n. 11, 333 zu n. 2; St. 199 vor n. 1; VGH. XI 318. Es ist ohne Entschädigung aufgehoben (St. 832 zu n. 2) insoweit, als es bisher an Guts- und Gerichtsherrn entrichtet wurde; M. II 332 zu n. 7. Im übrigen besteht es aber noch fort; M. II 333 zu n. 2.

II. Berechtigte.

Das Mortuarium ist dem Pfarrer (bzw. ständigen Pfarrvikar; M. II 331 zu n. 9) des Sterbeorts ohne Rücksicht darauf zu entrichten, ob der Verstorbene dauernd oder nur vorübergehend in der Pfarrei des Sterbeorts sich aufgehalten hatte und ob der Pfarrer die Beerdigung vorgenommen hat oder nicht, VGH. XI 318; M. II 331 zu n. 1 u. 6, jedoch unter der Voraussetzung, daß in der betreffenden Pfarrei eine solche Gebühr neben den Stolgebühren für das Begräbnis und die Seelengottesdienste herkömmlich ist; Kr. II 113 zu n. 26. Sind an dem Sterbeort verschiedene Pfarreien, so steht es dem Pfarrer zu, in dessen Bezirk der Verstorbene zur Zeit des Todes gewohnt hat; M. II 331 n. 5; Kr. II 114 zu n. 29; St. 199 zu n. 1. Bei Bemessung der dem Pfarrer des Sterbeorts gebührenden Abgabe können die außerhalb der Pfarrei des Sterbeorts veranstalteten kirchlichen Beerdigungsfeierlichkeiten und der Leichengottesdienst nicht mit in Ansatz gebracht werden; VGH. XI 318; BlAdmPr. XLIV 247; M. II 333 zu n. 3; Kr. II 114 zu n. 28.

III. **Streitigkeiten.**

Bei Streitigkeiten ist der VGH. nach Art. 10 Z. 13 VGG. zuständig; M. II 331 zu n. 3, 339 Z. 1.

Über den Instanzenzug s. „Stolgebühren XII".

Muttergemeinde

s. „Kirchengemeinde" u. „Pfarrgemeinde".

N.

Nachsitz

s. „Pensionsrecht" III A 6 u. B 3.

Naturalreichnisse

s. „Reichnisse".

Nebenkirchen (Kapellen).

I. **Begriff.**

Nebenkirchen oder Kapellen sind Kirchengebäude in Filialorten, bei welchen eine Tochtergemeinde sich nicht gebildet hat, sowie die im Pfarrorte neben der Pfarrkirche bestehenden Kirchengebäude, welchen daher eine räumlich abgegrenzte Zahl von Konfessionsgenossen behufs der Übung des Kultus (Kirchengemeinde) nicht zugewiesen ist und in welchen kein regelmäßiger Sonn- und Festtagsgottesdienst stattfindet, vielmehr nur hie und da und meistens bloß an Werktagen gottesdienstliche Handlungen vorgenommen werden; vgl. Kr. III 93 zu n. 7.

Wo für einen bestimmten Teil des Pfarrsprengels eine Nebenkirche oder Kapelle mit rentierendem Vermögen vorhanden ist oder den in einem solchen engeren Bezirk wohnenden Bekenntnisgenossen besondere Leistungen für kirchliche Zwecke obliegen, ohne daß eine Tochtergemeinde bestünde, läßt die KGO. zwar im Einklang mit dem bisherigen Recht die Bildung einer besonderen Nebenkirchenverwaltung nach Analogie der von den Kirchengemeinden zu wählenden Kirchenverwaltungen zu (Art. 36 Abs. II Z. 3, Abs. III Z. 3 KGO.), nimmt aber keineswegs eine eigene „Nebenkirchengemeinde" oder „Kapellengemeinde" an; L. n. I 5 zu Art. 1 Abs. I KGO. — Über den Stiftungscharakter der Nebenkirchen und Kapellen s. „Kirchenstiftung" III 3 b.

II. **Quellen.**

1. Rechtsquellen: Art. 36 Abs. II Z. 3, Abs. III Z. 3, Abs. V KGO.

2. Literatur: L. n. zu Art. 36 Abs. II Z. 3, Abs. III Z. 3, Abs. V, VI KGO.

III. Über Vermögensverwaltung und Bedarfsdeckung s. „Kirchenverwaltung“, „Rentenüberschüsse“; über Baupflicht s. „Baupflicht kirchliche“.

Nach dem gemeinem Kirchenrecht erstreckt sich die Baupflicht nicht auf Nebenkirchen; vielmehr steht die Erhaltung derselben an sich dem Eigentümer zu; Kr. III 64 n. 164; St. 923 nach n. 1; Seeb. 874 n. 3. Über den Abbruch von Nebenkirchen s. Kr. III 296—300; Seeb. 873 Z. 2. Welche Nebenkirchen als sog. relativ unentbehrliche Kirchen und welche als sog. entbehrliche Kirchen zu betrachten sind s. „Kirchengebäude“ V.

Nebenorte

s. Art. 16 Abs. VII KGO.

Nebenpfründe.

Nebenpfründe oder Benefizialpfründe (Benefizium i. e. S.) ist die Dotation einer Hilfsseelsorgerstelle, welche dem Unterhalt des Hilfsseelsorgers zu dienen hat; VO. v. 2. I. 1811 (W. I 344); M. II 35 zu n. 4 u. nach n. 7. Die Zulassung zu solchen Nebenpfründen ist Gegenstand weltlicher Natur gemäß §§ 64 g, 65 RE.; M. II 35 nach n. 4. Eine Nebenpfründe kann der Pfarrer auch neben seiner Hauptpfründe genießen; M. II 32 zu n. 5. Erstere ist dann bei der Kongrua des Pfarrers (s. „Kongrua“) in Berechnung zu ziehen; Seeb. 234 n. 10; s. auch „Benefizien“ I.

Nominationsrecht.

I. Quellen.

1. Rechtsquellen: Art. IX, X Abs. 1 Konk.

2. Literatur: M. II 124, bes. 131 Z. II —144; Kr. II 46 n. 1; St. 43 § 40 —44; S. III 553 zu n. 9 —556; P. Art. IX n. 1 Konk.; H. III 61 zu n. 1—5.

II. Arten (Begriff und rechtliche Natur).

Man unterscheidet zwei Arten von Nominationsrecht:

1. Vorschlagsrecht.

a) Unter dieser Art von Nomination versteht man das Recht einer (physischen oder juristischen) Person, dem Patron (s. „Patronatsrecht“ I) zum Zwecke der Präsentation auf eine Pfarrei durch diesen einen oder mehrere Priester als geeignet für das betreffende Kirchenamt zu benennen. — Der Präsentationsberechtigte (Patron) hat dann die Befugnis, aus der Zahl der nominierten oder benannten Priester einen dem Bischof zur Verleihung des Kirchenamtes vorzuschlagen. Hat der Nominationsberechtigte die Befugnis, nur einen Geistlichen für das erledigte Kirchenamt zu benennen und der Präsentationsberechtigte die Pflicht, den nominierten Geistlichen dem kirchlichen Oberen in Vorschlag zu bringen, so hat das Patronats- und Präsentationsrecht seinen wesentlichen Inhalt verloren und ist als bloßes Ehrenrecht zu betrachten.

b) Seiner rechtlichen Natur nach unterscheidet sich die Nomination als bloßes Vorschlagsrecht von der Präsentation, die im Falle der Ablehnung des vorgeschlagenen Kandidaten wiederholt ausgeübt werden kann („Präsentationsrecht" V A 2 d), dadurch, daß bei Ablehnung oder Nichtwahl des Vorgeschlagenen für den Nominationsberechtigten keine Befugnis zu einem abermaligen Vorschlag besteht, sowie dadurch, daß die Umgehung des Vorgeschlagenen nicht gleich der Ablehnung des Präsentierten an feste Voraussetzungen gebunden ist, sondern vom freien Belieben abhängt; Kr. II 46 n. 1 g. E.; St. 44 nach n. 3, besonders 44 n. 5.

Das Vorschlagsrecht ist daher mit dem einmaligen Vorschlag beendet, auch wenn der Betreffende nicht gewählt wird; s. auch M. II 132 nach n. 1.

c) Der Nominationsberechtigte ist als solcher weder Patron noch Mitpatron. Er darf nur solche Personen vorschlagen, die der Patron als geeignete, taugliche Kandidaten („Anstellungsvoraussetzungen allg. s. e. bepfr. Kirchenamt" III) wirksam präsentieren kann; H. III 61 zu n. 5. — Auch muß er dem Präsentationsberechtigten seine Nomination rechtzeitig überreichen, d. h. er ist an die Präsentationsfrist gebunden, nach deren untätigem Ablauf sein Vorschlagsrecht erlischt. — Ist dagegen trotz rechtzeitigen Vorschlags der Patron mit der Präsentation säumig, so geht der Nominationsberechtigte nicht ohne weiteres seines Rechtes verloren, sondern kann innerhalb der Präsentationsfrist seine Nomination unmittelbar dem Bischof übergeben; St. 44 nach n. 4.

d) In Bayern besteht das Nominationsrecht als Vorschlagsrecht gegenüber dem landesherrlichen Präsentationsrecht auf Pfarreien zugunsten von gewissen Stadtgemeinden und Universitäten; Kr. II 46 n. 1 g. E.; St. 43 § 40.

Liegt das Nominationsrecht auf einem Objekt, z. B. einer Kirche, so erlischt es nicht mit dessen Untergang, ruht vielmehr bis zur Wiederherstellung des fraglichen Objektes und kann von da ab wieder ausgeübt werden.

2. Ernennungsrecht.

a) In diesem Falle versteht man unter Nomination die auf ein päpstliches Indult sich gründende Befugnis, einen Geistlichen für ein bestimmtes Kirchenamt zu ernennen.

b) Das Nominationsrecht als Ernennungsrecht steht in Bayern

dem Landesherrn zu bei Besetzung der Bistümer und Kanonikate; näheres s. „Pfründe“ V 1 a, b.

c) Das landesherrliche Nominationsrecht im Sinne eines Ernennungsrechtes unterscheidet sich wesentlich vom Präsentationsrechte; denn es steht dem Landesherrn nicht als Patron, sondern als Inhaber der landesherrlichen Hoheitsrechte zu. —

Nicht hierher zählt auch die Anstellung von Geistlichen in rein staatlichen Stellungen z. B. als Hausgeistliche in staatlichen Anstalten; s. „Hilfsgeistliche“ III.

Nominationsdekret

s. „Pfründe“ V 1.

Notifikationsdekret

s. „Pfründe“ V 2.

O.

Obere geistliche

ihr Überwachungsrecht bei der religiösen Kindererziehung s. „Kindererziehung religiöse“ IX.

Oberkonsistorium

s. „Kirchenregiment landesherrliches“ und „Evangelische Kirchenverfassung“.

Öffentliche Stiftungen

des bayerischen Staatsrechts s. „Stiftungen ortskirchliche“.

Oneratio beneficii

s. „Pfarrveränderungen“ IV H.

Onerierte Stiftungen

s. „Fundationen“.

Onuskapitalien

s. „Absitzkapitalien“.

Opferstock

s. Kr. III 239 § 42; s. auch „Klingelbeutel“.

Orden

s. „Geistliche Gesellschaften“ III 1.

Organisierte Pfarreien.

I. **Begriff.**

Unter organisierten Pfarreien versteht man jene Pfarreien, welche den durch die Säkularisation aufgehobenen Stiftern und Klöstern inkorporiert gewesen waren (über den Begriff der Inkorporation s. „Pfarrveränderungen"), deren Vermögen der Staat auf Grund des § 35 des Reichsdeputationshauptschlusses v. 25. II. 1803 eingezogen, die er später aber (freilich ohne Anerkennung einer Rechtspflicht) wieder dotiert hat; M. II 47 Abs. 2; Kr. II 20 § 4; St. 3 § 3.

II. Quellen.

1. Rechtsquellen: AVO. v. 15. V. 1800 (RBl. 538) u. 10. VIII. 1804, die Organisation der Klosterpfarreien betr.; ME. v. 28. III. 1865 (G. II 358, W. VI 424), ferner ME. v. 21. IV. 1848 u. v. 19. VII 1852 (W. III 679); vgl. auch die Angaben bei Kr. II 21 n. 1; St. 3 § 3 Buchst. a.

2. Literatur: Kr. II 20 § 4 —23, 319—321, 333 zu n. 1; St. 3 § 3, 956—959 §§ 1086 u. 1087; Seeb. 702 Buchst. β u. n. 63, 715 n. 100.

III. Arten.

Organisierte Klosterpfarreien kommen in zweifacher Form vor:

1. Organisierte Klosterpfarreien, d. s. Pfarreien, welche früher Klöster waren oder durch Klostergeistliche ausschließlich versehen wurden; ME. v. 28. III. 1865 (W. VI 424); Seeb. 702 n. 63.

2. Organisierte Kompetenzpfarreien, d. s. Pfarreien, welche zwar früher durch Weltgeistliche versehen wurden, aber ihrem ganzen rechtlichen, namentlich vermögensrechtlichen Bestand nach einem später säkularisierten oder sonst vom Staat aufgehobenen oder inkamerierten Kloster, Stift oder sonstigen kirchlichen oder frommen Institut (oder auch einer früheren Reichsstadt als solcher) inkorporiert waren, und welchen aus den inkorporierten Einkünften und Rechten ein bestimmtes Einkommen (competentia) ausgesetzt war; ME. v. 28. III. 1865; Seeb. 702 n. 63.

IV. Vermögen.

Über das aus der staatlichen Dotation gebildete Vermögen und dessen Charakter als Pfründestiftungsgut s. „Dotation" III A; s. auch Seeb. 702 n. 63, 715 n. 100.

V. Baupflicht.

Über die Baupflicht an den Kirchenstiftungs- und Pfründegebäuden bei organisierten Pfarreien vgl. „Baupflicht kirchliche".

Ortskirchenbedürfnisse und Mittel zu ihrer Befriedigung.

I. Begriff und Umfang der Ortskirchenbedürfnisse.

1. Ortskirchenbedürfnisse kraft Gesetzes (normale Lasten).

Als normale Lasten des ortskirchlichen Stiftungsvermögens und der Kirchengemeinde d. i. als Lasten, die bei allen Kirchengemeindeverbänden gleichmäßig gegeben sind und ihnen kraft Gesetzes obliegen, wenn auch nur unter Beschränkung auf die notwendigen Erfordernisse und unter Vorbehalt der Verpflichtungen Dritter (Art. 12 Abs. V KGO.), gelten außer dem Bedarfe für Erfüllung der in besonderen Bestimmungen der KGO. (vgl. Art. 9 Abs. I, 85 Abs. IV, 89 Abs. VII KGO.) oder sonstigen Gesetzen (vgl. § 73 RE., ferner die Steuergesetze, Gebührengesetze, das BGB., die Reichsversicherungsordnung usw.) festgestellten Verpflichtungen des ortskirchlichen Stiftungsvermögens und der Kirchengemeinde die notwendigen Erfordernisse für die würdige Feier des öffentlichen Gottesdienstes (hierher gehört auch die Anschaffung der nötigen Kirchenglocken), die Seelsorge und die Vermögensverwaltung und zwar im einzelnen:

a) Die Herstellung und Unterhaltung der Kirchen mit regelmäßigem pfarrlichem Gottesdienst, dann der erforderlichen Gebäude für die Pfarrgeistlichen und, wo dies bisher üblich war, für die Mesner nebst der Bezahlung der Brandversicherungsbeiträge, ferner die Unterhaltung der bestehenden kirchlichen Friedhöfe und der dazu gehörigen Bauwerke sowie die Anbringung und Unterhaltung der nötigen Blitzableiter auf größeren kirchlichen Gebäuden; Art. 12 Abs. I Z. 1 KGO.

α) Art. 12 Abs. I Z. 1 KGO. betrifft die Baubedürfnisse.

Nach den durch Art. 112 Abs. III KGO. aufrechterhaltenden Baulastnormen bemißt es sich auch künftig in erster Linie, ob und inwieweit das ortskirchliche Stiftungsvermögen und die Kirchengemeinde eine endgültige gesetzliche Verpflichtung trifft; s. unten Z. 3, ferner Z. IV 1 b β sowie „Baupflicht kirchliche". Erst wenn dies der Fall ist, gilt Art. 12 ff. KGO.

Die aus dem Baulastrecht sich ergebenden Verpflichtungen erfahren gegenüber dem bisherigen Rechtszustand durch die KGO. keine Erweiterung. Doch kann die Kirchengemeinde freiwillig neue oder höhere Lasten übernehmen; s. KGO. Art. 12 Abs. II, ferner L. n. 1 zu Art. 12 Abs. I Z. 1 KGO. und unten Z. 2.

Die Verpflichtungen des ortskirchlichen Stiftungsvermögens und der Kirchengemeinde zur Bestreitung ihrer eigenen Baubedürfnisse sind hienach öffentlich-rechtlicher Natur und der Verwaltungsrechtsprechung überwiesen. Dabei bleiben aber die Verpflichtungen

Dritter (Art. 12 Abs. V KGO.) sowie die Baulastnormen (s. Art. 112 Abs. III KGO.) vorbehalten; s. auch unten Z. 3, Z. IV 1 b β und V.

β) Die Herstellungs- und Unterhaltungspflicht umfaßt auch das Zubehör; L. n. 2 zu Art. 12 Abs. I Z. 1 KGO.

γ) Zu den Normallasten des Art. 12 Abs. I Z. 1 KGO. gehören zunächst die Baubedürfnisse für die Kirchen mit regelmäßigem pfarrlichem Gottesdienst d. i. solche, die einen derartigen Gottesdienst tatsächlich haben oder nach ihrer Fertigstellung erhalten sollen.

Die Erfordernisse für Neuherstellung und Unterhaltung anderer Kirchen (Nebenkirchen, Kapellen, s. dort) können nur Ortskirchenbedürfnisse sein, wenn für die bei der Kirche bestehende Stiftung oder für die Kirchengemeinde oder für beide ein besonderer Verpflichtungsgrund nach Art. 12 Abs. II KGO. besteht; vgl. L. n. 3 a. a. O.; s. auch unten Z. 2.

Ob ein regelmäßiger pfarrlicher Gottesdienst angenommen werden kann, ist nach Lage des einzelnen Falles zu entscheiden. Die Voraussetzungen hiefür sind aber nicht die gleichen wie für das Bestehen einer eigenen Kirchengemeinde; s. „Tochterkirchengemeinde" I 3. — Es genügt hier nicht, daß in regelmäßigen Zeiträumen pfarrlicher Gottesdienst stattfindet, es muß vielmehr der regelmäßige Pfarrgottesdienst für eine oder mehrere Kirchengemeinden (Mutter- oder Tochterkirchengemeinde) in der betreffenden Kirche abgehalten werden. Dabei kann zwischen der Pfarrkirche und einer Tochterkirche oder zwischen zwei Tochterkirchen unter sich der Wechsel stattfinden. Es genügt, wenn in einer Pfarrei mit zwei Tochterkirchen in jeder der drei Kirchen je am dritten Sonntag Gottesdienst für die ganze Pfarrgemeinde gehalten wird; sog. Drittelspfarrei. Bei ungleichem Wechsel ist Voraussetzung, daß, von vereinzelten Ausnahmen abgesehen, mindestens je am dritten Sonntag in der betreffenden Kirche pfarrlicher Gottesdienst stattfindet; s. L. n. 3 a. a. O.

δ) Was die „erforderlichen Gebäude für die Pfarrgeistlichen" anlangt, so richtet es sich nach den Umständen des einzelnen Falles, ob eigene Gebäude erforderlich sind. — Als „Pfarrgeistliche" erscheinen nicht nur die Pfarrer, sondern auch die Hilfsgeistlichen, besonders die Expositi oder Lokalkapläne. — In der katholischen Kirche werden die Gebäude am Pfarrorte regelmäßig nicht nur für den Pfarrer, sondern auch für dessen nicht exponierte Hilfsgeistlichkeit Raum bieten müssen. In der protestantischen Kirche ist die Bereitstellung von Dienstgebäuden für die Pfarrgeistlichen in geringerem Umfange erforderlich. Hier kann unter Umständen im einzelnen Falle von der Geltendmachung der Verpflichtung abgesehen werden, wenn Bereitstellung einer Mietwohnung oder Gewährung einer Mietentschädigung erfolgt.

ε) Wo die Herstellung und Unterhaltung von Gebäuden für die Mesner aus ortskirchlichen Mitteln der bestehenden Übung nicht entspricht, z. B. in der Pfalz, wird auch von der KGO. kein Anspruch hierauf neu geschaffen.

b) Die Beschaffung und Unterhaltung der inneren Einrichtung für solche Kirchen, einschließlich der Kirchenstühle und Gerätschaften, dann die Bereitstellung des sonstigen sachlichen Bedarfes für Zwecke des Gottesdienstes und der Seelsorge; Art. 12 Abs. I Z. 2 KGO.

α) Hinsichtlich der inneren Einrichtung von Kirchen mit regelmäßigem pfarrlichem Gottesdienst gilt das Gleiche wie für die Kirchen selbst; s. oben Buchst. a.

β) Zu dem „sonstigen sachlichen Bedarfe" für gottesdienstliche Zwecke und seelsorgerliche Verrichtungen gehören namentlich auch die Paramente, Wein, Wachs, sonstige Kirchenbeleuchtung, nicht aber die Bereitstellung einer theologischen Handbibliothek.

c) Die Aufbringung des Diensteinkommens der weltlichen Kirchendiener, das angemessen sein soll (Art. 74 Abs. VI KGO.), mit Einschluß der notwendigen Stellvertretungskosten im Falle des Urlaubs nach Art. 82 Abs. II KGO.; Art. 12 Abs. I Z. 3 KGO. Durch den Beisatz, daß das Diensteinkommen angemessen sein soll, wird den Selbstverwaltungsorganen nahe gelegt, Vergütungen, die im Verhältnis zur Dienstleistung unbillig niedrig sind, entsprechend aufzubessern. Auch wird den Staatsaufsichtsbehörden eine Handhabe zur Einwirkung in dieser Richtung geboten; vgl. Art. 74 Abs. I Z. 2 u. Abs. VI KGO.; über „weltliche Kirchendiener" im allgemeinen s. dort. — Die Verpflichtung des ortskirchlichen Stiftungsvermögens und der Kirchengemeinde zu Leistungen für das Diensteinkommen der Geistlichen bemißt sich nach den bisherigen Gesetzen, Herkommen, besonderen Rechtsverhältnissen oder gesetzmäßigen Beschlüssen; Art. 12 Abs. IV KGO.

Eine allgemeine rechtliche Verpflichtung des ortskirchlichen Stiftungsvermögens oder der Kirchengemeinde, für das Diensteinkommen der Geistlichen aufzukommen, besteht nicht. Soweit aber solche Verbindlichkeiten bestehen, gehören sie zu den Ortskirchenbedürfnissen im Sinne des Art. 12 Abs. II KGO.; vgl. auch L. n. 1 zu Art. 12 Abs. IV KGO.

d) Die Bezahlung von Pfarrvisitations- und Installationskosten nach Maßgabe der hierüber jeweils bestehenden Ministerialvorschriften, vor deren Änderung die kirchliche Oberbehörde einvernommen wird; Art. 12 a. a. O. Z. 4.

Vgl. § 6 der allgem. VV. z. KGO. v. 19. X. 1912 (GVBl. 1071 f.), ferner L. n. zu Art. 12 Abs. I Z. 4 KGO.

e) Die Sorge für die nach Ministerialvorschrift zu haltenden Gesetz- und Amtsblätter sowie für die Pfarrmatrikeln; Art. 12 a. a. O. Z. 5.

Vgl. § 7 der allgem. VV. z. KGO. a. a. O.

f) Die Bestreitung des sonstigen Verwaltungsaufwandes einschließlich des sachlichen Bedarfes für die pfarramtliche Geschäftsführung; a. a. O. Z. 6.

Hier kommen beispielsweise in Betracht: Vergütungen für Kirchenreinigung, Waschen und Ausbessern der Kirchenwäsche, Ausgaben für die Kassenverwalter und Kirchenschreiber wie überhaupt die Kosten aus der eigentlichen Vermögensverwaltung, Ausgaben für Forstpersonal, Holzhauer- und Botenlöhne, Bankgeschäftsprovisionen, Ersatz notwendiger Auslagen, besonders bei auswärtigen Dienstgeschäften, Regiekosten an Schreibwaren, Porti, Prozeß- und Vollstreckungskosten.

Das Verzeichnis der in Art. 12 Abs. I KGO. aufgezählten Normallasten d. i. der Ortskirchenbedürfnisse kraft Gesetzes ist erschöpfend. Diese Normallasten bilden den wichtigsten Teil der Ortskirchenbedürfnisse, aber immerhin nur einen Teil derselben, denn die Befriedigung weiterer Bedürfnisse kann im Rahmen des Art. 12 Abs. II KGO. verwirklicht werden; s. die folgende Z. 2.

2. Ortskirchenbedürfnisse kraft besonderer Verpflichtung.

Zu den Ortskirchenbedürfnissen gehören auch die Erfordernisse für die Verbindlichkeiten des ortskirchlichen Stiftungsvermögens und der Kirchengemeinde auf Grund Herkommens, besonderer Rechtsverhältnisse oder gesetzmäßiger Beschlüsse; Art. 12 Abs. II KGO.

a) Die Aufrechterhaltung der auf Herkommen beruhenden Verbindlichkeiten und die Zulassung der Bildung künftigen Herkommens gründet sich auf die Erwägung der KGO., daß gerade auf kirchlichem Gebiete ein dem Herkommen gegenüber schroff ablehnender Standpunkt zu unliebsamen Reibungen zu führen geeignet wäre.

Ein Herkommen, das Rechtsgültigkeit haben soll, setzt Handlungen voraus, welche den Charakter der Rechtsübung an sich tragen, also auf der Verpflichtungsüberzeugung beruhen. Das Herkommen kann schon bestehen oder sich in Zukunft erst bilden; M. I 233; L. n. 2 zu Art. 12 Abs. II KGO.

b) Verbindlichkeiten auf Grund besonderer Rechtsverhältnisse sind beispielsweise Verpflichtungen zur Verzinsung und Tilgung von Schulden, zur Zahlung von Kaufpreisen und Mietzinsen. Weiter gehören hierher Zuschüsse, welche den Kirchenstiftungen zugunsten von Volksschulen auf Grund älterer Normen (z. B. der einschlägigen kurbayerischen Mandate und Instruktionen) durch die zuständigen weltlichen und kirchlichen Organe ohne Zeitbeschränkung derart auferlegt wurden, daß eine Rechtspflicht der Kirchenstiftung zu dauernder Leistung (Dotation) begründet ist; VGH. XIII 119, XXVIII 55.

c) Gesetzmäßige Beschlüsse liegen vor, wenn sie weder hinsichtlich ihres formellen Zustandekommens noch durch ihren materiellen Inhalt gegen die Gesetze verstoßen; K. I 484.

Durch solche Beschlüsse können die zuständigen Organe Ausgaben der verschiedensten Art zu Lasten des ortskirchlichen Stiftungsvermögens oder der Kirchengemeinde übernehmen; s. „Kirchenverwaltung". — Die freie Entschließung der ortskirchlichen Organe ist aber im Rahmen der Staatsaufsicht begrenzt; s. dort; vgl. auch Art. 75 KGO.; L. n. 2 g. E. zu Art. 12 Abs. II KGO.

Während die kraft Gesetzes bestehenden Verpflichtungen des Art. 12 Abs. I KGO. sich auf die notwendigen Erfordernisse beschränken, können nach Abs. II a. a. O. auch die Erfordernisse für einen nicht unbedingt notwendigen Aufwand zu Ortskirchenbedürfnissen werden. Sie können als Last einer Spezialstiftung oder auch der Kirchenstiftung luxuriöse Aufwendungen auf Grund einer Stiftungsbestimmung angeordnet sein oder es können durch gesetzmäßige Beschlüsse einer Kirchengemeinde freiwillig Einrichtungen getroffen werden, die einmalige oder jährlich wiederkehrende Leistungen bedingen; denn gleich den bürgerlichen Gemeinden bleibt es den Kirchengemeinden unbenommen, über die notwendigen Erfordernisse hinauszugehen, allerdings im Rahmen der staatsaufsichtlichen Genehmigung; s. „Staatsaufsicht"; vgl. L. n. 1 vor Art. 12 KGO.

3. a) Eine Last, die nach sonstigen Gesetzen, Herkommen oder besonderen Rechtsverhältnissen den Parochianen, Matristen oder Filialisten obliegt, gilt als Verbindlichkeit der Pfarrgemeinde, Muttergemeinde oder Tochtergemeinde; Art. 12 Abs. III KGO.

Abs. III a. a. O. bezieht sich auf solche in Kraft bleibende ältere Normen, welche Verbindlichkeiten der Parochianen, Matristen oder Filialisten als ganzer Personenklassen betreffen und dabei noch nicht die Gesamtheit in körperschaftlicher, kirchengemeindlicher Organisation, sondern die beteiligten Personen als einzelne belastet ansehen.

Hieher gehören namentlich Baulastnormen (Art. 112 Abs. III KGO.) mit Einschluß solcher, die sich auf Hand- und Spanndienste beziehen; Art. 26 ff. KGO.

Hervorzuheben ist die öffentlich-rechtliche Natur auch dieser Lasten; vgl. Art. 15 Abs. V, Art. 16 KGO.

Die Baulastverteilung im allgemeinen bleibt unberührt. —

Die Stolgebühren, Reichnisse und die nach Art. 26 Abs. III KGO. wie solche zu behandelnden besonderen Dienstleistungen fallen nicht unter Art. 12 Abs. III KGO., sind vielmehr durch Spezialvorschriften geregelt; s. dort; vgl. auch Art. 89, 85, 26 Abs. III KGO.

b) Verpflichtungen Dritter in bezug auf die Bestreitung von örtlichen Kultusbedürfnissen (vgl. Art. 12 Abs. I, II, IV) einschließlich der Verbindlichkeiten der Pfründestiftungen und Pfründebesitzer hinsichtlich der Pfründegebäude, dann die Zuständigkeiten zur Entscheidung über solche Verpflichtungen und zu vorsorglichen Maßregeln bleiben unberührt. Zur Geltendmachung jener Verpflichtungen ist sowohl die Kirchenstiftung als die Kirchengemeinde berechtigt; Art. 12 Abs. V KGO.

α) Zu den Verpflichtungen Dritter im Sinne des Abs. V a. a. O. gehören:

I sowohl die Verpflichtungen zur unmittelbaren Befriedigung von Ortskirchenbedürfnissen als auch jene zur Bestreitung eines für solche erforderlichen Kostenaufwandes;

II Verpflichtungen auf Grund von Rechtsnormen oder von besonderen Rechtsverhältnissen;

III Verpflichtungen privatrechtlicher oder öffentlichrechtlicher Natur (z. B. von Gemeinden, Pfründestiftungen, Pfründebesitzern);

IV primäre wie subsidiäre Verpflichtungen.

Hierher zählen ferner die Verbindlichkeiten der bürgerlichen Gemeinden und Ortschaften auf Grund gesetzmäßiger Beschlüsse, dann der Zehent- und Patronatsherren.

β) Trotz des Vorbehalts dieser Verpflichtungen Dritter in Art. 12 Abs. V KGO. bleiben den Staatsaufsichtsbehörden gegenüber stets die ortskirchlichen Stiftungen und die Kirchengemeinden zur Deckung der Ortskirchenbedürfnisse verpflichtet, unbeschadet des Rückgriffs auf den verpflichteten Dritten, der leistungspflichtig ist, aber tatsächlich nicht eintritt; z. B. bei Deckung eines ortskirchlichen Baubedarfs, wenn der zunächst verpflichtete Dritte nicht leisten kann oder seine Beitragsleistung unter Bestreitung einer diesbezüglichen Pflicht verweigert; vgl. L. n. 4 zu Art. 12 Abs. V KGO.

γ) Wegen des rechtlichen Interesses an dem Bestande der Gebäude für die Pfarrgeistlichen (Art. 12 Abs. I Z. 1 KGO.) können die Kirchenstiftungen und Kirchengemeinden auch gegenüber der Pfründestiftung oder dem Pfründebesitzer deren primäre Baupflicht zur übernahme des Bauaufwandes bei Pfründegebäuden geltend machen; bei Führung von Zivilprozessen vgl. Art. 74 Abs. X KGO.; über die Vertretung der Kirchenstiftung und Kirchengemeinde s. „Kirchenverwaltung".

II. Quellen.

1. Rechtsquellen: Art. 12—35 KGO.

2. Literatur: L. u. Fr. n. zu Art. 12—35 KGO.

III. Beitragspflichtige.

Im allgemeinen obliegt die Sorge für die Befriedigung der Ortskirchenbedürfnisse neben der Kirchenstiftung der betreffenden Kirchengemeinde, in der diese Bedürfnisse auftreten, und zwar der ganzen Pfarrgemeinde, zu der auch etwaige Tochtergemeinden zählen. — Für gewisse Verhältnisse wurde aber von der KGO. eine Sonderregelung getroffen.

1. a) Die Heranziehung der Tochtergemeinden und anderer Bestandteile der Pfarrgemeinde (wie Nebenorte und Nebenortsgruppen) zur Befriedigung von Ortskirchenbedürfnissen der letzteren bemißt sich zunächst nach besonderen Rechtsverhältnissen oder Herkommen, aushilfsweise nach Art. 16 Abs. II—VII; Art. 16 Abs. I KGO.

α) Die Bedürfnisse der Pfarrei treffen an sich die ganze Pfarrgemeinde, soweit nicht die eine oder andere Tochtergemeinde hinsichtlich aller oder einzelner bestimmter Bedürfnisse kraft Gesetzes, Herkommens oder besonderen Rechtsverhältnisses befreit ist. In Ansehung gemeinsamer Angelegenheiten gelten die Tochtergemeinden als Bestandteile der Pfarrgemeinde und nur im übrigen als besondere Kirchengemeinden. — Muttergemeinde (im Gegensatz zur „Pfarrgemeinde" als dem weiteren Begriff s. „Kirchengemeinde" III) und Tochtergemeinde stehen sich erst bei der Lastenverteilung zum Zwecke der Befriedigung der Pfarrgemeindebedürfnisse gegenüber; vgl. Art. 16 Abs. IV KGO.; s. auch L. n. 1 zu Art. 16 Abs. I.

β) Art. 16 KGO. bezieht sich auf alle Ortskirchenbedürfnisse der Pfarrgemeinde, also auch auf die Baubedürfnisse. Allgemeine Baulastnormen bleiben hier außer Betracht. Soweit nicht besondere Titel im Sinne des Abs. I a. a. O. bestehen, gelten mit dem Inkrafttreten der KGO. auch hinsichtlich der Baubedürfnisse kraft Gesetzes die Regeln des Art. 16 Abs. II ff. KGO.; s. unten Buchst. b; L. n. 1 a. a. O.

γ) Besondere Rechtsverhältnisse können sich insbesondere aus Verträgen, rechtskräftigen Urteilen, Vergleichen, Anerkenntnissen usw. ergeben.

Einem Herkommen ist in streitigen Fällen nur dann Bedeutung beizumessen, wenn es sich um ein rechtsbegründetes Herkommen im Sinne eines „örtlichen Gewohnheitsrechtes" handelt. — Herkommen im Sinne von Verjährung gehört zu den Rechtstiteln, welche „besondere Rechtsverhältnisse" schaffen; L. n. 2 a. a. O. — Unter den Begriff „Herkommen" fallen auch die in Bayern geltenden sog. „Diözesanobservanzen".

Die künftige Bildung eines Herkommens ist nicht ausgeschlossen, wie denn auch „besondere Rechtsverhältnisse", insbesondere auf Grund von Vereinbarungen (öffentlich-rechtlichen Verträgen) sich jederzeit ergeben können.

b) Die Deckung der auf die Tochtergemeinden treffenden Lasten erfolgt in gleicher Weise wie die bei der Pfarrgemeinde; s. unten Z. IV.

Die allgemeine Konkurrenzpflicht der Tochtergemeinde hinsichtlich der Ortskirchenbedürfnisse der Pfarrgemeinde kommt selbstverständlich erst dann in Betracht, wenn gemäß Art. 13 Abs. II KGO. auf die Kirchen- (d. i. Pfarrkirchen-) Gemeinde zurückgegriffen werden muß; denn die Konkurrenzpflicht der Tochtergemeinde beruht darauf, daß sie Bestandteil der Pfarrkirchengemeinde ist, ihre Angehörigen also Glieder der Pfarrkirchengemeinde sind. — Die Tochtergemeinde bleibt demnach frei, solange der Pfarrkirche Mittel der in Art. 13 Abs. I KGO. bezeichneten Art zur Verfügung stehen; s. unten Z. IV; L. n. 3 a. a. O.

b) Eine Tochtergemeinde hat an der Befriedigung von Ortskirchenbedürfnissen der Pfarrgemeinde nach Maßgabe der Gemeinschaft des Bedürfnisses oder Gebrauches teilzunehmen; Art. 16 Abs. II KGO.

α) Dieser Grundsatz bezieht sich auf alle in Art 12 KGO. aufgezählten Ortskirchenbedürfnisse, auch auf die des Abs. II; L. n. zu Art. 16 Abs. II KGO.

β) Wo eine Gemeinschaft des Bedürfnisses oder Gebrauches überhaupt fehlt d. i. bei Ortskirchenbedürfnissen der Pfarrgemeinde, die für die Tochtergemeinde zu der Kategorie der gemeinschaftlichen Angelegenheiten nicht gehören, ist auch eine Beitragspflicht der Tochtergemeinde schlechthin nicht gegeben, z. B. hinsichtlich der Lasten nach Art. 12 Abs. I Z. 1 KGO. —

Einzelne Fälle dieser Art enthält Art. 16 Abs. III KGO.; vgl. L. n. dazu.

γ) Soweit eine Gemeinschaft des Bedürfnisses oder Gebrauches zwischen Pfarr- und Tochtergemeinde in einer wesentlichen Beziehung fehlt, ist die Beitragspflicht in dieser Beziehung ausgeschlossen. — Wenn eine Tochtergemeinde die kirchlichen Einrichtungen der Pfarrgemeinde nur in wesentlich beschränktem Maße benützen kann oder zu benützen angewiesen ist, kann sie verlangen, daß sie an der Befriedigung der Ortskirchenbedürfnisse der Pfarrgemeinde nur noch einem im Verhältnis der beschränkteren Beteiligung ermäßigten Maßstabe teilzunehmen habe. — Das Maß dieser Erleichterung wird durch Vereinbarung (Art. 23 Abs. II Z. 3 KGO.) der ortskirchlichen Vertretungskörper, in Ermangelung einer genehmigten Übereinkunft durch schiedsrichterliche Entscheidung in entsprechender Anwendung des Art. 10 KGO. festgestellt; Art. 16 Abs. V u. VI KGO.

Je nach der Art der Beschränkung kann auch die Ermäßigung sich entweder auf gewisse Bedürfnisse (Kirche, Personalbedarf, Pfarrhaus usw.) für sich allein beziehen oder es kann eine Bauschermäßigung auf Grund des allgemeinen Verhältnisses der Beteiligung an den kirchlichen Einrichtungen überhaupt festgestellt werden.

c) Wenn der sonn- und festtägliche Gottesdienst der Regel nach gleichmäßig abwechselnd in der Pfarrkirche und in der oder den Tochterkirchen anspruchsgemäß abgehalten wird, so hat jeder Teil (Muttergemeinde, Tochtergemeinde) den Bedarf für seine Kirche und den darin stattfindenden pfarrlichen Gottesdienst aufzubringen; Art. 16 Abs. IV KGO.

Hierher gehören namentlich die Fälle der oben Z. I 1 a γ Abs. 3 bezeichneten Art. — Soweit eine Beitragspflicht der Tochtergemeinde nach Art. 16 Abs. I KGO. nicht besteht, bleibt die Tochtergemeinde — abweichend vom Grundsatz des Abs. II a. a. O. — von der Beitragspflicht zu den Bedürfnissen der Pfarrkirche und dem darin abgehaltenen Gottesdienst, namentlich auch von der Baukonkurrenz frei. — Umgekehrt hat auch die Muttergemeinde für die Mitbenützung der Tochterkirchen keine Entschädigung zu leisten. — Hinsichtlich der übrigen Ortskirchenbedürfnisse der Pfarrgemeinde, insbesondere hinsichtlich des Personalbedarfs für den gemeinsamen Geistlichen und Kirchendiener bleibt der Grundsatz des Art. 16 Abs. II KGO. unberührt, d. h. für die Beitragspflicht der Tochtergemeinde zu den Ortskirchenbedürfnissen der Pfarrkirchengemeinde ist die Gemeinschaft des Bedürfnisses oder Gebrauches maßgebend.

2. Die Beitragspflicht verbundener Pfarrgemeinden bei gleichheitlich vereinigten (unierten, kombinierten) Pfarreien zu den gemeinsamen Ortskirchenbedürfnissen bemißt sich zunächst nach der Vereinigungsurkunde, sonstigem besonderen Rechtsverhältnisse oder Herkommen, aushilfsweise nach Art. 16; Art. 17 KGO.

Über unierte Pfarreien s. „Pfarrveränderungen"; — im übrigen vgl. L. n. zu Art. 17.

3. a) In Gesamtkirchengemeinden gelten kraft Gesetzes als gemeinsam zu deckende Ortskirchenbedürfnisse:

1. Der Verwaltungs- und Unterhaltungsaufwand in Ansehung eines etwaigen gemeinsamen Vermögens, dann sonstige Lasten des letzteren;

2. der Aufwand an Ersatzrücklagen zum gemeinsamen Grundstockvermögen sowie für Verzinsung und Tilgung gemeinsamer Schulden; Art. 18 Abs. I KGO.

α) über „Gesamtkirchengemeinde" s. dort; vgl. auch Art. 5 Abs. V KGO. — Die Gesamtkirchengemeinden sind Träger einer Finanzgewalt; vgl. Art. 20 Abs. XIV KGO.

β) Art. 18 Abs. I KGO. zählt für die Gesamtkirchengemeinden die kraft Gesetzes zu deckenden Ortskirchenbedürfnisse d. i. die normalen Lasten der Gesamtkirchengemeinde als solcher auf. Doch können die Gesamtkirchengemeinden gleich den Einzelgemeinden weitergehende Verpflichtungen durch besondere Rechtsverhältnisse zu erfüllen haben oder durch gesetzmäßige Beschlüsse freiwillig übernehmen; vgl. Art. 12 Abs. II KGO.; L. n. 2 zu Art. 18 Abs. I; s. auch unten Buchstabe b.

γ) Hinsichtlich der Reihenfolge der Deckungsmittel gelten im allgemeinen die Vorschriften des Art. 13 KGO.; s. unten Z. IV. — Ein ungedeckter Bedarf muß durch unmittelbar von den Pflichtigen zu erhebende Gesamtkirchenumlagen (Art. 20 Abs. XIV KGO.) gedeckt werden (sog. beschränkte Umlagengemeinschaft); s. dagegen unten Buchstabe b.

Anderseits kann die Bestreitung des Bedarfs einer Gesamtkirchengemeinde, solange nicht allgemeine Umlagengemeinschaft (s. unten Buchstabe b) eingeführt ist, auch dadurch erfolgen, daß die Einzelkirchengemeinden aus eigenen verfügbaren Mitteln oder durch Erhebung von Einzelkirchenumlagen ihren Anteil aufbringen und so durch ihr Zusammenwirken den Aufwand decken.

δ) Gemeinsames Vermögen der Gesamtkirchengemeinde im Sinne des Art. 18 Abs. I KGO. ist sowohl deren eigenes Vermögen, ein gemeinsamer Fond usw. als auch etwaiges vereinigtes Stiftungsvermögen; vgl. Art. 5 Abs. V KGO.

b) Durch königliche Entschließung können nach Einvernahme der kirchlichen Oberbehörde und Beschlußfassung der Einzelkirchenverwaltungen, bei bestehenden Gesamtkirchengemeinden auch der Gesamtkirchenverwaltung die sämtlichen innerhalb des Gesamtkirchensprengels sich ergebenden Bedürfnisse, für welche Kirchenumlagen erforderlich sind, als gemeinsam zu deckende Ortskirchenbedürfnisse erklärt werden. (Allgemeine Umlagengemeinschaft.)

Diese Maßnahme ist nur mit Zustimmung der Mehrzahl der Einzelkirchenverwaltungen und gegebenenfalls der Gesamtkirchenverwaltung zulässig, überdies, wenn nicht alle Einzelkirchenverwaltungen zustimmen, nur beim Vorhandensein eines unabweisbaren, auf regelmäßigem Wege nicht zu befriedigenden Bedürfnisses; Art. 18 Abs. II u. III KGO.

α) Die Festsetzung der allgemeinen Umlagengemeinschaft kann zugleich mit der Begründung der Gesamtkirchengemeinden (Art. 3 KGO.) oder auch später erfolgen. — Ob die Verhältnisse so gelagert sind, daß die allgemeine Umlagengemeinschaft als angemessen erscheint, ist vor deren Anordnung sorgfältig zu prüfen. — Die hiezu erforderliche königliche Entschließung ergeht auf Grund freier Würdigung aller einschlägigen Verhältnisse.

β) Gegenstand der allgemeinen Umlagengemeinschaft können nur Ortskirchenbedürfnisse im Sinne des Art. 12 u. 18 KGO. sein; s. oben Z. I 1—3. — Abgesehen von der Deckung der gesetzlichen Ortskirchenbedürfnisse der Gesamtkirchengemeinde und der Einzelkirchengemeinden kann die Gesamtkirchengemeinde gemäß Art. 12 Abs. II (vgl. auch Art. 23 Abs. II Z. 2 u. 3 KGO.) auch die Erfüllung neuer Aufgaben übernehmen, z. B. die Aufbringung des Bedarfs für Gründung neuer Pfarreien, also für Erbauung neuer Kirchen, Pfarrhäuser, Errichtung neuer Seelsorgestellen oder für ausreichende Ausstattung bestehender Pfarreien mit solchen kirchlichen Einrichtungen oder für Verbesserung von solchen; L. n. 2 zu Art. 18 Abs. II.

γ) Infolge Einführung der allgemeinen Umlagengemeinschaft erwächst der Gesamtkirchengemeinde die Verpflichtung, den Einzelkirchengemeinden zur Befriedigung ihrer Ortskirchenbedürfnisse jene Mittel zu gewähren, welche sie sich nicht ohne Umlage verschaffen könnten; vgl. Art. 13 u. unten Z. IV.

Der gesamte Bedarf an Umlagen ist direkt auf die Umlagenpflichtigen umzulegen und wird der Gesamtkirchengemeinde unmittelbar von den Pflichtigen geschuldet; vgl. Art. 20 Abs. XIV KGO. — Diese Umlagen müssen daher tatsächlich im ganzen Gesamtkirchengemeindesprengel erhoben werden; eine vermögliche Einzelkirchengemeinde kann nicht etwa für ihren Bezirk die Erhebung durch Übernahme für ihre Mitglieder sistieren, wie dies nach Art. 18 Abs. I KGO. möglich ist; L. n. 3 zu Art. 18 Abs. II. — Unzulässig ist es auch, einer Einzelkirchengemeinde Vorausleistungen aufzuerlegen.

4. Wenn ein Teil des Kirchengemeindebezirks von dessen Hauptteile so weit entlegen ist, daß für seine Bewohner eine regelmäßige Anteilnahme an den ortskirchlichen Einrichtungen in der Hauptsache als ausgeschlossen erscheint (Fernbezirk), so kann durch die Staatsauf-

sichtsbehörde nach Einvernahme der kirchlichen Oberbehörde ein Hauptbezirk abgegrenzt werden, welcher in bezug auf Kirchenumlagen, Kirchengemeindedienste, Wahlen und Beschlußfassungen als Kirchengemeindebezirk im Sinne der KGO. gilt. Die Kirchenverwaltung in ihrem tatsächlichen Bestande wird vorher gehört. Die kirchlichen Bedürfnisse des Fernbezirks und seiner Bestandteile gelten nicht als Ortskirchenbedürfnisse der ganzen Kirchengemeinde und die kirchlichen Bedürfnisse des Hauptbezirks nicht als Ortskirchenbedürfnisse des Fernbezirks oder seiner Bestandteile; Art. 19 Abs. I KGO.

Im Fernbezirk einer Pfarr- oder Gesamtkirchengemeinde sollen Kirchenumlagen und Kirchengemeindedienste (zur Deckung der eigenen Bedürfnisse der Fernbezirke) nicht eingeführt werden, es sei denn für den Bezirk der darin etwa bestehenden Tochtergemeinden oder, falls auch bei einer Tochtergemeinde ein Hauptbezirk abgegrenzt ist, für letzteren; vgl. Art. 19 Abs. II KGO.

a) Über die Voraussetzungen zur Ausscheidung eines Hauptbezirks, die bei Pfarr-, Tochter- und Gesamtkirchengemeinden möglich ist, befindet die Staatsaufsichtsbehörde in freier Würdigung aller in Betracht kommenden Umstände; über die Zuständigkeit s. „Staatsaufsicht".

Die Einleitung des Abgrenzungsverfahrens kann von allen Interessenten angeregt werden. Ein förmliches Antrags- und Zustimmungsrecht steht aber den Beteiligten nicht zu; L. n. 3 zu Art. 19 Abs. I KGO.

Die verfassungsmäßigen Bestimmungen, wonach die Einteilung der Diözesan-, Dekanats- und Pfarrsprengel zu den gemischten Gegenständen gehört (§§ 76e, 77, 78 RE.), finden hier keine Anwendung, weil die Abgrenzung des Hauptbezirks lediglich für die Deckung des ortskirchlichen Bedarfs, dann für Wahlen und Beschlußfassungen, also nicht auch für die Seelsorge und andere innerkirchliche Verhältnisse Bedeutung hat.

b) Sobald eine Abgrenzung in Haupt- und Fernbezirke stattgefunden hat, haben beide Bezirke für ihre Bedürfnisse grundsätzlich selbst aufzukommen; L. n. 4 zu Art. 19 Abs. I KGO.

IV. Mittel zu ihrer Befriedigung (Deckungsmittel).

Zur Deckung der Ortskirchenbedürfnisse hat in erster Linie regelmäßig das Ortskirchenvermögen mit seinen Renten und Einnahmen einzutreten, während der verbleibende Restbedarf durch Kirchenumlagen zu decken ist; Art. 13 Abs. I u. II KGO. Die Reihenfolge, die innerhalb des Abs. I a. a. O. eingehalten ist, hat nicht die Bedeutung, daß ein später genanntes Deckungsmittel gegenüber jedem früher genannten subsidiären Charakter habe. Die Auswahl unter den in Art. 13 Abs. I genannten Deckungsmitteln im einzelnen Fall erfolgt gegebenenfalls nach Art. 15 KGO.; s. unten Z. 1b.

1. Primäre Deckungsmittel.

a) Für die Befriedigung der Ortskirchenbedürfnisse kommen (s. auch unten Z. 2a) zunächst in Betracht (Art. 13 Abs. I):

α) Die Erträgnisse des Vermögens der beteiligten Kirchenstiftung d. i. in der Pfarrgemeinde der Pfarrkirchenstiftung, in der Tochtergemeinde der Tochterkirchenstiftung, bezüglich einer Nebenkirche der Nebenkirchenstiftung;

β) die für den betreffenden Zweck verfügbaren Mittel sonstiger Bestandteile des Ortskirchenvermögens d. i. namentlich besonderer kirchlicher Stiftungen, im voraus angesammelter Fonds oder eines vorhandenen Kirchengemeindevermögens, wobei aber die Mittel der besonderen kirchlichen Stiftungen nach dem Stiftungszweck und der tatsächlichen Leistungsfähigkeit im allgemeinen für den betreffenden Zweck verfügbar sein müssen; vgl. auch L. n. 2b zu Art. 13 Abs. I KGO.;

γ) die besonderen Einnahmen der Kirchenstiftung namentlich an Sammelergebnissen, Gebühren und Strafgeldern, dann die Interkalarfrüchte, soweit sie nach den hierüber jeweils bestehenden Vorschriften der Kirchenstiftung zukommen; zu den besonderen Einnahmen der Kirchenstiftung gehört insbesondere — wenigstens der Regel nach — der Ertrag des Klingelbeutels, Opferstocks oder sonstigen Opfers, ebenso die Einnahmen aus den Gebühren für Benützung von ortskirchlichem Eigentum und ortskirchlichen Anstalten, welche durch Ortskirchensatzung eingeführt und geregelt werden können; Art. 14 Abs. I u. III KGO.; über Interkalarfrüchte s. dort sowie L. n. 2d zu Art. 13 Abs. I; vgl. auch §§ 8 u. 9 der allgemeinen VB. zur KGO. v. 19. X. 1912 (GVBl. 1071 f.);

δ) freiwillige oder auf rechtlicher Verpflichtung beruhende besondere Leistungen von Kirchengemeindegliedern oder Dritten, einschließlich der etwaigen Zuschüsse des Staates, der Gemeinden und anderer öffentlicher Kassen. —

Besondere Pflichtleistungen der Kirchengemeindeglieder sind solche, die nicht zu den Kirchenumlagen und Kirchengemeindediensten gehören. — Freiwillige Leistungen Dritter sind namentlich jene der Gemeinden und Ortschaften, dann solche von Vereinen konfessionellen Charakters (Kirchenbauvereine, Bonifaziusverein, Gustav Adolf-Verein). — Über Pflichtleistungen Dritter vgl. Art. 12 Abs. V KGO. — Als Leistungen „anderer öffentlicher Kassen" erscheinen auch die Konkurrenzleistungen aus Rentenüberschüssen auswärtiger Stiftungen sowie Beiträge aus kirchlichen Kassen ohne ortskirchlichen Charakter.

b) α) Die Kirchenverwaltung ist zur Beschlußfassung darüber berufen, ob und inwieweit primäre Deckungsmittel, abgesehen von strittigen besonderen Leistungen der Kirchengemeindeglieder oder Dritter, zur Verfügung stehen, und namentlich ein baupflichtiger Bestandteil des ortskirchlichen Stiftungsvermögens für die Bestreitung der Kosten eines jeweils veranlaßten kirchlichen Baufalls ohne Beeinträchtigung der Deckung des laufenden Bedarfs leistungsfähig ist; Art. 15 Abs. I KGO. — Über Streitfälle s. unten Z. V.

Die hauptsächlichste praktische Tragweite des Art. 15 liegt auf dem Gebiete der Führung von Kultusbauten.

Zuständig zur Fassung des Beschlusses, der rechtlich nur den Charakter eines reinen, nicht eines instanziellen Verwaltungsbeschlusses hat, sind in erster Linie die Kirchenverwaltungen, die dabei sowohl die Kirchenstiftungen wie die Kirchengemeinden vertreten; vgl. L. n. 1—3 zu Art. 15 Abs. I KGO. — Über einen etwaigen Interessenwiderstreit beider ortskirchlicher Rechtssubjekte, der an sich möglich wäre, soll behufs Vereinfachung des Verfahrens und namentlich in Anerkennung einer gewissen Übereinstimmung der wohlverstandenen dauernden Interessen der Kirchengemeinde als einer ihre jeweiligen Mitglieder überdauernden Korporation einerseits und der für sie dauernd bestimmten Kirchenstiftung anderseits hinweggesehen werden, solange weder ein Streit besteht noch ein Rechtsgeschäft zwischen den beiderseitigen Interessenten abzuschließen ist; über „Interessenkollision" vgl. Art. 55 KGO.; im übrigen vgl. L. n. 1—5 zu Art. 15 Abs. I KGO.

β) Über Bestand und Umfang der öffentlich-rechtlichen Verpflichtung des ortskirchlichen Stiftungsvermögens sowie der Kirchengemeinde zur Befriedigung ihrer eigenen Baubedürfnisse in bezug auf Kultusgebäude, kirchliche Friedhöfe und dazu gehörige Bauwerke wird durch die ortskirchlichen Vertretungskörper, dann, soweit erforderlich, durch die Staatsaufsichtsbehörde nach Maßgabe der KGO. Beschluß gefaßt, vorbehaltlich der Vorschriften über das Verwaltungsstreitverfahren; Art. 15 Abs. V KGO.

Vgl. unten Z. V. — Über „eigene Baubedürfnisse" s. oben Z. I 1 a. — Durch Art. 15 Abs. V KGO. wird die Verpflichtung des ortskirchlichen Stiftungsvermögens und der Kirchengemeinde zur Befriedigung ihrer eigenen Baubedürfnisse als öffentlich-rechtlich anerkannt und der Selbstverwaltung, Staatsaufsicht und Verwaltungsrechtsprechung überwiesen. — Dabei ist nicht das Eigentum der Kirchenstiftung oder Kirchengemeinde an einem Kultusgebäude ausschlaggebend für die Verwaltungszuständigkeit, sondern das öffentlich-rechtliche eigene Baubedürfnis d. i. die Baupflicht an solchen Gebäuden, deren Herstellung und Unterhaltung Ortskirchenbedürfnis ist; vgl. L. n. 1—4 zu Art. 15 Abs. V KGO. — Dagegen wird durch Art. 15 Abs. V an der zivilrechtlichen Zuständigkeit zur Entscheidung über Bestand und Umfang der Baupflicht Dritter (Zehentherren, Patrone, vertragsmäßig verpflichtete Gutsherrschaften oder Gemeinden) nichts geändert; vgl. auch „Baupflicht" VII 2.

2. Subsidiäre Deckungsmittel.

a) Allgemeines.

Der mangels primärer Deckungsmittel verbleibende, auch nicht von einem Dritten vermöge subsidiärer Verpflichtung bestrittene Bedarf ist — vorbehaltlich der Bestimmungen über Grundstocksangriffe, Anlehensaufnahmen und Kirchengemeindedienste — **durch Kirchenumlagen zu decken**; Art. 13 Abs. II KGO.

Eine Verpflichtung der Kirchengemeinde zur Aufbringung der Mittel für einen ungedeckten Bedarf des ortskirchlichen Stiftungsvermögens besteht indessen, vorbehaltlich des Art. 12 Abs. II u. III, nur in bezug auf die **Kirchenstiftung**; a. a. O. Abs. III.

Nur ausnahmsweise ist die Verwendung von laufenden Mitteln des ortskirchlichen Stiftungsvermögens zur Bestreitung von Ortskirchenbedürfnissen zulässig, für welche nach Gesetzen, Herkommen, besonderen Rechtsverhältnissen oder gesetzmäßigen Beschlüssen **die Kirchengemeinde ohne Vorgang der Kirchenstiftung** — wenn auch nach Vorgang der Pfründestiftung oder anderer Verpflichteten — aufzukommen hat. — Der Beschluß der Kirchenverwaltung bedarf der staatsaufsichtlichen Genehmigung, welche nur bei Zustimmung der subsidiär Baupflichtigen oder sonstigen Drittbeteiligten in den ihre Interessen wesentlich berührenden Fällen und bei Zustimmung (Art. 11 Abs. V) der kirchlichen Oberbehörde erteilt werden darf; a. a. O. Abs. IV.

α) Die Erfüllung subsidiärer Verpflichtungen Dritter hat der Erhebung von Kirchenumlagen auch dann voranzugehen, wenn sie neben subsidiären Verpflichtungen der Kirchengemeinde bestehen; L. n. 2 zu Art. 13 Abs. II. — Soweit aber ein Dritter primär oder subsidiär zur Bestreitung des Bedarfes verpflichtet ist, aber tatsächlich nicht eintritt, muß die Kirchengemeinde vermöge ihrer öffentlich-rechtlichen Verpflichtung, unbeschadet des Rückgriffes auf den Pflichtigen, den Bedarf decken.

β) Die Pflicht zur Bedarfsdeckung durch Kirchenumlagen entfällt, soweit das Bedürfnis durch Grundstocksangriffe, Anlehensaufnahmen oder Kirchengemeindedienste seine Befriedigung findet. Nach den durch Art. 13 Abs. II ausdrücklich vorbehaltenen Bestimmungen hierüber (Art. 9, 26, 32, 75 KGO.) erscheint diese Art der Bedarfsdeckung nicht zu den primären Deckungsmitteln gehörig, unterliegt vielmehr den angegebenen Sonderbestimmungen.

γ) Ob und inwieweit einem privatrechtlich beteiligten Dritten gegenüber das vor ihm baupflichtige ortskirchliche Vermögen nötigenfalls auch zu einem Grundstocksangriffe oder einer Anlehensaufnahme schreiten muß, ist nach dem die Baupflicht regelnden bisherigen Rechte zu beurteilen; Art. 15 Abs. IV mit Art. 112 Abs. III KGO.; L. n. zu Art. 15 Abs. IV.

δ) Falls keine Deckungsmittel nach Art. 13 Abs. I zu Gebote stehen oder nach den in Abs. II a. a. O. vorbehaltenen Bestimmungen gewählt werden, muß der Restbedarf durch Umlagen gedeckt werden; L. n. 4 zu Art. 13 Abs. II.

ε) Gemäß Art. 13 Abs. III ist die Kirchengemeinde für einen bleibenden oder vorübergehenden Fehlbetrag des ortskirchlichen Stiftungsvermögens nur dann einzutreten verpflichtet, wenn es sich handelt um Ortskirchenbedürfnisse der Kirchenstiftung, welche dem gleichen umfassenden Zwecke dient, wie die jeweils heranzuziehende Kirchengemeinde, also die Pfarrkirchenstiftung bei der Pfarrkirchengemeinde (s. aber Art. 16), die Tochterkirchenstiftung bei Tochtergemeinden; vgl. auch L. n. 1—3 zu Art. 13 Abs. III KGO.

b) Im einzelnen.

A. Die Kirchenumlagen; Art. 20—25 KGO.

α) Begriff.

Die Kirchenumlagen sind Zuschläge der Kirchengemeinden (Art. 1, 13 Abs. V) zu den direkten Staatssteuern behufs Befriedigung von Ortskirchenbedürfnissen; Art. 20 Abs. I KGO. — Es sind öffentlich-rechtliche Leistungen, welche die Kirchengemeinde kraft der ihr zukommenden Finanzgewalt von den Pflichtigen (s. Buchst. β) zu fordern berechtigt ist; L. n. 1—3 zu Art. 20 Abs. I.

β) Umlagenpflichtige; Beginn und Ende der Umlagenpflicht.

[1] Allgemein kirchenumlagenpflichtig sind Bekenntnisgenossen (Art. 4), die mit einer direkten Staatssteuer veranlagt sind. — Eine auf Baubedürfnisse beschränkte Umlagenpflicht der juristischen Per-

sonen und nicht rechtsfähigen Vereine besteht nach Maßgabe des Art. 21 (s. [11]). — Als veranlagt gilt auch, wer vormerkungsweise veranlagt ist. Die Kirchenumlagenpflicht bemißt sich (ohne Rücksicht auf die Zuschläge wegen Nichtabgabe der gebotenen Steuererklärungen) nach der veranlagten Steuer (Normalsteuer). — Für die Umlagenfreiheit trotz bestehender Steuerveranlagung gelten entsprechend die Art. 3—6 des Umlagengesetzes; Art. 20 Abs. II KGO. — Vgl. hierzu L. n. 1—7 zu Art. 20 Abs. II.

Eine natürliche Person, die nicht Bekenntnisgenosse ist, hat nur insoweit beizutragen, als eine Gemeinschaft des Bedürfnisses oder Gebrauches besteht oder ein besonderes Rechtsverhältnis eine Beitragspflicht begründet. Die sonstigen Voraussetzungen der Beitragspflicht sind die gleichen wie bei Bekenntnisgenossen; Art. 20 Abs. III.

Die Umlagenpflicht im Sinne des Art. 20 Abs. III beschränkt sich auf den Bedarf für diejenigen kirchlichen Einrichtungen, hinsichtlich deren eine Gemeinschaft des Bedürfnisses usw. besteht. Es hat daher eine Ausscheidung des betreffenden Umlagenbetrages und Sonderberechnung des Umlagenhundertsatzes stattzufinden. — Art. 20 Abs. III Satz 1 KGO. gilt auch für Personen, die rechtswirksam ihren Austritt aus der betreffenden Kirchengesellschaft erklärt haben, ohne einem anderen Bekenntnis beigetreten zu sein, wenn sie die Einrichtungen der verlassenen Kirche weiter benützen; vgl. auch Art. 22 Z. 3; vgl. ferner L. n. 1—4 zu Art. 20 Abs. III.

Auch in den Fällen des § 100 der II. Verfassungsbeilage bemißt sich die Beitragspflicht der fremden Konfessionsverwandten nach den Vorschriften der KGO. über die Beitragspflicht der Bekenntnisgenossen; Art. 20 Abs. IV KGO.; vgl. L. n. zu Art. 20 Abs. IV; ebenso Art. 21 Abs. II 3.

Wenn auswärtige Bekenntnisgenossen, die keiner Kirchengemeinde oder nur dem Fernbezirk einer Kirchengemeinde zugeteilt sind, die ortskirchlichen Einrichtungen einer Kirchengemeinde in einem Umfange benützen, daß ihre Beiziehung zu den Lasten dieser Kirchengemeinde billig erscheint (Kirchengäste), so können sie auf Antrag der Kirchenverwaltung durch die ihr vorgesetzte Staatsaufsichtsbehörde für beitragspflichtig erklärt werden. Das Maß der Beitragspflicht wird in Ermangelung einer Vereinbarung durch schiedsrichterliche Entscheidung in entsprechender Anwendung des Art. 10 festgestellt; Art. 20 Abs. XII; vgl. L. n. hiezu.

Die Pfarrkirchenumlagen werden unmittelbar von den Pflichtigen geschuldet. Den einzelnen Bestandteilen einer zusammengesetzten Pfarrgemeinde steht es jedoch frei, die auf sie entfallenden Summen anderweit aufzubringen; a. a. O. Abs. XIII.

Gesamtkirchenumlagen werden unmittelbar von den Pflichtigen geschuldet; a. a. O. Abs. XIV.

Die Umlagenberechtigung der Pfarrgemeinde macht vor den Grenzen einer Tochtergemeinde oder eines anderen Bestandteils nicht halt. Das Maß der Umlagenberechtigung gegenüber der Tochtergemeinde richtet sich aber nach Art. 16 f. KGO.; s. oben Z. III 1 a. — Im Gegensatz zu Art. 20 Abs. XII Satz 2 müssen nach Art. 20 Abs. XIII die Gesamtkirchenumlagen tatsächlich im ganzen Gesamtkirchensprengel erhoben werden und dürfen nicht etwa von einer vermöglichen Einzelkirchengemeinde für ihre Mitglieder übernommen werden.

ⁿ Bauumlagenpflicht; Art. 21 KGO.

Juristische Personen und nicht rechtsfähige Vereine, die nicht nach Art. 22 Z. 2 KGO. behandelt werden können, sind nur bei Bauumlagen beitragspflichtig (Bauumlagenpflicht). Im übrigen gelten für Bauumlagen die gleichen Vorschriften wie für sonstige Kirchenumlagen, soweit nicht ein anderes bestimmt ist.

Als Bauumlagen gelten die Kirchenumlagen für Herstellung oder Unterhaltung

1. von Kirchen mit regelmäßigem pfarrlichem Gottesdienst und der mit solchen fest verbundenen inneren Einrichtung sowie der Kirchenstühle,

2. von Gebäuden für die Pfarrgeistlichen oder für Mesner,

3. von kirchlichen Friedhöfen und den dazu gehörigen Bauwerken; Art. 21 Abs. I u. II KGO.; vgl. L. n. hiezu.

Aus besonderen Gründen können gänzliche oder teilweise Befreiungen durch die Kirchenverwaltung mit staatsaufsichtlicher Genehmigung festgesetzt werden.

Kraft Gesetzes sind befreit die juristischen Personen des öffentlichen Rechtes, ferner, soweit sie öffentlichen Zwecken dienen, die sonstigen Körperschaften, Vereine, Stiftungen, Anstalten und Kassen. Dies ist insbesondere der Fall, soweit ihrer Verfassung gemäß ihre Mittel für Zwecke des Kultus, des Unterrichts, der Erziehung, der Wissenschaft, der Kunst, der öffentlichen Gesundheitspflege (unter Ausschluß von Erwerbs- oder Sportszwecken) oder der Wohltätigkeit verwendet werden.

Kraft Gesetzes sind ferner befreit juristische Personen und nicht rechtsfähige Vereine, die in ausschließlicher Beziehung zu einer Privatkirchengesellschaft stehen oder an denen ausschließlich oder überwiegend Angehörige einer Privatkirchengesellschaft oder bekenntnislose Personen beteiligt sind; Art. 21 Abs. III—V.

Besondere Gründe zur Befreiung von Bauumlagen (Art. 21 Abs. III) können z. B. darin liegen, daß eine beitragspflichtige Gesellschaft bedeutende freiwillige Leistungen für Kultuszwecke übernommen hat.

Zu den juristischen Personen des öffentlichen Rechtes zählen u. a. der Staat, die gemeindlichen Verbände, die Kirchengemeinden, ortskirchlichen Stiftungen, Pfründestiftungen; L. n. 1 zu Art. 21 Abs. IV. — Umlagenbefreiung bei Baubedürfnissen tritt aber für die „sonstigen Körperschaften, Vereine usw.“ nur insoweit ein, als die Mittel verfassungs-(satzungs-)gemäß zu öffentlichen Zwecken verwendet werden; freiwillige Aufwendungen hiefür befreien auch nicht teilweise von der Kirchenumlagenpflicht. Außerdem besteht Bauumlagenpflicht hinsichtlich derjenigen Einkünfte, welche nach Erfüllung des öffentlichen Zweckes noch verbleiben und weder für Verwaltungskosten verbraucht noch zur Sicherung der Erfüllung des Vereins- usw. Zweckes abmassiert werden; L. n. 3 zu Art. 21 Abs. IV KGO.

III Beginn und Ende der Umlagenpflicht.

Die Kirchenumlagenpflicht beginnt und endet mit der Wirksamkeit der Steuerveranlagung. Treten ihre sonstigen Voraussetzungen erst nach der Wirksamkeit der Steuerveranlagung ein oder fallen sie früher als diese weg, so beginnt und endigt die Kirchenumlagenpflicht mit dem Anfang des nächsten Kalendervierteljahres; Art. 20 Abs. V KGO.

γ) Umlagenberechtigte; Steuerausscheidung.

I Von den Pflichtigen (Art. 20 Abs. II—V) Kirchenumlagen zu fordern ist eine Kirchengemeinde dann berechtigt, wenn ein Steuerbetrag des Pflichtigen nach dem Umlagensatz auf eine ganz oder teilweise zum Kirchengemeindebezirk gehörige bürgerliche Gemeinde oder abgesonderte Markung und zugleich nach Art. 20 Abs. VII—X auf die Kirchengemeinde trifft. Eine nach Art. 37 des Umlagengesetzes erfolgte Ausscheidung von Steuerbeträgen auf Ortschaften wirkt auch für die Kirchenumlagen; Art. 20 Abs. VI KGO.

II Über die Steuerausscheidung selbst vgl. Art. 20 Abs. VII—X.

δ) Umlagenverfahren.

I Beschlußfassung; Staatsaufsicht.

Die Erhebung von Kirchenumlagen unterliegt der Staatsaufsicht. Bei deren Ausübung ist insbesondere die Gesetzmäßigkeit der Auferlegung und die Leistungsfähigkeit der Pflichtigen zu prüfen.

Die Beschlußfassung

1. über Neueinführung von Kirchenumlagen oder Erhöhung des Umlagenhundertsatzes,

2. über Unternehmungen, Einrichtungen oder sonstige außerordentliche, finanziell wichtige Maßnahmen, deren Kosten ganz oder teilweise durch Umlagenmittel bestritten werden sollen,

3. über außerordentliche, finanziell wichtige Rechtsakte, die auf die Leistung von Kirchenumlagen dauernd Einfluß haben können,

steht der Kirchengemeindeversammlung oder der Kirchenverwaltung mit Zustimmung der Kirchengemeindebevollmächtigten zu und bedarf der staatsaufsichtlichen Genehmigung. Die kirchliche Oberbehörde wird einvernommen.

Entfällt in einer Kirchengemeinde mehr als ein Drittel der Steuersumme, aus der die Kirchenumlagen berechnet werden (Art. 22 Z. 6), auf fünf oder weniger als fünf Umlagenpflichtige, so ist in den Fällen des Art. 23 Abs. II jeder von ihnen in der Kirchenverwaltung und in der Kirchengemeindeversammlung stimmberechtigt; Art. 23 Abs. I—III; vgl. L. n. hiezu.

II Berechnung und Verteilung der Kirchenumlagen (besonders bei gemischten Ehen, bei Konfessionsverschiedenheit der Familienangehörigen, bei Bauumlagenpflichtigen) geschieht ebenso wie die Berechnung der Steueransätze durch die Kirchenverwaltung nach den Grundsätzen des Art. 22; vgl. Art. 23 Abs. VI KGO.

III Über Fälligkeit, Einhebung (Nachlaß, Niederschlagung), Vereinbarungen über das Umlagenverfahren mit der Gemeindeverwaltung s. Art. 24 u. 25 KGO.

IV Über das Beschwerdeverfahren bei Umlagenstreitigkeiten s. unten Z. V. — Über Rückerstattung ohne Rechtsgrund gezahlter Umlagen s. Art. 125 AG. BGB.

B. Kirchengemeindedienste; Art. 26—31 KGO.; s. auch „Hand- und Spanndienste".

a) Voraussetzung und Arten.

I Zur Befriedigung von Ortskirchenbedürfnissen können Kirchengemeindedienste angeordnet werden, insbesondere Hand- und Spanndienste zu Kultusbauten, für welche die Baupflicht nicht einem leistungsfähigen Dritten einschließlich des Aufwandes für Hand- und Spanndienste obliegt; Art. 26 Abs. I KGO.

Die Verpflichtung der Kirchengemeindeglieder gegenüber der Kirchengemeinde zur Leistung von Kirchengemeindediensten, die ihrem Wesen nach nicht den Charakter primärer Deckungsmittel gegenüber den Kirchenumlagen im Sinne des Art. 13 Abs. I u. II KGO. tragen, beruht auf dem Kirchengemeindeverband, ist also öffentlich-rechtlicher Natur; Art. 4, 27 KGO. Dies gilt insbesondere von den Hand- und Spanndiensten zu Kultusbauten; vgl. L. Vorbem. zu Art. 26 KGO.

Die Frage, ob die Hand- und Spanndienste zu Kultusbauten im konkreten Falle von der Kirchengemeinde (vgl. Art. 12 Abs. III) geleistet werden müssen (vorbehaltlich der Aufbringung des Geldäquivalents durch Kirchenumlagen), bemißt sich nach den in Art. 112 Abs. III aufrecht erhaltenen „Rechtsnormen und Rechtsverhältnissen hinsichtlich der Kirchen- und Schulbaulast", nach denen jene Pflicht teils selbständig auch bei Suffizienz der primär und erstsubsidiär Baupflichtigen teils als Bestandteil der letztsubsidiären Baupflicht der Parochianen besteht.

Bei Leistungsunfähigkeit eines Dritten, dem die Baupflicht einschließlich des Aufwandes für Hand- und Spanndienste obliegt, bleibt der Kirchengemeinde nichts anderes übrig, als ihre eigenen Baubedürfnisse, für die sie sich an den Dritten tatsächlich nicht halten kann, selbst zu befriedigen, sohin auch gegebenenfalls Kirchengemeindedienste anzuordnen oder das Äquivalent hiefür durch Kirchenumlagen aufzubringen. — Gleiches gilt da, wo zwar eine Baulast der Kirchengemeinde nach Herkommen, Urteil usw. nicht besteht, aber die Verwirklichung der bestehenden Baupflicht eines Dritten tatsächlich überhaupt nicht oder nicht in genügendem Maße oder nicht rechtzeitig gelingt.

Wo aber eine Pflicht der Kirchengemeinde zu Hand- und Spanndiensten besteht, wie überhaupt, wo Kirchengemeindedienste in Frage kommen, bleibt es trotzdem stets der Wahl der Kirchengemeinden überlassen, ob sie Gemeindedienste anordnen oder den Bedarf anderweitig aufbringen will; vgl. unten Buchst. d und L. n. 2 zu Art. 26 Abs. I KGO.

„Als Kirchengemeindedienste kommen hier nur Dienstleistungen in Betracht, welche von den Gemeindeangehörigen auf Grund des Kirchengemeindeverbandes und Anordnung der zuständigen Organe geleistet werden müssen, nicht aber solche, welche auf Grund besonderen Rechtstitels gefordert werden können z. B. Hand- und Spanndienste eines gemeindeangehörigen baupflichtigen Patrons oder die besonderen öffentlich-rechtlichen Verbindlichkeiten aller oder gewisser Anwesensbesitzer des Kirchengemeindebezirks oder eines sonstigen Kreises von Verpflichteten zu Dienstleistungen für einen Geistlichen oder weltlichen Kirchendiener (Bestellung der Dienstgründe, Anfahren von Holz, Abholen zum Gottesdienst); letzterenfalls finden vielmehr die Vorschriften der KGO. über kirchliche Reichnisse entsprechende Anwendung.

Im übrigen können Dienstleistungen sehr verschiedener Art gefordert werden.

β) Über den Kreis der zur Leistung von Kirchengemeindediensten verpflichteten Personen vgl. Art. 27 KGO.; L. n. hiezu.

Niemand kann zu Kirchengemeindediensten für Zwecke angehalten werden, deren Erfüllung durch Kirchenumlagen ihn nicht treffen würden; Art. 27 Abs. V; vgl. Art. 20 Abs. XI, Art. 21 KGO.

γ) Die Regelung der Verteilung der Kirchengemeindedienste sowie die Anordnung solcher Kirchengemeindedienste, welche bisher nicht bestanden, kommt der Kirchengemeindeversammlung oder der Kirchenverwaltung mit Zustimmung der Kirchengemeindebevollmächtigten zu, die Anordnung anderer Kirchengemeindedienste und die Verteilung selbst der Kirchenverwaltung; s. im übrigen Art. 28 KGO.

Über Mahnung und Zwang s. Art. 31.

δ) Über die Ersetzung der Kirchengemeindedienste, Vergütung bei Leistung von solchen Diensten aus Mitteln der Kirchengemeinde, Abnahme auf die Kirchengemeinde gegen eine Geldabgabe und ähnliche von der KGO. zugelassene Besonderheiten vgl. Art. 29, 30 KGO.; ferner L. n. hiezu.

C. Anlehen; Art. 32—35 KGO.

α) Voraussetzungen.

Die Aufnahme eines Anlehens zu Lasten des ortskirchlichen Stiftungsvermögens (d. i. der Kirchenstiftung oder eines sonstigen rechtsfähigen Bestandteiles des ortskirchlichen Stiftungsvermögens) oder der Kirchengemeinde kann nur zur Tilgung bestehender Anlehensschulden, dann zur Bestreitung unvermeidlicher oder zum dauernden Vorteile des ortskirchlichen Stiftungsvermögens oder der Kirchengemeinde gereichender Ausgaben stattfinden, wenn die Deckung dieser Ausgaben aus anderen Hilfsquellen nicht ohne Überbürdung der Pflichtigen geschehen kann; Art. 32 KGO.

Vorschüsse aus besonders dotierten Kassen an andere unter derselben Verwaltung stehende Kassen sind, wenn sie nicht binnen Jahresfrist zurückersetzt werden, gleich den Anlehen zu behandeln; Art. 35 KGO.

β) Tilgung; formelles Verfahren.

[1]Für alle Anlehen müssen Tilgungspläne angefertigt werden, welche auf nachhaltigen Einnahmen für Verzinsung und Tilgung beruhen und der Staatsaufsichtsbehörde vorzulegen sind. — Solche sind auch der kirchlichen Oberbehörde vorzulegen, wenn die Schuldaufnahme zu Lasten des ortskirchlichen Stiftungsvermögens erfolgt; s. Art. 33 KGO.

„Die Beschlußfassung über Aufnahme von Anlehen zu Lasten der Kirchengemeinde steht der Kirchengemeindeversammlung oder der Kirchenverwaltung mit Zustimmung der Kirchengemeindebevollmächtigten zu, wenn nicht die Schuldaufnahme zur Abtragung bestehender Anlehensschulden und zu den gleichen oder günstigeren Bedingungen geschieht oder das Anlehen innerhalb desselben Rechnungsjahres aus laufenden Einnahmen wieder getilgt werden soll und kann. — Eine Anlehensaufnahme bedarf staatsaufsichtlicher Genehmigung, wenn der Betrag, um welchen die Schuldenlast in demselben Rechnungsjahre vermehrt wird, bei Kirchengemeinden in unmittelbaren Städten mindestens 3500 ℳ, im übrigen mindestens 1000 ℳ ausmacht; Art. 34 Abs. I KGO.

Unter der letzteren Voraussetzung unterliegen auch die Beschlüsse der Kirchenverwaltungen über Anlehensaufnahmen zu Lasten des ortskirchlichen Stiftungsvermögens staatsaufsichtlicher Genehmigung. Außerdem ist hier die Zustimmung der kirchlichen Oberbehörde (Art. 11 Abs. V) erforderlich; Art. 34 Abs. II.

Bei Anlehensaufnahmen zu Lasten der Kirchengemeinde steht jedoch der Kirchenverwaltung die Beschlußfassung zu, wenn die Schuldenlast weder erschwert noch vermehrt wird oder wenn das Anlehen innerhalb desselben Rechnungsjahres aus laufenden Einnahmen wieder getilgt werden kann und soll.

Über die Anlehensaufnahme zu Lasten des ortskirchlichen Stiftungsvermögens beschließt die Kirchenverwaltung grundsätzlich selbständig. Kann jedoch infolge der mittelbaren Haftung der Kirchengemeinde für den Bedarf der Kirchenstiftung (Art. 12, 13 Abs. I—III) eine Umlagenerhebung für die Kirchengemeinde in Frage kommen, so ist Beschlußfassung nach Art. 23 Abs. II Z. 3 KGO. erforderlich; vgl. Art. 34 Abs. V; L. n. 1 zu Art. 34 Abs. II.

Über weitere Einzelheiten s. noch Art. 34 Abs. III u. IV.

V. Streitigkeiten.

1. Bei Streitigkeiten darüber, ob und inwieweit primäre Deckungsmittel zur Befriedigung der Ortskirchenbedürfnisse vorhanden sind, entscheidet die Staatsaufsichtsbehörde nach Einvernahme der kirchlichen Oberbehörde. — Die Entscheidung wirkt auch gegen Drittbeteiligte, welche in den ihre Interessen wesentlich berührenden Fällen mit ihren Erinnerungen vorher gehört werden sollen, und ist nur im Wege der Beschwerde anfechtbar; Art. 15 Abs. II u. III KGO.

Die Staatsaufsichtsbehörde entscheidet erst, wenn die Kirchenverwaltung nach Art. 15 Abs. 1 KGO. formell Beschluß gefaßt hat, auch wenn von Anfang an Streit besteht. — Über den Beschwerdeweg und Instanzenzug nach Art. 80, 81 KGO. s. „Staatsaufsicht" unter „Streitigkeiten"; im übrigen s. L. n. zu Art. 15 Abs. II, III.

2. Bezüglich der Streitigkeiten über Bestand und Umfang der öffentlich-rechtlichen Verpflichtung des ortskirchlichen Stiftungsvermögens sowie der Kirchengemeinde zur Befriedigung ihrer eigenen Baubedürfnisse vgl. „Baupflicht kirchliche" unter „Streitigkeiten".

3. a) Streitigkeiten zwischen Pfarrkirchengemeinde und Tochtergemeinde über die Konkurrenzpflicht der letzteren bei Befriedigung von Ortskirchenbedürfnissen der Pfarrgemeinde, Art. 16 Abs. I—IV KGO., werden von den Verwaltungsinstanzen entschieden; Art. 80, 81 KGO.; Art. 10 Z. 3 VGG. in der Fassung des Art. 96e KGO.; Art. 10 Z. 13, 19, Art. 45 VGG.; s. D. a. a. O.

Bestand und Beschaffenheit eines Filialitätsverhältnisses können als Inzidentpunkte hiebei mitzuentscheiden sein; VGH. IX 300, XIV 276. — Die Verwaltungsinstanzen bleiben insbesondere auch dann zuständig, wenn die Konkurrenzpflicht auf Verträge, Herkommen usw. gestützt wird, da die öffentlich-rechtliche Natur des Verhältnisses zwischen Pfarr- und Tochtergemeinde sich auch auf diese Rechtstitel erstreckt; vgl. K. I 987.

Bezüglich der Baupflichtstreitigkeiten s. „Baupflicht kirchliche" unter „Streitigkeiten"; im übrigen vgl. L. n. zu Art. 16 Abs. I—IV; ferner Art. 16 Abs. V u. VI.

b) Für Streitigkeiten zwischen verbundenen Pfarrgemeinden über die Beitragspflicht zu den gemeinsamen Ortskirchenbedürfnissen gilt das unter Buchst. a Gesagte, da auch das Verhältnis zwischen den verbundenen Pfarrgemeinden öffentlich-rechtlicher Natur ist; vgl. Art. 17 KGO.

4. Streitigkeiten über die Grenzen eines Haupt- und Fernbezirks fallen unter Art. 10 Z. 12 VGG. in der Fassung des Art. 96d KGO.

5. Umlagenstreitigkeiten.

a) Gegen einen Beschluß der Kirchengemeindeversammlung oder Kirchenverwaltung nach Art. 23 Abs. II, III KGO. besitzt sowohl jeder Höchstbesteuerte im Sinne des Art. 23 Abs. III unter der Voraussetzung, daß der Beschluß gegen seine Stimme zustande gekommen ist, ferner die Kirchenverwaltung (Art. 80) und die kirchliche Oberbehörde (Art. 11) ein Beschwerderecht, ebenso jeder gegenüber der betreffenden Kirchengemeinde Kirchenumlagenpflichtige, der nicht in der Kirchengemeindeversammlung oder bei der Wahl der Kirchengemeindebevollmächtigten stimmberechtigt war; Art. 23 Abs. III u. IV.

α) Die Beschwerde des Höchstbesteuerten ist insofern zeitlich begrenzt, als sie erhoben sein muß, bevor die staatsaufsichtliche Genehmigung des Umlagenbeschlusses (Art. 23 Abs. II) erteilt ist. — Die rechtzeitig eingelegte Beschwerde ist von der Staatsaufsichtsbehörde zu entscheiden, Art. 73, 81 KGO., welche dem mit Beschwerde angefochtenen Beschlusse die staatsaufsichtliche Genehmigung zu versagen hat, wenn die Ausgabe, die durch Kirchenumlagen gedeckt werden soll, weder gesetzlich notwendig noch im Interesse der Kirchengemeinde erforderlich ist; Art. 23 Abs. III g. E. — Gegen den staatsaufsichtlichen Bescheid steht sowohl den Höchstbesteuerten als auch der Kirchenverwaltung das Recht der Beschwerde gemäß Art. 81, 80 Abs. I u. II zu. — Die nächsthöhere Behörde entscheidet in letzter Instanz, soweit nicht die Kirchenverwaltung weitere Beschwerde nach Art. 10 Z. 3 VGG. in der Fassung des Art. 96c KGO. an den VGH. ergreift; vgl. L. n. 10 zu Art. 23 Abs. III KGO.

β) Die Beschwerde der nach Art. 23 Abs. IV KGO. Beschwerdeberechtigten kann sowohl unmittelbar gegen den Beschluß der ortskirchlichen Vertretungskörper als gegen den Beschluß der Staatsaufsichtsbehörde gerichtet werden, wobei noch eine Anrufung des VGH. durch die Kirchenverwaltung nach Art. 10 Z. 3 VGG. möglich ist; vgl. L. n. 2 zu Art. 23 Abs. IV; s. auch „Staatsaufsicht" unter „Streitigkeiten".

b) Nach rechtskräftiger (vgl. Art. 80, 81) staatsaufsichtlicher Genehmigung kann die Rechtsgültigkeit eines Umlagenbeschlusses nur mehr im Verwaltungsstreitverfahren angefochten werden, aber nur unter der Voraussetzung, daß sie vor Ablauf von 4 Monaten nach der ersten (es genügt allgemeine Aufforderung bei den im Kirchengemeindebezirk wohnenden Pflichtigen) Zahlungsaufforderung bei der Staatsaufsichtsbehörde beanstandet wurde; Art. 23 Abs. V. Hierher gehört besonders der Fall, daß ein Umlagenpflichtiger nach Zahlungsaufforderung sei es allgemein, sei es für den konkreten Fall seine Zahlungspflicht z. B. unter Behauptung der Rechtsungültigkeit des Umlagenbeschlusses bestreitet. — Über den Instanzenzug vgl. Art. 81 KGO.; Art. 10 Z. 13 VGG. und D. n. hiezu. — Die Frage der Konfessionsangehörigkeit kann dabei als Inzidentpunkt zu entscheiden sein.

6. Streitigkeiten über Bestand und Umfang der Verpflichtung der Kirchengemeindeglieder gegenüber der Kirchengemeinde zur Leistung von Kirchengemeindediensten sind mit Rücksicht auf die öffentlich-rechtliche Natur dieser Verpflichtungen in

erster Instanz von der Distriktspolizeibehörde (Art. 81), in letzter Instanz vom VGH. zu entscheiden; Art. 10 Z. 13 VGG.; vgl. D. a. a. O.

Ein Zivilprozeß über die Verpflichtung zur Leistung von Hand- und Spanndiensten zu Kultusbauten ist angesichts der öffentlich-rechtlichen Grundlage dieser Dienste zwischen Kirchenstiftung und Kirchengemeinde ausgeschlossen, ebenso wie zwischen Pfarrkirchenstiftung und Tochtergemeinde. — Über die privatrechtliche Baupflicht eines Dritten (Zehentherrn, Patron) einschließlich oder ausschließlich des Aufwands für Hand- und Spanndienste entscheiden die Gerichte.

7. Streitigkeiten zwischen Kirchengemeinde oder Kirchenverwaltung und der Staatsaufsichtsbehörde anläßlich einer Anlehensaufnahme (Art. 32f.) fallen unter Art. 10 Z. 3 VGG.

Ortskirchensatzungen

s. Art. 54 KGO.

Ortskirchenvermögen.

I. Begriff und verfassungsrechtliche Stellung.

1. Ortskirchenvermögen im Sinne der KGO. ist das gesamte, der Kirchenstiftung nebst den ihr gleichzuachtenden Vermögenskomplexen (s. Z. III) und der Kirchengemeinde gehörige Vermögen.

Entscheidend für die Natur des Vermögenskomplexes als Kirchenvermögen ist nicht der kirchliche Zweck, sondern der kirchliche Charakter des Eigentümers; vgl. unten Z. IV 1 u. 2; ferner M. I 5 zu n. 5 und nach n. 7, K. I 680 Z. 3; a. A. St. 783 § 901.

Gegensatz zum Ortskirchenvermögen ist hinsichtlich des katholischen Kirchenvermögens das Diözesanvermögen; s. M. I 7 zu n. 1.

2. Das Ortskirchenvermögen steht wie das Kirchenvermögen und das gesamte Stiftungsvermögen überhaupt unter dem besonderen verfassungsrechtlichen Schutze des Staates; vgl. Art. 112 Abs. III KGO., durch den die verfassungsgesetzlichen Bestimmungen als unberührt von der KGO. erklärt wurden.

a) Allen Religionsteilen, ohne Ausnahme, ist das Eigentum der Stiftungen und der Genuß ihrer Renten nach den ursprünglichen Stiftungsurkunden und dem rechtmäßigen Besitze, sie seien für den Kultus, den Unterricht oder die Wohltätigkeit bestimmt, vollständig gesichert; Tit. IV § 9 Abs. 4 VerfU., § 46 RE.

Das gesamte Stiftungsvermögen wird unter den besonderen Schutz des Staates gestellt. — Das Eigentum der öffentlich aufgenommenen Kirchengesellschaften steht unter dem besonderen Schutze des Staates; Tit. IV § 10 VerfU., § 31 RE.

b) Das gegenwärtige wie zukünftige Ortskirchenvermögen (wie das Kirchenvermögen überhaupt) ist insbesondere gegen Säkularisation geschützt: „Das Kirchenvermögen darf unter keinem Vorwande zum Staatsvermögen eingezogen und in der Substanz zum Besten eines anderen als des bestimmten Stiftungszweckes ohne Zustimmung der Beteiligten, und soferne es allgemeine Stiftungen betrifft, ohne Zustimmung der Stände nicht veräußert oder verwendet werden;" Tit. IV § 10 mit § 47 RE.; vgl. auch für das katholische Ortskirchenvermögen Art. VIII Abs. 1 u. 2 Konk.; s. auch unten Z. V 2 besonders Buchst. e u. VI.

3. Das Kirchenvermögen ist vom Staatsverbande nicht eximiert d. h. das bayerische Kirchenvermögensrecht ist Staatsrecht, nicht Kirchenrecht; M. I 3 Z. II. — Verwaltung und Verwendung des Kirchenvermögens bemessen sich nach staatlichen Vorschriften; s. unten Z. V.

„Die Kirchen und Geistlichen sind in Ansehung des ihnen zustehenden Vermögens den Gesetzen des Staates und den weltlichen Gerichten untergeben; auch können sie von öffentlichen Staatslasten keine Befreiung ansprechen;" Tit. IV § 9 Abs. 6 VerfU. — „Die Verwaltung des Kirchenvermögens steht nach den hierüber gegebenen Gesetzen unter dem königlichen obersten Schutze und königlicher oberster Aufsicht;" § 75 RE.; vgl. auch §§ 62, 64b, 65 RE.; Art. XIIc Konk., § 12 PE.

Daher besteht kein Unterschied in der rechtlichen Behandlung des katholischen und protestantischen Kirchenvermögensrechtes.

II. Quellen.

1. Rechtsquellen: Art. 5—10, 36f., 53f. KGO.; dazu Art. 112 Abs. III a. a. O. mit Tit. IV § 9 Abs. 4 u. 6 und § 10 VerfU.; §§ 46, 47, 75, 64b RE.; Art. VIII Konk.; § 12 PE.

2. Literatur: L. u. Fr. n. zu Art. 5—10, 36f., 53f. KGO.; D. n. zu Art. 8 Z. 35, Art. 10 Z. 3 VGG.

III. Arten.

Als Ortskirchenvermögen gilt:

A. Das ortskirchliche Stiftungsvermögen.

Dazu gehören (mit Ausschluß der Pfründe- und Hofkultusstiftungen, s. unten C):

1. Das Kirchenstiftungsvermögen (Fabrikgut), auch soweit es den Geistlichen oder weltlichen Kirchendienern zu Gebrauch oder Nutzung zugewiesen ist, einschließlich der bei der Kirchenstiftung bestehenden Fonds; Art. 5 Abs. I u. II Z. 1 KGO.

a) Unter Kirchenstiftungsvermögen versteht man das

im Eigentum der Kirchenstiftung stehende Vermögen; vgl. M. I 7 nach n. 4; Seeb. 71 n. 15.

Die Bestimmungen der KGO., in der der Begriff der Kirchenfabrik (fabrica ecclesiae) sich mit dem Begriffe der Kirchenstiftung deckt, finden für das Ortskirchenvermögen des rechtsrheinischen Bayern wie der Pfalz gleichmäßig Anwendung; Art. 97 KGO.

b) Das Kirchenvermögen kann sich zusammensetzen aus:

α) Grundbesitz (Gebäuden, landwirtschaftlichen Grundstücken, Waldungen usw.). — Insbesondere können das Pfarrhaus, das Mesnerhaus, Dienstgebäude des Pfarrers oder Mesners der Kirchenstiftung gehören und jenen lediglich zu Gebrauch oder Nutzung zugewiesen sein.

β) Mobilien, insbesondere Kapitalien. Über die Anlegung der letzteren s. „Kapitalienanlage".

γ) Rechten; vgl. M. I 231 Z. III —242; Kr. III 227—239; St. 828 ff.; über Interkalarien s. „Interkalarien", über Kirchenstuhlgelder s. „Kirchenstühle", über Friedhofgebühren s. „Friedhofgebühren und -nutzungen". — Zu diesen Rechten gehört in der Regel auch das Recht auf kirchliche Reichnisse an die weltlichen Kirchendiener, s. „Weltliche Kirchendiener", während die einzelnen Reichnisse die letzteren zu beziehen haben.

δ) Anfallenden freiwilligen Leistungen; vgl. M. I 242 —251; über Fundationen s. dort, über Klingelbeuteleinlagen s. „Klingelbeutel".

c) Fonds im Sinne der KGO. (Art. 5 Abs. II Z. 1, 2, Abs. IV, Art. 9 Abs. IV KGO.) sind die nicht mit selbständiger Rechtsfähigkeit ausgestatteten — nicht notwendig dauernden, sondern möglicherweise auch verbrauchbaren — Vermögensansammlungen, die für bestimmte Zwecke bei der Kirchenstiftung, einer Spezialstiftung, der Kirchengemeinde, einer Bruderschaft usw. formell ausgeschieden bestehen, dem Eigentum nach aber regelmäßig zum Vermögen der betreffenden juristischen Person gehören.

d) Die Kaplanei- (Kooperatoren-) Stiftungen, soweit sie nicht Benefizien sind, dann die Expositurstiftungen einschließlich etwaiger Kaplanei- (Kooperatoren-) und Expositurhausbaufonds sind dem Kirchenstiftungsvermögen beizuzählen und wie dieses zu behandeln; § 2 der Allg. VB. z. KGO. v. 19. X. 1912 (GVBl. 1071 ff.).

e) Über das Simultankirchenstiftungsvermögen s. „Simultaneum".

2. Sonstige örtliche Kultusstiftungen und Kultusfonds; Art. 5 Abs. II Z. 2 KGO.

über „Fonds" s. oben Z. 1 c. — Eine Kultusstiftung liegt vor, wenn der Träger des Rechts am Stiftungsgut kirchlichen Charakter hat. Ob die Stiftung kirchlichen oder weltlichen Zwecken (z. B. der Armenpflege) dient, ist ohne Belang; L. n. zu Art. 5 Abs. II Z. 2 KGO.

3. Das Vermögen der Bruderschaften und ähnlichen Vereinigungen im Kirchengemeindebezirk, soweit es als örtliches Stiftungsvermögen erscheint oder seither ihm gleichgeachtet worden ist. Unberührt bleibt eine für solches Vermögen ordnungsmäßig bestehende besondere Verwaltung; Art. 5 Abs. II Z. 3 KGO.

a) Zu den „ähnlichen Vereinigungen" gehören Kongregationen, Bündnisse, nicht aber Orden und ordensähnliche Kongregationen. Wesentlich ist, daß dieselben innerhalb des Kirchengemeindebezirks bestehen, also nicht über diesen hinausgreifen; L. n. 1 zu Art. 5 Abs. II Z. 3 KGO.; über Bruderschaften usw. s. „Geistliche Gesellschaften" III 3.

b) Das Vermögen der Bruderschaften und ähnlichen Vereinigungen muß als örtliches Stiftungsvermögen erscheinen oder schon seither ihm gleichgeachtet worden sein. Das Vermögen von Verbänden, die über den Kirchengemeindebezirk hinausreichen, sowie zentralisierte kirchliche Stiftungen fallen nicht darunter; L. n. 3 zu Art. 5 Abs. II Z. 3.

Stiftungsvermögen können die Bruderschaften usw. beispielsweise infolge von Gottesdienststiftungen besitzen. Es wird sich hiebei regelmäßig um nicht rechtsfähige Stiftungen handeln. Im übrigen ist das Vermögen von Bruderschaften vielfach, insbesondere soweit diese durch landesherrliche Verleihung oder auf Grund der früheren, solche Verleihung nicht voraussetzenden Rechtslage Rechtsfähigkeit erworben hatten, dem Stiftungsvermögen gleichgeachtet worden.

c) Über die Verwaltung sonstigen (d. i. nicht als örtliches Stiftungsvermögen anzusehenden) Vermögens von Bruderschaften oder ähnlichen Vereinigungen, ferner über die Verwaltung von Stiftungen und Fonds zu anderen als Kultuszwecken durch die Kirchenverwaltung, Art. 5 Abs. III u. IV KGO., vgl. „Kirchenverwaltung".

B. Das (etwa vorhandene) Kirchengemeindevermögen; Art. 5 Abs. I KGO.; s. aber unten Z. IV 1 u. 2.

C. Nicht zum ortskirchlichen Stiftungsvermögen, daher auch nicht zum Ortskirchenvermögen gehören:

1. Die Pfründestiftungen; s. dort. — Das Pfründevermögen wird von der KGO. überhaupt nicht berührt. Soweit jedoch dem katholischen Fabrikrat der Pfalz Befugnisse gegenüber dem Pfründevermögen zustehen, gehen diese auf die Kirchenverwaltung über; Art. 100 KGO.; vgl. L. n. 2 zu Art. 5 Abs. II KGO.

2. Die Hofkultusstiftungen.

3. Das bei Dom-, Kollegiatstifts und Klosterkirchen vorhandene Vermögen, da es regelmäßig nicht ortskirchlichen Charakter hat.

Wenn aber bei einer solchen Kirche Vermögen ortskirchlichen Charakters ausgeschieden vorhanden ist, sollen in Ansehung desselben die Vorschriften der KGO. insoweit Anwendung finden, als nicht die besonderen Verhältnisse dieser Kirche entgegenstehen. — Wenn ferner bei einer solchen Kirchengemeinde die Erhebung von Kirchenumlagen in Betracht kommen sollte, wäre die Bildung von ortskirchlichen Vertretungskörpern nicht zu umgehen.

IV. Eigentumsverhältnisse.

1. Die Eigentumsverhältnisse am Ortskirchenvermögen bleiben von der KGO. unberührt; Art. 1 Abs. V KGO. — Übrigens sind die bestehenden Eigentumsverhältnisse auch verfassungsmäßig garantiert; vgl. oben Z. I 2 a, b.

a) Die Kirchenstiftung (fabrica ecclesiae, das Vermögen der Ortskirche als Anstalt, das Fabrikgut) besteht als selbständiges Rechtssubjekt neben der Kirchengemeinde. Kirchenstiftung und Kirchengemeinde sind in ihrem Bestande nicht gegenseitig bedingt und von einander abhängig; s. „Kirchengemeinde" I 2 Abs. 2.

b) Diese Duplizität der regelmäßigen ortskirchlichen Rechtssubjekte (Kirchenstiftung und Kirchengemeinde) bringt es mit sich, daß das Vermögen der Ortskirche als Anstalt, also der Kirchenstiftung, von dem etwaigen Kirchengemeindevermögen als Körperschaftsgut unterschieden werden muß. — Über die Wirkung dieser Duplizität s. „Kirchengemeinde" V 2.

Auch die übrigen, unter Z. III behandelten Vermögensinbegriffe haben nur das gemein, daß sie alle (Art. 5 Abs. II KGO.!) als ortskirchliche Stiftungen im Sinne der KGO. zu gelten haben, während sie im übrigen je für sich ein abgeschlossenes Ganze bilden; L. n. 2 zu Art. 5 Abs. II KGO.

2. a) Im Verhältnis des einen kirchlichen Instituts zum anderen ist das Ortskirchenvermögen Eigentum des kirchlichen Einzelinstituts (z. B. der Kirchenstiftung oder kirchlichen Spezialstiftung). Eigentumsträger sind daher nach katholischem wie protestantischem Kirchenrecht die kirchlichen Einzelinstitute oder ortskirchlichen Anstalten.

b) Während aber die KGO. einen ausschließlichen Träger des Eigentums am Ortskirchenvermögen weder konstitutiv noch deklaratorisch feststellen will, setzt sie als allgemein bekannt voraus, daß in ganz Bayern das Ortskirchenvermögen regelmäßig Eigentum der Kirchenstiftung oder kirchlicher Spezialstiftungen oder von Bruderschaften ist (Art. 5 KGO.), daß also namentlich zugunsten des Kirchenstiftungseigentums im Verhältnis zwischen Kirchenstiftung und Kirchengemeinde eine tatsächliche Vermutung, wenn auch keine Rechtsvermutung besteht. — Doch kann auch die Kirchengemeinde eigenes Vermögen besitzen. — Wer im einzelnen Falle Eigentümer eines bereits vorhandenen Vermögens ist, bemißt sich regelmäßig nach bürgerlichem Rechte.

c) Das bestehende Vorherrschen des Kirchenstiftungseigentums soll bei der katholischen Kirche auch für die Zukunft tunlichst gewährt werden. — Bei katholischem Ortskirchenvermögen ist daher von den mit dem Vollzuge der KGO. befaßten Organen möglichst darauf hinzuwirken, daß neu zugehendes Grundstockvermögen Eigentum der Kirchenstiftung, nicht der Kirchengemeinde wird. Im Zweifelsfalle wird dies vermutet; Art. 1 Abs. VI KGO. — Diese Regel gilt außer vom Eigentum auch von anderen Vermögensrechten.

Für die protestantische Kirche gilt weder die Anweisung noch die Vermutung des Art. 5 Abs. VI KGO.

Eine Erwerbsbeschränkung durch die Amortisationsgesetze (s. dort!) findet für das Ortskirchenvermögen nicht statt.

V. **Verwaltung und Erhaltung.**

1. Verwaltung.

Die Angelegenheiten des katholischen ortskirchlichen Stiftungsvermögens und der wie solches zu verwaltenden Vermögensmassen (Art. 5 Abs. II Z. 2, 3, Abs. III, IV KGO.) sind den Kirchenverwaltungen anvertraut, die des protestantischen den Kirchengemeinden. — Die eigenen Angelegenheiten der katholischen und protestantischen Kirchengemeinden, wozu auch die Verwaltung des Kirchengemeindevermögens gehört, werden durch ihren Vertretungskörper, d. s. ebenfalls die Kirchenverwaltungen (Art. 53 KGO.), besorgt. — Die katholische Kirchenverwaltung hat also den gleichen doppelten Wirkungskreis wie die protestantische; vgl. Art. 6 Abs. I, II KGO.; L. n. 5 zu Art. 6 Abs. I. Im näheren s. „Kirchenverwaltung" und „Staatsaufsicht".

2. Erhaltung.

a) Die Kirchenstiftungen sind verbunden, den Grundstock ihres Vermögens ungeschmälert zu erhalten und veräußerte Bestandteile des rentierenden Vermögens durch Erwerbung anderer rentierender Objekte sofort oder mindestens allmählich nach vorher festgestelltem Plane zu ersetzen. — Den Kirchengemeinden obliegt die gleiche Verpflichtung hinsichtlich ihres eigenen Vermögens; Art. 9 Abs. I KGO.

Grundstockvermögen sind jene Vermögensbestandteile, welche die Bestimmung haben, wenigstens ihrem Werte nach der Stiftung erhalten zu bleiben und entweder als Gebrauchs- oder als rentierende Objekte gewissermaßen die Grundlage des Stiftungshaushalts zu bilden — im Gegensatz zu jenen Vermögensgegenständen, welche nur vorübergehend im Besitze der Stiftung verbleiben und dazu bestimmt sind, für die Zwecke der Stiftung verbraucht zu werden.

Eine Schmälerung des Grundstockvermögens liegt vor, wenn dieses Vermögen dem Werte nach eine, wenn auch vorübergehende Minderung erleidet. — Soweit eine solche Schmälerung nicht eintritt, sind die Kirchenstiftungen und Kirchengemeinden in der Verfügung über einzelne Bestandteile des Grundstockvermögens außer durch die Verfassungsbestimmungen (s. oben Z. I 2) nur durch die Vorschriften der Artikel 75—78 KGO. (s. „Staatsaufsicht") beschränkt; L. n. 2 u. 3 zu Art. 9 Abs. I KGO.

b) Anderes Ortskirchenvermögen soll im Grundstock gleichfalls ungeschmälert erhalten und im Falle unvermeidlicher Verluste tunlichst durch Rentenadmassierung wieder ergänzt werden; Art. 9 Abs. II KGO.

Anderes Ortskirchenvermögen ist das übrige ortskirchliche Stiftungsvermögen (Art. 5 Abs. II Z. 2 u. 3 KGO.), ferner das unter gutsherrlicher oder sonstiger besonderer Verwaltung stehende Ortskirchenvermögen, endlich das für Sonderzwecke bestimmte Vermögen der Kirchengemeinden.

Hauptgrundsatz für die Vermögenserhaltung ist, daß der Grundstock ungeschmälert erhalten wird.

c) Abweichungen von diesen Vorschriften und der Ersatzplan, dann Abweichungen vom Ersatzplan, durch die der Ersatz verzögert wird, bedürfen staatsaufsichtlicher Genehmigung (s. „Staatsaufsicht"). Bei ortskirchlichem Stiftungsvermögen ist die Zustimmung der kirchlichen Oberbehörde (Art. 11 Abs. V KGO.) erforderlich; bei Kirchengemeindevermögen wird sie in wichtigeren Fällen einvernommen; Art. 9 Abs. III KGO.

Abweichungen können sowohl hinsichtlich der Art und Weise des Ersatzes veräußerter Grundstocksbestandteile als auch hinsichtlich der Ersatzverpflichtung überhaupt zugelassen werden. — Nur solche Abweichungen vom Ersatzplan sind genehmigungspflichtig, welche eine dauernde Verzögerung des Ersatzes bedeuten. — Eine Änderung des Ersatzplanes selbst ist eine anderweite Feststellung, unterliegt daher gleichfalls der Genehmigung der Staatsaufsichtsbehörde.

d) Bei Fonds, die zum Verbrauche bestimmt sind, hat die Staatsaufsichtsbehörde vorher die Voraussetzungen und den Umfang der Verbrauchbarkeit festzustellen; Art. 9 Abs. IV KGO.

Diese Bestimmung bezieht sich nicht nur auf solche Fonds, die vorübergehend aus freiwilligen Beiträgen, Rentenüberschüssen usw. zu einem bestimmten Zwecke (z. B. Kirchenbau) angesammelt werden, bei dessen Verwirklichung sie aufgebraucht werden sollen, sondern auch namentlich auf die als ständige Einrichtung bestehenden Kultuszehentbaufonds; vgl. Ges. v. 28. V. 1852 über die Zehentbaupflicht und die Vollzugserlasse hiezu; vgl. auch Kr. III 163 f.; Seeb. 898.

e) Jede Verteilung von Ortskirchenvermögen zu Eigentum oder Nutzung sowie jede Verwendung von Erträgnissen oder Überschüssen zum Privatvorteile ist unzulässig. Wohlerworbene Rechte bleiben unberührt; Art. 9 Abs. V KGO.

Selbst bei Auflösung einer Kirchengemeinde muß das ortskirchliche Stiftungsvermögen den Kultuszwecken des betreffenden Religionsteils gewidmet bleiben; vgl. Tit. IV § 9 Abs. 4, § 10 VerfU.; §§ 46, 47 RE. — Auch ein vorhandenes Kirchengemeindevermögen kann bei Auflösung eines Kirchengemeindeverbandes nicht unter die Kirchengemeindeglieder verteilt werden. Vielmehr ist nach Art. 10 KGO. (s. unten Z. VI) zu verfahren.

Öffentlich-rechtliche oder privatrechtliche Rechtsgeschäfte, welche gegen die Verbote des Art. 9 Abs. V KGO. verstoßen, sind nichtig; § 134 BGB. — Als wohlerworbene Rechte kommen z. B. Bezugsrechte auf Holz und Streu aus Stiftungswäldern in Betracht; L. n. 3 zu Art. 9 Abs. V KGO.

f) Die Übernahme einer Haftung zu Lasten des ortskirchlichen Stiftungsvermögens oder der Kirchengemeinde für eine beiden fremde Verbindlichkeit ist unzulässig; Art. 9 Abs. VI KGO.

Fremd ist dem ortskirchlichen Stiftungsvermögen und der Kirchengemeinde jede Verbindlichkeit, die nicht in unmittelbarem Zusammenhang mit dem Stiftungszwecke oder mit der Erfüllung der ihnen nach der KGO. zugewiesenen Aufgaben steht und zwar nicht nur mit sachlicher, sondern auch mit örtlicher Begrenzung. Eine Kirchengemeinde oder eine Kirchenstiftung im engeren Sinne kann also nicht die Haftung für Schulden einer anderen Kirchengemeinde oder anderen Kirchenstiftung übernehmen, ebensowenig die Kirchenstiftung die Haftung für eine ortskirchliche Spezialstiftung, wenn diese nicht für Zwecke bestimmt ist, die auch innerhalb des Aufgabenbereichs der Kirchenstiftung liegen; L. n. zu Art. 9 Abs. VI KGO.

g) Die Bewirtschaftung der zum Ortskirchenvermögen gehörenden Waldungen unterliegt den (besonderen) gesetzlichen Vorschriften; Art. 9 Abs. VII KGO. — Vgl. L. n. zu Art. 9 a. a. O.

VI. Teilung oder Auseinandersetzung des Ortskirchenvermögens; Art. 10 KGO.

Sie kann bei eintretenden Änderungen in dem Bestande von Kirchengemeinden, wozu auch Änderungen in dem Verhältnisse zwischen Pfarr- und Tochtergemeinde zu rechnen sind, veranlaßt sein. — Über das Verfahren und den Kreis der Beteiligten vgl. L. n. zu Art. 10 KGO. — Über die Vermögensteilung anläßlich einer Dismembration s. dort. — Für Pfründevermögen gilt Art. 10 nicht.

VII. Streitigkeiten.

1. Bestrittene Rechtsansprüche auf den Genuß oder Mitgenuß des Kirchenstiftungsvermögens oder des Vermögens einer anderen öffentlichen selbständigen Stiftung, die der Kirchenstiftung gleichgeachtet wird (Art. 5 Abs. II Z. 2, 3 KGO.), sind Verwaltungsrechtssachen im Sinne des Art. 8 Z. 35 VGG.

Hierunter fallen nur solche Ansprüche an die Kirchenstiftung bzw. an die ihr gleichstehenden Stiftungen, welche sich aus deren Zweckbestimmung ergeben, nicht aber solche Ansprüche, welche auf Grund eines besonderen Rechtstitels und nicht zur Erfüllung des Stiftungszweckes an die Kirchenstiftung bzw. an die ihr gleichstehenden Stiftungen erhoben werden; D. Art. 8 Z. 35 n. 5. Über Zuständigkeit und Instanzen s. a. a. O. n. 2, über Streitbeteiligte n. 8.

2. Streitigkeiten über Verfügungen in Gegenständen der Staatsaufsicht über die Angelegenheiten der kirchlichen Stiftungen und Kirchengemeinden, wenn von dem zuständigen Verwaltungsorgan oder von der Kirchengemeinde behauptet wird, daß eine rechtlich nicht begründete Leistung auferlegt oder daß eine von der Aufsichtsbehörde als rechtlich unzulässig beanstandete Ausgabe rechtlich statthaft sei oder daß auf dem Gebiete der KGO. sonst das gesetzliche Selbstverwaltungsrecht verletzt sei, sind Verwaltungsstreitsachen gemäß Art. 10 Z. 3 VGG. in der Fassung des Art. 96c KGO.; s. im näheren D. n. zu Art. 10 Z. 3 (Zuständigkeit und Instanzen n. 8, rechtlich nicht begründete Leistung n. 5, Ausscheidung der Ermessensfragen n. 7).

3. Streitigkeiten über den Genuß oder Mitgenuß eines simultanen Stiftungsvermögens; s. hierüber „Simultaneum".

Ortskirchliche Stiftungen

s. „Stiftungen ortskirchliche".

Ortskirchliches Stiftungsvermögen

s. „Ortskirchenvermögen".

Ortskirchliche Vertretungskörper.

Zu diesen gehören:

1. Die Kirchenverwaltung als regelmäßiger Vertretungskörper für Kirchenstiftung und Kirchengemeinde; s. „Kirchenverwaltung".

2. Die Kirchengemeindeversammlung als Vertretungskörper des protestantischen Kirchenstiftungsvermögens sowie für außerordentliche Fälle des Kirchengemeindevermögens der drei christlichen Konfessionen; s. „Kirchengemeindeversammlung".

3. Die Kirchengemeindebevollmächtigten als Ersatz der Kirchengemeindeversammlung; s. „Kirchengemeindebevollmächtigte".

P.

Parochialrechte

s. „Pfarrzwang".

Patronatsrecht.

I. Begriff und rechtliche Natur.

1. Das Patronatsrecht ist der Inbegriff von Rechten und Pflichten, welche einer Person, dem Patron, in bezug auf eine Kirche oder ein kirchliches Amt aus einem besonderen, von seiner etwaigen Stellung in der Hierarchie unabhängigen Rechtsgrund zustehen; H. III 6 zu n. 1.

2. Seiner rechtlichen Natur nach ist das Patronatsrecht ein kirchlich-weltliches Recht, ein Individualrecht öffentlich-rechtlicher Natur, keine dem Zivilrecht angehörige und darin wurzelnde Berechtigung; H. III 7 zu n. 1 u. 2. — Als persönliches Recht ist die Übertragung des Patronatsrechts an sich unmöglich, da es an der Person des Berechtigten haftet. Dagegen kann die Ausübung dieses Rechts im Einzelfall auf eine andere Person übertragen werden; s. „Patronatsrevers" in „Präsentationsrecht" III A 2 d.

3. In Bayern kommt das Patronatsrecht nur mehr rechts d. Rh. vor, M. II 148 Abs. I, und ist als solches ausdrücklich anerkannt; Art. XI Konk.; S. III 563 n. 108.

II. Quellen.

1. Rechtsquellen: Art. XI Konk.; § 48 der IV. VerfBeil.; § 22 u. 24 der VI. VerfBeil.; AE. v. 9. X. 1824 (W. III 275 Fußn.).

2. Literatur: M. II 148 Z. I —153; Kr. II 46—47, 61—68; St. 43—73; Seeb. 406—417; S. III 561 zu n. 92—95; H. III 6—98, II 618 —639; Fri. 350—356, 368 Z. II A.

III. Arten des Patronats.

A. Landesherrlicher Patronat.

Er gründet sich auf das bereits den Vorfahren in der Regierung zugestandene Patronatsrecht sowie auf das mit den säkularisierten

Gütern der geistlichen Korporationen dinglich verbunden gewesene Patronatsrecht; Art. XI Abs. 1 u. 2 Konk.; S. III 561 zu n. 92; Kr. II 46 § 11; St. 43 § 39.

Für protestantische Pfarreien kann derselbe nicht in Betracht kommen, da hier die Anstellung in den geistlichen Amtsstellen eo ipso dem König als landesherrliches Reservatrecht auf Grund der §§ 11, 19 e PE. zusteht.

Die Wahrung und Vertretung des landesherrlichen Patronats gehört zum Geschäftskreis des Kultusministeriums; AVO. v. 27. II. 1847 § 5 Z. I 10 (G. I 44) mit AVO. v. 16. III. 1849 (W. IV 27); Kr. II 47 zu n. 6; Seeb. 67 Z. 1 k.

B. Privatpatronat.

1. Dinglicher und persönlicher Patronat.

a) Dinglicher Patronat. Er bedeutet dauernde Verbindung des Rechts mit einem Amt oder Gut. Er ruht auf dem Gut als dauernde Reallast derart, daß der jeweilige Eigentümer des Gutes auch der Patron ist; Seeb. 409 n. 2; H. III 9 vor n. 1. Das Patronatsrecht in dieser Form ist heute die Regel; H. III 9 zu n. 4. Bei einer Parzellierung des berechtigten Gutes geht das Patronatsrecht auf alle Erwerber der Trennstücke über und es entsteht für dieselben ein Kompatronat; H. III 77 zu n. 1 (bestr.).

b) Persönlicher Patronat. Das Patronatsrecht in dieser Form steht einer physischen oder juristischen Person als solcher zu und beruht auf einem persönlichen Erwerbsgrund. Doch ist es nicht auf die Person des ersten Begründers beschränkt, geht vielmehr im Zweifel auf die zivilrechtlichen Erben über. Nur das höchstpersönliche Patronatsrecht erlischt mit dem ersten Begründer.

Man unterscheidet:

α) den erblichen Patronat (Übergang auf die Erben oder den damit bedachten Vermächtnisnehmer auf Grund freier Verfügung des Stifters und seiner Rechtsnachfolger oder auf Grund gesetzlicher Erbfolge); Seeb. 409 n. 2;

β) den Familienpatronat, der sich nur auf die Mitglieder der Familie des Stifters vererbt. Der erbliche Patronat ist die Regel; H. III 13 zu n. 3 u. 4.

2. Laien-, geistlicher und gemischter Patronat.

a) Laienpatronat. Er ist das einer nichtgeistlichen (physischen wie juristischen) Person oder auch einer geistlichen Person, dieser aber aus einem von ihrer kirchlichen Stellung unabhängigen Grund, zustehende Patronatsrecht; H. III 10 nach n. 4.

b) Geistlicher Patronat. Er ist das einer geistlichen (physischen wie juristischen) Person, besonders einer geistlichen Anstalt, in dieser ihrer Eigenschaft zustehende Patronatsrecht gleichviel, ob die Stiftung aus kirchlichem oder weltlichem Vermögen erfolgt ist; H. III 10 zu n. 3 u. 4. Zu diesen geistlichen Personen und Instituten zählen Klöster, Domkapitel, ordensähnliche Kongregationen, Bruderschaften, auch der jeweilige Pfarrer in dieser Eigenschaft; H. III 12 zu n. 3ff. In der protestantischen Kirche kommt ein geistlicher Patronat nicht vor.

c) Gemischter Patronat. Dieser liegt vor, wenn sowohl die Voraussetzungen des geistlichen wie des Laienpatronats gegeben sind; H. III 12 zu n. 7. Steht das Recht einem Geistlichen und Laien zugleich zu, so liegt Kompatronat vor.

3. Alleinpatronat und Kompatronat. Letzterer liegt vor, wenn das Recht mehreren Personen zugleich zusteht; H. III 14 vor n. 3, während der erstgenannte durch eine einzelne Person ausgeübt wird.

Hinsichtlich des Präsentationsrechtes (s. unten V 1 u. „Präsentationsrecht" III A 2 b d) ist beim Kompatronat jeder Patron in solidum berechtigt, H. III 15 zu n. 1, bei der Ausübung entscheidet die Mehrheit. — Bezüglich der übrigen Rechte des Patronats ist der Stifter zur Anordnung einer Teilung insoweit berechtigt, als eine solche nach dem Inhalt der einzelnen Befugnisse möglich erscheint; H. III 15 zu n. 4. Nach außen treten die Kompatrone als Einheit auf, nach innen stehen sie in ihren Rechten mangels anderweitiger Anordnungen des Stifters einander gleich; H. III 16 Abs. 1 u. 3.

IV. Entstehung des Patronats.

Die Entstehung oder Neubegründung eines Patronatsrechtes setzt voraus: einen Erwerbstitel, die Fähigkeit des in Frage kommenden Subjekts zum Erwerb des Rechts, ein Objekt, welches demselben unterworfen sein kann; H. III 18 § 137 a. A. — Über das Patronatsrecht der Standes- und Gutsherrn, der Pfarrer und Gemeinden s. Seeb. 408 Z. II 1; St. 63 § 64; Kr. II 61 n. 1.

1. Erwerbstitel sind:

a) Fundation im weiteren Sinne. Wirken bei derselben mehrere zugleich mit, so entsteht ein Kompatronat; H. III 24 zu n. 6. Die Fundation kann sein:

α) Fundation im engeren Sinne (fundus) d. h. Überlassung von Grund und Boden an die Kirche; H. III 21 vor n. 2. Das Patronatsrecht entsteht erst, wenn die neugestiftete Pfarrei ins Leben getreten ist, also nicht schon mit der Fundation selbst; Seeb. 409 n. 2; H. III 21 nach n. 4.

β) Constructio (aedificium) d. i. Erbauung einer Kirche auf Kosten des Patrons. Gleichgültig ist es, ob das Gebäude neu hergestellt oder ein dazu geeignetes zur Kirche gegeben oder umgebaut wird; H. III 22 zu n. 4. Der constructio steht die reaedificatio d. h. Wiederherstellung einer ganz oder in ihren Hauptteilen zerstörten oder verfallenen Kirche gleich; H. III 22 zu n. 5.

γ) Dotation (dos) d. h. Stiftung des erforderlichen Vermögens. Über deren Höhe s. „Dotation" III B. Durch die Vergrößerung eines an sich ausreichenden Dotationsfonds entsteht das Patronatsrecht nicht; H. III 24 zu n. 2. Dismembration (s. „Dismembration") ist kein Entstehungstitel für das Patronatsrecht; RGE. XXVII 144, auch H. III 22 zu n. 1—3.

b) Ersitzung. Eine konstitutive Ersitzung ist als Erwerbstitel ausgeschlossen. Nur ein Quasibesitz des Patronats reicht aus, den Mangel der Fundation zu ersetzen; H. III 29 nach n. 6. Einen Rechtstitel stellt aber diese unvordenkliche Verjährung nicht dar; H. III 30 nach n. 4.

c) Päpstliches Privileg. Dieses kann nur noch für einen landesherrlichen Patronat in Betracht kommen; H. III 31 zu n. 6.

2. Fähigkeit zum Erwerb des Patronats. Fähig sind sowohl physische wie juristische Personen. Physische Personen müssen jedoch nicht nur die allgemeine, sondern auch die kirchliche Rechtsfähigkeit besitzen. Letztere mangelt besonders den Nichtchristen, also den Heiden und Juden; doch ist für diese die Ausübung des Patronatsrechts durch einen Vertreter zugelassen; ME. v. 24. VIII. 1831 (W. XI 543; Döll. XXII 396); ME. v. 29. VIII. 1849 u. 14. II. 1851 (W. II 563); ME. v. 12. III. 1875 (G. II 639); St. 65 § 65; Kr. II 62 zu n. 7; Seeb. 411 zu n. 8.

Nach herrschender Übung sind Protestanten befähigt, Patronatsrechte über katholische Kirchen und Ämter zu erwerben wie auch umgekehrt Katholiken für protestantische Kirchen; H. III 33 zu n. 4. Dagegen sind Altkatholiken nicht fähig zum Erwerb des Patronats in der katholischen Kirche, da sie nach bayerischem Staatsrecht nicht mehr als zur römisch-katholischen Kirche gehörig behandelt werden.

Unfähig zum Erwerb sind auch die mit dem großen Kirchenbann Belegten und diejenigen, welche durch kirchliche oder weltliche Strafen eine Schmälerung in ihrer Ehre erlitten haben; H. III 34 zu n. 2, 35 zu n. 2 u. 3. Dagegen sind Uneheliche nicht ausgeschlossen, ebensowenig Handlungsunfähige, da das Patronatsrecht kein Privatrecht ist.

3. Objekt des Patronatsrechts können nur sein kirchliche Anstalten und die mit diesen verbundenen Benefizien im eigentlichen Sinn; H. III 38 nach n. 3.

V. Rechte des Patrons.

1. In bezug auf die Besetzung von Pfarreien; sogen. Präsentationsrecht. Über dieses s. „Präsentationsrecht". — Wenn

auch das Präsentationsrecht regelmäßig im Patronatsrecht enthalten ist, erscheint es doch für letzteres nicht absolut wesentlich, so daß es auch fehlen kann; H. III 61 vor n. 6.

2. In bezug auf die kirchliche Vermögensverwaltung, sog. cura beneficii; H. III 70 nach n. 2. Der Patron hat als solcher in Bayern keinen Anteil an der kirchlichen Vermögensverwaltung, doch hat er das Recht der Einsichtnahme in das Protokollbuch der Kirchenverwaltung der Patronatskirchenstiftung; KGO. Art. 63 Abs. VIII. Über sein Recht der Einvernahme bei Veränderungen von Pfründen s. „Pfarrveränderungen" III.

3. Nutzbringende Rechte.

a) Alimentationsrecht d. i. das Recht auf Unterhalt, hat der Stifter des Patronats selbst und die von ihm abstammenden Patrone (nicht aber Ehefrau und Kinder) bei unverschuldeter Armut, wenn er außerstande ist, sich den Unterhalt selbst zu beschaffen, keine Unterhaltsverpflichteten vorhanden sind und die Kirche Vermögensüberschüsse aufweist; H. III 67 zu n. 8—69 zu n. 5.

b) Recht auf Abgaben. Das Recht auf jährliche Gefälle, Abgaben, Zehnten usw. hat der Patron nur dann, wenn er es sich bei der Stiftung vorbehalten hat; H. III 69 zu n. 6.

4. Ehrenrechte. Nach dem gemeinen Recht hat der Patron das Recht des Vortritts bei der Prozession (honor processionis); H. III 64 zu n. 3. Die übrigen Ehrenrechte beruhen auf Partikularrecht und Herkommen; H. III 64 zu n. 4 u. 5. So hat der Patron das Recht auf einen Ehrensitz in der Kirche (honor sedis), das Recht, in das Kirchengebet eingeschlossen zu werden (honor precum), das Recht auf das Trauergeläute und die Kirchentrauer beim Ableben (luctus ecclesiasticus), das Recht auf eine Gedenktafel an der Kirche (honor inscriptionis), das Recht auf Bestattung an hervorragender Stelle im Friedhof (honor sepulturae), dagegen nicht in der Kirche selbst, wenn nicht mit Genehmigung der Kreisregierung. Über diese und weitere Ehrenrechte H. III 64 zu n. 6—66 nach n. 2; Seeb. 406—408. Steht das Patronatsrecht für eine katholische Kirche einem Protestanten oder für eine protestantische Kirche einem Katholiken zu, so ergibt sich naturgemäß eine Modifikation dieser Ehrenrechte; H. III 66 zu n. 3—5. Bei vorhandenem Kompatronat steht die Ausübung der Ehrenrechte an sich jedem Patron zu; H. III 66 zu n. 6.

VI. Pflichten des Patrons.

1. Baupflicht. Der Patron ist bei Insuffizienz des Kirchenvermögens an den Kultusgebäuden nach kanonischem Recht wie auch nach bayerischem und fränkischem Landrecht nur unter der Voraussetzung bau-

pflichtig, daß er was immer für Einkünfte, reelle Vorteile oder nutzbringende Rechte von der fraglichen Kirche bezieht (patronus fructuarius), und zwar nach dem Verhältnis seiner Bezüge. Durch Verzicht auf sein Patronatsrecht kann er sich von dieser Pflicht nicht befreien; Kr. II 287 Z. 3, III 38 Z. 3; Seeb. 877 n. 13. — Im näheren s. „Baupflicht" IV 2.

2. Leistungen an den Geistlichen. Mit dem Patronatsrecht können auch Pflichtleistungen an Geld, Naturalien, event. Pflicht zur Gewährung von Wohnung an den Geistlichen verbunden sein; ferner auch die Gewährung des Tischtitels; s. „Pensionsrecht" II 1; s. auch „Fassion" IV 1 a, ε; Seeb. 350 zu n. 19, 677 zu n. 5, ferner Seeb. 234 n. 2, 283 zu n. 1.

VII. Einfluß von Pfarrveränderungen (s. dort IV.).

1. Bei der Teilung (divisio) bewirkt die Dotation der neuen Pfarrei aus dem Vermögen der alten die Entstehung eines Patronats der letzteren über die erstere, welches von dem jeweiligen Pfarrer der Stammpfarrei ausgeübt wird. — Wenn die Mutterkirche selbst einem Patronatsrecht untersteht, erwirbt der Patron derselben niemals durch die Teilung allein den Patronat über die neue Kirche; H. II 408 zu n. 3 u. 4. — Wenn aber die abgetrennte Pfarrei ganz aus der Patronatsmutterkirche dotiert wird, so erwirbt der Patron der Mutterkirche auch das Patronatsrecht an der Tochterkirche; Entsch. der RG. XV 168. Wenn die alte Pfarrei jedoch keine Mittel zur Errichtung der neuen hergegeben hat, so entsteht für sie selbstverständlich kein Patronat; vielmehr erwirbt ein solches der etwaige Fundator der neuen Kirche, gleichviel ob er Patron der Stammkirche oder ein Dritter ist; H. II 408 n. 4.

2. Einfluß der Union.

a) Durch die unio aequalis gehen, wenn die unierten Ämter Patronatsbenefizien sind, die Patronatsrechte nicht unter, vielmehr bleibt jedem Patron sein Recht gewahrt. Da aber nur eine einzige Person für die vereinigten Benefizien präsentiert werden kann, müssen sich die Patrone über die Ausübung des Rechts einigen und zwar entweder in der Weise, daß sie stets gemeinschaftlich einen Kandidaten vorschlagen oder daß sie alternativ jeder für sich präsentieren. War von den unierten Benefizien nur eines patronatspflichtig, so kann nur alternative Besetzung eintreten zwischen dem Bischof durch Kollation und dem betreffenden Patron durch Präsentation; H. II 426 zu n. 2, 3 u. 6. Ein Kompatronat beider entsteht nicht. Jeder kann nur in seiner Kirche die Ehrenrechte verlangen; H. II 426 zu n. 2—4 u. n. 4.

b) Durch die unio per subjectionem geht wohl das Präsentationsrecht des Patrons der nunmehrigen Nebenkirche unter, nicht aber das Patronatsrecht überhaupt, weil die Ausübung anderer im

Patronat liegender Befugnisse nicht unmöglich wird; H. II 428 zu n. 7—9. Das Patronatsrecht erlischt nur dann, wenn das Patronatsbenefizium einer ecclesia libera ohne Vorbehalt untergeordnet wird.

c) Durch die dissolutio unionis (Wiederaufhebung der Vereinigung) treten die suspendierten oder erloschenen Patronatsbefugnisse von neuem in Wirksamkeit oder leben wieder auf; H. II 436 zu n. 2.

3. Einfluß der Inkorporation.

a) Durch die incorporatio minus plena wird zwar das Patronatsrecht bei der inkorporierten Pfarrei, nicht aber das Präsentationsrecht und die Ehrenrechte suspendiert; H. II 451 nach n. 4.

b) Durch die incorporatio plena wird auch das Präsentationsrecht suspendiert, das erst mit der Wiederaufhebung der Inkorporation neu auflebt; H. II 454 nach n. 4.

4. Durch die Suppression geht das Patronatsrecht seiner Substanz nach unter. Durch die restitutio beneficii suppressi lebt das Patronatsrecht nicht von selbst wieder auf; H. II 463 nach n. 5.

5. Bei der Transformation geht das Patronatsrecht auf das neue Benefizium über, soweit dies nach der Natur des neuen Benefiziums möglich ist; H. II 455 zu n. 4.

VIII. Untergang des Patronatsrechtes.

1. Derselbe tritt ein durch:

a) Verzicht des Patrons, wozu er aber des bischöflichen Konsenses bedarf, wenn er in bezug auf die Kirche die Baulast hat; H. III 88 vor n. 2 u. zu n. 7 u. 8.

b) Fortfall des berechtigten Subjekts:

α) Tod des Patrons, wenn das Patronatsrecht ein höchstpersönliches ist.

β) Aussterben der Familie, wenn es ein Familien-, aber kein erblicher Patronat ist.

γ) Auflösung der Korporation, der als solcher ein Patronatsrecht zustand.

δ) Aufhebung des Amtes, mit dem das Patronatsrecht verbunden war; H. III 89 zu n. 3—5.

c) Untergang des Objekts:

α) Gänzlicher Verfall der Patronatskirche, wenn diese weder aus eigenen Mitteln noch durch Konkurrenz des aushilfsweise Verpflichteten wiederhergestellt werden kann; H. III 90 zu n. 2.

β) Untergang des Vermögens der Pfarrpfründe, wenn der Patron es nicht mehr ersetzen kann; H. III 90 zu n. 2.

γ) Rechtsgültig vorgenommene Veränderungen des Objekts,

welche die Fortdauer des Rechts ausschließen; H. III 89 zu n. 6; s. auch oben VII.

d) Verjährung d. h. Ersitzung der Freiheit vom Patronat (usucapio libertatis); H. III 90 zu n. 8. Die Ausübung muß durch die zuständigen kirchlichen Organe im guten Glauben gehindert worden sein und der Patron sich während 40 bzw. 30 Jahren (je nachdem es ein geistlicher oder Laienpatronat ist) beruhigt haben; H. III 91 zu n. 1 u. 2.

e) Gewisse strafbare Handlungen, sofern nicht ein dinglicher Patronat vorliegt; H. III 91 zu n. 4, 76 n. 6.

α) Simonistische Veräußerung des Patronats d. h. gegen Entgelt; H. III 91 zu n. 6; Seeb. 411 zu n. 9 u. 10. Der Verlust tritt ipso jure ein.

β) Tötung oder Verstümmelung eines an der Patronatskirche angestellten Geistlichen; H. III 92 zu n. 1. Der Verlust tritt durch kirchliches Urteil ein.

γ) Verübung von Eingriffen in das Vermögen der Patronatskirche durch den Patron zu eigenem Nutzen; H. III 92 zu n. 2.

f) Ob die Ketzerei, Apostasie und das Schisma des Patrons den Untergang seines Rechts bedingt, ist bestritten; H. III 92 zu n. 3 u. 4. Dagegen bedingt in Bayern der Übertritt des katholischen Patrons zur protestantischen Kirche oder umgekehrt nicht den Verlust des Patronatsrechtes; H. III 93 zu n. 1; Seeb. 53 n. 1.

2. Durch Nichtgebrauch geht das Patronatsrecht nicht verloren; H. III 90 zu n. 7. — Die Ausübung des dinglichen Patronats bleibt suspendiert, solange als sich das zum Patronat berechtigende Gut im Besitz eines Nichtchristen befindet.

3. Suspension tritt ein, wenn der Patron dem großen Kirchenbann verfällt oder die Ehrenrechte verliert; H. III 94 zu n. 2. Der katholische Privatpatronat kann durch tauschweisen Übergang an den protestantischen Landesherrn nicht ohne weiteres als erloschen betrachtet werden.

4. Diejenigen Erlöschungsgründe, welche einen substanziellen Untergang des Patronats wider Willen des Patrons herbeiführen (Fortfall des Subjekts, Untergang des Objekts), beseitigen auch einen etwaigen Kompatronat in vollem Umfang; H. III 97 nach n. 2. Die Begehung strafbarer Handlungen (Buchst. 1 e) hebt nur die Mitberechtigung des schuldigen Kompatrons auf. Der Verzicht eines der Patrone berührt das Recht der übrigen nicht. Die Verjährung wirkt nur dann gegen sämtliche Kompatrone, wenn sie gegenüber allen vollendet ist; H. III 97 nach n. 3.

IX. Streitigkeiten.

Streitigkeiten über den Bestand des Patronats, über Patronatsrechte und Patronatslasten gehören in der Regel zur Zuständigkeit der Zivilgerichte; Seeb. 410 n. 4 a. E. — Bezüglich des Präsentationsrechtes s. aber „Präsentationsrecht" VIII.

Patronatsrevers

s. „Präsentationsrecht" III A 2 c.

Pensionsrecht.

I. Quellen.

1. Rechtsquellen: Art. 80 II EG. BGB., §§ 48 Buchst. e, 75 RE.; außerdem:

a) in der katholischen Kirche:

Art. VI Konk., ME. v. 8. XII. 1900 (W. XXX 734, KMBl. 497), die Bezüge aus dem landesherrlichen Tischtitelfonde betr., teilweise abgeändert durch ME. v. 6. VI. 1903 (KMBl. 235) gleichen Betreffs;

b) in der protestantischen Kirche:

α) im rechtsrheinischen Bayern: KonsO. v. 1809 I §§ 17 u. 18, Ordnung der allgemeinen Unterstützungsanstalt für die protestantischen Pfarreien des Königreichs Bayern diesseits des Rheins v. 1827 (W. XX 87, G. IV 458) u. VO. v. 26. VI. 1827 Z. 1 (G. IV 457), FinG. v. 1831 u. VO. v. 28. XII. 1831 (G. IV 499) den Pensionsfond für die protestantischen Geistlichen betr., ME. v. 17. II. 1839 (G. IV 500), AE. v. 26. I. 1896 Buchst. B Z. XI (W. XXIII 509, KMBl. 38), betreffend die Verhandlungen der 1893 abgehaltenen vereinigten protestantischen Generalsynode, Ordnung der Pfarrwitwenpensionsanstalt v. 31. X. 1826 (W. II 357, G. IV 533), VO. v. 19. II. 1894 (W. XXII 406) die Errichtung einer Pfarrtöchterkasse für die Konsistorialbezirke diesseits des Rheins betr., AE. v. 12. IX. 1911 (KMBl. 583), die Verhandlungen der 1909 abgehaltenen vereinigten Generalsynode betr.;

β) in der Pfalz: AE. v. 15. XII. 1818 (Wand 627) die allgemeine Witwenkasse betr.; AE. v. 29. XII. 1864 (Wand-Wagner 598) die Pfarrunterstützungskasse betr.; AE. v. 25. VIII. 1872 (Wand 638) die Satzungen für die protestantische Pfarrtöchterkasse betr., abgeändert durch AE. v. 19. VII. 1887 (KMBl. 113); AE. v. 28. VIII. 1911 (KMBl. 571) die ordentliche Generalsynode 1909 für den Konsistorialbezirk Speyer betr.

2. Literatur: M. II 593—674; Kr. II 172—186; St. 225—242; Seeb. 283 zu n. 1—326.

II. Das Pensionsrecht in der katholischen Kirche.

1. Der Tischtitel.

a) Begriff und rechtliche Natur. Unter Tischtitelverleihung versteht man gemeinrechtlich das klagbare Versprechen eines Dritten, für den Unterhalt eines unvermögenden Klerikers von dessen Subdiakonatsweihe an bei eintretender Erwerbsunfähigkeit solange zu sorgen, bis derselbe ein Benefizium bekommen hat; M. II 598 § 138; Kr. II 176 zu n. 1; St. 228 i. d. M.

Die Tischtitelverleihung ist ihrer rechtlichen Natur nach ein Alimentations- bzw. ein Unterstützungsversprechen; M. II 603 zu n. 2.

b) Persönliche Voraussetzung für die Verleihung des Tischtitels ist, daß der Gesuchsteller mindestens 21 Jahre alt ist, auf einer inländischen Schule Theologie studiert hat, gute Sitten- und Befähigungszeugnisse besitzt, die vorgeschriebene Prüfung bestanden und die Subdiakonatsweihe empfangen hat. Ferner muß derselbe die bayerische Staatsangehörigkeit besitzen; VO. v. 6. III. 1804 (W. I 87); M. II 600 zu n. 1, 3, 4 u. 5, 608 zu n. 2; Kr. II 177 zu n. 4.

Den aus patronatsberechtigten Gemeinden stammenden Kandidaten wurde die Verleihung des landesherrlichen Tischtitels nur für den Fall der Unzulänglichkeit dieser Gemeinden in Aussicht gestellt, im anderen Fall haben diese den Tischtitel zu gewähren; M. II 600 nach n. 5.

Über das Verfahren bei Verleihung des landesherrlichen Tischtitels s. ME. v. 8. XII. 1900 Z. II (KMBl. 498; W. XXX 734) betr. die Bezüge aus dem landesherrlichen Tischtitelfond.

Über die Gebührenpflicht s. Art. 234 Z. 11, 239 GebG. in der Fassung v. 13. VII. 1910 (GVBl. 311).

c) Der Tischtitelverleiher (Arten der Tischtitel).

Ein Tischtitelversprechen kann an sich jede physische wie juristische Person, auch eine Gesellschaft, geben. Insbesondere wurde die Berechtigung der Privatpatrone und anderer Privater durch die ME. v. 30. V. 1813 (W. I 417) ausdrücklich anerkannt; M. II 598 nach n. 7. Die Verleihung bedarf in diesem Fall keiner landesherrlichen Bestätigung, sondern nur der Anzeige an die Kreisregierung, welche die Art der Sicherheitsleistung einer Prüfung unterwirft; M. II 601 zu n. 2; Kr. II 179 zu n. 13.

Auch die Gemeinden haben seit 1818 das Recht der Tischtitelverleihung, doch bedürfen sie der Kuratelgenehmigung der Kreisregierung; Art. 159 Z. 7 der rechtsrh. u. Art. 91 Z. 7 der pfälz. GemO.; s. auch ME. v. 6. IX. 1819 (Döll. VIII 539); M. II 598 zu n. 7, 602 zu n. 5; Kr. II 179 nach n. 10.

Endlich besteht noch der landesherrliche Tischtitel, dessen Verleihung aber lediglich ein Gnadenakt des Königs ist und wobei die Festsetzung der Bedingungen zur Erlangung des Tischtitels der königlichen Beschlußfassung vorbehalten bleibt; ME. v. 20. XI. 1873 Z. II 1 (W. X 155); M. II 599 vor n. 1.

Der landesherrliche Tischtitel bildet in Bayern die Regel und wurde für alle in Betracht kommenden Fälle auf die Staatskasse übernommen; M. II 599 zu n. 2. Hier ist also Verleiher der Staatsfiskus, vertreten durch den Landesherrn, in dessen Namen und auf dessen Befehl der Kultusminister das Versprechen leistet; M. II 603 Abs. 2.

Eine Verpflichtung zur Verleihung des Tischtitels besteht in Bayern für niemand, auch nicht für den Landesherrn; ME. v. 11. II. 1832; M. II 599 Abs. 2; Kr. II 177 zu n. 3.

d) Der Versprechensempfänger ist nicht der Bischof, dem lediglich die Tischtitelurkunde vorgelegt wird, weil er ohne zureichenden Titel nicht weihen darf; M. II 605 zu n. 1, sondern der Kandidat, der um die Zusicherung des Tischtitels bittet. Dieser allein ist später bei der Verwirklichung des Versprechens empfangs- und klageberechtigt; M. II 604 Abs. 1. Der Bischof selbst steht in keiner rechtlichen Beziehung zum Tischtitelgeber; M. II 605 unten.

Über die Rechtsbeziehung zwischen Ordinandus und Ordinator s. M. II 606 Z. 1—608.

e) Der Inhalt des Tischtitelanspruchs.

α) Der rechtliche Inhalt des Tischtitelanspruchs bestimmt sich nach dem Tenor der Urkunde. Der Titelverleiher ist nur nach Maßgabe seines Versprechens verpflichtet. Das gilt auch insbesondere hinsichtlich einer etwa bestimmten Höhe des Betrags, des Einflusses der Arbeitsfähigkeit und der Rückwirkung eines früheren Pfründebesitzes sowie der Einfügung einer Zeitbestimmung oder Bedingung; M. II 608 Abs. 1.

β) Der Tischtitelanspruch ist subsidiärer Natur, d. h. der Titelgeber hat nur dann und nur insoweit einzutreten, als der Titelempfänger zur Seelsorge untauglich wird oder seinen Amtsverrichtungen nicht mehr vorstehen kann und vermögenslos ist; M. II 608 zu n. 3; Kr. II 179 zu n. 1; St. 230 zu n. 2.

Notwendige Voraussetzung für die Geltendmachung dieses Anspruchs ist daher der Mangel einer Pfründe, denn wer eine solche besitzt, hat und braucht keinen anderen Titel; M. II 609 zu n. 1; Kr. II 181 zu n. 7; St. 231 vor n. 2. Nach der bayerischen Praxis sind auch die bepfründet gewesenen Kleriker tischtitelberechtigt; M. II 609 vor n. 3; Kr. II 180 zu n. 3. Tatsächlich kommt jetzt, nachdem für die Emeriten die Emeritenanstalt eintritt, der Tischtitel nur noch den nicht bepfründet gewesenen Geistlichen zu, welche dienstunfähig und hilfsbedürftig sind, ferner den Demeriten, welche aus der Emeritenanstalt nichts beziehen (M. II 612 nach n. 6), und den emeritierten Privattitulanten, welche der Eremitenanstalt nicht beigetreten sind; M. II 618 zu n. 6ff.; Kr. II 180 zu n. 5; St. 230 zu n. 3.

f) Erlöschungsgründe des Tischtitelanspruchs sind Degradation des Geistlichen, s. im näheren M. II 614 zu n. 3, Austritt des Geistlichen aus der Kirche, ME. v. 15. I. 1834 (W. II 710); M. II 615 Z. 2; St. 231 c, nicht aber die excommunicatio maior, durch welche der Tischtitelanspruch nur sistiert wird und bei eingetretener Besserung wieder auflebt; ME. v. 26. IV. 1866 (W. VI 610); M. II 615 Z. II 1, 616 vor n. 1; Kr. II 181 zu n. 8; St. 233 i. d. M.

Der Tischtitelbezug ruht während der Verbüßung einer staatlichen Freiheitsstrafe, dagegen sind die Tischtitelbeträge während des Aufenthaltes in der kirchlichen Demeritenanstalt an diese auszuzahlen; M. II 616 zu n. 2.

g) Der Tischtitelbetrag. Der Bezug kann nach der ME. v. 8. XII. 1900 (W. XXX 734; KMBl. 498) betreffend die Bezüge aus dem landesherrlichen Tischtitelfond für die Geistlichen, welche ohne eigenes Verschulden dienstunfähig geworden sind und weder an einer Emeritenanstalt teilnehmen noch sonst ein ausreichendes Einkommen besitzen, auf den 4fachen Betrag (4×180 = 720 ℳ pro Jahr) erhöht werden. Für die Ergänzung der Tischtitelbezüge jener Geistlichen, welche an einer Emeritenanstalt teilnehmen, ist nach Maßgabe der Statuten dieser Anstalt Sorge zu tragen. Außerdem werden noch Mittel zur Verfügung gestellt, um in außerordentlichen Fällen neben den Tischtitelbezügen noch angemessene Zulagen zu gewähren. Diese Aufbesserungszulagen sind widerruflicher Natur und durch die jeweilige finanzgesetzliche Bewilligung bedingt. Die Zahlung sämtlicher Bezüge geschieht monatlich im voraus, auf Wunsch der Beteiligten auch viertel- oder halbjährig.

Im Falle des Ablebens eines Geistlichen, welcher im Genuß eines Bezugs aus dem landesherrlichen Tischtitelfond steht, endigt die Zahlung mit dem Ablauf des Sterbemonats; der auf die Zeit vom Todestag bis zum Schluß des Sterbemonats treffende Teil des Bezugs verbleibt dem Nachlaß des verstorbenen Geistlichen; ME. v. 6. VI. 1903 (KMBl. 235).

h) Verhältnis des Tischtitels zur Emeritenpension. Jedem nicht bepfründeten Mitglied der Emeritenanstalt bleiben bis zur Erlangung einer Pfründe seine rechtlichen Ansprüche auf den Tischtitelgenuß vorbehalten; M. II 612 nach n. 2. Die Tischtitelberechtigung wird aber auch durch den Pfründebesitz nicht aufgehoben, sondern ruht nur in dieser Zeit. Mit Verlust des Benefiziums lebt sie wieder auf mit dem Unterschied, daß dabei unter Umständen das Tischtitelrecht eine Konvertierung zu dem Anspruch auf die Emeritenpension erfährt; M. II 613 nach n. 2.

2 Die Emeritenanstalten.

a) Zweck. Die Emeritenanstalten verfolgen den Zweck, ihren Mitgliedern im Fall der Dienstunfähigkeit durch Verabfolgung einer Pension ein besseres Auskommen zu sichern, als das durch den Tischtitel möglich war; M. II 611 zu n. 3 ff., 623 nach n. 5; Kr. II 173 nach n. 2. Zur Bildung und Erhaltung dieser Fonds dienen vor allem die staatlichen Dotationsbeiträge, welche auf Grund des Art. VI des Konkordats erfolgen und die zugleich die Ablösung des landesherrlichen Tischtitels für die bepfründet gewesenen Emeriten, für welche die Emeritenanstalten in erster Linie bestimmt sind, bilden; M. II 612 zu n. 1 u. 2. Außerdem können aber auch die Privattitelgeber einen entsprechenden Beitrag zum Emeritenfond leisten und dadurch ihre Sustentationspflicht gegen emeritierte Pfründner ablösen; M. II 611 zu n. 2. Endlich werden noch besondere Unterstützungsfondsabgaben zugeführt (über deren Berechnung s. MBek. v. 28. XI. 1911, KMBl. 731), Kr. II 61 zu n. 76, sowie die Interkalarfrüchte; Kr. II 378 zu n. 5 u. 6; St. 338 vor n. 2 ff. Im einzelnen s. M. II 624—626; Kr. II 172—175.

b) Mitgliedschaft. Über die Beitrittsverpflichtung s. M. II 626 zu n. 4; Kr. II 175 Abs. 1. Jedes Mitglied hat ein Recht auf Unterhalt bzw. Unterstützung, sofern es dienstunfähig ist; M. II 627 zu n. 1; Kr. II 175 Abs. 2. Nichtmitglieder haben nur einen reduzierten Unterstützungsanspruch; M. II 627 zu n. 2. Über den Anspruchsinhalt s. M. II 627 Z. II.

c) Nichtberechtigung der Demeriti. Der Anspruch auf Pension und Unterstützung aus der Emeritenanstalt ruht für die Demeriten, d. s. diejenigen Geistlichen, welche durch irgendein geistliches, weltliches oder gemischtes Vergehen oder Verbrechen für einige Zeit oder für immer zur Ausübung eines kirchlichen Amtes unfähig geworden sind; M. II 612 zu n. 6, 628 vor n. 4; Kr. II 176 Abs. 2. Sie sind also lediglich auf den Tischtitel beschränkt; Kr. II 180 zu n. 5. Im Falle des Bedürfnisses erhalten sie Beiträge bis zu 1.50 ℳ pro Tag; ME. v. 8. XII. 1900 (KMBl. 498; W. XXX 734).

d) Erlöschen des Anspruchs. Die Erlöschungs- und Suspensionsgründe sind die nämlichen wie beim Tischtitel; M. II 628 zu n. 7, s. oben Z. II 1 f.

e) Über die Verwaltung der Emeritenanstalten s. M. II 630—632; Kr. II 176 Abs. 3; St. 1218 Abs. 2.

f) Staatsaufsicht. Diese greift aus dem Gesichtspunkt des § 75 RE. ein. Die Rechnungsresultate sind durch die Kreisregierung dem Kultusministerium zur Prüfung vorzulegen. Außerdem hat die Kuratelbehörde das Recht, jederzeit von der Verwaltung Einsicht zu nehmen; M. II 632 vor n. 1.

g) Streitigkeiten über Unterstützungen aus der Emeritenanstalt sind nicht im Zivilrechtsweg austragbar, vielmehr ist nur eine Aufsichtsbeschwerde an das Kultusministerium gegeben; M. II 629 Z. V. Dieses entscheidet und überwacht zugleich die richtige Verwendung des Vermögens der Emeritenanstalten; M. II 630 zu n. 2. Der Verwaltungsgerichtshof ist nicht zuständig, weil nur freies Ermessen in Frage steht; Art. 13 VGG.

III. Das Pensionsrecht in der protestantischen Kirche.

A. Im rechtsrheinischen Bayern.

Da in der protestantischen Kirche ein Tischtitel fehlt, wurde zur Unterstützung der Geistlichen und zur Fürsorge für ihre Witwen und Kinder ein förmliches Pensionsrecht geschaffen in Form besonderer Anstalten.

Hieher gehören:

1. Allgemeine Unterstützungsanstalt.

a) Zweck und Arten der Unterstützungen.

Die allgemeine Unterstützungsanstalt bezweckt außer der Leistung von Dotationsbeiträgen zu Pfarrstellen, deren Erträge nicht die Kongrua (s. dort) erreichen, und von Beiträgen zur Bestreitung unabweisbarer kirchlicher Bedürfnisse, zu deren Befriedigung sonstige Mittel nicht vorhanden sind, Seeb. 286 zu n. 10, in erster Linie die Unterstützung der Geistlichen; Seeb. 285 zu n. 5 u. 6—286 zu n. 10.

Ihrer rechtlichen Natur nach ist sie eine öffentliche Stiftung; M. II 637 zu n. 3, 79 Z. II.

b) Aufbringung der Mittel. Sie werden aufgebracht aus dem Stammvermögen, dann aus dem Ergänzungsvermögen, zu welchem in erster Linie die Interkalareinkünfte (s. dort) gehören, ferner aus der Sextabgabe, der jährlichen Prozentabgabe und aus der jährlichen Zulage des Staates. Im einzelnen s. M. II 634 nach n. 6—636 zu n. 3; Seeb. 287 zu n. 15—288 zu n. 19.

Außerdem gewährt sie momentane Unterstützung, s. M. II 639—641; Seeb. 285 zu n. 5 u. 6, Beiträge zu Vikariatsgehalten, AE. v. 12. IX. 1911 (KMBl. 583) Z. I 3, s. M. II 641—643; Seeb. 286 zu n. 7, Beiträge zu Emeritenpensionen sowie an die wegen Untauglichkeit vom Amt entfernten Pfarrer; Seeb. 286 zu n. 8 u. 9.

c) Verwaltung und Staatsaufsicht. Über die Verwaltung s. M. II 636 nach n. 3 — n. 11; Seeb. 288—292. Die Kuratel wird vom Konsistorium unter Oberaufsicht des Oberkonsistoriums (§ 9 PE.) ausgeübt, während die oberste Kuratel auch hier dem Kultusministerium zusteht; M. II 636 zu n. 11, 637 zu n. 1, 641 zu n. 10.

d) Streitigkeiten.

α) Die Pfarrer haben als Mitglieder der Unterstützungsanstalt auf Grund ihrer Mitgliedschaftsleistungen die Rechte nach Maßgabe der gesetzlichen Bestimmungen. Diese Rechte bzw. Ansprüche sind aber keine

Privatrechte, sondern liegen in der öffentlich-rechtlichen Sphäre, für welche lediglich der erwähnte Kuratelschutz bereitgestellt ist. Der VGH. ist hier wie auch auf dem Gebiet der katholischen Emeritenanstalten (s. oben Z. II 2 g) und den übrigen kirchlichen Unterstützungsanstalten unzuständig; M. II 637 nach n. 3.

β) Streitigkeiten können nur im Wege einer Aufsichtsbeschwerde an das Kultusministerium ausgetragen werden.

2. Pensionsfond für die protestantischen Geistlichen. Dieser bildet eine Ergänzung der Unterstützungsanstalt. Die Mittel werden durch den Staatszuschuß aufgebracht, der jeweils im Finanzgesetz bewilligt wird, sowie durch die 10prozentige Unterstützungsfondabgabe, [über deren Berechnung s. ME. v. 2. V. 1910 (KMBl. 205) u. Bek. v. 28. XI. 1911 (KMBl. 731)] und durch Zuschüsse der allgemeinen Pfarrunterstützungskasse; AE. v. 12. IX. 1911 (KMBl. 583) Z. I 2 b. Im näheren s. M. II 637 Z. II —638 zu n. 8; Seeb. 297—299.

Besondere Zuschüsse zu den Ruhegehalten werden außerdem aus Kirchensteuermitteln gewährt, da Art. 2 Abs. 1 Z. 4 KStG. v. 15. VIII. 1908 (W. XXXVI 341, GVBl. 513) die Gewährung von Zuschüssen zu den Ruhegehalten der Geistlichen als allgemein kirchliches Bedürfnis erklärt hat; s. Beschluß der Steuersynode 1910, genehmigt durch AE. v. 13. XII. 1910 (GVBl. 1141).

3. Kandidatenkrankenverein. Er wurde für alle diejenigen Geistlichen gegründet, welche nicht stabil angestellt sind und deshalb von der Pfarrunterstützungsanstalt und dem Pensionsfond keine Unterstützung genießen können. Dem Verein können aus Überschüssen der allgemeinen Unterstützungskasse, wenn solche nach Bestreitung aller Ausgaben sich ergeben, jährlich Zuschüsse gegeben werden; M. II 646 zu n. 3.

4. Pfarrwitwenpensionsanstalt. Diese gewährt sämtlichen Mitgliedern das Recht, daß nach ihrem Tode ihren Hinterbliebenen nach Maßgabe des Statuts die ordnungsmäßige jährliche Pension geleistet werden muß; M. II 651 vor n. 5; Seeb. 307 zu n. 23. Sie besteht aus einem Haupt- und einem Hilfsfond. Über die Zusammensetzung des ersteren s. M. II 647 zu n. 6ff.; Seeb. 310—313. Der Hilfsfond besteht aus den Aktivkapitalzinsen des sog. allgemeinen Fonds, den Kollektengeldern, deren Sammlung durch die ME. v. 18. V. 1909 (KMBl. 281) auf die Dauer von weiteren 10 Jahren d. i. 1909 mit 1918 fortbewilligt wurde, und aus einem Betrag der Unterstützungsanstalt; AE. v. 12. IX. 1911 (KMBl. 583) Z. I 2 a; M. II 659 nach n. 6 — n. 7; Seeb. 317—321.

Über die Mitgliedschaft und Verwaltung s. M. II 648 zu n. 3—652; Seeb. 306 zu n. 17—307, 314—315.

5 Besondere Pfarrwitwenkassen. Das sind Kassen lokaler oder privater Natur, die neben der allgemeinen Witwenanstalt bestehen auf Grund der ME. v. 22. VII. 1815 (W. I 450 Fußn.); M. II 652 zu n. 3; Seeb. 323 zu n. 111—326.

6. Nachsitz der Hinterbliebenen.

a) Inhalt des Nachsitzrechtes. Die Hinterbliebenen der Pfarrer genießen die Einkünfte des Sterbemonats sowie einen halbjährigen Nachsitz, der vom Ablauf des Sterbemonats an gerechnet wird; AE. v. 13. I. 1849 (G. IV 609); M. II 574 zu n. 1; Seeb. 303 zu n. 1.

Der Sterbemonat, welcher jedes Einkommen des betreffenden Zeitraums umfaßt, gebührt nicht bloß den Relikten eines im Amt verstorbenen Pfarrers, sondern auch den Hinterbliebenen emeritierter Geistlicher, gleichgültig, ob die Bezüge des verstorbenen Geistlichen aus dem Pensionsfond oder aus den Einkünften der Pfarrei fließen; M. II 652 zu n. 5.

Den Hinterbliebenen verbleibt auch die staatliche Aufbesserungszulage bis zum Ende des Sterbemonats, den nachsitzberechtigten Hinterbliebenen auf die Dauer des Nachsitzes, s. „Einkommensaufbesserung" IV C 1 a.

Auch kann den Witwen jener Geistlichen, welche vor ihrem Tod einen Beitrag zur Haltung eines Vikars aus der Unterstützungskasse bezogen haben, dieser Beitrag während der Nachsitzperiode belassen werden, sofern die Witwe genötigt ist, einen Vikar während des Nachsitzes zu halten und der Vikar während dieser Zeit auch wirklich gehalten wird; M. II 654 nach n. 1ff. Vorausgesetzt ist für den Nachsitz stets, daß der betreffende Geistliche in das Pfarreinkommen bereits eingetreten war; M. II 653 zu n. 1.

b) Nachsitzberechtigte sind die Pfarrwitwen gemeinschaftlich mit den minderjährigen Kindern; M. II 653 zu n. 3ff.; Seeb. 304 zu n. 5 u. 6. Die Nachsitzberechtigten teilen sich mit der Pfarrwitwenkasse in die Interkalareinkünfte einer durch Tod erledigten Pfarrei; M. II 652 nach n. 7.

7. Pension der Hinterbliebenen. Die Pension ist ein auf die Hinterbliebenen übergehender Ergänzungsteil des Gehalts; M. II 655 zu n. 2.

Pensionsberechtigt sind nur die Witwe und die minderjährigen, unversorgten Doppelwaisen, nicht dagegen die einfachen Waisen; M. II 655 zu n. 4, 656 Z. II.

Die Witwen treten in den Genuß ihrer Pension mit dem ersten Tag nach beendigtem Nachsitz, ihr Recht erlischt mit dem Tod.

Die Witwe erhält außerdem noch sog. Erziehungsbeiträge, s. hierüber M. II 657 zu n. 3ff.; Seeb. 316—317.

über die Verlustgründe bei der Pension s. M. II 656 Abs. 1.

8. Außerordentliche Unterstützungen für die Pfarrwitwen und Waisen aus dem Hilfsfond (s. oben Z. 4) in Fällen besonderer Art und Bedrängnis. Hier handelt es sich lediglich um Unterstützungen, welche Würdigkeit und Hilfsbedürftigkeit voraussetzen.

Von den Waisen kommen hier nur die großjährigen in Betracht, M. II 660 zu n. 5, die minderjährigen können nur aus dem Kollcktengelderfond (s. oben Z. 4) eine Unterstützung erhalten; M. II 660 zu n. 6. Ein Anspruch auf diese Unterstützung besteht nicht. Im einzelnen s. M. II 660 Z. II.

Die Staatsaufsicht gründet sich auf § 75 RE. Die oberste Kuratel wird vom Kultusministerium ausgeübt; M. II 660 zu n. 10.

9. Pfarrtöchterkasse. Sie besteht nur für großjährige, unverheiratete Pfarrerstöchter von Mitgliedern zum Zweck der Gewährleistung von Unterstützungen bis zur Verehelichung bzw. auf Lebenszeit ohne Rücksicht auf Vermögen oder sonstiges Einkommen; M. II 662 oben; Seeb. 321 Z. 7. Sie genießt die Rechte einer juristischen Person; Seeb. 323 zu n. 109. Die Anstalt ist durch die VO. v. 19. II. 1894 (W. XXII 405) errichtet und mit dem 1. I. 1906 nach Maßgabe ihrer Satzungen in Wirksamkeit getreten; AE. v. 7. XII. 1905 (KMBl. 491).

Anspruch auf Unterstützung haben in erster Linie die doppelt verwaisten Pfarrerstöchter, und erst dann, wenn noch ausreichende Mittel zur Verfügung stehen, sind den vaterlosen Pfarrerstöchtern solche Unterstützungen zu gewähren; M. II 662 Z. 1 u. 2.

Die Mittel werden aufgebracht aus dem Gründungskapital sowie aus Zuschüssen der allgemeinen Pfarrunterstützungskasse, AE. v. 12. IX. 1911 (KMBl. 583) Z. I 2 b, aus Staatsbeiträgen, Zustiftungen, Eintrittsgeldern und Jahresbeiträgen der Mitglieder; M. II 662 Z. II; Seeb. 322 nach n. 104.

Die Anstalt steht unter Leitung und Aufsicht des Konsistoriums Ansbach und unter der Oberaufsicht des Oberkonsistoriums; Seeb. 323 zu n. 108. Die oberste Kuratel hat das Kultusministerium; M. II 662 Z. 3.

B. In der Pfalz.

Auch hier werden Zuschüsse zu den Ruhegehalten der Geistlichen aus Kirchensteuermitteln gewährt; AE. v. 13. XII. 1910 (GVBl. 1150).

1. Pfarrunterstützungskasse. Sie ist juristische Person und dient nicht dem Pensionszweck, sondern nur der Unterstützung der Pfarrer, nicht auch ihrer Hinterbliebenen; M. II 663 nach n. 4.

Anspruch auf diese Hilfe haben nur solche Geistliche, welche einer augenblicklichen Hilfe dringend bedürfen oder wegen Altersschwäche oder Kränklichkeit einen Amtsgehilfen brauchen und denselben aus eigenen Mitteln nicht halten können; M. II 663 zu n. 5. Der Mindestbetrag eines Vikariatsbeitrags zu 240 ℳ wird auch ohne Nachweis besonderer Bedürftigkeit auf Ansuchen jedem Pfarrer gewährt, der einen Privatvikar hält; AE. v. 23. VIII. 1911 Z. I 4 (KMBl. 571). Die Aufbesserungszulage der Privatvikare aus der Unterstützungskasse wurde vom 1. I. 1910 ab von 240 ℳ auf 400 ℳ erhöht; a. a. O. Z. I 5.

2. Pensionsfond. Er dient dazu, den Pensionisten ein ausreichendes Ruhegehalt zu sichern. Im einzelnen s. M. II 664 Z. 2.

3. Nachsitz. Er steht nur für 3 Monate zu; VO. v. 9. II. 1818 Nr. 9 (Wand 206); M. II 585 zu n. 6, im übrigen s. oben Z. A 6.

4. Allgemeine Witwenkasse. Sie ist juristische Person mit den gleichen Aufgaben wie die rechtsrheinische Pfarrwitwenpensionsanstalt; M. II 665 zu n. 5—670. Aus ihr können auch studierenden Pfarrerssöhnen Studienbeiträge verliehen werden; im einzelnen s. AE. v. 23. VIII. 1911 Z. I (KMBl. 571).

5. Pfarrtöchterkasse. Sie verfolgt die gleichen Zwecke wie die rechtsrheinische Pfarrtöchterkasse, s. auch M. II 672 zu n. 1. Im näheren s. M. II 670—674.

6. Sterbekasse der protestantischen Geistlichkeit der Pfalz. Sie ist eine Anstalt des öffentlichen Rechts mit juristischer Persönlichkeit. Die Errichtung derselben wurde von der Generalsynode für den Konsistorialbezirk Speyer von 1909 beschlossen und durch die AE. v. 28. VIII 1911 (KMBl. 571) Z. 3 mit Wirkung vom 1. I. 1912 ab genehmigt.

Perpetuitätscharakter der Pfründe.

Die wesentlichen Merkmale der kanonischen Pfründeverfassung sind: die objektive und die subjektive Perpetuität; M. II 99 § 16.

I. Die objektive Perpetuität

ist die dauernde Verbindung eines Vermögens mit dem Kirchenamt. Dies hat zwei Wirkungen:

a) Die Bezüge aus der Pfründe laufen auch für die Zeit der Vakanz; s. „Interkalarien". Dieser Grundsatz gilt auch für Meßstipendien (s. „Fundationen"), Stolgebühren und Staatsgehalt, die während der Zeit der Erledigung an die Pfründestiftung zu entrichten sind (über ihre weitere Verwendung s. „Interkalarien" III), während die Personalzulagen während der Zeit der Vakanz nicht zur Auszahlung gelangen; M. II 99 zu n. 4. Auch die Einkünfte der bischöflichen Pfründe (mensa episcopalis), die zurzeit in Geldbezügen aus der Staatskasse bestehen (s. „Dotation"), werden während der Vakanzzeit an die Domkirche entrichtet; Art. IV Konk., s. auch „Interkalarien" III.

b) Die Pfründe muß in ihrer Integrität erhalten bleiben; M. II 100 zu n. 1. Bepfründete Kirchenämter müssen ungekürzt verliehen und dürfen nach der Verleihung in ihren Bezügen nicht gekürzt werden („beneficia ne diminuantur"). Über die ausnahmsweise Möglichkeit einer diminutio beneficii (über deren Begriff s. „Pfarrveränderungen" IV G), besonders in Form der Dismembration (s. dort) vgl. M. II 100 nach n. 4.

II. Die subjektive Perpetuität (Inamovibilität) ist die Vorstellung und das kanonische Prinzip eines unauflöslichen Bandes zwischen Pfründe und Pfründebesitzer derart, daß die Absetzung des Pfründners nur infolge einer dienststrafrechtlichen Verurteilung und eine Versetzung wider Willen außer bei Übertragung einer höheren Aufgabe, ferner aus sog. administrativen Erwägungen oder bei Beförderung nur höchst ausnahmsweise bei seelsorgerlichem Notstand erlaubt ist; M. II 101 Abs. 2. Dies ist alles eine pfründerechtliche, keine ämterrechtliche Folge, die aber wegen der notwendigen Verbindung von Amt und Pfründe auch auf den Ämterbesitz in dem oben angegebenen Sinn zurückwirkt; M. II 101 Abs. 4.

Die protestantische Kirche in Bayern kennt das kanonische Prinzip der Inamovibilität nicht; M. II 101 zu n. 5, s. auch „Kirchenstrafen".

Personalpfarreien

d. s. Pfarreien mit persönlich, nicht örtlich abgegrenztem Wirkungskreis, bestehen zurzeit in Bayern nicht. Hier sind vielmehr nur territoriale Kirchengemeinden vorhanden.

Pfarradjunkt

s. „Hilfsgeistliche" III B 1 a γ.

Pfarramt

s. St. 2 Abs. 3.

Pfarramtsverwaltung

a) in der katholischen Kirche s. Kr. I 123 ff.; St. 124 ff. § 135;
b) in der protestantischen Kirche s. Seeb. 494 § 17, 742 § 24.

Pfarrangehörige (Parochianen)

s. „Kirchengemeinde" VII u. „Pfarrgemeinde" III.

Pfarrei

s. „Pfarrsprengel".

Pfarrgebäude
(Baupflicht daran) s. „Baupflicht kirchliche".

Pfarrgemeinde.

I. Begriff und rechtliche Natur.

1. Die Pfarrgemeinde oder Pfarrkirchengemeinde — der Grundtypus der Kirchengemeinden (s. dort) — ist die Gesamtheit der zu einer Pfarrei (Pfarrsprengel, s. dort) gehörigen Konfessionsgenossen.

Die Pfarrgemeinde kann sich scheiden in eine Mutter- und Tochtergemeinde oder Tochtergemeinden; vgl. „Kirchengemeinde" III 2 und „Tochtergemeinde". — Mutter- und Tochtergemeinden können selbständige Kirchengemeinden im Sinne der KGO. sein, werden aber nach Absicht der KGO. von der Pfarrkirchengemeinde als dem höheren Verbande umfaßt; vgl. Art. 16, 42 KGO. Die praktische Wirkung dieser Zusammengehörigkeit bemißt sich nach den Umständen des besonderen Falles; L. n. I 4 a zu Art. 1 Abs. I KGO.

Der Bestand d. i. die Selbständigkeit einer Pfarrgemeinde wird dadurch nicht beeinträchtigt, daß diese mit einer anderen Pfarrgemeinde den Pfarrer gemeinsam hat; sog. „verbundene Pfarrgemeinden", Art. 17 KGO.; vgl. auch „Pfarrveränderungen" IV D 2 a.

2. Wie Pfarrgemeinden sind diejenigen Kirchengemeinden zu behandeln, welche sich an die den Pfarreien gleichgeachteten selbständigen Pfarrkuratien, Kuratbenefizien und ständigen Vikariate anschließen; vgl. Art. 36 Abs. I Z. 1 KGO.

3. Über die rechtliche Natur der Pfarrgemeinde s. „Kirchengemeinde" I 2.

II. Bildung und Veränderung.

Vgl. „Kirchengemeinde" IV, „Pfarrsprengel" II und „Pfarrveränderungen"; letztere (Errichtung, Unterdrückung, Vereinigung und Teilung von Pfarreien, Veränderung von Pfarrsprengeln) haben von selbst die Bildung und Umbildung der Pfarrgemeinde zur Folge.

III. Zugehörigkeit zur Pfarrgemeinde (Pfarrverband).

Die Zugehörigkeit zu einem Pfarrkirchenverband ist ein persönliches d. h. ein von der Person, nicht vom Besitze von Realitäten (Wohnhaus, Grundstücken) abhängiges Verhältnis, welches durch die Zugehörigkeit zu der betreffenden Religionsgenossenschaft und durch das Wohnen im Pfarrgemeindebezirk begründet wird; vgl. Art. 4 mit 106 Abs. IV KGO. Der Besitz von Grundstücken im Kirchengemeindebezirke allein vermag die Eigenschaft eines Pfarrkindes nicht zu begründen; vgl. VGH. II 9; St. 434 zu n. 1. — Vgl. im übrigen „Kirchengemeinde" VII; über die Wirkung der Zugehörigkeit zum Pfarrgemeindeverband vgl. „Pfarrzwang", über Exemtionen vom Pfarrverband s. St. 435 § 425.

IV. **Streitigkeiten.**

1. Streitigkeiten über Zugehörigkeit zu einem Pfarrverband (persönliche Zugehörigkeit auf Grund der bestehenden Organisation) sind Verwaltungsstreitsachen nach Art. 10 Z. 12 VGG. in der Fassung des Art. 96d KGO.; D. a. a. O. n. 1 u. 2; vgl. „Kirchengemeinde" VIII 1.

2. Streitigkeiten über Ansprüche und Leistungen aus dem Pfarrverband sind Verwaltungsstreitsachen nach Art. 10 Z. 13 VGG.; vgl. D. a. a. O. sowie „Ortskirchenbedürfnisse und Mittel zu ihrer Befriedigung".

V. Über Wirkungskreis, Verfassung, Vertretung und Sitz der Pfarrgemeinde, die die Hauptart der Kirchengemeinde im Sinne des Art. 1 Abs. I KGO. darstellt, vgl. „Kirchengemeinde" V und VI.

Pfarrkirche

s. „Kirchengebäude".

Pfarrkirchengemeinde

s. „Pfarrgemeinde".

Pfarrkirchenstiftung

s. „Kirchenstiftung".

Pfarrkonkurs

s. „Anstellungsvoraussetzungen allgemeine für ein bepfründetes Kirchenamt".

Pfarrkurat

s. „Hilfsgeistliche" III A 1 e.

Pfarrpfründe

s. „Pfründe";
-stiftung s. „Pfründe" I 2 b;
-vertretung s. „Pfründe" VII 5;
-verwaltung s. „Pfründe" VII 4.

Pfarrpfründner

s. „Pfründe" VII.

Pfarrpurifikation, konfessionelle.

I. **Begriff.**

1. Die konfessionelle Pfarrpurifikation besteht darin, daß die bisher einer Pfarrei nicht angehörigen, daher kirchengemeindelosen Katho-

liken oder Protestanten zur eigenen Pfarrei organisiert oder an eine bestehende Nachbarpfarrei ihres Bekenntnisses rechtlich angeschlossen werden; ME. v. 20. IX. 1810 Z. 4 (W. I 337; G. II 16); M. II 68 zu n. 5; Kr. II 19 § 3; St. 18 § 14.

Die konfessionelle Pfarrpurifikation unterscheidet sich von der Dismembration dadurch, daß letztere die Zugehörigkeit zu einer bereits bestehenden Pfarrei voraussetzt.

2. Außer der konfessionellen Purifikation gibt es auch eine solche in Rücksicht auf die Vermischung von Parochianen verschiedener Pfarreien in demselben Ort oder auf die Ausscheidung der Pfarrgrenzen in bezug auf die bestimmten Grenzen der Kreise des Königreichs und der Landgerichte (jetzt Amtsgerichte, ME. v. 3. VI. 1881; G. I 584, oder auf die Erleichterung des Kirchen- und Schulbesuchs der Eingepfarrten. In diesem Sinn ist dann Purifikation jede Dismembration, von welcher die konfessionelle Pfarrpurifikation als eine besondere Art erscheint; ME. v. 6. III. 1810 (G. II 14f.), AE. v. 19. III. 1812 (Döll. VIII 260); M. II 69 zu n. 9, 68 nach n. 5; Seeb. 336 zu n. 1f.; s. auch „Dismembration".

Im folgenden ist nur die konfessionelle Pfarrpurifikation behandelt.

II. Quellen.

1. Rechtsquellen: VO. v. 6. III. und 20. IX. 1810 betreffend die Grundsätze der Pfarrpurifikationen (W. I 321, 337; G. II 14, 15; bei St. 19 zu n. 1), Dismembrationsordnung v. 13. VII. 1811 (W. I 351; G. II 17), welche auch für die protestantische Kirche gilt mit Ausnahme der Ziff. II; ME. v. 13. XII. 1844 (W. III 562; G. II 25; bei St. 18 zu n. 2), §§ 76e, 77, 78, 84—88 RE.

2. Literatur: M. II 68—72; Kr. II 19, 20; St. 18 § 14 —22; Seeb. 336 Z. IIIff., 342—344.

III. Verfahren; Antrags-, Einspruchsrecht.

Die Pfarrpurifikationen sind auf die Abänderung der bestehenden Pfarrsprengel gerichtet. Als solche Abänderungen gelten nicht bloß Veränderungen in den äußeren Bezirken der Pfarreien, sondern auch jene organisatorischen Verfügungen, welche sich auf die inneren Verhältnisse der Pfarreien und Pfarrpfründen beziehen und insoweit eine Änderung ihres bisherigen Bestandes zur Folge haben; vgl. Art. XII Konk.; VGH. XIV 278.

Einteilung und Abänderung der Pfarrsprengel, daher auch die sie verursachende Pfarrpurifikation gehören zu den gemischten Angelegenheiten im Sinne der §§ 76e, 77, 78 RE., welche eine Mitwirkung der staatlichen Behörden erfordern; VGH. IX 112, XIV 278; Seeb. 342.

1. Antragsrecht.

a) Die Kreisregierungen sind verpflichtet, bei jeder Erledigung einer Pfarrei, in der Katholiken und Protestanten leben, ohne daß jede Konfession einer eigenen Pfarrei zugewiesen ist, zu untersuchen, ob nicht eine Ausscheidung (Purifikation) tunlich sei; ME. v. 6. III. 1810 (G. II 14 f.), AE. v. 19. III. 1812 (Döll. VIII 260); Kr. II 19 § 3; St. 19 § 15; Seeb. 336 zu n. 1.

b) Antragsberechtigt sind wie bei der Dismembration die Kirchenbehörden (Ordinariat, Konsistorium) und zwar die der Minderheitskonfession, für welche die Neuorganisation erfolgen soll, ferner die Kreisregierung, außerdem aber auch (im Gegensatz zur Dismembration; s. dort) die Interessenten oder Gemeindelosen; M. II 70 zu n. 4 u. 5; Seeb. 342 zu n. 21 u. 23.

Nach § 88 RE. haben letztere sogar einen Rechtsanspruch auf Purifikation; M. II 70 nach n. 10; Kr. II 19 zu n. 2; St. 19 zu n. 1; Seeb. 336 nach n. 4.

Der Antrag kann gerichtet werden an die Regierung oder an die kirchliche Behörde und zwar in der katholischen Kirche an das Ordinariat, in der protestantischen Kirche an das Konsistorium.

Der Antrag auf Exparochation solcher Reformierter, welche dem Synodalverband nicht angehören, hat von diesen selbst auszugehen und ist auf dem ordentlichen Dienstweg anzubringen; Seeb. 487 n. 10 a. E.

2. Einspruchsrecht.

a) Den in der Diaspora Lebenden steht es frei, einen charitativen Anschluß an eine entfernte Gemeinde ihres Bekenntnisses oder auch Funktionen bei dem fremdkirchlichen Ortspfarrer nachzusuchen; §§ 84—87 RE. In diesem Fall können sie ohne stichhaltige Gründe nicht gezwungen werden, eine eigene Kirchengemeinde zu bilden bzw. die Organisation derselben gegen ihren Willen zu dulden, noch auch sich einer Pfarrei ihrer eigenen Konfession zuteilen zu lassen. Insbesondere wenn die geplante Purifikation für sie größere tatsächliche oder rechtliche Nachteile bringen würde, haben sie im Gegensatz zur Dismembration ein Einspruchsrecht, M. II 71 zu n. 1 u. 2, aber nur für den Fall, daß die Gemeindelosen einen festen charitativen Anschluß gefunden haben oder sich zur fremdkirchlichen Ortspfarrei halten, und nicht weiter, als es unbedingt notwendig erscheint. — Ein solches Einspruchsrecht kann besonders dann nicht eingeräumt werden, wenn schon eine teilweise Organisation vorliegt, die nunmehr zum Abschluß gebracht werden soll. — Gegebenenfalls wäre hier eine Zwangsorganisation möglich; M. II 71 zu n. 3; s. auch Seeb. 333 Z. 3; denn das Gesetz verlangt mindestens ein Surrogat des Eingepfarrtseins durch pfarrähnliche Angliederung.

b) Dagegen besteht kein Einspruchsrecht des fremdkirchlichen Ortspfarrers oder eines weltlichen Kirchendieners wegen Schmälerung der Stolgebühren oder Reichnisse; M. II 355 zu n. 3; Kr. II 19 nach n. 2; St. 20 zu n. 4; Seeb. 336 zu n. 5.

3. Verfahren.

a) Die Instruktion obliegt in der katholischen Kirche der Kreisregierung; ME. v. 13. XII. 1844 (W. III 562); Kr. II 20 zu n. 4; St. 18 § 14 Z. 1; in der protestantischen Kirche dem Konsistorium; KO. Nr. 2 § 14 (G. II 603); M. II 70 zu n. 10; a. A. St. 18 § 14 Z. 1; Seeb. 342 nach n. 21, 344 zu n. 28 („zuständig sei auch hier die Kreisregierung").

Erforderlich ist die Einvernahme der beiderseitigen kirchlichen Stellen (Pfarrer, sowie der geistlichen Oberbehörden); ME. v. 13. XII. 1844 (W. III 562); ME. v. 24. II. 1842 (W. III 347); M. II 70 zu n. 6; Kr. II 20 zu n. 4 u. 5; Seeb. 343 zu n. 27; a. A. S. III 520 n. 43.

Ein Recht der Zustimmung bzw. des Einspruchs hat aber nur die organisierende Kirchenbehörde; M. II 70 nach n. 7.

Das weitere Instruktionsverfahren ist das gleiche wie bei der Dismembration; s. dort IV.

Darauf sendet in der katholischen Kirche die Kreisregierung den Instruktionsbericht an das Kultusministerium zur Erholung der Allerhöchsten Genehmigung, Z. 11 DismO. v. 1811 (W. I 351; G. II 17); M. II 66 zu n. 4 u. 5, während in der protestantischen Kirche das Konsistorium die Verhandlungen an das Oberkonsistorium gibt, KonsO. II § 14 (G. II 603); Seeb. 84 nach n. 5, welches gutachtlichen Bericht faßt und sie mit ihm dem Kultusministerium zuleitet. — Dieses legt sie dann dem Landesherrn zur Genehmigung vor; M. II 70 zu n. 9 u. 10; a. A. St. 19 oben Z. 3; Seeb. 344 vor n. 28.

b) Der Landesherr wird allen Anträgen auf konfessionelle Pfarrpurifikation nach Maßgabe der hierüber bestehenden Verordnungen stattgeben; ME. v. 13. I. 1849 (W. IV 11; G. II 33); M. II 71 zu n. 4; Seeb. 344 zu n. 29.

Der Landesherr entscheidet in der protestantischen Kirche als summus episcopus und als Landesherr in einer Person; §§ 11, 19 Buchst. f PE.; M. II 66 zu n. 7.

Über die Genehmigung unter Vorbehalt oder Bedingungen, besonders in der Richtung, daß sich der Zusammenschluß nicht auf sämtliche kirchliche Einrichtungen bezieht, sondern daß einzelne von dem Zusammenschluß ausgenommen sein sollen, s. „Dismembration"; s. auch Seeb. 206 n. 44.

IV. **Rechtliche Wirkung.**

1. Die Purifikation hat die Folge, daß die rechtlichen Wirkungen der §§ 85, 86 RE. für die bisher in der Diaspora befindlichen Religionsgenossen aufgehoben werden, d. h. daß an die Stelle des charitativen Anschlusses an die fremde Pfarrei das Prinzip des Pfarrzwangs an die eigene Pfarrei tritt und somit die bisher gemeindelosen Konfessionsgenossen lediglich von ihrem eigenen Pfarrer die Seelsorgedienste verlangen können; M. II 347 zu n. 6; s. „Pfarrzwang".

Jedoch kann die Ausübung von Parochialakten erst nach Erteilung der Allerhöchsten Genehmigung zugestanden werden; ME. v. 27. VII. 1844 (G. II 65); Kr. II 20 zu n. 7.

2. Mit der Purifikation gehen auch ohne weiteres die Stolgebühren, Reichnisse usw. (letztere mit gewissen Modifikationen; Kr. II 122 nach n. 15; Seeb. 338 zu n. 9), auf den neuen Pfarrer über, ohne daß der bisherige (fremdkirchliche) Ortspfarrer einen Anspruch auf Ersatz hätte; M. II 69 zu n. 3 u. 5; Kr. II 19 nach n. 2; St. 20 zu n. 4; Seeb. 336 zu n. 6, 337 n. 6.

Ein solcher Ersatzanspruch ist auch nicht gegeben mit Rücksicht auf die Fassion, insofern fassionsmäßige Reichnisse gemindert werden; denn es besteht kein Anspruch mehr auf diese Reichnisse nach erfolgter Purifikation und durch die Fassion wird nur ein Verzeichnis der Reichnisse aufgestellt, welche die Kirchendiener jeweils beziehen; aber sie schafft nicht selbst einen Rechtstitel; s. „Fassion".

Es steht jedoch nichts im Wege, daß die Kirchengemeinde selbst freiwillig an ihren Pfarrer wegen einer durch die Purifikation entstehenden Stolgebührenschmälerung eine Entschädigung gewährt; vgl. VGH. VII 189; M. II 69 zu n. 6; St. 20 zu n. 5.

Dagegen verbleibt dem Pfarrer der Bezug aller jener Geld- und Naturalleistungen, welche ihm ohne Rücksicht auf bestimmte, dem Individuum geleistete Akte des Kultus aus einem gegründeten Rechtstitel und als fundationsmäßige Dotations- oder Sustentationsbeiträge oder wegen des Kommunalverbandes von den Religionsverwandten fremder Konfession zuständig sind. Es verbleiben ihm also alle jene Reichnisse, welche den Charakter privatrechtlicher Reallasten haben, nicht aber jene, welche auf dem Pfarrverband ruhen; Kr. II 20 zu n. 3, 123 zu n. 18, III 149 n. 14; Seeb. 337 n. 7.

Die auf dem Zehentbezuge ruhende Kirchenbaulast erleidet keine Veränderung; Kr. II 292 zu n. 43; Kr. III 43 zu n. 77f.

3. Diese Grundsätze gelten in gleicher Weise für die weltlichen Kirchendiener; M. II 349 zu n. 1.

V. Streitigkeiten.

Hier gilt das Gleiche wie bei „Dismembration"; s. dort VI. Bezüglich der Unanfechtbarkeit des Organisationsaktes des Landesherrn, der bei einer späteren Verwaltungsbeschwerde auch nicht inzidenter nachgeprüft werden kann, vgl. ebenfalls „Dismembration" VI 2.

Pfarrsprengel (Pfarrei).

I. Begriff.

1. Pfarrsprengel oder Pfarrei ist ein geographisch bestimmt abgegrenztes Gebiet, dessen Bewohner unter kirchenbehördlicher Autorität einer bestimmten Kirche zugeteilt sind und von dem an dieser Kirche bleibend angestellten Geistlichen die Seelsorge empfangen; St. 2 Abs. 2.

2. Begrifflich unterscheidet sich der Pfarrsprengel bzw. die Pfarrei von der Pfarrgemeinde dadurch, daß letztere lediglich die Gesamtheit der zur abgegrenzten Pfarrei gehörenden Konfessionsgenossen darstellt; s. „Pfarrgemeinde". Pfarrsprengel oder Pfarrei ist also das räumliche, Pfarrgemeinde das persönliche Verhältnis. Der Begriff Pfarrsprengel oder Pfarrei ist aber auch nicht gleichbedeutend mit dem des Pfarramts oder Kirchenamts; denn letzteres bedeutet das Recht und die Pflicht eines Geistlichen, die Kirchengewalt in diesem abgegrenzten Gebiet (Sprengel, Pfarrei) und in bestimmtem Umfang vermöge seiner Anstellung auszuüben; St. 2 Abs. 3, s. auch „Kirchenamt". Endlich ist der Begriff zu unterscheiden von dem der Pfarrpfründe, indem letztere die feste Dotierung des Kirchenamts bedeutet; St. 2 Abs. 5, s. auch „Dotation", „Pfründe", „Pfründestiftung".

3. Die Zuweisung zu bestimmten Kirchen ist in Bayern zurzeit nur durch Abgrenzung von Bezirken (Pfarrsprengeln, Filialbezirken), nicht auch teilweise durch Zusammenfassung bestimmter Personenklassen zu einem rein personellen Pfarrverband bewirkt. Es bestehen sohin in Bayern nur territoriale Kirchengemeinden, nicht auch sog. Personalgemeinden, insbesondere keine Hofkirchengemeinden und keine Militärkirchengemeinden. Auch die Spitalpfarreien Bayerns haben, soweit sie wirkliche Pfarreien sind, einen territorialen Pfarrsprengel.

II. Bildung und Veränderung.

1. Im allgemeinen vgl. „Dismembration".

2. Im weiteren Sinne erscheint als Änderung des Pfarrsprengels jede Änderung, welche in der Einrichtung oder in dem Bestande der Pfarreien eintritt, wie er durch die Zirkumskriptionsbulle vom 1. April 1818 (s. dort) festgelegt wurde. Jede Änderung in dieser Organisation bedarf als gemischte Angelegenheit nach § 76 e

ME. des Zusammenwirkens der geistlichen und weltlichen Behörden; s. „Dismembration". Als solche Änderung erscheint z. B. schon die Änderung des Namens einer Pfarrei, für welche daher nicht die Kreisregierung nach § 35 Abs. 5 der FormVO. v. 17. XII. 1825 (W. II 279), sondern das Kultusministerium zuständig ist, das auf Grund „Allerhöchster Entschließung" die Änderung der Pfarreibezeichnung gutheißt; vgl. M. II 55 n. 7.

Die Verlegung des Pfarrsitzes ist keine Änderung der Pfarrei, auch wenn sie von einem Ort an einen anderen Ort innerhalb derselben Pfarrei erfolgt; sie erscheint lediglich als innerkirchliche Angelegenheit. — Falls aber mit dem betreffenden Pfarramte staatsamtliche Geschäfte verbunden sind, oder falls vermögensrechtliche Fragen hereinspielen, liegt eine gemischte Angelegenheit vor, bei der staatliche Mitwirkung und Genehmigung erforderlich ist. Zuständig zur Genehmigung der Pfarrsitzverlegung sind dann die Staatsaufsichtsbehörden; Art. 73 ff. KGO.

Im übrigen vgl. auch „Pfarrveränderungen".

III. Streitigkeiten.

Streitigkeiten über Pfarrsprengelgrenzen, über die territoriale Zugehörigkeit zu einem Pfarrsprengel auf Grund der bestehenden Organisation sind Verwaltungsstreitsachen nach Art. 10 Z. 12 VGG. in der Fassung des Art. 96d KGO.; vgl. D. a. a. O. sowie „Dismembration".

Pfarrtöchterkasse

s. „Pensionsrecht" III A 9 u. B 5.

Pfarrunterstützungsanstalt

s. „Pensionsrecht" III A 1 u. B 1.

Pfarrveränderungen.

I. Begriff.

Unter Pfarrveränderung (innovatio) versteht man jede in dem Bestand einer Pfarrei vorgenommene Änderung, gleichviel ob sie die Amtsrechte, den Amtssprengel, die Vermögensrechte des Amts usw. trifft, ob sie alle Seiten des Amts oder nur einzelne berührt; H. II 395 § 104 Z. 1. — Als Pfarrveränderung gilt nicht nur jede Abweichung vom Stiftungszweck, sondern auch jede Schmälerung des Amtseinkommens; St. 7 zu n. 4.

II. Quellen.

1. Rechtsquellen: § 76 Abs. 2 Buchst. e, 77, 78 RE.; Art. XII Buchst. f Konk.; § 11 PE.; ME. v. 20. IX. 1810 (W. I 337) mit DismembrO. v. 13. VII. 1811 (W. I 351; G. II 17); Zirkumskriptionsbulle v. 1. IV. 1818 (Döll. VIII 361); §§ 34 Abs. IV d, 35 Abs. V FormVO.

v. 17. XII. 1825 (W. II 279), geändert durch ME. v. 13. XII. 1844 (W. III 562); ME. v. 16. III. 1849 (W. IV 27) u. v. 9. VII. 1869 (G. II 13).

2. Literatur: M. II 33 zu n. 2—4, 54 zu n. 4 —68; Kr. II 9—19; St. 7 § 7 —31; Seeb. 336 Z. III, besonders 338 b—344, 878 n. 15; S. III 558 nach n. 67; H. II 395—473; Fr. 325—327.

III. Zuständigkeit zur Vornahme, Voraussetzung und Verfahren.

Die KGO. hat an den bisherigen Vorschriften über Zuständigkeit, Voraussetzungen und Verfahren bei Pfarrveränderungen nichts geändert; Art. 2 Abs II KGO.

1. Zuständigkeit.

a) Die Einteilung und Änderung der Pfarreien ist als Pfarrorganisation, mit der regelmäßig eine Sprengeländerung sich zu verbinden pflegt, Gegenstand gemischter Natur, d. h. es bedarf zur Vornahme von Pfarrveränderungen regelmäßig des Zusammenwirkens der kirchlichen Behörden und der Staatsgewalt; §§ 76 Abs. 2 Buchst. e, 77, 78 RE.

b) Die Einteilung und Änderung der katholischen Pfarreien erfolgt durch die Bischöfe mit Zustimmung des Königs, während sich in der protestantischen Kirche die Zuständigkeit in der Person des Landesherrn, der hier Träger der Staatsgewalt wie der Kirchengewalt ist, vereinigt; Art. XII Buchst. f Konk.; §§ 11, 19 Buchst. f PE.; M. II 56 zu n. 2; St. 7 nach n. 5; S. III 558 nach n. 67.

2. Voraussetzung und Verfahren.

a) Voraussetzung jeder Pfarrveränderung ist eine justa causa d. h. die Notwendigkeit und Nützlichkeit der geplanten Maßnahme. Das Vorhandensein dieses Momentes muß vor jeder Pfarrveränderung von der instruierenden Behörde (s. Buchst. b) durch eine besondere Untersuchung festgestellt werden.

b) Das Verfahren gestaltet sich in der Praxis (M. II 55 nach n. 1) folgendermaßen:

α) Die Vornahme einer Pfarrorganisation (Bildung wie Umbildung) kann sowohl von der kirchlichen Behörde (Ordinariat, Oberkonsistorium und Konsistorien) wie von der Kreisregierung beantragt werden; M. II 55 nach n. 4; S. III 558 nach n. 67.

β) Die Sachbehandlung (Instruktion) erfolgt durch die Kreisregierung, welche sich mit der zuständigen kirchlichen Oberbehörde (Ordinariat, Konsistorium) ins Einvernehmen zu setzen hat; §§ 34 Abs. IV d, 35 Abs. V FormVO. v. 17. XII. 1825 (W. II 279) mit ME. v. 13. XII. 1844 (W. III 562); S. III 558 n. 68.

Der Bischof, welcher eine Pfarrveränderung herbeiführen will, ist hiebei an die Zustimmung des Domkapitels gebunden; St. 7 nach n. 5.

Auch sind im Instruktionsverfahren alle an der Pfarrveränderung interessierten Personen, besonders die betreffenden Amtsinhaber, Parochianen, ein etwaiger Patron zwecks Anbringung von Wünschen oder Einwendungen einzuvernehmen.

γ) Den Abschluß bildet die Entschließung des Königs; M. II 55 nach n. 4; S. III 558 nach n. 67.

S. auch „Dismembration".

IV. Die einzelnen Arten der Veränderungen.

A. Translatio beneficii d. i. die Übertragung eines Amtes von einer Kirche auf eine andere. — Das verlegte Benefizium erleidet keine Änderung in seinem Bestand, weder in seinen Rechten noch in seinen Pflichten; H. II 399 zu n. 5.

B. Divisio d. i. Trennung einer bestehenden Pfarrei in mehreren Pfarreien hinsichtlich des Amtes und der Einkünfte zugleich. — Unter Benützung der Substanz der ersteren werden zwei oder mehrere Pfarreien neu gebildet; St. 7 § 7 Z. 3.

C. Dismembratio; s. „Dismembration".

D. Unio.

1. Begriff. Union ist die Vereinigung zweier oder mehrerer Pfarrämter derselben Diözese durch bleibende Übertragung an einen Pfarrer, sowohl zur Verwaltung des Amtes als zum Bezuge der Einkünfte derselben; St. 7 § 7 Z. 1. —

2. Arten:

a) unio aequalis d. i. die Vereinigung mehrerer an sich selbständig bleibender Pfarreien in der Art, daß dieselben künftig durch einen und denselben Amtsträger versehen werden. Die Kirchengemeinden und Kirchenämter bleiben in ihrer vollen Integrität und Selbständigkeit aufrecht erhalten und getrennt bestehen (sog. verbundene, unierte, kombinierte Pfarreien, sog. unechte Filialität); H. II 425 zu n. 4. Die Baulast wird für jede Kirche gesondert getragen; H. II 425 zu n. 12; Seeb. 878 n. 15, 887 n. 65.

Die Union hat die Wirkung, daß das eine Amt nicht ohne das andere vakant werden kann und ein Verzicht auf nur eines der Benefizien unzulässig ist; H. II 425 zu n. 16. Da beide Ämter nur gleichzeitig besetzt werden können, so haben diejenigen Personen, welche vorher ein Recht zur Mitwirkung bei der Verleihung hatten, nunmehr gemeinschaftlich dabei zu konkurrieren; H. II 426 vor n. 1;

b) unio inaequalis. Diese kommt in doppelter Weise vor:

α) unio per subjectionem d. i. diejenige Vereinigung, bei

welcher das eine Benefizium seine Selbständigkeit zugunsten des anderen verliert und zum Zubehör desselben wird; H. II 427 zu n. 3. Die eine Pfarrei tritt also als Nebenpfarrei (ecclesia filialis) in ein bestimmtes Abhängigkeitsverhältnis zu der anderen Pfarrei (Hauptpfarrei, Muttergemeinde); H. II 427 zu n. 6; Seeb. 878 n. 15, 887 n. 65. Über die Entstehung dieses Filialverhältnisses s. auch „Filialkirchengemeinde". — Infolge dieser Union kann das geistliche Amt nie mehr für sich allein weder erledigt noch besetzt werden, das Kollationsrecht für die Nebenpfarrei erlischt; H. II 428 zu n. 2, 3 u. 6.

Das Vermögen des unierten Benefiziums bleibt in seinem bisherigen Zustand gesondert erhalten und darf nicht mit dem Vermögen des Hauptbenefiziums vermischt werden; H. II 429 zu n. 2.

β) unio per confusionem d. i. diejenige Art der Vereinigung zweier Benefizien, durch welche beide in ihrer Existenz vernichtet werden und aus ihnen ein neues drittes Benefizium entsteht; H. II 430 zu n. 5. Diese Art von Union kommt nur selten vor. Auf das neue Benefizium gehen sämtliche Rechte und Privilegien der beiden erloschenen Benefizien über. Die Verpflichtungen der Parochianen der neuen Pfarrei, insbesondere in Betreff der Baulast, werden durch die Konfusion gemeinsam; H. II 431 zu n. 7.

3. Aufhebung der Union (dissolutio). Diese kann wie die Union selbst nur beim Vorliegen eines gerechtfertigten Grundes stattfinden; H. II 434 zu n. 6.

Die Befugnis zur Aufhebung steht denselben Organen zu, welche die Union vornehmen können; H. II 434 nach n. 10.

Die Wirkung der Aufhebung, welche mit dem Erlaß der betr. Verfügung eintritt, ist die in integrum restitutio der früher unierten Benefizien und zwar, wenn angängig, in den Zustand, in dem sie sich vor der Union befunden haben; H. II 435 zu n. 13. Jedes Benefizium nimmt seine frühere Natur wieder an und die suspendierten oder erloschenen Besetzungsrechte leben wieder auf; H. II 436 zu n. 1 u. 2. Infolgedessen unterscheidet sich auch die dissolutio von der divisio.

E. Incorporatio.

1. Begriff.

Inkorporation ist die Vereinigung einer Pfarrei oder eines Kuratbeneficiums mit einem Kloster oder einer anderen geistlichen Korporation mit der für den Erwerber entstehenden Verbindlichkeit, für die Ausübung des geistlichen Amtes bei der inkorporierten Pfarrei zu sorgen; St. 7 § 7 Z. 2, 8 § 8.

2. Arten der Inkorporation.

Jede Inkorporation bedeutet einen Eigentumsübergang des

Pfarrvermögens auf die inkorporierende Anstalt; M. II 33 zu n. 2; a. A. scheinbar St. 8 nach n. 2.

a) Incorporatio minus plena (sive quoad temporalia). Sie ist diejenige Art der Vereinigung eines Pfarramts mit einem Kloster oder einer anderen geistlichen Korporation, kraft welcher diesem Institut das Vermögen der Pfarrkirche und die sämtlichen Einkünfte der letzteren zu eigenem Recht übertragen werden mit der Verpflichtung, daraus den Unterhalt des Geistlichen und die sonstigen kirchlichen Bedürfnisse zu bestreiten; M. II 33 zu n. 2 u. 3; St. 8 § 8; H. II 446 zu n. 4 u. 5.

Diese Art von Inkorporation bewirkt sonach lediglich eine Übertragung der Temporalien, des Pfründeguts, ohne daß das Pfarramt seine Selbständigkeit verliert.

Das Pfarramt selbst bleibt vielmehr seiner geistlichen Seite nach selbständig bestehen, so daß ein Pfarramt ohne Pfarrpfründe besteht; M. II 33 zu n. 4; H. II 447 Abs. 1. Die inkorporierte Pfarrei hat einen selbständigen Geistlichen (Weltgeistlichen, der lediglich dem Bischof unterworfen ist) als ständigen Pfarrvikar (M. II 162 zu n. 3 u. n. 3) am Sitz dieser Pfarrei zu erhalten; M. II 33 n. 3; St. 8 § 8; H. II 447 vor n. 3. — Über dessen Kongrua und Pfarreinkünfte vgl. M. II 33 n. 3; H. II 448 zu n. 7, 449 nach n. 7.

b) Incorporatio plena (sive quoad temporalia et spiritualia). Bei dieser Art Einverleibung geht nicht nur das Vermögen einer Pfarrei, das Pfründegut, sondern auch das geistliche Amt (spiritualia), die Seelsorge auf das Stift oder Kloster über; M. II 33 Abs. 4, 162 n. 3; St. 8 § 8.

Pfarrer ist jetzt das inkorporierende geistliche Institut, welches die Seelsorge durch eines seiner Mitglieder (als vicarius temporalis, der am Sitz der inkorporierten Pfründe amtiert und gleichfalls dem Bischof unterworfen ist) ausübt; M. II 33 Abs. 4, 162 n. 3; St. 8 § 8; s. auch „Hilfsgeistliche" III A. — Solange das Kloster oder Stift besteht, kann eine Vakanz der inkorporierten Pfarrei nicht eintreten. Der die Seelsorge ausübende Geistliche, den das Kloster einsetzen muß, ist lediglich Vikar im eigentlichen Sinn; M. II 162 zu n. 3. — Bezüglich der zu gewährenden Kongrua gelten dieselben Grundsätze wie bei Buchst. a; H. II 452 zu n. 7.

c) Incorporatio plenissima. Bei dieser nimmt das Kloster oder Stift, dem geistliches Amt und Pfründe einverleibt werden, die Spiritualien vom eigenen Sitz aus ohne Bestellung eines selbständigen Vikars vor bzw. es läßt dieselben durch jeweilige Abordnung eines Konventualen zu den gottesdienstlichen Verrichtungen versehen; St. 8

zu n. 2; H. II 453 zu n. 9 u. 10. Diese Art der Inkorporation kommt selten vor.

F. Suppressio d. i. Aufhebung einer Pfarrei hinsichtlich des Amtes und der Pfründe; St. 8 nach n. 3, 30 §§ 26 u. 27; H. II 461 nach n. 7. Das etwaige Vermögen muß anderen kirchlichen Instituten überwiesen werden.

1. Der Untergang einer kirchlichen Anstalt auch als vermögensrechtliches Subjekt (Untergang des Pfarramts und Benefiziums) setzt bestimmte Gründe voraus, wie die hervortretende Unmöglichkeit, daß die Pfarrei entweder wegen Mangel an Geistlichen oder wegen erfolgter Verarmung oder durch veränderte Zeitumstände ihren ursprünglichen Zweck erfülle; St. 30 § 26.

2. Die Wiederherstellung des aufgehobenen Benefiziums (restitutio beneficii exstincti) steht rechtlich der Neuerrichtung gleich, da ja durch die Suppression das Benefizium völlig vernichtet worden war. Es kommen daher für die Wiederherstellung alle für die Neuerrichtung einer Pfarrei maßgebenden Bestimmungen zur Anwendung; H. II 463 zu n. 5.

G. Diminutio beneficii d. i. Temporalienabtrennung

Der Pfarrpfründe wird ein Teil der Erträgnisse — ohne Einfluß auf das Pfarramt — bleibend entzogen und an ein anderes Kirchenamt oder geistliches Institut überwiesen; St. 7 § 7 Z. 5. — Hierher zählt insbesondere die Auferlegung einer Abgabe oder Pension, die eine Schmälerung des Pfründeeinkommens herbeiführt; St. 7 § 7 Z. 5.

H. Oneratio. Die Belastung kommt vor als:

1. onus personale d. i. die Belastung der Pfarrei durch Vermehrung der Amtsverrichtungen; St. 7 zu n. 5;

2. onus reale d. i. die Belastung der Pfarrei durch Schmälerung der Einkünfte; St. 7 zu n. 5, 22 § 17; s. „Absitzkapitalien".

J. Mutatio oder transformatio d. i. die Verwandlung eines Benefiziums unter Verwendung seines bisherigen Bestandes, namentlich des vorhandenen Vermögens, in ein anderes. Dies liegt z. B. vor bei Umwandlung einer Pfarrkaplanstelle in eine Pfarrei; H. II 396 zu n. 4, 455 nach n. 1. Die Rechte, welche dem bisherigen Benefizium zustanden, also namentlich Vermögensrechte, gehen auf das neuerrichtete über; H. II 455 zu n. 4.

Pfarrverband

s. „Pfarrgemeinde" III.

Pfarrverweser.

I. Begriff.

Der Pfarrverweser ist der selbständige Verwalter eines Pfarramts, das entweder erledigt oder mit einem unfähigen Pfarrer besetzt ist.

Der Pfarrverweser unterscheidet sich vom Hilfspriester dadurch, daß er die Pfarrei selbständig verwaltet, während der Hilfspriester, der häufig einem kranken Pfarrer beigegeben wird, ad dispositionem parochi steht; er unterscheidet sich vom Pfarrer dadurch, daß er die Pfarrei bloß zeitweilig verwaltet, daher keinen Anspruch auf die Pfarrei selbst hat; M. II 158 nach n. 7; St. 368 § 376. Doch hat der Pfarrverweser sämtliche Rechte des Pfarrers, auch die Stellung und den Wirkungskreis des Pfarrers in der Armenpflege und Schulinspektion, d. h. er ist Verweser für alle pfarrlichen Haupt- und Nebenfunktionen.

II. Literatur.

1. Katholische Kirche: M. II 158 § 28 —160; 539 § 122 —544; Kr. II 41 § 9 —43; 379 Buchst. b —384; St. 368 § 376ff.

2. Protestantische Kirche: M. II 576 § 132 —578; Seeb. 378 Z. VIII —387.

III. Ernennung; Rechte und Pflichten.

A. **Katholische Kirche.**

Aus dem Begriff des Pfarrverwesers (s. o. Z. I) ergibt sich eine Zweiteilung der Bestimmungen über den Pfarrverweser; man unterscheidet nämlich:

1. Pfarrverweser parochia non vacante.

a) Sie werden bestellt für Pfarrer, die wegen Krankheit und Gebrechlichkeit die Pfarrei nicht versehen können und nicht resignieren wollen oder können, für Pfarrer, welche Dispens von der Residenzpflicht (s. dort) erhalten haben, dann für Pfarrer, welche leichtsinnig Schulden machen oder wegen ihrer Amts- oder Lebensführung suspendiert sind; M. II 158 nach n. 7; Kr. II 43 zu n. 15; St. 368 § 377.

Die Aufstellung eines Pfarrverwesers kann geschehen zur Verwaltung der sog. spiritualia des Pfarramts oder der temporalia oder beider; St. 368 § 377 Z. 1.

Aufgestellt wird der Pfarrverweser vom Diözesanbischof; AE. v. 12. IX. 1809 (W. I 313); ME. v. 29. VII. 1842 (Döll. XXIII 299); St. 368 zu n. 3; jedoch muß der weltlichen Behörde Anzeige gemacht werden; ME. v. 11. I. 1839 (St. 369 zu n. 1); Kr. II 43 nach n. 15.

b) Die Befugnisse eines solchen Pfarrverwesers oder Provisors bestimmen sich zunächst durch das bischöfliche Admissionsdekret. Ist der Verweser z. B. nur in spiritualibus aufgestellt, so hat er sich aller Eingriffe in die Verwaltung der temporalia zu enthalten und umgekehrt. Ist er dagegen für die temporalia und spiritualia aufgestellt, so vertritt er den Pfarrer selbständig, nicht bloß in seinem Haupt-, sondern auch in den Nebenfunktionen, nämlich in der Kirchenverwaltung, Lokalschulinspektion und Armenpflege; St. 369 zu n. 4 u. 5; vgl. Art. 37 Abs. I Z. 1 KGO.

Im übrigen finden die Bestimmungen über die Verweser einer vakanten Pfarrei analoge Anwendung auf die Pfarrverweser parochia non vacante; M. II 160 Z. 2; St. 370 § 381; s. unten Z. 2.

c) Den Gehalt des Pfarrverwesers hat der Pfarrer zu bestreiten, da er die Einkünfte der Pfründe fortbezieht. Ist der Pfarrer schuldlos daran, daß er einen Verweser braucht, und seine Pfründe ist eine geringe, so kann er Unterstützung von der Emeritenanstalt beanspruchen; ME. v. 29. VII. 1842 (Döll. XXIII 299; St. 369 zu n. 2) und ME. v. 31. VII. 1827 (Döll. VIII 769; St. 369 zu n. 3).

2. Pfarrverweser parochia vacante. Bei Erledigung einer Pfarrei gebührt die Aufstellung eines Verwesers der spiritualia des Pfarramts ebenfalls dem Bischof der betreffenden Diözese, während der Staatsregierung das Recht der Bestellung des Verwesers in temporalibus des Pfarramts bzw. der Pfarrpfünde zukommt; M. II 159 zu n. 3—6; 539 zu n. 4; Kr. II 41 § 9 zu n. 1—4; St. 370 § 383.

a) In der Regel soll derjenige, der vom Bischof zum Verweser in spiritualibus ernannt wird, auch ohne weiteres zum Verweser in temporalibus ernannt werden und für beides miteinander ein gemeinsames Vikariatsgehalt beziehen; AE. v. 21. IV. 1807 Z. 5 u. 6 (W. I 135); M. II 540 zu n. 6; Kr. II 380 nach n. 1; St. 371 zu n. 4 u. 5.

Die bischöfliche Bestellung eines Verwesers in spiritualibus ist daher sogleich der Kreisregierung mitzuteilen, damit der Verweser die staatliche Bestätigung und die Übertragung der Temporalienadministration erhalte, welche jedesmal sogleich auszufertigen und dem Ordinariate bekannt zu machen ist; AVO. v. 12. IX. 1809 (W. I 313, Döll. VIII 492); M. II 159 zu n. 6; St. 372 § 384. — Über den vom Pfarrverweser bei der Bestellung zu leistenden Eid s. M. II 540 oben; Kr. II 42 nach n. 11; St. 372 zu n. 1. Die förmliche Verpflichtung des Pfarrverwesers ist für ganz Bayern vorgeschrieben und wird im Auftrag der Kreisregierung durch die Distriktsverwaltungsbehörde vorgenommen; M. II 539 nach n. 6; St. 372 § 384.

b) Die rechtliche Stellung des Verwesers als Verwalter des Pfarrvermögens ist ganz diejenige des Pfarrers, ME. v. 2. XI. 1832 ad b (W. II 653), und zwar hinsichtlich der Haupt- wie hinsichtlich der Nebenfunktionen, AE. v. 10. VI. 1824 (Döll. VIII 678), mit allen Pflichten eines Pfarrers, besonders hinsichtlich der Vorstandschaft der Kirchenverwaltung, der Vorstandschaft im Armenpflegschaftsrat und der Lokalschulinspektion; M. II 544 zu n. 3; Kr. II 42 zu n. 7—11; St. 376 zu n. 8, 377 zu n. 1—3.

c) Der Gehalt des Verwesers wird durch die Kreisregierung festgesetzt; M. II 541 zu n. 5—8; Kr. II 41 § 9 zu n. 5 u. 6; 380 nach n. 1; St. 373 § 385; 374 § 386; s. auch „Einkommensaufbesserung".

d) Unter den Obliegenheiten der Pfarrverweser parochia vacante verdient besondere Beachtung die Interkalarienverwaltung; s. „Interkalarien; M. II 543 Buchst. B; Kr. II 379 Buchst. b, besonders 383 letzter Absatz; St. 377 § 388 —379. — Über die Tragung der Kosten der Verwesung s. M. II 541 nach n. 1; Kr. II 383 nach n. 8.

B. **In der protestantischen Kirche.**

1. Auch in der protestantischen Kirche unterscheidet man Pfarrverweser parochia vacante und parochia non vacante; über letztere sieh die VO. v. 27. XI. 1809 Z. 1—4 (W. I 317; G. II 670); M. II 576 zu n. 1.

2. Was die Pfarrverweser parochia vacante anbelangt, so hat das Konsistorium bei Erledigung einer Pfarrstelle königlichen Patronats durch den Tod des Pfarrers für die Verwesung der Stelle die erforderlichen Verfügungen zu treffen und über die Vollziehung dieser Maßregel an das Konsistorium zu berichten; Seeb. 378 zu n. 1. Der Dekan des betreffenden Bezirks hat zunächst die benachbarten Pfarrer oder einen derselben zur unentgeltlichen Mitverwaltung der erledigten Stelle bis zur Wiederbesetzung aufzufordern; M. II 576 Z. I, 1; s. auch Seeb. 378 nach n. 3. Ist aber eine längere Vakanz der betreffenden Pfarrstelle zu erwarten oder ist die erledigte Pfarrstelle über zwei Stunden von der nächsten protestantischen Pfarrei entfernt und damit eine Amtsverwesung durch den benachbarten Pfarrer untunlich, so muß ein eigener Pfarrverweser aus der Zahl der ordinierten Kandidaten bestellt werden; M. II 576 Z. I, 2; Seeb. 378 zu n. 2 u. 3.

Der Pfarrverweser wird auf Antrag des Dekans vom Konsistorium ernannt und vom Dekan zur Amtsverwesung und Verrechnung der Pfarreinkünfte angewiesen. Die Kreisregierung dagegen scheidet aus und ordnet lediglich die Verpflichtung des betreffenden Verwesers durch das Bezirksamt an; M. II 577 zu n. 6—9; Seeb. 381 Z. 3.

Der Pfarrverweser ist auch der Interkalarverwalter; s. „Interkalarien"; M. II 577 Z. II; Seeb. 387 Z. 5a.

Über den Verwesergehalt s. M. II 577 nach n. 9; Seeb. 383 Z. 4.

Über die Tragung der Kosten der Verwesung s. M. II 577 nach n. 3; — s. auch „Einkommensaufbesserung".

Pfarrvikar

s. „Hilfsgeistliche III A 1 e.

Pfarrwitwenpensionsanstalt

s. „Pensionsrecht“ III A 4.

Pfarrzwang.

I. Quellen.

1. Rechtsquellen: ME. v. 23. VI. 1840 (W. III 343, angef. auch bei St. 127 zu n. 1; sehr instruktiv; ME. v. 2. XII. 1836 (W. III 79, Döll. VIII 262; bei St. 126 zu n. 2; sehr instruktiv); § 38 RE.; § 11 PE.

2. Literatur: M. II 347 zu n. 6; Kr. I 123—125; St. 126 § 137—128, 434—438; Seeb. 327 Z. II —332; S. III 519 zu n. 29ff.

II. Begriff und Arten.

Man unterscheidet zwei Arten von Pfarrzwang, nämlich den:

1. Aktiven Pfarrzwang.

a) Nach den Grundsätzen des katholischen wie protestantischen Kirchenrechts hat der Pfarrer in dem ihm als Pfarrsprengel zugewiesenen Distrikt die Ausübung der Seelsorge (jura parochialia), wozu namentlich der Vortrag der Religionswahrheiten, das Recht der Predigt und des Gebetes, der religiöse Unterricht für die Jugend, die Verwaltung der Sakramente, besonders das Recht zur Vornahme der kirchlichen Taufe, Eheschließung und Beerdigung gehören, als ein ausschließliches Recht zu beanspruchen. Demzufolge darf in der Regel niemand ohne sein Wissen in seiner Pfarrei irgendeine gottesdienstliche Handlung ausüben, außer wo die Kognition und Zustimmung des Pfarrers wegen weiter Entfernung gar nicht oder nur unter erschwerenden Umständen und größeren Kosten eingeholt werden kann; ME. v. 23. VI. 1840 (W. III 343; Döll. XXIII 88); Kr. I 123 n. 1; St. 127 zu n. 1, 123 oben; Seeb. 329 nach n. 8.

Vermöge seiner pfarrlichen Rechte steht jedem Pfarrer die Befugnis zu, alle anderen Geistlichen des eigenen wie eines fremden Bekenntnisses von jeder pfarrlichen Funktion in der ihm anvertrauten Kirche und ihren Zugehörungen auszuschließen, und es hängt nur von ihm und seinen geistlichen Obern ab, unter welchen Bedingungen er in einzelnen Fällen anderen Geistlichen die Ausübung solcher pfarrlicher Amtsverrichtungen gestatten will; s. auch unten Z. III.

Der Wunsch und das Verlangen der Pfarrkinder sind für die Berechtigung zur Ausübung pfarrlicher Funktionen durch andere Geistliche nicht maßgebend; vgl. ME. v. 2. XII. 1836 (W. III 79); Kr. I 123 n. 1; St. 126 zu n. 2; Seeb. 330 zu n. 9.

Über die Ausübung pfarrlicher Funktionen durch außerbayerische Geistliche s. „Gottesdienst“.

b) Umgekehrt hat der Pfarrer auch die Pflicht, seinen Parochianen die notwendigen geistlichen Handlungen, zu deren Vornahme er allein berechtigt ist, zu spenden; St. 126 vor n. 2. Daraus folgt auch die Verpflichtung, im Falle des Bedürfnisses Hilfsgeistliche aufzustellen oder in anderer Weise sich Stellvertreter zu beschaffen. Diese Verpflichtung ist besonders dann gegeben, wenn der Pfarrer in gemischten Sprachgebieten oder bei größerer Einwanderung fremdsprachiger Konfessionsgenossen der Sprache dieser Pfarrkinder nicht mächtig ist.

c) Leistet ein nicht zuständiger Pfarrer pfarrliche Dienste, so liegt hierin an sich eine Verletzung des aktiven Pfarrzwangs.

Eine solche Verletzung liegt jedoch nicht vor, wenn der zuständige Pfarrer aus kirchlichen (gleichviel ob berechtigten oder unberechtigten) Gründen eine Pfarrhandlung trotz Ersuchens nicht vornimmt, z. B. zur Strafe die Beerdigung verweigert, und der fremdkonfessionelle Geistliche an seiner Stelle diese Dienste leistet, da in dieser Verweigerung ein ausdrücklicher Verzicht auf ein im Pfarrzwang begründetes Recht liegt, so daß von einem Eingreifen in die pfarrlichen Rechte des ursprünglich zuständigen Pfarrers nicht gesprochen werden kann; vgl. auch ME. v. 13. II. 1905.

War die Verweigerung der Seelsorgetätigkeit als disziplinäres Mittel angewendet worden, so besteht keine Verpflichtung für den Geistlichen einer anderen Konfession, diese kirchliche Disziplinierung seinerseits durch Versagung des seelsorgerlichen Beistands zu respektieren. Vielmehr erscheint seine Seelsorgetätigkeit bei einem fremdkonfessionellen Glaubensgenossen in solchem Falle als sog. charitative Tätigkeit durch die VerfU. geschützt und sogar begünstigt; §§ 85, 86, 101, 102 RE.; ME. v. 2. IV. 1835.

2. Passiven Pfarrzwang.

a) Dieser besteht darin, daß die Parochianen (Pfarrangehörige) verpflichtet sind, alle notwendigen geistlichen Dienstleistungen nur von ihrem zuständigen Pfarrer anzunehmen und keinen anderen an seiner Stelle heranzuziehen; Kr. I 124 nach n. 3; St. 126 vor n. 2, 127 zu n. 1; Seeb. 330 zu n. 9.

Jede Inanspruchnahme eines nicht zuständigen Pfarrers ist eine Verletzung des passiven Pfarrzwangs.

b) Andererseits haben die Pfarrangehörigen auch ein Recht, von ihrem zuständigen Pfarrer die notwendigen geistlichen Handlungen zu verlangen, gegebenenfalls sogar einen im Verwaltungsstreitfahren nach Art. 10 Z. 13 VGG. verfolgbaren Anspruch.

Die sog. Pfarrzugehörigkeit hat zur Folge, daß die betr. Glaubensgenossen unter den im Staatsrecht begründeten Voraussetzungen an kirchlichen Einrichtungen ihrer Pfarrei teilnehmen und die Leistungen des zuständigen Pfarrers in Anspruch nehmen können; sie haben unter anderem Anspruch auf Teilnahme an dem Begräbnisplatz der betreffenden Pfarrgemeinde und auf ein kirchliches Begräbnis durch den zuständigen Pfarrer.

c) Pfarrangehörige sind alle Konfessionsgenossen, welche in dem Pfarrsprengel wohnen; VGH. IV 595; M. II 347 zu n. 4; St. 434 zu n. 1; Seeb. 328 zu n. 1 u. 2.

Die Pfarrzugehörigkeit ist daher ein von der Person, nicht von dem Besitz von Realitäten abhängiges Verhältnis, indem der Besitz von Grundstücken im Kirchengemeindebezirk allein die Eigenschaft eines Pfarrkindes nicht zu begründen vermag; VGH. II 9.

Die Eigenschaft eines Pfarrkindes ist weder abhängig von der Staatsangehörigkeit noch der Heimat; St. 434 zu n. 3 u. 4; Seeb. 328 n. 2; s. auch „Kirchengemeinde" VII, „Pfarrgemeinde" III.

d) Die Zuteilung zu einer anderen Pfarrei bringt für die Zugeteilten die Verpflichtung mit sich, die Dienstleistungen des neuen Pfarrers in Anspruch zu nehmen.

So werden auch nach erfolgter Purifikation (s. „Pfarrpurifikation") die rechtlichen Wirkungen der §§ 85, 86 RE. aufgehoben, und die bisher in der Diaspora Lebenden dürfen die seelsorgerlichen Dienste nur von ihrem neuen Pfarrer verlangen. Es tritt also an die Stelle des charitativen Anschlusses das Prinzip des Pfarrzwangs der eigenen Pfarrei.

e) Über die Exemption vom Pfarrverband infolge päpstlicher Privilegien s. St. 435 Z. 3.

f) Die Zuständigkeit des Pfarrers richtet sich nach dem Umfang seines Pfarrsprengels, der Pfarrsprengel in gemischten Orten nach der Konfession der Inwohnenden; Seeb. 329 zu n. 7 u. 8.

Über sog. „Personalpfarreien" s. dort.

g) Ein Streit über die Zugehörigkeit zum Pfarr- oder Kirchengemeindeverband ist eine Verwaltungsstreitsache nach Art. 10 Z. 12 VVG.; Seeb. 72 zu n. 21; D. a. a. O. Die Zugehörigkeit kann auch in einem Streit nach Art. 10 Z. 13 VVG. einen zu würdigenden Inzidentpunkt bilden; VGH. X 128.

III. Der fremdkonfessionelle Pfarrzwang

d. i. der Pfarrzwang über fremdkonfessionelle Christen, ist durch das Religionsedikt §§ 85—87 beseitigt; M. II 347 nach n. 6; St. 435 § 426. Lediglich für die Diaspora ist noch eine Einverleibung fremder Religionsverwandten gegeben, aber nur im Sinne einer seelsorgerlichen

Aushilfeverbindung, zu der man nicht gezwungen ist; M. II 348 zu n. 5; S. III 519 nach n. 35.

Der Pfarrer hat wohl ein ausschließliches Recht zur Vornahme pfarrlicher Handlungen in seinem Sprengel gegenüber Geistlichen seines Bekenntnisses, nicht aber gegenüber Geistlichen eines fremden Bekenntnisses. Ob letztere befugt sind, geistliche Handlungen für ihre Glaubensgenossen vorzunehmen, auch wenn diese nicht im Pfarrverband zu ihnen stehen, bemißt sich nach dem Rechte ihrer Kirche; S. III 521 zu n. 46.

IV. Einmischung der weltlichen Gewalt.

1. Ein Eingreifen des Staates findet nur insoweit statt, als eine rechts- oder gesetzwidrige Handlung begangen wird oder das Interesse der öffentlichen Ordnung das Dazwischentreten der weltlichen Gewalt in Anspruch nimmt; ME. v. 2. XII. 1836 (W. III 79); St. 126 zu n. 2; Seeb. 332 zu n. 10.

a) Zuständig zur Würdigung der Frage, ob ein Pfarrer oder ein Geistlicher in die Rechte eines anderen Pfarrers eingegriffen hat, ist die Kreisregierung; FormVO. v. 17. XII. 1825 §§ 21, 34 (W. II 279); ME. v. 23. VI. 1840 (W. III 343); s. auch „Glaubensgesellschaften" VII 1 g. E.

b) Das Einschreiten kann natürlich nicht gegen das Pfarramt als solches, sondern nur gegen den Pfarrer vorgenommen werden.

Bei Verletzung des Pfarrzwangs durch einen fremden Geistlichen besteht das staatliche Eingreifen darin, daß letzterem auf Grund des staatlichen Aufsichtsrechts eine Mißbilligung ausgesprochen wird; ME. v. 24. VI. 1882 (G. II 65); s. „Glaubensgesellschaften" VII 1 g. E.

c) Dagegen findet sich kein Weg zu einem Einschreiten gegen die Pfarrangehörigen, welche den Pfarrzwang verletzt haben.

2. Im übrigen sind die Pfarrer bei Ausübung ihrer seelsorgerlichen Rechte von der Staatsgewalt unabhängig, da die Seelsorgerechte rein geistliche Angelegenheiten sind; VerfU. Tit. IV § 9 Abs. 5; §§ 38, 39, 50 RE.; St. 128 §§ 138, 139.

Pfründe (Pfründestiftung, Pfründebesitzer).

I. Begriff und rechtliche Natur.

1. Begriff.

Unter geistlicher Pfründe oder Benefizium versteht man ein mit einer ständigen Dotation versehenes kirchliches Amt bzw. das mit einem Kirchenamt dauernd verbundene, aus kirchlichem Vermögen fließende, fest radizierte Einkommen für den Inhaber desselben; M. II 34 n. 4 a. E.; Kr. II 1 Abs. 1; St. 747 zu n. 5. — Die Pfründe ist also die vermögensrechtliche Ausstattung (accessorium) eines Kirchenamtes; M. II 31 nach n. 3. Sie ist ein von altersher überkommenes, mit dem Amt verbundenes dingliches Nutzungsrecht; M. II 34 zu n. 5.

Nicht alle Kirchenämter sind bepfründet. Es scheiden aus: der Papst, die Kardinäle und die Beamten der kirchlichen Zentralverwaltung; auch die Weihbischöfe, Koadjutoren, Kapitular- und Generalvikare, die bischöflichen Verwaltungsbeamten und Dekane als solche haben keine Pfründe; ebenso der Regel nach nicht die Kapläne; M. II 32 nach n. 4 u. 5. Dagegen sind regelmäßig bepfründet: der Diözesanbischof (die bischöfliche mensa), die Kanonikate und Domvikariate, die Pfarrer und die Benefiziaten im engeren Sinn; daneben können auch Hilfsseelsorgerstellen wie Pfarrvikariate, Kuratien und Exposituren, mitunter auch Kaplaneien pfründerechtlich organisiert sein; M. II 32 nach n. 5.

Von diesen Stellen ist die Pfarrpfründe die Pfründe schlechthin; M. II 32 letzter Absatz; Kr. II 1 Abs. 2. Sie dient der finanziellen Sicherstellung der Seelsorge d. i. dem Unterhalt der Seelsorger und bedeutet demgemäß eine Entlastung der Parochianen oder Kirchengemeindegenossen, die der Natur der Sache nach für ihren Seelsorger aufzukommen hätten; M. II 35 nach n. 7.

2. Rechtliche Natur.

a) Nach bayerischem Verfassungsrecht wird die Pfründe als ein für den Unterhalt der Geistlichen ausgeschiedenes Vermögen ausschließlich durch die staatliche Gesetzgebung und Gerichtsbarkeit beherrscht; VerfU. Tit. IV § 9 Abs. 6; §§ 64 Buchst. b, 65 RE.; M. II 106 nach n. 6. Das Pfründerecht ist bürgerliches oder staatliches Recht, dessen Ordnung den Einzelstaaten überlassen blieb; Art. 80 Abs. 2 EG. BGB. Das ganze Organisations- und Dotationsrecht, das Verwaltungs- und Fassionsrecht, das Interkalar- und Pensionsrecht sowie der Ausbau des pfründnerischen Nießbrauchs ist Sache des Staates; M. II 73 zu n. 4. Das Vermögen der Pfründestiftung steht unter dem verfassungsmäßig garantierten staatlichen Schutz; Tit. IV § 9 Abs. 4 VerfU.; §§ 46, 64 RE.; M. II 73 zu n. 2; M. I 1 Z. I; Kr. II 27 nach n. 27.

b) Die Pfründe ist eine Stiftung des öffentlichen Rechts, sog. Pfründestiftung, daher eine juristische Person des öffentlichen Rechts mit Rechtsfähigkeit auf dem Gebiete des öffentlichen wie des Privatrechts.

Rechtssubjekt des Pfründevermögens ist (nach Meurer) die Pfründestiftung und damit die Gesamtheit der sich ablösenden Pfründner, die wie eine Einheit behandelt werden; M. II 94 zu n. 2, 95 zu n. 3; Kr. II 25 zu n. 12; Seeh. 35 n. 17.

Die Pfründegüter sind für diese unübersehbare Reihe der sich ablösenden Pfründner zur Verfügung gestellt; M. II 253 zu n. 5. (Über die Bedeutung des rechtlichen Begriffes „jus in re" als einer Bezeichnung des Rechts des Pfründners an der Pfründe s. M. II 252 letzter Absatz.)

Die Pfründestiftung kann alle Rechte ausüben und Verbindlichkeiten eingehen, welche die Gesetze den juristischen Personen überhaupt gestatten; Kr. II 25 zu n. 13. Die Pfründestiftung kann Eigentum erwerben und besitzen, welches auf ihren Namen im Grundbuche eingetragen wird; M. II 92 nach n. 8. Die Amortisationsgesetze finden auf die Pfründestiftung keine Anwendung, da sie nur für geistliche Gesellschaften (s. dort) gelten; Art. 86 EG. BGB., Art. 7—10 AG. BGB.; Kr. II 25 nach n. 15.

c) Die Eigenschaft einer juristischen Person kommt der Pfründestiftung als einer für einen bestimmten Zweck, nämlich für den Unterhalt des Pfründebesitzers berechneten Vermögensmasse selbständig und unabhängig sowohl von der Kirchengemeinde als von der Kirchenverwaltung zu; Kr. II 24 zu n. 4; St. 747 zu n. 5. Neue Pfründestiftungen erlangen diese Rechtsfähigkeit durch die mit der landesherrlichen Bestätigung der Pfründeerrichtung gegebene landesherrliche Genehmigung; M. II 96 zu n. 4; Kr. II 24 zu n. 6; S. III 600 zu n. 3; K. I 675 vor n. 40 u. n. 39.

Die Pfründestiftung gehört nicht zum ortskirchlichen Stiftungsvermögen; Art. 5 Abs. II KGO. — Daher gilt die KGO. nicht für die Pfründestiftung und das Pfründevermögen, vielmehr behalten die hierüber jeweils bestehenden besonderen Vorschriften nach wie vor ihre Geltung.

II. Quellen.

1. Rechtsquellen: Art. 80 Abs. 2 EG. BGB.; VerfU. Tit. IV § 9 Abs. 4 u. 6, § 10; §§ 44, 46, 47, 64 Buchst. b u. g, 65, 88 RE.; Konk. u. PE. nebst den unten angegebenen ABO. u. ME.

2. Literatur: M. II 28—36, 54—60, 124—158, 173—175, 189—199, 251—298, 363—392, 403—524; Kr. II 1—80, 105—144, 189—281; St. 2 § 2, besonders 39 § 32 —88, 210 § 218 —225, 242 § 240 —245, 284 § 279 —286; Seeb. 198—215, 233—252, 296—299, 667—742; S. III 553—555, 561 zu n. 92 —564, 578 zu n. 84; D. n. zu Art. 8 Z. 35, Art. 10 Z. 3 u. 15 BGG.

III. Errichtung, Veränderung und Aufhebung.

1. Diese Akte gehören nach bayerischem Staatsrecht zu jenen Gegenständen, in welchen die Staatsgewalt nicht bloß vom Standpunkt ihres obersten Schutz- und Aufsichtsrechts in bezug auf das Stiftungsvermögen

überhaupt und namentlich auf das kirchliche Stiftungsvermögen (Tit. IV §§ 9 u. 10 VerfU., §§ 31, 46 f., 75 RE.), sondern auch wegen der Beziehung jener Gegenstände zum Staat und dem weltlichen Wohl der Einwohner desselben nach §§ 76 ff. RE. zur Mitwirkung berufen ist; VGH. IX 112.

2. Die Errichtung einer Pfründe erfordert zwei Handlungen:

a) Die Errichtung eines für die seelsorgerlichen Bedürfnisse der räumlich abgegrenzten Gläubigen bestimmten Kirchenamts sowie

b) die feste Dotierung desselben; M. II 56 letzter Absatz; Kr. II 1 letzter Absatz; St. 2 § 2.

Die Konstituierung des Kirchenamts ist Sache der Kirchenbehörde; s. „Kirchenamt" IV.

Die Dotierung des Kirchenamts, die Stiftung der Pfründe (fundatio beneficii) ist die vermögensrechtliche Ausstattung des Kirchenamts, die Auszeigung und Anweisung eines dem Amte entsprechenden Einkommens. — Die Dotierung (s. „Dotation") ist ein weltlicher Akt; Rechtsquelle ist das Staatsrecht; §§ 64 Buchst. b, 65, 76 e—78, 88 RE. — Daher können geistliche Pfründen in Bayern nur im Einverständnis mit dem Landesherrn von den Bischöfen errichtet werden; Art. XII Buchst. f Konk.; Kr. II 5 zu n. 1 u. 2; St. 2 § 2; M. II 57 nach n. 3.

Die landesherrliche Genehmigung, welche durch das Kultusministerium erteilt wird, ABO. v. 27. II. 1847 § 5 I Z. 9 (W. III 659) mit ABO. v. 16. III. 1849 (W. IV 27), hat die Auszeigung des gesetzlichen Minimaleinkommens der Pfründebesitzer zur wesentlichen Voraussetzung; s. „Dotation", ferner § 88 RE. mit ABO. v. 23. IV. 1845 (Döll. XXIII 71).

Die Errichtung der bischöflichen Mensen, der Kanonikate und der Domvikariate erfolgte durch das Konkordat, Art. IV, also durch einen Vertrag zwischen der Staats- und Kirchengewalt, welcher die rechtliche Natur eines Verfassungsgesetzes enthielt; M. II 54 nach n. 2.

Im Vordergrunde der Pfründeerrichtung steht heutzutage die Errichtung, Veränderung und Aufhebung von Pfarreien und Benefizien; M. II 54 nach n. 2; näheres s. „Kirchengemeinde" IV, „Pfarrveränderungen" und „Ortskirchliche Stiftungen".

IV. Arten der Pfründe

s. „Benefizien".

V. Besetzung der Pfründen (katholische und protestantische Kirche).

Bei der Pfründebesetzung unterscheidet man stets ein Doppeltes: die Übertragung des Kirchenamtes — innerkirchliche Angelegenheit, §§ 38 c, f, 39 RE., und die Übertragung der Pfründe als der vermögensrechtlichen Ausstattung des Kirchenamtes — weltliche Angelegenheit; §§ 64 b, g, 65 RE.

1. Die Besetzung der (katholischen) Diözesanpfründen.

a) Besetzung der Bistümer.

Die Besetzung der zwei bayerischen Erzbistümer und sechs Bistümer erfolgt ohne Mitwirkung der Domkapitel lediglich durch landesherrliche Ernennung (Nomination, s. dort II 2) und päpstliche Einsetzung (Institution); Art. IX Konk.; M. II 124 zu n. 1.

Die Ernennung (nominatio) d. h. die Präsentation eines Bischofskandidaten für die bayer. Erzbischofs- und Bischofsstühle kommt dem bayer. König zu in seiner Eigenschaft als Herrscher (sog. Indultum nominandi des bayer. Königs), nicht als Privatperson; S. III 553 zu n. 9. — Die Bischofsernennungen sind also Staatshandlungen des Königs, der hiebei an die Mitwirkung des Kultusministers durch die ministerielle Gegenzeichnung gebunden ist; M. II 140 zu n. 2; S. III 554 nach n. 24. — Die Bewahrung und Vertretung der landesfürstlichen Ernennungs- und Patronatsrechte gehört zum Wirkungskreis des K. Staatsministeriums d. I. für Kirchen- und Schulangelegenheiten; AVO. v. 27. II. 1847 § 5 I Z. 10 (W. III 659); Kr. II 47 zu n. 6; Seeb. 67 Z. 1 k.

Der König ist bei der Auswahl der Kandidaten auf „würdige und taugliche Geistliche“ beschränkt, welche die kanonischen Eigenschaften (das zurückgelegte 30. Lebensjahr, Besitz der Weihe seit wenigstens 6 Monaten, den theologischen Doktorgrad oder wenigstens den Nachweis der Lehrbefähigung und die Auszeichnung durch Sittenreinheit und kirchlichen Eifer) besitzen; Art. IX Konk.; M. II 126 zu n. 2—5; S. III 554 zu n. 25 u. 26.

Der Nominierte erhält auf Grund der landesherrlichen Ernennung und nach erfolgter ministerieller Gegenzeichnung ein Nominationsdekret zugestellt. Sodann wird der Papst um die Institution angegangen; M. II 139 zu n. 2.

Der Papst ist verpflichtet, einem tauglichen Kandidaten das Amt zu übertragen (institutio canonica); M. II 127 zu n. 1. Ein rechtlich freies Verwerfungsrecht des Papstes besteht in keiner Weise. Er ist an den Vorschlag des Königs gebunden, wenn nur die Bestimmungen über Würdigkeit und Tauglichkeit beachtet sind; M. II 127 nach n. 1; S. III 555 zu n. 28.

Der rechtlichen Natur nach bedeutet die landesherrliche Ernennung (Nomination) die Übertragung oder Verleihung der Pfründe (bischöfliche mensa) und der Anwartschaft auf das Amt, wobei der ernannte Kandidat bei Erfüllung der kanonischen Voraussetzungen der Tauglichkeit und Würdigkeit einen Rechtsanspruch auf Verleihung des

Amtes (sog. jus ad rem) erwirbt, der den Papst zur Amtsübertragung verpflichtet; M. II 127 zu n. 1 ff., 138 Abs. 2, 139 n. 2.

Eine Beschränkung des Königs hinsichtlich der Zeit der Ernennung oder ein Verlust dieses Ernennungsrechtes unter irgendwelchen Voraussetzungen, namentlich ein Übergang des Ernennungsrechtes auf den Papst im Falle einer Säumnis in der landesherrlichen Nomination — ein sog. Devolutionsrecht — besteht nicht; M. II 127 Abs. 2 a. E., 130 Abs. 1; S. III 554 nach n. 26. — Das Nominationsrecht ist durch die etwaige fehlerhafte Ausübung nicht konsumiert, sondern kann nach jeder Institutionsweigerung wiederholt werden; M. II 127 nach n. 1.

Über die Konsekration und Inthronisation des Bischofs s. M. II 140 letzter Abs. Sämtliche Bischöfe haben vor der Bischofsweihe (Konsekration) den in Art. 15 Konk. vorgeschriebenen Treueid zu leisten; M. II 140 letzter Absatz; P. Art. IX Konk. n. 1; S. III 555 zu n. 31.

Über den Gehaltsanspruch der Bischöfe und Erzbischöfe an den bayerischen Staat, der seiner Natur nach privatrechtlich und vor den ordentlichen Gerichten verfolgbar ist, s. M. II 45 nach n. 5; P. Art. IV Konk. n. 1; S. III 555 nach n. 33; näheres s. auch unter „Dotation" und „Beginn und Ende des Pfründnerrechts" I A 1.

b) Besetzung der Kanonikate (Domkapitelstellen).

In Bayern hat jedes Domkapitel zwei Dignitäten (Propst und Dekan) sowie zehn (München, Bamberg) bzw. acht Kanoniker und wenigstens sechs Präbendierte oder Vikare. Die Besetzung dieser Domkapitelstellen ist durch Art. X Konk. geregelt.

α) Bezüglich der Dompropsteien hat der Papst das Verleihungs- oder Kollationsrecht, Art. X Abs. 1 Konk., und zwar auf Vorschlag des Königs; ME. v. 14. IV. 1831 (W. II 552); M. II 141 zu n. 6 u. 7; P. Art. X Konk. n. 1; S. III 556 zu n. 43.

Der Propst erhält eine päpstliche Verleihungs- oder Kollationsbulle, die sowohl Amt als Benefizium überträgt; M. II 142 Abs. 1. Das dem König garantierte Recht des Vorschlags oder der Empfehlung ist weder eine Nomination noch eine Präsentation; vielmehr hat der Papst ein völlig freies Verwerfungsrecht; M. II 142 Abs. 2.

β) Bezüglich des Domdekans hat der König das Ernennungsrecht, Art. X Abs. 1 Konk.; M. II 143 zu n. 1; S. III 556 nach n. 43, während die kirchliche Amtsverleihung im Anschluß an die landesherrliche Nomination durch den Bischof vollzogen wird.

γ) I Bezüglich der Kanonikate, die in den sog. sechs apostolischen oder päpstlichen Monaten (Januar, März, Mai, Juli, September, November) frei werden, hat der König das Ernennungsrecht; Art. X Abs. 1 Konk.; M. II 143 zu n. 2 und nach n. 3; S. III 556 zu n. 44.

Die landesherrliche Ernennung oder Nomination ist eine Pfründeverleihung; deshalb beginnen die Bezüge mit dem Tage der Ernennung; M. II 143 zu n. 6. — Die Nomination wirkt aber erst vom Augenblick ihrer Bekanntgabe, sei es durch öffentliches Ausschreiben oder durch persönliche Zustellung. — Anderseits dauert aber das landesherrliche Nominationsrecht bezüglich der erledigten Stelle solange fort, bis die Stelle rechtsgültig besetzt ist. — Vgl. auch „Beginn und Ende des Pfründnerrechts".

Die Übertragung des Amtes erfolgt aber erst durch die Einsetzung (Institution) der Kirchenbehörde, weshalb die Pfründebezüge erst mit dem Amtsantritt flüssig werden; M. II 135 zu n. 1, 143 zu n. 6 u. 7. Diese kirchliche Institution wird durch die Bischöfe und Erzbischöfe vorgenommen und ist ein höchst persönliches Recht derselben, das während einer Erledigung des betreffenden bischöflichen Stuhles nicht betätigt werden kann; ME. v. 7. III. 1836 (W. I 698 Fußnote 11); M. II 144 zu n. 1—4.

II Von den übrigen sechs Monaten sind drei den Erzbischöfen und Bischöfen, die andern drei dem Domkapitel reserviert.

Die drei bischöflichen Monate sind: Februar, Juni und Oktober; M. II 144 zu n. 6. Die bischöfliche Ernennung verleiht zu gleicher Zeit Amt und Pfründe; M. II 144 nach n. 10.

Während der drei sog. Kapitelsmonate (April, August und Dezember) erfolgt die Ernennung durch das Domkapitel, wobei aber der Nominierte die bischöfliche Institution in das Amt nachsuchen muß; M. II 144 zu n. 9 u. 10. Das über diese Institution ausgefertigte bischöfliche (Institutions-)Dekret verleiht das Amt; M. II 144 nach n. 10.

Der Pfründebezug beginnt bei der bischöflichen Ernennung mit dem Tage des ausgestellten Ernennungs- oder Kollationsdekrets, bei der Nomination durch das Domkapitel dagegen mit dieser. In allen Fällen ist aber das Flüssigwerden dieses Pfründebezugs durch die landesherrliche Genehmigung der Ernennung und durch den wirklichen Antritt der Stelle bedingt; VO. v. 27. IX. 1829 Z. 7 (W. II 482); M. II 145 zu n. 1; S. III 556 zu n. 46.

In Erledigungsfällen von Kanonikerstellen findet ein Nachrücken der jüngeren Kanoniker in die nächsthöheren Stellen statt, so daß stets die unterste Stelle besetzt wird; S. III 557 zu n. 47.

Die Stellen der Domvikare werden vom Bischof frei besetzt; Art. X Abs. 2 Konk.; S. III 557 zu n. 48.

c) Besetzung der unbepfründeten Regierungsstellen.

Über die Besetzung der hierher gehörigen Stellen der Weihbischöfe (d. s. Titularbischöfe, welche als Gehilfen und Stellvertreter des Bischofs in Ausübung der Pontifikalien d. i. in der Erteilung der Weihen und der Firmung tätig sind. — Eine andere Art bischöflicher Stellvertreter ist der Koadjutor d. i. der Stellvertreter eines kranken, altersschwachen oder geisteskranken Bischofs für die Jurisdiktionsrechte; er kann zugleich Weihbischof sein), Kapitularvikare oder Bistumsverweser, der Generalvikare (d. s. Gehilfen des Bischofs für die Verwaltungsgeschäfte; sie werden von ihm allein eingesetzt), des Ordinariatspersonals und der Dekane in den Seelsorgebezirken s. M. II 146 § 24.

2. Die Besetzung der protestantischen Konsistorialstellen.

Diese Stellen haben Staatsdienerqualität und werden nach Staatsrecht durch den Landesherrn als Staatsoberhaupt besetzt; FormVO. v. 17. XII. 1825 § 20 Buchst. g (W. II 279); §§ 3, 5 PE.; betr. des Oberkonsistoriums s. Seeb. 88 Z. 3, betr. der Konsistorien s. Seeb. 96 Z. 4, bes. n. 33; S. III 575 nach n. 51.

3. Die Besetzung der Seelsorgepfründen (insbesondere der Pfarrpfründen).

A. In der katholischen Kirche.

Über die persönlichen Voraussetzungen zur Erlangung einer Pfarrpfründe s. „Anstellungsvoraussetzungen allgemeine für ein bepfründetes Kirchenamt".

a) Die Besetzung der katholischen Pfarr- und Benefizialpfründen geschieht durch Verleihung.

Man unterscheidet eine doppelte Art der Besetzung: eine patronatische und eine freibischöfliche (libera collatio); Art. XI Konk.

I. Die patronatische Besetzung

gründet sich entweder auf einen landesherrlichen oder auf einen Privatpatronat. Über den Begriff und die verschiedenen Arten des Patronates s. „Patronatsrecht". Die Form der Mitwirkung des Patrons bei der Besetzung besteht in der Präsentation eines geeigneten tauglichen Kandidaten; dazu muß noch die Einsetzung (Institution) durch den Bischof kommen. Der Bischof ist zu dieser Einsetzung verpflichtet, wenn ein Mann mit den kanonischen Eigenschaften präsentiert wird. Der ordnungsgemäß Präsentierte hat einen Rechtsanspruch (jus ad rem) auf die Übertragung des Kirchenamtes. Ihrer rechtlichen Natur nach ist die Präsentation, sowohl die landesherrliche wie die durch den Privatpatron nach bayerischem Recht ein Vorschlagsrecht hinsichtlich des Kirchenamtes, dagegen eine wirkliche Verleihung hinsichtlich der Pfründe; M. II 148 zu n. 1.

Der Besetzungsverlauf.

a) Bei der landesherrlichen Präsentation.

I Dem König steht das Präsentationsrecht zu auf alle Pfarreien, Kurat- und einfachen Benefizien, auf welche seine Vorfahren aus gültigem Patronatsrechte präsentiert haben; Art. XI Abs. 1 Konk.; S. III 561 zu n. 92; Kr. II 46 zu n. 1—2.

Die Präsentation zu allen diesen Pfründen muß innerhalb der nach den kanonischen Vorschriften bestimmten Zeit, d. s. vier Monate geschehen. Nach deren fruchtlosem Ablauf werden sie von den Bischöfen und Erzbischöfen frei vergeben; Art. XI Abs. 5 Konk.; doch ist der König vorher noch einmal zu mahnen; Kr. II 47 zu n. 3—5; St. 44 § 41, 66 § 66; S. III 563 zu n. 103—104; s. auch „Präsentationsrecht".

Bei jenen Pfründen, wo das Besetzungsrecht in den sog. päpstlichen Monaten dem Landesherrn, in den übrigen Monaten den Bischöfen zustand, wurde der Wechsel nach Monaten in einen Wechsel nach Erledigungsfällen umgewandelt, sog. Wechselpfarreien; AE. v. 26. VII. 1830 (W. II 541); Kr. II 47 zu n. 4; St. 41 zu n. 3.

Über die Ausschreibung der Stellen im Kreisamtsblatt s. St. 45 §§ 43ff.; über die Gesuche um Verleihung landesherrlicher Pfründen vgl. Kr. II 47 Buchst. bff.; St. 46 §§ 44ff.

II Das Präsentationsverfahren.

Vgl. im allgemeinen Kr. II 51 Buchst. cff.; St. 60 §§ 58ff.

aa) Die landesherrliche Präsentation wird vorbereitet durch die Einvernahme der oberhirtlichen Stelle, welcher die Kreisregierung, in deren Bezirk die erledigte Pfründe gelegen ist, alle eingelaufenen Verleihungsgesuche mit den vorschriftsmäßigen Belegen hierüber zugehen läßt; ME. v. 8. IV. 1852 Z. 11 (W. IV 379f.) mit AE. v. 20. XI. 1873 Z. II 4 (W. X 156); M. II 148 zu n. 2; Kr. II 52 nach n. 36; S. III 562 n. 102.

Hierauf erstattet die Kreisregierung in selbständiger Würdigung der einzelnen Bewerbungen den Besetzungsbericht an das Kultusministerium, worauf letzteres dem König einen der Bewerber frei vorschlägt; FormVO. v. 17. XII. 1825 § 34e (W. II 279); AVO. v. 27. II. 1847 § 5 I Z. 10 (W. III 659) und AVO. v. 16. III. 1849, I Z. 7 (W. IV 27).

Sodann vollzieht der König, wiederum frei, die Präsentation; FormVO. v. 17. XII. 1825, § 20 Buchst. g; M. II 148 zu n. 6; Kr. II 47 zu n. 6, 55 zu n. 48—50; St. 43 §§ 39f., bes. 61 § 59.

Auf Grund der so ergangenen königlichen Entschließung bzw. der ministeriellen Benachrichtigung über die geschehene Verleihung der geistlichen Pfründe stellt die Kreisregierung an den ernannten Priester das sog. Notifikationsdekret aus mit der Weisung, sich damit an das bischöfliche Ordinariat zu verfügen und dortselbst die Investitur in die

Spiritualien d. i. in das Kirchenamt (sog. kanonische Einsetzung, institutio canonica d. i. Verleihung des Kirchenamts durch den rechtmäßigen kirchlichen Obern, Art. XI Abs. 4 Konk.) nachzusuchen; ME. v. 16. VIII. 1811 Z. 2 (Döll. VIII 87); M. II 148 zu n. 7; Kr. II 55 zu n. 48 u. 49, 68 zu n. 1; St. 62 § 60, 72 § 78; s. den folg. Buchst. bb.

Ihrer rechtlichen Natur nach ist die landesherrliche Präsentation ein Vorschlag für das Kirchenamt, dagegen eine Verleihung in bezug auf die Pfründe; M. II 118 Abs. 2, 149 zu n. 1; Kr. II 55 zu n. 48.

bb) Die kanonische Einsetzung durch den Bischof (institutio canonica), welche nach kanonischem Recht binnen zwei Monaten nach Zustellung des Notifikationsdekrets (bzw. bei privatpatronatischer Besetzung der Präsentationsurkunde) beim Bischof nachzusuchen ist, St. 74 zu n. 4, überträgt zwar das geistliche Amt, aber noch nicht das Recht zur Ausübung der Seelsorge. Zu letzterem ist noch die bischöfliche Approbation (s. unten Buchst. b) erforderlich, welche gleich der kanonischen Einsetzung vom Bischof erteilt werden muß, wenn der Präsentierte die kanonischen Eigenschaften besitzt; Art. XI Abs. 4 Konk.; Kr. II 68 nach n. 2; St. 73 § 80, 74 § 83; S. III 563 nach n. 112.

cc) Da der landesherrliche Präsentationsakt hinsichtlich des Kirchenamtes ein bloßer Vorschlag, hinsichtlich der Pfründe aber eine wirkliche Verleihung ist, M. II 149 zu n. 1, so datiert das neue und erlischt das alte Pfründnerrecht vom Tag der landesherrlichen Präsentation bzw. der Ausfertigung des Notifikationsdekrets; M. II 149 zu n. 7 u. 8; s. auch „Beginn und Ende des Pfründnerrechts".

Über das abweichende Partikularrecht in der Diözese Würzburg s. M. II 149 nach n. 9.

Über die Beförderung der Besitzer von Privatpatronatspfründen auf Pfründen des königlichen Patronats s. Kr. II 55 Buchst. d; über die Beförderung von Benefiziaten auf Pfarreien s. Kr. II 56 Buchst. e; über die Besetzung der Schulbenefizien s. Kr. II 57 Buchst. f.

β) Bei der Präsentation durch den Privatpatron.

I Die Untertanen des Königreichs, welche sich im rechtmäßigen Besitz des Patronatsrechts befinden, es mag sich dieses nun auf Dotation, Fundation oder Bauführung gründen, sind berechtigt, zu den Pfarreien, Kurat- und einfachen Benefizien, die unter ihrem Patronate stehen, zu präsentieren; Art. XI Abs. 3 Konk.; s. auch „Präsentationsrecht"; Kr. II 61 zu n. 1; St. 63 § 64. — Über einzelne Träger von Patronats- und Präsentationsrechten s. Kr. II 62 nach n. 2; St. 64.

II Das Präsentationsverfahren.

aa) Die Präsentation zu allen diesen Benefizien muß innerhalb der nach den kanonischen Vorschriften bestimmten Zeit geschehen, d. h. bei einem geistlichen oder gemischten Patronate beträgt der Termin sechs Monate, bei einem weltlichen vier Monate; außerdem werden sie von den Erzbischöfen und Bischöfen frei vergeben; Art. XI Abs. 5 Konk.; Kr. II 61 zu n. 1 u. 2.

bb) Der Patron muß, bevor er die eigentliche (förmliche) Präsentation vornimmt, die landesherrliche Genehmigung der Pfründeverleihung erwirken; AE. v. 12. XI. 1808 Z. 13 (W. I 252; Döll. VIII 642; abgedruckt bei St. 69 § 72); RE. § 64 Buchst. g; M. II 150 zu n. 1—4; Kr. II 64 nach n. 15; St. 63 § 64 —69 § 72. Diese landesherrliche Bestätigung ist bis auf weiteres der Kreisregierung übertragen; FormVO. v. 17. XII. 1825 §§ 20 u. 35 Abs. 2; M. II 150 nach n. 3; St. 70 § 73; S. III 563 zu n. 108 u. 109. Dieser Stelle hat der Privatpatron die Präsentationserklärung vorzulegen, entweder unmittelbar oder durch Vermittlung der Distriktspolizeibehörde; ME. v. 3. XII. 1838 Z. 4 (W. III 274; Döll. XXIII 164; abgedruckt bei St. 68 § 70); Kr. II 65 oben erster Abs.; St. 70 § 74.

Eine Vorlage des Gegenstandes an das Kultusministerium zur Erholung der ministeriellen Genehmigung ist nur erforderlich, wenn das betreffende Patronatsrecht noch nicht speziell anerkannt, also zweifelhaft ist, nach dieser Richtung also eine Nachprüfung geboten erscheint; ferner wenn ein noch unpräbendierter Geistlicher als landesfürstlicher Tischtitulant der speziellen Bewilligung zur Übernahme einer Privatpatronatspfründe bedarf; endlich wenn die Regierung glaubt, die Bestätigung verweigern zu müssen; FormVO. v. 17. XII. 1825 § 35 Abs. 2 (W. II 279); M. II 150 nach n. 4—6; Kr. II 65 zu n. 17—18; St. 70 § 73.

In allen anderen Fällen faßt die Kreisregierung selbst Beschluß; ME. v. 3. XII. 1838 Z. 5 (W. III 275); M. II 150 zu n. 7. Die Kompetenz der Kreisregierung umfaßt dabei nicht nur die formelle Bestätigung der Präsentationserklärung, sondern auch die Würdigung der Tauglichkeit des Präsentierten und die Beobachtung der Qualifikationsbestimmungen, vor allem auch die Prüfung der Frage, ob der betreffende Privatpatron überhaupt zur Präsentation berechtigt ist; M. II 150 zu n. 8; Kr. II 65 nach n. 23. Der Beschluß der Kreisregierung erhält für den Privatpatron die Genehmigung zur Präsentation; M. II 151 zu n. 3. Vor Erteilung der Genehmigung hat die Kreisregierung das bischöfliche Ordinariat mit seinen Erinnerungen zu hören; ME. v. 29. XII. 1837 (W. III 274; Döll. VIII 638); Kr. II 65 zu n. 20; St. 70 § 74. Eine Zustimmung des Ordinariats ist aber nicht erforderlich, vielmehr ist die Kreisregierung in der Würdigung etwaiger Bedenken völlig frei; M. II 151 nach n. 3.

cc) Erst nach erholter Genehmigung der Kreisregierung zur Präsentation und nach Einvernahme des Ordinariats erfolgt der förmliche Vorschlag des Patrons durch Ausstellung und Übersendung der (förmlichen) Präsentationsurkunde an das Ordinariat; M. II 151 zu n. 5; Kr. II 66 zu n. 25; St. 71 § 75 —72 § 78.

Es bleibt den Ordinariaten unbenommen, für die Präsentationsurkunden ein angemessenes Formular vorzuschreiben. Doch kann nach bayerischem Verordnungsrecht auf den Gebrauch desselben erst dann bestanden werden, wenn die oberhirtlichen Stellen die Vorschriften über die fraglichen Formularien gehörig bekannt gemacht haben. — Jedoch entbehrt eine in anderer Form eingereichte Präsentation keineswegs der rechtlichen Wirksamkeit; M. II 151 zu n. 7; Kr. II 66 nach n. 25; St. 71 § 75.

Mit der Vorlage der Präsentationsurkunde an das Ordinariat ist die Präsentation perfekt; M. II 151 Abs. 4. — Eine Vorlage der förmlichen Präsentationsurkunde an die Kreisregierung findet nicht statt; M. II 151 zu n. 8; Kr. II 66 zu n. 25. — Über die sich anschließende kanonische Einsetzung durch den Bischof (institutio canonica) s. oben Buchst. a II.

dd) Ihrer rechtlichen Natur nach ist die Privatpräsentation ein Vorschlag bezüglich des Amtes, dagegen eine wirkliche Verleihung hinsichtlich der Pfründe; M. II 152 Abs. 1—3. Dabei wird aber diese Verleihung durch das freie Genehmigungsrecht des Landesherrn beherrscht; M. II 153 oben. Über Beginn des Pfründegenusses s. „Beginn und Ende des Pfründnerrechts".

II. Die freibischöfliche Besetzung (collatio libera).

Alle Pfarreien, Kurat- und einfachen Benefizien, welche die Bischöfe in Bayern schon vor der Säkularisation besetzt haben, werden auch fernerhin von diesen an Personen frei vergeben, welche vom König genehmigt werden; Art. XI Abs. 6 Konk.; S. III 561 zu n. 95; Kr. II 44 zu n. 1. Außerdem tritt freibischöfliche Besetzung ein, wenn die für die patronatische Besetzung vorgeschriebene Präsentationsfrist (s. oben) fruchtlos abgelaufen ist.

Die freibischöfliche Besetzung darf aber nur an solche Personen erfolgen, welche von Seiner Majestät genehmigt werden, setzt daher die königliche Genehmigung voraus; Art. XI Abs. 6 Konk.; M. II 153 Z. II, Kr. II 44 zu n. 1—4; St. 39 § 32, 40 § 33 —43.

Der Bischof teilt die Ernennung derjenigen Kreisregierung mit, in deren Bezirk die zu besetzende Pfründe liegt. Die Kreisregierung legt die Ernennung mit ihren eigenen Erinnerungen dem Kultusministerium zur Erholung der Allerhöchsten Bestätigung vor, die in Berücksichtigung der allgemeinen Qualifikationserfordernisse und unter Berücksichtigung der zur Erlangung der betreffenden Pfründe erforderlichen Eigenschaften, besonders des Besitzes des bayerischen Indigenats und des Bestehens des Pfarrkonkurses erteilt wird; Kr. II 45 nach n. 5; S. III 563 zu n. 105—107. Die landesherrliche Bestätigung wird sodann von der Kreisregierung dem Bischof mitgeteilt und dem ernannten Geistlichen durch ein besonderes Notifikationsdekret zugefertigt; FormVO. v. 17. XII. 1825 § 20 III (W. II 285); ME. v. 20. XII. 1821 (W. II 69); ME. v. 8. IV. 1852 Z. 9 (W. IV 379) u. v. 20. XI. 1873 Z. II 2 (W. X 155): M. II 153 zu n. 3—4; Kr. II 45 zu n. 6.

Die königliche Genehmigung ist ihrer rechtlichen Natur nach hinsichtlich des Amtes eine „Genehmhaltung" der Person, hinsichtlich der Pfründe eine Bestätigung der Pfründeverleihung; M. II 153 zu n. 6; denn die bischöfliche Ernennung (Kollation) überträgt das Amt und verleiht die Pfründe; M. II 154 Abs. 1. Das auch hier von der Kreisregierung an den vom Bischof Ernannten zugefertigte Notifikationsdekret ist lediglich ein Bestätigungsweis; M. II 154 Abs. 1.

Die kanonische Einsetzung liegt bei den Pfründen, die der freibischöflichen Verleihung unterworfen sind, bereits in dem ausgefertigten Verleihungsdekrete; Kr. II 68 nach n. 2; St. 74 § 81.

Der Pfründegenuß beginnt mit dem Tage der Ausstellung des bischöflichen Verleihungsdekrets; M. II 154 Abs. 1; s. „Beginn und Ende des Pfründnerrechts".

b) Die Approbation oder Investitur.

Sie ist nach kanonischem Recht die durch den Diözesanbischof vorzunehmende Ermächtigung zur Ausübung gewisser geistlicher Rechte, besonders der Seelsorge (sog. institutio autoricabilis). Sie ist der feierliche Ausdruck der Übertragung und Annahme des Kirchenamtes, zählt zu den innerkirchlichen Angelegenheiten, § 38 Buchst. f RE., und pflegt bei den auf eine Pfründestelle Präsentierten mit der bischöflichen kanonischen Einsetzung (institutio canonica; s. oben Buchst. a g. E.) erteilt zu werden. Bei der freibischöflichen Kollation (s. oben Buchst. a Z. II) folgt sie der kanonischen Einsetzung als besonderer Akt nach; M. II 155 oben, 156 Abs. 1.

Die Approbation oder Investitur erfolgt am Sitze des Bischofs nach vorheriger Prüfung durch symbolische Handlungen und enthält die Ermächtigung zur Ausübung des empfangenen Seelsorgeamtes; M. II 155 zu n. 2 u. Abs. 4; Kr. II 69 zu n. 3; St. 74 zu n. 4, 75 § 83.

Über die erfolgte Investitur wird dem neu ernannten Pfarrer ein Investiturbrief ausgestellt, der zum Zweck der Besitzergreifung des Amtes vor der feierlichen Installation dem Vertreter der Staatsbehörden vorzulegen ist.

c) Die Installation.

Die Installation bildet den Abschluß des Besetzungsaktes und bedeutet lediglich eine Besitzeinweisung oder Possessgebung. Sie ist weder Verleihung des Amtes noch der Pfründe; M. II 157 zu n. 1 u. 2.

Die Installation ist doppelter Art: eine Einweisung in das Amt (immissio in spiritualia) und eine Einweisung in die Pfründe samt deren Akzessorien (immissio in temporalia); M. II 157 zu n. 3; Kr. II 69 nach n. 3; St. 75 § 84 f.; S. III 563 nach n. 113.

Die Einweisung in das Amt (§ 38 Buchst. f RE.) nimmt der bischöfliche Kommissär vor, der Dekan, während die staatliche Einweisung in die Temporalien (§ 64 Buchst. g RE.) die Distriktspolizeibehörde als königlicher Kommissär vollzieht; M. II 157 zu n. 5—7; Kr. II 69 zu n. 4.

Die Instruktion zur Installation der bepfründeten katholischen Geistlichen s. in der ME. v. 11. IV. 1911 (KMBl. 319).

B. In der protestantischen Kirche.

a) Die Besetzung. Maßgebend für das geltende Recht ist das PE. Hienach bilden die Anstellungen, Beförderungen und Versetzungen der Pfarrer ein Reservatrecht des landesherrlichen Kirchenregiments, dessen Ausübung durch die Konsistorialstellen vorbereitet wird; §§ 11 u. 19 Buchst. e PE.; M. II 173 nach n. 4.

I. Die Besetzung der sogen. unmittelbaren (nichtpatronatischen) Pfarrstellen wird r. d. Rh. durch das Konsistorium in den Kreisamtsblättern ausgeschrieben, die Beförderungsgesuche werden von ihm mit einem Besetzungsbericht an das Oberkonsistorium geleitet, welches den würdigsten Bewerber vorschlägt und durch Vermittlung des Kultusministeriums die königliche Genehmigung erwirkt; § 19 Buchst. e PE.; M. II 174 A I; Seeb. 203 nach n. 25 —205 zu n. 37.

Das Amt überträgt der Landesherr bei allen Pfarreien als Träger des Kirchenregiments, die Pfründe als Träger der Staatsgewalt. Das Pfründebezugsrecht beginnt mit dem Tag des Amtsantritts; M. II 174 zu n. 3 u. 4.

Über die Besetzung der Pfarrstellen in der Pfalz s. M. II 174 nach n. 4.

II. Die Besetzung der sog. mittelbaren (patronatischen) Pfarrstellen. Solche Pfarrstellen kommen nur in Bayern r. d. Rh. vor. — Die Präsentationsurkunde ist vom Kirchenpatron samt der Annahmeerklärung des Präsentierten oder dessen Bewerbung um die fragliche Stelle unmittelbar bei dem betreffenden Konsistorium einzureichen. — Die von dem Patron in der gesetzlichen Form und Zeit (d. i.

längstens vor Ablauf des sechsten Monats der Stellenerledigung, Seeb. 411 Z. 2; s. auch „Präsentation") übergebene Präsentation hat das Konsistorium mit gutachtlichem Berichte an das Oberkonsistorium zu befördern, welches seinerseits über den Präsentierten sein Gutachten ausstellt und sodann durch das Kultusministerium die Allerhöchste Genehmigung und Bestätigung erholt. — Letztere ist auch in der protestantischen Kirche vorgesehen und trifft mit der kirchenregimentlichen Ämterverleihung in einem Akte zusammen; § 11 PE. mit § 19 e a. a. O.; ME. v. 16. V. 1826 (G. II 661); M. II 175 Z. II; Seeb. 416 nach n. 31.

Das Konsistorium hat bei jeder Ausübung eines Präsentationsrechtes auch die Legitimation des Patrons zur Ausübung dieses Rechtes zu prüfen und hierüber an das Oberkonsistorium bei Vorlage der Präsentationsurkunde zu berichten; Seeb. 416 n. 35. — Die Kreisregierung ist an der Besetzung nicht beteiligt.

Über die Bewerbungsgesuche s. Seeb. 415 nach n. 28; über das weitere Verfahren s. Seeb. 417 nach n. 39.

Das Pfründnerrecht beginnt mit dem Tag des Amtsantritts.

b) Die Installation. Sie ist der katholischen Installation auf Grund von Ministerial- und Konsistorialentschließungen sowie durch die Praxis nachgebildet, findet in mittelbaren wie unmittelbaren Pfarreien statt und enthält einen Doppelakt: die Einweisung in die kirchliche Investitur durch einen Vertreter der geistlichen Behörde; M. II 175 Buchst. B; Seeb. 209 Z. 6 nach n. 65.

VI. Erledigung der Pfründen.

Über die Maßnahmen bei Erledigung von Pfründen vgl. im allgemeinen Kr. II 39 § 8. — Über das sog. „Verbitten" nachgesuchter Pfarrstellen s. dort.

Erledigungsgründe sind:

1. Tod des bisherigen Pfründeinhabers; s. M. II 189 zu n. 1; St. 86 § 94; s. auch „Beginn und Ende des Pfründnerrechts" II.

2. Erledigung der Pfründe von Rechts wegen (ipso jure) tritt ein durch die Ablegung des Ordensgelübdes, durch Konsekration zum Bischof, durch Erlangung eines sog. inkomptabilen Benefiziums, durch Beförderung und durch Konfessionswechsel; M. II 189 zu n. 2—5; St. 88 § 98.

a) Ordensgelübde ist nur die feierliche Ablegung des Gelübdes in einem Orden; den Gegensatz bildet die Kongregation (s. „geistliche Gesellschaften"). Bestimmend für diesen Unterschied ist, ob der Papst die betreffende geistliche Gesellschaft als Orden anerkannt bzw. eingesetzt hat oder nicht; letzterenfalls handelt es sich meistens um eine vom Papst eingeführte geistliche Gesellschaft (Kongregation); z. B. die Redemptoristen. Während bei den Orden das feierliche Gelübde, das sog. Ordensprofeß, den Verlust der bisherigen Pfründe ipso jure zur Folge hat, ist das bei Ablegung des einfachen Gelübdes in der Kongregation nicht der Fall.

Ein Priester, der ein einfaches Gelübde ablegt, aber eine Pfründe besitzt, welche die Residenzpflicht (s. dort) zur Folge hat, erhält vom zuständigen Bischof eine Frist gesetzt, innerhalb deren er auf seine Pfründe zurückkehren muß. Wird diese Frist nicht eingehalten, so kann zur Neubesetzung der Pfründe geschritten werden.

b) Die Inkomptabilität der Pfründen wie der Kirchenämter beruht auf dem Rechtssatz der katholischen Kirche, daß niemand mehr als ein Benefizium haben kann. Dadurch ist jedes Benefizium, welcher Art es auch sein mag, für inkomptabil erklärt, indem mehrere Kirchenämter und Pfründen niemals in einer Hand vereinigt werden dürfen; s. auch „Kumulationsverbot". Diese Regel findet ausnahmslos Anwendung. Eine Dispens davon kann nur der Papst erteilen, der nicht an bestimmte Gründe gebunden ist, der Bischof ausnahmsweise dann, wenn dringende Notwendigkeit vorliegt und der Papst nicht angegangen werden kann. Die Verleihung eines Benefiziums an jemand, der schon ein mit dem neuen Benefizium unvereinbares besitzt, ist nicht nichtig, hat vielmehr zur Folge, daß der betreffende Pfründeinhaber das erste Benefizium mit dem Augenblicke verliert, wo er in den tatsächlich und rechtlich unbestrittenen Besitz des neuen Benefiziums und seiner Einkünfte tritt. Der betreffende Pfründeinhaber ist daher verpflichtet, das alte Benefizium aufzugeben und zur Disposition der Besetzungsberechtigten zu stellen. Dieser kirchliche Rechtssatz wurde vom bayerischen Staat durch das Verbot der cumulatio beneficiorum (sog. Kumulationsverbot) in Art. X Abs. 4 Konk. anerkannt.

3. Verzicht.

Davon zu unterscheiden ist das „Verbitten nachgesuchter (katholischer) Pfarrstellen"; vgl. AE. v. 23. IX. 1810 (W. I 337); vgl. Kr. II 58 nach n. 60.

A. In der katholischen Kirche.

Der Verzicht des Inhabers einer Pfarrei auf seine Pfründe bringt nach kanonischem Recht wie nach bayerischem Staatskirchenrecht die betreffende Pfründe zur Erledigung; vgl. ME. v. 8. IV. 1852 Z. 10 (W. IV 379) u. v. 20. XI. 1873 Z. II, 3 (W. X 155); M. II 190; Kr. II 77 § 14; St. 86 § 95.

a) Der Verzicht auf eine Pfründe ist eine innerkirchliche Angelegenheit, da der Staat die Erledigung der Kirchenämter — im Gegensatz zur Pfründebesetzung — den kirchlichen Behörden zur Behandlung zugewiesen hat.

Ein Widerruf desselben wegen Verschlechterung oder Zwang ist nur gegenüber dem Bischof möglich, nicht gegenüber der weltlichen Behörde. Letztere, die Kreisregierung, hat nur bei Wiederbesetzung einer Pfründe zu prüfen, ob die betreffende Pfründe gegebenenfalls durch den vorausgegangenen Verzicht rechtsgültig erledigt wurde, insbesondere ob der Verzicht ordnungsmäßig erfolgte.

Über die Anfechtung des Pfründeverzichts s. unten Buchstabe d.

b) Der Verzicht kann nur freiwillig und unbedingt abgegeben werden, schriftlich oder mündlich, aber stets ausdrücklich. Die dem Kirchenrecht bekannten Arten eines bedingten Verzichts (M. II 190 nach n. 2; St. 87 Buchst. γ u. δ) sind dem bayerischen Staatskirchenrechte fremd.

Doch kann eine Pfründeresignation mit dem Vorbehalt einer lebendslänglichen Jahresrente aus dem Ertrag der bisher innegehabten Pfründe erfolgen, besonders bei verdienten Geistlichen, die durch Alter, Krankheit oder Gebrechlichkeit zur Verzichtleistung auf ihre Pfründen gezwungen sind und denen eine anderweitige Versorgung nicht zur Verfügung steht; vgl. VO. v. 23. I. 1809 (W. I 262; Döll. VIII 1441 f.; bei St. 28 nach n. 2): sog. Verzicht cum reservatione pensionis, auch Absentgeld genannt; M. II 191 zu n. 1. u. 2. — Das Absentgeld oder die Absente ist jener Teil des Pfründeeinkommens, welchen der Nachfolger seinem Amtsvorgänger, der unter dem Vorbehalt der Bezahlung einer Absente auf seine Pfründe verzichtete, zu entrichten hat; M. II 517 nach n. 1—3; St. 28 § 24. Die Berechnung dieses Absentgeldes richtet sich nach der VO. v. 23. I. 1809; St. 28 zu n. 2. Zuständig zur Regelung der Absente ist die Kreisregierung (§ 74 FormVO. v. 17. XII. 1825; W. II 279), welche vor der Beschlußfassung das betreffende Ordinariat bzw. den Privatpatron einzuvernehmen hat; s. auch St. 87 Buchst. α. Fehlen die Voraussetzungen für eine Absente (VO. v. 23. I. 1809, St. 28 nach n. 2) so ist ein etwaiger Verzicht unter Vorbehalt der Absente nicht unwirksam, sondern der Verzicht gilt als unbedingt abgegeben, während der Absentvorbehalt erst auf seine Zulässigkeit geprüft und mangels derselben die Absente versagt wird.

c) Jeder Verzicht erfordert eine Annahme, da er ein zweiseitiger Rechtsakt ist, und eine ausdrückliche Zustimmungserklärung des geistlichen Obern. Eine bloße Bereitwilligkeitserklärung genügt nicht.

Nach bayerischem Staatskirchenrecht erfolgt der Verzicht (Resignation) auf bayerischen Pfründen in die Hände der Bischöfe;

Z. 10 der ME. v. 8. IV. 1852 (W. IV 379), aufrecht erhalten durch ME. v. 20. XI. 1873 Z. 3 (W. X 156); M. II 192 zu n. 5; 242 zu n. 1; Kr. II 77 zu n. 1.

Der Verzicht ist ein Rechtsakt, der vom Bischof als dem zuständigen kirchlichen Obern angenommen werden muß. Das gilt auch für den Verzicht auf Pfründen landesherrlichen Patronats, obwohl diese Pfründen vom Landesherrn verliehen worden waren; M. II 192 nach n. 5.

Ist das Staatsärar beteiligt, z. B. weil es durch den Verzicht belastet werden soll, indem etwa auch nach Erledigung der Pfründe Bezüge fortgewährt werden müßten (fakultative Zuschüsse wie Personalzulagen kommen aber dabei nicht in Betracht) oder steht eine landesherrliche Patronats- oder Nominationspfründe in Frage, so ist außerdem noch die Genehmigung des Landesherrn zu erholen; ME. v. 8. IV. 1852 Z. 10 (W. IV 379); M. II 192 nach n. 6; 242 zu n. 2; Kr. II 77 zu n. 1 u. nach n. 3. —

Bezieht sich der Verzicht auf eine Pfründe des Privatpatronats, die auf Grund eines Patronatsreverses (s. dort!) vom Landesherrn verliehen worden war, so begründet das bei dem späteren Pfründeverzicht kein Mitwirkungsrecht des Staates.

Bei Verzicht auf eine Privatpatronatspfründe muß auch die Zustimmung des Privatpatrons erholt werden; ME. v. 10. I. 1848 (Döll. XXIII 237); M. II 193 zu n. 1; 242 zu n. 3; Kr. II 77 zu n. 2.

Perfekt ist der Verzicht erst, wenn die Annahme desselben durch den Bischof und die etwa erforderliche Genehmigung des Landesherrn bzw. des Patrons vorliegen. Alle diese Akte (Verzichtserklärung, Annahme durch den Bischof, eventuell landesherrliche Genehmigung) müssen zusammen vorhanden sein; gleichgültig ist es, welcher zeitlich zuerst erfolgt. Auch muß zu ihrer Wirksamkeit die Annahme des Verzichts durch den Bischof, die nur endgültig sein kann, dem verzichtenden Pfründner zur Kenntnis gebracht werden; s. auch M. II 242 zu n. 4; 194 zu n. 2 u. nach n. 6; St. 86 § 95. — Mit dem Eintritt des letzten notwendigen Aktes wird auch der Verzicht wirksam, keinesfalls aber vor der Kenntniserlangung oder Benachrichtigung des Verzichtenden von der Annahme des Verzichts durch den Bischof. — Erst mit der Wirksamkeit des Verzichts erlischt das Pfründnerrecht; M. II 242 zu n. 4; St. 382 § 393. —

d) Eine Anfechtung des Verzichts z. B. wegen Irrtum, Zwang, Arglist ist eine rein innerkirchliche Angelegenheit und kann daher nur von den kirchlichen Oberbehörden entschieden werden. —

Die Kreisregierung prüft bei der Ausschreibung erledigter Pfründestellen nur die richtige Erledigung derselben, und insoferne könnte das Ministerium im Benehmen mit der kirchlichen Oberbehörde über die rechtmäßige Erledigung der ausgeschriebenen Pfründen durch Verzicht sowie über die Berechtigung und Begründetheit der Anfechtung eines Pfründeverzichts entscheiden.

e) Der Verzicht auf das Kirchenamt bewirkt ohne weiteres auch den Verlust der Pfründe und einer allenfallsigen staatlichen Einkommensaufbesserung, da die Pfründe ein Annexum des Kirchenamtes ist; M. II 242 oben.

f) Zum Verzicht auf ein Kanonikat (Domkapitelstelle) ist außer der Verzichtserklärung und ihrer Annahme durch den Bischof stets die landesherrliche Genehmigung erforderlich; M. II 193 zu n. 8. Erst wenn diese drei Voraussetzungen erfüllt sind, erledigt sich das betreffende Kanonikat und endet der Präbendenbezug. Handelt es sich dabei aber um die Resignation eines nicht durch landesherrliche Nomination angestellten Kanonikers, so ist die landesherrliche Genehmigung nur bei etwaiger Belastung des Staatsärars infolge des Verzichts geboten; M. II 193 n. 2.

B. In der protestantischen Kirche.

Die Resignation der protestantischen Geistlichen hat unbedingt zu erfolgen und begründet bei Alter, Gebrechlichkeit und Dienstunfähigkeit mangels anderer Versorgung einen Anspruch auf lebenslänglichen Ruhegehalt; Prüfungs- und Beförderungsordnung v. 23. I. 1809 (W. I 262; Döll. VIII 742), Beförderungsordnung v. 27. X. 1820 § 34 f. (W. II 51; G. III 274); ferner Ordnung der allgemeinen Unterstützungsanstalt v. 26. VI. 1827 I Buchst. e (W. I 381; G. IV 460); M. II 194 zu n. 3, 191 zu n. 1; St. 28 zu n. 2; Seeb. 296 Z. XVII f. —301.

Die Stelle ist mit dem Tag erledigt, an welchem die Bewilligung des Rücktritts kundgegeben wird; OKE. v. 31. X. 1853 (G. IV 502); M. II 242 zu n. 5.

4. Ämtertausch. Dieser ist nach Kirchenrecht wie nach bayerischem Staatsrecht zugelassen; M. II 194 nach n. 9 u. zu n. 7; Kr. II 77 § 15. Zu seiner Rechtsgültigkeit ist in der katholischen Kirche die Annahme durch das bischöfliche Ordinariat erforderlich; Kr. II 78 zu n. 1. War bei der seinerzeitigen Besetzung der Pfründe ein Privatpatron oder der Landesherr auf Grund eines Patronatsrechts oder einer landesherrlichen Nomination beteiligt, so ist auch deren Genehmigung bzw. Einwilligung zu erholen; wird durch den Ämtertausch eine Beteiligung des bayerischen Staatsärars bewirkt, so gilt das Gleiche; M. II 195 zu n. 1—3; St. 87 Buchst. β; Kr. II 78 zu n. 2—3.

5. Abberufung und Versetzung. Sie gestaltet sich verschieden, je nachdem es sich um Ämter mit oder ohne Benefizialcharakter handelt.

a) Die Inhaber von Ämtern mit Benefizialcharakter können im allgemeinen gegen ihren Willen weder abberufen noch versetzt werden; sog. Inamovibilität der Kirchenpfründen; s. auch „Perpetuitätscharakter"; M. II 195 zu n. 5; St. 88 § 96.

α) Die Abberufung durch den kirchlichen Obern ist nur statthaft wegen eines deliktischen Verhaltens; s. „Kirchenstrafen". Eine Zustimmung des Staats oder des Patrons ist nicht erforderlich. Zur Anwendung von kirchlichen Zwangsmitteln ist landesherrliche Einwilligung erforderlich; § 71 RE.; näheres s. „Kirchenstrafen".

Bei der Absetzung erlischt das Pfründnerrecht mit dem Tag der Rechtskraft des kirchlichen Urteils, vorausgesetzt, daß bei zwangsweiser Durchführung desselben die Einwilligung der Staatsgewalt nicht versagt wird s. „Kirchenstrafen"; St. 382 § 393 a. Eine landesherrliche Bestätigung des kirchlichen Disziplinarerkenntnisses ist dem bayerischen Recht fremd; §§ 60, 71 RE.; M. II 242 zu n. 6 u. 7; Kr. II 84 nach n. 6.

β) Versetzung. Die Versetzung der Bischöfe erfordert nach geltendem Recht die Genehmigung des Papstes. Bei wichtigen Gründen ist auch eine Versetzung wider den Willen des betreffenden Bischofs möglich; M. II 196 zu n. 2—4. Die Versetzung vollzieht sich in der Form einer Neubesetzung; näheres M. II 196 nach n. 5—8. —

Die Versetzung der anderen Pfründebesitzer, besonders der Pfarrer, wider ihren Willen ist im allgemeinen verboten und nur im Falle dringender Notwendigkeit gestattet; M. II 196 zu n. 9. Ist die Versetzung wegen eines kirchlichen Notstands geschehen, so muß sie auf ein gleichwertiges Benefizium erfolgen; M. II 197 zu n. 3; Kr. II 79 zu n. 3.

Gegen die Versetzung ist außer einem Rekurs an die Congregatio concilii als kirchlicher Instanz noch das Rechtsmittel des recursus ab abusu (s. dort) zulässig. Zum kirchlichen Zwangsvollzug des Versetzungsdekrets ist landesherrliche Genehmigung notwendig; § 71 RE.; M. II 197 zu n. 4; Kr. II 79 nach n. 7.

Bei Versetzungen kommen dieselben Grundsätze zur Anwendung wie bei der Neuanstellung; s. oben Z. V 2.

Das alte Pfründnerrecht erlischt mit dem Tag, an dem das neue entsteht; MBek. v. 16. IV. 1812 Abs. 3 (W. I 391); M. II 242 zu n. 8; Kr. II 84 zu n. 6; St. 382 § 393 a.

b) Bei Kirchenämtern ohne Benefizialcharakter und bei den beneficia manualia (s. „Benefizien") besteht der Grundsatz der sog. Inamovibilität nicht; M. II 197 Z. II. Hier ist vielmehr eine Abberufung und Versetzung rechtsgültig ohne Rücksicht darauf, ob ein solches Amt ausdrücklich als ein widerrufliches übertragen wurde oder nicht.

Über die Abberufung und Versetzung der Kapitularvikare, Generalvikare, der Inhaber von Ordinariatsstellen, der Landdekane s. M. II 198 zu n. 2—4. Auch die Kapläne sind frei versetzlich (ad nutum amovibiles); andererseits erlischt ihre Amtsgewalt nicht durch den Tod oder die Exkommunikation ihres Pfarrers.

Bei sämtlichen Ämtern dieser Art findet die Abberufung und Versetzung ohne Mitwirkung des Landesherrn und des Patrons der betreffenden Kirche statt. Als Rechtsmittel steht den Betroffenen die Aufsichtsbeschwerde an den Papst und der staatsrechtliche Rekurs an das Kultusministerium, aber nur bei Verletzung eines Staats- oder Kirchengesetzes, zu; § 52 RE.; M. II 199 Abs. 2. — Bei den vom Staat angestellten Geistlichen mit Staatsdienereigenschaft, z. B. Feld- und Anstaltsgeistlichen, gilt für die Abberufung das staatliche Recht; M. II 199 Abs. 3.

6. Strafrechtliche Aberkennung und Entziehung der Pfründe; s. „Kirchenstrafen".

VII. Verhältnis zwischen Pfründe und Pfründebesitzer (Nießbrauch, Verwaltung, Vertretung des Pfründestiftungsvermögens, Haftung des Pfründebesitzers).

1. Allgemeines.

a) Das Verhältnis von Pfründner und Pfründe nach außen ist privatrechtlicher Natur. Hierher zählen insbesondere Klagen aus dem Liegenschafts-Kapital und anderem Vermögen der Pfründe, z. B. Grenzstreitigkeiten, Zinsforderungen usw., vor allem Streitigkeiten über das Eigentumsrecht der Pfründestiftung; M. II 255 zu n. 7—9.

b) Das Verhältnis der Pfründe zum Pfründebesitzer (und anderen Nutzungsberechtigten an der Pfründe) nach innen ist stets öffentlich-rechtlicher Natur; VGH. XIII 232, XXV 318; M. II 256 oben. Dem öffentlichen Rechte gehören insbesondere die Streitigkeiten zwischen Pfründe und Pfründner über den Umfang der Nutzungsrechte und über die Haftung des Pfründners aus der Pfründeverwaltung an, wie überhaupt die Rechtsansprüche und Verbindlichkeiten des Pfründners, die aus seinem Verhältnis zur Pfründestiftung entspringen; VGH. XXV 318.

2. Das Pfründestiftungsvermögen.

a) Begriff: Pfründevermögen ist das zur Dotation der Pfründe (hierüber s. „Dotation") bestimmte, also für den Unterhalt der Geistlichen ausgeschiedene Vermögen; M. II 73 zu n. 3; Kr. II 2 Abs. 2.

b) Bestandteile.

α) Liegenschaften, insbesondere die Pfründegebäude; M. II 259 zu n. 2; Seeb. 701. Über deren bauliche Unterhaltung s. „Baupflicht kirchliche" und „Bauwesen kirchliches". Bezüglich der Bewirtschaftung, Vermietung und Verpachtung von Liegenschaften im allgemeinen s. M. II 470—491; Kr. II 200—204; Seeb. 710—715; bezüglich der Bewirtschaftung der Pfründewaldungen s. Kr. II 204—219; St. 1074—1094; Seeb. 712 zu n. 88—91.

β) Mobilien, insbesondere Kapitalien; über die Anlegung der letzteren s. „Kapitalienanlage".

γ) Rechte; s. M. II 491—494; Kr. II 222—236; Seeb. 715—722; über Reichnisse s. „Reichnisse".

δ) Anfallende freiwillige Leistungen; über Sammlungen s. M. II 502 § 113, besonders 503 nach n. 7.

Vgl. noch im allgemeinen: M. II 403 ff.; Kr. II 105 ff.; St. 211 § 219; Seeb. 675 ff.

3. Das Nießbrauchrecht des Pfründners am Pfründevermögen.

a) Die Stellung des Pfründners zum Pfründevermögen (Pfründegut) ist „ähnlich" der eines Nießbrauchers; es ist ein öffentlich-rechtliches Nießbrauchverhältnis; VGH. XXV 318; M. II 254 letzter Absatz, 259 zu n. 2 ff., 262 zu n. 2—4; Kr. II 84 zu n. 7; St. 210 zu n. 3; Seeb. 670 n. 6; vgl. auch VGH. v. 18. I. 1907 bei W. XXXV 457.

Der Pfründner hat einen förmlichen Rechtsanspruch auf vollen Genuß der Pfründeeinkünfte; M. II 367 zu n. 3. Er hat einen nach §§ 75, 31, 64 Buchst. b RE. verfassungsmäßig gewährleisteten Anspruch auf staatlichen Schutz im ungeschmälerten Bezug der mit seinem Amt verbundenen Renten, der durch die Kreisregierung gewährt wird; VGH. XIII 240; M. II 256 zu n. 4; Kr. II 83 zu n. 1 u. 2; St. 210 zu n. 3—6.

Näheres über die Nießbrauchrechte des Pfründebesitzers s. M. II 263 ff.; Kr. II 85 nach n. 12; St. 211 § 219.

Über die Pflichten des Pfründebesitzers als Nutznießer des Pfründevermögens nach den verschiedenen Rechten s. die folg. Buchst. c u. d.

b) Das bayerische Pfründenießbrauchrecht kann, obwohl es an sich privatrechtlicher Natur ist, doch nicht einfach nach den bürgerlich-rechtlichen Grundsätzen über Nießbrauch behandelt werden; vielmehr ist der Pfründenießbrauch in Bayern in das öffentliche Recht emporgehoben, also öffentlichrechtlicher Natur; VGH. XXV 318; M. II 255 zu n. 1 u. 2; Kr. II 85 zu n. 10. Daher sind für das Nießbrauchrecht des

Pfründebesitzers vor allem die öffentlich-rechtlichen Bestimmungen sowie die Anordnungen der Pfründekuratel (s. unten Z. VIII) maßgebend; im übrigen findet das Nießbrauchrecht des Pfründebesitzers seine gesetzliche Regelung in verschiedenen Rechtsquellen, die durch das Inkrafttreten des BGB. für das Deutsche Reich mit 1. I. 1900 eine teilweise Abänderung erfuhren.

c) α) Rechtsquellen vor dem Inkrafttreten des BGB. sind:

I Das gemeine Recht und das bayerische Landrecht.

Über das Pfründenießbrauchrecht nach diesen Rechten s. M. II 263 § 50. Die Besonderheiten des pfründnerischen Nießbrauchrechts gegenüber dem gemeinen Nießbrauchrecht bedeuten, abgesehen von einzelnen Einschränkungen (s. M. II 267 nach n. 7), eine Verbesserung gegenüber den übrigen Nießbrauchern; M. II 268 zu n. 1. Das hauptsächliche Unterscheidungsmerkmal des Pfründenießbrauchs gegenüber dem gewöhnlichen Nießbrauch beruht in der Tatsache, daß der Pfründner Nutznießer und Vertreter des Eigentümers der Pfründe in einer Person ist; M. II 268 nach n. 8. Über die weiteren Besonderheiten des Pfründenießbrauchrechts s. M. II 268 Z. 1 —277 zu n. 4; Kr. II 85 nach n. 12; St. 284 § 279.

Geltungsbereich für das gemeine Recht ist namentlich Unterfranken, für das bayerische Landrecht mit Ausnahme der unter II u. III genannten Gebiete das übrige Bayern, besonders Schwaben und Oberpfalz.

II Das preußische allgemeine Landrecht.

M. II 278 § 52. Geltungsbereich sind hauptsächlich die Gebiete von Ansbach und Bayreuth.

III Das französische Recht.

M. II 281 § 54. Geltungsbereich ist die Rheinpfalz.

d) Geltungsbereich des BGB. auf dem Gebiete des Pfründenießbrauchrechts.

Durch Art. 80 EG. BGB. sind die landesgesetzlichen Vorschriften über das Pfründerecht (Pfründenießbrauchrecht) unberührt gelassen worden; M. II 286 nach n. 1; Kr. II 84 zu n. 8.

Bezüglich des Einflusses des BGB. auf das vor ihm geltende Pfründenießbrauchrecht (s. oben Buchst. c) in Bayern muß man unterscheiden:

α) Das Pfründerecht der französischen (Rheinpfalz) und preußischen Rechtsgebiete (Ansbach, Bayreuth) in Bayern hat durch das BGB. keine Änderung erfahren; BGH. XXIV 281; M. II 286 zu n. 5—8, 287 zu n. 1; Kr. II 189 nach n. 1; 85 zu n. 12; bezüglich der Fortbauer des französischen Nießbrauchrechts in der Rheinpfalz vgl. BGH. XXIV 281.

β) Das Pfründenießbrauchrecht in den Gebieten des gemeinen (besonders Unterfranken) und des bayerischen Landrechts (besonders Oberpfalz und Schwaben) wurde in seinen allgemeinen Bestimmungen (M. II 264 II) durch die Vorschriften des BGB. ersetzt; Kr. II 189 nach n. 1; 85 zu n. 11; denn nach gemeinem und bayerischem Landrecht hat der Pfründner nach einem Satze des Gewohnheitsrechts die Rechtsstellung des Nießbrauchers. Dieser Satz lautet aber: Das jeweilige Nießbrauchrecht stellt vorbehaltlich der für die Pfründenutznießung ergangenen Spezialbestimmungen (M. II 267 § 51) auch das Pfründnerrecht dar; indem nunmehr das Nießbrauchrecht durch das BGB. ausgebaut ist, wirkt es auch auf die Rechtsgebiete des gemeinen und des bayerischen Landrechts ein, deren allgemeine Bestimmungen über den Nießbrauch durch die des BGB., insbesondere durch die §§ 1030, 1036, 1041, 1042, 1050 BGB. ersetzt wurden; M. II 287 Abs. 3 a. E.

Daher hat der Nießbraucher bei Ausübung seines Nutzungsrechtes nach den Regeln einer ordnungsmäßigen Wirtschaft zu verfahren, für die Unterhaltung der Sache in ihrem wirtschaftlichen Bestande zu sorgen; Ausbesserungen und Erneuerungen obliegen ihm nur soweit, als sie zu der gewöhnlichen Unterhaltung der Sache gehören. Er hat für die durch Versäumnis dieser Pflichten verursachten Schäden aufzukommen, wogegen er Veränderungen und Verschlechterungen der Sache, die durch die ordnungsmäßige Ausübung des Nießbrauchs herbeigeführt werden, nicht zu vertreten hat; vgl. BGH. v. 18. I. 1907 bei W. XXXV 457.

Die von der Baulast der Pfründe unabhängigen persönlichen Verpflichtungen des Pfründebesitzers in bezug auf die zum Pfründevermögen gehörigen Gebäude sind im Geltungsgebiet des bayerischen Landrechts wie des gemeinen Rechts nach den bürgerlich-rechtlichen Bestimmungen über den Nießbrauch zu beurteilen. — Auch ist der Nießbraucher zur Rückgewähr der ihm zum Gebrauch überlassenen Sachen nur in dem Zustande, in welchem sie sich bei Begründung seines Rechtes befanden, verpflichtet, kann dagegen nicht zu Erneuerungen angehalten werden, auch wenn dadurch das Gebäude verbessert würde; BGH. XII 173.

Dagegen sind die besonderen Bestimmungen des gemeinen und bayerischen Landrechts über das Pfründenießbrauchrecht (M. II 267 § 51) nicht durch das BGB. ersetzt, sondern gelten mit Berücksichtigung der Eigentümlichkeiten der Pfründe noch heute fort; M. II 287 Abs. 3.

Über die einschlägigen Vorschriften des BGB. bezüglich des Pfründenießbrauchrechts s. M. II 288 § 57 —298; Kr. II 189 Abs. 2 —281.

4. Die Pfründeverwaltung.

a) Im allgemeinen.

α) In der katholischen Kirche ist der Pfründebesitzer auch der

Verwalter des Pfründevermögens, und zwar unter der Aufsicht der staatlichen Kuratelbehörden (s. unten VIII); M. II 363 zu n. 1 u. 2; Kr. II 189 §§ 26ff.; Seeb. 670 zu n. 6. — Er hat das Recht auf Einräumung des Pfründebesitzes sowie auf Verwaltung und Bewirtschaftung des Pfründevermögens. — Der Patron hat auf dem Gebiete der Pfründeverwaltung in Bayern ebensowenig einen Anteil wie auf dem Gebiete der Kirchenverwaltung; M. II 364 nach n. 6.

β) In der protestantischen Kirche steht dem Pfarrer als dem eigentlichen Verwalter des Pfarrpfründevermögens ein aus weltlichen Kirchengemeindemitgliedern gezähltes Kollegium mit Selbstverwaltungsbefugnissen zur Seite, nämlich in der protestantischen Kirche rechts des Rheins der Kirchenvorstand (s. dort), in der Pfalz das Presbyterium (s. dort); M. II 364 Z. 2. Vgl. Art. 104, 105, 103 Abs. III —V KGO

Abweichungen von dieser Norm, daß der Pfründebesitzer zugleich auch der Verwalter des Pfründestiftungsgutes ist, müssen im Stiftungsbrief angeführt sein; VGH. XIII 232; ME. v. 22. II. 1867 (W. VI 759f.); M. II 366 zu n. 1.

Doch kann auch der Pfründebesitzer mit kuratelamtlicher Genehmigung auf die Pfründeverwaltung verzichten, da die Verbindung von Pfründeverwaltung und Pfründebesitz nicht als notwendig gilt; M. II 367 zu n. 4. Auch kann durch Aufsichtsverfügung der Kuratelbehörde — nicht auch der Kirchenbehörde — dem Pfründner die Verwaltung abgenommen werden; M. II 367 vor n. 4.

b) Das spezielle Pfründeverwaltungsrecht erstreckt sich auf die Pfründeeinkünfte und die Pfründelasten. — Über die einzelnen Bestandteile derselben s. „Fassion".

α) Für die desfallsigen Rechte und Pflichten des Pfründebesitzers sind vor allem die öffentlich-rechtlichen Bestimmungen und die Verordnungen der Pfründekuratel maßgebend; Kr. II 189 nach n. 1. Der Pfründebesitzer hat bei Ausübung seines Nutzungsrechtes die bisherige wirtschaftliche Bestimmung des Pfründegutes aufrecht zu erhalten, nach den Regeln einer ordnungsmäßigen Wirtschaft zu verfahren und für die Erhaltung des Pfründegutes in seinem wirtschaftlichen Bestande zu sorgen; M. II 290 § 58; Kr. II 189 Abs. 2; St. 242 § 240; Seeb. 670 nach n. 7ff.; 710 Buchst. b.

β) Nach den Grundsätzen über die Verwaltung fremden Vermögens und über den Nießbrauch fehlt dem Pfründebesitzer das Recht der freien Veräußerung wie auch der Substanzveränderung; M. II 471 Z. II. Eine Veräußerung von Bestandteilen des Pfründevermögens oder Änderungen in der Substanz sind nur ganz ausnahmsweise zu erlauben und erfordern das Vorliegen einer justa causa; M. II 259 nach n. 2, 473 zu n. 6, 271 zu n. 5 u. 6; vgl. auch M. I 206.

Eine justa causa liegt vor, wenn das betr. Rechtsgeschäft für die Pfründe vorteilhaft und nützlich ist und der Erwerbs- bzw. Veräußerungspreis angemessen erscheint; M. II 473 zu n. 6.

γ) Zur Gültigkeit diesbezüglicher Verträge bedarf es außerdem der Genehmigung der Kreisregierung, welch letztere sich mit dem Ordinariat bzw. Konsistorium ins Benehmen zu setzen hat. Das Konsistorium hat in einem solchen Fall an das Oberkonsistorium zu berichten und die betreffende Oberkonsistorialentschließung der Kreisregierung mitzuteilen; M. II 471 zu n. 6, 472 zu n. 1; Kr. II 192 nach n. 22, 194 zu n. 28; Seeb. 711. Ein förmliches Zustimmungsrecht hat jedoch die Kirchenbehörde nicht, vielmehr prüft die Kreisregierung das Vorliegen einer justa causa und entscheidet allein, wobei aber — allerdings im Ermessenswege — die gleichmäßigen Interessen der Pfründe wie des Staates zu prüfen sind; M. II 471 zu n. 7, 472 zu n. 9. Daher würde zwar nicht das Fehlen der kirchenbehördlichen Zustimmung, wohl aber das der Kuratelgenehmigung den ohne dieselbe abgeschlossenen Veräußerungsvertrag nichtig machen; M. II 472 zu n. 10 u. nach n. 10; Kr. II 193 zu n. 24—26.

Voraussetzung der kuratelamtlichen Genehmigung ist aber die Refundierung des in seiner Integrität verletzten Pfründegutes, z. B. durch Aufnahme eines sog. Absitzkapitals ad onus successorum; s. „Absitzkapitalien". — Nur ausnahmsweise sollen Pfarrgrundstücke aus besonderen Gründen (M. II 473 n. 6, d. h. nur im Falle dringender Notwendigkeit oder ganz besonderer Nützlichkeit) und gegen vollen Ersatz nach vorgängiger Schätzung zum Verkauf (aber nur im Wege öffentlicher Versteigerung — M. II 473 —, außer bei entsprechenden Tauschgeschäften, wo öffentliche Versteigerung nicht gangbar und möglich ist) gebracht werden. Für die Ausfälle durch Kauf, Tausch oder Verkauf kann von der Staatskasse keine Vergütung verlangt werden, sondern diese Ausfälle fallen der Pfarrei ohne Entschädigung zur Last; ME. v. 4. VI. 1858; M. II 474 oben. — Einen anderen Standpunkt vertritt z. T. die Praxis. Wurde nämlich dem Erwerb von Grundstücken zum Pfründegut die kuratelamtliche Genehmigung erteilt, so daß an Stelle der Pfründekapitalien Grundstücke treten, so wird die Kapitalsminderung berücksichtigt und dem Pfarrer hiefür staatliche Einkommensaufbesserung gewährt. Doch kann hier die kuratelamtliche Genehmigung wegen zu großer Belastung der Staatskasse versagt oder nur unter der Bedingung erteilt werden, daß der Pfründebesitzer die Minderung der Fassionseinkünfte trägt.

δ) Die gleichen Grundsätze gelten für den Erwerb von Grundstücken für das Pfründegut; M. II 474 zu n. 1.

ε) Bei allen Erwerbs- und Veräußerungsverträgen über Grundstücke ist notarielle Beurkundung erforderlich gemäß §§ 313, 873, 925 BGB.; Art. 1, 30 NotG.; Kr. II 200 zu n. 2. Noch vor Errichtung der Urkunde ist die Kuratelgenehmigung zu erholen und in der Urkunde zu konstatieren; M. II 471 zu n. 6; Kr. II 200 zu n. 3. Der Veräußerungsvertrag kann also gegebenenfalls nur vorbehaltlich der Genehmigung der Kreisregierung abgeschlossen werden; M. II 473 zu n. 1. In der protestantischen Kirche soll auch bei jeder Veräußerung der Kirchenvorstand der betreffenden Gemeinde einvernommen werden; M. II 472 zu n. 4; Seeb. 715 zu n. 101.

Über die Art der Veräußerung der einzelnen Vermögensbestandteile und über die Verwendung des Erlöses s. M. II 474 nach n. 3; Seeb. 715 Z. 2.

Einzelne Verwaltungsmaßnahmen, besonders Miete und Pacht, s. bei M. II 475 § 102 —491; Kr. II 201 Buchst. b; Seeb. 704 Buchst. d f.

Über die Einwirkung von Pfründegutsveränderungen auf die Fassion s. dort; über Aufstellung und Einhaltung eines Wirtschaftsplanes s. VGH. XXIX 61.

ζ) Die Entnahme eines Kapitals aus dem Pfründegut für bestimmte Zwecke (der Verwendungszweck muß stiftungsgemäß sein) ist möglich, doch muß die Kuratelgenehmigung der Kreisregierung erholt und ein Refundierungsplan zur Abtragung aufgestellt werden; M. II 271, 471. — Die Deckung kann auch ad onus successorum erfolgen (s. „Absitzkapitalien"), allein die kuratelamtliche Genehmigung wird versagt, wenn durch die Entnahme des Kapitals eine derartige Minderung der Pfründestiftungseinkünfte eintritt, daß eine staatliche Einkommensaufbesserung für den Pfründeinhaber notwendig würde.

η) Fundationen zu den Pfründen bedürfen, wenn sie mit dauernden Lasten verbunden sind, der Genehmigung der Kreisregierung; § 71 FormVO. v. 17. XII. 1825 (W. II 279); Kr. II 27 zu n. 24. — Unbelastete Zuflüsse bedürfen keiner Genehmigung, sind jedoch zur Kenntnis der weltlichen und geistlichen Aufsichtsstelle zu bringen; Kr. II 27 zu n. 25. Über die Zustiftung in Form einer testamentarischen Auflage s. Kr. II 27 zu n. 26 u. 27.

c) Für die Pfalz gelten im allgemeinen die gleichen Grundsätze wie im rechtsrheinischen Bayern. Über die Bewirtschaftung der Pfarrgüter s. Kr. II 219—222, über den Ertrag aus Rechten s. M. II 494—496, über die Genehmigung bei Veräußerungen s. M. II 473 nach n. 1.

5. Die Pfründevertretung.

a) Der Pfründebesitzer ist als Vertreter des Eigentümers des Pfründevermögens auch der gesetzliche Vertreter der Pfründestiftung. Er hat daher die Pfründe in ihren Rechtsangelegenheiten zu vertreten und ist zur Führung der sie treffenden Rechtsstreitigkeiten befugt; Kr. II 402 zu n. 1; s. auch M. II 367 zu n. 6—9; St. 244 § 241. — Über die Frage der Pfründestiftungsvertretung in der Pfalz s. M. II 368 nach n. 5.

Die Vertretungsmacht des Pfründners bezüglich der Pfarrpfründestiftung beginnt und endigt mit dem Pfründebesitz; M. II 369 Abs. 3; mit der Versetzung oder Beförderung des Pfründners erlischt auch seine Vertretungsmacht über die bisherige Pfründestiftung; Kr. II 402 nach n. 1.

b) Bei Rechtsstreitigkeiten der Pfründestiftung bedarf der Pfründebesitzer des sog. „Streitkonsenses" der vorgesetzten staatlichen Kuratelbehörde d. i. der Kreisregierung; ME. v. 26. XI. 1820 (W. II 58); M. II 371 zu n. 1—5; Kr. II 403 zu n. 7 u. 8; Seeb. 672 zu n. 15. Vor der Erteilung des Streitkonsenses ist die betreffende kirchliche Oberbehörde (Ordinariat bzw. Konsistorium) mit ihren Erinnerungen zu hören; ME. v. 11. VII. 1839 (W. III 291); M. II 371 nach n. 6; Kr. II 403 nach n. 8. Eines Streitkonsenses bedarf es aber nur bei Prozessen über das Stammvermögen der Pfründe, wo der Pfründner die Stellung eines bloßen Vertreters hat, nicht aber auch bei der Beitreibung der laufenden Renten, wo der Pfarrer als Nutznießer und damit lediglich in Wahrnehmung eigener Rechte handelt. Außerdem ist der Streitkonsens nur für Zivil-, nicht auch für Verwaltungsprozesse erforderlich; M. II 371 nach n. 8; Kr. II 402 zu n. 5, 403 n. 7. Bei Verweigerung des Streitkonsenses kann Beschwerde an das Kultusministerium, in der Pfalz an den Staatsrat, ergriffen werden; VO. v. 15. XI. 1814 (ABl. 135) und VO. v. 3. VIII. 1879 § 7 Z. 11 (W. XIII 162); M. II 372 zu n. 2; Kr. II 403 zu n. 10; im übrigen s. „Streitkonsens". Über die Tragung der Prozeßkosten bei Streitigkeiten der Pfründestiftung s. ME. v. 25. VI. 1827 (W. II 381); M. II 372 nach n. 3; Kr. II 403 nach n. 10; St. 245 zu n. 3; Seeb. 673 nach n. 17.

Über die Zwangsvollstreckung gegen die Pfründestiftung s. M. II 373 Z. III.

c) In Prozessen zwischen Pfründestiftung und Pfründner selbst, vor allem in Meliorations- und Deteriorationsprozessen muß für die Pfründestiftung kuratelamtlich ein Prozeßbevollmächtigter bestellt werden; als solcher wird am besten die Kirchenverwaltung aufgestellt. — Art. 55 KGO. findet bei Interessenkollisionen zwischen Pfründe und Pfründebesitzer keine Anwendung.

6. Haftung des Pfründners aus der Pfründeverwaltung.

a) Die straf- und disziplinarrechtliche Stellung des Pfründeverwalters ist ähnlich der der Kirchenverwaltungsmitglieder; s. „Kirchenverwaltung"; M. II 374 § 80 Z. I. Der Pfarrer ist als Pfründeverwalter kein Beamter im Sinne des RStGB. Veruntreuungen desselben sind vielmehr nach § 266 RStGB. zu bestrafen; M. II 374 zu n. 2. Auch sind gegen ihn Ungehorsamsstrafen nach Art. 21 PStGB. zulässig, ebenso die Verhängung von staatlichen Ordnungsstrafen, Geldstrafen, Entsetzung von der Pfründeverwaltung; M. II 374 zu n. 4. Im übrigen setzt hier das kirchliche Disziplinarrecht ein; M. II 374 zu n. 6; s. auch „Kirchenstrafen".

b) Die Haftung der Pfründebesitzer wegen pflichtwidriger Verwaltung und Nutznießung des Pfründevermögens, also die Haftung gegenüber der Pfründestiftung, erwächst aus dem öffentlich-rechtlichen Verhältnis des Pfründebesitzers zur Pfründe, ist daher verwaltungsbehördlich auszutragen; Art. 10 Z. 15 VGG.; M. II 375 zu n. 2; s. unten IX.

Voraussetzung für die öffentlich-rechtliche Natur der Haftungsansprüche ist aber, daß sie von der Pfründe, der Pfründekuratel oder dem Pfründenachfolger gegen den betreffenden Pfründebesitzer geltend gemacht werden; M. II 258 nach n. 3.

Über die Haftung des Pfründebesitzers aus der Baupflicht s. „Baupflicht kirchliche" und „Baufallschätzung".

c) In gewissen Fällen tritt auch eine Haftung der Pfründestiftung selbst für Handlungen des Pfründebesitzers ein. Nach § 89 BGB. ist die Pfründestiftung als eine Stiftung des öffentlichen Rechtes in gleicher Weise wie ein Verein (§ 31 BGB.) für den Schaden verantwortlich, den ein Vertreter durch eine in Ausführung der ihm zustehenden Verrichtungen begangene, zum Schadenersatz verpflichtende Handlung einem Dritten zufügt. Wenn daher z. B. der Pfarrer ohne kuratelamtliche Genehmigung durch Werkleute Änderungen an Widdumsgrundstücken z. B. Pfarrhausreparaturen vornehmen läßt, und die Kreisregierung ordnet die Einstellung der Arbeiten an, so kann sich der betreffende Geschäftsunternehmer an die Pfründestiftung halten; §§ 89, 31 BGB. Die letztere kann wiederum ihren Regreß an dem Pfarrer nehmen; M. II 375 Abs. 1 u. zu n. 1.

VIII. Pfründekuratel.

Bei der Verwaltung des Pfründevermögens ist der Pfründebesitzer der Aufsicht durch die Kuratel- und kirchlichen Oberbehörden unterworfen; Kr. II 192 zu n. 14 ff., 193 nach n. 26; St. 243 zu n. 4.

1. Begriff, rechtliche Natur und Umfang.

a) Kuratel ist die staatliche Aufsicht und Schutzgewalt im Interesse der Pfründeverwaltung wie auch im Hinblick auf die Staatszuschüsse — im eigenen Interesse des Staates; M. II 385 zu n. 3 u. 4; vgl. auch §§ 31, 64 b, 75 RE.

b) Ihrem Wesen nach ist die Kuratel negativ, kontrollierend und darauf gerichtet, das Pfründevermögen im ungeschmälerten Betrage zu erhalten. Sie wird niemals zur staatlichen Disposition, kann keinen Antrag des Pfründebesitzers ersetzen, sondern setzt besondere Handlungen des unter der Kuratel stehenden Organs voraus und beschränkt sich auf die Genehmigung der Anträge und auf die Aufsicht über seine Geschäftsführung; M. II 386 zu n. 10, 387 oben; Kr. II 193 nach n. 23. — Sie ist nicht gleichbedeutend mit zivilrechtlicher Vormundschaft, kann auch nicht nach Analogie der Vormundschaft ausgedehnt werden, sondern ist teils vormundschaftliche Genehmigung bei den wichtigeren Verwaltungsgeschäften, teils fortlaufende Aufsicht über die ganze Geschäftsführung des Pfründebesitzers; M. II 387 oben.

Ihre Wirksamkeit erstreckt sich auch auf das Gebiet des Privatrechts. Der Rechtsbestand der von der Pfründestiftung abgeschlossenen Rechtsgeschäfte, zu deren Abschluß nach den bestehenden Gesetzen die Kuratelgenehmigung zu erholen ist, ist von derselben abhängig und erst mit dieser Genehmigung kommt der abgeschlossene Vertrag zur vollen rechtlichen Geltung, während ohne die erfolgte Genehmigung aus dem Vertrag weder Rechte noch Verbindlichkeiten für die Pfründestiftung entstehen. Daher ist die erforderliche Genehmigung bei notwendig werdender notarieller Beurkundung eines Vertrags vor Errichtung dieser Urkunde nachzusuchen; Kr. II 193 nach n. 24. Andernfalls ist der ganze notarielle Vertrag nichtig.

Über die Mitwirkung der kirchlichen Oberbehörden s. Kr. II 193 nach n. 26.

c) Ihrem Umfange nach ist die Pfründekuratel sachlich völlig unbeschränkt; sie kann also die Genehmigung erteilen oder nicht. Die Kuratelnormen, welche § 74 FormVO. v. 17. XII. 1825 aufzählt, sind nicht erschöpfend; vielmehr ist die Pfründekuratel eine allgemeine Verwaltungskontrolle und in allen ihren einzelnen Betätigungen darauf gerichtet, daß das Pfründevermögen im ungeschmälerten Betrag erhalten werde; M. II 386 zu n. 11 u. 12.

Im einzelnen erstreckt sich unter anderem die Pfründekuratel auf die Erhaltung und Versicherung der Pfarrgebäude, auf die Überweisung pfarrlicher Baulasten ad onus successorum und Regulierung der Aussitzfristen (s. „Absitzkapitalien"), Regulierung der Interkalarfrüchte, auf die Überwachung, daß das Pfründevermögen fortwährend, wenn auch Änderungen in seiner Substanz eintreten, dennoch immer im ungeschmälerten Betrage erhalten werde; Kr. II 192 nach n. 16; M. II 271 nach n. 6; St. 243 nach n. 5; Seeb. 667 § 23.

Die Pfründebesitzer haben bei allen Veränderungen in den Vermögensbestandteilen oder Renten ihrer Pfründen, bei Veräußerungen und Verpachtungen von Gebäuden, Grundstücken und Rechten, bei baulichen Veränderungen (besonders Neubauten und Hauptreparaturen) und Baufallwendungen, bei Belastung der Pfründe mit Aussitzkapitalien, bei Anlegung der Pfründekapitalien in Staatsobligationen, bei Darlehen an Private, bei Hypothekeinträgen, Zessionen oder Löschungen, bei Kapitalsempfangnahme und Abquittierungen, überhaupt bei allen Rechtsgeschäften, durch welche irgendeine Änderung an dem Vermögensbestande der Pfründe herbeigeführt werden soll, die Kuratelgenehmigung einzuholen; Kr. II 192 nach n. 22.

Ebenso obliegt der Kuratelbehörde die Erteilung des Streitkonsenses; s. dort.

Auch die sog. laufende Kuratel ist unbeschränkt und wird hauptsächlich beim Besitzwechsel anläßlich der Installation geübt; M. II 387 zu n. 9.

Dagegen hat der Pfründebesitzer gegenüber der Kuratelbehörde keine Rechnung zu stellen, da er selbst alle Erträgnisse genießt und die Erhaltung der Fonds auch ohne Rechnungsstellung überwacht werden kann; M. II 387 nach n. 9.

2. Kuratelbehörde ist die Kreisregierung, Kammer des Innern, als erste Instanz; § 74 u. 35 IV FormVO. v. 17. XII. 1825; VGH. XIII 238; M. II 386 zu n. 4; Kr. II 192 zu n. 16; St. 242 § 240, besonders 243 nach n. 3; S. III 602 zu n. 23. — In zweiter Instanz ist das Kultusministerium zuständig; § 5 Z. III der VO. v. 27. II. 1847 (W. III 661); M. II 386 zu n. 5; Kr. II 192 zu n. 15.

IX. Streitigkeiten.

1. Streitigkeiten über die Verleihung einer Pfründe fallen, da die Pfründeverleihung weltliche Angelegenheit ist, in die Zuständigkeit der weltlichen Behörden und zwar in die der Verwaltungsbehörden, da es sich hiebei um eine öffentlich-rechtliche Angelegenheit handelt; vgl. §§ 31, 64b, 75 RE.

Zuständig zur Entscheidung ist die Kreisregierung als Pfründekuratelstelle; vgl. § 34 Abs. II FormVO. v. 17. XII. 1825 (W. II 279). — In zweiter Instanz entscheidet das Kultusministerium, besonders bei Differenzen zwischen Kreisregierung und kirchlicher Oberbehörde; VO. v. 27. II. 1847 § 5 Z. 2, 8, 10 (W. III 660); VO. v. 16. III. 1849 (W. IV 27); FormVO. v. 17. XII. 1825 §§ 20, 35 Abs. II (W. II 279); vgl. M. II 150 Z. 2.

2. Streitigkeiten im Verhältnis zwischen Pfründestiftung und Pfründner. Solche können bezüglich der Rechte und Verbindlichkeiten aus dem Pfründebesitz, der Pfründeverwaltung und dem Pfründenießbrauch nach verschiedener Richtung entstehen.

a) Nach Art. 8 Z. 35 VGG. sind zu entscheiden bestrittene Rechtsansprüche auf den Genuß oder Mitgenuß der Pfründestiftung sowie bestrittene Rechte im Betreffe der Pfründestiftungsverwaltung, ferner Streitigkeiten über die Benutzung eines fundations- und fassionsmäßigen Bestandteiles des Pfründeeinkommens; VGH. XIII 233, 239, ferner Streitigkeiten über den Umfang der Nutzungsrechte des Pfründners am Pfründevermögen, wenn der Streit zwischen der Pfründestiftung und dem Pfründenutznießer geführt wird, über Art und Ausdehnung des Nießbrauchrechts, besonders auch über die Frage, wer überhaupt nutzungsberechtigt am Pfründevermögen ist, vor allem wenn Streit darüber besteht, von welchem Tag an das Pfründnerrecht beginnt und wann es erlischt, welche Bedeutung eine Suspension vom Amt oder eine Absetzung hat; hierher fallen auch Streitigkeiten der genannten Art zwischen dem früheren und jetzigen Pfründebesitzer; M. II 256 nach n. 6, 257 zu n. 4—6.

Unter Rechtsansprüchen auf den Genuß oder Mitgenuß einer Pfründestiftung sind nur solche Ansprüche an die Pfründestiftung zu verstehen, die sich aus deren Zweckbestimmung ergeben, nicht aber Ansprüche, welche auf Grund eines besonderen Rechtstitels und nicht zur Erfüllung des Stiftungszweckes an die Stiftung erhoben werden; VGH. IV 144, XIII 4 u. 238.

Bei den Ansprüchen des Pfründners gegen die Pfründe handelt es sich in der Tat um öffentlich-rechtliche Verbindlichkeiten einer öffentlichen Stiftung; VGH. XIII 232, XXI 59; M. II 256 nach n. 2; D. Art. 8 Z. 35 VGH. n. 1 b.

Durch die Befugnis der Staatsaufsichtsbehörden, die stiftungsgemäße Verleihung des Stiftungsgenusses durch den Verleihungsberechtigten zu überwachen sowie die Grenzen und die Art der Ausübung dieser Befugnis, ferner Verleihungsbeschlüsse als den Stiftungsbestimmungen zuwiderlaufend von Amts wegen zu beanstanden, können Rechtsansprüche bezüglich des Verleihungsrechts oder des Genusses der betreffenden Stiftung nicht präjudiziert werden; vielmehr ist bezüglich dieser Ansprüche die verwaltungsrechtliche Entscheidung herbeizuführen oder den Beteiligten ausdrücklich vorzubehalten; VGH. V 228; D. a. a. O. n. 6.

Zuständig für Streitigkeiten über Pfründegenuß und Pfründeverwaltung ist in erster Instanz die Kreisregierung; § 74 FormVO. v. 17. XII. 1825 (W. II 279); VGH. XIII 232, 238f.; in zweiter und letzter Instanz der VGH.; Art. 9 Abs. 2 VGG.; D. Art. 8 Z. 35 n. 2 a. E., n. 3 g. E.; M. II 257 zu n. 1 u. 2.

b) Nach Art. 10 Z. 15 VGG. sind zu entscheiden: alle Streitigkeiten über die Haftungen, welche sich für den (katholischen oder protestantischen) Pfründebesitzer aus der Verwaltung und Nutznießung des Pfründevermögens gegenüber der Pfründestiftung und dem nachfolgenden Pfründeinhaber ergeben und zwischen den beteiligten Pfründebesitzern selbst oder zwischen diesen und der Pfründekuratel streitig sind; VGH. VI 78.

Hierher zählen insbesondere streitige Ansprüche des Pfründebesitzers an die Pfründe und den Nachfolger in der Pfründe wegen Kosten und Melioration; ebenso gehören hierher Forderungen der Pfründe an den abziehenden Pfründner wegen Deterioration; M. II 257 zu n. 7 u. nach n. 7, ebenso Haftungsfragen aus der Verpflichtung des Pfründebesitzers zur baulichen Unterhaltung der Pfründegebäude; vgl. VGH. v. 18. I. 1907 bei W. XXXV 457; s. auch „Baufallschätzung" und „Baupflicht kirchliche". —

Zuständig ist in erster Instanz die Kreisregierung als Pfründekuratelstelle; § 74 FormVO.; M. II 257 zu n. 1; D. Art. 10 Z. 15 n. 1; — in zweiter und letzter Instanz der VGH.; M. II 257 nach n. 7; Art. 10 Eingang VGG.

3. Streitigkeiten über Verfügungen in Gegenständen der Staatsaufsicht über die Angelegenheiten der Pfründestiftung sind Verwaltungsstreitsachen, wenn von dem Pfründebesitzer behauptet wird, daß eine rechtlich nicht begründete Leistung auferlegt oder daß eine von der Aufsichtsbehörde als rechtlich unzulässig beanstandete Ausgabe rechtlich statthaft sei; Art. 10 Z. 3 VGG. in der Fassung des Art. 96c KGO.; sog. Streitigkeiten anläßlich der Pfründestiftungskuratel.

Der Pfründebesitzer hat einen durch §§ 75, 31 u. 64b RE. verfassungsmäßig gewährleisteten Anspruch auf staatlichen Schutz im ungeschmälerten Bezug der mit seinem Amt verbundenen Renten; VGH. XIII 240, M. II 256 zu n. 4. Unter den dort angegebenen Voraussetzungen findet auch auf Streitigkeiten über das Pfründegut Art. 10 Z. 3 VGG. Anwendung; D. Art. 10 Z. 3 n. 2; M. II 74 zu n. 7, 75 nach n. 2; Kr. II 196 zu n. 39.

Zuständig ist in erster Instanz die Kreisregierung, in zweiter und zugleich erster verwaltungsrichterlicher Instanz der VGH.; D. Art. 10 Z. 3 n. 8. — Soweit die Anwendung von Art. 10 Z. 3 VGG. ausgeschlossen ist, ist Beschwerdeinstanz gegenüber den Verfügungen der Kreisregierung als der Pfründekuratelbehörde das Kultusministerium; § 5 Z. III VO. v. 27. II. 1847 (W. III 661); M. II 386 zu n. 5.

4. Streitigkeiten über Eigentumsrechte der Pfründestiftung sind zivilrechtlicher Natur; M. II 255 zu n. 8.

Pfründebesitzer (Pfründner)

s. „Pfründe" VII.

Pfründeeinkünfte

s. „Fassion" IV.

Pfründegenuß

s. „Pfründe" VII 3.

Pfründestiftung

s. „Pfründe" I 2 b.

Pfründestiftungsvermögen

s. „Pfründe" VII 2.

Pfründetausch

s. „Pfründe" VI 4.

Pfründevermögensverwaltung

s. „Pfründe" VII 4.

Plazet.

I. Begriff und Wesen.

Das Plazet (placetum regium) ist die königliche Genehmigung zur Verkündigung und zum Vollzuge kirchlicher Gesetze und päpstlicher Erlasse und bezweckt den Schutz der allgemeinen Staatsinteressen gegenüber den einzelnen Glaubensgesellschaften; S. III 543 zu n. 15, 546 zu n. 35. Es besteht auch heute noch fort trotz der Bestimmung des Art. XII e Konk.; denn letzteres gilt nur dann und insoweit als Staatsgesetz, als nicht das RE. maßgebende Normen enthält; s. „Konkordat".

Gegenüber der protestantischen Kirche kann das Plazet nicht in Betracht kommen, weil hier der Landesherr selbst Träger der Kirchengewalt ist.

II. Quellen.

1. Rechtsquellen: Tit. IV § 9 Abs. 5 VerfU.; §§ 57—59, 61 RE.

2. Literatur: S. III 455 Abs. 2, 459 Abs. 2, besonders 543 zu n. 15—550; Seeb. 47 nach n. 23.

III. Anwendungsgebiet.

1. Im allgemeinen.

Grundsätzlich ist das Plazet auf keinem Gebiet kirchlicher Angelegenheiten ausgeschlossen. Es kann sich aber nur auf innere Kirchenangelegenheiten, also den eigentlichen Wirkungskreis der geistlichen Gewalt, beziehen; S. III 544 nach n. 17 u. zu n. 19.

Nach § 58 RE. sind dem Plazet unterworfen alle Gesetze, Verordnungen und sonstigen Anordnungen der kirchlichen Gewalt; S. III 544 zu n. 21.

Die Erlasse der geistlichen Gewalt, welche dem Plazet unterliegen, dürfen ohne Allerhöchste Einsicht und Genehmigung nicht publiziert und vollzogen werden; § 58 RE.

2. Im einzelnen.

a) Es muß sich handeln um Äußerungen der Kirchengewalt, also um Äußerungen des Papstes, der Kirchenbehörden, der allgemeinen (ökumenischen) und Bezirkskonzilien; S. III 544 zu n. 22.

b) Es muß sich ferner handeln um Akte der inneren Kirchenangelegenheiten (also der Glaubens- und Sittenlehre und Gewissensangelegenheiten); s. S. III 545 nach n. 24.

„Gesetze und Verordnungen" in diesem Sinn sind solche Vorschriften der Kirchengewalt, durch die ein Tun oder Nichttun kirchlich befohlen wird, sei es den Gläubigen überhaupt (Dogmen und Kirchensatzungen), sei es den Kirchendienern (kirchliche Verordnungen); S. III 545 zu n. 26. Weiter fallen hierunter Bestimmungen, welche die Handhabung der kirchlichen Gewalt betreffen, also die Zuständigkeit zum Erlaß von Geboten und Verboten (organisatorische Gesetze und Verordnungen); S. III 545 nach n. 26.

Unter den „sonstigen Anordnungen" im Sinn des § 58 RE. versteht man Verfügungen, Gebote oder Verbote, die an den Einzelnen gerichtet werden; S. III 545 vor n. 27. Die bloße Wiederholung oder Erneuerung einer zu Recht bestehenden Vorschrift ist keine Anordnung im Sinne des § 58; ME. v. 11. VII. 1843 (Döll. XXIII 46).

3. Ausnahmen vom Plazetzwang.

a) Die Dienstbefehle, die auf Grund bestehender, vom König genehmigter Verordnungen an die geistlichen Behörden ergehen; § 59 RE.; S. III 545 zu n. 27.

b) Erlasse, die keinen Befehl, keine Verordnung oder Anordnung enthalten, z. B. bischöfliche Wahlhirtenbriefe, Hirtenbriefe, Fastenpatente, Ablaßverkündigungen, Jubiläumsverkündigungen, Ermahnungen an die Gläubigen, Begrüßung derselben beim Amtsantritt usw.; vgl.

ME. v. 20. XI. 1873 (W. X 155); S. III 545 zu n. 28, 461 n. 78. — über solche Einzelfälle s. S. III 545 zu n. 29ff.

c) Erlasse, die zwar einen Befehl enthalten, dieser jedoch lediglich ein Denken und nicht ein Handeln zum Gegenstand hat. Der bloße Befehl, etwas zu glauben, also der reine Glaubenssatz, unterliegt dem Plazet nicht; S. III 546 zu n. 31 u. 32; wohl aber ein Satz der kirchlichen Sittenlehre, der ein bestimmtes Handeln oder Unterlassen zur Pflicht macht; S. III 546 n. 31. Dabei ist zu beachten, daß es auf die Bezeichnung eines Satzes als Glaubenssatz nicht ankommt; s. S. III 546 vor n. 34.

IV. Staatliche Prüfungspflicht.

1. Durch § 61 RE. ist die Pflicht zur Prüfung der kirchlichen Erlasse vor Erteilung des Plazets statuiert. Eine Erteilung desselben ohne Prüfung im voraus wäre unzulässig; S. III 550 zu n. 48. Die Prüfung erfolgt durch das Kultusministerium; S. III 550 nach n. 49.

2. Die Prüfung des zu plazetierenden Erlasses ist begrenzt durch das Interesse des Staates und erstreckt sich auf folgende Fragen:

a) Ob die kirchliche Verordnung nicht unmittelbar oder mittelbar eine Staatsrechtsnorm verletzt.

b) Ob die Anordnung von der zuständigen kirchlichen Behörde in gehöriger Form getroffen ist.

c) Ob die Anordnung nicht dem öffentlichen Wohl nachteilig ist.

3. Dagegen unterliegt nicht der Prüfung die Frage, ob der Erlaß kirchlich gültig ist oder nicht; S. III 547 zu n. 40. Auch nicht, ob der Erlaß etwa im Interesse der Kirche liegt oder nicht.

4. Ergibt die Prüfung eine Verletzung des Staatsrechts oder Benachteiligung des öffentlichen Wohles, so ist die Erteilung des Plazets zu verweigern. Eine trotzdem erfolgte Plazetierung würde die kirchliche Verordnung nicht rechtswirksam machen. Ob eine Ursache zur Beanstandung vorliegt, ist, sofern es sich etwa um Gesetzwidrigkeiten handelt, eine Frage des verwaltenden Ermessens: S. III 547 nach n. 39. Liegt eine solche Ursache nicht vor, so ist die Staatsregierung zur Erteilung des Plazets verpflichtet.

5. Weichen die Auffassungen der Kirchenbehörde und der Staatsregierung hinsichtlich der Frage, ob es sich um einen dem Plazet unterworfenen Erlaß handelt oder nicht, voneinander ab, so entscheidet die Auffassung der Staatsregierung. Der Kirchenbehörde steht hiegegen das Recht der Beschwerde an den Regenten bzw. der Petition an den Landtag zu.

V. Erteilung des Plazet.

1. Zuständigkeit.

Das Plazet kann nur vom König selbst gegeben werden. Eine Übertragung der Zuständigkeit an Behörden ist unzulässig; § 61 RE.; S. III 550 nach n. 48. Die allerhöchste Genehmigung wird durch das Kultusministerium erteilt. Zu diesem Zwecke müssen die Erlasse, welche des Plazets bedürfen, dem Ministerium vorgelegt werden; § 61 RE.; S. III 550 zu n. 50.

2. Rechtliche Natur.

Die Erteilung des Plazets bedeutet die Erklärung, daß gegen den Vollzug des Erlasses durch die Kirchenbehörde nichts zu erinnern sei, nicht aber etwa eine staatliche Sanktion der kirchlichen Anordnung; S. III 547 nach n. 40.

3. Wirkung der Erteilung.

Ist das Plazet erteilt, so kann der betreffende Erlaß verkündet und vollzogen werden; S. III 547 nach n. 40. Die Form der Verkündung ist die feierliche amtliche Mitteilung an Klerus und Laien, die in der Regel von der Kanzel aus oder durch Anschlag an der Kirchentüre oder Veröffentlichung in den kirchlichen Amtsblättern erfolgt. Im Eingange solcher Ausschreibungen muß ausdrücklich erwähnt werden, daß die königliche Genehmigung zur Verkündung erfolgt sei; S. III 550 zu n. 51. Die Nichtbeobachtung dieser Form würde den kirchlichen Erlaß unvollziehbar machen; S. III 550 zu n. 52.

Daher ist auch das Plazet stets ausdrücklich zu erteilen; ein stillschweigendes Plazet gibt es nicht; S. III 550 zu n. 49. Ein Widerruf des einmal erteilten Plazets ist gleichfalls ausgeschlossen.

Beim Vollzug der plazetierten Erlasse genießt die geistliche Gewalt den staatlichen Schutz nach Maßgabe und in den Schranken der Gesetze; S. III 547 nach n. 40. Der Schutz darf nicht verweigert werden; s. auch § 71 RE. Die Unterstützung der Staatsgewalt hat aber ihre Schranken in dem Recht der Gewissensfreiheit und den Rechten anderer Konfessionen. Zwangsweise Geltendmachung von Glaubenssätzen kann mit staatlichen Mitteln nicht verwirklicht werden; §§ 2, 42 RE.; S. III 482 nach n. 2 u. 3; P. § 42 RE. n. 1.

VI. Wirkungen der Nichterteilung.

1. Erhält der kirchliche Erlaß das Plazet nicht, so darf er innerhalb des Staatsgebietes nicht amtlich verkündet und vollzogen werden. Auch darf er weder von der geistlichen Gewalt selbst mit kirchlichen Zwangsmitteln vollzogen (ein solcher Vollzug würde die Beschwerde wegen Mißbrauchs der geistlichen Gewalt begründen; über diese s.

„Recursus ab abusu") werden, noch darf die weltliche Gewalt zum Vollzug mitwirken. Dieses Verbot gilt für alle Staatsbehörden; S. III 547 letzter Absatz.

2. Außerdem besitzt die Staatsgewalt die Möglichkeit, die Publikation des Erlasses zu hindern. Allerdings hat sie dazu nur das Mittel der Androhung einer Ordnungsstrafe gemäß Art. 21 PStGB.; dagegen ist die Beschlagnahme der die Publikation enthaltenden Amtsblätter ausgeschlossen; § 23 PreßG.; s. auch S. III 548 zu n. 43. Auch die Verhängung der Temporaliensperre gegenüber den die Publikation vornehmenden Geistlichen erscheint nicht anwendbar; s. S. III 549 nach n. 44.

Nach a. A. erscheint die Temporaliensperre heute noch zulässig und erstreckt sich auf jedes Einkommen, nicht allein auf das aus staatlichen Mitteln. Nach Aufhebung der Sperre müßte dem Gemaßregelten (Geistlichen) das Einbehaltene zurückgegeben werden. — Zuständig zur Verhängung der Temporaliensperre wären die staatlichen Verwaltungsbehörden.

Prädikaturbenefizien

s. „Hilfsgeistliche" III A 1 b.

Präsentationsrecht.

I. Begriff.

1. Unter Präsentationsrecht versteht man die Befugnis des Patrons, bei Erledigung eines seinem Patronat (s. „Patronatsrecht") unterstehenden Benefiziums bzw. Kirchenamts für dessen Neubesetzung den verleihungsberechtigten kirchlichen Oberen einen tauglichen (s. „Anstellungsvoraussetzungen allgemeine für ein bepfründetes Kirchenamt" III) Kandidaten derart wirksam vorzuschlagen, daß die Kirchenbehörde dem präsentierten Geistlichen die Einsetzung in der Regel nicht verweigern darf; St. 43 § 38.

2. Die Ausübung des Präsentationsrechtes setzt Erledigung des betreffenden Benefiziums voraus; ME. v. 14. II. 1843 (W. III 480).

Anwartschaften auf nicht erledigte Benefizien werden als dem Begriffe des Patronatsrechtes widerstreitend nicht anerkannt. — Die Verleihung einer Anwartschaft auf ein noch nicht erledigtes Benefizium ist verboten und führt den Verlust des Präsentationsrechtes für den konkreten Fall der Zuwiderhandlung mit sich, wenn diese bewußt geschah. Anderenfalls gibt die Kreisregierung als zuständige Stelle (s. „Pfründe" V 2) die Präsentationserklärung als verfrüht zurück.

3. Bei Ausübung der Präsentation ist der Patron nur an die allgemeinen Bedingungen einer kanonischen Provision gebunden, daß

er nämlich eine fähige und würdige Person unentgeltlich und rechtzeitig in Vorschlag bringe; St. 43 § 38. — Im übrigen kann er jeden geeigneten Bewerber präsentieren, ohne an eine bestimmte Reihenfolge gebunden zu sein. — Bei Präsentation mehrerer Bewerber hat die geistliche Behörde die Wahl.

4. Das Präsentationsrecht ist in der bayerischen Verfassung ausdrücklich anerkannt; ME. v. 14. II. 1843 (W. III 480); S. III 563 n. 108. — Es unterscheidet sich vom sog. Nominationsrecht; s. dort.

II. Quellen.

1. Rechtsquellen: Art. XI Konk.; § 11 PE.; Nr. I § 77 KonsO.; §§ 20, 35 Abs. 2 FormVO. v. 17. XII. 1825 (W. II 279).

2. Literatur: M. II 118 zu n. 2ff., 147 § 25 —153, 175 Z. II; Kr. II 46—47, 61—68; St. 43—73; Seeb. 408—417; S. III 561 zu n. 92 —563 zu n. 109; H. III 42—63.

III. Berechtigte; Verfahren.

A. In der katholischen Kirche.

1. Der Landesherr.

Näheres s. „Patronatsrecht" III A, „Pfründe" V, 2. — Das Präsentationsverfahren s. „Pfründe" V 2.

2. Die Privatpatrone.

a) Im allgemeinen s. „Patronatsrecht" IV Abs. 1, „Pfründe" V 2. — Das Präsentationsverfahren s. „Pfründe".

b) Für die Ausübung des Präsentationsrechtes gilt folgendes:

α) Der Laienpatron kann sein Präsentationsrecht auch durch einen Stellvertreter ausüben lassen und hiezu allgemeine Vollmacht erteilen, aber nicht die spezielle Vollmacht, auf ein bestimmtes erledigtes Kirchenamt einen Geistlichen zu präsentieren.

β) Beim dinglichen Patronat hat immer der nutzbare Besitzer des patronatsberechtigten Gutes das Präsentationsrecht, wenn sich nicht der Eigentümer das Recht ausdrücklich vorbehalten hat.

γ) Bei einem unmündigen oder unter Kuratel gestellten Patron hat der vom Gericht bestellte Kurator oder Vormund die Ausübung des Präsentationsrechts. Der unter elterlicher Gewalt stehende Minderjährige bedarf zur Ausübung der Zustimmung seines gesetzlichen Vertreters nicht.

δ) Steht das Patronatsrecht mehreren Personen zu, so richtet sich die Ausübung des Präsentationsrechts zunächst nach den etwa getroffenen besonderen Bestimmungen, sonst entscheidet relative Stimmenmehrheit, und zwar haben die Mitpatrone gleiche Stimmberechtigung, mögen auch ihre Leistungen und Dotationsbeiträge verschieden sein; H. III 56 zu n. 3 u. 4. Der Kandidat, welcher diese Stimmenmehrheit nicht auf sich vereinigt, gilt als nicht präsentiert und braucht daher, falls der Mehrheitskandidat unfähig ist, nicht instituiert zu werden. Vielmehr steht den Kompatronen das Recht zu einer neuen Präsentation offen oder es tritt freie Besetzung der Stelle ein; H. III 57 zu n. 1 u. 2.

Bei Stimmengleichheit können die Mitpatrone, solange die Präsentationsfrist läuft (s. IV) einen anderen Kandidaten nachpräsentieren. Wenn sie sich jedoch während der Präsentationsfrist nicht über die Präsentation einigen können, tritt die freie bischöfliche Kollation ein; H. III 57 zu n. 3; s. „Pfründe" V 2.

Die Erben eines Mitpatrons können nur dessen Stimme erwerben; H. III 56 zu n. 5. Unter sich haben dieselben gleiche Stimmberechtigung, sollten auch ihre Testaments- oder Intestaterbteile ungleich sein. Es steht den Kompatronen frei, auf welche Weise sie ihre Präsentation ausüben wollen, nur der Gebrauch des Loses ist unstatthaft; H. III 56 zu n. 6, 57 zu n. 4 u. 8ff.

ε) I Ist das Patronatsrecht streitig zwischen dem angeblichen Patron und dem kirchlichen Oberen, dem die Institution zusteht, dann muß bis zum Austrag der Sache das Amt von einem Vikar verwaltet werden; H. III 60 zu n. 1. Eine gültige Präsentation kann also bis dahin nicht erfolgen, aber auch das bischöfliche Besetzungsrecht nicht eintreten.

II Wird dagegen der Streit zwischen Personen geführt, von denen jede das Patronatsrecht oder doch die diesmalige Ausübung des Präsentationsrechts für sich in Anspruch nimmt, so ist zu unterscheiden, ob das Recht selbst oder nur dessen Besitz den Gegenstand des Streites bildet. Im ersteren Fall steht das Präsentationsrecht demjenigen zu, der bei der letzten Erledigung der Pfründe das Präsentationsrecht wirksam ausübte (H. III 60 zu n. 4), bzw. dem, der nachweist, daß er der rechtmäßige Nachfolger dessen sei, der den Amtsvorgänger des gegenwärtigen Geistlichen wirksam präsentiert hat; H. III 60 n. 4. Seine Präsentation bleibt gültig, auch wenn er nachher im Prozeß unterliegen sollte; H. III 60 nach n. 4. Handelt es sich aber um den Besitz des Patronatsrechtes, so kommt es darauf an, ob der Prozeß noch vor Ablauf der gesetzlichen Präsentationszeit (s. IV) beendigt wird, in welchem Fall derjenige präsentiert, zu dessen Gunsten das Urteil lautet. Andernfalls hat der Bischof für den gegebenen Fall das freie Besetzungsrecht (H. III 60 zu n. 5), und derjenige, der im Prozeß obgesiegt hat, kann dann den vom Bischof Instituierten nachpräsentieren, um sich dadurch in den Besitz des Rechtes zu setzen; H. III 60 n. 5.

c) Der Patronatsrevers.

Er besteht darin, daß der Staat von einem Privatpatron verlangt, er müsse für den Fall, daß sein von ihm vorgeschlagener Kandidat späterhin eine landesherrliche Pfarrei erhalten will, einen Revers ausstellen dahingehend, daß für den nächsten Besetzungsfall der Privatpatron zugunsten des Staates auf sein Besetzungsrecht verzichtet. Auf Grund dieses Reverses übt der Staat bei der anfallenden Neubesetzung der Patronatspfründe die Rechte des Patrons aus, die Besetzung der privatpatronatischen Stelle erscheint als eine landesherrliche Verleihung.

Trotz dieses Umstandes bleibt der Charakter einer Privatpatronatspfarrei gewahrt, gleichgültig von wem im einzelnen Falle die Präsentation erfolgte. Insbesondere wird der Patron für künftige Fälle in seinem Präsentationsrecht nicht präjudiziert; ME. v. 7. X. 1815 (W. I 482); Kr. II 55 Buchst. d, 56 zu n. 52. War jedoch die Pfründe wegen Verzichts oder Versäumnisses des Patrons vom Bischof frei besetzt worden, so kann im Fall der Beförderung des betreffenden Geistlichen auf eine Pfarrei landesherrlichen Patronats die Beibringung eines Patronatsreverses nicht gefordert werden; Kr. II 56 n. 52.

3. Gemeinden und Stiftungen.

a) Berechtigung.

α) Den Gemeinden steht das Präsentationsrecht auf alle jene Pfründen zu, bei denen sie es vor dem Jahre 1808 geübt haben. Das Gleiche gilt von den Stiftungen; AE. v. 18. II. 1819 (W. I 376) u. v. 11. XI. 1819 (W. II 31); ME. v. 30. VI. 1833 (Döll. VIII 629); Kr. II 62 zu n. 3—5; St. 64 zu n. 2 u. 3.

β) Bei politischen Gemeinden steht die Ausübung des Präsentationsrechtes dem Gemeindeausschuß bzw. Magistrat zu. Es entscheidet kollegiale Abstimmung; Kr. II 64 nach n. 14; St. 67 § 68.

b) Verfahren. Über die Ausschreibung der Erledigungen, über die Behandlung der Bewerbungsgesuche s. Kr. II 64 nach n. 13 ff.; St. 66 § 67. Über die Beteiligung der Gemeindebevollmächtigten in Städten s. Kr. II 64 zu n. 15; St. 67 § 68. Im übrigen regelt sich das Verfahren wie in Z. III 2 a.

Die Präsentationen der Gemeinden unterliegen der landesherrlichen Genehmigung und Bestätigung; AV. v. 18. II. 1819 (W. I 376); Kr. II 63 nach n. 12; St. 70 zu n. 1.

B. In der protestantischen Kirche.

1. Ein landesherrliches Patronatsrecht entfällt; s. „Patronatsrecht" III A.

2. Die Privatpatrone.

a) Berechtigung. Diese steht nur Standesherrn, Adeligen und Gutsbesitzern zu; Seeb. 408 zu n. 1, 409 zu n. 2. Bezüglich des Kompatronats gilt das Gleiche wie in der katholischen Kirche mit der Maßgabe, daß, wenn sich die Mitpatrone über die Präsentation nicht einigen können, landesherrliche Besetzung eintritt. Ist das Patronatsrecht in bezug auf seinen Besitzstand streitig, so tritt gleichfalls landesherrliche Verleihung der Stelle ein.

b) Verfahren.

S. „Pfründe". — Über die Zuständigkeit der kirchlichen Oberbehörden s. Seeb. 417 Z. III.

3. Gemeinden und Stiftungen.

a) Berechtigung. Den Gemeinden steht das Präsentationsrecht auf alle jene Pfarreien zu, bei denen sie es vor 1808 geübt haben; Seeb. 409 nach n. 2. Über die Gestaltung desselben und des Präsentationsrechtes der ehemaligen freien Reichsstädte s. AE. v. 11. XI. 1819 (W. II 31; G. II 642) u. ME. v. 14. V. 1880 (G. II 646); Seeb. 409 g. E. Steht einer Kirchengemeinde das Präsentationsrecht zu, so ist zur Ausübung berechtigt der Kirchenvorstand (über diesen s. „Kirchenvorstand"); Seeb. 410 zu n. 6. In bürgerlichen Gemeinden ist berechtigt der Magistrat bzw. Gemeindeausschuß; Seeb. 409 Abs. 2.

b) Verfahren.

Seeb. 414 nach n. 23; 413 nach n. 18. — Über die Beteiligung der Gemeindebevollmächtigten s. Seeb. 410 nach n. 6.

IV. Präsentation auf Stellen des weltlichen Kirchendienstes

s. „Weltliche Kirchendiener" III A 3 u. B 3.

V. Präsentationsfrist.

A. In der katholischen Kirche.

1. Landesherrlicher Patronat. Eine Präsentationsfrist besteht auch für den Landesherrn gemäß Art. XI Abs. 5 Konk. Die Frist beträgt 4 Monate, nach deren fruchtlosem Ablauf das freie bischöfliche Besetzungsrecht eintritt; Art. XI Abs. 5 Konk.; Kr. II 47 zu n. 3 u. n. 3; St. 44 zu n. 7; S. III 562 zu n. 102. Der König muß jedoch, wenn die kanonische Frist verstrichen ist, an die Ausübung seines Präsentationsrechtes erinnert werden, ehe der Bischof die Pfründe frei besetzen kann; ME. v. 22. III. 1850 (W. IV 103); Kr. II 47 zu n. 5; St. 44 nach n. 7; S. III 563 n. 103.

2. Privatpatronat. Die Präsentationsfrist beträgt für den Laienpatron 4 Monate, für den geistlichen Patron 6 Monate; Art. XI Abs. 5 Konk.; Kr. II 61 nach n. 1; St. 66 zu n. 1; S. III 563 zu n. 103.

a) Bei gemischtem Patronat kommt die sechsmonatige Frist auch dem Laienpatron zugute, wenn er mit dem geistlichen Patron gemeinsam (anders bei turnusweiser Ausübung; H. III 59 zu n. 9) das Präsentationsrecht ausübt; H. III 59 zu n. 5.

b) Die Frist wird von der dem Patron zugekommenen Nachricht der Erledigung an und mit Rücksicht auf bekannte oder von ihm nachgewiesene Verhinderungen berechnet; H. III 47 zu n. 4 u. 5. Bei Kompatronat beginnt der Lauf der Frist für jeden Patron selbständig; H. III 57 zu n. 5.

c) Der Laienpatron (nicht der geistliche) hat das ius variandi d. h. das Recht, bis zur Entscheidung des kirchlichen Oberen weitere Nachpräsentationen vorzunehmen. Dieses Recht kann auch nicht durch Vertrag zwischen dem Patron und dem Erstpräsentierten beseitigt werden; H. III 48 zu n. 4—6. Der kirchliche Obere darf dann unter den mehreren vorgeschlagenen Kandidaten frei auswählen. Doch kann der Patron die frühere Präsentation nicht widerrufen; H. III 49 zu n. 1 u. 2. Sollte der Patron keinen Kleriker finden, der das unbesetzte Benefizium annehmen will, dann kann er noch nachträglich selbst nach Jahren gültig präsentieren, wenn sich eine taugliche Person zur Übernahme der Stelle bereit erklärt.

d) Präsentiert der Patron innerhalb der gesetzlichen Zeit aus selbstverschuldeter Versäumnis nicht, so verliert er das Präsentationsrecht für den gegenwärtigen Erledigungsfall und es hat der Bischof das freie Besetzungsrecht; Art. XI Abs. 5 Konk.; H. III 50 zu n. 5.

Präsentiert der Patron unwissentlich einen untauglichen Kandidaten, so beginnt für ihn von der Ablehnung bzw. Kenntnis an eine neue Frist; H. III 54 zu n. 4.

Hat der Patron dagegen wissentlich oder aus nicht entschuldbarer Nachlässigkeit einen untauglichen Geistlichen präsentiert, so kann der Laienpatron innerhalb des Laufes der ersten Frist eine andere Präsentation vornehmen; H. III 54 zu n. 6. Bei Präsentation eines Unfähigen durch einen Stellvertreter trifft den Patron der Nachteil des eventuellen Verlustes des Rechts nicht; H. III 54 n. 6. Der geistliche Patron dagegen verliert für den konkreten Fall sein Präsentationsrecht, wenn er wissentlich einen untauglichen Kandidaten präsentiert; H. III 54 zu n. 5.

e) Stirbt der Präsentierte vor der Institution („Pfründe" V 2), nimmt er die Stelle nicht an, verzichtet er oder wird er vor der Institution unfähig, so läuft dem Patron die Frist von neuem und zwar von dem Moment, wo er von den betreffenden Tatsachen Kunde erlangt hat; H. III 56 zu n. 1.

B. In der protestantischen Kirche.

Die Präsentation muß, abgesehen von den durch landesherrliche Genehmigung verlängerten Fristen, vor Ablauf des 6. Monats nach Erledigung der Pfründe geschehen; Seeb. 411 zu n. 11, 12.

Die Frist beginnt mit der Erledigung der Pfründe und zwar nicht mit dem faktischen Abzug des bisherigen Geistlichen, sondern mit dem auf amtlichem Weg bekannt gewordenen Zeitpunkt, in dem die Ernennung oder Versetzung stattgefunden hat. Gesuche um Verlängerung der Frist können nur dann Beachtung finden, wenn die triftigsten Gründe für eine Verlängerung gegeben sind; Seeb. 412 zu n. 12 u. 14, 411 n. 11.

Wird während der Frist entweder gar keine oder keine gültige Präsentation vorgelegt, so hat das Konsistorium sofort nach Ablauf der Frist Anzeige an das Oberkonsistorium zu erstatten und damit gutachtliche Äußerung wegen Ausübung des Devolutionsrechtes an den Landesherrn zu verbinden; OKE. v. 29. VII. 1863 (G. II 668); Seeb. 412 nach n. 12 u. n. 13.

VI. Verlust des Präsentationsrechtes.

Dieser tritt ein durch den Verlust des Patronatsrechts; s. „Patronatsrecht" VIII, 1—4. —

Ein Verzicht auf das Präsentationsrecht für einen konkreten Erledigungsfall ist zulässig. Doch muß die Absicht des Verzichts ersichtlich sein. — Solchenfalls tritt das freie bischöfliche Besetzungsrecht ein; s. „Pfründe" V 2 A II.

VII. Einfluß von Pfarrveränderungen (s. „Pfarrveränderungen" IV) **auf das Präsentationsrecht**

s. „Patronatsrecht" VII. Bei Neuerrichtung von Pfarreien erhält, wenn die Mutterpfarrei dem landesherrlichen Präsentationsrechte unterliegt, der Landesherr ein abwechselndes Besetzungsrecht an der neuen Pfarrei auch dann, wenn auf letztere kein Dotationsbestandteil der Mutterpfarrei übergeht; S. III 562 nach n. 101.

Bei den übrigen Pfarrveränderungen folgt das Präsentationsrecht dem Schicksal des Patronatsrechtes.

VIII. Streitigkeiten.

1. Während Streitigkeiten über den Bestand des kirchlichen Patronatsrechtes (s. „Patronatsrecht" IX) an sich zur Zuständigkeit der Gerichte gehören, hat sich bezüglich des Präsentationsrechtes, gleichviel ob es auf das Patronatsrecht oder einen anderen Rechtstitel gegründet wird, die Zuständigkeit der Verwaltungs-

behörden entwickelt, die in der Praxis auch anerkannt wird; s. ME. v. 23. III. 1866 (KMBl. 82); VGH. XVII 58; D. Art. 8 Z. 39 n. 1. —

2. Streitigkeiten über das Präsentationsrecht auf weltliche Kirchendienerstellen s. „Weltliche Kirchendiener" VI.

Präsentationsurkunde

s. „Pfründe" V 2.

Predigerstellen

s. „Hilfsgeistliche" III A 1 b.

Presbyterium.

I. Begriff und rechtliche Stellung.

Das Presbyterium ist das Vertretungsorgan der Pfarrgemeinden bzw. der Kirchengemeinden der unierten Kirche in der Pfalz; M. I 331 zu n. 7, 345 zu n. 10; S. III 578 vor n. 94.

Über das Presbyterium in der reformierten Kirche s. „reformierte Kirche" Z. VI.

Das Presbyterium hat in der Pfalz die rechtliche Stellung des protestantischen Kirchenvorstands im rechtsrh. Bayern (s. „Kirchenvorstand"), ist aber daneben auch noch mit den Funktionen der Kirchenverwaltung (s. „Kirchenverwaltung"), betraut; M. I 337 zu n. 8; S. III 578 zu n. 96.

II. Quellen.

1. Rechtsquellen: Vereinigungsurkunde v. 10. X. 1818 (W. I 736), VO. v. 8. I. 1819 (Wand 518), revidierte Wahlordnung v. 17. VI. 1876 (Wand 65) mit der KonsInstr. v. 15. VIII. 1876 (Wagner II 171), sowie das Fabrikgesetz v. 30. XII. 1809 (Geib 17) in entsprechender Anwendung; M. I 287 zu n. 4, 345 vor n. 8. — S. auch Art. 103 mit 111 KGO.

2. Literatur: M. I 331—352; S. III 578 zu n. 94—96, bes. instr. VGH XII. 256.

III. Zusammensetzung des Presbyteriums

s. „Kirchenverwaltung".

IV. Wahl des Presbyteriums

s. „Kirchenverwaltungswahl".

V. Wirkungskreis.

Dieser umfaßt im wesentlichen rein kirchliche Angelegenheiten; S. III 578 zu n. 95. Doch ist die Tätigkeit des Presbyteriums im ganzen mehr eine aufsichtliche; M. I 345 zu n. 4. Es hat insbesondere das Budget anzufertigen, die Jahresrechnung abzuhören und das Kirchenvermögen zu verwalten; M. I 345 zu n. 5—8, 349 zu n. 1.

über die Verwaltung des Kirchenvermögens der reformierten Kirchengemeinde Bayreuth s. ME. v. 14. VI. 1849 (W. III 153); Kr. III 93 n. 6.

Im übrigen s. „Kirchenvorstand" und „Kirchenverwaltung".

Bezüglich des Pfarrpfründevermögens sind den Presbyterien in der Pfalz gewisse Überwachungsrechte, aber nicht das Recht der Verwaltung der Pfründe oder ein ausschließliches Recht zur Vertretung der letzteren eingeräumt; VGH. II 403; Seeb. 671 n. 7.

Privatinteressen

s. Art. 55 KGO.

Privatkirchengesellschaften

s. „Glaubensgesellschaften".

Privatvikare

(der protestantischen Pfarrer) s. „Hilfsgeistliche" III B 1 a α.

Propst (Dompropst)

s. „Pfründe" V 1.

Protestantenedikt

s. „Evangelische Kirchenverfassung" u. „Konkordat" V.

Purifikation

s. „Pfarrpurifikation".

R.

Rabbiner

s. „Israelitische Glaubensgesellschaft".

Rector ecclesiae (Kirchenrektor).

I. Jeder Pfarrer ist eo ipso Vorstand d. h. Rektor seiner Kirche. Als solcher hat er das Recht zur alleinigen Ausübung aller priesterlichen, besonders pfarrlichen Rechte; St. 125 § 136. — In dieser Befugnis und Eigenschaft liegen auch gewisse Aufsichtsrechte über Kirchengebäude und Inventar, ferner Disziplinarbefugnisse gegenüber den weltlichen Kirchendienern (s. dort), die Ausübung der Hauspolizei in der Kirche, das Recht über die Kirchenstühle (s. dort) Verfügung zu treffen (VGH. XXV 281), für Einhaltung der Gottesdienstordnung zu sorgen, besonders Anordnungen über das kirchliche Geläute zu geben; VGH. IX 427. — In seiner Eigenschaft als rector ecclesiae ist der Pfarrer auch Vorstand der Kirchenverwaltung mit dem alleinigen Recht zur Regelung der Benützung der Kirche für gottesdienstliche Zwecke; denn dies ist eine innerkirchliche

Angelegenheit, worüber der Kirchenverwaltung kein Recht zur Entscheidung zusteht, auch nicht vom Standpunkte der Eigentumsverwaltung der Kirchengebäude; denn solchenfalls kommt das Kirchengebäude nicht als Vermögensobjekt in Betracht, sondern als Raum, in dem Gottesdienste abgehalten werden; vgl. Art. 112 Abs. IV KGO. und „Kirchengebäude" VI 2.

II. Über den rector ecclesiae im engeren Sinne vgl. „Hilfsgeistliche" III A 1 f.

Recursus ab abusu.

I. Begriff.

Der recursus ab abusu (Beschwerde wegen Mißbrauchs der geistlichen Gewalt) ist das in § 52 RE. statuierte Rechtsmittel, das den Genossen (auch Geistlichen) einer Glaubensgesellschaft, die durch Handlungen der geistlichen Gewalt ihrer eigenen Kirche gegen die festgesetzte Ordnung beschwert werden, in Gestalt der Anrufung des landesherrlichen Schutzes zusteht; S. III 543 zu n. 8—10.

II. Quellen.

1. Rechtsquellen: Tit. IV § 9 Abs. 5 VerfU.; §§ 52—54 RE.; ME. v. 8. IV. 1852 (W. IV 379); ME. v. 9. X. 1854 (W. IV 654).

2. Literatur: M. II 199 Abs. 2, 226 nach n. 1; St. 335 Z. 3; Seeb. 46 nach n. 16; S. III 455 Abs. 3, 543 zu n. 8—14, 564 zu n. 123; P. Tit. IV § 9 Abs. 5 VerfU. n. 6; n. zu §§ 52—54 RE.

III. Gegenstand des Rekurses.

1. Gegenstand des Rekurses ist eine von der dem Rekursberechtigten (s. Z. IV) vorgesetzten geistlichen Gewalt (d. i. die seiner eigenen Kirche) ausgehende Handlung, durch welche sich dieser gegen die festgesetzte Ordnung beschwert erachtet; S. III 543 zu n. 10; H. VI 271 nach n. 7.

2. Unter „Geistlicher Gewalt" sind deren Träger gemeint; der Rekurs kann also gegen jeden Amtsmißbrauch eines mit selbständiger oder abgeleiteter Jurisdiktion ausgestatteten Kirchenoberen gerichtet werden. Sonach kann man gegen den Amtsmißbrauch eines Pfarrers Rekurs ergreifen, ohne vorher den Bischof angegangen zu haben.

3. „Die festgesetzte Ordnung" im Sinne des § 52 RE. ist nicht bloß die staatliche, sondern auch die kirchliche Ordnung; M. II 226 zu n. 2; S. III 543 nach n. 10; H. VI 271 zu n. 10 u. n. 10.

a) Eine Verletzung gegen die festgesetzte Ordnung (Mißbrauch der geistlichen Gewalt) liegt insbesondere vor bei allen Handlungen, die entweder das staatliche Recht oder das vom Staate anerkannte Statutarrecht der betreffenden Glaubensgesellschaft verletzen.

So erscheint der Rekurs zulässig, wenn die Kirchenbehörde ihren geistlichen Wirkungskreis überschreitend über bürgerliche Verhältnisse urteilt und in die Rechtssphäre des Staates eingreift (z. B. übergriff in den Bereich staatlicher Gerichtsbarkeit, Strafandrohung wegen Befolgung staatlicher Gesetze), wenn die Kirchengemeinde ein positives Staatsgesetz verletzt, die Kirchenhoheitsrechte der Krone mißachtet, namentlich den staatlichen Vorschriften über das Plazet, über die geistliche Amtsführung, Errichtung und Besetzung der Kirchenämter usw. die Folge versagt, wenn sie sich zur Vollziehung ihrer Erkenntnisse äußerer Zwangsmittel bedient oder wenn die geistliche Behörde die Bescheidung in geistlichen Sachen anhängiger Beschwerden verzögert, den Instanzenzug behindert oder abändernde Erkenntnisse höherer Instanzen nicht in Vollzug bringt; vgl. Z. 6d der ME. v. 8. IV. 1852 (W. IV 379) mit ME. v. 9. X. 1854 (W. IV 654); St. 335 letzt. Abs., 336, bes. H. VI 271 n. 10.

b) Es berechtigt aber nicht jeder Mißbrauch der geistlichen Gewalt zum Rekurs. Vielmehr muß der Betreffende in seinen subjektiven Rechten verletzt sein, S. III 543 zu n. 11, d. h. es muß die Kirchenbehörde die dem Einzelnen als Mitglied der Gesellschaft zukommenden Rechte, die durch das kirchliche Recht garantiert sind, verletzt haben. Eine Verletzung solcher subjektiver Kirchenmitgliedschaftsrechte wird insbesondere dann anzunehmen sein, wenn die Abhaltung von Gottesdiensten durch die betreffende kirchliche Behörde versagt wird, auf welche die Konfessionsgenossen nach der Verfassung der Kirche oder nach Herkommen ein Recht haben, wenn die Teilnahme am Gottesdienst, Spendung der Sakramente und das kirchliche Begräbnis den Kirchenvorschriften zuwider verweigert wird, wenn die Vornahme kirchlich unzulässiger Amtshandlungen widerrechtlich geduldet wird, wenn die kirchliche Freiheit der Kirchenmitglieder durch unbefugte oder ungehörige Zumutung von Handlungen oder Unterlassungen dem kirchlichen Recht zuwider beeinträchtigt wird, wenn den kirchlichen Normen zuwider geistliche Strafen verhängt werden (doch ist die Strafhärte allein kein Rekursgrund; M. II 226 n. 3); s. hiezu auch Seeb. 46 n. 17; H. VI 272 n. 4 ff.

IV. Rekursberechtigte.

1. a) Berechtigt zur Einlegung des Rekurses sind die Genossen einer Kirchengesellschaft, aber nur die nächsten Interessenten, die direkt oder indirekt durch Handlungen der geistlichen Gewalt ihrer eigenen Kirche beschwert sind; s. S. III 543 zu n. 8—10. Der Verletzung durch eine nicht der Konfession des Verletzten angehörige geistliche Gewalt kann nur durch das allgemeine Beschwerderecht an die derselben übergeordneten Kirchenoberen begegnet werden.

b) Legitimiert zur Einlegung des Rekurses ist sonach derjenige, und zwar sowohl Geistlicher wie Laie (S. III 543 n. 9; Seeb. 47 n. 18), der durch eine Handlung der Kirchengewalt in seinen Rechten selbst verletzt oder doch als Ehemann, Vater oder auch sonst durch die Verletzung der Rechte eines anderen mitbeschwert ist. Infolgedessen ist auch der Vormund für sein Mündel beschwerdelegitimiert und zwar unabhängig davon, ob er selbst der Konfession angehört, von deren Kirchengewalt die Verletzung ausgeht.

2. Ein Eingreifen von Amts wegen findet nicht statt, wenn die Voraussetzungen eines Rekurses gegeben sind (s. oben Z. III), vielmehr ist stets der Antrag eines Rekursberechtigten zum Einschreiten der Staatsbehörde erforderlich.

V. Einlegung des Rekurses.

Der Rekurs ist entweder schriftlich oder zu Protokoll bei der zuständigen Kreisregierung oder beim Kultusministerium oder auch direkt beim König einzulegen; § 53 RE.; S. III 543 zu n. 12; Seeb. 47 zu n. 20; P. § 53 RE. n. 1; H. VI 272 zu n. 1. Nötigenfalls kann die Beschwerde auch auf telegraphischem Weg eingelegt werden; ME. v. 25. III. 1881 (G. IV 384); Seeb. 47 n. 20.

Wird die Beschwerde bei der Kreisregierung eingelegt, so hat letztere alsbald an das Kultusministerium Bericht zu erstatten; § 53 RE.

Der Rekurs ist weder an eine Frist noch Form gebunden; H. VI 272 nach n. 1.

VI. Verfahren der Rekursinstanz.

1. Prüfung der Beschwerde. Die Prüfung der Beschwerde steht dem Kultusministerium zu; § 54 RE. Eine Zuständigkeit zur Prüfung durch die Distriktspolizeibehörden ist ausgeschlossen; ME. v. 25. III. 1881 (G. IV 384); Seeb. 47 n. 20.

Die Prüfung erstreckt sich im einzelnen auf die Sachlegitimation des Beschwerdeführers, auf die Frage, ob ein Gegenstand des Rekurses überhaupt vorliegt und ob in diesem Gegenstand ein Mißbrauch der geistlichen Gewalt zu finden ist. Neben der Prüfung hat das Kultusministerium die Befugnis, zur weiteren Aufklärung Zeugen und auch Sachverständige zu vernehmen. Von dringenden Fällen abgesehen hat aber das Kultusministerium auch die betreffende geistliche Behörde zu hören; § 54 RE.; S. III 543 nach n. 2; Seeb. 47 zu n. 21; H. VI. 272 zu n. 2.

2. Entscheidung. Nach Untersuchung des Beschwerdefalles hat das Kultusministerium das Geeignete zu verfügen; § 54 RE.; S. III 543 zu n. 13.

a) Wenn der Rekurs als unbegründet erachtet wird, so wird der Beschwerdeführer kostenfällig abgewiesen.

b) Besteht zwischen der geistlichen Behörde und dem Beschwerdeführer über die Zulässigkeit einer geistlichen Amtshandlung ein Streit, der sich zur Austragung vor den Zivil- oder Verwaltungsrichtern eignet, so ist der Beschwerdeführer auf den Verwaltungs- bzw. Zivilrechtsweg zu verweisen.

c) Wird der Rekurs für begründet erachtet, so wird das Vorliegen eines Mißbrauchs der geistlichen Gewalt festgestellt, ferner je nach Lage des Falles die betreffende kirchliche Anordnung für nichtig und staatlich ungültig erklärt und die Zurücknahme derselben (durch entsprechende Aufforderung der betreffenden geistlichen Behörde) oder sonstige Abhilfe der Beschwerde verfügt, sowie gerichtliches (falls sich die mißbräuchliche Handlung zugleich als Delikt darstellt) oder polizeiliches Einschreiten veranlaßt; H. VI 272 zu n. 4—7; auch S. III 543 nach n. 13.

3. Durchführung der Entscheidung. Im Fall der Feststellung eines geistlichen Amtsmißbrauchs kann zur Durchführung der erlassenen Anordnungen von den gesetzlichen Zwangsmitteln (so Art. 21 PStGB.) und dem administrativen Zwang, soweit er ohne Verletzung der persönlichen Freiheit geübt werden kann, Gebrauch gemacht werden; H. VI 272 zu n. 8, 273 zu n. 1 u. 2.

Reformierte Kirche.

I. Rechtliche Stellung.

Die reformierte Kirche gehört in Bayern zu der sog. protestantischen Gesamtgemeinde im Sinne des Protestanten-Edikts. Sie bildet eine eigene Glaubensgesellschaft; S. III 573 zu n. 29; P. § 1 PE. n. 2; s. auch „Glaubensgesellschaften“ V 1.

II. Quellen.

1. Rechtsquellen: Anhang II zur II. VerfBeil. v. 26. V. 1818 (PE.); AE. v. 26. II. 1853; ME. v. 12. VII. 1855 u. v. 27. VI. 1856 (G. I 823, 826, 828).

2. Literatur: Seeb. 485—493; S. III 574 zu n. 39—575 zu n. 49, 576 zu n. 67.

III. Der oberste Episkopat.

Dieser steht dem König von Bayern zu und wird in den Gebieten rechts des Rheins durch das Oberkonsistorium, für die pfälzische Kirche durch das Konsistorium in Speyer ausgeübt; S. III 574 nach n. 42; s. auch „Kirchenregiment landesherrliches“.

IV. Die übrigen Verfassungsorgane.

1. Das Oberkonsistorium. In Glaubens- und Synodalfragen steht auch die reformierte Kirche unter dem Oberkonsistorium; Seeb. 486 n. 3. Über die rechtliche Stellung und Zusammensetzung des letzteren s. „Evangelische Kirchenverfassung" III 1. In die Angelegenheiten der reformierten Gemeinden bezüglich ihrer Lehre, ihres Kultus und ihrer Verfassung mischt sich das Oberkonsistorium nicht ein, die Wahrnehmung derselben gehört vielmehr in den Geschäftskreis der reformierten Synode.

2. Das Moderamen. Dem Oberkonsistorium untersteht das reformierte Moderamen; AE. v. 26. II 1853; ME. v. 27. VI. 1856 (G. I 823, 828); S. III 574 nach n. 42, 575 zu n. 49; P. § 1 PE. n. 2.

a) Zusammensetzung. Das Moderamen besteht aus einem Präses und einem Assessor, welche aus den geistlichen Mitgliedern der Synode gewählt und vom König in dieser Eigenschaft bestätigt werden in der Weise, daß dieselben die ihnen durch jene Wahl übertragenen Funktionen bis zur nächsten Synode und der sodann eintretenden Erneuerung des Moderamens zu versehen haben; Seeb. 489 zu n. 14 u. 16.

b) Wirkungskreis. Das Moderamen hat die Synode einzuberufen, zu leiten und deren Beschlüsse nach erfolgter Genehmigung des Oberkonsistoriums zu vollziehen. Es hat ferner in allen Gegenständen der Lehre, des Kultus und der Verfassung der reformierten Kirche auf Erfordern des Oberkonsistoriums Gutachten zu erstatten, an dasselbe Anträge zu stellen, den reformierten Pfarramtskandidaten die Ordination zu erteilen, die Synodalkasse zu verwalten und bei der Installation eines reformierten Pfarrers einen Geistlichen als Assistenten abzuordnen; Seeb. 489 nach n. 16ff.

Über die ordentlichen kirchlichen Visitationen durch das Moderamen s. Seeb. 492 Z. 2 u. n. 28.

V. Die Synode.

Der reformierten Pfarrgemeinde ist durch AE. v. 26. II. 1853 (G. I 823) gestattet, für ihre Kirchenangelegenheiten eine besondere Synode zu bilden, welche jährlich einmal stattfindet und nur bei einem außerordentlichen Zusammentritt königlicher Genehmigung bedarf, welche durch das Oberkonsistorium einzuholen ist; Seeb. 487 Z. I; P. § 1 PE. n. 2. Wegen Bestimmung von Ort und Zeit der Versammlung hat das Moderamen Antrag an das Oberkonsistorium zu stellen und dessen Genehmigung zu erholen; von letzterem ist über die getroffene Verfügung an das Ministerium Anzeige zu erstatten; ME. v. 27. VI. 1856 Z. III u. IX (G. I 829); Seeb. 487 n. 7.

Die Synode ist wie das Moderamen kein kirchenregimentliches Organ, sondern lediglich zur Vertretung der speziell reformierten inneren Angelegenheiten in den zu ihrem Verband gehörigen Gemeinden bestellt; Seeb. 487 n. 6.

Die Synode wird zusammengesetzt aus den Pfarrern und einem von dem Presbyterium gewählten Ältesten jeder Pfarrgemeinde; AE. v. 26. II. 1853 (G. I 823); Seeb. III 574 nach n. 42.

Über den Geschäftskreis und die Geschäftsordnung s. Seeb. 487 zu n. 10 u. n. 10, 488 n. 12.

Die reformierten Gemeinden nehmen an den Generalsynoden der protestantischen Landeskirche nicht teil; Seeb. 487 n. 6, 467 n. 2; S. III 576 zu n. 67.

Über die Beteiligung der reformierten Kirche an der Steuersynode s. „Steuersynode".

VI. Die Pfarrsprengel.

Hierüber s. „Evangelische Kirchenverfassung".

Das Vertretungsorgan der Pfarrgemeinde ist das Presbyterium; S. III 578 vor n. 94.

Bezüglich der reformierten Gemeinden diesseits des Rheins s. Silb. 228, bezüglich derjenigen der Pfalz s. Silb. 236.

Reichnisse

A. An Geistliche.

I. Begriff.

Reichnisse sind Pflichtzahlungen und Lieferungen an den Pfarrer und die weltlichen Kirchendiener zu ihrem Lebensunterhalte oder zur besonderen Vergütung bestimmter Dienstleistungen; M. II 410 Z. I, 444 zu n. 5; Kr. I 522 zu n. 78, III 146 zu n. 1; St. 1041 Z. 3.

II. Quellen.

1. Rechtsquellen:

a) Für Reichnisse an Geistliche: AVO. v. 29. I. u. 21. III. 1805 (Döll. VIII 983; RBl. 455).

b) Für Reichnisse an weltliche Kirchendiener: VO. v. 19. III. 1812 (W. I 385), die Stolgebührenentrichtung an Pfarrer fremder Konfessionen betreffend, welche auf Reichnisse an weltliche Kirchendiener analog anwendbar ist; VGH. X 128; St. 1043 vor n. 2; Seeb. 438 zu n. 11.

c) Weitere Rechtsquellen: ME. v. 5. V. 1849 (W. IV 31, abgedr. bei Stingl 1045); Art. 85, 86 u. 87 KGO.; § 22 VV. hiezu.

2. Literatur: M. II 410—418, 444—449; Kr. I 522—530, III

146—155; St. 1041—1050; Seeb. 733—738, 438 n. 13; S. III 604 zu n. 40—42.

III. Arten.

Die Reichnisse kommen vor:

1. Der rechtlichen Natur nach

a) als öffentlich-rechtliche Reichnisse, die sog. Kirchtrachten, welche wieder in zwei Klassen zerfallen, nämlich:

α) in die rein persönlichen Natural- und Geldreichnisse aus dem Kirchenverband,

β) in die durch Besitzverhältnisse bestimmten oder erhöhten kirchenverbandlichen Reichnisse;

b) als privatrechtliche Leistungen und zwar

α) als persönliche Reichnisse,

β) als solche Leistungen, welche auf dem Grund und Boden aller Besitzer ohne Rücksicht auf Konfessionen haften; M. II 446 letzt. Abs., 413 zu n. 3;

2. ihrem Gegenstande nach

a) als Geldleistungen, so die Stolgebühren (im besonderen s. „Stolgebühren"), Meßstipendien (s. „Fundationen"), Seelgeräd (s. „Mortuarium"), Neujahrsgelder;

b) als Naturalreichnisse, wie Holz, Fleisch, Wildbret, Fische, Getreide, Brot, Wachs, Neujahrskuchen, Läutgarben;

3. in bezug auf den Verpflichteten als persönliche, als Reallasten oder doch als Leistungen, die nach Art von Reallasten als Zustandsobligationen ausgebaut sind; KompKonflE. v. 9. VI. 1857 (RBl. 776); OLG. X 241; BGH. VIII 158, IX 313, XII 313, XIII 172; M. II 410 zu n. 1, 446 zu n. 7 u. 8.

Die Reichnisse sind Pflichtleistungen, welche bald allen Familienhäuptern des Ortes, bald nur gewissen Ständen (Bauern, Gewerbetreibenden) oder nur den Angehörigen der betreffenden Kirchengemeinde obliegen. Oft auch ist die Verpflichtung nebenbei von einem bestimmten Besitz abhängig; BlAdmPr. XXV 26, XXXIV 379; M. II 410 nach n. 1, 411. Manchmal liegen aber auch nur freiwillige Leistungen vor, welche dann jederzeit einseitig wieder aufgehoben werden können.

Die in einer Kirchengemeinde auf Gewohnheitsrecht beruhende Entrichtung von Kirchtrachten und Läutgarben ist für alle Pfarrangehörigen verbindlich, die in den hiebei vorausgesetzten Besitzverhältnissen sich befinden; Kr. III 148 vor n. 9; Seeb. 734 nach n. 174.

IV. Rechtliche Natur und Arten.

Die Verpflichtung zur Leistung besonderer Reichnisse in Geld oder Naturalien an Geistliche oder weltliche Kirchendiener wird, vorbehaltlich der Bestimmungen der Art. 85ff. KGO., durch die Kirchengemeindeordnung nicht berührt.

1. Öffentlich-rechtlich sind die Reichnisse, wenn sie auf dem Kirchen- oder Pfarrverband beruhen, die sog. Kirchtrachten, welche nur von den Konfessionsgenossen zu entrichten sind; VGH. V 121, XII 315 besonders XV 231; OLG. X 241; KompKonflE. v. 9. VI. 1857 (RBl. 776), v. 15. XII. 1862 (RBl. 2648), v. 14. IX. 1868 (RBl. 2109); s. auch Art. 10 Z. 13 VGG.; M. II 412 zu n. 5; Kr. I 523 zu n. 82; St. 1042 b.

Außerdem sind jene Reichnisse öffentlich-rechtlich, die eine Gemeinde oder eine Stiftung zu leisten hat, falls die Reichnispflicht zur öffentlichen Aufgabe der Gemeinde bzw. zur Zweckbestimmung der betreffenden Stiftung gehört; VGH. V 229.

Auch ein Simultankirchenverband stellt einen öffentlich-rechtlichen Verband dar, in welchem ein Katholiken und Protestanten zur Leistung von Kirchtrachten auch an einen Kirchendiener der anderen beteiligten Konfession verpflichtendes Gewohnheitsrecht entstehen kann; Kr. III 401 Abs. 2.

a) Jedes Reichnis ruht auf dem Pfarrverband, wenn es durch Vertrag des Pfarrers und der Kirchengemeindemitglieder begründet wird oder wenn es herkömmlich nur von den Parochianen als solchen geleistet wird; BlAdmPr. XXV 27; M. II 413 zu n. 5, 444 zu n. 4.

Der Pfarrverband wird als Verpflichtungsgrund vermutet, wo privatrechtliche Verpflichtungen nicht nachgewiesen werden können, BlAdmPr. XXXIV 390, KompKonflE. v. 16. XII. 1902 (GVBl. 1903 Beil. II), da letztere die Ausnahme und daher besonders zu beweisen sind; VGH. XIV 109, XV 230; BlAdmPr. XIII 277; KompKonflE. v. 15. XII. 1862 (RBl. 2648), v. 14. IX. 1868 (RBl. 2109), v. 1. VIII. 1870 (RBl. 1653); VO. v. 21. III. 1805 (W. I 103); M. II 412 zu n. 6 u. 7; Kr. III 153 vor n. 34.

Der öffentlich-rechtliche Charakter wird noch nicht dadurch bewiesen, daß die Reichnisse als fundationsmäßige Dotations- oder Sustentationsreichnisse in die Fassion eingestellt sind; VGH. VI 8; BlAdmPr. XXV 26, XXXIV 395, XXXVI 149; Kr. III 146 n. 2 Auch der öffentliche Akt der Pfründeverleihung beweist nichts für die Natur des Reichnisses; BlAdmPr. XXXVI 150; M. II 412 zu n. 2 u. 3.

b) Da die öffentlich-rechtlichen Leistungen auf dem Pfarrverband beruhen, setzen sie Konfessionszugehörigkeit (Art. 4 KGO.) und Domizil (Art. 106 Abs. IV KGO.) in der betreffenden Kirchengemeinde voraus; VGH. II 677, V 121; M. I 84 zu n. 2, 126 zu n. 5, II 413 zu n. 4; Kr. I 523 zu n. 83ff., III 147 zu n. 5 u. 6; Seeb. 734 zu n. 173. Der Besitz von Grundstücken vermag ebensowenig wie der Besitz eines Wohnhauses ohne Wohnsitz die Eigenschaft eines Kirchengemeindemitglieds zu begründen; VGH. II 9, 255, 546, V 103; Kr. III 147 zu n. 6 u. 7; Seeb. 734 n. 173. Der Grundsatz, daß juristische Personen nicht Mitglieder der Kirchengemeinde sein können, findet aber hier keine Anwendung; Art. 85 Abs. II KGO.; VGH. XIII 177; Kr. III 148 zu n. 11.

c) Die öffentlich-rechtlichen Reichnisse sind mitunter nicht auf alle, sondern nur auf solche Kirchengemeindemitglieder verteilt, welche Anwesen in der Kirchengemeinde besitzen, derart, daß die Reichnisse auf den Häusern und Gütern hergebracht ruhen, ohne aber Reallasten zu sein; VGH. VIII 157, XII 315; KompKonflE. v. 9. VI. 1857 (RBl. 776); M. II 414 zu n. 4, 7 u. 8. Hier kann sich nicht nur die Zahl der Pflichtigen, sondern das Reichnis selbst durch das Entstehen neuer und das Eingehen alter Häuser ändern; BlAdmPr. XXIV 127; M. II 414 zu n. 5. Doch ist stets die Konfessionszugehörigkeit das wesentliche Moment und die Zuständigkeit der Verwaltungsbehörden wird durch jene besitzliche Besonderheit nicht geändert; VGH. V 25, VIII 158; M. II 414 zu n. 6.

Die Kirchtracht wird aus dem Ertrage des in der Hand des Pflichtigen befindlichen Grundbesitzes entrichtet lediglich als obligatorische Leistung auf Grund der Zugehörigkeit zum Pfarrverband, nicht als dingliche Belastung des Grundbesitzes; VGH. XVII 286; M. II 416 zu n. 4 ff.

Die Verpflichtung zur Entrichtung von sog. Kirchtrachten beruht in der Regel auf einem örtlichen Gewohnheitsrecht, dessen Bildung den Bestand eines Pfarr- oder Kirchenverbandes zur Voraussetzung hat; VGH. XXIV 583.

Bei öffentlichrechtlichen Reichnissen, die aus gewissen Anwesen zu entrichten sind, ist jeder Eigentümer des Anwesens leistungspflichtig, soferne er Bekenntnisgenosse oder juristische Person ist oder der Ehegatte oder wirtschaftlich unselbständige Kinder von ihm Bekenntnisgenossen sind und in Hausgemeinschaft mit ihm leben. Vorbehaltlich der Bestimmung des folgenden Absatzes tritt eine Leistungspflicht nicht ein für juristische Personen mit Bekenntnisgepräge (Art. 22 Z. 4 KGO.) gegenüber einem fremden Bekenntnisse, ferner für juristische Personen, die in ausschließlicher Beziehung zu einer Privatkirchengesellschaft stehen oder an denen ausschließlich oder überwiegend Angehörige einer Privatkirchengesellschaft oder bekenntnislose Personen beteiligt sind (Art. 21 Abs. V KGO.); Art. 85 Abs. II KGO.

Angehörige eines fremden Bekenntnisses sind nur dann reichnispflichtig, wenn sich dies aus einem besonderen Rechtsverhältnis ergibt, oder wenn das Reichnis die Gegenleistung für eine Verrichtung ist, bezüglich deren ein gemeinschaftlicher Genuß besteht; Art. 85 Abs. III KGO.

Wegen des Erfordernisses der Konfessionszugehörigkeit ruht dann, wenn ein Anwesen in den Besitz eines Angehörigen einer fremden Konfession kommt, die Pflicht zur Entrichtung des Reichnisses für die Zeit dieses Besitzes, während durch Auspfarrung des Anwesens die Verpflichtung überhaupt erlischt; Art. 85 Abs. III KGO.; Kr. I 523 zu n. 85, III 148 zu n. 8. Daraus folgt umgekehrt, daß auch die Zuteilung einer Ortschaft zu einem Pfarrsprengel, in welchem die Parochianen durch rechtsbegründetes Herkommen zur Entrichtung öffentlich-rechtlicher Reichnisse an den Kirchendiener verpflichtet sind, nicht von selbst die Ausdehnung dieser Verpflichtung auf die Neueingepfarrten zur Folge hat; VGH. IV 465; Kr. III 148 zu n. 12.

d) Änderungen in dem mit dem Anwesen verbundenen Besitzstande sind an sich ohne Einfluß auf den Bestand und den Umfang der Reichnispflicht und nur ausnahmsweise geeignet, eine Änderung herbeizuführen, wenn infolge davon entweder die Naturalleistung überhaupt unmöglich wird oder wenn ein örtliches Herkommen bzw. ein kuratelamtlich genehmigter Vertrag zwischen Berechtigten und Verpflichteten ein anderes bestimmt; VGH. VI 8, VIII 157, XI 316, XII 317, XV 238, besonders XVII 285; M. II 417 zu n. 2; Kr. I 526 zu n. 98, III 151 zu n. 22; St. 1046 zu n. 4.

Ein bloßer Vertrag zwischen Verkäufer und Käufer, daß letzterer die Reichnispflicht für den erworbenen Teil übernimmt, entlastet den Besitzer der Hofstätte nicht seiner öffentlich-rechtlichen Reichnispflicht, wohl aber hat er im Rahmen des Vertrags einen Regreß gegen den Käufer; BlAdmPr. XXIV 58; M. II 417 nach n. 6.

Bei Abtrennung oder Minderung des mit dem Anwesen verbundenen Grundbesitzes, der die Reichnismittel liefert, bleibt die Kirchtrachtpflicht dem Besitzer der Hofstätte bzw. des Wohnhauses, welches den Mittelpunkt des Anwesens bildet; VGH. XII 313; BlAdmPr. XXIV 58, 60; M. II 417 zu n. 3; Kr. I 526 zu n. 98ff., III 151 nach n. 22; St. 1046 nach n. 4; Seeb. 736 nach n. 176.

Wenn jeder Grundbesitz aufhört, z. B. bei der Gutszertrümmerung der Hofstätte oder bei Beseitigung des Wohnhauses, so ist damit künftig die Pflicht zur Entrichtung eines öffentlich-rechtlichen Reichnisses beseitigt, jedoch unter der Verpflichtung zur Ablösung; Art. 86 Abs. III KGO.

e) Kirchtrachten und dergleichen im Pfarrverbande wurzelnde, zum Unterhalt der Geistlichen dienende Abgaben bestimmter zur Pfarrei gehöriger Anwesensbesitzer sind durch das Gesetz über die Grundentlastung v. 4. VI. 1848 und v. 28. IV. 1872 nicht aufgehoben, deshalb finden die Bestimmungen dieser Gesetze auf sie keine Anwendung; VGH. XXV 55, XIV 109; ME. v. 5. V. 1849 (W. IV 31); M. II 445 zu n. 1; Kr. I 522 nach n. 79, 525 zu n. 93, III 142 n. 12, 147 zu n. 3, 149 zu n. 16.

2. Die privatrechtlichen Reichnisse. Diese sind losgelöst von der Zugehörigkeit zum Kirchen- oder Pfarrverband, können aber im übrigen wie die Kirchtrachten sowohl persönlich sein als auf dem Anwesen ruhen; KompKonflE. v. 9. VI. 1857 (RBl. 776); M. II 413 zu n. 3. Die Konfession hat daher bei ihnen keinen Einfluß; M. II 413 nach n. 4, 415 zu n. 6.

Beitragspflichtig ist vielmehr auch der Konfessionsfremde, wenn und solange er im Besitze des pflichtigen Grundstücks ist; §§ 1105—1112 BGB.; VGH. IX 287; OLG. X 241; M. II 413 zu n. 8, 416 zu n. 2; Kr. I 525 zu n. 91, III 149 zu n. 14.

a) Die privatrechtlichen Reichnisse sind durchgehends dinglicher Natur, nämlich Reallasten, die auf bestimmten Anwesen (Grundkomplex) liegen, mit diesen dauernd verknüpft sind und sich mit deren Größenverschiebung gleichfalls ändern; OLG. X 241; BlAdmPr. XXXIV 379; VGH. VIII 158; KompKonflE. v. 1. VIII. 1870 (RBl. 1653); M. II 414 zu n. 3.

Nicht selten liegen sie einem Fideikommißgut oder einem Großgrundbesitzer ob, wenn sie der Vorgänger im Besitze im Hinblick auf Patronat, Grundherrschaft usw. freiwillig übernommen hat. Das sind dann die sog. Komplexlasten, s. „Komplexlasten". Derartige Verpflichtungen des Patronatsherrn liegen in der Regel auf dem Gebiete des Privatrechts und die Dotationsmäßigkeit oder Fassionsmäßigkeit des Reichnisses ändert daran nichts; M. II 414 n. 1.

Bei der Zertrümmerung eines Gutes„ auf dem ein Reichnis als Reallast liegt, teilt sich, falls nicht der Besitzer des Gutsrestes sich verpflichtet, die ganze Abgabe fortzuentrichten, die letztere unter die verschiedenen Besitzer, während kleine Schmälerungen an der Reichnispflicht des Besitzers nichts ändern; M. II 418 zu n. 2; Kr. I 527 nach n. 102, III 152 nach n. 26. Falls die Teilkäufer die Reichnisse durch Erlegung eines Kapitals ablösen wollen, hat die Kirchenstiftung dieses Kapital in Verwahrung zu nehmen und die Zinsen an die Kirchendiener auszuzahlen; Kr. I 527 letzter Abs., III 152 vor Z. 4.

Mit der Beseitigung des Hauses haftet das Reichnis an Grund und Boden; M. II 416 zu n. 3.

b) Der privatrechtliche Charakter ist aber noch nicht durch den Eintrag im Kataster und Grundbuch bewiesen; VGH. XVII 285; BlAdmPr. XXXIV 385, 395; M. II 411 nach n. 5; Kr. I 525 zu n. 92, III 149 zu n. 15, 153 zu n. 32 u. vor n. 34. Der Eintrag ist vielmehr nur beweisunterstützend; M. II 412 n. 1. Solche Einträge haben vielfach auch bei öffentlich-rechtlichen Reichnissen stattgefunden, ohne daß dadurch natürlich die wirkliche Natur verändert worden wäre; OLG. X 505; VGH. XVII 286; M. II 412 n. 1. Doch eignen sich die öffentlich-rechtlichen Reichnisse nicht zum Eintrag in das Grundbuch; Kr. II 134 b Abs. I, 153 n. 32.

Daß Reichnisse auf Herkommen, Verjährung (VGH. XIII 172) oder Vertrag (VGH. XIV 265) beruhen, beweist gleichfalls nichts für die rechtliche Natur, weil diese Titel sowohl öffentlich-rechtlich als privatrechtlich sein können; OLG. X 241; VGH. VIII 157; BlAdmPr. XXV 27; M. II 412 zu n. 4; Kr. III 154 oben. Von einem auf Verjährung gegründeten Privatrechtstitel kann überhaupt nur die Rede sein, wenn einem Einzelnen gegenüber auf solchem Wege spezielle Rechtsverhältnisse geschaffen worden sind, nicht aber, wenn der Gesamtheit der Parochianen die nämliche Verpflichtung obliegt; Kr. III 154 zu n. 35. Der privatrechtliche Titel weist meistens auf eine Leistung hin wie Flurgang, Unterricht usw., für welche das Reichnis die Gegenleistung bildet; M. II 413 nach n. 7.

c) Auch die privatrechtlichen Reichnisse an den Pfarrer bilden einen Sustentationsbeitrag für denselben; M. II 446 zu n. 2.

V. Umwandlung und Ablösung der Reichnisse.

Die Umwandlung von öffentlich-rechtlichen Naturalreichnissen ist sowohl der Verpflichtete wie der Berechtigte zu verlangen befugt. Die Ablösung dagegen kann nur vom Verpflichteten beansprucht werden. Der Berechtigte kann sie aber antragen. Die Durchführung ist allerdings im letzteren Fall nur möglich, wenn der Reichnispflichtige sich darauf einläßt. Eine Pflicht zur Ablösung besteht bei Gutszertrümmerung. Im einzelnen s. Art. 86 KGO.; § 22 VV., für den Fall des Art. 86 I auch Art. 75 I Z. 1 KGO.

Wegen der Übernahme der Reichnisse auf die Kirchengemeinde oder die Kirchenstiftung s. Art. 87 KGO.

Über den Einfluß der Umwandlung oder Ablösung von Reichnissen auf die Einkommensaufbesserung s. „Einkommensaufbesserung III A 1 d".

VI. Einfluß der Dismembration und Purifikation.

Im Falle der Dismembration und Purifikation (über diese s. „Dismembration" und „Purifikation") gehen die Reichnisse des Pfarrers und Mesners aus dem abgetrennten Territorium der bisherigen Pfarrei verloren. Die Deckung des Ausfalls fällt aber auch nicht den zurückbleibenden Parochianen zur Last; M. II 62 zu n. 5 u. 6, 355 zu n. 2. Für die unierte Pfalz ist eine Vergütung durch die Vereinigungsurkunde v. 10. X. 1818 § 13 vorgesehen; M. II 63 nach n. 6. Auch im diesrheinischen Bayern kann die Kuratelbehörde dahin wirken, daß der Pfarrer für die Auspfarrung eine Entschädigung, wenn nötig durch Umlagen, erhält; M. II 355 nach n. 3.

VII. Die Verjährung.

Die Bestimmung in Art. 126 AG. BGB. findet auf die Verjährung von Kirchtrachten Anwendung; M. II 415 n. 1; BGH. XXV 408; Kr. III 233 zu n. 17.

Bei der Verjährung von Kirchtrachten, welche vor dem 1. I. 1900 fällig geworden sind, kommen die Vorschriften des Gesetzes v. 26. III. 1859 über Verjährungsfristen im Zusammenhalt mit Art. 169 EG. BGB. zur Anwendung; BGH. XXV 408; Seeb. 674 n. 24; a. A. St. 1043 zu n. 4.

Auf die Verjährung privatrechtlicher Reichnisse findet § 197 BGB. Anwendung, während eine im Grundbuch eingetragene Reallastberechtigung einer Verjährung nicht unterliegt; §§ 902, 1107 BGB.; Kr. III 234 zu n. 19.

VIII. Beitreibung rückständiger Reichnisse.

Für rückständige Reichnisse öffentlich-rechtlicher Art und die auf jene treffenden Kosten haben die Erben, nicht die Besitznachfolger aufzukommen; BGH. XVII 290; M. II 415 zu n. 2; Seeb. 737 n. 184.

Die Beitreibung rückständiger, nicht bestrittener Reichnisse öffentlich-rechtlicher Natur erfolgt durch die Verwaltungsbehörden auf Grund einer nach Maßgabe der ABO. v. 14. VII. 1879 (GBBl. 703) für vollstreckbar erklärten Urkunde zwangsweise durch ihre eigenen Organe oder durch einen Gerichtsvollzieher; BlAdmPr. XLV 409; Kr. I 530 nach n. 115 mit 520 nach n. 69, III 155 zu n. 43.

IX. Streitigkeiten.

Die Verwaltungsbehörden sind verpflichtet, die Kirchendiener im Genuß der zu ihrem Unterhalt bestimmten Abgaben zu schützen; ABO. v. 29. I. 1805 (RBl. 455) u. v. 12. III. 1805 (Döll. XI 1589). Zugleich sind dieselben in ihrer Eigenschaft als Kuratelbehörden angewiesen, vor Einleitung des formellen Streitverfahrens den Versuch einer gütlichen Ausgleichung zu machen und sofern es gelingt, ein Anerkenntnis der fraglichen Leistung zu erzielen, dies sogleich in rechtsgültiger Weise konstatieren zu lassen; ME. v. 16. I. 1845 (W. III 292); Kr. I 530 zu n. 117, III 155 zu n. 44 u. 45; St. 1049 zu n. 8.

1. Wenn die Reichnisse öffentlich-rechtlicher Natur sind, also auf dem Pfarr- und Kirchenverband ruhen, so sind die Streitigkeiten über Ansprüche und Verbindlichkeiten hieraus Verwaltungsstreitsachen nach Art. 10 Z. 13 BGG.; BGH. II 677; Kr. I 528 zu n. 103, III 152 zu n. 28; Seeb. 72 n. 24.

Zuständig ist in erster Instanz die der betreffenden Kirchenstiftung oder Kirchengemeinde unmittelbar vorgesetzte Distriktsverwaltungsbehörde, in zweiter Instanz die Kreisregierung; FormVO. v. 17. XII. 1825 (W. II 279) § 50, in letzter Instanz der Verwaltungsgerichtshof; VGH. II 677, IV 494, VI 49, X 127, XVII 287; BlAdmPr. IX 107, XXIV 56, 59, XXV 26; ME. v. 3. X. 1873 (G. II 463); M. II 255 zu n. 7, 411 zu n. 1 u. 2; Kr. I 528 zu n. 104, III 152 unten; St. 1048 zu n. 5 u. 6; Seeb. 737 zu n. 183 u. 184; S. III 604 zu n. 42. Gleichgültig ist es, ob diese Reichnisse persönliche oder von den Häusern und Gütern der Parochianen hergebrachte sind, oder ob sie im Grundbuch eingetragen sind; Kr. I 528 zu n. 108, III 153 zu n. 32; St. 1048 zu n. 7.

Ist mit dem Reichnis eine Gegenleistung verbunden, so kann wegen der Verweigerung der letzteren nicht das Reichnis vorenthalten, sondern nur der Beschwerdeweg zur vorgesetzten Aufsichtsbehörde ergriffen werden; VGH. II 1; M. II 419 zu n. 3; Kr. I 523 zu n. 81, III 147 zu n. 4; St. 1044 nach n. 5.

2. Sind die Reichnisse privatrechtlich, so sind die Zivilgerichte zuständig; KompKonflE. v. 1. VIII. 1870 (RBl. 1653) u. v. 28. III. 1896 (GVBl. Beil. I 1); BlAdmPr. XI 107, XXXIV 379, 385, 401. Im einzelnen s. M. II 411 zu n. 2; Kr. I 528 zu n. 109, III 153 zu n. 33; St. 1049 zu n. 2; Seeb. 674 zu n. 24.

Die Zuständigkeit richtet sich nach der Klagbehauptung (Komp.-KonflE. im GVBl. 1878 Beil. I, 1881 Beil. I, 1883 Beil. I, 1889 Beil. III; VGH. IV 494, VIII 157, XI 311, XV 230, XVII 286; M. II 411 zu n. 3; Kr. I 528 n. 103, III 152 n. 27) und der tatsächlichen Begründung; VGH. XVII 285; BlAdmPr. XXXIV 380ff.; M. II 411 zu n. 3; a. A. KompKonflE. v. 16. XII. 1902 (GVBl. Beil. II), wonach es belanglos ist, ob auf Leistung privatrechtlicher Reichnisse überhaupt oder nur auf einzelne Leistungen geklagt wird; Kr. I 529 zu n. 110, III 153 zu n. 34.

3. Streitigkeiten über Fixierung, Umwandlung und Ablösung von (öffentlich-rechtlichen) Reichnissen an Geistliche, weltliche Kirchendiener (und Volksschullehrer) sind Verwaltungsrechtssachen nach Art. 8 Z. 11 VGG.; Art. 96a KGO. Im näheren s. D. a. a. O.

X. Das Zwangsverfahren.

Bezüglich der öffentlich-rechtlichen Reichnisse sind die Verwaltungsbehörden berechtigt, ihre rechtskräftig gewordenen Entscheidungen im Zwangsweg mit denselben Mitteln in Vollzug zu setzen, welche zum Vollzug rechtskräftiger Urteile in bürgerlichen Rechtsstreitigkeiten gegeben sind; Art. 46 VGG.; Art. 106 VII KGO.; M. II 427 zu n. 6, 339 zu n. 15; Kr. I 96 zu n. 86.

Bezüglich der privatrechtlichen Reichnisse greifen die zivilprozessualen Bestimmungen über die Zwangsvollstreckung Platz; M. II 427 vor n. 6.

B. **An die weltlichen Kirchendiener.**

Für diese gilt dasselbe wie für die Reichnisse an den Geistlichen, OLG. V 250; BGH. II 677, X 127; M. II 418 zu n. 3, 420 nach n. 8, soweit nicht im nachfolgenden Besonderes bestimmt ist.

I. Keinem Mesner steht ein Anspruch auf Läutgarbensammlung außerhalb des Pfarrbezirks zu, Seeb. 439 n. 13, und er hat für einen allenfallsigen Entgang keine Entschädigung; St. 1043 nach n. 2. Nur wenn dadurch sein Einkommen bedeutend geschmälert wird, kann eine Entschädigung, jedoch nur bis zum Abzug des pro tempore angestellten Mesners gewährt werden; AVO. v. 18. VI. 1808 (W. I 169); BGH. XV 237; Kr. I 524 zu n. 87, III 148 zu n. 10.

Über das Trauergeläut beim Ableben des Königs s. BGH. IX 411, XIII 334; G. II 804, 806, 812; M. II 418 n. 5.

Über die Vergütung für das Sturmläuten und Aufziehen der Kirchenuhr s. M. II 418 n. 5.

Bezüglich der Assistenz der außerordentlichen Andachten s. BGH. XV 158.

II. Reichnisse an solche weltliche Kirchendiener, welche zugleich Schullehrer sind, wurden mitunter von der sog. Schulgemeinde übernommen und haben damit ihren Charakter als kirchengemeindliche Abgaben verloren, BGH. II 645, wie umgekehrt die Kirchengemeinde solche Leistungen für die Schulen und Schullehrer übernahm und damit dieselben zu kirchengemeindlichen Abgaben stempelte; BGH. IX 415; M. II 420 zu n. 8; Kr. III 147 n. 5.

III. **Besondere Arten.**

1. Das Weihnachts- oder Umsinggeld und das Läutgeld; s. BGH. II 645, IX 416; BlAdmPr. XXIV 113, 126; M. II 421—425. Das Umsinggeld ist ein öffentlich-rechtliches Reichnis, eine Art Umlage, wobei primärpflichtig die Gemeinde ist. Zur Zahlung können nur die Pfarrgenossen verpflichtet werden. Eine Schmälerung des Einkommens der Kirchendienerstellen kann durch den Wegfall eines Pflichtigen nicht eintreten; M. II 421 zu n. 3 u. 4.

2. Die Läutgarben. Hierüber s. BGH. VI 8, XII 316, XIII 173, XV 231, XVII 153; BlAdmPr. XXIV 51; M. II 425 Z. III; St. 1044 nach n. 1. Sie sind, ursprünglich freiwillige Leistungen, jetzt Schuldleistungen, die neben dem Haus- noch Grundbesitz voraussetzen; M. II 426 zu n. 6. Doch haben Änderungen im Besitzstand nicht ohne weiteres

einen rechtlichen Einfluß auf das Verpflichtungsverhältnis; VGH. VI 8; M. II 426 n. 6. Sie können öffentlich-rechtlich und privatrechtlich sein; M. II 426 nach n. 7; Seeb. 438 n. 13.

3. Die Läutlaibbrote haben denselben Charakter wie die Läutgarben; VGH. II 600, XVII 290; M. II 426 Z. 2.

IV. Umwandlung und Ablösung der Reichnisse.

Hierüber s. oben A Z. V.

Über den Einfluß der Umwandlung oder Ablösung von Reichnissen auf die Vornahme der Ausgleichungen an den gemeindlichen Leistungen nach Art. 23 Abs. II Satz 4 SchulbedG. v. 28. VII. 1902 (GVBl. 265) s. „Fassion V 2".

V. Streitigkeiten.

1. Bezüglich der Art und rechtlichen Natur derartiger Streitigkeiten gilt das oben unter A Z. IX Gesagte.

2. Werden die öffentlich-rechtlichen Reichnisse in bezug auf Bestand, Umfang oder Modalität des Rechtes bestritten, so ist, da hier Rechte der Kirchenstiftung in Frage stehen, vor der Entschließung die Einvernahme der betreffenden Kirchenverwaltung geboten, VGH. IX 467, die auch zur Geltendmachung der Reichnisse legitimiert ist, wenn nicht bloß die Beitreibung einer säumigen Leistung in Frage steht; VGH. II 681, VIII 52, XV 233, XXIV 583; M. II 419 zu n. 1 u. 2; Kr. I 529 zu n. 112ff., III 154 zu n. 37 u. 38, 401 Abs. 2; St. 1048 zu n. 9. Selbstverständlich kann sich auch der Kirchendiener am Streit beteiligen.

3. Handelt es sich aber nur um Beitreibung rückständiger Reichnisse, so ist der Kirchendiener selbst legitimiert; Kr. I 530 zu n. 115, III 155 zu n. 39. Zur Geltendmachung eines fassionsmäßigen Anspruches auf Richten und Aufziehen der Kirchturmuhr gegenüber einem Lehrer in seiner Eigenschaft als Mesner ist nicht die Gemeinde, sondern die Kirchenverwaltung legitimiert; VGH. XIII 18, 52; BlAdmPr. XXXVIII 280; M. II 418 n. 5.

4. Streitigkeiten darüber, ob ein Bestandteil des Lehrereinkommens zum Schul- oder weltlichen Kirchendienst gehört, unterliegen dem Art. 10 Z. 22 VGG., während bezüglich der Verbindlichkeiten zu Leistungen für das Diensteinkommen des Lehrers Art. 10 Z. 19 VGG. Platz greift.

5. Streitigkeiten über Fixierung, Umwandlung und Ablösung von (öffentlich-rechtlichen) Reichnissen an weltliche Kirchendiener sind Verwaltungsrechtssachen nach Art. 8 Z. 11 VGG.; Art. 96a KGO. Im näheren s. D. a. a. O.

Reiseprediger.

s. „Hilfsgeistliche" III B; s. auch „Diaspora".

Religiöse Vereine

s. „Geistliche Gesellschaften" III 4.

Religionsgesellschaften

s. „Glaubensgesellschaften".

Religionsunterricht.

I. Begriff.

Religionsunterricht ist zunächst der rein kirchliche Unterricht in den Glaubenswahrheiten einer Religionsgesellschaft, besonders Kommunion-, Konfirmandenunterricht und Christenlehre; S. III 528 zu n. 28.

Ferner gehört hierher auch der religiöse Volksunterricht in den staatlichen Unterrichtsanstalten; S. III 528 zu n. 29.

II. Quellen.

1. Rechtsquellen: §§ 38 Buchst. d, 39 RE.; Art. V Abs. 4 Konk.; §§ 11, 14 PE.

2. Literatur: Kr. I 245—250; St. 647 § 735 —658; Seeb. 496 —542; S. III 509 nach n. 83, 511 zu n. 90, 647 nach n. 39 ff.

III. Anordnungsrecht.

1. Der Religionsunterricht, soweit er reiner kirchlicher Unterricht ist, bildet eine innerkirchliche Angelegenheit. Seine Anordnung kommt jeder genehmigten Privat- und öffentlichen Kirchengesellschaft unter der obersten Staatsaufsicht zu; §§ 38 Abs. 2 Buchst. d, 39 RE.; Art. V Abs. 4 Konk.; §§ 11, 14 PE.; VGH. IV 160; Kr. I 246 zu n. 12; St. 648 Abs. 2; Seeb. 496 Z. II 1; S. III 528 zu n. 28. — Ein staatlich nicht anerkannter Religionsverein hat kein Recht, einen Kultus für erwachsene Personen und einen Religionsunterricht für Kinder einzuführen. Er ist auf die einfache Hausandacht beschränkt.

2. Handelt es sich um die Erteilung des Religionsunterrichts in den staatlichen Unterrichtsanstalten, insbesondere in den Volksschulen, so bildet dieser Unterricht einen Bestandteil des Volksschulunterrichts, wobei eine weitgehende Mitwirkung des Staates stattfindet; denn der Volksschulunterricht ist ein staatlicher Gegenstand und alle Anordnungen darüber werden von der Staatsbehörde getroffen; S. III 511 zu n. 90, 647 nach n. 38.

a) Zuständig hiefür ist die Kreisregierung, Kammer des Innern; § 38 FormVO. v. 17. XII. 1825 (W. II 279); VO. v. 26. III. 1883 betreffend die Errichtung der Volksschulen und die Bildung der Schulsprengel (W. XVI 372).

b) Das Bestimmungsrecht über die Volksschulen steht nach jeder denkbaren Richtung dem Staat zu, daher auch in bezug auf die Erteilung des religiösen Volksunterrichts, soweit sie in den staatlichen Anstalten stattfinden soll.

Demnach bestimmt der Staat:

α) Wie weit in den Volksschulen religiöser Unterricht erteilt werden soll, aber mit dem Abmaße, daß die Erteilung des Religionsunterrichts als solche den kirchlichen Behörden zusteht; § 38 Abs. 2 Buchst. d RE.; S. III 511 nach n. 90.

Das Maß dieser Erteilung, besonders die Stundenzahl und Einteilung bemißt sich nach dem staatlich aufgestellten Lehrplan; VGH. XXII 131, die Art und Weise der Erteilung dagegen nach den von den einschlägigen kirchlichen Oberbehörden (Ordinariat, Oberkonsistorium und Konsistorium) erlassenen Vorschriften; Kr. I 246 zu n. 13; S. III 647 zu n. 39. Beide Behörden, kirchliche und staatliche, haben sich bei Festsetzung des Lehrplans für das Volksschulwesen miteinander ins Benehmen zu setzen; ME. v. 3. V. 1871 (G. IV 155); Seeb. 497 zu n. 7; St. 652 Abs. 4; S. III 647 zu n. 40 u. 41;

β) welche Lehrbücher bei Erteilung des Religionsunterrichts zugelassen werden.

Auch hier tritt gegenseitiges Einvernehmen zwischen kirchlichen und weltlichen Stellen ein; ME. v. 9. X. 1854 (W. IV 654); Kr. I 246 n. 13; St. 658 zu n. 1; Seeb. 497 zu n. 5 u. 6; S. III 647 zu n. 40; Seiler, Schulbedarfsgesetz, Art. 1 n. 6a, Art. 13 n. 1b.

γ) Der Staat gewährt den Religionsgesellschaften, soweit sie als öffentliche in Betracht kommen, zur Erteilung des Religionsunterrichts der Beihilfe seiner Organe (Lehrer); s. Z. IV 1 a α.

IV. Erteilung, Aufsicht und Kostendeckung.

1. An den Volksschulen.

a) Die Erteilung.

α) Die Erteilung ist Recht und Pflicht des zuständigen Pfarrers, welcher auch den Religionsunterricht, insoweit er von anderen (Hilfsgeistlichen und Schullehrern) erteilt wird, zu leiten und zu beaufsichtigen hat: VGH. IV 160; Kr. I 246 zu n. 10 u. 11; St. 647 § 735, 649 § 736; Seeb. 498 zu n. 9, 499 zu n. 12. Wenn mehrere Geistliche an einer Kirche angestellt sind, so bleibt die Leitung des Ganzen dem Parochus überlassen, er ist für die planmäßige und dem Zweck entsprechende Behandlung verantwortlich. Jedem einzelnen Religionslehrer ist sein bestimmter Anteil zuzuweisen, wenn er nicht ausdrücklich von dieser Verpflichtung ausgeschlossen wird; Seeb. 498 n. 8, 499 zu n. 13.

Der Geistliche hat wöchentlich zwei Unterrichtsstunden zu erteilen, mehr nur dann, wenn ihn hiezu besondere Dienstverhältnisse verpflichten oder wenn er sich aus freiem Antrieb dazu verbindlich macht; St. 650 § 737; Seeb. 501 zu n. 22, 503 n. 22 a. E.

Die Mitwirkung der Volksschullehrer findet nur in dem Maße und den Grenzen statt, in welchen sie den öffentlichen Kirchengesellschaften vom Staate zur Verfügung gestellt werden. — Eine allgemeine Anordnung des Staates erging in dieser Art durch den Lehrplan für die Volksschulen vom 3. V. 1811 (W. I 347), der die Grundlage für die Kreisschul- und Lehrordnung der einzelnen Regierungsbezirke bildet. — Gegenüber dieser Regelung kann eine umfangreichere Mitwirkung des Lehrpersonals am Religionsunterricht durch die geistliche Behörde nicht herbeigeführt werden.

Die Lehrer besorgen die Vorbereitung für die Erteilung des eigentlichen Religionsunterrichts durch die Geistlichen. In diesem Geschäftsumfange sind sie den öffentlichen Glaubensgesellschaften zur Verfügung gestellt und den Weisungen der kirchlichen Behörden unterworfen, während sie im übrigen Staatsdiener bleiben; Kr. I 246 nach n. 11; St. 649 zu n. 4, 651 nach n. 2.

β) Wo für die Angehörigen der verschiedenen Konfessionen nur eine oder mehrere gemeinsame Volksschulen bestehen, ist Vorsorge zu treffen, daß die Schulkinder den vorgeschriebenen Unterricht ihrer Religion, bezüglich dessen die verfassungsmäßigen Rechte und Zuständigkeit der kirchlichen Behörden ausdrücklich gewahrt bleiben, gesondert erhalten; St. 643 § 729; Seeb. 520 n. 75. Bezüglich der die Schulen einer fremden Konfession besuchenden Kinder hat also der wenn auch weit entfernt wohnende Pfarrer ihrer Konfession für den Religionsunterricht zu sorgen und das Erforderliche anzuordnen; VO. v. 22. I. 1815 Z. II 3 (W. I 465); ME. v. 14. II. 1905 (W. XXXIII 402); Seeb. 334 zu n. 13. Ein Zwang zum Besuch einer konfessionell gemischten Schule darf aber insolange nicht eintreten, als der Besuch einer konfessionellen Schule möglich gemacht werden kann; Seeb. 940 zu n. 24. — Ebensowenig dürfen Schulkinder zum Besuch des Religionsunterrichts oder zur Teilnahme an den religiösen Gebräuchen eines ihnen fremden Glaubensbekenntnisses angehalten werden; Seeb. 334 Abs. 2.

Über konfessionelle und konfessionell gemischte Schulen s. Seeb. 938 —941.

b) Die Aufsicht über die Erteilung des Religionsunterrichts üben die kirchlichen Oberbehörden; St. 651 § 739; Seeb. 496 nach n. 1; S. III 624 nach n. 30.

Daneben untersteht der religiöse Volksschulunterricht als Gegenstand des staatlichen Lehrplans der staatlichen Aufsicht der dem Volksschulwesen vorgesetzten Verwaltungsbehörden, d. i. der Kreisregierung, Kammer des Innern, und dem Kultusminsterium; § 34 FormVO. v. 17. XII. 1825 (W. II 279); VO. v. 27. II. 1847 (W. III 659) mit VO. v. 16. III. 1849 (W. IV 27); S. III 644 zu n. 8f.

c) Die Kosten des Religionsunterrichts.

Die Erteilung des Religionsunterrichtes obliegt der einschlägigen Pfarrgeistlichkeit als Amtspflicht; VGH. IV 159, XI 493. — Daher kann hiefür eine besondere Vergütung aus der Schulkasse nicht beansprucht werden; ME. v. 26. IX. 1824 (W. I 230, Fußnote); VGH. XI 493; Kr. I 246 zu n. 14; St. 648 g. E.; Seeb. 499 n. 12. Jedoch gewährt die protestantische Pfarrunterstützungskasse ihren Geistlichen für besondere Dienstleistungen, zu welchen die Erteilung von Religionsunterricht in entfernten katholischen Schulen gehört, Remunerationen; Seeb. 286 n. 10. Außerdem sollen die Überschüsse aus Kirchenstiftungsmitteln hiefür zur Verfügung gestellt werden; Seeb. 335 zu n. 15.

Die bürgerliche Gemeinde ist zur Tragung von Kosten, welche etwa für die Erteilung des Religionsunterrichts erwachsen, gesetzlich nicht verpflichtet; VGH. III 554, IV 159, XI 493; Kr. I 246 zu n. 15; Seeb. 335 n. 15, außer es besteht hiezu für sie ein besonderer Rechtstitel, z. B. ein Vertrag. — Die bürgerliche Gemeinde hat vielmehr nur für den sachlichen Aufwand und Schulbedarf, z. B. Bereitstellung der erforderlichen Räumlichkeiten, aufzukommen; § 1 Schulbedarfsgesetz; VGH. XXII 131.

Doch kann sie derartige Kosten freiwillig übernehmen; Kr. I 246 zu n. 15, sie kann auch in den Volksschulen hiefür eigene Hilfsgeistliche (Katecheten) aufstellen; Seeb. 197 zu n. 98; Seiler, Schulbedarfsgesetz Art. 1 n. 6a und Art. 13 n. 1b.

Wenn aber eine Gemeinde auf Grund einer der Schulaufsichtsbehörde gegenüber eingegangenen besonderen Verpflichtung den auf jenen Unterricht erwachsenden Aufwand übernommen hat, so kann dieses dadurch geschaffene Rechtsverhältnis nur mit Zustimmung der zuständigen Schulaufsichtsbehörde (Kreisregierung) geändert werden; VGH. XI 493; Kr. I 247 zu n. 16; Seeb. 335 n. 15.

2. An den Mittelschulen.

a) Die Schüler an Mittel- und Privatschulen haben ebenfalls vollständigen Unterricht in der Religion nach den Grundsätzen und von geistlichen Lehrern ihrer Konfession zu empfangen. Es darf keiner von ihnen zum Besuch der Lehrstunden eines anderen Glaubensbekenntnisses angehalten werden; Seeb. 524 zu n. 88, 523 zu n. 85.

b) Bezüglich der Aufsicht über den Unterricht in der Religion und die religiöse Erziehung der Schüler an den höheren Lehranstalten gilt das Gleiche wie in der Volksschule; s. auch ME. v. 29. VII. 1904 (W. XXXIII 83); Seeb. 531 Buchst. γ.

c) Die Unterrichtserteilung in den Staatsschulen ist nicht Amtspflicht des Pfarrers. Wenn sich hiezu der Ortsgeistliche nicht bereit erklärt oder die vorgesetzte kirchliche Behörde es nicht gestattet, daß der Geistliche diesen Unterricht übernimmt, dann muß der Staat durch Aufstellung eines eigenen Geistlichen dafür sorgen.

Auch im Falle der Übernahme des Religionsunterrichts an diesen Schulen ist die Pfarrgeistlichkeit zur unentgeltlichen Erteilung desselben nicht verpflichtet; Kr. I 247 nach n. 16.

3. In Gefangenenanstalten. Den Gefangenen wird in angemessenen Abteilungen zweimal in der Woche je eine Stunde Religionsunterricht von dem Hausgeistlichen erteilt; Seeb. 618 nach n. 19, 616 zu n. 12.

4. An fremde Religionsgenossen. Der Religionsunterricht kann auch an Mitglieder einer anderen Kirche, selbst an Minderjährige, auf Verlangen erteilt werden, ohne daß hiedurch die verfassungsmäßigen Vorschriften über die Glaubenszugehörigkeit verletzt würden; Seeb. 3 zu n. 7; s. „Glaubensbekenntnis" IV 1 b δ letzter Absatz.

5. An Kinder von Angehörigen der freigemeindlichen Genossenschaften und der deutschkatholischen Kirche. Diese sollen, sofern sie nicht mit Zustimmung ihrer Eltern an dem in der Schule erteilten Religionsunterricht freiwillig sich beteiligen wollen, durch die Schulbehörde von demselben dispensiert werden; St. 643 § 729 Abs. 2; Seeb. 42 zu n. 6 u. 7, 43 zu n. 14.

6. Die Christenlehre; s. Kr. I 247—250; Seeb. 516 Z. 7—523.

7. Über den Religionsunterricht der Israeliten s. § 32 JE.; S. III 611 n. 34.

V. Besuchspflicht.

Zum Besuch des Religionsunterrichts ist die Jugend für die Dauer der Werktags- und Sonntagsschulpflicht verpflichtet; St. 651 Abs. 2; Seeb. 506 Z. 4.

VI. Streitigkeiten.

1. In allen Streitigkeiten über Volksschulangelegenheiten, besonders über Pflicht und Umfang des vom Schullehrer zu erteilenden Religionsunterrichts, ist die Kreisregierung, Kammer des Innern, zuständig, welcher die betreffende Schulinspektion und Distriktspolizeibehörde untergeordnet sind; § 38 FormVO. v. 17. XII. 1825 (W. II 279); VO. v. 29. XII. 1836 Z. 27, 28 (W. III 81); S. III

644 zu n. 8. — Ein derartiger Streit wird als reine Verwaltungssache behandelt.

2. Die Distriktsschulbehörden sind nur zuständig, soweit hiefür eine ausdrückliche Zuständigkeitsnormierung besteht. — So ist es Aufgabe der Distriktsschulbehörde, Streitigkeiten zwischen Lehrer und Pfarrer in bezug auf Schule und Schulordnung in erster Instanz zu entscheiden, und zwar Streitigkeiten zwischen Schullehrer und Schulinspektor wie auch zwischen dem Lehrer und dem Pfarrer in seiner Eigenschaft als Leiter und Erteiler des Religionsunterrichts. — Wenn sich aber die Distriktsschulbehörde (Schulinspektor und Distriktspolizeibehörde) nicht einigt, tritt die Zuständigkeit der Kreisregierung ein; § 50 FormVO. v. 17. XII. 1825 (W. II 279); Seeb. 910 nach n. 6; diese hat vor der Entscheidung die kirchliche Oberbehörde einzuvernehmen.

3. Über die Beschwerde gegen die Entscheidung der Kreisregierung entscheidet das Kultusministerium, dem die Aufsicht und Leitung des gesamten Volksschulwesens zusteht; § 62 Buchst. b FormVO. v. 17. XII. 1825 (W. II 279); VO. v. 27. II. 1847 (W. III 659); VO. v. 16. III. 1849 (W. IV 27); Seeb. 941 Z. 3. — Der VGH. ist nicht zuständig; vgl. VGH. I 159.

Religionswechsel

s. „Glaubensbekenntnis" IV.

Religiöse Kindererziehung

s. „Kindererziehung religiöse".

Rentenüberschüsse.

I. Begriff.

Rentenüberschüsse sind Überschüsse, die sich bei dem Kirchenstiftungsvermögen (s. „Ortskirchenvermögen" III; Gegensatz: Vermögen der gesonderten Kultusstiftungen, besonders der Pfründestiftungen; s. unten Z. V 2) in einzelnen Gemeinden nach hinlänglicher Deckung der Lokalkirchenbedürfnisse ergeben; § 48 RE.; M. I 256 nach n. 1; Seeb. 849 zu n. 42; S. III 531 nach n. 18.

II. Quellen.

1. Rechtsquellen: §§ 47—49 RE.; ME. v. 24. IV. 1857 (W. V 47ff.; St. 790 §§ 911ff.). — Diese Vorschriften wurden durch die KGO. nicht berührt; Art. 112 Abs. III KGO.

2. Literatur: M. I 255—268; Kr. III 19—24; St. 790 § 910—797; Seeb. 849—854; S. III 530 nach n. 14 —532 zu n. 24; P. n. zu §§ 47—49 RE.; D. n. zu Art. 10 Z. 3 VGG.

III. Ermittlung der Rentenüberschüsse.

1. a) Als Grundlage zur Ermittlung der Rentenüberschüsse der Kirchenstiftungen dienen die Grundetats derselben (über diese s. „Etat") im Zusammenhalt mit dem nach dem letzten festgesetzten Rechnungsabschluß sich ergebenden Aktivkassenbestand und zwar in der Art, daß unter keiner Voraussetzung der betreffenden Stiftung ein diesen Aktivkassenbestand übersteigender Unterstützungsbeitrag auferlegt werden kann. — In diesem Aktivkassenbestand darf nicht ein Teil des Grundvermögens begriffen sein; ME. v. 24. IV. 1857 § 13; VGH. XVI 220; Kr. III 22 nach n. 9; St. 795; Seeb. 850 n. 44.

b) Dabei kann man unterscheiden zwischen uneigentlichen Rentenüberschüssen, wenn die betreffende Kirchenstiftung überhaupt mehr Einnahmen wie Ausgaben hat, und eigentlichen Rentenüberschüssen im Sinne der §§ 48, 49 RE., die „nach hinlänglicher Deckung der Lokalkirchenbedürfnisse" sich ergeben; von letzteren wird hier gesprochen.

2. Unter Lokalkirchenbedürfnissen sind die Kultusbedürfnisse der einschlägigen Kirchengemeinde zu verstehen; § 6 der angef. ME.; VGH. XIX 10; M. II 326 n. 6; Kr. III 20 nach n. 2; Seeb. 849 n. 43; denn nur die betreffende Kirchengemeinde ist es, welche in bezug auf das Kirchenvermögen d. i. Kirchenstiftungsvermögen das berechtigte Subjekt darstellt; ME. v. 21. VI. 1846 § 11 (Döll. XXIII 39); M. II 326 n. 6.

Die Lokalkirchenbedürfnisse betreffen inhaltlich den Unterhalt der Kirchendiener (der eigenen Kirche), die Ausgaben für den Gottesdienst d. i. für alle üblichen gottesdienstlichen Verrichtungen und den erforderlichen Aufwand hiefür (sowohl der Pfarr- wie einer Nebenkirche, außer bei Filialkirchen mit eigenem Vermögen) sowie die Errichtung und Unterhaltung der nötigen Gebäude; vgl. § 88 RE.; s. auch „Kirchengemeinde" IV 2; M. I 256 zu n. 2.

Die Lokalkirchenbedürfnisse sind von den „Ortskirchenbedürfnissen" im Sinne des Art. 12 KGO. zu unterscheiden. Beide Begriffe decken sich nicht vollständig. — Zwar ist künftig alles das, was nach Art. 12 Abs. I u. II KGO. „Ortskirchenbedürfnis" ist, ohne weiteres auch „Lokalkirchenbedürfnis". — Lokalkirchenbedürfnis ist aber außerdem noch die Summe aller in einer Pfarrkirchengemeinde bestehenden Ortskirchenbedürfnisse, also der Ortskirchenbedürfnisse einer Pfarr-, Mutter-, Tochtergemeinde und sonstiger Bestandteile (kirchlicher Konkurrenzverbände) aller Art; L. Vorbem. n. 2 zu Art. 12 KGO.

3. a) Eine „hinlängliche Deckung" der Lokalkirchenbedürfnisse ist aber erst dann bewerkstelligt, wenn in den genannten Stif-

tungen nicht nur für die Gegenwart, sondern auch für eine nachhaltige Sicherung rücksichtlich der Zukunft gesorgt ist; § 1 der angef. ME.; M. I 256 zu n. 3; denn das Vermögen jeder Stiftung hat der vollständigen gegenwärtigen Erfüllung ihres Zweckes und der nachhaltigen Sicherung desselben für die Zukunft zu dienen. Abgesehen von der wirtschaftlichen Verwaltung des Stiftungsvermögens ist daher der Begriff des eigenen Bedürfnisses einer Stiftung nicht zu eng zu fassen, vielmehr erweiternd auszulegen; vgl. § 1 der angef. ME. v. 1857; M. I 256 zu n. 4; Kr. III 19 § 6.

b) Befinden sich außer der Pfarrkirche auch Filial- oder Nebenkirchen (über diese s. „Tochtergemeinde" und „Nebenkirchen") innerhalb einer Pfarrgemeinde (s. „Pfarrgemeinde"), so ist das gemeindliche Kirchenbedürfnis nur dann als hinlänglich gedeckt zu erachten, wenn bei keiner der gedachten Kirchen ein Ausfall besteht; § 6 Abs. 2 der angef. ME.

Dabei ist aber auseinanderzuhalten:

α) Ein Rechtsanspruch der einzelnen Kirchenstiftungen untereinander auf diese Rentenüberschüsse besteht nicht. Insbesondere besteht kein Rechtsanspruch der Mutterkirche auf die Rentenüberschüsse der Tochterkirche und umgekehrt, der sich lediglich auf das Filialitätsverhältnis stützt; denn angesichts der Selbständigkeit der einzelnen Stiftungen kann sich ein solcher Rechtsanspruch oder eine Beitragspflicht nicht auf das Filialitätsverhältnis stützen, zumal es keinesfalls in der unmittelbaren Zweckbestimmung insbesondere einer Tochterkirche liegt, die Bedürfnisse der Haupt- und Mutterkirche zu erfüllen. Eine Konkurrenzpflicht der Mutterkirche gegen die Filiale besteht in diesem Sinne erst recht nicht.

Ein solcher Rechtsanspruch auf Rentenüberschüsse kann sich daher nur auf besondere Verträge und andere Privatrechtstitel gründen, niemals aber auf die bloße Tatsache der Filialität; M. I 257 letzt. Abs., 258 oben. Über den Begriff der Filialität s. „Filialkirchengemeinde".

Durch Art. 16 KGO. wurde an diesen Bestimmungen nichts geändert; Fr. Art. 16 KGO. n. 1 g. E.

Streitigkeiten über Ansprüche auf Rentenüberschüsse auf Grund eines besonderen Rechtstitels fallen nicht unter Art. 8 Z. 35 VGG., sondern gehören vor die ordentliche Gerichte.

β) Mangels eines besonderen Rechtstitels kann die Hauptkirche von der Filialkirche (und umgekehrt) Beiträge zur Deckung der lokalen Kirchenbedürfnisse nur wie alle anderen bedürftigen Kirchenstiftungen in Form von Rentenüberschüssen nach § 48 KE. verlangen.

§ 6 der ME. gibt lediglich Verteilungsdirektiven für die betreffenden Verwaltungsämter und hienach hat — nur im Rahmen der Rentenüberschußverteilung — die Mutterkirche bei Konkurrenz anderer fremder Kirchenstiftungen um die Rentenüberschüsse der Filialkirchenstiftung den Vorrang und das Recht auf vorzugsweise Befriedigung auf Grund der nahen Beziehungen zwischen Mutter- und Tochterkirche (ebenso umgekehrt); M. I 258, 259. — Die Verwaltungsbehörde hat daher bei Verteilung von Rentenüberschüssen zunächst zu prüfen, ob nicht eine der zu der die Rentenüberschüsse aufweisenden Kirchenstiftung im Mutterkirchen- bzw. Filialitätsverhältnis stehenden Stiftungen die Rentenüberschüsse benötigt.

γ) Die Kirchenverwaltungen der einzelnen beteiligten Stiftungen können auch freiwillig Rentenüberschüsse gewähren. Wird in Ermangelung eines verpflichtenden besonderen Rechtstitels die Beitragsleistung der Pfarrkirchenstiftung zu einer Filial- oder Nebenkirche des Pfarrsprengels oder einer Filial- oder Nebenkirchenstiftung zur Pfarrkirche vom zuständigen Vertretungskörper (Kirchenverwaltung, besondere Verwaltung) freiwillig ordnungsgemäß beschlossen, so ist ohne Rücksicht auf die Höhe der gewährten Beträge Zustimmung der kirchlichen Oberbehörde und Genehmigung der Staatsaufsichtsbehörde erforderlich; Art. 75 Abs. I Z. 5, Abs. III KGO.

Verhält sich aber die betreffende Stiftungsverwaltung ablehnend, so kann nur nach Maßgabe der beschränkenden Vorschriften, wie sie für Verwendung der Rentenüberschüsse zur Konkurrenz nach auswärts gelten, von der Regierung nach Einvernahme der kirchlichen Oberbehörde die Konkurrenzleistung angeordnet werden; s. oben Buchst. b und unten Z. IV ff. —

c) Auch die freiwillige Leistung eines höheren als des normativmäßig geschuldeten Konkurrenzbeitrags (s. unten Z. VI) nach auswärts bedarf der Zustimmung der kirchlichen Oberbehörde und der Genehmigung der Staatsaufsichtsbehörde; Art. 75 Abs. I Z. 5, Abs. III KGO.

Sonstige freiwillige Leistungen für Kultusbedürfnisse außerhalb des Pfarrsprengels unterliegen der Regierungsgenehmigung nach Maßgabe des § 21 Abs. VIII der ME. v. 24. IV. 1857.

Insolange nicht die Erfüllung der gesetzlichen Verbindlichkeiten der Kirchenstiftung, insbesondere die Erfüllung ihrer primären Baupflicht aus dem Stiftungsvermögen nachhaltig gesichert ist, werden Ausgaben, die unter den Begriff der freiwilligen Leistungen fallen, nicht zu genehmigen sein, auch wenn sie verfassungsmäßig zulässig wären.

d) Beruht dagegen eine Leistung für Kultusbedürfnisse einer anderen Kirche auf besonderem Rechtstitel, z. B. auf Stiftungsanordnung, Vertrag usw., so darf sie selbstverständlich ohne weitere Genehmigung fortgeleistet werden und ist nicht wie die freiwilligen Leistungen aus Mitteln des ortskirchlichen Stiftungsvermögens für außerhalb des eigentlichen Stiftungszweckes liegende Zwecke nur im Rahmen der §§ 48, 49 RE. (s. unten Z. IV) zulässig.

e) Reine Schenkungen dürfen aus dem ortskirchlichen Stiftungsvermögen nicht gemacht werden; denn hier steht die Natur des Stiftungsvermögens und die Erwägung entgegen, daß nach dem Zusammenhange der §§ 47—49 RE. den Stiftungsverwaltungen eine Disposition nur unter Beachtung des stiftungsmäßigen Zweckes, nicht aber in rein beliebiger Weise eingeräumt ist.

IV. Verwendung der Rentenüberschüsse.

1. Im allgemeinen.

a) Nach Verfassungsbestimmung darf das Kirchenstiftungsvermögen unter keinem Vorwand zum Staatsvermögen eingezogen und in der Substanz zum Besten eines anderen als des bestimmten Stiftungszwecks ohne Zustimmung der Beteiligten (M. I 1 n. 3; K. I 715 Z. 6a) verwendet und seinem besonderen Stiftungszweck entfremdet werden; § 47 RE.; Tit. IV § 9 Abs. 4 u. § 10 VerfU.; M. I 1 zu n. 3, II 48 zu n. 3; S. III 530 nach n. 14.

Das Vermögen jeder Stiftung hat einem bestimmten Zweck und zwar seinem eigenen Stiftungszwecke zu dienen. Über die Wahrung und Beobachtung dieses Stiftungszweckes hat in erster Linie die Staatsaufsichtsbehörde zu wachen, besonders darüber, daß das Stiftungsvermögen zur vollständigen gegenwärtigen Erfüllung des Stiftungszweckes wie auch zur nachhaltigen Sicherung desselben für die Zukunft verfügbar gehalten wird.

b) Daher müßten auch die Rentenüberschüsse mangels besonderer Gesetzesbestimmungen zum Stiftungskapital geschlagen werden; M. I 259 zu n. 4—6; St. 787 § 907. Die Verfassung sieht aber eine andere Verwendung der Rentenüberschüsse vor und zählt die Zwecke der Verwendung in den §§ 48 u. 49 RE. auf; M. I 259 nach n. 6; S. III 530 nach n. 16.

α) Es tritt eine Verpflichtung der Kirchenstiftungen zu Zuschußleistungen für die Zwecke der §§ 48, 49 RE. erst dann ein, wenn die überschießenden Renten der Stiftungen für die Lokalkirchenbedürfnisse nicht benötigt werden; s. oben Z. III 2, 3. — Die Kirchenstiftungen können dabei über den Bedarf hinausgehen und freiwillig höhere Leistungen für die in Art. 12 Abs. I u. II KGO. bezeichneten Zwecke machen; vgl. Art. 12 Abs. I u. II KGO.

β) Ferner können die Rentenüberschüsse nur verwendet werden: zum Besten des nämlichen Religionsteils, für die verfassungsmäßig ausdrücklich bezeichneten Zwecke, nach gehöriger Ermittlung des hiefür sprechenden Bedürfnisses; § 9 der angef. ME.

γ) Endlich ergeben sich Beschränkungen in der Verwendung der Rentenüberschüsse:

I in konfessioneller Hinsicht. Hier bieten die Simultankirchen insofern eine Besonderheit, als die Rentenüberschüsse derselben den beiderseitigen Religionsteilen nach dem Maßstab zuzuwenden sind, in welchem sie auf Grund der §§ 90 u. 91 RE. genußberechtigt sind; bei gleicher Berechtigung müssen daher die Renten einer Simultankirche geteilt werden. — Nach demselben Maßstab sind auch die Unterstützungen, deren eine Simultankirche für bedürftig erkannt wird, aus Rentenüberschüssen katholischer und protestantischer Kirchenstiftungen zu entnehmen; § 19 Abs. 1 u. 2 der angef. ME. v. 1857; M. I 261 Z. II; Kr. III 23 zu n. 13; St. 795 zu n. 1; Seeb. 850 n. 45;

II in territorialer Hinsicht. Eine solche Beschränkung besteht nur für katholische Kirchenstiftungen und zwar insofern, als sie zunächst nur zur Deckung der Bedürfnisse dürftiger katholischer Stiftungen derselben Diözesen Beiträge zu leisten haben; § 14 der angef. ME. mit Z. 26 der ME. v. 8. IV. 1852 (W. IV 382); M. I 262 Z. 2 u. n. 3; St. 795.

δ) Über Verwendung des Kirchenvermögens zu außerkirchlichen Zwecken s. dort.

2. Die gesetzlichen Verwendungszwecke im einzelnen.

a) Verwendungszwecke primärer Natur; § 48 RE.

Diese Zwecke sind völlig gleichwertig; es kommt daher auf die Reihenfolge nicht an. Andererseits sind die Verwendungszwecke genau und einengend auszulegen, d. h. es kommen nur die nachstehend aufgeführten unmittelbaren Zwecke bei der Verteilung in Berücksichtigung; andere Zwecke bleiben bei der Zuweisung von Rentenüberschüssen außer Betracht.

Auch muß die Verwendung der nachgesuchten Rentenüberschüsse zur Erreichung eines der nachstehend angegebenen Zwecke unbedingt notwendig sein, d. h. es dürfen aus anderen, dem betreffenden bedürftigen Kirchenvermögen angehörenden Quellen die entsprechenden Mittel zur Erreichung des bezeichneten Zweckes nicht geschöpft werden können.

Als Verwendungszwecke primärer Natur gelten bei Verteilung von Rentenüberschüssen:

α) Erhaltung und Wiederherstellung der Kirchen und geistlichen Gebäude in anderen Gemeinden; § 48 Buchst. a RE.

I Diese Verwendung von Rentenüberschüssen ist aber erst dann zulässig, wenn die gesetzlich zu leistenden und geleisteten Beiträge der zum Bau oder Unterhaltung solcher Kultusgebäude konkurrenzpflichtigen Personen zu der nötigen Bauführung nicht ausreichen, § 20 der angef. ME.; Kr. II 303 zu n. 91; Seeb. 851 n. 46, mithin mangels einer ausreichenden Quelle die unbedingte Bedürftigkeit der betreffenden Stiftung vorliegt.

II Auch für Schul- und Mesnerhäuser, bei welchen die Übung besteht, daß ein Teil der Baukosten aus dem Kirchenvermögen bestritten wird, können die Rentenüberschüsse verwendet werden; Seeb. 851 n. 46. Selbstverständlich muß auch die Pflicht der um die Rentenüberschüsse nachsuchenden Kirchengemeinde oder Kirchenstiftung zur Baulast feststehen.

III Die Verwendung von Rentenüberschüssen ist nur für den unmittelbaren gegenwärtigen Zweck, für ein akutes Bedürfnis zulässig; eine Zuteilung von Rentenüberschüssen zur Vermögensansammlung für einen künftigen Zweck, z. B. zur Gründung eines Baufonds oder zur Bildung und Speisung eines Reservefonds für künftig erst anfallende, wenn auch schon voraussichtliche Baufälle bleibt ausgeschlossen; vgl. § 9 der angef. ME.; § 14 der ME. v. 19. X. 1850 (W. IV 192).

β) Ergänzung des Unterhalts einzelner Kirchendiener; § 48 Buchst. b RE.

Darunter sind aber nur die Kirchendiener fremder, gleichkonfessioneller Kirchengemeinden zu verstehen. Die Ergänzung des Unterhalts der Kirchendiener der eigenen Kirchengemeinde ist als Befriedigung eines lokalen Kirchenbedürfnisses zu betrachten und setzt das Vorhandensein von Rentenüberschüssen nicht voraus; VGH. XIX 10; Kr. III 20 n. 4; vgl. Art. 12 Abs. I Z. 3, Abs. IV KGO.

Zu den zu unterhaltenden bzw. zu unterstützenden Kirchendienern gehören insbesondere die Geistlichen. Eine Heranziehung reicher Pfründestiftungen mit Rentenüberschüssen zur Dotation armer Pfründebesitzer ist verfassungsrechtlich ebensowenig zulässig wie eine Heranziehung dieser Pfründerentenüberschüsse zu den Zwecken der §§ 48 u. 49 RE. überhaupt; M. II 49 Z. II, 52 nach n. 5.

Über Verwendung von Rentenüberschüssen zur Bestreitung von Prozeßkosten eines Pfründebesitzers s. Kr. II 404 Z. 6 u. 7;

über ihre Verwendung zur Darleihung von Absitzkapitalien (über diese s. „Absitzkapitalien") s. Kr. II 278 n. 1 a. E.

γ) Fundation neuer notwendiger Pfarrstellen; § 48 Buchst. c RE.; M. II 57 zu n. 8; Kr. II 7 zu n. 8.

Nicht hieher gehört die Schaffung des Postens eines Anstalts- (z. B. Krankenhaus-) Geistlichen. Eine derartige Maßnahme enthält nicht die Errichtung einer Pfarrei, da letztere einen geographisch abgegrenzten Bezirk voraussetzt (s. „Pfarrei"); solche Verwendungen von Rentenüberschüssen fallen eventuell unter § 49 RE.

δ) Unterstützung geistlicher Bildungsanstalten (s. dort); § 48 Buchst. d RE.

ε) Unterhaltsbeiträge der durch Alter oder Krankheit zum Kirchendienst unfähig gewordenen geistlichen Personen; § 48 Buchst. e RE.; M. I 26 n. 1; Kr. II 174 Z. 6. — Die Verwendung von Rentenüberschüssen der Kirchenstiftungen zur Bestreitung der Regieausgaben der Pfarrämter ist unstatthaft, da eine Verpflichtung des Lokalkirchenvermögens zur Bestreitung dieser Ausgaben in den bestehenden Gesetzen nirgends begründet ist; Kr. II 21 n. 5.

b) Verwendungszwecke sekundärer Natur; § 49 RE.

α) Die Zwecke des § 49 kommen nicht in Betracht, solange nicht die Zwecke des § 48 erfüllt sind. Erst insofern nach kritischer Würdigung der Kirchenverwaltung für die Zwecke des § 48 RE. etwas entbehrt werden kann, was die Staatsaufsichtsbehörde nach Einvernehmung der Kirchenbehörde entscheidet, kommt die Frage der Verwendung zu außerkirchlichen Zwecken (§ 49 RE.) in Betracht; s. M. I 283 nach n. 3.

β) Sekundäre Verwendungszwecke sind nach § 49 RE.: Ergänzung von Schulanstalten (die Schulhäuser gehören nur insoweit hieher, als sie nicht zugleich Mesnerhäuser sind und so unter die primären Verwendungszwecke des § 48 RE. fallen), dann der Armenstiftungen, wohin auch jene der Krankenpflege zu rechnen sind.

Die Kirchenverwaltungen sind nicht befugt, die Renten zu anderen, mit der Aufgabe des Kirchenstiftungsvermögens außer allem Zusammenhang stehenden Zwecken zu verwenden; sie haben z. B. nicht das Recht, außer den Fällen des § 49 RE. willkürliche Schenkungen zu machen, auch nicht mit Zustimmung der zuständigen Staatsaufsichtsbehörde; Kr. III 21 n. 6; Seeb. 852 n. 50. Andere außerkirchliche Zwecke, die nicht in § 49 RE. enthalten sind und für welche Rentenüberschüsse verwendet werden können, sind vielmehr dem RE. fremd; M. I 284 zu n. 2.

γ) Für Schul-, Armen- und Krankenzwecke sind auch freiwillige Zuschüsse der Kirchenstiftungen mit Zustimmung der kirchlichen Oberbehörde und Genehmigung der Staatsaufsichtsbehörde zulässig; § 49 RE.; Art. 75 Abs. I Z. 5, Abs. III KGO.

Weitere freiwillige Zuschüsse für Zwecke, die nicht unmittelbar den Kirchenstiftungen dienen oder die Sicherheit ihres Vermögens gewährleisten, erscheinen als verfassungsmäßig unzulässig und können auch mit Zustimmung der Staatsaufsichtsbehörde und der kirchlichen Oberbehörde nicht gewährt werden; BGH. XXI 111; s. auch „Verwendung des Kirchenvermögens für außerkirchliche Zwecke".

Werden aber die Zuschüsse für Schul- und Armenzwecke gemäß § 49 RE. als wiederkehrende Leistungen auf Grund eines besonderen Rechtstitels gewährt, so dürfen sie selbstverständlich ohne weitere Zustimmung oder Genehmigung fortgeleistet werden; vgl. auch Fr. Art. 12 KGO. n. 13.

V. Beitragspflichtige, Konkurrenzfreiheit.

1. Verpflichtet zu Beiträgen aus Rentenüberschüssen sind nur die Kirchenstiftungen der Kirchengemeinden, d. h. die Träger des Kirchenvermögens im engeren Sinne; M. I 262 zu n. 6, II 74 Z. II 1 nach n. 1.

Ferner wird nur das örtliche Kirchenstiftungsvermögen von der Beitragspflicht getroffen; S. III 531 zu n. 18. Darunter ist nach § 10 der angef. ME. v. 1857 (M. I 262 § 75; Kr. III 21 nach n. 6; St. 792 § 913) zu verstehen:

a) Das Vermögen der Kirchen und Kapellen.

b) Das Vermögen der religiösen Bruderschaften, sofern sie nicht auf Grund eigentümlicher Verhältnisse einen Anspruch auf Befreiung zu gründen vermögen.

Das Vermögen der Bruderschaften bildet regelmäßig einen integrierenden Bestandteil des Kirchenstiftungsvermögens und ist nur deshalb und unter dieser Voraussetzung konkurrenzpflichtig; M. I 262 zu n. 8; vgl. auch Art. 5 Abs. II Z. 3 KGO.

Insoweit sind sowohl die älteren als die neu entstehenden Bruderschaften mit ihren Rentenüberschüssen, worunter aber die freiwilligen Beiträge ihrer Mitglieder nicht gerechnet werden dürfen, konkurrenzpflichtig, das sind die landesherrlich bestätigten Bruderschaften, deren Vermögensverwaltung unter staatlicher Aufsicht steht; Kr. III 21 n. 7; s. auch M. I 262 zu n. 8 sowie „Geistliche Gesellschaften" III 3.

c) Das Vermögen der Benefizialstiftungen, soweit dessen Genuß nicht mit kirchlichen Ämtern in unmittelbarer Verbindung steht; s. folgende Z. 2.

2. Befreit sind dagegen von der Leistung von Unterstützungsbeiträgen nach § 11 der angef. ME. v. 1857 (Kr. III 22 oben; St. 794 § 914):

a) Das Benefizialstiftungsvermögen, soweit dessen Genuß mit kirchlichen Ämtern in unmittelbarer Verbindung steht, insbesondere das Pfründestiftungsvermögen; M. II 49 n. 3, 74 zu n. 4; Fr. n. 7 zu Art. 1 KGO.

b) Jene Stiftungen, welche ihre Renten zur Bestreitung größerer außerordentlicher Ausgaben nach Maßgabe der hierüber gefertigten Etatsvarianten selbst bedürfen.

Die Etatsvarianten müssen aber bereits gefertigt sein, um das eigene Bedürfnis nachzuweisen; andernfalls tritt keine Konkurrenzbefreiung ein.

Die größeren Ausgaben können auch in der Zukunft liegen; daher ist z. B. die Ansammlung von Geldern für größere Baufälle, die künftig geplant sind, zulässig und begründet für die betreffende Kirchenstiftung Leistungsbefreiung.

c) Stiftungen, deren Renten nach Vorschrift der Stiftungsurkunde oder überhaupt behufs Erreichung des Stiftungszwecks vorerst noch kapitalisiert werden müssen.

d) Stiftungen, welche Schulden haben, z. B. infolge früherer Einziehung von Stammkapitalien und nunmehr notwendiger Wiedererneuerung durch Refundierung.

Bei Kirchenstiftungen, die Schulden haben, sind zur Tilgung der letzteren alle aus den Verwaltungs- und Rechnungsergebnissen der einzelnen Jahre hervorgehenden Rentenüberschüsse zu verwenden, auch wenn in dem Schuldentilgungsplan nur ein geringerer Betrag der Verzinsung und Abtragung der Schulden eingestellt ist; § 5 der angef. ME. — Doch hat die Befreiung von der Konkurrenzpflicht mit Rentenüberschüssen zur notwendigen Voraussetzung, daß die Mittel der Stiftung auch tatsächlich zur Schuldentilgung verwendet werden; M. I 256 zu n. 7 u. 8; Seeb. 849 n. 43, d. h. der Refundierungsplan muß in solchen Fällen entsprechend abgeändert werden, so daß der vollständige Verbrauch der gesamten überschüssigen Renten zur Schuldentilgung nachgewiesen wird.

e) Stiftungen, deren etatsmäßiger jährlicher Überschuß nicht wenigstens die Summe von 50 fl. (= 85,71 ℳ) erreicht.

Gesuche um Befreiung von Leistungen solcher Konkurrenzbeiträge sind bei der vorgesetzten Staatsaufsichtsbehörde einzureichen und mit der Etatsvariante (s. „Etat") zu belegen; Kr. III 249 nach n. 1.

VI. Beitragshöhe.

Der Unterstützungsbeitrag ist nicht unbeschränkt, sondern begrenzt; er soll 25% der jährlichen etatsmäßigen Rentenüberschüsse nicht übersteigen; § 12 Abs. 1 der angef. ME.; M. I 263 zu n. 1; Kr. III 22 nach n. 8; St. 794 § 914; Seeb. 850 n. 44 g. E.

Eine Ausnahme hievon tritt nur in außerordentlichen Fällen eines ungewöhnlich gesteigerten Bedürfnisses ein und erfordert die Entscheidung des Königs; § 12 Abs. 2 der ME.

Auch können freiwillig höhere Beiträge geleistet werden, aber nur mit Genehmigung der Staatsaufsichtsbehörde; § 12 Abs. 3 der ME.; s. oben Z. III 3 b γ, IV 2 b δ, ferner „Verwendung des Kirchenvermögens zu außerkirchlichen Zwecken".

VII. Form der Unterstützung.

Diese ist entweder unverzinsliches Darlehen oder Schenkung; M. I 263 Z. III.

Besitzt eine augenblicklich bedürftige Stiftung die Mittel zur seinerzeitigen Zurückerstattung der ihr zu gewährenden Unterstützung, so kann ihr die Unterstützung als Vorschuß aus dem Rentenüberschuß bewilligt werden; § 16 der ME.

Dagegen sollen nichtrückzahlbare Unterstützungen in der Regel nur in Form augenblicklicher Beiträge, also in Schenkungsform, gewährt werden; § 17 der ME.; M. I 263 zu n. 9—11; St. 795; Seeb. 852 zu n. 51 u. 52.

VIII. Verfahren bei Rentengesuchen.

1. Stellung und Behandlung der Gesuche s. §§ 20 u. 21 der ME.; M. I 267 Z. 2; Kr. III 246 § 45; St. 796; Seeb. 853 Buchst. b.

2. Zuständigkeit zur Verbescheidung.

Zuständig ist die Kreisregierung; das Bezirksamt, bei dem die Gesuche anzubringen sind, ist lediglich Instruktionsbehörde; FormVO. v. 17. XII. 1825 § 72 (W. II 279), §§ 21, 23 u. 25 der ME. v. 1857 (W. V 47); VGH. XIV 218; M. I 149 zu n. 1, 229, 266 zu n. 3; Kr. III 247 nach n. 2; St. 796, 797.

Über die Regelung der örtlichen Zuständigkeit s. M. I 266 nach n. 6; Kr. III 247 n. 3.

3. Bemessung der Beiträge.

Die zu gewährenden Unterstützungen sind nach dem Betrag der verfügbaren Rentenüberschüsse zu bemessen. Hiebei ist eine entsprechende Reihenfolge der vermöglichen Stiftungen nach Maßgabe ihrer größeren oder geringeren Leistungsfähigkeit einzuhalten; § 22 der ME.; M. I 268 zu n. 1; St. 797; Seeb. 854 nach n. 62. — Es können daher

Kirchenstiftungen nicht doppelt oder mit ungleichen Quoten belegt werden; M. I 268 zu n. 2. — Bei der Bewilligung der Unterstützung aus Rentenüberschüssen ist die Bestimmung derselben genau zu bezeichnen; § 26 der ME.; M. I 268 zu n. 5; St. 797; Seeb. 853 nach n. 57ff.

4. Sind keine Rentenüberschüsse vorhanden, so wird keine Entscheidung gefällt, vielmehr stellt die Regierung lediglich fest, daß die betreffende Stiftung mangels Überschüssen nicht mehr konkurrenzpflichtig ist.

5. Mitwirkung der geistlichen Oberbehörde.

a) Im Fall des § 48 RE., d. h. bei Überweisung der Rentenüberschüsse zu primären Verwendungszwecken, besitzen die kirchlichen Oberbehörden (Ordinariat bzw. Oberkonsistorium; M. I 264 zu n. 2; Seeb. 851 zu n. 48) das Recht auf Einvernahme durch die Staatsbehörden vor Erlaß der Entscheidung; §§ 21, 24 u. 25 der ME. v. 1857; M. I 265 nach n. 3; Seeb. 854 zu n. 60—62; St. 796; S. III 531 zu n. 21.

b) Im Fall des § 49 RE., d. h. bei Zuweisung der Rentenüberschüsse zu sekundären Verwendungszwecken, besitzen die geistlichen Oberbehörden ein verfassungsmäßiges Recht auf Zustimmung zu dieser nichtkirchlichen Verwendung; M. I 264 zu n. 1; Seeb. 851 n. 48; S. III 531 zu n. 21.

c) Das Beschwerderecht der geistlichen Oberbehörden bemißt sich nach § 27 der ME. v. 1857; St. 797; M. I 265 g. E.; s. auch folgende Z. IX 1.

IX. Rechtsschutz.

1. Gegen die Beschlüsse der Kreisregierung haben sowohl die in Anspruch genommenen Kirchenstiftungen, vertreten durch die Kirchenverwaltungen, als auch die gesuchstellenden bedürftigen Kirchenstiftungen ein Beschwerderecht zum Kultusministerium; § 27 der ME.; M. I 268 zu n. 7; Kr. III 248 zu n. 10; St. 797; Seeb. 853 zu n. 54; S. III 532 zu n. 24.

2. Kirchenstiftungen, die sich durch die Verfügung der Kreisregierung über die überschießenden Renten benachteiligt erachten und sich durch die Heranziehung zur Konkurrenzleistung beschwert fühlen, haben nach Art. 10 Z. 3 VGG. das Recht der Beschwerde an den Verwaltungsgerichtshof, insofern sie die gesetzliche Grundlage für die von ihnen verlangte Zuschußleistung bestreiten, d. h. behaupten, daß ihnen mit der Heranziehung zur Konkurrenzleistung eine rechtlich nicht begründete Leistung auferlegt sei; vgl. Art. 10 Z. 3 VGG. in der Fassung des Art. 96 Buchst. c KGO.

[Kein Beschwerderecht nach Art. 10 Z. 3 VGG. haben die bedürftigen Kirchenstiftungen, welche ein Gesuch um Zuweisung von Rentenüberschüssen an die Kreisregierung gestellt haben; denn abgesehen von dem Nicht-Zutreffen der sonstigen Voraussetzungen des Art. 10 Z. 3 besitzen diese Kirchenstiftungen überhaupt keinen Rechtsanspruch auf die Rentenüberschüsse vermöglicher Kirchenstiftungen, vielmehr sind die Beitragsleistungen rein vom staatsaufsichtlichen Ermessen abhängige Zuwendungen; M. I 260 zu n. 2 u. 4; Kr. III 248 n. 10; St. 901 zu n. 1.

Mangels eines Rechtsanspruchs auf Zuwendung von Rentenüberschüssen bleibt für die bedürftigen Kirchenstiftungen auch der Verwaltungsrechtsweg nach Art. 8 Z. 35 VGG. ausgeschlossen.]

a) Eine rechtlich nicht begründete Leistung wird behauptet, wenn eine Kirchenstiftung mit Rentenüberschüssen gemäß §§ 48, 49 RE. konkurrieren soll, aber die Konkurrenzpflicht an sich bestreitet, insbesondere behauptet, daß die Heranziehung zur Konkurrenz rechtlich unzulässig sei, oder eine Überschreitung des durch die Instruktion v. 24. IV. 1857 festgesetzten Maßes der Konkurrenz geltend macht; D. Art. 10 Z. 3 n. 5; ferner wenn bestritten wird, daß der Zweck, für den die Konkurrenzleistung bestimmt wurde, ein verfassungsmäßiger ist; VGH. XXIV 22.

b) Ermessensfragen fallen nicht in die Zuständigkeit des VGH.; Art. 13 Abs. I Z. 3 VGG.; VGH. XVI 219; Kr. III 23 nach n. 15; D. Art. 10 Z. 3 n. 5; so die Frage der Leistungsfähigkeit der in Anspruch genommenen Kirchenstiftung, besonders die Frage, ob nicht die Renten zur Deckung der eigenen Bedürfnisse erforderlich sind; ferner die Frage, was zu den Bedürfnissen der Kirchenstiftung zu rechnen ist usw. — Hiewegen kann die in Anspruch genommene Kirchenstiftung Beschwerde beim Kultusministerium ergreifen; Kr. III 24 zu n. 16; M. I 268 zu n. 9.

c) Zuständig ist in erster Instanz stets die Kreisregierung; gegen deren Entscheidung ist entweder Beschwerde zum Kultusministerium (s. o. Z. 1) oder zum VGH. als erste verwaltungsrichterliche Instanz zulässig; § 27 der ME.; Art. 10 Z. 3 VGG.; D. a. a. O. n. 8.

d) Partei ist die Stiftung, nicht die Kirchenverwaltung, welche nur als Vertreterin der Kirchenstiftung erscheint. Auch einzelnen Kirchengemeindemitgliedern steht kein Beschwerderecht nach Art. 10 Z. 3 VGG. zu; D. Art. 10 Z. 3 n. 3 Abs. 1 u. 2.

e) Die Beschwerde einer Stiftung gegen die ihr auferlegte Beitragsleistung hat keine aufschiebende Wirkung; § 18 der ME.; Kr. III 23; Seeb. 853 zu n. 55.

In dem Falle jedoch, daß eine derartige Beschwerde als begründet erkannt würde, ist der einschlägigen Stiftung der geleistete Betrag aus den Mitteln einer anderen beitragspflichtigen Stiftung zurückzuerstatten oder, sofern dies nicht möglich, ihr durch zeitweise Befreiung die erforderliche Erholung zu gönnen; § 18 Abs. 2 der ME.

3. Über Zwangsmittel s. M. I 268 nach n. 10, 52 § 17.

Res sacrae

s. „Kirchengebäude".

Resignation

auf die Pfründe s. „Pfründe" VI 3.

Residenzpflicht

der Inhaber von Seelsorgeämtern s. Art. X Abs. 4 Konk.; St. 277 § 271.

Ruralkapitel.

Die bayerischen Diözesen der katholischen Kirche sind in Dekanate mit einem sog. Dekan als Vorstand eingeteilt, deren Bildung und Veränderung dem Bischof zusteht, jedoch königlicher Bestätigung unterliegt; § 76 Abs. 2 Buchst. e RE. Alle kanonisch investierten Geistlichen eines Dekanatsbezirks (Pfarrer, Pfarrkuraten, Benefiziaten) bilden das Kapitel des Dekanats, das sog. Ruralkapitel, und sind Mitglieder des Kapitels (Kapitulare); im näheren s. M. II 147 Z. 5, 198 nach n. 4; Kr. I 490 zu n. 1; St. 265 §§ 256 ff.; S. III 557 nach n. 59. Über die Kapitel in der protestantischen Kirche s. „Evangelische Kirchenverfassung" IV u. V.

S.

Säkularisierte Pfarreien

s. „Organisierte Pfarreien".

Schuldienst und weltlicher Kirchendienst

s. „Weltliche Kirchendiener".

Schul- und Mesnerhäuser

Baupflicht daran s. „Baupflicht kirchliche".

Schutzgewalt staatliche zugunsten der Glaubensgesellschaften

s. „Glaubensgesellschaften" VI 1.

Seelsorgepfründen

s. „Pfründe" V 2.

Sepulturgemeinden.

I. Begriff.

Sepulturgemeinden sind Verbände von mehreren bürgerlichen Gemeinden oder Bestandteilen solcher, welche einen gemeinsamen Begräbnisplatz besitzen und zu unterhalten haben; vgl. Art. 37 Distriktsratsgesetz v. 28. V. 1852; Fr. n. 4 zu Art. 10 KGO.; Seeb. 905 n. 1; Kr. I 356 oben. Bürgerliche Gemeinden als solche können zur Errichtung eines gemeinsamen Begräbnisplatzes durch freiwillige Übernahme, aber nicht zwangsweise vereinigt werden; BayGemZ. VI 52. — S. auch „Friedhofverbände".

II. Rechtliche Natur.

Die gemeindlichen Sepulturverbände besitzen nicht juristische Persönlichkeit, sind nicht rechtsfähig (das Eigentum an dem gemeinsamen Friedhof ist daher den beteiligten Gemeinden zuzuschreiben), wohl aber parteifähig, im übrigen öffentlich-rechtlicher Natur; vgl. D. n. 1 zu Art. 8 Z. 22 **BGG**.

Sie sind ein Ausfluß des Kirchengemeindeverbandes, mit dem sie eventuell räumlich zusammenfallen; auf sie ist daher nicht Art. 38 u. 42 ff. GemO. (bzw. für die einzelnen Bestandteile des Sepulturbezirks nicht Art. 45 GemO.) anzuwenden, sondern die Bestimmungen über die Verpflichtungen der Kirchengemeinden, es sei denn, daß die betreffenden Gemeinden durch formgültige Beschlüsse die Übernahme der Kosten für Herstellung bzw. Unterhaltung und Erweiterung des gemeinsamen Friedhofs freiwillig übernommen haben; Kr. I 356 zu n. 15; Seeb. 905 n. 1. Damit, daß die Herstellung und Unterhaltung öffentlicher Begräbnisplätze gesetzlich den bürgerlichen Gemeinden obliegt, tritt eine Änderung in der etwa einzelnen Kirchengemeinden oder Sepulturverbänden obliegenden Pflicht zur Herstellung und Unterhaltung kirchlicher Begräbnisplätze nicht von selbst ein; Seeb. 905 n. 1; vgl. „Friedhöfe". Auf den Begräbnisplätzen üben sämtliche Pfarrer der beteiligten Gemeinden die Parochialrechte aus, auch wenn verschiedene Konfessionen beteiligt sind.

III. Kostendeckung.

Die Kosten anläßlich der Aufwendungen für den gemeinsamen Friedhof werden gedeckt entweder im Weg freier Vereinbarung der beteiligten bürgerlichen Gemeinden oder durch Aufbringung von Kirchengemeindeumlagen seitens der beteiligten Gemeinden. Ohne entsprechende Vereinbarung werden die Kosten nach Maßgabe des Steuersolls in dem Verband auf die einzelnen Gemeinden ausgeschlagen und von diesen wieder durch Umlagen gedeckt.

IV. Streitigkeiten

bei Auflösung solcher Sepulturverbände werden nach Art. 8 Z. 22 VGG. von den Verwaltungsrechtsinstanzen entschieden; D. n. 1 u. 2 zu Art. 8 Z. 22 VGG.; Fr. n. 4 zu Art. 10 KGO.

Sepulturverbände

s. „Friedhofverbände".

Sextabgabe

ist eine in der protestantischen Kirche bestehende, in vier Semestralraten an die Pfarrunterstützungskasse zu zahlende Anstellungstaxe. Sie besteht aus dem sechsten Teil der fassionsmäßigen Pfarrbesoldung bei der ersten Anstellung im geistlichen Amt bzw. des Mehreinkommens bei jeder weiteren Beförderung; OKE. v. 6. XI. 1867 (G. IV 620); M. II 634 zu n. 10—12. Ausnahmen hievon bestehen nicht. Auch Rückzahlungen sind nicht möglich; Seeb. 240 Z. 2. — In der katholischen Kirche entsprechen dieser Sextabgabe die sog. Annaten; s. dort.

Simultanverhältnisse.

I. Begriffliches.

1. Auf dem Gebiete des Vermögensrechtes können verschiedene Glaubensgesellschaften dadurch in rechtliche Beziehungen zu einander treten, daß kirchliches Gut den Zwecken mehrerer Glaubensgesellschaften zugleich dient. Hierher zählen vor allem die sog. Simultanverhältnisse; S. III 532 nach n. 25.

2. Eine Simultankirchengemeinde als selbständiges Rechtssubjekt ist dem bayerischen Rechte fremd.

Immerhin besteht ein öffentlich-rechtlicher Simultankirchenverband, in dem z. B. ein Gewohnheitsrecht entstehen kann, welches Katholiken und Protestanten zur Leistung von Reichnissen auch an einen Kirchendiener der anderen beteiligten Konfession verpflichtet; VGH. XXIV 583.

II. Quellen.

1. Rechtsquellen: §§ 90—103 RE.; Art. 10 Z. 11 VGG.; Art. 90—92, 112 Abs. III KGO.

2. Literatur: Kr. I 420 § 3 —427; St. 442 § 435 —452; Seeb. 56 Z. II —66; S. III 532 nach n. 25 —540; P. n. zu §§ 90—103 RE.; D. n. zu Art. 10 Z. 11 VGG.; Fr. n. zu Art. 90—92 KGO.

III. Die einzelnen Simultanverhältnisse.

Das RE. handelt nur von einem Simultaneum im eigentlichen Sinne, das sich auf den Mitgebrauch einer Kirche bezieht, sowie weiterhin von einer Gemeinschaftlichkeit des Kirchenvermögens, wenn diese neben dem Mitgebrauche einer Kirche vorliegt; S. III 532 Abs. 3.

Daneben kommen aber noch andere Gemeinschaftsverhältnisse zwischen Glaubensgesellschaften vor, die gewöhnlich auch Simultaneum genannt werden.

Im einzelnen unterscheidet man nach den jeweils vorliegenden konkreten Verhältnissen:

1. a) Kirchensimultaneum oder Simultaneum im engeren Sinne d. i. der gemeinschaftliche gottesdienstliche Gebrauch einer Kirche (d. i. Kirchengebäudes) durch verschiedene Religionsgesellschaften. — Vom Eigentum an der Kirche ist das Simultaneum unabhängig. — Gegenwärtig kommen nur die öffentlichen Religionsgesellschaften für ein Simultaneum in Betracht.

Die Frage, ob und in welchem Umfang ein Recht des Simultaneums (Miteigentum, qualifiziertes Gebrauchsrecht oder widerrufliche Gefälligkeit) vorliegt, gehört dem bürgerlichen Rechte, die Ausübung des Rechtes (z. B. Reihenfolge des Gottesdienstes, Entfernung eines liturgischen Gegenstandes) dem öffentlichen Rechte an; P. § 90 RE. n. 1.

α) Als Subjekte der Simultanberechtigung an einer Kirche und dem dazu gehörigen Vermögen, die regelmäßig im Eigentum einer Simultankirchenstiftung stehen, erscheinen die beim Simultaneum beteiligten Religionsparteien in ihrem örtlichen kirchlichen Verbande, sohin die betreffenden einzelnen Kirchengemeinden, wenn sie auch zur Zeit der Erlassung der VerfU. mit einem besonderen (kirchengemeindlichen) Organe noch nicht ausgestattet waren; VGH. XIX 309, XXIV 583; D. Art. 10 Z. 11 VGG. n. 8.

β) Wenn zwei (Kirchen-)Gemeinden verschiedener Religionsparteien zu einer Kirche berechtigt sind, so müssen die Rechte einer jeden hauptsächlich nach den vorhandenen besonderen Gesetzen oder Verträgen beurteilt werden; § 90 RE.; s. auch S. III 533 zu n. 34. Sind solche Bestimmungen nicht vorhanden, so wird vermutet, daß jede dieser Gemeinden mit der anderen gleiche Rechte habe; § 91 RE.; S. III 533 nach n. 34.

Wenn nicht ersichtlich ist, daß beide Gemeinden zu der Kirche wirklich berechtigt sind, greift die Vermutung einer widerruflichen Gefälligkeit (precarium) des § 94 RE. Platz, d. h. es wird angenommen, daß diejenige Gemeinde, welche zu dem gegenwärtigen Mitgebrauche am spätesten gelangt ist, ihn als eine widerrufliche Gefälligkeit erhalten habe; vgl. S. III 534. —

Selbst ein vieljähriger Mitgebrauch kann für sich allein die Erwerbung eines wirklichen Rechtes durch Verjährung künftig nicht begründen; § 95 RE.

Begründungsakt für das Simultaneum ist vielmehr lediglich Gesetz und Vertrag nach § 90 RE. und der Billigkeitsgrund nach § 96 a. a. O.; s. auch S. III 533 zu n. 34.

Wenn jedoch außer diesem Mitgebrauch (im Sinne des § 95 RE.) auch die Unterhaltung der Kirche von beiden Gemeinden bestritten worden ist, so begründet dies die Vermutung, daß auch der später zum Mitgebrauch gekommenen Gemeinde ein wirkliches Recht darauf zustehe d. i. Miteigentum im Sinne des § 91 RE.

Wenn eine Gemeinde den Mitgebrauch nur bittweise hat, so muß sie die Erlaubnis der Vorsteher nachsuchen, § 97 RE.; S. III 535 zu n. 39, und zwar bei jedesmaliger Ausübung einer bisher nicht gewöhnlichen gottesdienstlichen Handlung. — Selbstverständlich darf die fremde Konfession in diesem Falle den Mitgebrauch nur solange und nur insoweit ausüben, als der betreffende Kirchenvorstand es erlaubt; St. 443 Buchst. d.

Keiner der beiden Gemeinden ist eine den Besitzstand der Berechtigten tatsächlich beeinflussende und schmälernde Gebrauchsverletzung gestattet; VGH. IX 271; Kr. I 421 zu n. 28. — Auch wird die nach § 91 RE. zu vermutende Gleichberechtigung zweier Religionsteile in der Benutzung einer Simultankirche dadurch nicht aufgehoben, daß der eine Teil infolge zufälliger Umstände vorübergehend in der vollen Ausübung seines Rechtes gehindert ist; VGH. XXVI 36.

γ) Das Recht zum Mitgebrauch einer Kirche d. i. eines Kirchengebäudes umfaßt regelmäßig auch das Recht zum Mitgebrauch der Kirchenglocken; vgl. Kr. 424 nach n. 41; im näheren s. Z. 3.

b) Besteht zwischen Kirchengemeinden verschiedenen Bekenntnisses ein Simultanverhältnis in der Art, daß außer dem Gebrauch auch die Substanz des Kultusvermögens, d. i. Kirche und Kirchengut, gemeinsam ist und beide Religionsteile den gleichen Anspruch auf Teilnahme an der Verwaltung haben, so finden die Vorschriften der KGO. auf die Verwaltung gemeinsamen Ortskirchenvermögens, auf den Wirkungskreis der Vertretungskörper hinsichtlich der Simultankirche oder des sonstigen Gegenstandes des Simultaneums und auf die Befriedigung der gemeinsamen Ortskirchenbedürfnisse entsprechende Anwendung; Art. 90 KGO. — Doch bleiben abweichende Bestimmungen, die sich aus den Verfassungsnormen, den Art. 91, 92 KGO. oder aus der Natur eines konkreten Simultanverhältnisses ergeben, vorbehalten; vgl. KGO. Art. 90 a. E.; Fr. n. zu Art. 90 KGO.

a) Über Ausübung des Simultanrechtes an Kirchen im allgemeinen vgl. Seeb. 57 Buchst. b.

β) Die Vorschriften der KGO. finden auf die genannten Simultanverhältnisse, deren Organisation und Bedarfsdeckung entsprechende Anwendung, gleichviel ob das Simultanverhältnis auf einem Simultanrecht oder nur auf einem Simultanzustande beruht. Jedoch bleibt diese sinngemäße Anwendung nach Art. 90 KGO. beschränkt auf die Verwaltung gemeinsamen Ortskirchenvermögens, auf den Wirkungskreis der Vertretungskörper hinsichtlich des Objektes des Simultaneums und auf die Befriedigung der gemeinsamen Ortskirchenbedürfnisse.

I Wo ein Simultanverhältnis bezüglich rentierenden ortskirchlichen Stiftungsvermögens, dessen Verwaltung nicht dem einen Religionsteil allein zukommt, oder bezüglich der Befriedigung von Ortskirchenbedürfnissen besteht, soll eine Simultankirchenverwaltung gebildet werden; Art. 91 Abs. I KGO. —

über deren Zusammensetzung, über den Wechsel im Vorsitz zwischen beiden Bekenntnissen vgl. Art. 91 Abs. I u. II KGO. — Um das dauernde Übergewicht einer Religionspartei zu vermeiden, um jede ständige Majorisierung und Zurücksetzung der anderen Religionspartei auszuschließen und volle Gleichberechtigung zu gewährleisten, werden Beschlußfassungen der Kirchengemeindeversammlungen und Kirchengemeindebevollmächtigten der beteiligten Kirchengemeinden durchweg gesondert vorgenommen; Art. 91 Abs. IV.

II Unbeschadet der Verpflichtungen Dritter werden, soweit nicht ein anderes erhellt, gemeinsame Ortskirchenbedürfnisse zunächst auf Rechnung des gemeinsamen Vermögens befriedigt und haben für den hiedurch nicht gedeckten Bedarf die einzelnen Kirchengemeinden nach Maßgabe der Berechtigungsanteile und der Bestimmungen der KGO. aufzukommen; Art. 92 KGO.

Im Simultanverhältnisse entspricht der gleichen Berechtigung der beteiligten Kirchengemeinden zur Kirche in der Regel auch die Verpflichtung zur gleichheitlichen Verteilung der Lasten; VGH. XIX 309.

γ) Aus der Natur des Simultanverhältnisses ergibt sich, daß nach Maßgabe seines konkreten Inhalts bei der Verwaltung der gemeinsamen Angelegenheiten stets auf die Interessen zweier Religionsteile Rücksicht zu nehmen und alle einseitigen Neuerungen zu vermeiden sind.

c) Das Simultanverhältnis kann auch in beschränkterem Umfange bestehen: es kann sich nur auf das gemeinsame Recht und Eigentum an Kirche, Friedhof und deren Zubehörungen beziehen, während für das bereits abgeteilte Kirchenstiftungsvermögen eine eigene katholische und protestantische Kirchenverwaltung bestellt ist, es kann ferner nur einen besonderen Teil des rentierenden Stiftungsvermögens z. B. Kirchenwald, simultanen Baufond umfassen; ebenso kann die Vermögensverwaltung auch einem Teil allein zustehen, während die Renten den beiden beteiligten Konfessionen zufallen.

d) Aufhebung des Simultaneums (Teilung des Vermögens bei Simultankirchen).

α) Den im Mitgebrauche einer Kirche begriffenen Gemeinden steht es jederzeit frei, durch freiwillige Übereinkunft denselben aufzuheben und das gemeinschaftliche Kirchenvermögen unter K. Genehmigung, die durch das Kultusministerium eingeholt werden muß, abzuteilen und für jede Gemeinde eine gesonderte gottesdienstliche Anstalt zu bilden; vgl. § 98 RE.

Zur Gültigkeit einer solchen Übereinkunft über die Abteilung des gemeinschaftlichen Kirchenvermögens ist die Erholung der Erklärung der beiden Kirchengemeinden notwendig; ME. v. 16. VII. 1844 (Döll. XXVI 370); Kr. I 421 n. 29; St. 443 zu n. 3; Seeb. 56 n. 8.

β) Außerdem kann die Aufhebung durch den König aus polizeilichen oder administrativen Erwägungen oder auf Ansuchen der Beteiligten (und zwar selbst nur eines derselben) verfügt werden; § 99 RE.; S. III 537 zu n. 48, 50 u. 51. Mit der Aufhebung des Mitgebrauchs der Kirche verbindet sich auch hier regelmäßig die Abteilung des vorhandenen gemeinschaftlichen Kirchenvermögens; S. III 537 zu n. 49; St. 443 § 436; Kr. III 88 § 9.

γ) Entstehende Vermögensstreitigkeiten sind in solchem Falle vor Gericht auszutragen; S. III 537 nach n. 51.

Eine Anwendung des schiedsrichterlichen Verfahrens nach Art. 10 KGO. bleibt gegenüber den verfassungsgesetzlichen Bestimmungen der §§ 98, 99 RE. ausgeschlossen; vgl. Art. 90 a. E.; Art. 112 Abs. III KGO.

2. Kirchhofsimultaneum.

a) Vgl. hierüber die eingehende VGH. IX 428, bei St. 448 zu n. 1.

b) α) Wenn ein Religionsteil keinen eigenen Friedhof besitzt (und auch kein gemeindlicher Friedhof am Platze ist), so ist der im Ort befindliche Friedhof (einer anderen Religionspartei) als gemeinschaftlicher Begräbnisplatz für sämtliche Einwohner des Orts zu betrachten; § 100 RE.; VGH. IX 442; S. III 537 zu n. 56; Kr. I 422 zu n. 30; St. 448; Seeb. 59 zu n. 19.

Jeder konfessionsfremde Ortseinwohner, der entweder einer eigenen Pfarrei nicht zugehört oder zwar einer eigenen Pfarrei zugeteilt ist, die aber am Orte keinen Friedhof besitzt, hat ein persönliches Recht auf Beerdigung in dem vorhandenen Friedhof. — § 100 RE. gibt unter den angeführten Voraussetzungen einen selbständigen Titel für den Mitgebrauch des örtlichen Friedhofes; VGH. IX 443.

Unter „Religionsteil" sind die Angehörigen aller Glaubensgesellschaften ohne Unterschied, also auch die Angehörigen einer Privatkirchengesellschaft sowie Personen, die überhaupt keinem anerkannten Glaubensbekenntnis angehören, zu verstehen; S. III 537 zu n. 57, 538 zu n. 65; Kr. I 423 zu n. 37. Auch wird keine förmlich gebildete Kirchengemeinde vorausgesetzt, vielmehr gehört hieher auch eine bloße Mehr- oder Minderzahl von Konfessionsgenossen ohne eigenen örtlichen Verband; VGH. IX 441.

Als „Begräbnisplatz des Ortes" ist daher jene Begräbnisstätte zu betrachten, woselbst die Mitglieder desjenigen kirchlichen Verbands beerdigt zu werden pflegen, dem der Friedhof gehört; VGH. IX 442; P. § 100 RE. n. 1; Kr. I 422 zu n. 31; S. III 538 zu n. 58. Der § 100 a. a. O. bezieht sich deshalb nur auf die Friedhöfe einer bestimmten Religionspartei, nicht auf die von einer bürgerlichen oder Ortsgemeinde hergestellten Friedhöfe, welch letztere, sofern nicht ausdrücklich ein desfallsiger Bedarf für eine Konfession allein gedeckt werden soll, schon ihrem Wesen nach der Gesamtheit der Einwohnerschaft als gemeindliche Einrichtung zu dienen haben; VGH. IX 428; Seeb. 59 Z. 2a Abs. 2.

Die Wendung: „Wenn ein Religionsteil keinen eigenen Kirchhof besitzt" ist dahin auszulegen, daß damit nur das Nichtvorhandensein einer eigenen Begräbnisstätte dieses Religionsteils im Bereich des einschlägigen Beerdigungsbezirkes der mit einem Friedhof versehenen örtlichen Kirchengemeinde zu verstehen sei, ohne daß es auf den in der Zugehörigkeit oder Zuteilung jenes Religionsteils zu einer auswärtigen Gemeinde der eigenen Konfession etwa begründeten Anspruch hinsichtlich der Benutzung des Kirchhofs dieser letzteren anzukommen hätte; VGH. IX 443.

Die Berechtigung eines Religionsteils zu einem solchen Kirchhof des andern Religionsteils wird daher dadurch nicht ausgeschlossen, daß ersterer Religionsteil einer auswärtigen Kirchengemeinde seiner Konfession zugeteilt ist, welche eine eigene Begräbnisstätte besitzt, die von der zugeteilten Glaubenspartei kraft der Zuteilung benützt werden darf, außer dieser Friedhof ist ebenso leicht erreichbar wie der am Ort befindliche fremdkonfessionelle Begräbnisplatz; denn als „eigener Friedhof" im Sinne des § 100 RE. gilt nur der Friedhof, auf dessen Benützung nicht allein ein Rechtsanspruch besteht, sondern der außerdem auch tatsächlich benutzbar ist; VGH. IX 428; Kr. I 422 nach n. 32; St. 448 nach n. 1; Seeb. 59 nach n. 23.

Das Recht einer Religionspartei nach § 100 a. a. O. ist daher nicht auf die Fälle der §§ 84, 85 a. a. O. oder auf Notfälle beschränkt. Ältere, diesbezügliche örtliche Übungszustände, die dem voraufgeführten

Grundsatz widersprechen, sind durch die in Rede stehende verfassungsrechtliche Bestimmung außer Kraft gesetzt; VGH. IX 428; P. n. 1 Z. 1 a. E.

β) Befindet sich am Ort überhaupt kein Beerdigungsplatz, besitzt aber ein Religionsteil einen Begräbnisplatz, der nach seiner örtlichen Entfernung die Vornahme von Beerdigungen in üblicher Weise und ohne außergewöhnliche Beschwerden ermöglicht, der andere Religionsteil dagegen überhaupt keinen Friedhof oder nur einen solchen, der für die Benützbarkeit zu entlegen ist, so muß in analoger Anwendung des § 100 der Kirchhof, welcher einer Religionspartei des Ortes auswärts (in erreichbarer Weise) zur Verfügung steht, auch für die anderen Einwohner dieses Orts geöffnet werden; S. III 539 zu n. 66.

c) α) Ihrer rechtlichen Natur nach bedeutet die Benutzung eines fremdkonfessionellen Friedhofes keine Gemeinschaft des Eigentums, sondern lediglich eine solche des Gebrauches; Kr. I 423 zu n. 38.

β) Zur Unterhaltung eines solchen Friedhofs haben sämtliche Religionsverwandte, die den Friedhof benützen, verhältnismäßig beizutragen; § 100 RE.; S. III 539 nach n. 68; Kr. III 67 zu n. 184.

γ) Über eine konfessionelle Abteilung des Friedhofs s. Kr. I 422 nach n. 34, 359 nach n. 30; Seeb. 60 nach n. 25.

δ) Beerdigungsfeierlichkeiten. Das nach § 100 RE. jedem Ortseinwohner zustehende Recht des Begräbnisses auf dem Kirchhof seines Wohnorts bedingt zu seinem entsprechenden Vollzug, daß solches nach dem Ritus der Konfession des Verstorbenen vorgenommen wird, zumal kein Geistlicher gezwungen werden kann, das Begräbnis eines fremden Konfessionsverwandten nach den Feierlichkeiten seiner Kirche zu verrichten oder dem Begräbnis einfach beizuwohnen; §§ 101, 102 RE. — Insbesondere darf, wo die Benützung eines Friedhofs simultan ist, den Geistlichen des zum Simultangebrauch berechtigten Religionsteils die Amtierung von Staats wegen nicht versagt werden; vgl. §§ 101, 102 RE.; Seeb. 60 Buchst. b.

Das Eigentumsrecht am Kirchhof kann hiegegen nicht geltend gemacht werden, weil es vor der verfassungsrechtlichen Bestimmung zu weichen hat, VGH. IX 445; auch der Pfarrzwang nicht, weil er in seinem räumlichen Umkreis nicht alle Menschen, sondern nur die eigenen Glaubensangehörigen des Pfarrers umfaßt; s. „Pfarrzwang"; S. III 539 zu n. 67 u. 68; Seeb. 61 Z. 2; vgl. auch ME. v. 10. X. 1849 (Döll. XXIII 82) u. v. 5. XII. 1862 (W. VI 129).

3. Glockensimultaneum. Dieses kommt in doppelter Weise vor:

a) Als Mitgebrauch der Glocken auf den Kirchhöfen.

α) Das Geläute der Friedhofglocken auf einem Friedhof kann keinem verstorbenen Mitglied einer öffentlichen Kirchengesellschaft verweigert werden, wenn die üblichen Gebühren bezahlt werden; § 103 RE. — Dabei ist es gleichgültig, ob die Friedhofsglocken auf eigenen Friedhofkapellen oder auf Kirchen sind, oder ob die Glocken der Pfarr- und Filialkirchen, die im Friedhof stehen, zugleich als Friedhofsglocken dienen; ME. v. 8. VIII. 1844 (Döll. XXIII 78); St. 445 vor n. 1; denn unter die in § 103 RE. erwähnten Glocken auf Kirchhöfen fallen auch die Glocken einer innerhalb eines gemeinschaftlichen Friedhofes stehenden Pfarr- oder Filialkirche, wenn und insoweit sie für Beerdigungen benützt zu werden pflegen; VGH. XII 77.

β) Andererseits bezieht sich § 103 RE. nur auf solche Leichenfeierlichkeiten, die auf einem für die verschiedenen Religionsteile gemeinschaftlichen Friedhof stattfinden; haben beide Konfessionen eigene Friedhöfe, so kann keine Konfession bei ihren Leichenfeierlichkeiten das Geläute der Friedhofsglocken der anderen Konfession verlangen; VGH. IV 295; St. 446 zu n. 2; Seeb. 63 nach n. 39.

Über den Umfang des Benützungsrechtes der fremdkonfessionellen Religionsgesellschaft und ihrer Mitglieder s. Kr. I 424 nach n. 43.

γ) Den Privatkirchengesellschaften ist das Glockengeläute auf dem Friedhof bei Beerdigungsfeierlichkeiten untersagt; § 35 RE.; Kr. I 425 zu n. 46; St. 446 Buchst. d; Seeb. 63 n. 38; S. III 526 n. 12.

δ) Über Zwangsmaßregeln der Staatsbehörden gegen Verweigerung des Glockengeläutes s. St. 447 § 440; Seeb. 64 nach n. 42.

b) Als Mitgebrauch der Glocken einer außerhalb des Friedhofs stehenden Simultankirche.

α) Auf das Geläute der außerhalb des Friedhofs befindlichen Kirchen des Orts kann, wenn nicht etwa die Andersgläubigen durch das Simultaneum oder durch zu Recht bestehende Verträge dazu berechtigt sind, ein Anspruch nicht geltend gemacht werden; Kr. I 424 zu n. 42.

In Ermangelung besonderer Bestimmungen, welche über die Benützung der Glocken von Simultankirchen bei Beerdigungsfeierlichkeiten in den das betreffende kirchliche Simultaneum begründenden Spezialgesetzen oder in besonderen Verträgen ausdrücklich niedergelegt sind, müssen die in einem Simultanverhältnisse befindlichen Kirchengemeinden bezüglich des Gebrauches der ihnen gemeinschaftlichen Glocken bei Beerdigungsfeierlichkeiten als gleichgestellt erachtet werden; VGH. XXII 256.

β) Das Einläuten der Gottesdienste an Vorabenden von Festtagen ist den zum Simultangebrauch berechtigten Andersgläubigen gestattet, solange dadurch nicht ein Gottesdienst gestört wird; ME. v. 19. X. 1879

(G. I 408). Auch können die zum Simultangebrauch berechtigten Protestanten nicht zur Unterlassung des Glockengeläutes an den letzten drei Tagen der Karwoche verhalten werden; ME. v. 13. II. 1826 (W. II 341); Kr. I 425 zu n. 49; St. 446 § 439.

Über die Benützung der Glocken von Simultankirchen bei Beerdigungsfeierlichkeiten s. im näheren Kr. I 425 zu n. 47; VGH. XII 256.

Wurde die Benützung freiwillig gestattet, so steht es der kirchlichen Oberbehörde jederzeit frei, in Ausübung der aus dem kirchlichen Eigentumsrecht fließenden Befugnisse bezüglich der Glocken die fernere Benützung des Geläutes zu versagen; ME. v. 13. IX. 1843 (W. III 518); Kr. I 424 zu n. 43.

γ) Die Staatsbehörden sind befugt, über die Art und Weise der Ausübung des Rechts auf den Gebrauch der Glocken Anordnungen zur Vermeidung von Kollisionen und Störungen zu treffen; Kr. I 425 zu n. 48.

δ) Über die Regelung des kirchlichen Geläutes im allgemeinen s. „Kirchenglocken".

IV. Streitigkeiten.

1. Streitigkeiten über kirchliche Simultanverhältnisse (Mitgebrauch an Simultankirchen, Simultanfriedhöfen, Simultanglocken), ebenso Streitigkeiten über Simultankirchenvermögen und Simultankirchenverwaltung sind Verwaltungsstreitsachen nach Art. 10 Z. 11 VGG.

a) [1] Unter Art. 10 Z. 11 VGG. fallen insbesondere Streitigkeiten d. i. bestrittene Rechtsansprüche über den Genuß oder Mitgenuß eines simultanen Stiftungsvermögens oder über die Verwaltung solchen Vermögens, soweit sie überhaupt dem Gebiet des öffentlichen Rechts angehören; VGH. XIV 291; D. Art. 8 Z. 35 n. 7; Art. 10 Z. 11 n. 3; Kr. I 427 nach n. 56; Seeb. 65 nach n. 51.

Die Zuständigkeit der Verwaltungsbehörden ist aber ausgeschlossen, wenn die Verwaltung eines Kirchenvermögens von der einen Religionsgemeinde mit der Behauptung beansprucht wird, daß dasselbe ihr ausschließliches Eigentum sei; D. Art. 10 Z. 11 n. 3; VGH. XIV 291; Kr. I 427 zu n. 57. Auch wenn darüber gestritten wird, ob eine oder die andere Gemeinde zu der Kirche wirklich berechtigt sei, gehört die Entscheidung vor den ordentlichen Richter; so z. B. Streitigkeiten über den Anspruch auf Mitbesitz und auf die Teilnahme an den etwa damit verknüpften besonderen Rechten; vgl. § 93 RE. —

Die Zuständigkeit der Verwaltungsbehörden erstreckt sich lediglich auf Streitigkeiten bezüglich des Umfangs und der Grenzen der Ausübung der Rechte zum Simultangebrauche einer Kirche; Kr. I 426 nach n. 50; D. Art. 10 Z. 11 VGG. n. 2.

II Die Entscheidung von Streitigkeiten nach Art. 10 Z. 11 VGG. über Ausübung von Simultanrechten hat vor allem die bestehende Übung und den bisherigen Besitzstand festzuhalten. Ob aber eine Übung als bestehend, ein Besitzstand als gegeben zu erachten sei, muß jederzeit nach den Besonderheiten des Einzelfalles beurteilt werden, wobei in bezug auf Beschaffenheit und Zeitdauer der Übung die zivilrechtlichen Grundsätze über Ersitzung, Verjährung, Herkommen zu Hilfe genommen, keineswegs aber ausschließlich und unbedingt angewendet werden können; VGH. X 183; Kr. I 427 nach n. 55; Seeb. 58 nach n. 17; s. auch St. 452 § 445.

III Ein Streit zwischen einer bürgerlichen Gemeinde und einer kirchlichen Gemeinde in bezug auf die Benützung einer Simultankirche fällt nicht unter Art. 10 Z. 11 VGG., weil als Simultanverhältnisse im Sinne dieser Gesetzesbestimmung nur die zwischen zwei verschiedenen Religionsparteien bezüglich des gemeinsamen Gebrauches von Kirchen bestehenden Rechtsbeziehungen begriffen sind; VGH. IX 271; Kr. I 426 nach n. 51; D. a. a. O. n. 4.

b) Bestrittene Rechtsansprüche über die interkonfessionelle Friedhofbenützung werden nach Art. 10 Z. 11 VGG. vorbehaltlich des § 93 KE. entschieden; VGH. XXIV 297; D. Art. 10 Z. 11 n. 4, Art. 8 Z. 31 n. 7 a. E.

c) Stützt sich der Anspruch eines Religionsteils auf den Mitgebrauch an den Kirchenglocken auf das Miteigentum an denselben, so sind nicht die Verwaltungsbehörden, sondern die Zivilgerichte zur Entscheidung zuständig; VGH. IV 295; Kr. I 427 zu n. 55; St. 444 n. 5; Seeb. 65 zu n. 53.

Soweit aber ein Streit über die Benützung der Kirchhofglocken, die sich im Eigentum einer Kirchenstiftung befinden, nach § 103 KE. besteht, erscheint außer dem Pfarrer als dem zur Verfügung und Aufsicht über das kirchliche Geläute befugten Kirchenvorstande auch die Verwaltung dieser Kirchenstiftung als zur Sache beteiligt; VGH. IX 425; Kr. I 426 nach n. 52; Seeb. 65 nach n. 53; D. a. a. O. n. 6.

d) Ein Streit über kirchliche Simultanverhältnisse nach Art. 10 Z. 11 VGG. setzt eine gegensätzliche Stellungnahme der beiden an einer Kirche usw. berechtigten Gemeinden bzw. ihrer Vertretungen voraus; VGH. XXIV 583; D. Art. 10 Z. 11 VGG. n. 3.

2. Zuständig zur Entscheidung von Streitigkeiten nach Art. 10 Z. 11 VGG. sind in erster Instanz die Distriktsverwaltungsbehörden, in zweiter Instanz die Kreisregierungen, in letzter Instanz

der BGH.; vgl. Art. 45 Abs. 4 BGG.; D. a. a. O. n. 12 mit Art. 10 Z. 11 n. 2; Kr. I 425 Buchst. d; Seeb. 65 nach n. 46.

3. Über die Erlassung vorsorglicher administrativer Maßnahmen vgl. Seeb. 66 nach n. 57.

Sprengelbildung

s. „Dismembration".

Staatsaufsicht.

I. Begriff und Gegenstand.

1. Die Verwaltung der Angelegenheiten des ortskirchlichen Stiftungsvermögens (s. „Ortskirchenvermögen") und der Kirchengemeinden (s. „Ortskirchenvermögen" und „Kirchengemeinde") untersteht der Staatsaufsicht; Art. 73 Abs. I KGO.

Ortskirchliches Stiftungsvermögen unter besonderer Verwaltung (Art. 6 Abs. I KGO.) untersteht gleichfalls der Staatsaufsicht.

2. Ihrem Wesen nach ist die Staatsaufsicht sowohl ein Ausfluß der staatlichen Souveränität wie auch eine Schutzmaßregel für das Kirchenvermögen. Sie beruht auf dem Umstande, daß das kirchliche Vermögen und die kirchliche Vermögensverwaltung nach der bayerischen Verfassung als weltliche Gegenstände behandelt und durch Staatsgesetze geregelt werden; vgl. § 64 RE. u. die KGO. —

Die Staatsaufsicht umfaßt die gegenüber den Kirchenverwaltungen und Kirchengemeinden bestehenden staatlichen Aufsichts- und Schutzbefugnisse positiven (insofern die Staatsaufsichtsbehörde die Befugnis hat, an Stelle der ortskirchlichen Vertretungskörper auf dem Wege des Zwangsvollzugs die unterlassene Erfüllung gesetzlicher Pflichten herbeizuführen) und negativen oder prohibitiven Inhalts (insofern die Staatsaufsichtsbehörde das Recht hat, gesetzwidrige Beschlüsse der ortskirchlichen Vertretungskörper außer Wirksamkeit zu setzen, wobei aber die etwa erforderliche neuerliche Beschlußfassung den Vertretungskörpern zu überlassen ist).

3. Durch die von der KGO. neu geschaffene eingeschränkte und fest umschriebene Staatsaufsicht wird die bisher sehr weit ausgedehnte Kuratel gegenüber der kirchlichen Vermögensverwaltung und Geschäftsgebarung ersetzt und das System der sog. Doppelkuratel d. i. der kumulativen Kuratel- und Oberkuratelgenehmigung aufgegeben. Gleichzeitig erhält das Selbstverwaltungsrecht der Kirchengemeinden eine beträchtliche Ausdehnung, indem künftig d. i. seit dem Inkrafttreten der KGO. die Kirchenstiftungen und Kirchen-

gemeinden nur soweit in ihrer Verwaltungstätigkeit beschränkt sind, als die KGO. eine Beschränkung ausdrücklich zuläßt; s. unten Z. IV.

II. Quellen.

1. Rechtsquellen: Art. 73—81, 84 KGO.; Art. 10 Z. 3 VGG. in der Fassung des Art. 96 KGO.

2. Literatur: L. u. Fr. n. zu Art. 73—81, 84 KGO.; D. n. zu Art. 10 Z. 3 VGG.

III. Staatsaufsichtsbehörden.

Die Staatsaufsicht wird unter der Oberleitung des zuständigen Staatsministeriums (zurzeit des K. Staatsministeriums des Innern für Kirchen- und Schulangelegenheiten) durch die Verwaltungsbehörden ausgeübt und zwar in erster Instanz für ortskirchliches Stiftungsvermögen und Kirchengemeinden mit dem Sitze in unmittelbaren Städten durch die vorgesetzte Kreisregierung, sonst durch das vorgesetzte Bezirksamt; Art. 73 Abs. II KGO.

Letztere Behörden sind, soweit nicht ein anderes bestimmt ist, zuständig, wo die KGO. schlechthin von der Staatsaufsichtsbehörde oder von staatsaufsichtlicher Genehmigung spricht, d. h. die Kreisregierungen und Bezirksämter als Staatsaufsichtsbehörden haben die Vermutung der Zuständigkeit für sich; vgl. Art. 73 Abs. III KGO.

IV. Handhabung und Wirkungskreis der Staatsaufsicht.

1. Im allgemeinen haben die Staatsaufsichtsbehörden den Vollzug der Gesetze zu überwachen, die gesetzlich erforderlichen Genehmigungen nach pflichtgemäßem freiem Ermessen zu erteilen oder zu versagen, in Beschwerdesachen, Verwaltungssachen und verwaltungsrechtlichen Angelegenheiten Entscheidungen zu treffen.

I Die Handhabung der Staatsaufsicht erstreckt sich darauf,

a) daß die gesetzlichen Schranken der den ortskirchlichen Stiftungen oder den Kirchengemeinden zustehenden Befugnisse nicht zum Nachteile des Staates, der Gemeinden oder anderer öffentlicher Verbände überschritten werden;

b) daß die gesetzlichen Vorschriften beobachtet werden, durch die irgendwie das Ermessen der ortskirchlichen Vertretungskörper innerhalb des Kreises ihrer Befugnisse beschränkt ist;

c) daß die den ortskirchlichen Stiftungen oder den Kirchengemeinden gesetzlich obliegenden öffentlichen Verpflichtungen erfüllt und

d) daß die gesetzmäßigen Vorschriften über die Geschäftsführung beobachtet werden; Art. 74 Abs. I KGO.

Unter den in Buchst. c genannten gesetzlichen Verpflichtungen sind die in Art. 12 Abs. I u. II sowie in Art. 13 KGO. genannten zu verstehen. Nicht darunter fallen die privatrechtlichen Verpflichtungen, ebenso nicht die Verpflichtungen polizeilicher Natur oder die zur staatlichen Steuerleistung.

II Die Staatsaufsichtsbehörden haben das Recht der Kenntnisnahme von der Tätigkeit der ortskirchlichen Vertretungskörper, insbesondere das Recht der Amts- und Kassenvisitation; Abs. II a. a. O.

III Gesetzwidrige Beschlüsse sind, wenn ihre Zurücknahme nicht binnen einer angemessenen Frist erfolgt, durch die zuständige Behörde, vorbehaltlich des Beschwerderechtes (Art. 80 KGO.; s. unten Z. V) außer Wirksamkeit zu setzen; Abs. III a. a. O.

Gesetzwidrig sind die Beschlüsse, wenn sie formell oder materiell im Widerspruche mit den bestehenden Gesetzen stehen. Jedoch kommen nur Beschlüsse über Gegenstände des öffentlichen Rechts, nicht solche auf dem Gebiete des Privatrechts in Frage; Fr. n. 8 zu Art. 74 KGO.

IV Beschlüsse, die ohne Berührung eines öffentlichen Interesses nur eine Benachteiligung einzelner enthalten, können nicht von Amts wegen (Art. 81 Abs. III KGO.) außer Wirksamkeit gesetzt oder abgeändert werden, auch wenn die Voraussetzungen des Art. 74 Abs. I Z. 2, 3 oder 4 KGO. gegeben sind; Abs. IV a. a. O.

Bei derartigen individuellen Beschlüssen hat die Staatsaufsichtsbehörde ohne individuelle Beschwerdeerhebung kein Recht zum Einschreiten; Fr. n. 9 zu Art. 74 KGO.

V Unterläßt eine ortskirchliche Stiftung oder eine Kirchengemeinde die ihr obliegenden Verpflichtungen (vgl. Art. 12 Abs. I, II KGO.) zu erfüllen, gesetzlich notwendige Ausgaben in den Voranschlag aufzunehmen oder erforderlichenfalls außerordentlich zu genehmigen oder die zur Erfüllung gesetzlicher Verpflichtungen nötigen Kirchengemeindedienste anzuordnen, so ist sie unter Angabe des Gesetzes aufzufordern, binnen angemessener Frist die zur Erfüllung der Verpflichtung erforderlichen Beschlüsse zu fassen; Abs. V a. a. O.

VI Wird innerhalb der vorgesetzten Frist die gesetzliche Notwendigkeit, der Umfang, oder die Art der Leistung bestritten, so hat die Staatsaufsichtsbehörde hierüber vorbehaltlich des Beschwerderechtes (Art. 80 KGO.; s. unten Z. V) Beschluß zu fassen, wobei auf die Frage der Leistungsfähigkeit besondere Rücksicht zu nehmen ist. Die kirchliche Oberbehörde wird einvernommen; Abs. VI

a. a. O.; vgl. auch Fr. n. 12 zu Art. 74 KGO. — Über die Grenzen des staatsaufsichtlichen Einschreitens bei Erhöhung des Diensteinkommens eines weltlichen Kirchendieners s. „Weltliche Kirchendiener" V 1 b Abs. 2.

VII Wird die endgültig festgestellte Verpflichtung innerhalb einer angemessenen Frist nicht erfüllt, so hat die Staatsaufsichtsbehörde an Stelle der ortskirchlichen Vertretungskörper die zum Vollzuge nötigen Verfügungen zu treffen, insbesondere auch die etwa erforderliche Umlage anzuordnen und deren Erhebung auf Kosten der Kirchengemeinde zu veranlassen; Abs. VII a. a. O.; Fr. a. a. O. n. 13.

VIII Die Bestimmung des Abs. VII a. a. O. ist auch dann anwendbar, wenn eine Verpflichtung des ortskirchlichen Stiftungsvermögens oder der Kirchengemeinde nicht erfüllt wird, die in einem sonstigen gesetzlich geregelten Streitverfahren von Verwaltungs- oder Verwaltungsgerichtsinstanzen oder im Zivilrechtswege durch rechtskräftige Entscheidung festgestellt ist; vgl. Abs. VIII a. a. O.; Fr. n. 14 a. a. O.

IX Werden die gesetzmäßigen Vorschriften über die Geschäftsführung verletzt, so ist zu deren Beobachtung aufzufordern und diese nötigenfalls durch Disziplinarmaßregeln zu erzwingen; Abs. IX a. a. O.; vgl. Art. 84 KGO.

X Soll für oder gegen ortskirchliches Stiftungsvermögen ein Zivilprozeß, welchen nicht die laufende Vermögensverwaltung mit sich bringt, geführt oder in weiterer Instanz fortgeführt werden, so hat die Kirchenverwaltung unter Darlegung des Sachverhaltes Anzeige an die Staatsaufsichtsbehörde zu erstatten. Diese ist befugt, wenn die beabsichtigte Rechtsverfolgung oder Rechtsverteidigung mutwillig oder aussichtslos ist, der Kirchenverwaltung die Führung oder Fortführung des Rechtsstreits jederzeit bei Meidung von Disziplinarmaßregeln zu untersagen, die Fortführung in weiterer Instanz jedoch nicht, wenn der Gegner das Rechtsmittel eingelegt hat: a. a. O. Abs. X.

Die hier vorgeschriebene Anzeige an die Staatsaufsichtsbehörde tritt an die Stelle des früheren Streitkonsenses. Die Anzeige ist für jede weitere Instanz gesondert erforderlich; vgl. im näheren Fr. n. 16 zu Art. 74 KGO.

2. Im einzelnen erstreckt sich die Handhabung der Staatsaufsicht auf eine Reihe von Gegenständen und Fällen, die in der KGO. jeweils angegeben sind; vgl. die Aufzählung bei Fr. n. 3 zu Art. 73 KGO.; vgl. insbesondere Art. 75—78 KGO. (genehmigungspflichtige Angelegenheiten), Art. 23 Abs. I (Erhebung von Kirchenumlagen), Art. 28 Abs. III (Verteilung der Kirchengemeindedienste), Art. 34 (Aufnahme von Anlehen).

über die Zuständigkeit der Staatsaufsichtsbehörden zu vorsorglichen Anordnungen vgl. Art. 73 Abs. IV, zur Erlassung von Haftungsbescheiden gegen Kirchenverwaltungsmitglieder usw. wegen Nichterfüllung der Dienstobliegenheiten usw. vgl. Art. 79, zur Handhabung der Disziplinargewalt über die Kirchenverwaltungsmitglieder, besonderen Verwalter und Kirchenschreiber vgl. Art. 84 KGO.

3. Beschlüsse, welche staatsaufsichtlicher Genehmigung bedürfen, können vor deren Erteilung nicht rechtsgültig zum Vollzuge gelangen; Art. 78 Abs. II KGO.

Eine genehmigungspflichtige, aber nicht genehmigte Veräußerung, welche von der Kirchenverwaltung oder etwa eigenmächtig von dem Vorstande oder einem sonstigen Mitgliede der Kirchenverwaltung oder besonderen Verwaltung vorgenommen wurde, ist wegen mangelnder Vertretungsmacht für die Kirchenstiftung oder Kirchengemeinde unwirksam.

So lange die Genehmigung eines genehmigungspflichtigen Baues durch die Staatsaufsichtsbehörde nicht ausgesprochen ist, kann dieser im Vertragswege nicht vergeben werden. — Das gleiche gilt für genehmigungspflichtige Anschaffungen, Veräußerungen usw.

4. Die staatsaufsichtliche Genehmigung kann nur aus wichtigen Gründen widerrufen werden, unbeschadet der in Gemäßheit derselben geschaffenen vollendeten Tatsachen und wohlerworbener Rechte Dritter; Art. 78 Abs. III KGO.

Der Widerruf kann sowohl von der Staatsaufsichtsbehörde als auch von einer ihr vorgesetzten Staatsaufsichtsstelle (Regierung, Ministerium) ausgesprochen werden. Wohlerworbene Rechte Dritter werden durch den Widerruf nicht berührt; Fr. 3 zu Art. 78 KGO.

V. Beschwerdeverfahren.

1. a) Gegen die in erster Instanz gefaßten Beschlüsse der Staatsaufsichtsbehörden können die Kirchenverwaltungen oder die sonst zuständigen Verwaltungsorgane (d. s. die sog. besonderen Verwaltungen nach Art. 6 Abs. I, II, 39, 55 Abs. I, III KGO.) binnen 14 Tagen ausschließender Frist Beschwerde ergreifen; Art. 80 Abs. I KGO.

α) Art. 80 KGO. bezieht sich lediglich auf Beschwerden, die zwischen den Kirchenverwaltungen und den Staatsaufsichtsbehörden auszutragen sind. — Kommt bei diesen Beschwerdefällen noch eine dritte Person als Streitteil in Betracht, so ist Art. 81 KGO., Abs. I u. II einschlägig; s. unten Z. 2.

β) Die Beschlüsse der Staatsaufsichtsbehörden können sich auf Akte der Genehmigung, der Versagung oder des Widerrufs von früheren staatsaufsichtlichen Genehmigungen beziehen. — Sie können aber auch staatsaufsichtliche Verfügungen im Sinne des Art. 74 und Entscheidungen über die Frage des öffentlich-rechtlichen eigenen Baubedürfnisses von Kirchenstiftung und Kirchengemeinde nach Art. 15 Abs. V KGO. betreffen.

γ) Die Beschwerde kann sowohl bei der Staatsaufsichtsbehörde als auch bei jeder Distriktsverwaltungsbehörde und Kreisregierung, bei den Ministerien des Innern beider Abteilungen und beim Verwaltungsgerichtshof eingelegt werden. Die unzuständigen Stellen haben sie an die zuständige Staatsaufsichtsbehörde weiterzugeben. — Notwendig ist nur die Einhaltung der gesetzlichen Beschwerdefrist. — Über die Beschwerdeeinlegung vgl. auch § 21 der allg. VB. z. KGO. v. 19. X. 1912 (GVBl. 1071 ff.); vgl. auch Fr. n. 4 zu Art. 80 KGO.

b) Die Kirchenverwaltung hat Beschwerde zu ergreifen, wenn die Kirchengemeindeversammlung oder die Kirchengemeindebevollmächtigten in einer eigenen Angelegenheit der Kirchengemeinde dies rechtzeitig beschließen; Art. 80 Abs. II KGO.

Als eigene Angelegenheit der Kirchengemeinde erscheint z. B. die Versagung der Genehmigung zur Umlageneinführung, zu einer Schuldaufnahme zu Lasten der Kirchengemeinde, bei den Protestanten auch jede Verletzung des Selbstverwaltungsrechtes der Kirchenstiftungen und Kirchengemeinden durch die Staatsaufsichtsbehörde.

Eine Rechtfertigung der Beschwerde ist im allgemeinen nicht vorgeschrieben. Eine Beschwerdebegründung kann bis zur Entscheidung der Beschwerdeinstanz nachgeholt werden.

Dritte Personen haben in solchen Fällen kein Beschwerderecht; jedoch können sie die Staatsaufsichtsbehörden auf die ihnen beschwerlich erscheinenden Punkte aufmerksam machen; Fr. n. 5 zu Art. 80 KGO.

c) Die nächsthöhere Behörde entscheidet in letzter Instanz, soweit nicht eine Zuständigkeit des Verwaltungsgerichtshofes begründet ist; Art. 80 Abs. III KGO.

α) Über die Zuständigkeit der Staatsaufsichtsbehörden s. oben Z. III.

β) Liegen dem Beschlusse der Staatsaufsichtsbehörden Ermessensfragen zugrunde, so ist Oberaufsichtsbeschwerde an das Kultusministerium zulässig.

γ) Behauptet die Kirchenverwaltung, daß die Staatsaufsichtsbehörde der Kirchenstiftung oder Kirchengemeinde eine rechtlich nicht begründete Leistung auferlegt habe, daß die als rechtlich unzulässig beanstandete Ausgabe rechtlich statthaft oder daß das gesetzliche Selbstverwaltungsrecht verletzt worden sei, so ist die Zuständigkeit des Art. 10 Z. 3 VGG. (in der Fassung des Art. 96 KGO.) gegeben; vgl. im näheren Fr. n. 6 zu Art. 80 KGO.

2. über Zuständigkeit der Staatsaufsichtsbehörden bei sonstigen Streitigkeiten auf dem Gebiete der KGO., besonders bei Beschwerden gegen Umlangenbeschlüsse (Art. 23 Abs. III—V KGO.; L., Fr. n. hiezu) vgl. Art. 81 KGO.; Fr. n. hiezu.

Stadtvikar

(prot.) s. „Hilfsgeistliche" III B 1 a β.

Ständige Expositur

s. „Hilfsgeistliche" III A 1 e.

Ständiger Vikar

s. „Hilfsgeistliche" III B 1 b β.

Sterbemonat

s. „Pensionsrecht" und „Einkommensaufbesserung".

Steuersynode.

I. **Begriff.**

Die Steuersynode ist eine aus geistlichen und weltlichen Abgeordneten der protestantischen Kirche bestehende, für das rechtsrheinische Bayern und die Pfalz getrennt abzuhaltende Versammlung, welche über die auf Kirchensteuern zu nehmenden Ausgaben für kirchliche Zwecke und über die Erhebung der Kirchensteuer Beschluß zu fassen hat; s. Art. 3 Abs. I KStG.

II. **Rechtsquellen.**

Art. 3—5 KStG. v. 15. VIII. 1908 (W. XXXVI 341); § 1 VB. hiezu v. 14. XII. 1910 (GVBl. 1155), Abschied für die Steuersynode der protestantischen Kirche rechts des Rheins und der Pfalz vom 13. XII. 1910 (GVBl. 1141 u. 1150).

III. **Zusammensetzung.**

1. Weltliche Mitglieder. Die weltlichen Mitglieder der Steuersynode sind die weltlichen Mitglieder der vereinigten Generalsynode in Bayern rechts des Rheins bzw. der Generalsynode der Pfalz; Art. 3 Abs. 2 Z. 1 KStG. über die Wahl der weltlichen Mitglieder s. unten Z. VIII 1 a.

2. Geistliche Mitglieder. Dieselben setzen sich zusammen aus geistlichen Mitgliedern der Generalsynode in der Hälfte der weltlichen Mitglieder; Art. 3 Abs. 2 Z. 2 KStG. Ist die Zahl der weltlichen Mitglieder der Generalsynode ungerade und ergibt sich sonach bei der Feststellung der Zahl der geistlichen Abgeordneten zur Steuersynode ein Bruch, so hat dieser unberücksichtigt zu bleiben. über die Wahlen der geistlichen Mitglieder s. unten Z. VIII 1 b.

3. Mitglieder der reformierten Kirche. In der Steuersynode der protestantischen Kirche rechts des Rheins ist die reformierte Kirche durch ein geistliches und zwei weltliche Mitglieder der reformierten Synode (s. „Reformierte Kirche" V) vertreten; Art. 3 Abs. 2 Z. 3 KStG. Über die Wahl der reformierten Mitglieder s. unten Z. VIII 1 c.

IV. Wirkungskreis.

Die Steuersynode hat über die auf Kirchensteuern zu nehmenden Ausgaben (s. hierüber Art. 1 u. 2 KStG.) und über die Erhebung der Kirchensteuern Beschluß zu fassen; Art. 3 Abs. I KStG. Hiezu sind der Steuersynode von der kirchlichen Oberbehörde bestimmte Anträge vorzulegen; Art. 4 Abs. I KStG. Eine Mitwirkung der Finanzbehörden findet in der Regel nicht statt; § 1 VB. KStG. Doch kann sich das Oberkonsistorium nach seinem Ermessen des Beirats der von der Steuersynode benannten oder anderer geeigneter Vertrauensmänner bedienen, wo und soweit ihm dies angemessen und sachförderlich erscheint; Z. III 1 Abs. 2 des Abschieds für die Steuersynode rechts des Rheins. Die Steuersynode hat ferner, wenn der Kreis der auf Kirchensteuern zu nehmenden Ausgaben auf Antrag der kirchlichen Oberbehörde erweitert werden soll, das Recht der Zustimmung, so daß ohne letztere eine Erweiterung nicht eintreten kann; Art. 2 Abs. II KStG. Die Bewilligung der Ausgaben und der zu ihrer Deckung erforderlichen Kirchensteuern erfolgt auf die der Tagung der ordentlichen Steuersynode jeweils folgenden vier Kalenderjahre, bei außerordentlichen Synoden (s. hierüber unten V) auf die Zeit bis zur nächsten ordentlichen Steuerperiode; Art. 4 Abs. II KStG. Endlich hat die Steuersynode die Rechnungen der allgemeinen Kirchenkasse zu prüfen und anzuerkennen oder etwaige Erinnerungen geltend zu machen; Art. 5 Abs. II KStG. Werden Erinnerungen erhoben und diese nicht von der kirchlichen Oberbehörde sofort anerkannt und Abhilfe zugesichert, so bemißt sich das weitere Verfahren nach Art. 4 Abs. V KStG., wonach die Beschlüsse der Steuersynode der königlichen Genehmigung bedürfen; s. hierüber auch unten VII.

V. Tagung.

Die Steuersynode tagt in der Regel in unmittelbarem Anschluß an die ordentliche Generalsynode. Letztere findet gemäß § 7 PE. alle vier Jahre am Sitze eines Konsistoriums rechts des Rheins bzw. des Konsistoriums Speyer statt; im näheren s. „Generalsynode" III. Außerordentliche Tagungen können durch kgl. Entschließung einberufen werden; auch kann durch eine solche die ordentliche wie außerordentliche Tagung jederzeit geschlossen werden; Art. 3 Abs. III KStG.

VI. Leitung der Synode und Geschäftsgang.

1. Leitung. Die Verhandlungen der Steuersynode leitet ein aus ihrer Mitte mit absoluter Stimmenmehrheit gewählter Vorsitzender.

2. Geschäftsgang. Die Vertreter der Kirchenbehörden sind bei den Verhandlungen jederzeit auf ihr Verlangen zu hören und befugt, Anträge zu stellen. Die Staatsregierung ist berechtigt, einen Vertreter zu den Verhandlungen abzuordnen, der jedoch an den Beratungen selbst keinen Anteil zu nehmen hat; Art. 3 Abs. IV KStG. Die Verhandlungen sind in der Regel öffentlich; über eine notwendig werdende geheime Verhandlung hat die Steuersynode zu beschließen. Im übrigen finden die Vorschriften über die Geschäftsordnung der Generalsynoden auch auf die Steuersynode entsprechende Anwendung; Art. 3 Abs. VI KStG.; s. hierüber „Generalsynode" V.

VII. Beschlußfassung.

Die Beschlüsse der Steuersynode erfordern zu ihrer Gültigkeit die Anwesenheit der Mehrheit der Mitglieder und die Zustimmung der Mehrheit der Anwesenden. Die Stimmenthaltung anwesender Mitglieder ist für die Beschlußfähigkeit ohne Einfluß. Dagegen sind für die Berechnung der Stimmenmehrheit der Anwesenden die Stimmberechtigten, welche sich der Stimme enthalten, als gegen den Beschluß stimmend zu zählen. Bei Stimmengleichheit gilt der Beschluß als abgelehnt. Die Beschlüsse der Steuersynode bedürfen der königlichen Genehmigung, welche von der kirchlichen Oberbehörde durch das Kultusministerium zu erholen ist; Art. 4 Abs. V KStG. Vor Erteilung der Genehmigung wird die Gesetzmäßigkeit der Beschlüsse geprüft.

VIII. Wahl der Mitglieder.

1. Ordentliche Mitglieder.

a) Weltliche Mitglieder. Über die Wahl der weltlichen Mitglieder der Generalsynode s. „Generalsynode" IV.

b) Geistliche Mitglieder. Die geistlichen Mitglieder der Steuersynode werden von den geistlichen Mitgliedern der ordentlichen Generalsynode bei deren jeweiligem Zusammentritt gewählt; Art. 3 Abs. II KStG. Bei der Wahl der geistlichen Mitglieder der Steuersynode haben in formaler Hinsicht die Vorschriften für die Wahl der Ausschüsse zu den Generalsynoden entsprechende Anwendung zu finden. Der Abgeordnete der theologischen Fakultät Erlangen zur Generalsynode zählt zu deren geistlichen Mitgliedern und ist infolgedessen zur Steuersynode sowohl wahlberechtigt als wählbar; vgl. AVO. v. 25. VI. 1887 (KMBl. 197, W. XVIII 424), die Einführung eines Generalsynodalausschusses betreffend, in der Fassung der AE. v. 26. I. 1896 (KMBl. 36).

c) Reformierte Mitglieder. Diese werden von der der jeweiligen Tagung der Steuersynode vorausgehenden reformierten Synode gewählt; Art. 3 Abs. II KStG.

2. Ersatzmitglieder. Gemäß dem Antrag der Steuersynode 1909 soll bei den künftigen Wahlen der geistlichen Mitglieder der Steuersynode stets auch eine angemessene Zahl von Ersatzmännern gewählt werden; Z. III des Abschieds für die Steuersynode der protestantischen Kirche rechts des Rheins und der Pfalz.

IX. Diäten der Mitglieder.

Die Mitglieder der Steuersynode erhalten Tagegelder und erforderlichenfalls Reisekostenentschädigung nach Maßgabe der Vorschriften über die Gewährung von Tagegeldern und Reisekosten an die Mitglieder der Generalsynoden; Art. 3 Abs. VII KStG.; s. auch „Generalsynode".

X. Synodalausschuß.

Die Steuersynode 1909 der protestantischen Kirche rechts des Rheins hatte einen ständigen Synodalausschuß bestellt, dem bestimmte Aufgaben zugewiesen waren. Diesem Beschluß der Steuersynode wurde im Abschied vom 13. XII. 1910 Z. III die Allerhöchste Genehmigung versagt.

Stiftungen, ortskirchliche (Kultusstiftungen).

I. Begriff und rechtliche Natur; staatlicher Schutz.

1. a) Unter Stiftung versteht man im allgemeinen einen durch eine Willensverfügung (Verfügung des Stifters) bestimmten Zwecken gewidmeten, mit juristischer Persönlichkeit ausgestatteten Vermögensinbegriff; K. I 672 zu n. 24.

Wesentlich für den Begriff einer Stiftung ist das Vorhandensein eines rentierenden Vermögens, dessen Renten zur Erfüllung eines fortdauernden Zweckes verwendet werden sollen, Seeb. 739 n. 1, d. h. es muß ein Vermögen für einen bestimmten Zweck ausgeschieden sein und mit ihm dauernd verbunden bleiben; Fr. n. 2a zu Art. 1 KGO.

b) Zur kirchlichen Stiftung (Kultusstiftung) wird die betreffende Stiftung, wenn der Träger des Rechtes am Stiftungsgut kirchlichen Charakter hat; K. I 680 Z. 3 Abs. 2. — Ob die Stiftung selbst kirchlichen oder weltlichen Zwecken (z. B. der Armenpflege) dient, ist ohne Belang; K. I 680.

Die Stiftung war schon bisher die Hauptform des Kirchenvermögens in Bayern. Fast alles Kirchenvermögen erscheint in der Form der Stiftung, im Rahmen der KGO. als Kirchenstiftung gedacht; Fr. n. 2a zu Art. 1 KGO.

c) „Ortskirchliche" Stiftung sind jene, deren Vermögenserträgnisse zunächst zur Befriedigung der Bedürfnisse der betreffenden Kirchengemeinde dienen sollen.

2. a) Ihrer rechtlichen Natur nach sind die ortskirchlichen Stiftungen zunächst öffentliche Stiftungen im Sinne des bayerischen Staatsrechts; vgl. L. n. 1 zu Art. 7 Abs. II KGO. — Als solche gelten jene Stiftungen, die einem öffentlichen Zwecke zu dienen bestimmt sind, d. h. einen der in Tit. IV § 10 VerfU. genannten drei Zwecke des Kultus, des Unterrichts und der Wohltätigkeit verfolgen, und die wegen des öffentlichen Interesses der Zweckbestimmung Gegenstand einer besonderen staatlichen Fürsorge sind; H.-Schn. 20 Abs. 2; M. II 79 nach n. 7; K. I 678; vgl. auch VGH. XXI 59, XXIII 151; D. Art. 8 Z. 35 n. 1 b Abs. 2.

b) Außerdem sind die ortskirchlichen Stiftungen nach heutiger Meinung Stiftungen des öffentlichen Rechts im Sinne des § 89 BGB.; vgl. L. n. 1 zu Art. 7 Abs. II KGO.; Fr. n. 8 zu Art. 21 KGO.

α) Das BGB. unterscheidet zwischen Stiftungen des bürgerlichen Rechts und Stiftungen des öffentlichen Rechts. Erstere werden in den §§ 80—88 BGB. behandelt, während sich in Ansehung der Stiftungen des öffentlichen Rechts das BGB. der Aufstellung von Vorschriften über deren Entstehung, Verfassung und Erlöschen enthält, da dies außerhalb des bürgerlichen Rechts liegt. Das BGB. befaßt sich mit den Stiftungen des öffentlichen Rechts nur insoweit, als sie in den privatrechtlichen Verkehr treten; es begnügt sich daher damit, die Vorschriften der §§ 31 u. 42 Abs. 2 für die Stiftungen des öffentlichen Rechts als anwendbar zu erklären; § 89 BGB.

β) Die Organisation der Stiftungen des öffentlichen Rechts, die Frage, wer sie vertritt, welche Vertretungsmacht der regelmäßige Vertreter hat, wann er der Zustimmung eines anderen Organs oder einer vorgesetzten Behörde bedarf, ist durch die Vorschriften des öffentlichen Rechts (d. i. des Landesrechts) geregelt; vgl. H.-Schn. Vorbem. 3 zu Art. 5 ff. AG. BGB. — Daher sind die landesgesetzlichen Vorschriften über die staatliche Aufsicht über die Stiftungen, über ihre Verwaltung, die Vorschriften über die Zuständigkeit der Verwaltungsbehörden (bzw. des VGH.) für den Vollzug der Stiftungsbestimmungen mit Einschluß der Streitigkeiten und über die Ansprüche, die aus der Stiftungsverfassung hergeleitet werden, vom BGB. unberührt gelassen worden; Art. 6 AG. BGB.

c) Die Kultusstiftungen besitzen die Eigenschaft juristischer Persönlichkeit; ihre Rechtsfähigkeit erstreckt sich auf den öffentlichen und bürgerlichen Rechtsverkehr. — Sie sind als juristische Personen vermögens-, erb-, erwerbs- und parteifähig; vgl. K. I 682 ff.

Die den Vermögenserwerb zur toten Hand einschränkenden Amortisationsgesetze finden auf die ortskirchlichen Stiftungen keine Anwendung; K. I 682 zu n. 65; s. auch „Amortisationsgesetzgebung".

3. Die ortskirchlichen Stiftungen sind in der Verfassungsgesetzgebung privilegiert, d. h. die Kultusstiftungen genießen als öffentliche Stiftungen im Sinne des bayerischen Staatsrechts den besonderen verfassungsmäßigen Schutz des Staates. Den einzelnen Religionsgesellschaften sind, ohne Unterschied zwischen kirchlichen und weltlichen Stiftungen, alle Rechte am Kirchen- und Stiftungsvermögen, namentlich ihre Genuß- und Verwaltungsrechte, gewährleistet; Tit. IV §§ 9, 10 VerfU.; §§ 31, 44—47 RE.; §§ 49, 69, 75 FormVO. v. 17. XII. 1825 (W. II 279); K. I 688 Abs. 3, 713 zu n. 3 Buchst. c Abs. 5.

Vgl. über den Staatsschutz auch „Ortskirchenvermögen" I 2; Fr. n. 7 zu Art. 1 KGO.

Jede Stiftung darf nur ihrem eigenen, ausgesprochenen Stiftungszwecke dienen; eine Verwendung für andere Zwecke ist nur mit Genehmigung der Beteiligten möglich; s. unten Z. III 2. —

II. Quellen.

1. Rechtsquellen: Tit. IV § 9 Abs. 4 u. 6, § 10 VerfU.; §§ 31, 44—49, 64, 75 RE.; Art. VIII Konk.; §§ 12, 19 Buchst. i PE.; Art. 5 Abs. II u. Art. 7 KGO.; Art. 8 Z. 35, Art. 10 Z. 3 VGG.

2. Literatur: K. I 663 nach n. 18—704; H.-Schn., Vorbem. zu Art. 5 ff. AG. BGB.; Fr. n. 2 zu Art. 1, n. zu Art. 5 Abs. II u. zu Art. 7 KGO.; ebenso L. n. zu Art. 1, 5 Abs. II u. 7 KGO.; vgl. auch VGH. XXI 59, XXIII 149; Seeb. 738 Z. III.

III. Entstehung der Stiftungen; Änderung des Stiftungszweckes.

1. a) Die Voraussetzungen der Entstehung einer neuen ortskirchlichen Stiftung (— neu sind ortskirchliche Stiftungen, wenn sie für eine neu errichtete oder neu zu errichtende Kirche begründet werden oder als selbständige Rechtssubjekte neben schon bestehende kirchliche Stiftungen treten sollen; im Gegensatz hiezu stehen die sog. Zustiftungen oder Stiftungszuflüsse, s. „Fundationen") sind folgende:

α) Vor allem die kirchliche Genehmigung (Approbation, Konfirmation) der zu errichtenden Stiftung.

Die Erteilung dieser Genehmigung ist eine innere Kirchenangelegenheit; vgl. Art. 7 Abs. I Satz 2 KGO. („Die Befugnisse der kirchlichen Behörden bleiben unberührt"). — Ohne kirchliche Genehmigung können neue ortskirchliche Stiftungen mit Rechtswirksamkeit nicht entstehen; Fr. n. 4 zu Art. 7 KGO.

β) Eine privatrechtliche Willensbestimmung des Stifters (Stiftungsgeschäft).

Das Stiftungsgeschäft ist in jedem Falle, gleichviel, ob eine Stiftung des bürgerlichen oder des öffentlichen Rechts im Sinne des BGB. bezweckt ist, ein Rechtsgeschäft des bürgerlichen Rechtes.

Der einzelne handelt, indem er über sein Vermögen verfügt und es dem Stiftungszwecke widmet, auf dem Gebiet des bürgerlichen Rechts — die §§ 80—84 BGB., insbesondere der die Form des Stiftungsgeschäfts regelnde § 80 u. § 81 Abs. 1 sowie der die Möglichkeit des Widerrufs näher begrenzende § 81 Abs. 2 gelten auch dann, wenn das Stiftungsgeschäft eine Stiftung des öffentlichen Rechtes bezweckt; vgl. H.-Schn. Vorbem. 3 g. E. zu Art. 5ff. AG. BGB.; K. I 673.

Die Verfügung des Stifters, das Stiftungsgeschäft, muß also den Bestimmungen des BGB. entsprechen und eine dauernde, zeitlich unbegrenzte Widmung des Vermögens für die Stiftungszwecke enthalten, die erkennen lassen, daß eine selbständige juristische Persönlichkeit geschaffen werden soll.

Die Verfügung des Stifters kann eine solche unter Lebenden oder eine letztwillige sein, letztere in der Art, daß der Stifter ein Vermächtnis aussetzt mit der Bestimmung, daß dasselbe eine gewissen Zwecken gewidmete Stiftung bilden solle oder so, daß der Stifter die zu errichtende Stiftung zu seinem Erben einsetzt; K. I 674 zu n. 37.

γ) **Ein Akt des öffentlichen Rechts**, die staatliche Bestätigung des Stiftungsgeschäfts d. i. die durch Vermittlung des Kultusministeriums zu erholende königliche Genehmigung; Art. 7 Abs. I KGO.

Die königliche Genehmigung ist für alle ortskirchlichen Stiftungen erforderlich, die selbständige Rechtssubjekte werden sollen.

Die Stiftungen erlangen durch die königliche Genehmigung die *Rechtsfähigkeit* und den *verfassungsmäßigen Staatsschutz*; Art. 7 Abs. II KGO.

Vgl. im einzelnen, besonders über das Instruktionsverfahren die auch hier geltenden Ausführungen bei „Kirchenstiftung" III.

2. **Änderung des Stiftungszweckes.**

a) Da das Wesen einer ortskirchlichen Stiftung wie das einer jeden Stiftung darin liegt, daß ein Vermögen für einen bestimmten Zweck ausgeschieden ist und mit diesem dauernd verbunden bleiben muß, so darf ihr Vermögen nicht für andere Zwecke ohne *Zustimmung der Beteiligten und der kirchlichen Oberbehörden* verwendet oder eingezogen werden. Insbesondere muß selbst bei Auflösung einer Kirchengemeinde das ortskirchliche Stiftungsvermögen den Kultuszwecken des betreffenden Religionsteils gewidmet bleiben; vgl. Tit. IV § 9 Abs. 4, § 10 VerfU.; § 47 RE. — Würden daher die sämtlichen Mitglieder einer Pfarrei konfessionslos werden oder sich einer anderen Konfession anschließen, so würde das Kirchenstiftungsvermögen diesen übergang nicht mitmachen, da es verfassungsgemäß seinem Stiftungszwecke und der ursprünglichen Konfession für alle Zeiten erhalten werden muß; hierüber s. auch „Ortskirchenvermögen" I 2 b, V 2.

b) Für die Umwandlung des Zweckes oder die Aufhebung einer ortskirchlichen Stiftung ist, da es sich um eine Stiftung des öffentlichen Rechtes im Sinne des § 89 BGB. handelt, nicht § 87 BGB. noch auch Art. 67 GemO. in der Fassung des Art. 158 Z. IV AG. BGB., der nur für Stiftungen des öffentlichen Rechtes unter gemeindlicher Verwaltung gilt, daher bei Streitigkeiten auch nicht Art. 10 Z. 3a VGG. maßgebend, vielmehr gelten hiefür lediglich die Verfassungsbestimmungen; vgl. Tit. IV § 9 Abs. 4, § 10, Tit. VII § 17 VerfU.; § 47 RE.; s. o. Buchst. a; D. Art. 10 Ziff. 3a VGG. n. 1 Abs. 2.

α) Ursache der Verwendung des Vermögens einer ortskirchlichen Stiftung zu anderen als den ursprünglichen Stiftungszwecken ist besonders die Unmöglichkeit des Stiftungszweckes. — Unmöglichkeit einer ortskirchlichen Stiftung d. i. des Stiftungszweckes liegt nur vor bei dauernder Unausführbarkeit oder bei gänzlichem Wegfall des Stiftungszweckes. — Nach Absicht des Stifters und nach dem Stiftungszwecke ist eine solche dauernde Unausführbarkeit der Stiftung dann nicht anzunehmen, wenn die Möglichkeit besteht, die Stiftung z. B. in einer anderen als der ursprünglichen Kirche in dem gleichen Umfange auszuüben. Erforderlich ist nur die Übertragung (Transferierung) der Stiftung auf die neue Kirche, die an die Stelle der alten getreten ist; s. auch „Fundationen" III 2 b γ A v. — Ergeben sich infolge der Änderung des Stiftungszweckes oder aus sonstigen Gründen Stiftungsüberschüsse, so sind diese zu admassieren.

β) Als beteiligt (zustimmungsberechtigt) bei Änderung des Stiftungszweckes erscheinen außer den kirchlichen Oberbehörden (vgl. Art. 11 KGO.; L. Vorbem. hiezu) die Stiftungsverwaltung und alle Personen, die einen Rechtsanspruch auf die Verwaltung oder den Genuß der betreffenden ortskirchlichen Stiftung haben; vgl. K. I 702.

γ) Zu den allgemeinen Kultusstiftungen, deren Vermögen nicht veräußert oder in der Substanz zum Besten eines anderen als des bestimmten Stiftungszweckes ohne Zustimmung der Beteiligten und der Stände nicht verwendet werden darf, § 47 RE., gehören jene kirchliche Stiftungen, die nach der Allgemeinheit ihrer Zwecke über örtliche Kirchengemeinden hinausreichen; z. B. schwäbischer Religionsfond, Langnauer Fond, Stiftung der Kapelle zu Altötting; Fr. n. 6 vor Art. 1 KGO.

IV. Arten.

Als ortskirchliche Stiftungen im Sinne der KGO. gelten sämtliche in Art. 5 Abs. II KGO. genannten Vermögensinbegriffe (vgl. „Ortskirchenvermögen" III), das sind:

1. das Kirchenstiftungsvermögen (Fabrikgut); Art. 5 Abs. II Z. 1 KGO.; s. auch „Kirchenstiftung".

Die Kirchenstiftungen, an die sich eine Kirchengemeinde anschließt, werden nach dieser benannt. Es gibt Pfarrer-, Mutter- und Tochterkirchenstiftungen, auch die Einführung von Gesamtkirchengemeindestiftungen ist möglich. — Das Vermögen von Nebenkirchen und Kapellen kann Stiftungscharakter haben, muß aber nicht unter allen Umständen Stiftungsgut sein. Doch kann die königliche Genehmigung (Art. 7 Abs. I KGO.) einer solchen Vermögensmasse als Stiftung auch nachträglich erwirkt werden; Fr. n. 2 a a. E. zu Art. 1 KGO.

Ferner gehören hierher die Kaplaneistiftungen, soweit sie nicht Benefizien sind, dann die Expositurstiftungen einschließlich etwaiger Kaplanei- und Expositurhausbaufonds; vgl. § 2 allgemeine VB. KGO.

2. Die bei der Kirchenstiftung bestehenden Fonds, ferner sonstige örtliche Kultusstiftungen und -fonds; vgl. Art. 5 KGO. Abs. II Z. 1 u. 2.

Fonds im Sinne der KGO. sind die nicht mit selbständiger Rechtsfähigkeit ausgestatteten Vermögensansammlungen, die für bestimmte Zwecke bei der Kirchenstiftung, einer Spezialstiftung oder einer Bruderschaft usw. formell ausgeschieden bestehen, dem Eigentum nach aber regelmäßig zum Vermögen der betreffenden juristischen Personen gehören, wie Baufonds usw. — Zu den „sonstigen örtlichen Kultusstiftungen" gehört das Vermögen von Nebenkirchen und Kapellen, soweit es Stiftungscharakter trägt; s. o. Z. 1.

3. Das Vermögen der Bruderschaften und ähnlichen Vereinigungen im Kirchengemeindebezirk, soweit es als örtliches Stiftungsvermögen erscheint oder seither ihm gleichgeachtet worden ist; Art. 5 Abs. II Z. 3 a. a. O.

Das Vermögen der Bruderschaften ist bisher vielfach, insbesondere soweit sie durch landesherrliche Verleihung oder auf Grund der früheren, solche Verleihungen nicht voraussetzenden Rechtslagen Rechtsfähigkeit erworben haben, dem Stiftungsvermögen gleichgeachtet worden. — Nicht hierher zählt das Vermögen kirchlicher Vereinigungen wie des dritten Ordens, der Marianischen Kongregationen, der Muttervereinigungen usw., außer es wurde schon bisher als Stiftungsvermögen behandelt.

Zu den „ähnlichen Vereinigungen" gehören nicht Orden und ordensähnliche Kongregationen, wohl aber sonstige Kongregationen und Bündnisse; s. „Geistliche Gesellschaften".

Die Pfründestiftungen zählen nicht zu den ortskirchlichen Stiftungen im Sinne der KGO.; Art. 5 Abs. II KGO.

V. Staatsaufsicht.

Die ortskirchlichen Stiftungen, insbesondere die Verwaltung der Angelegenheiten des ortskirchlichen Stiftungsvermögens unterstehen der Staatsaufsicht; Art. 74 Abs. I KGO.; s. „Staatsaufsicht".

VI. Streitigkeiten.

1. Streitigkeiten über das Stiftungsgeschäft selbst, z. B. über Gültigkeit, Umfang und Inhalt, gehören vor die Zivilgerichte, da das Stiftungsgeschäft selbst bürgerlich-rechtlicher Natur ist; K. I 688 Z. 2 a; s. oben III 1 a β.

2. a) Bestrittene Rechtsansprüche und Verbindlichkeiten auf den Genuß oder Mitgenuß von kirchlichen Stiftungen, bestrittene Rechte in betreff der Stiftungsverwaltung und der Verleihung des Stiftungsgenusses sind Verwaltungsrechtssachen nach Art. 8 Z. 35 VGG.

α) Die Geltendmachung eines Anspruchs nach Art. 8 Z. 35 VGG. ist durch die rechtliche Existenz einer Stiftung bedingt; vgl. VGH. XXI 103.

Weitere Voraussetzung ist für die Anwendbarkeit des Art. 8 Z. 35 VGG., daß es sich um Ansprüche an die Stiftung handelt, die sich aus deren unmittelbarer Zweckbestimmung ergeben; VGH. IV 144; D. a. a. O. n. 5, 4 u. 6.

β) Auch die bestrittene Frage, ob einem bestimmten Vermögensfond die rechtliche Eigenschaft einer Stiftung (hier einer Kultusstiftung) zukommt, wird im verwaltungsrechtlichen Verfahren nach Art. 8 Z. 35 VGG. entschieden; denn ob dies der Fall und daher etwaige aus dem Stiftungscharakter abgeleitete Rechtsansprüche als solche, d. h. stiftungsgemäß begründet sind, kann nur im verwaltungsrechtlichen Verfahren entschieden werden; VGH. XXIII 150.

γ) Hereinspielende privatrechtliche Vorfragen und Zwischenfragen, deren Lösung im notwendigen Zusammenhange mit der Verwaltungsrechtssache steht und zu deren Erledigung erforderlich ist, können die Verwaltungsbehörden in den Bereich ihrer Würdigung ziehen; K. I 690 zu n. 93; VGH. XIII 14 f.

δ) Die verwaltungsrechtliche Entscheidung beschränkt

sich auf die Zu- oder Aberkennung der stiftungsmäßigen Genuß- oder Verwaltungsberechtigung; K. I 702 Buchst. c Abs. 2.

Die weitere Verfügung ist Sache der Stiftungsverwaltung (gegebenenfalls der Staatsaufsicht), die an die verwaltungsrechtliche Entscheidung gebunden ist, andererseits aber zwischen stiftungsmäßig Gleichberechtigten nach ihrem Ermessen freie Wahl hat; K. I 702 Buchst. c; vgl. auch VGH. XIII 15, XVIII 91.

b) Zuständig zur Entscheidung ist in erster Instanz jene Verwaltungsbehörde, die zunächst zur Ausübung der Staatsaufsicht über die betreffende Kultusstiftung berufen ist; D. a. a. O. n. 2; K. I 700 letzter Absatz.

Daher ergibt sich folgender Instanzenzug: Distriktsverwaltungsbehörde, Regierungssenat, VGH. oder Regierungssenat, VGH.; D. a. a. O. n. 2 a. E.

c) Beteiligt am Verfahren sind außer den Antragstellern auch die Stiftungsverwaltung und etwaige Mitbewerber, besonders aber jene Personen, die einen Rechtsanspruch auf die Verwaltung oder den Genuß der betreffenden Stiftung haben; vgl. K. I 702 Abs. 1, 715; D. a. a. O. n. 8.

d) Staatsaufsichtliche Fragen, besonders die Frage, ob eine Stiftung als ortskirchliche Stiftung der Staatsaufsicht (s. dort) untersteht, liegen außerhalb des Rahmens der Verwaltungsrechtssachen. Ermessensfragen werden zwar von den unteren Instanzen, nicht aber vom VGH. entschieden; Art. 13 Abs. 1 Z. 3 VGG. — In solchen Fällen entscheidet vielmehr das Kultusministerium; s. Art. 49 VGG.; K. I 701 zu n. 119.

3. Gegen Verfügungen der Staatsaufsichtsbehörden steht den Vertretungsorganen der ortskirchlichen Stiftungen ein Beschwerderecht nach Art. 80 KGO. und nach Art. 10 Z. 3 VGG. (in der Fassung des Art. 96 KGO.) zu; vgl. „Staatsaufsicht" V und „Ortskirchenvermögen" VII.

Stiftungsverbände

s. Art. 5 Abs. V KGO.

Stiftungsvermögen

s. „Stiftungen ortskirchliche" und „Ortskirchenvermögen".

Stiftungszuflüsse

s. „Fundationen".

Stiftungszweck

Änderung, Unmöglichkeit s. „Stiftungen ortskirchliche" III 2.

Stolgebühren (in der kath. u. prot. Kirche).

A. Der Geistlichen.

I. Begriff und rechtliche Natur.

1. Stolgebühren sind Leistungen der Pfarrangehörigen aus dem Pfarrverband an den Pfarrer anläßlich einer erbetenen und geleisteten Seelsorgehandlung; M. II 349 Z. II; Kr. II 107 zu n. 1; St. 1038 zu n. 8. Sie haben den Charakter der Zufälligkeit und sind unsicher, deshalb spricht man auch von Kasualien; M. II 330 zu n. 2.

2. Ihrer rechtlichen Natur nach sind die Stolgebühren klagbare Forderungen und Leistungen öffentlich-rechtlicher Natur; VO. v. 19. III. 1802 Z. 3 (G. II 405); BlAdmPr. XXXIV 402, XLV 412; M. II 334 zu n. 9, 335 zu n. 6, 336 Z. 2, auch 302 zu n. 6, I 112 nach n. 4; Kr. II 108 zu n. 4. In der protestantischen Kirche der Pfalz werden diese Leistungen stets Kasualgebühren genannt; M. II 334 zu n. 4, 305 zu n. 1.

II. Quellen.

1. Rechtsquellen. Allgemeine Rechtsquelle ist §§ 64 b, 65, 86, 102 RE.; ME. v. 6. XII. 1808 betreffend den Erlaß der Stolgebührenordnung, und v. 19. III. 1812 (W. I 385) betreffend Stolgebührenentrichtung an Pfarrer fremder Konfessionen; Art. 89 KGO.

Außerdem kommt für die protestantische Kirche des rechtsrh. Bayerns noch § 11 PE., § 73 KonsO. v. 8. IX. 1808 (W. I 306) u. ME. v. 19. XII. 1839 (W. III 326) in Betracht.

Besondere Rechtsquelle für die protestantische Kirche der Pfalz ist die Kasualgebührenordnung v. 18. VI. 1833 (Wand 206).

Im übrigen beruhen die Stolgebühren vielfach auf Observanz (M. II 309 nach n. 2, 313 zu n. 1 u. 2), teilweise auch auf besonderen Stolgebührenverträgen (M. II 314 zu n. 6, 318 zu n. 1) oder lokalen Stolverordnungen.

2. Literatur: M. II 308—360; Kr. I 379, 519—522, II 107—120, 392; St. 1038—1041, 1048, 203, 204, 441; Seeb. 723—732; S. III 540 n. 72, 604 zu n. 43—45.

III. Stolpflichtige Handlungen (Gegenstand der Stolgebühr).

1. Das Stolrecht umfaßt nur die Abgaben für persönliche, gottesdienstliche Verrichtungen d. i. alles, was der Pfarrer für die Kindstaufen, Aufgebote, Kopulation, Begräbnisse und andere derartige pfarrliche Funktionen sowie für die hierüber ausgefertigten Zeugnisse (Seeb. 730) bekommt (M. II 342 zu n. 1; Kr. II 107 zu n. 2; St. 1039 zu n. 2), nicht aber auch den sächlichen Aufwand für eine kirchliche Handlung, insbesondere nicht die Gebühren, welche nur aus Anlaß der

eigentlichen Stolhandlung entstehen, wie Kirchenstuhlgelder, die Gebühren für Kerzen, Benützung von Begräbnisutensilien, Leichenwagen, Leichenträger, Totengräber, Leichen- und Hochzeitsbitter, Türmer usw.; VGH. VIII 212; BlAdmPr. XXXI 202. Die letztgenannten Ansprüche sind vielmehr rein zivilrechtlicher Natur; M. II 333 zu n. 7, 339 nach n. 5, 358 nach n. 4ff.

Auch die anläßlich von Stolhandlungen herkömmlichen Abgaben an gewisse Kirchenstiftungen sind keine Stolgebühren, ebensowenig Meßstipendien; M. II 334 zu n. 5 u. 6.

In der katholischen Kirche ist vielfach noch üblich die Gebühr für Aussegnung der Wöchnerinnen; M. II 342 nach n. 1; Kr. II 107 zu n. 2. In der protestantischen Kirche ist noch üblich eine Gebühr für die sog. Krankenkommunion (VGH. XIX 10; M. II 342 zu n. 2, 344 zu n. 12; Seeb. 727 zu n. 142) und manchmal auch das Beichtgeld (M. II 345 Z. IV, 321 Z. 2). Doch ist letzteres in der Pfalz verboten; M. II 320 zu n. 1. Die Krankenprovisur ist nach der Praxis nicht mehr stolgebührenpflichtig; M. II 344 zu n. 9—11; Kr. II 107 n. 2.

2. Stolähnliche Gebühren sind die Gebühren für Aufnahme und Weiterbeförderung von Gesuchen und Dispensationen von dem Ehehindernisse der Schwangerschaft und vom Aufgebot, die Gebühren für die Aufnahme des Eheversprechens und der Ersatz für Auslagen in bar aus Anlaß dieser Geschäfte. Diese Gebühren sind ebenfalls öffentlichrechtlicher Natur, der ordentliche Rechtsweg also unzulässig; M. II 345 Z. V.

Über das in der katholischen Kirche vorhandene Mortuarium oder Seelgereid s. „Mortuarium".

IV. Berechtigte.

1. Die Stolgebühren der Geistlichen bilden einen fassionsmäßigen Bestandteil der Pfründe, sie dienen zur Verbesserung derselben und werden auch für die Zeit der Vakanz für die Pfarrpfründe erhoben; VO. v. 14. VII. 1879 (W. XIII 116); M. II 354 zu n. 1, 303 zu n. 1; auch Kr. II 110 zu n. 12. Während der Vakanzzeit teilen die Stolgebühren das Schicksal der Interkalarien (über letztere s. „Interkalarien"); M. II 99 nach n. 3, 549 zu n. 2 (in der Pfalz M. II 589 zu n. 7); Kr. II 392 zu n. 20; Seeb. 397 zu n. 93.

Bezugsberechtigt zu eigenem Vorteil ist nur der Pfarrer und der ständige Pfarrvikar, weil dieser die gesamten Pfarrechte jure ordinario hat; M. II 354 zu n. 7; s. auch „Hilfsgeistliche" III A 1 e β u. B 1 b β. Der Pfarrer kann nur für seine Person auf die Stolgebühren verzichten; M. II 314 nach n. 2; Seeb. 725 zu n. 132. Über die Einstellung in die Fassion s. M. II 496 Z. 2f.; Seeb. 357ff.

Absetzung, Suspension und Exkommunikation (s. „Kirchenstrafen") zerstören das Bezugsrecht des Pfarrers, doch bleibt der Anspruch der Pfründe bestehen; M. II 354 nach n. 10. Die übrigen Seelsorgegeistlichen wie Kapläne, Kuraten, Vikare, Expositi (s. „Hilfsgeistliche" III A u. B) erscheinen als Pfarrgehilfen und haben selbst dann, wenn sie die ganze Seelsorge selbständig wahrnehmen, keine Pfarrrechte, erwerben deshalb die Stolgebühren für den Pfarrer, falls nicht infolge besonderer Abmachung oder Herkommens (Kr. II 110 n. 13), wie solches regelmäßig in den Kirchengemeinden, welche mehrere Pfarrer haben, vorliegt, einzelnen Hilfspriestern ein Anteil an den Stolgebühren, die sog. kleine Stole, Kr. II 393 n. 21, zukommt. Doch gilt auch hier der Pfarrer als Perzipient; M. II 354 zu n. 8 u. 9, 247 nach n. 6, 267 nach n. 6, 516 zu n. 9, 549 zu n. 3. Über die Einstellung der kleinen Stole in die Fassion s. M. II 354 zu n. 10; St. 258 § 253.

Der Pfarrverweser einer vakanten Pfarrei (s. „Pfarrverweser") ist zwar Verwalter, aber nicht Perzipient des Pfründevermögens; er erhält als Verwalter die Stolgebühren und verrechnet sie, darf sie aber, wenn sie ihm nicht speziell zugewiesen sind, nicht für sich verwenden. Deshalb kann er auch keinen Nachlaß gewähren; M. II 354 zu n. 3ff. Über den Verzicht des Pfarrverwesers auf Stolgebühren s. M. II 354 n. 4, 578 zu n. 5; Seeb. 398 nach n. 95.

2. Im einzelnen ist in Ansehung einer stolgebührenpflichtigen Handlung bezugsberechtigt:

a) bei der Taufe (abgesehen von der Nottaufe, die jeder vornehmen kann und für welche das Stolrecht nicht gilt) der Pfarrer, in dessen Sprengel der Täufling sein Domizil hat oder auch getauft werden muß; M. II 350 zu n. 1; H. IV 23; s. auch „Pfarrzwang". Wird ein Pfarrkind mit ausdrücklicher oder im Notfall stillschweigend vorausgesetzter Erlaubnis des Pfarrers in eine fremde Pfarrei zur Taufe gebracht, so ist die Taufgebühr sowohl an den fremden wie an den zuständigen Pfarrer zu entrichten; Kr. II 110 nach n. 14;

b) bei der Trauung nach ursprünglich katholischem Recht der Pfarrer eines der Verlobten. Dieses Recht gilt mit Einschluß des Pfarrers des Ehedomizils noch jetzt für die protestantische Kirche; ME. v. 27. XII. 1875 (W. XI 303); M. II 350 zu n. 4 u. 5; Seeb. 566 zu n. 6.

Nach gegenwärtigem katholischen Recht ist dagegen je nach der Diözese bald der Pfarrer des Bräutigams, bald der der Braut, bald der des Ehedomizils zuständig; im näheren vgl. M. II 350 zu n. 3; Kr. I 325 zu n. 172. Über die Entrichtung der Gebühren s. Kr. I 329 zu n. 183, II 110 zu n. 15 u. 16. Bestehen in einer Pfarrei mehrere

Stolklassen für die Trauung, so ist für die Wahl der Klassen der Stand der Brautleute maßgebend; Kr. II 110 n. 16.

Die Aufgebots-(Proklamations-)gebühr eines nicht trauenden Pfarramts entfällt, wenn das Aufgebot im Requisitionsweg vom trauenden Pfarramt begehrt wird; M. II 350 zu n. 8, 343 nach n. 5.

Die bloße Ziviltrauung ist keine Stolhandlung, deshalb ist hiefür eine Stolgebühr nicht geschuldet;

c) bei Beerdigungen der Pfarrer des Sterbeorts (St. 203 nach n. 4), es sei denn, daß die Bestattung am Wohnort oder in einem Familien- oder Erbbegräbnis erfolgt; dann ist der dortige Pfarrer zuständig; M. II 350 zu n. 10.

α) Wenn jemand an dem Ort, wo er seinen Wohnsitz oder sein Quasidomizil hat, stirbt und auf Grund letztwilliger Verfügung oder nach der Anordnung der Hinterbliebenen zur Beerdigung in eine andere Pfarrei verbracht wird, so kann der Pfarrer des Wohnsitzes dagegen keinen Einspruch erheben; er hat jedoch Anspruch auf Entschädigung für den Entgang der Stolgebühren; M. II 353 zu n. 4; Kr. II 111 zu n. 18; St. 200 zu n. 1, 203 nach n. 4.

War der Verstorbene in zwei Pfarreien domiziliert und wird er in keiner derselben, sondern in einer dritten beerdigt, so teilen sich die Domizilpfarreien in die portio canonica. Hat aber der Verstorbene sein Begräbnis in einer der beiden Pfarreien erwählt, so hat der Pfarrer des anderen Domizils keinen Gebührenanspruch; Kr. II 111 zu n. 20.

Wenn jemand an einem Ort, wo er weder Domizil noch Quasidomizil hat, stirbt, z. B. auf der Reise, so kann seine Leiche in die Wohnsitzpfarrei gebracht werden, ohne daß dem Pfarrer des Sterbeorts eine andere Entschädigung als für die etwa vorgenommene Aussegnung und Begleitung der Leiche zustände, sofern nicht in dem betreffenden Bistum oder am Sterbeort nachweisbar ein rechtskräftiges Herkommen besteht, das den Pfarrer des Sterbeorts zum Bezug der Gebühren berechtigt; Kr. II 112 zu n. 21 u. 22.

Das nämliche gilt in dem Falle, daß die Leiche eines Ertrunkenen in einer fremden Pfarrei ans Land gebracht und von den Hinterbliebenen in die Wohnsitzpfarrei überführt wird. Wollen aber die Angehörigen die Leiche am Sterbeort beerdigen lassen, so kann der zuständige Pfarrer (des Wohnsitzes) dagegen keinen Anspruch erheben, auch keine Entschädigung für den Ausfall der Stolgebühr fordern, außer wenn die beiden Pfarreien im Umfang eines und desselben Ortes liegen. Hier kann der zuständige Pfarrer des Verstorbenen die Überführung der Leiche und die Rechte der Beerdigung fordern; Kr. II 113 zu n. 23 u. 24.

Wenn eine Leiche durch andere Pfarrbezirke geführt wird, so haben die betreffenden Pfarrer nur für jene Amtshandlungen oder Verrichtungen, die sie auf Ansuchen der Interessenten vornehmen, die taxmäßigen Gebühren zu beanspruchen. Die Forderung von Gebühren für das bloße Durchführen der Leiche ist unstatthaft; M. II 353 zu n. 7; Kr. II 113 zu n. 25; St. 204 zu n. 3; auch Seeb. 730 zu n. 155.

Bei einer ordnungsmäßig vorgeschriebenen Verbringung der Leiche in die Anatomie sind Gebühren an den Pfarrer des Wohnsitzes nicht zu entrichten; ME. v. 16. VII. 1848 (Döll. XXIII 468); M. II 353 zu n. 5.

Die Beerdigung der in einer Strafanstalt verstorbenen Gefangenen hat immer der Anstaltsgeistliche vorzunehmen. Deshalb kann auch der Pfarrer, dessen Wirkungskreis diese Handlung entzogen ist, keine Gebühr fordern; M. II 166 zu n. 1; Kr. I 380 zu n. 122.

Wenn sich jemand die kirchliche Beerdigung oder gewisse Feierlichkeiten verbittet oder der Pfarrer sie verweigert, so entsteht kein Anspruch; M. II 333 n. 4. Wird für einen verstorbenen Katholiken die protestantische Beerdigung gewünscht, so sind dem protestantischen Pfarrer die Stolgebühren zu bezahlen; ME. v. 24. XI. 1837 (W. VIII 1837); M. II 348 zu n. 6.

Was die Höhe der Stolgebühr bei der Beerdigung betrifft, so kann außer der Gebühr für die Aussegnung und Begleitung der Leiche, die immer dem Pfarrer des Sterbeorts zusteht, höchstens für die Beerdigung und den ersten Seelengottesdienst eine Gebühr beansprucht werden, wenn auch am Begräbnisorte mehrere Gottesdienste abgehalten werden; ME. v. 27. XII. 1813 (W. III 327 Fußn.); VGH. XI 322; Kr. II 111 zu n. 19. In Städten, wo die Abhaltung mehrerer Seelengottesdienste überhaupt nicht üblich ist, wird in der Regel die Hälfte der Stolgebühren der betreffenden Beerdigungsklasse erhoben; Kr. II 111 n. 19.

V. Verpflichtete.

1. Verpflichtet zur Zahlung sind diejenigen, welche den stolgebührenpflichtigen Akt begehren, also bei der Taufe die Eltern des Täuflings, bei der Trauung regelmäßig die Eltern der Braut und im übrigen derjenige, dem der Stolakt geleistet wird. Das Begehren der Stolhandlung kann insbesondere bei der Beerdigung auch vermutet werden, nur darf kein Widerspruch erfolgen; M. II 350 oben. Die Stolgebühren für Beerdigungen sind notwendige Beerdigungskosten und als Nachlaßschuld aus dem Nachlaß zu bestreiten; § 1968 BGB.; M. II 357 zu n. 1—4; Kr. II 114 nach n. 29; St. 204 zu n. 4 u. 5.

2. Eine **Befreiung von der Stolgebührenpflicht** ist für die Gemeinden bei **Armenleichen** gegeben nach Art. 10 Abs. 2 Z. 3, 12 Z. 3 ArmG. v. 29. IV. 1869 (W. VIII 34); M. II 357 zu n. 6, 336 zu n. 1; Kr. I 379 zu n. 114, II 114 zu n. 30; St. 544 zu n. 2, 558 zu n. 4, 1039 zu n. 4; Seeb. 729 zu n. 150. Eine freiwillige Entrichtung der Stolgebühren seitens der Armenpflege ist nicht ausgeschlossen, setzt aber eine ausdrückliche Erklärung seitens des Armenpflegschaftsrates voraus; ME. v. 9. IX. 1873 (W. X 126); BlAdmPr. XXV 269 ff.; M. II 358 nach n. 8 ff.; Kr. I 379 zu n. 115, II 115 zu n. 32; St. 549 zu n. 5 ff.; Seeb. 729 n. 150.

Stolgebührenfreiheit besteht auch für die **Beerdigung der Soldaten und Unteroffiziere und deren Familien**, nicht aber für Taufen und Trauungen; ME. v. 11. VII. 1864 (G. III 37), v. 8. VIII. 1863 (G. III 32) u. v. 11. VII. 1864 (G. III 37); M. II 359 zu n. 1, 164 zu n. 3; Kr. I 379 zu n. 117, II 115 zu n. 33—36; Seeb. 607 zu n. 35.

VI. Stolgebührenpflicht in der Diaspora.

Leben in einer Pfarrei Andersgläubige, welche keine Gemeinde bilden, so können sich dieselben nach § 84 RE. zu einer benachbarten Pfarrei ihres Religionsbekenntnisses halten (s. „Diaspora"), in welchem Fall der Pfarrer dieser benachbarten Pfarrei die Stolgebühren erhält; AVO. v. 19. III. 1812 u. ME. v. 24. XI. 1837 (W. I 385, 386); M. II 68 nach n. 4; St. 441 zu n. 2.

Sie können sich aber auch nach § 85 RE. von dem andersgläubigen Pfarrer, innerhalb dessen Pfarrei sie leben, jene Dienste leisten lassen, wofür dann dieser die Stolgebühren erhält; §§ 86, 102 RE.; AVO. v. 19. III 1812 u. ME. v. 24. XI. 1837 (W. I 385, 386); M. II 348 zu n. 6; Kr. I 415 zu n. 1, II 115 zu n. 37; St. 441 zu n. 3; Seeb. 55 zu n. 9, 726 zu n. 136.

Über den besonderen Fall im Bodenseegebiet s. Seeb. 380 n. 9.

VII. Einfluß der Dismembration und Purifikation.

Die Stolgebühren aus den abgezweigten Territorien gehen an den neuen Seelsorger über; ME. v. 20. XI. 1826 (W. I 351) u. v. 10. II. 1877 (W. XII 18), ohne daß dem bisherigen Pfarrer ein Anspruch auf den Fortbezug oder auf Ersatz des Stolgebührenausfalls zustände, denn der Pfarrverband ist gelöst. Doch gilt die alte Stolordnung fort; VGH. IV 465; M. II 62 zu n. 5, 355 zu n. 1; Kr. II 6 zu n. 6, 13 zu n. 11, 119 nach n. 56; St. 16 Z. 5 a. Es kann aber bei einer Umpfarrung ein entsprechender Vorbehalt zugunsten des bisherigen Pfarrers gemacht werden, so daß von nun an doppelte Stolgebühren bezahlt werden müssen; M. II 64 zu n. 2.

Auch bei sog. Pfarrpurifikationen besteht kein Entschädigungsanspruch; VO. v. 19. III. 1812 (W. I 386); ME. v. 16. V. 1826 (W. II 347); M. II 355 zu n. 3; St. 20 zu n. 4; Seeb. 336 zu n. 6.

In beiden Fällen erfolgt jedoch in der Regel eine Entschädigung auf Veranlassung der Kuratelbehörde, besonders durch Staatszuschüsse im Wege der Einkommensaufbesserung oder im Wege der Umlagenerhöhung; VGH. VII 189; M. II 355 nach n. 3; Seeb. 339 n. 6. Ebenso wird in der unierten Kirche der Pfalz nach § 13 der VereinUrk. v. 10. X. 1818 (W. I 736) eine Vergütung gewährt; M. II 63 nach n. 6.

Die Zuteilung einer Ortschaft zu einem Pfarrsprengel, in welchem die Parochianen durch rechtsbegründetes Herkommen zur Entrichtung von sog. Beichtzettelgeldern an den Pfarrer verpflichtet sind, hat nicht von selbst die Ausdehnung dieser herkömmlichen Verpflichtung auf die Neu-Eingepfarrten zur Folge; St. 1039 zu n. 5.

VIII. Stolgebühren auf Grund des Dimissoriale (s. auch „Pfarrzwang").

In der protestantischen Kirche muß gegen Empfang der Stolgebühren der Entlassungsschein (Dimissoriale) und zwar kostenlos erteilt werden; ME. v. 18. II. 1815 (G. IV 259); VO. v. 13. X. 1819 (Döll. VIII 1741); M. II 351 zu n. 3.

In der katholischen Kirche bestehen aber besondere Gebühren für die Dimissorialien; M. II 343 vor n. 6, 302 nach n. 3.

Sind mehrere Pfarrer zuständig, so kann jeder das Dimissoriale ausstellen; Kr. I 329 zu n. 183; St. 1039 zu n. 6. Nach protestantischem Recht kann das Trauungsdimissoriale nur vom Pfarrer des Ehedomizils ausgestellt werden, der auch von der vorgenommenen Trauung unverzüglich zu benachrichtigen ist; M. II 351 n. 2; Seeb. 567 zu n. 8—10. Der Entlassungsschein berechtigt zur Vornahme der Stolhandlung, verpflichtet aber nicht hiezu; M. II 351 nach n. 4.

Zur Vornahme der Handlung in der Pfarrkirche des Ausstellers ist wiederum eine eigene neue Ermächtigung erforderlich, doch ist hiefür an den funktionierenden Geistlichen keine Gebühr zu bezahlen; M. II 351 nach n. 4.

Wird aber die Stolhandlung durch den nach dem Entlassungsschein berechtigten Pfarrer in dessen Pfarrei vorgenommen, so entsteht eine doppelte Gebührenpflicht; ME. v. 24. XI. 1837 (Döll. VIII 1373). In erster Linie ist der entlassende Geistliche berechtigt, auf Grund des für die katholische wie protestantische Kirche geltenden Gewohnheitsrechts; Entsch. d. RG. Bd. XXXVI 182; M. II 352 zu n. 1; Kr. II 110 zu n. 16; Seeb. 728 zu n. 147. Es ist aber auch der Pfarrer gebührenberechtigt, in dessen Pfarrei kraft des Entlassungsscheines die Stolhandlung vorgenommen wird. Dagegen hat keinen Anspruch der Geistliche, welcher mit Erlaubnis dieses Pfarrers den Akt vornimmt; M. II 352 nach n. 5.

Die Gebühr der beiden Pfarrer bestimmt sich in jedem Fall nach der an jedem Ort maßgebenden Stolordnung; M. II 353 zu n. 2.

IX. Regelung der Stolgebührenpflicht.

1. In der katholischen Kirche. Das ganze Stolgebührenwesen untersteht der staatlichen Regelung; §§ 64 b, 65 RE.; M. II 308 Z. I; Kr. II 108 zu n. 5; St. 1040 Buchst. c. Der Staat bestimmt also, ob, wann, von wem und in welcher Höhe sie verlangt werden können und wo etwaige Streitigkeiten zu entscheiden sind; ME. v. 19. XII. 1839 (W. III 327); M. II 308 Z. I.

Die vorläufige Regelung des Stolgebührenwesens obliegt nach § 19 FormVO. v. 17. XII. 1825 (W. II 279) der Distriktsverwaltungsbehörde, welche die Pfarrämter einzuvernehmen hat, falls diese nicht ohnehin die Antragsteller sind; M. II 314 nach n. 5; Kr. II 108 nach n. 7; St. 1040 nach n. 2.

Die definitive Regelung steht im Hinblick auft § 64 b RE. und §§ 34, 35 IV FormVO. v. 17. XII. 1825 (W. II 279) der Kreisregierung zu im Benehmen mit dem Ordinariat; ME. v. 24. IX. 1827 (Döll. VIII 978); M. II 310 zu n. 6, 312 zu n. 1 u. 4; Kr. II 108 zu n. 7; St. 1040 nach n. 2; S. III 540 n. 72, 604 zu n. 43 u. 44. Die Einvernahme der Kirchenverwaltung ist gesetzlich nicht vorgeschrieben, aber herkömmlich; M. II 312 vor n. 6; Kr. II 108 zu n. 6 u. vor n. 8; Seeb. 724 zu n. 124. Die Einvernahme der Kirchengemeindeversammlung (s. „Kirchengemeindeversammlung") ist nicht erforderlich; M. II 312 zu n. 6; Kr. II 109 zu n. 8; Seeb. 724 zu n. 125 u. n. 125. Wohl aber sollen die Stadtmagistrate einvernommen werden; ME. v. 6. X. 1867 (G. II 411); M. II 312 zu n. 9; Kr. II 109 vor n. 8; Seeb. 724 n. 124.

2. In der protestantischen Kirche. Hier gehört die Stolregulierung zu den inneren Kirchenangelegenheiten (§ 38 RE.) und der Staat hat nur ein Aufsichts- bzw. Mitwirkungsrecht nach §§ 38 Einl. u. 77 RE.; M. II 315 nach n. 2. Die vorläufige Regelung steht dem Konsistorium, die definitive dem Oberkonsistorium mit ministerieller Genehmigung zu; ME. v. 19. XII. 1839 (W. III 326), § 73 KonsO. v. 8. IX. 1808 (G. I 557); § 11 PE.; VGH. X 286; M. II 315 Z. II u. zu n. 2, 316 zu n. 2; Seeb. 723 zu n. 121 ff.; S. III 604 zu n. 45. Die Entscheidung von Rechtsstreitigkeiten bezüglich der Stolgebühren steht aber deshalb dem Konsistorium nicht zu; M. II 339 zu n. 10 ff.

3. Stolgebührenverträge. Solche sind, insbesondere über Stolgebührenausdehnung, Erhöhung oder Entschädigung, zwischen dem

Pfarrer und den Pfarrkindern zulässig; VGH. VII 189; M. II 314 zu n. 6ff.

X. Ablösung der Stolgebühren.

Hierüber s. Art. 89 KGO., § 23 VV.

Über den Einfluß der Ablösung von Stolgebühren bzw. einer Mehrung des Stolgebührenanfalls auf die Einkommensaufbesserung s. „Einkommensaufbesserung III A 1 d".

XI. Stolgebührenexzeß.

Hierunter versteht man die Verletzung der Stolordnung durch ungebührliche Forderungen eines Geistlichen; M. II 337 vor n. 4. Es ist hier eine Frage der geistlichen Amtsführung gegeben, die der aufsichtlichen Würdigung der geistlichen Oberen unterliegt; §§ 38 Abs. 2c, 39 RE.; Art. XII Buchst. b Konk.; § 11 PE.; M. II 338 zu n. 1; Kr. II 109 zu n. 11; St. 1048 zu n. 3; Seeb. 723 n. 123.

Bezüglich der kirchlichen Strafe für den Stolexzeß s. § 38 Abs. 2e RE.; Art. XII Buchst. d Konk.; §§ 11, 19e PE.; M. II 216—223.

Der Rekurs (s. „Recursus ab abusu") gegen den Stolexzeß kann nach § 52 RE. ergriffen werden und zwar entweder direkt, ohne daß vorher die geistlichen Behörden angegangen werden, oder nach deren Anrufen gegen einen von ihnen erlassenen abweisenden Bescheid; M. II 338 zu n. 2. Dem Staat steht lediglich im Wiederholungsfall die Strafbefugnis nach § 21 PStGB. zu, eventuell kann er mit Verweis, Vorenthaltung staatlicher Funktionen und staatlicher Personalzulagen oder Ausschluß von der Beförderung vorgehen; M. II 338 nach n. 10; auch Seeb. 725 n. 130.

XII. Stolgebührenstreitigkeiten.

1. Stolgebührenstreitigkeiten sind *streitige Ansprüche aus dem Kirchen- und Pfarrverband* nach Art. 10 Z. 13 VGG.; M. II 339 zu n. 52ff. Das gilt für die katholische und protestantische Kirche; VGH. X 285; M. II 339 zu n. 10.

a) *Voraussetzung für einen Stolgebührenstreit* ist, daß zwischen dem Pfarrer und dem Leistungspflichtigen ein öffentlichrechtliches Verhältnis vorliegt, welches darauf beruht, daß der eine Teil, nämlich der Pfarrer, Vorgesetzter des Pfarrverbandes, der andere aber Angehöriger desselben ist. Andere Personen, die nicht in diesem Pfarrverband stehen, können nur auf Grund einer Rechtsnachfolge oder besonderen Übertragung in dieses öffentliche Rechtsverhältnis eintreten. Andernfalls sind ihre Streitigkeiten über Stolgebühren, insbesondere auf Ersatz von solchen, vor den Zivilgerichten auszutragen.

b) *Erste Instanz* ist die Distriktsverwaltungsbehörde nach §§ 19b u. 34 V FormVO. v. 17. XII. 1825 (W. II 279) und zwar jene, welche der betreffenden Kirchengemeinde bzw. demjenigen Pfarrverbande, der die Grundlage des Stolgebührenanspruches bildet, unmittelbar vorgesetzt ist (in unmittelbaren Städten der Stadtmagistrat, nicht die Kreisregierung); VGH. X 129, XXX 62; M. II 339 zu n. 12 u. 13; Kr. II 106 zu n. 40, I 520 nach n. 67.

Zweite Instanz ist die Kreisregierung nach §§ 19b, 34, 50 FormVO.; VGH. IV 375, VII 190, XI 319; M. II 339 zu n. 6; Kr. I 520 zu n. 68, II 116 zu n. 41.

Letzte Instanz ist der VGH.; Kr. I 520 zu n. 69, II 116 zu n. 42. In den beiden unteren Instanzen erfolgt die Entscheidung im Bureauweg; Art. 45 I VGG.; §§ 128 u. 129 FormVO.; M. II 339 zu n. 14; Kr. II 117 zu n. 43.

c) Prozeßpartei ist nicht die Kirchenverwaltung, sondern der Pfarrer; M. II 340 zu n. 2, 367 zu n. 6. Ein Streitkonsens ist nicht erforderlich; M. II 340 zu n. 1, 371 zu n. 9. Wohl aber kann die Einvernehmung der Kirchenverwaltung erforderlich werden; M. II 340 zu n. 5.

d) Die Prozeßkosten fallen dem Pfarrer zur Last, es sei denn, daß es sich um einen Streit der Pfründe und des Stammvermögens handelt; M. II 340 zu n. 6, 372 zu n. 4.

e) Die Zwangsvollstreckung erfolgt nach Art. 46 VGG.; M. II 339 zu n. 15, 427 zu n. 6; Kr. II 117 zu n. 46.

2. Streitigkeiten über Fixierung, Umwandlung und Ablösung von Stolgebühren sind Verwaltungsrechtssachen nach Art. 8 Z. 11 VGG.; Art. 96 KGO. Im näheren s. D. a. a. O.

XIII. Beitreibung rückständiger Stolgebühren und Verjährung.

1. Beitreibung. Sie erfolgt auf Ansuchen durch die Verwaltungsbehörde; Art. 106 Abs. VII KGO.; M. II 340 vor n. 11; St. 1048 zu n. 4. Zuständig ist in 1. Instanz die Distriktsverwaltungsbehörde, § 50 FormVO. v. 17. XII. 1825 (W. II 279), in 2. Instanz die Kreisregierung; M. II 340 zu n. 11; Kr. I 520 nach n. 69, II 117 zu n. 47ff. Die betreffenden Ausfertigungen sind mit der Vollstreckungsklausel zu versehen; Art. 4, 6 u. 7 AG. ZPO. v. 23. II. 1879 (W. XII 580); AVO. v. 14. VII. 1879 (W. XIII 116); M. II 341 zu n. 4. Den Stolgebühren kommt kein Vorzugsrecht im Konkurs zu (§ 61 Z. 3 KO.; Kr. II 26 zu n. 18, 118 nach n. 52; St. 787 c), wohl aber den Kirchenstiftungen für ähnliche Bezüge bei Trauung und Beerdigungen; M. II 341 zu n. 5 u. 6.

2. Verjährung. Über die Verjährung des Stolgebührenanspruchs s. Art. 124, 126 AG. BGB.; M. II 359 nach n. 2; Kr. I 521 nach n. 73. Der Anspruch auf Rückerstattung zu Unrecht erhobener Gebühren

verjährt in 3 Jahren; Art. 126 mit 125 AG. BGB.; Kr. I 521 nach n. 75, II 118 zu n. 53ff.

B. **Der weltlichen Kirchendiener.**

1. Im allgemeinen gilt das unter A Z. I—XIII Gesagte.

2. Bei den Stolgebühren der weltlichen Kirchendiener ist die Pfarrkirchenstiftung bzw. die hinter derselben stehende Pfarrgemeinde als ursprüngliche und eigentliche Forderungsberechtigte anzusehen; VGH. IX 467; M. II 356 zu n. 4ff. Die Gebührenberechtigung der weltlichen Kirchendiener richtet sich nach der des Pfarrers; BlAdmPr. XXIV 122. Es gelten die Bestimmungen über Gebührenentrichtung an den Pfarrer der eigenen bzw. fremden Konfession auch für Reichnisse an weltliche Kirchendiener; VO. v. 19. III. 1812 (W. I 385); VGH. X 127; M. II 349 zu n. 1, 356 zu n. 2; Seeb. 438 zu n. 11. Ihr Anspruch entfällt auch dann nicht, wenn gottesdienstliche Handlungen dem Herkommen zuwider in einer anderen Kirche vorgenommen werden; VGH. IV 375; M. II 352 zu n. 5; Kr. I 520 zu n. 66; St. 1040 zu n. 1; Seeb. 438 zu n. 12.

Über die Legitimation des Mesners s. M. II 356 nach n. 7.

3. Für die protestantischen Kirchendiener der Pfalz s. auch VGH. X 284.

4. Über den Einfluß der Ablösung von Stolgebühren bzw. einer Mehrung des Stolgebührenanfalls auf die Vornahme der Ausgleichungen an den gemeindlichen Leistungen nach Art. 23 Abs. II Satz 4 SchulbedG. v. 28. VII. 1902 (GVBl. 265) s. „Fassion V 2".

Summepiskopat

s. „Kirchenregiment landesherrliches".

Suspension

s. „Kirchenstrafen" V.

T.

Tischtitelrecht

s. „Pensionsrecht" II.

Tochtergemeinde (Filialkirchengemeinde).

I. Begriff und rechtliche Natur.

1. Tochtergemeinde ist die Gesamtheit der innerhalb eines räumlich abgegrenzten Bezirks hinsichtlich einer, wenn auch eingeschränkten Kultusübung durch organisatorischen Akt oder tatsächlich seit unvordenklicher Zeit einer Filialkirche zugewiesenen Konfessionsgenossen; L. n. I 4c zu Art. 1 Abs. I KGO.; M. I 32 zu n. 5. — Filialkirche ist eine Nebenkirche (s. dort) mit territorial

abgegrenzter Kirchengemeinde; M. I 31 § 10. — Daher bildet jede Filiale notwendig und begrifflich eine Kirchengemeinde; ME. v. 16. II. 1836 (Döll. XI 1293); M. I 32 nach n. 2.

2. Ihrer rechtlichen Natur nach ist die Tochtergemeinde, welche eine Art der Kirchengemeinde bildet, wie diese eine juristische Person und zwar eine Körperschaft des öffentlichen Rechtes, welche Rechtsfähigkeit auf dem Gebiete des öffentlichen wie des bürgerlichen Rechtes besitzt; VGH. XXVI 387; s. auch „Kirchengemeinde" I 2.

3. Eine Tochter- oder Filialkirchengemeinde (also eine Kirchengemeinde überhaupt) ist nach Auffassung der KGO. nicht bloß dann gegeben, wenn die Kirche, welcher die Filialisten zur Kultusübung zugewiesen sind, in dem vom VGH. (IV 23: „Die Kirchengemeinde setzt das Vorhandensein einer solchen Kirche voraus, welche für die Konfessionsverwandten den Mittelpunkt der Kultusübung zu bilden vermag, mithin eine Kirche, in welcher regelmäßig der sonn- und festtägliche Gottesdienst stattfindet, die Sakramente gespendet und die actus parochiales vorgenommen werden") geforderten Maße „den Mittelpunkt der gesamten Kultusübung" für die Filialisten zu bilden vermag, sondern auch schon dann, wenn diese Kultusübung eine eingeschränktere ist, z. B. wenn das ganze Jahr hindurch nur an jedem dritten oder vierten Sonntag oder auch nur etwa zehnmal im Jahre in der Filialkirche anspruchsgemäß pfarrlicher Gottesdienst stattfindet. Von Feststellung einer bestimmten Grenze nach unten ist abgesehen. Die Mindestanforderung ist jedenfalls, daß nicht bloß vereinzelt sonn- oder feiertägiger pfarrlicher Gottesdienst (Messe mit applicatio pro populo, bei den Protestanten Predigtgottesdienst) für die Filiale anspruchsgemäß abgehalten wird.

Entscheidend ist, daß die Bekenntnisgenossen innerhalb eines räumlich abgegrenzten Bezirks hinsichtlich einer wenn auch eingeschränkten Kultusübung durch organisatorischen Akt oder tatsächlich seit unvordenklicher Zeit einer anderen als der Pfarrkirche zugewiesen sind. Es genügt, daß für den Filialbezirk überhaupt ein rechtlich geordnetes kirchliches Eigenleben besteht, und es steht der Annahme einer Filialkirchengemeinde (Tochtergemeinde) nicht entgegen, wenn im übrigen auch für die Filialisten der Mittelpunkt der Kultusübung die Pfarrkirche ist.

Daher werden die Filialisten trotz des Bestandes einer Tochtergemeinde von der KGO. im allgemeinen noch als Angehörige der Pfarrgemeinde hinsichtlich vorhandener gemeinsamer Angelegenheiten anerkannt, unbeschadet der dem praktischen Bedürfnisse Rechnung tragenden Regelung von Spezialfragen; vgl. Art. 1, 2, 12 Abs. III, 16, 36, 42, 66 Abs. III und IV, 68 Abs. V KGO.

Ist die Verselbständigung einer Filialkirchengemeinde so weit fortgeschritten, daß auf dem Gebiete der KGO. zwischen ihr und der Pfarrgemeinde keine oder nur mehr eine unerhebliche Gemeinschaft besteht, so gehören die Filialisten für das Gebiet der KGO. nur mehr begrifflich (Art. 4 KGO.) zur Pfarrgemeinde. — Diese für das Gebiet der KGO. praktisch latente Zugehörigkeit kann wieder aufleben bei Zerstörung der Filialkirche, dauernde Nichtbesetzung der eigenen Seelsorgestelle usw.

Als Kirche gilt hier auch eine Notkirche oder ein Betsaal, selbst wenn diese nur gemietet sind; Art. 2 Abs. I KGO.

Die Tochtergemeinde wird wie die Muttergemeinde von der Pfarrgemeinde (Pfarrkirchengemeinde, s. dort) als dem höheren Verbande umfaßt. Die praktische Wirkung dieser Zusammengehörigkeit bemißt sich nach den Umständen des besonderen Falles, sie kann nach Umständen dauernd oder zeitweise so gering sein, daß die Zusammengehörigkeit nur noch theoretische Bedeutung hat; L. n. I 4a zu Art. 1 Abs. I KGO.; M. I 35 Abs. 1. — In jedem Falle besteht das Verhältnis dieser Zusammengehörigkeit zwischen Tochter- und Pfarrgemeinde, nicht zwischen Tochter- und Muttergemeinde, da nicht die Mutter-, sondern die Pfarrgemeinde den höheren Verband bildet.

4. Das Filialitätsverhältnis ist weder öffentlich-rechtlich noch privatrechtlich. Sein Inhalt bestimmt sich vielmehr nach dem ursprünglichen Verhältnis, durch das die Filialität begründet worden ist; VGH. IX 297. — Das Verhältnis der Filialität entsteht dadurch, daß mit Rücksicht auf das gesteigerte seelsorgerliche Bedürfnis für einen bestimmten Teil des Pfarrsprengels einer Nebenkirche einzelne Kultusrechte der Pfarrkirche eingeräumt werden. Die Filialkirche bleibt ein Bestandteil der Pfarrgemeinde, gleichviel ob die gottesdienstlichen Funktionen in der Tochterkirche durch den Pfarrer persönlich oder auch in seinem Namen durch einen exkurrierenden oder selbst exponierten Hilfsgeistlichen ausgeübt werden.

Wesentlich verschieden von dieser durch Ursprung oder sog. Propagation entstandenen Filialität ist das durch Union zweier Kirchen bzw. Pfarreien begründete Filialitätsverhältnis, welches seinerseits selbst wieder auf suppressio oder subjectio einer Pfarrei oder auf einer bloßen unio aequalis beruhen kann und wenigstens in diesem letzteren Fall überhaupt nur unzutreffender Weise jenen Namen erhielt; vgl. VGH. IX 300; Kr. III 8 zu n. 6; St. 886 § 1015; vgl. auch „Pfarrveränderungen".

II. Quellen.

S. „Kirchengemeinde" II.

III. Bildung und Umbildung.

1. Für die Bildung und Umbildung der Tochtergemeinden (Filialkirchengemeinden, Filialbezirke, Seelsorgebezirke innerhalb des Pfarrsprengels) bleiben die jeweils bestehenden besonderen Vorschriften in der gleichen Weise wie für die Bildung der Kirchengemeinden überhaupt maßgebend; Art. 2 Abs. II KGO.; vgl. „Kirchengemeinde" IV 1.

2. Für die Bildung einer Tochtergemeinde gilt daher — unter Berücksichtigung der für die Tochtergemeinde gegenüber einer Pfarrgemeinde bestehenden Besonderheiten — im allgemeinen das Gleiche wie für die Bildung einer Kirchengemeinde, s. „Kirchengemeinde" IV 2, d. h. es wird zur Bildung vorausgesetzt: die Sicherung des Unterhalts des benötigten Geistlichen (ein Pfründevermögen ist hier nicht auszuwerfen, da es sich nicht um den Unterhalt eines selbständigen Pfarrers handelt), die Beschaffung und Unterhaltung der nötigen Gebäude und Räumlichkeiten für den Gottesdienst (eine Notkirche oder ein Betsaal genügt, selbst wenn diese nur gemietet sind, Art. 2 Abs. I KGO.), Sicherung des sonstigen Aufwands für Kultuszwecke; vgl. § 88 RE., der nicht zwischen Pfarr- und Tochtergemeinden unterscheidet; S. III 521 nach n. 49 und n. 51. — Daher haben die Angehörigen einer öffentlichen Glaubensgesellschaft einen Rechtsanspruch auf Bildung einer Tochtergemeinde, wenn die in § 88 RE. angegebenen Voraussetzungen erfüllt sind; M. II 56 nach n. 1. (A. A. Kr. III 10 n. 17; St. 15 zu n. 3; Seeb. 345, welche unter Hinweis auf die AE. v. 10. IV. 1846 [W. III 605, G. II 7] für die Errichtung von Filialgemeinden die Dismembrations-Ordnung v. 13. VII. 1811 [W. I 351, G. II 17] mit der ME. v. 13. XII. 1844 [W. III 562] für maßgebend erklären. Dies ist unrichtig; denn die Dismembrations-Ordnung von 1811 enthält nur Verfahrensvorschriften, nicht aber die materiellen Voraussetzungen für die Bildung einer Kirchengemeinde. Die AE. von 1846 erkennt keinen Anspruch auf die Bildung einer Filialkirchengemeinde an, stellt dies vielmehr ins freie Ermessen der zuständigen Behörden. Sie gibt aber die Gesichtspunkte an, von denen sich die Staatsregierung bei Bildung von Filialkirchengemeinden leiten läßt.)

Für die staatliche Genehmigung der Errichtung gilt das Gleiche wie bei „Kirchengemeinde" IV 2 d. — Vor der Genehmigung ist aber noch zu hören der Pfarrer der Muttergemeinde als bisheriger parochus sowie deren Kirchenverwaltung. Liegt die Genehmigung vor, so sind die in der räumlichen Nachbarschaft der Kirche wohnenden Konfessionsgenossen als Angehörige der neuen Kirche dieser ausdrücklich durch die zuständige geistliche und weltliche Obrigkeit (§§ 76e, 77, 78 RE.) zuzuteilen; vgl. Kr. III 8 zu n. 4 u. 5.

IV. **Mitgliedschaft.**

Die der Filialkirche zugewiesenen Konfessionsgenossen bilden in ihrer Gesamtheit die Filialkirchengemeinde. Bezüglich der Voraussetzungen der Mitgliedschaft gelten die gleichen Grundsätze wie allgemein bei der Kirchengemeinde; s. „Kirchengemeinde" VII. Die Mitglieder der Muttergemeinde stehen niemals im Filialkirchenverband; M. I 35 vor n. 1. Andererseits sind aber die Filialisten zugleich Angehörige der Pfarrkirchengemeinde, insofern letztere den höheren Verband darstellt; s. aber V.

V. **Verhältnis zur Pfarrgemeinde:**

1. hinsichtlich der Verwaltung des Vermögens vgl. „Kirchenverwaltung";

2. hinsichtlich der Befriedigung von Ortskirchenbedürfnissen vgl. „Ortskirchenbedürfnisse und Mittel zu ihrer Befriedigung";

3. hinsichtlich der Vertretung vgl. zunächst „Kirchenverwaltung", d. h. die Tochtergemeinde, welche eine Kirchenverwaltung besitzt, wird von dieser in allen rechtlichen Beziehungen vertreten; Art. 53 Abs. I KGO., andernfalls besorgt die Geschäfte und die Vertretung die Pfarrkirchenverwaltung; Art. 36 Abs. III Z. 2 KGO.

Für den Fall einer Interessenkollision (Abschluß von Verträgen usw.) zwischen Mutter- und Tochtergemeinde, Pfarr- und Tochtergemeinde ist Art. 55 KGO. nicht anwendbar. — Besitzt die Tochtergemeinde keine Kirchenverwaltung, die sie in solchen Fällen vertreten könnte, so kann bei Kollisionsfällen nur vorübergehender Natur für die Tochtergemeinde eine besondere Vertretung nach Art. 36 Abs. VI KGO. bestellt werden, während in anderen Fällen zweckmäßig eine eigene Kirchenverwaltung für sie gemäß Art. 36 Abs. II KGO. gebildet wird; L. n. 4 zu Art. 36 Abs. III u. n. 2 zu Art. 55 Abs. I KGO.

VI. Über Sitz, Wirkungskreis der Tochterkirchengemeinde und Staatsaufsicht vgl. „Kirchengemeinde".

VII. **Streitigkeiten.**

1. Über Streitigkeiten im Zusammenhang mit der Kirchenverwaltung und Kirchenverwaltungswahl (Art. 8 Z. 37 VGG. in der Fassung des Art. 96b KGO.) s. „Kirchenverwaltung"; über Streitigkeiten im Zusammenhang mit der Befriedigung der Ortskirchenbedürfnisse s. „Ortskirchenbedürfnisse und Mittel zu ihrer Befriedigung" V.

2. Streitigkeiten über die Berechtigung einer Filialkirchengemeinde zur Wahl einer eigenen Kirchenverwaltung außerhalb des Zusammen-

hangs mit der tatsächlichen Vornahme einer Kirchenverwaltungswahl bilden keine selbständigen Verwaltungsstreitsachen im Sinne des Art. 8 Z. 37 VGG.; VGH. XXI 185.

3. Ansprüche der Pfarrkirchenstiftung gegenüber der Filialkirchenstiftung auf Zuwendung von Rentenüberschüssen sind keine Rechtsansprüche und fallen daher nicht unter Art. 8 Z. 35 VGG.; verwaltungsgerichtlicher Schutz ist nur im Rahmen von Art. 10 Z. 3 VGG. in der Fassung des Art. 96 c KGO. gegeben; vgl. M. I 259 nach n. 2 und „Rentenüberschüsse".

Tochterkirchenstiftung

s. „Kirchenstiftung".

Transferierung von Kultusstiftungen

s. „Fundationen" III 2 b und „Stiftungen ortskirchliche" III 2 b α.

U.

Umbildung von Pfarrsprengeln

s. „Dismembration" und „Pfarrveränderungen".

Umlagen der bürgerlichen Gemeinden für kirchliche Zwecke

s. „Freiwillige Leistungen der bürgerlichen Gemeinden für kirchliche Zwecke" III 2.

Umpfarrung

s. „Dismembration".

Uneheliche Kinder

deren religiöse Erziehung s. „Kindererziehung religiöse".

Unierte Kirche

I. Rechtliche Stellung.

Die unierte Kirche der Pfalz (protestantisch-evangelisch-christliche Kirche der Pfalz) ist die durch die Vereinigungsurkunde v. 10. X. 1818 aus den Anhängern der evangelisch-lutherischen und der evangelisch-reformierten Kirche in der Pfalz gebildete Glaubensgesellschaft, welche mit der lutherischen und reformierten Kirche des rechtsrhein. Bayern zur sog. protestantischen Gesamtgemeinde vereinigt ist; S. III 573 zu n. 29; P. § 1 PE. n. 2.

II. Quellen.

1. Rechtsquellen: Anhang II zur II. VerfBeil. (PE.) v. 26. V. 1818, Vereinigungsurkunde v. 10. X. 1818 (W. I 736), Gesetz v. 4. VI. 1848 (G. I 607).

2. Literatur: S. III 573 zu n. 29—574 zu n. 38; Silb. 236—286.

III. Der oberste Episkopat.

S. „Evangelische Kirchenverfassung" II.

IV. Das Konsistorium

in Speyer als Verfassungsorgan s. „Evangelische Kirchenverfassung" III 2.

V. Die Dekanate.

S. „Evangelische Kirchenverfassung".

VI. Der Pfarrsprengel.

S. „Evangelische Kirchenverfassung". Das Vertretungsorgan der Pfarrgemeinde ist das Presbyterium; S. III 578 vor n. 94; s. „Presbyterium".

VII. Die Generalsynode.

S. „Generalsynode".

V.

Vakanz

der Pfründe s. „Interkalarien".

Veränderung

von Kirchenämtern u. Pfarreien s. „Pfarrveränderungen".

Verbitten

nachgesuchter katholischer Pfarrstellen; vgl. AE. v. 23. IX. 1810 (W. I 337); St. 62 § 61; Kr. II 58 Buchst. g.

Verweis

s. „Kirchenstrafen" V B 1 b.

Verwendung des Kirchenvermögens zu außerkirchlichen Zwecken

s. „Leistungen des Ortskirchenvermögens zu außerkirchlichen Zwecken".

Verzicht

auf die Pfründe s. „Pfründe" VI 3.

Vikare

in der protestantischen Kirche s. „Hilfsgeistliche" III B 1.

Vizemesner

s. „Weltliche Kirchendiener" III A 4.

Volksmissionen

s. „Außerordentliche kirchliche Feierlichkeiten".

W.

Wahl

des Glaubensbekenntnisses s. „Glaubensbekenntnis".
zur Diözesansynode s. „Diözesansynode".
zur Generalsynode s. „Generalsynode".
zur Steuersynode s. „Steuersynode".
zur Kirchenverwaltung s. „Kirchenverwaltungswahl".
zum Kirchenvorstand s. „Kirchenvorstandswahl".

Wallfahrtskirchen

s. „Kirchengebäude" und „Nebenkirchen".

Wallfahrtspriester

s. „Hilfsgeistliche" III A 1 c.

Weltliche Angelegenheiten

s. „Glaubensgesellschaften" VI 2.

Weltliche Kirchendiener.

I. Begriff.

1. Die weltlichen (früher niederen) Kirchendienste umfassen in der katholischen wie in der protestantischen Kirche Bayerns die sog. eigentlichen weltlichen (niederen) Kirchendienste (Mesner-, Küster-, Kirchner-, Türmer-, Glöckner- und Altar-Dienst) wie auch den Chordienst (Dienst der Chorregenten, Organisten, Kantoren, der Chormusiker und Blasbalgtreter); AVO. v. 30. XII. 1810 Z. 1 (W. I 341), ME. v. 11. IV. 1899 (KMBl. 141); M. II 167 § 31, 181 nach n. 7; St. 422 § 409; Seeb. 418 zu n. 1 u. 2.

Dagegen zählen nicht hierher die Hochzeitlader, Leichenbitter und Totengräber; M. II 167 zu n. 3 u. 4; St. 422 § 409 Abs. 2; Seeb. 418 n. 2.

2. Der niedere oder weltliche Kirchendienst im Gegensatz zum geistlichen Amt gehört nicht zu den in § 38 RE. aufgezählten inneren Kirchenangelegenheiten, sondern zu den weltlichen Gegenständen nach § 64 Buchst. b RE.; nach §§ 65 u. 75 RE. steht daher bezüglich des weltlichen Kirchendienstes der Staatsgewalt allein die Gesetzgebung und Gerichtsbarkeit zu; Seiler, SchulbedG. v. 28. VII. 1902, Art. 7 n. 4 Buchst. c.

3. Zuständig zur Organisation des weltlichen Kirchendienstes, insbesondere auch zur Verbindung und Trennung des weltlichen Kirchendienstes und des Schuldienstes, ist die Kreisregierung, AVO. v. 30. XII. 1810 Z. 2 u. 7 (W. I 341 ff.); § 35 FormVO. v.

17. XII. 1825 (W. II 279), vorbehaltlich der verfassungsmäßigen Kompetenzen der protestantischen Oberbehörden; über diese s. unten III B; Seiler, Art. 7 n. 4 c u. n. 10 a. a. O. Über die Trennung des Mesnerdienstes vom Schuldienste s. Seiler, Art. 7 n. 10.

II. Quellen.

1. Rechtsquellen:

Die Rechtsnormen und Rechtsverhältnisse hinsichtlich der weltlichen Kirchendiener werden durch die KGO. nur insoweit berührt, als diese ausdrückliche Bestimmung trifft; Art. 112 Abs. III KGO.; vgl. Art. 12 Abs. I Z. 3, Art. 37 Abs. V, 75 Abs. I Z. 7, 82, 85—89, 96 Buchst. a KGO. — In das Anstellungs-, Dienst- und Disziplinarrecht der weltlichen Kirchendiener greift die KGO. nicht ein. Hier gelten vielmehr die bisherigen Vorschriften weiter, so: für die katholische wie protestantische Kirche die AVO. v. 30. XII. 1810 betr. die Besetzung der Stellen des subalternen katholischen und protestantischen Kirchendienstpersonals (W. I 341, G. II 780); dazu § 35 FormVO. v. 17. XII. 1825 (W. II 279) u. § 11 PE. für die protestantische Kirche.

2. Literatur: M. II 167 § 31 —173 (bezüglich der katholischen Kirche), 181 § 34 —188 (bezüglich der protestantischen Kirche); Kr. I 503 § 1 —530; St. 422 § 409 —433; Seeb. 418 § 14 —443; L. n. 1—5 zu Art. 12 Abs. I Z. 3 KGO.; Fr. a. a. O. n. 9.

III. Besetzung.

A. **In der katholischen Kirche.**

Bezüglich des Besetzungsrechtes unterscheidet man im rechtsrhein. Bayern zwischen Stellen, welche herkömmlich oder durch Verfügung der Staatsgewalt organisch mit den Schuldiensten verbunden sind und den Stellen, welche außer Verbindung zu diesen Diensten stehen. — Diese Unterscheidung ist von Bedeutung für die Zuständigkeitsverhältnisse bei der Besetzung dieser Stellen.

1. Kirchendienste, welche mit Schulstellen nicht verbunden sind. Hier unterscheidet man hinsichtlich der Besetzungsart zwischen:

a) Kirchendiensten in Gemeinden mit städtischer Verfassung.

α) Durch AVO. v. 18. III. 1819 betr. die Kompetenz der Magistrate (W. I 755) wurde jenen Magistraten, welche das Recht der Ernennung des Kirchendienstpersonals schon vor dem 1. X. 1807 ausgeübt hatten, dieses Recht zurückgegeben mit der Bestimmung, daß sie sich bei Ausübung des Rechts genau an die AVO. v. 30. XII. 1810 zu halten hätten. — Doch muß dieses frühere Besetzungsrecht erweislich sein, widrigenfalls die VO. v. 18. III. 1819 nicht Platz greift, sondern das Besetzungsrecht der Kreisregierung; AVO. v. 30. XII. 1810 (W. I 341); FormVO. v. 17. XII. 1825 § 35 (W. II 279); Kr. I 507 zu n. 10; M. II 169 nach n. 5; 170 zu n. 2.

Infolge der Organisation der Kirchenverwaltungen durch das rev. GemEd. von 1834 ging dieses magistratische Besetzungsrecht auf die Kirchenverwaltungen über; ME. v. 27. IX. 1837 (W. III 243; Döll. VIII 851); VV. RGE. v. 31. X. 1837 Z. 85 Buchst. d (W. III 129); VGH. XXV 169; Kr. I 508 Abs. 1; M. II 170 zu n. 3 u. 4; St. 425 Buchst. β. — Dabei erfordert aber die Ernennnung des weltlichen Kirchendienstpersonals durch die Kirchenverwaltungen die magistratische Bestätigung, bei deren Versagung die betr. Kirchenverwaltung Rekurs zur Kreisregierung ergreifen kann; angf. VV. Z. 85 Buchst. d; VGH. XXV 171; Kr. I 508 zu n. 12; M. II 170 nach n. 4; St. 425 Buchst. β zu n. 2.

β) War das Besetzungsrecht der weltlichen Kirchendienststellen den Gemeinden mit städtischer Verfassung nicht schon vor dem 1. X. 1807 überlassen, so steht es den Kreisregierungen nach vorgängiger gutachtlicher Vernehmung der administrativen Unterbehörde, des Ortspfarrers und des Distriktsschulinspektors zu; AVO. v. 30. XII. 1810 (W. I 341); VGH. XV 49; M. II 170 Abs. 2 g. E.; Kr. I 507 zu n. 9; St. 425 Buchst. γ.

b) Kirchendiensten in Gemeinden mit Landgemeindeverfassung.

Hier steht die Besetzung der weltlichen Kirchendienststellen ausschließlich der Kreisregierung zu nach erholter Einvernahme der Distriktspolizeibehörde und des Ortspfarrers; AVO. a. a. O.; M. II 168 Buchst. a, 169 zu n. 4; Kr. I 508 Z. 2 Abs. 1; St. 424 Buchst. d α.

2. Kirchendienste, welche mit dem Schuldienste organisch verbunden sind. Diese Stellen werden gleich den reinen Schuldiensten von der Kreisregierung, K. d. J., ohne jede Mitwirkung des Ordinariats, des Pfarrers oder der Kirchenverwaltung besetzt, insofern nicht das Präsentationsrecht einer Körperschaft, einer Gemeinde oder einem Privaten zusteht; letzterenfalls hat die Kreisregierung das Bestätigungsrecht; s. folgende Z. 3; § 35 FormVO. v. 17. XII. 1825 (W. II 279): M. II 168 Buchst. a; Kr. I 505 zu n. 2 u. 3; 510 zu n. 17; St. 423 § 411 Buchst. b.

3. Kirchendienste, auf welche einer Körperschaft, einer Gemeinde oder einem Privaten das Präsentationsrecht zusteht.

a) Ein solches Präsentationsrecht muß unbestritten sein oder im Bestreitungsfalle nachgewiesen werden, widrigenfalls das Besetzungsrecht der Kreisregierung eintritt; § 35 FormVO. v. 17. XII. 1825 (W. II 279); VGH. XV 50; M. II 170. — Das Präsentationsrecht ist seinem Inhalt nach strikt auszulegen und zwar ist es nicht weiter zu nehmen, als unbedingt nachgewiesen werden kann. Soweit es aber besteht, ist es durch § 35 FormVO. v. 17. XII. 1825 (W. II 279) den hiezu berechtigten Körperschaften, Gemeinden oder Privaten ausdrücklich aufrecht erhalten worden; VGH. XV 186.

Inwiefern den Gemeindebevollmächtigten die Ausübung des Präsentationsrechtes oder die Mitwirkung hiebei zusteht, bemißt sich, vorbehaltlich besonderer gesetzlicher Vorschriften, nach der bisherigen Übung; Art. 113 GemO. — In der Regel wird das Präsentationsrecht gemeinschaftlich von beiden Korporationen ausgeübt.

b) Die Präsentation auf eine weltliche Kirchendienststelle unterliegt der Bestätigung der Kreisregierung, wobei eine Prüfung über die Qualifikation des Kandidaten vorausgeht; s. unten; FormVO. v. 17. XII. 1825 § 35; VGH. XV 186; Kr. I 510 Abs. 1; St. 423 § 411 Z. 3 a.

c) Das einem Magistrate und einem Pfarramt kumulativ zustehende Präsentationsrecht auf eine vereinigte Schul- und Chorregentenstelle bleibt, wenn nicht besondere Umstände vorliegen, auch nach Lostrennung des Chorregentendienstes von der Schulstelle in seiner kumulativen Eigenschaft aufrecht; VGH. XV 186; M. II 169 n. 6; Kr. I 508 zu n. 13.

d) Sind die Stellen weltlicher Kirchendiener mit jenen von Leichenbittern, Hochzeitladern, Totengräbern vereinigt, so konkurrieren bei der Besetzung die Gemeindebehörde und die Kirchenverwaltung; VB. RGE. v. 31. X. 1837 Z. 85; St. 424 Buchst. c.

Zu Ziffer 1—3. a) Wird ein weltlicher Kirchendienst vakant, so soll zuerst untersucht werden, ob er noch fernerhin notwendig ist oder nicht; AVO. v. 30. XII. 1810 Z. 7; St. 426 § 412. Wird die betreffende Dienststelle noch weiter für notwendig erachtet, so hat sie die Kreisregierung im Kreisamtsblatt auszuschreiben und die Wiederbesetzung längstens sechs Wochen nach der geschehenen Erledigung vorzunehmen; M. II 169 zu n. 1; St. 426 § 412.

b) Die Kreisregierung hat die rechtlichen Unterlagen des behaupteten Präsentationsrechtes, die Persönlichkeit des Präsentierten, besonders seine individuelle Qualifikation, seine Würdigkeit und Tauglichkeit zu prüfen; AVO. v. 30. XII. 1810 Z. 4; VGH. XVII 58; M. II 169 nach n. 2; Kr. I 510 nach n. 20; St. 427 § 413. — Vor jeder Besetzung hat ferner die Kreisregierung, sofern ihr die Besetzung zukommt, die Distriktsverwaltungsbehörde, den Ortspfarrer und den Distriktsschulinspektor mit ihren Gutachten und Vorschlägen zu vernehmen, ohne daß letztere einen Einfluß auf die Entscheidung der Kreisregierung ausüben können; ABO. v. 30. XII. 1810 Z. 6; M. II 169 nach n. 3; St. 427 zu n. 2.

c) Den weltlichen Kirchendienern darf bei der Anstellung keine unzulässige Bedingung gestellt werden; ebensowenig können die betreffenden Stellen mit Pensionen, Absenten oder anderen Reichnissen zugunsten der Vorgänger oder ihrer Hinterbliebenen beschwert werden; ABO. v. 30. XII. 1810 Z. 8; M. II 169 nach n. 4; St. 427 § 414. —

d) Die Mesner- und Kirchendienerstellen, soweit sie durch die Kreisregierung frei d. h. ohne Vorgang eines Präsentationsrechtes vergeben werden und nicht mit dem Schuldienst verbunden sind, blieben bisher ausschließlich für Militäranwärter bestimmt; MBek. v. 24. VI. 1887 (W. XVIII 409), v. 22. XI. 1885 (W. XVII 527) u. v. 8. X. 1899 (GVBl. 847, 973); M. II 169 zu n. 3; Kr. II 510 nach n. 18; St. 428 § 415. — Diese Begünstigung ist seit 4. III. 1912 aufgehoben, so daß in der Auswahl der Personen keine Beschränkung mehr besteht; Verordnungsblatt des K. B. Kriegsministeriums 1912 S. 271.

e) Die Übernahme eines mit dem Schuldienste nicht organisch verbundenen Kirchendienstes durch einen Schullehrer hat die Dienstbewilligung derjenigen nächsthöheren Behörde zur Voraussetzung, welcher die Disziplin über denselben zusteht; ABO. v. 10. III. 1868 (RBl. 449) die Übernahme von Nebengeschäften durch Beamte und öffentliche Diener betr. §§ 3 u. 4; Kr. I 511 nach n. 24; St. 423 § 410 vorletzter Abs.

4. **Die Aufstellung eines Vizemesners oder Stellvertreters** steht dem Mesner zu, der ihn auch bezahlt und entläßt.

Der Vizemesner steht lediglich in einem privatrechtlichen Verhältnis zum Mesner, dagegen in keinem Verhältnis, weder privat- noch öffentlich-rechtlich, zur Kirchenstiftung oder Kirchenverwaltung. Wenn die Aufstellung eines Gehilfen nicht in objektiven Verhältnissen, sondern lediglich in den Alters- oder Gesundheitsverhältnissen eines Mesners ihren Grund hat, so besitzt der Mesner für diese Aufstellung keinen Ersatzanspruch, da man bei Leistung der normmäßigen Bezüge an den Mesner die vollständige Besorgung aller demselben obliegenden Verrichtungen ohne weiteres Entgelt beanspruchen kann; ME. v. 22. XI. 1875; M. II 171 n. 6. — Doch kommt dem Kirchenvorstand aus der Aufstellung das Recht zu, den Mesner zu veranlassen, einen ungeeigneten oder unwürdigen Vizemesner zu entfernen; denn der Mesner steht unter der Disziplin der geistlichen Behörde; M. II 171 zu n. 6 ff.; St. 426 nach n. 2.

Über die Stellvertretung in den Fällen, wo die Stelle eines weltlichen Kirchendieners mit einem Schuldienst verbunden ist, s. unten Z. V.

5. Über das Besetzungsrecht hinsichtlich der weltlichen Kirchendienststellen in der Pfalz s. M. II 172 zu n. 2; Kr. I 511 nach n. 25.

B. In der protestantischen Kirche.

In der protestantischen Kirche r. d. Rh. gibt es wie in der katholischen Kirche verschiedene Besetzungsarten:

1. Kirchendienste, welche mit Schulstellen nicht verbunden sind.

a) Die Anstellung der weltlichen Kirchendienststellen ohne damit verbundene Schulstelle ist durch das bayerische Staatsrecht für die protestantische Kirche im Unterschied zur katholischen als kirchenregimentliche Befugnis anerkannt; die VO. v. 30. XII. 1810 (W. I 341) wurde für die protestantische Kirche durch § 11 PE. dahin abgeändert, daß mit der Erledigung und Wiederbesetzung der weltlichen Kirchendienste das Oberkonsistorium und die ihm untergeordneten Konsistorien betraut wurden; M. II 182 zu n. 4; Seeb. 419 zu n. 5; Kr. I 505 zu n. 4. — Die Besetzung ist dabei Sache des Konsistoriums; M. II 182 zu n. 8; Seeb. 419 zu n. 6—9. Vor der Besetzung haben die Konsistorien jedesmal die betreffende administrative Unterbehörde (Distriktsverwaltungsbehörde) und die Ortspfarrer, dann die Distriktsschulinspektoren sowie die Dekane mit ihren Gutachten und Vorschlägen zu vernehmen; AVO. v. 30. XII. 1810 Z. 6 (W. I 341). Dazu kommt noch das Gutachten des Magistrats in den Städten mit magistratischer Verfassung, wenn demselben ein Präsentationsrecht (s. unten Z. 3) fehlt; M. II 183 nach n. 1; Seeb. 419 nach n. 9.

Den Kirchenverwaltungen ist in keinem Fall ein Recht auf die Besetzung der Kirchendienerstellen weder in direkter Weise noch indirekt durch Vorschläge oder Gutachtenerstattungen zugestanden; ME. v. 18. X. 1850 (G. II 825); Seeb. 420 n. 12.

b) Durch die Unterlassung einer Gutachtenerholung bei den genannten berechtigten Stellen wird für eine außerdem gerechtfertigte Dienstbesetzung keine Ungültigkeit herbeigeführt, da solche Berichtabforderungen wohl sachdienlich, nicht aber absolut bindend sind; ME. v. 18. X. 1850 (G. II 825); M. II 183 nach n. 4; Seeb. 420 nach n. 12.

c) Beschwerden gegen das Verfahren des Konsistoriums bei Besetzung weltlicher Kirchendienste sind an das Oberkonsistorium als die nächst höhere kompetente Stelle zu richten; Seeb. 420 zu n. 14.

d) Wo der weltliche Kirchendienst für sich, also ohne Verbindung mit dem Schuldienste besteht, kann auch die Entziehung des nur provisorisch und widerruflich verliehenen Dienstes vom Konsistorium verfügt werden; Seeb. 420 zu n. 15.

e) Über die allgemeinen Anstellungsbedingungen gilt das Gleiche wie in der katholischen Kirche; s. oben Buchst. A zu Z. 1—3; Seeb. 420 nach n. 15; M. II 182 letzter Abs.

Die Wiederbesetzung soll längstens sechs Wochen nach der geschehenen Erledigung erfolgen; Seeb. 423 zu n. 27. Wo aber eine Wiederbesetzung nicht notwendig ist, soll der betreffende erledigte Kirchendienst eingehen und der zurückfallende Gehalt nach Umständen zur Verbesserung der Funktionsbezüge des übrigen Personals, wenn sie als notwendig erachtet wird, verwendet werden; über jede Diensteinziehung ist vorheriger Bericht an das Ministerium zu erstatten; AVO. v. 30. XII. 1810 Z. 7 (W. I 341); Seeb. 424 nach n. 29.

2. Kirchendienste, welche mit dem Schuldienst verbunden sind.

Das Recht zur Besetzung der sog. kombinierten Schul- und weltlichen Kirchendienste steht der Kreisregierung zu. Die protestantischen Kirchenstellen haben aber die Befugnis, sich über die Befähigung der in Antrag gebrachten Personen für kirchliche Verrichtungen zu äußern. Es ist daher auch für solche Fälle ein gegenseitiges Benehmen zwischen Kreisregierung und Konsistorium vorgeschrieben. Steht die Beschlußfassung der Kreisregierung mit dem Gutachten des Konsistoriums in Widerspruch, so kann das Konsistorium durch Vermittlung des Oberkonsistoriums an das Kultusministerium Berufung einlegen; wird dagegen keine Berufung ergriffen, so ist die Regierungsentschließung ohne weiteres auszuschreiben und zu vollstrecken; ME. v. 30. VII. 1844 (G. II 796 f.); Seeb. 425 nach n. 34—38; M. II 183 nach n. 10; Kr. I 505 Abs. 3.

Auch bei nur vorübergehender Änderung des zwischen einem Schul- und Mesnerdienst bestehenden organischen Verhältnisses hat vorgängiges gegenseitiges Benehmen zwischen Kreisregierung und Konsistorium stattzufinden; Seeb. 426 nach n. 38. — Über die Trennung des Mesnerdienstes vom Schuldienste, s. Seiler, SchulbedG. Art. 7 n. 10.

3. Kirchendienste, auf welche Privatpatronen und Magistraten ein Präsentationsrecht zusteht,

kommen auch in der protestantischen Kirche vor; Seeb. 427 zu n. 43; M. II 185 zu n. 4. Insbesondere haben die Magistrate der Gemeinden mit städtischer Verfassung, nicht aber auch die Landgemeinden, ein Präsentationsrecht, soweit ihnen dasselbe schon vor dem 1. X. 1807 überlassen war; AVO. v. 18. III. 1819 (W. I 755); doch hat der Besetzung die Einvernahme des Ortspfarrers, des Distriktsschulinspektors und des Dekans vorherzugehen; M. II 185 nach n. 4; Seeb. 428 nach n. 47.

Die Präsentationen der Privatpatrone und der Magistrate sind an die Konsistorien zu richten; Seeb. 428 zu n. 45. Über das Präsentationsrecht verschiedener schwäbischer Reichsstädte s. Seeb. 428 nach n. 45; M. II 185 nach n. 7.

Über die Diensteinweisung und Verpflichtung der Kirchendiener s. Seeb. 429 Z. II; M. II 186 letzter Abs.

4. Über die Besetzung der weltlichen Kirchendienerstellen in der Pfalz s. M. II 188 zu n. 5; Kr. I 506 nach n. 5.

IV. Dienstliche Verhältnisse (dienstliche Unterordnung; dienstliche Verpflichtungen).

A. In der katholischen Kirche.

1. a) Die Anstellung der weltlichen Kirchendiener ist keine stabile, sondern eine widerrufliche. Daher können sie wieder entfernt werden und haben keinen Anspruch auf Pension; auch ein Nachsitzrecht für die Hinterbliebenen besteht nicht; M. II 167 nach n. 4; Kr. I 509 Z. 3; St. 428 § 416. Die Witwen der weltlichen Kirchendiener können lediglich gegen Bezug des bisherigen Dienstertrags den Kirchendienst bis zur Wiederbesetzung versehen, falls nicht ein besonderer Verwalter bis zur Wiederbesetzung von der Kreisregierung aufgestellt wird; M. II 169 zu n. 2.

b) Die Approbation der katholischen Kirchendiener gebührt den kirchlichen Behörden; § 38 Buchst. f RE.

c) α) Die weltlichen Kirchendiener stehen in einem öffentlich-rechtlichen Verhältnis zur Kirchenstiftung, besonders hinsichtlich der Gehaltsansprüche (s. unten Z. VI), sie besitzen ein kirchliches Amt. Die Verpflichtung und Diensteinweisung der aufgestellten Kirchendiener steht den geistlichen Behörden, zunächst dem Vorstande der betreffenden Kirche, zu; Kr. I 512 nach n. 29; vgl. auch VGH. IV 278. Auch sind die weltlichen Kirchdiener ohne Rücksicht darauf, von welcher Behörde sie angestellt wurden, den geistlichen Behörden d. i. dem Pfarrer oder dem sonstigen Vorstand der betreffenden Kirche (rector ecclesiae) in erster Instanz, in zweiter Instanz aber der oberhirtlichen Stelle untergeordnet, empfangen von ihnen ihre dienstlichen Aufträge, sind ihnen bezüglich ihrer Dienstverrichtungen verantwortlich und unterstehen ihrer Aufsicht und Disziplin. — Dagegen sind sie nicht den Kirchenverwaltungen untergeordnet. Letztere können vielmehr den weltlichen Kirchendienern nur durch Vermittlung des Kirchenvorstandes Auftrage erteilen; vgl. §§ 38 Buchst. b, c, 39 RE.; Art. 17 Konk.; ferner AE. v. 14. VI. 1824 (W. II 211); ME. v. 11. VIII. 1846 (W. III 641) u. v. 13. IX. 1847 (W. III 609), welche zwar für den protestantischen Kirchendienst ergangen sind, aber auch auf die weltlichen Kirchendienste in der katholischen Kirche Anwendung finden; M. II 168 zu n. 3 u. n. 3; Kr. I 511 zu n. 27 u. n. 27; St. 429 § 417 zu n. 5.

β) Bei den Lehrer-Mesnern d. h. in Fällen, wo der weltliche oder niedere Kirchendienst mit dem Schuldienste organisch verbunden ist, steht die Disziplinargewalt nicht dem Pfarrer als rector ecclesiae zu. Vielmehr entscheidet hier im Falle einer Disziplinierung das Hauptamt, das Lehramt. Demzufolge wird die Disziplinargewalt über die Lehrer auch in ihrer Eigenschaft als weltliche Kirchendiener von den Distriktsschulbehörden ausgeübt. Gegen deren Bescheide ist Beschwerde zur Kreisregierung als zweite Instanz und zum Kultusministerium als oberste Instanz zulässig; Seiler, SchulbedG. 220—222; Engelmann-Stingl, Volksschulrecht, 5. Aufl., 236; Fr. n. 3 zu Art. 82 KGO.

2. a) Die Kirchendiener sind zur Besorgung aller jener Verrichtungen verpflichtet, welche in der Natur des weltlichen Kirchendienstes liegen und nach allgemeiner Übung damit verbunden sind oder durch eine etwa bestehende allgemeine oder lokale Dienstinstruktion von den Inhabern dieser Dienste gefordert werden; Kr. I 513 § 3 Abs. 1.

Für den Umfang der den weltlichen Kirchendienern obliegenden Dienstverrichtungen ist vor allem die organisatorische Verfügung der zuständigen Stelle, ferner das Herkommen als Rechtsnorm anzuerkennen; VGH. IV 278. Daher haben die Kirchendiener sich auch solchen Dienstleistungen zu unterziehen, welche zwar nicht im strengsten Sinne zum Kirchendienste gehören und nicht an allen Orten damit verbunden sind, aber bei der betreffenden Kirche nach rechtskräftigem Herkommen dem Kirchendiener zur Besorgung obliegen; Kr. I 513 nach n. 33; St. 430 zu n. 3.

b) Eine aus früherer Zeit stammende Verbindung des Schul- und Kirchendienstes enthält für dessen Inhaber regelmäßig die Verpflichtung, gegen den Bezug der Erträgnisse des Schul- und Kirchendienstes letzteren seinem vollen Umfange nach zu besorgen, d. h. entweder selbst zu versehen oder unter seiner Aufsicht und auf eigene Kosten durch Dritte versehen zu lassen, ohne daß er für jede einzelne Bedienstung eine dem Umfange der Verrichtungen entsprechende Besoldung beanspruchen kann. Die kirchendienstlichen Bezüge haben vielmehr den Charakter eine Aversalvergütung für alle kirchendienstlichen Verrichtungen; VGH. IX 82; Kr. II 513 nach n. 35.

Auch steht dem Inhaber eines weltlichen Kirchendienstes kein unmittelbarer Rechtsanspruch auf besondere Vergütung zu, wenn Verrichtungen, welche ihm nach der ganzen Aufgabe seines Dienstes oder nach dem Herkommen obliegen, infolge besonderer Verhältnisse einen höheren Aufwand von Mühe verursachen oder eine größere Anstrengung der Kräfte erheischen; z. B. wenn größere Glocken angeschafft werden oder der Läutraum in ein höheres Stockwerk des Glockenturms verlegt wird;

BGH. XI 195; nur für außerordentlich umfangreiche, durch eine Person nicht zu bewältigende Verrichtungen kann eine besondere Gebühr beansprucht werden; Kr. I 514 zu n. 36—38; St. 431 oben Abs. 1.

c) Was zu den wesentlichen Dienstverrichtungen der Mesner gehört, s. bei Kr. I 513 § 3 Abs. 3; 514 nach n. 38 f.; St. 430 § 419.

3. Die Disziplinarvorschriten der KGO. (Art. 83, 84) finden auf die weltlichen Kirchendiener keine Anwendung.

B. **In der protestantischen Kirche.**

1. a) Die weltlichen Kirchendiener sind rücksichtlich ihrer Amtsgeschäfte und ihres Lebenswandels der Aufsicht des Oberkonsistoriums unterworfen; KonsO. v. 1809 I § 39 (G. I 549); § 11 PE. Das Konsistorium ist mit der genauen Aufsicht über Amtsführung und Lebenswandel der weltlichen Kirchendiener beauftragt; Seeb. 433 zu n. 10—12. Auch zum Pfarrer stehen die Kirchendiener in einem disziplinarrechtlichen Subordinationsverhältnis; KonsO. v. 1809 I § 39; M. II 187 zu n. 3. — Dagegen besteht kein Unterordnungsverhältnis unter die Kirchenverwaltung; die Erteilung von Aufträgen und Verweisen an den Kirchendiener gehört nicht zu den Befugnissen der letzteren; M. II 187 nach n. 5, 188 n. 1; Seeb. 434 zu n. 14 u. n. 14.

b) Auch wenn mit dem weltlichen Kirchendienst ein Schuldienst verbunden ist, bleibt der Kirchendiener in ersterer Beziehung der geistlichen Behörde untergeordnet und wird bei Dienstverletzungen dieser verantwortlich. Vom Kirchenvorstand empfängt er auch seine Aufträge und hat sich diesem zu fügen; M. II 188 zu n. 2; Seeb. 433 nach n. 12, 434 n. 13.

Zu a und b. In der protestantischen Kirche kommt die Disziplinargewalt hinsichtlich des weltlichen Kirchenpersonals auf Grund der Konsistorialordnung v. 8. IX. 1809 dem Distriktsdekan zu. Die Entscheidung in zweiter Instanz hat das Konsistorium und in letzter das Kultusministerium; Englmann-Stingl a. a. O.; Fr. n. 3 Abs. 3 zu Art. 82 KGO.

2. Das Konsistorium hat dafür Sorge zu tragen, daß in allen Pfarreien eigene Dienstanweisungen (Instruktionen) für die Kantoren, Organisten und Kirchner hergestellt werden; Seeb. 431 zu n. 1—4.

Die einzelnen Dienstobliegenheiten und Befugnisse der weltlichen Kirchendiener sind entweder in der Ernennungsurkunde oder durch besondere Dienstinstruktion geregelt, subsidiär haben sie sich nach dem aus der Pfarrbeschreibung oder auf andere Weise klar zu legenden Herkommen zu bemessen.

Für den Umfang der Dienstverrichtungen ist auch das ebengenannte Herkommen als Rechtsnorm anzuerkennen, während Fassionen keine zulässige Rechtsgrundlage bilden; Seeb. 431 zu n. 5. Über die einzelnen Verpflichtungen s. Seeb. 431 n. 5.

Dem Inhaber eines weltlichen Kirchendienstes steht kein unmittelbarer Rechtsanspruch auf eine besondere Vergütung zu, wenn Verrichtungen, welche ihm nach der ganzen Aufgabe seines Dienstes oder doch nach dem Herkommen obliegen, infolge besonderer Verhältnisse einen höheren Aufwand an Mühe verursachen und eine größere Anstrengung der Kräfte erheischen als bisher der Fall war; VGH. XI 195; Seeb. 433 nach n. 6.

V. Diensteinkommen, Fassion, Interkalarfrüchte.

1. a) Die Diensteinkünfte der weltlichen Kirchendiener bestehen hauptsächlich:

1. im Genuß der freien Wohnung und der Früchte der Dienstgrundstücke;
2. in festen Gehaltsbezügen aus den Stiftungskassen;
3. aus den Gebühren für gestiftete Gottesdienste;
4. aus hergebrachten Abgaben der Pfarrgemeindeangehörigen, wie Läutgarben, Kirchtrachten usw.

Näheres über die Gehaltsansprüche und Einkommensbestandteile der Kirchendienststellen in der katholischen Kirche s. Kr. I 516 § 4; St. 431 § 420 Buchst. a; s. auch „Stolgebühren" und „Reichnisse". Bezüglich der Kirchendienststellen in der protestantischen Kirche s. Seeb. 435 Z. IV.

b) Die Aufbringung des Diensteinkommens der weltlichen Kirchendiener, das angemessen sein soll (Art. 74 Abs. VI KGO.) mit Einschluß der notwendigen Stellvertretungskosten im Falle des Urlaubs nach Art. 82 Abs. II KGO. gilt als Ortskirchenbedürfnis; Art. 12 Abs. I Z. 3 KGO.

In Fällen, wo das Einkommen in offenbarem Mißverhältnis zu den geleisteten Diensten steht, kann die Staatsaufsichtsbehörde auf Erhöhung der Bezüge bringen; Art. 74 KGO. — Doch kann die Erhöhung durch staatsaufsichtliches Einschreiten dann nicht erzwungen werden, wenn die zuständigen ortskirchlichen Vertretungskörper (s. dort) die Erhöhung des Diensteinkommens eines weltlichen Kirchendieners abgelehnt haben und die kirchliche Oberbehörde dem ablehnenden Beschlusse beigetreten ist; Art. 74 Abs. VI Satz 3 KGO. mit § 5 Abs. II der allgem. VB. KGO. vom 19. X. 1912 (GVBl. 1071 ff.).

Freiwillige Zuschüsse können den weltlichen Kirchendienern nach Art. 12 Abs. II KGO. gewährt werden.

c) Die Inhaber von Kirchendiensten, welche mit einem Schuldienste organisch verbunden sind, haben das Recht auf einen jährlichen zusammenhängenden Urlaub von zwanzig Tagen. Für die Dauer dieses Urlaubs tritt ein Abzug am Diensteinkommen nicht ein. Vielmehr sind die Stellvertretungskosten vom Ortskirchenvermögen zu tragen; Art. 82 Abs. II u. III KGO. — Bei einem nicht nach Art. 82 Abs. II KGO. zukommenden Urlaub sind die Stellvertretungskosten nicht Ortskirchenbedürfnis.

d) Über die Versicherungspflicht der weltlichen Kirchendiener s. Fr. 84 KGO. letzt. Absatz.

2. Über die Fassion der weltlichen Kirchendiener s. „Fassion" V.

3. Die Interkalarfrüchte aus weltlichen Kirchendiensten.

Die Einkommensbezüge aus weltlichen Kirchendiensten endigen, abgesehen von anderweitiger Stellenerledigung, im Falle des Ablebens des Stelleninhabers mit dem dem Todestage folgenden Tag. Wird den Hinterbliebenen für den Sterbemonat und den Sterbenachmonat ein Nachsitz gewährt, wobei die Hinterbliebenen auch für die Verweserkosten aufzukommen haben, so endigen die Bezüge nach Ablauf dieser Zeit.

a) Die Interkalarfrüchte aus weltlichen Kirchendiensten d. s. die Bezüge aus den erledigten Stellen vom Tag der Erledigung bis zum Zeitpunkt der Wiederbesetzung, fallen nach Abzug der Verweserkosten jener Kirchenstiftung zu, bei der sie vakant werden; M. I 234 zu n. 7, II 538 zu n. 2; St. 431 zu n. 4; Kr. I 517 nach n. 54; Seeb. 437 zu n. 7.

Mit letzterem Zeitpunkte kann daher die Stiftung frei darüber verfügen.

b) Bei organisch verbundenen Schul- und Kirchendienststellen gelten die Interkalarfrüchte aus den weltlichen Kirchendienerstellen als integrierende Bestandteile der Interkalargefälle des erledigten Schuldienstes, da auf die Quellen, aus denen die einzelnen Bezüge des Inhabers einer solchen kombinierten Stelle fließen, keine Rücksicht genommen wird; Seiler, Schulbedarfsgesetz S. 329 letzter Absatz. — Diese Bezüge kommen daher auch für die Zeit der Erledigung der betreffenden kombinierten Stelle nicht als Kirchenvermögen in Betracht, vielmehr kann kirchlicherseits nur verlangt werden, daß die weltlichen Kirchendienste auch während der Erledigungszeit versehen werden.

Wird den Hinterbliebenen eines solchen Stelleninhabers für den Sterbemonat und den Sterbenachmonat ein Nachsitz bewilligt, so fließen die Interkalargefälle für diesen Zeitraum den Hinterbliebenen zu, die dann auch für die Verweserkosten aufzukommen haben. Wird kein Nachsitz bewilligt, so endigen die Bezüge des bisherigen Stelleninhabers mit dem dem Todestage folgenden Tag.

Nach dieser Zeit fallen die Einkünfte aus weltlichen Kirchendiensten gleich den Interkalargefällen des betreffenden erledigten Schuldienstes den Kreisvereinen zur Unterstützung der Hinterbliebenen der Volksschullehrer als gesetzliche Einnahme zu; vgl. Art. 19 Abs. IV SchulbedG.; Entsch. des VGH. vom August 1907; a. A. Kr. I 518 n. 55.

VI. Streitigkeiten.

1. Bestrittene Ansprüche hinsichtlich der Besetzung der weltlichen (niederen) Kirchendienste, mögen die strittigen Ansprüche aus dem Patronatsrechte oder anderen Rechtstiteln abgeleitet werden, sind Verwaltungsrechtssachen nach Art. 8 Z. 39 VGG.; VGH. XVII 42, XXIV 320, XXV 169; D. Art. 8 Z. 39 n. 1 a. E.; Seeb. 429 nach n. 50; Kr. I 510 zu n. 18.

Insbesondere fallen Streitigkeiten über das Präsentationsrecht (selbst) auf weltliche Kirchendienerstellen unter Art. 8 Z. 39 VGG.; VGH. XVII 58; D. a. a. O.; Kr. II 68 n. 30.

Diese Streitigkeiten sind jedoch nur dann Verwaltungsrechtssachen, wenn jemand (etwa eine Gemeinde, Stiftung, Gutsherr oder Privatperson) bestimmte Ernennungs- oder Präsentationsrechte für weltliche Kirchendienste geltend macht, die bestritten werden; bloße Vorschlagsrechte oder Meinungsverschiedenheiten über die Art der Besetzung können regelmäßig nicht hieher gerechnet werden; Seeb. 429 n. 51; vgl. VGH. IV 442.

Erste Instanz ist die Kreisregierung, in deren Bezirk sich die betreffende Stelle befindet; § 35 Abs. 1 FormVO. v. 17. XII. 1825 (W. II 279); Art. 17 VGG., zweite und letzte Instanz ist der VGH.; D. a. a. O. n. 2 Abs. 3.

2. Streitigkeiten über Ansprüche eines weltlichen Kirchendieners aus seiner Dienstverrichtung gegen die Kirchenstiftungskasse sind als Streitigkeiten über öffentlich-rechtliche Ansprüche Verwaltungsrechtssachen nach Art. 8 Z. 35 VGG., sofern die Leistungen der Kirchenstiftung zum Mesnerdienst solche auf Grund der allgemeinen Bestimmungen des Kirchenstiftungsvermögens sind; denn in solchen Fällen macht der Mesner gegen die Kirchenstiftung einen Anspruch auf Stiftungsgenuß geltend; vgl. D. n. zu Art. 8 Z. 35 VGG.; vgl. auch Art. 12 Abs. I Z. 3 KGO. —

Über das hier mögliche staatsaufsichtliche Eingreifen s. o. Z. V 1 b sowie „Staatsaufsicht".

3. Streitigkeiten über die Zugehörigkeit eines Bestandteils des Lehrereinkommens zum weltlichen Kir-

chendienst sind Verwaltungsstreitsachen nach Art. 10 Z. 22 VGG.; D. Art. 10 Z. 22 n. 1 u. 2.

4. Über bestrittene Ansprüche des weltlichen Kirchendieners auf Reichnisse und Stolgebühren (Art. 10 Z. 13 VGG.) s. „Reichnisse" B V mit A IX, „Stolgebühren" A XII; D. a. a. O.

Streitigkeiten über Fixierung, Umwandlung und Ablösung von Reichnissen, Stolgebühren und verwandten Abgaben an weltliche Kirchendiener sind Verwaltungsrechtssachen nach Art. 8 Z. 11 VGG. in der Fassung des Art. 96 Buchst. a KGO.; s. D. Art. 8 Z. 11 a. a. O.

5. Streitigkeiten über den Umfang der den weltlichen Kirchendienern obliegenden Dienstverrichtungen einschließlich der Frage, ob bestimmte Verrichtungen unentgeltlich oder nur gegen besondere Vergütung geleistet werden müssen, sind Verwaltungsstreitsachen nach Art. 10 Z. 23 VGG.; D. Art. 10 Z. 23 n. 1 u. 2; M. II 172 zu n. 4; Kr. I 516 zu n. 48.

Erste Instanz ist die Distriktsverwaltungsbehörde; D. Art. 10 Z. 23 n. 1. — Zur Vertretung der Stiftung ist die Kirchenverwaltung, nicht die Gemeindeverwaltung, berufen; VGH. VIII 52.

6. Interkalarstreitigkeiten, d. s. Streitigkeiten über die Verteilung der Interkalargefälle aus dem weltlichen Kirchendienst des Lehrers sind Verwaltungsstreitsachen nach Art. 10 Z. 24 VGG.; vgl. D. a. a. O. n. 2.

Öffentlich-rechtliche Verwaltungsstreitsachen nach Art. 10 Z. 24 a. a. O. wären an sich nur Ansprüche des Stelleninhabers. Dieser öffentlich-rechtliche Charakter bleibt aber, auch wenn der betreffende Anspruch von den Erben geltend gemacht wird; denn das Gesamtnachfolgeverhältnis der Erben ändert diesen rechtlichen Charakter um so weniger, als bei Streitigkeiten über Interkalargefälle eine solche Gesamtnachfolge geradezu vorausgesetzt wird.

Erste Instanz ist die Distriktsverwaltungsbehörde; D. Art. 10 Z. 24 n. 1, gegebenenfalls auch die Kreisregierung, wenn letztere gemäß Art. 17 VGG. in der betreffenden Sache an sich schon zuständig ist.

VII. Außer dem eigentlichen weltlichen Kirchendienst gibt es noch die sog. kleinen Kirchendienste, wie der Dienst eines Heiligenmeisters, Fahnenträgers, Laternen- und Baldachinträgers. Diese Dienste werden in der Regel als Handdienste geleistet. Zu ihrer Besorgung können durch rechtsförmigen Beschluß der Kirchengemeinde die einzelnen Kirchengemeindemitglieder herangezogen und verpflichtet werden; vgl. Art. 26ff., besonders Art. 30 Z. 3 KGO.; L. n. 4 zu Art. 30 KGO.; Fr. n. 2 zu Art. 30 a. a. O.; vgl. auch „Hand- und Spanndienste".

Z.

Kolibri 360 GmbH
Ferdinand-Jühlke-Straße 7
99095 Erfurt, Deutschland
produktsicherheit@kolibri360.de